DICIONÁRIO HEGEL

MICHAEL INWOOD

DICIONÁRIO HEGEL

Tradução:
ÁLVARO CABRAL

Revisão Técnica
KARLA CHEDIAK
Doutora em filosofia, PUC/RJ
Professora do Depto. de Filosofia, UERJ

Jorge Zahar Editor
Rio de Janeiro

Título original:
A Hegel Dictionary

Tradução autorizada da primeira reimpressão inglesa, publicada em 1993 por Blackwell Publishers, de Oxford, Inglaterra

Capa: Gustavo Meyer

CIP-Brasil. Catalogação-na-fonte
Sindicato Nacional dos Editores de Livros, RJ.

I49d Inwood, Michael
Dicionário Hegel/Michael Inwood; tradução, Álvaro Cabral; revisão técnica, Karla Chediak. — Rio de Janeiro: Jorge Zahar Ed., 1997
(Dicionários de filósofos)

Tradução de: *A Hegel Dictionary*
Inclui bibliografia
ISBN 85-7110-378-X

1. Hegel, Georg Wilhelm Friedrich, 1770-1831 — Dicionários. 2. Filosofia alemã — Dicionários. I. Título. II. Série.

96-2087 CDD 193
CDU 1(43)

Sumário

Prefácio à edição brasileira

A América, tanto a do Norte quanto a do Sul, não desempenha virtualmente nenhum papel explícito no pensamento de Hegel. A América é, diz ele em suas *Conferências sobre a história mundial,* "a terra do futuro e, como tal, não nos interessa aqui". A história ocupa-se do passado e do presente, mas a América, como terra do futuro, não possui presente nem passado significativos: o que aí aconteceu até agora foi um "mero eco do Velho Mundo, a expressão de uma vitalidade alheia". Entretanto, como terra do futuro, a América é implicitamente importante para Hegel. Ela fornece a garantia de que a verdadeira história não chegou ao fim. A América constitui um domínio onde novas e interessantes possibilidades podem se concretizar, possibilidades que o próprio Hegel mal podia vislumbrar; ele apenas menciona a possibilidade de um "conflito entre as Américas do Norte e do Sul". No futuro, diz ele, o centro da história do mundo irá ali se revelar — mas só depois que a América se libertar do território onde a história mundial vem se desenrolando até então. Essa perspectiva futura também mostra relação com o presente, pois existem aqueles, diz Hegel, que estão cansados da "loja de antigüidades históricas da velha Europa", entre eles Napoleão, que teria desabafado: *Cette vieille Europe m'ennuie* (Esta velha Europa me entedia). Para os entediados com a Europa, a América é uma "terra de aspirações", terra onde eles podem concentrar seus sonhos.

A crença de Hegel em que a América é *a* terra do futuro fundamenta-se em premissas discutíveis. Uma delas é sua convicção de que um povo somente *uma vez* pode desempenhar o papel central na história. (Afinal, a Europa ocidental gerou, ao menos, duas grandes civilizações, separadas por uma "idade das trevas", ambas originadas sobretudo na Itália.) Uma outra é sua crença em que a história mundial, em qualquer período dado, tem apenas um único centro, um único povo que por algum tempo sustenta o progresso do "espírito mundial". Poderíamos inclusive questionar se, até tempos relativamente recentes, existiu uma única história do *mundo* e não certo número de histórias mais ou menos isoladas e desconexas. Agora, porém, parece existir um mundo único, com uma história única, sem dúvida tão caótica e imprevisível como sempre, mas unida por canais de informação e comunicação que apenas começavam a despontar à época de Hegel. A propagação de uma tecnologia razoavelmente uniforme vem reduzindo, senão eliminando, a importância dos "espíritos nacionais" de determinados povos, o que torna dificilmente plausível, hoje, supor que o progresso do "espírito mundial" venha a ser sustentado por um povo único e singular. Hegel, em virtude tanto de sua posição histórica como de seu "idealismo", subestimou a tecnologia: a abolição da escravatura, por exemplo, e a liberação das mulheres devem mais à tecnologia que permite reduzir a mão-de-obra do que a idéias morais e políticas. (A tecnologia engendra problemas, que têm mais chances de ser resolvidos pelo desenvolvimento da própria tecnologia do que por sua eliminação.) No entanto, sejam quais forem as imperfeições na compreensão de Hegel do mundo moderno, não pode haver dúvida de que ele continua a desempenhar importante papel. Hegel é conhecido e lido em toda a parte, na terra do futuro assim como no Velho Mundo do qual provém. Espero que o presente livro ajude a promover nosso entendimento sobre ele, assim como seu renome.

MICHAEL INWOOD
Trinity College, Oxford

Prefácio

Desejo reconhecer a dívida de gratidão que contraí para com meus colegas do Trinity College, Oxford, por me terem concedido a licença sabática que me permitiu concluir este livro, e também por proporcionarem um ambiente incomparavelmente adequado e estimulante para a minha pesquisa. Foram imensos os benefícios que colhi em numerosas discussões com eles sobre os vários tópicos do presente livro. Sou especialmente grato a Chris Arthur, da Universidade de Sussex, por seus eruditos e incisivos comentários sobre meu manuscrito. Dedico o livro a minha mulher, Christiana Sourvinou-Inwood, como expressão de minha gratidão por sua constante ajuda e conselhos.

M.I.
Trinity College, Oxford

Sobre o uso deste dicionário

Neste dicionário, um verbete em geral abrange mais de um termo em português e seus correspondentes alemães (e, por vezes, gregos e latinos). Não existe um princípio único regendo a forma como agrupei os termos. Por vezes, eles estão agrupados porque Hegel os trata em conjunto (por exemplo, AÇÃO, ATO E RESPONSABILIDADE), e nenhum deles pode ser explicado sem referência aos outros. Com freqüência, isso ocorre porque os termos, no uso de Hegel, são contrastados uns aos outros e, assim, definidos reciprocamente (por exemplo, RAZÃO E ENTENDIMENTO). Algumas vezes, conceitos relativamente distintos são tratados em apenas um verbete pelo fato de um vocábulo em nosso idioma abranger por inteiro dois ou mais vocábulos alemães (por exemplo, FORÇA E PODER). Procurei indicar no próprio título de cada verbete os termos de que o verbete se ocupa. Porém, o Índice remissivo geral no final do volume fornece informações mais completas sobre esse expediente. O Índice de termos em língua estrangeira indica as principais considerações apresentadas no decorrer da obra a respeito de vocábulos estrangeiros.

Para muitas palavras alemãs significativas não existe um equivalente único estabelecido em nosso idioma. Assim, *aufheben* tem sido traduzido como "*SUPRASSUMIR", "sublimar", "anular", "ab-rogar", "cancelar", "fundir", "integrar" etc. Seria impossível em uma obra deste tipo registrar todas as traduções existentes de todos os vocábulos alemães mencionados no livro. Entretanto, muitas das mais correntes traduções alternativas são indicadas por entradas sob a forma: **cancelar** *ver* SUPRASSUNÇÃO.

Embora cada verbete pretenda ser legível e inteligível *per se,* a sistemática interconexão do pensamento e do vocabulário de Hegel, somada à necessidade de evitar excessiva repetição, exigiu freqüentes remissões. Estas são usualmente indicadas por VERSALETES (maiúsculas pequenas) na grafia da palavra, ou variante da palavra, que faz parte da entrada de outro verbete. Assim, a ocorrência de "*SUPRASSUMIR", em contraste com "suprassumir", significa: consultar o verbete cuja entrada contém a palavra "suprassumir" ou (como neste caso) uma variante da mesma, como "suprassunção". (Quando a remissão é a uma palavra que não é a primeira na entrada do verbete onde é originalmente examinada e não aparece, pois, em ordem alfabética, ela estará precedida de um asterisco indicando que a consulta ao Índice Remissivo Geral revelará em que lugares ocorreu a principal discussão da mesma. Assim, por exemplo, as remissões a "alma" são assinaladas *ALMA, pois a entrada do verbete é MENTE E ALMA.). Uso o mesmo sistema de remissão nos meus ensaios introdutórios.

Quanto às obras de Hegel que se destinavam a ser compêndios para acompanhar suas aulas, a saber, a *Enciclopédia* e a *Filosofia do direito,* estão divididas em parágrafos numerados e bastante concisos: os números mantêm-se os mesmos em todas as edições e traduções. Nas referências a essas obras, cito usualmente o número do parágrafo pertinente (em algarismos romanos). Não distingui, nas minhas referências, entre os próprios parágrafos e os "Comentários" que Hegel lhes adicionou, mas indiquei que a referência é a um "Adendo", ou seja, um excerto das aulas de Hegel adicionado por seus editores póstumos, acrescentando um "A" ao número do parágrafo. As outras obras de Hegel são divididas em razoavelmente extensas seções, capítulos etc., e os números das páginas variam entre as diferentes edições e traduções. Assim, as minhas referências a essas obras são por vezes um tanto imprecisas: indico a área da obra de onde a citação foi extraída (indicada por § ou §§), mas não cito os números das páginas de uma edição ou tradução, a qual, em todo o caso, é improvável que o leitor tenha à mão. (As minhas citações pretendem ser mais ilustrativas do que exaustivas.)

Abreviações

Para as obras de Hegel, são usadas as seguintes abreviações:

CA = *A Constituição alemã* (*Die Verfassung Deutschlands,* 1800-02) (em *EP*).
CL = *Ciência da lógica* (*Wissenschaft der Logik,* 1812-16).
DCF = *Diário crítico de filosofia* (*Kritisches Journal der Philosophie,* editado por Hegel e Schelling, no qual Hegel publicou muitos de seus primeiros ensaios e críticas, 1801-3).
DFS = *Diferença entre os sistemas filosóficos de Fichte e Schelling* (*Differenz des Fichteschen und Schellingschen Systems der Philosophie,* 1801).
DN = *Direito natural* (*Über die wissenschaftlichen Behandlungsarten des Naturrechts,* 1802).
E = *Estética* (*Vorlesungen über die Aesthetik,* 1832-87).
ECD = *O espírito do cristianismo e seu destino* (em *PET*). (*Der Geist des Christentums*).
Enc. I, II e III = *Enciclopédia das ciências filosóficas,* vols. I, II e III (*Enzyklopädie der philosophischen Wissenschaften im Grundrisse,* 1817, 1827 e 1830).
EP = *Estudos políticos* (*Schriften zur Politik und Rechtsphilosophie,* 1798-1831).
FD = *Princípios de filosofia do direito* (*Grundlinien der Philosophie des Rechts...,* 1821).
FE = *Fenomenologia do espírito* (*Phänomenologie des Geistes,* 1807).
FS = *Fé e saber* (*Glauben und Wissen,* 1802).
IFH = *Introdução à filosofia da história* (*Vorlesungen über die Philosophie der Geschichte*).
IFR = *Introdução à filosofia da religião* (*Vorlesungen über die Philosophie der Religion*).
IHF = *Introdução à história da filosofia* (*Vorlesungen über die Geschichte der Philosophie*).
LPED = *Lições sobre as provas da existência de Deus* (*Vorlesungen über die Beweise von Dasein Gottes*).
PCR = *A positividade da religião cristã* (em *PET*).
PET = *Primeiros escritos teológicos* (*Theologische Jugendschriften,* 1795-800, ed. H. Nohl, 1907).
PF = *Propedêutica filosófica* (*Philosophische Propädeutik,* 1808-12).

"Lógica", com inicial maiúscula, não se refere a uma só obra de Hegel, mas às versões de lógica contidas principalmente em *Enc.* I e em *CL*, quando as diferenças entre elas podem ser ignoradas.

Descrições da maioria dessas obras serão encontradas nos verbetes que lhes dizem respeito ou em obras que as contêm. Informação adicional é apresentada na Bibliografia do final deste livro.

As seguintes abreviações são usadas para obras de outros autores:

AU = F.W.J. Schelling, *Da alma universal* (*Von der Weltseele,* 1798).

B = F.W.J. Schelling, *Bruno, ou do princípio divino e natural das coisas* (*Bruno, oder über das natürliche und gottliche Prinzip der Dinge,* 1802).

CARM = G.E. Lessing, *Como os antigos representaram a morte* (*Wie die Alten den Tod gebildet,* 1769).

CARM 2 = J.G. Herder, *Como os antigos representaram a morte: um suplemento ao ensaio de Lessing do mesmo título e conteúdo* (*Wie die Alten den Tod gebildet. Ein Nachtrag zu Lessings Abhandlung desselben Titels und Inhalts,* 1769).

CE = J.P. Richter, *Cartilha de estética* (*Vorschule der Äesthetik,* 1804).

CEE = F. Schiller, *Cartas sobre a educação estética do homem* (*Über die ästhetische Erziehung des Menschen in einer Reihe von Briefen, 1795*).

CJ = I. Kant, *Crítica do juízo* (*Kritik der Urteilskraft,* 1790).

CRP = I. Kant, *Crítica da razão pura* (*Kritik der reinen Vernunft,* 1781, 1787) (As referências são às páginas da primeira [A] e segunda [B] edições.).

CRPr = I. Kant, *Crítica da razão prática* (*Kritik der praktischen Vernunft,* 1788).

D = J.G. Herder, *Deus: algumas conversações* (*Gott: Einige Gespräche,* 1787, 1800).

DNA = J.G. Fichte, *Discursos à nação alemã* (*Reden an die deutsche Nation,* 1808).

ECR = J.G. Fichte, *Tentativa de uma crítica de toda a revelação* (*Versuch einer Kritik aller Offenbarung,* 1792).

EE = J.G. Herder, *Entendimento e experiência: metacrítica à Crítica da razão pura* (*Verstand und Erfahrung, eine Metakritik zur Kritik der reinen Vernunft,* 1799).

ERH = G.E. Lessing, *A educação da raça humana* (*Erziehung des Menschengeschlechts,* 1780).

FDN = J.G. Fichte, *Fundamentos do direito natural* (*Grundlage des Naturrechts,* 1796).

FMC = I. Kant, *Fundamentação da metafísica dos costumes* (*Grundlegung der Metaphysik der Sitten,* 1785).

IFHM = J.G. Herder, *Idéias sobre a filosofia da história da humanidade* (*Ideen zur Philosophie des Geschichte der Menschheit,* 1784-91).

IFN = F.W.J. Schelling, *Idéias para uma filosofia da natureza* (*Ideen zu einer Philosophie der Natur,* 1797).

IHU = I. Kant, *Idéias de uma história universal em sentido cosmopolita* (*Ideen zu einer allgemeinen Geschichte in weltbürgerlicher Absicht,* 1784).

MC = I. Kant, *Metafísica dos costumes* (*Metaphysik der Sitten,* 1797).

NO = J.H. Lambert, *Novo Organon ou pensamentos sobre a investigação e designação do verdadeiro e sua distinção do erro e da aparência* (*Neues Organon oder Gedanken über die Erforschung und Bezeichnung des Wahren, und dessen Unterscheidung von Irrthum und Schein,* 1764).

OL = J.G. Herder, *Sobre a origem da linguagem* (*Über den Ursprung der Sprache,* 1772).

PMCN = I. Kant, *Princípios metafísicos da ciência natural (Metaphysische Anfangsgründe der Naturwissenschaft,* 1786).

PP = I. Kant, *A paz perpétua* (*Zum ewigen Frieden,* 1795).

PR = C.F. Wolff, *Pensamentos racionais sobre Deus, o mundo, a alma e todas as coisas em geral* (*Vernünftige Gedanken von Gott, der Welt und der Seele, auch allen Dingen überhaupt,* 1719).

RLR = I. Kant, *A religião dentro dos limites da mera razão* (*Religion innerhalb der Grenzen der blossen Vernunft,* 1793).

SIT = F.W.J. Schelling, *Sistema de idealismo transcendental* (*System des transzendentalen Idealismus,* 1800).

TC = J.G. Fichte, *Fundamentos de toda a teoria da ciência* (*Grundlage der gesamten Wissenschaftslehre,* 1794).

VH = J.G. Fichte, *A vocação do homem* (*Die Bestimmung des Menschen,* 1800).

As referências às páginas das obras de Fichte são da edição póstuma de suas obras completas publicada por seu filho, I.H. Fichte, em 1845-46. A paginação dessa edição reaparece na maioria das edições e traduções subseqüentes.

As referências às páginas das obras de F.W.J. Schelling são da edição póstuma de suas obras completas publicada por seu filho, K.F.A. Schelling, de 1856 a 1861. A paginação dessa edição é reproduzida na maioria das edições e traduções posteriores.

Hegel e sua linguagem

Hegel escreveu e lecionou, no final de um período em que a língua alemã se tornara, nas mãos de Goethe, Schiller, Lessing etc., o veículo de uma grande literatura nacional, comparável às da França, Inglaterra e Itália, e na qual era usada como nunca antes para expressar idéias científicas, filosóficas e culturais. Hegel não considerou sua filosofia como peculiarmente alemã, no sentido de que somente para a língua alemã tivesse validade, mas sustentou ser crucial para o desenvolvimento de um povo possuir produtos literários e culturais em sua língua pátria, e serem a estrutura e o vocabulário do alemão especialmente adequados para a expressão de certas verdades importantes: o alemão possui "espírito especulativo" (*CL*, prefácio da 2ª edição). Assim, propôs-se "ensinar a filosofia a falar alemão", tal como "Lutero fez a Bíblia falar alemão e vós [Johann H. Voss] fizestes o mesmo com Homero".[1]

Neste ensaio, esboço primeiro algumas características gerais da língua alemã que cumpre ter em mente ao ler Hegel e ao usar o presente dicionário. Em segundo lugar, considero alguns aspectos do desenvolvimento do alemão como linguagem filosófica, em especial no século XVIII. Finalmente, examino algumas das características peculiares do uso de Hegel do alemão e o caráter geral de suas contribuições para o alemão filosófico.

A LÍNGUA ALEMÃ

Como o frísio, o holandês e o inglês, o alemão pertence ao grupo germânico ocidental de línguas e está, assim, estreitamente vinculado ao inglês. Mas difere deste em numerosos e cruciais aspectos, sendo um dos mais importantes o fato de ser uma língua bastante flexionada: a estrutura gramatical de uma frase alemã é transmitida pelas desinências de substantivos e verbos, assim como pela ordem das palavras. Cada substantivo (e pronome) tem quatro casos (nominativo, acusativo, genitivo e dativo), usualmente indicados pela desinência da palavra e informando o papel do substantivo na frase. (O sujeito da frase, por exemplo, está no caso nominativo.) Além da declinação, todo substantivo alemão é classificado em um de três gêneros: masculino, feminino e neutro. O gênero do substantivo não coincide necessariamente com o sexo do objeto que ele denota: assim, *Mensch* ("homem, ser humano") é masculino e *Frau* ("mulher, esposa") é feminino, mas *Weib* ("mulher, esposa") e *Fräulein* ("mulher jovem, donzela") são neutros, e *Kunst* ("arte") é feminino. As desinências dos casos de substantivos (e dos adjetivos, artigos, pronomes relativos etc. que os acompanham ou qualificam) variam de acordo com o gênero do nome.

(Essas evidentes complexidades habilitam o alemão, com freqüência, a evitar a ambigüidade mais facilmente do que o inglês.)

Todos os substantivos (mas não usualmente os pronomes) começam em alemão com letra maiúscula. Assim, a prática comum de traduzir termos significativos por uma palavra com maiúscula inicial ("Razão", "Noção" etc.) não tem justificativa no alemão, o qual não enfatiza desse modo determinados termos.

O alemão tem um artigo definido, *der* etc., e um artigo indefinido, *ein* etc. Ambos variam de acordo com o gênero e o caso do substantivo em questão; assim, no nominativo, o artigo definido é *der Mensch, die Frau, die Kunst* e *das Weib*. O artigo indefinido, *ein*, também significa o numeral cardinal "um": assim, *eine Frau* significa "uma mulher" tanto quando se refere a um ser qualquer do gênero feminino como quando designa de maneira absoluta um determinado ser desse gênero.

O alemão, como o inglês, dispõe de uma variedade de maneiras para converter uma outra classe de palavra em um substantivo. Assim, um adjetivo como *schön* ("excelente, belo") aparece comumente (como atributo) entre o artigo e o substantivo ("a/uma bela pintura") ou é predicativo de um substantivo ("A pintura era bela"). A simples adição de um sufixo, especialmente *-heit* ou *-keit* converte o adjetivo num substantivo abstrato. Assim, *die Schönheit* é "a beleza" (o alemão, ao contrário do inglês, requer em geral um artigo definido em tais casos). Mas o alemão, à semelhança do inglês, também converte um adjetivo em um substantivo mais diretamente mediante a simples adição de um artigo à forma apropriada do adjetivo. Assim, o adjetivo *einzeln* significa "individual" mas *der/ein Einzelne* é "o/um indivíduo". Mais comumente, o artigo e o adjetivo estão no neutro: assim, *das Schöne* é "o belo", *das Allgemeine* "o universal", *das Sinnliche* "o sensório", *das Wahre* "o verdadeiro", e assim por diante. Tais expressões são ambíguas; por exemplo, *das Schöne* pode referir-se a algum item particularmente belo, a belas coisas em geral ("O belo alcança em geral um preço alto") ou à qualidade abstrata de beleza ("O belo é distinto do verdadeiro").

Uma outra classe de palavra que pode ser transformada em substantivo é a do verbo. O inglês faz isso freqüentemente adicionando o sufixo *-ing* ao radical do verbo: *run* torna-se *running* etc. Do mesmo modo, o alemão adiciona *-ung*: por exemplo, *erklären* ("explicar, definir") torna-se *(die) Erklärung*, ("explicação, definição"), *aufheben* ("suprassumir" etc.) torna-se *(die) Aufhebung* ("suprassunção" etc.), *bestimmen* ("determinar" etc.) torna-se *(die) Bestimmung* ("determinação" etc.) e assim por diante. O inglês também usa ocasionalmente o infinitivo como frase substantiva: *to be is to be perceived* (ser é ser percebido), *to hear is to obey* (ouvir é obedecer) etc. O alemão ou, pelo menos, o alemão de Hegel, faz muito uso desse recurso, adicionando (em geral) o artigo definido neutro à forma infinitiva: *das Erklären* ("explicar, explicação (como atividade)" etc.), *das Aufheben* ("o suprassumir" etc.), *das Bestimmen* ("o determinar" etc.). Adjetivos e frases adverbiais podem ser incorporados em tais substantivos verbais. Assim, *bestimmt sein* é "ser determinado" e isto converte-se em *das Bestimmtsein* ("o ser determinado"). *An und für sich sein* é "ser em e para si", e em Hegel isso transforma-se em *das Anundfürsichsein* ("ser-em-e-para-si") ou, simplesmente, *das Anundfürsich* — embora isto possa também significar "aquilo que é em si e para si", equivalente a *das Anundfürsichseiende*, onde *seiends(e)* é o particípio presente de *sein*.

Como os exemplos acima sugerem, a língua alemã é mais propícia do que o inglês (bem mais do que o francês e demais línguas neolatinas) para combinar palavras a fim de formar outras mais complexas, em geral com significados que não podem ser imediatamente inferidos dos significados de seus constituintes.[2] A mais óbvia indicação disso é a grande variedade de verbos compostos, formados por um verbo nuclear precedido de uma preposição ou advérbio. Exemplos ingleses são *outdo, overcome*; mas usualmente o inglês forma novos verbos pospondo-lhes um advérbio ou preposição: *put off, put over, put up with* etc. Em alemão, o simples verbo *setzen* ("pôr, colocar, fixar" etc.), por exemplo, forma os seguintes compostos: *festsetzen* ("estabelecer, organizar, montar"), *estgegensetzen* ("opor, objetar"), *voraussetzen* ("pressupor, presumir") e muitos outros. Em frases, o verbo nuclear e o seu prefixo estão freqüentemente separados um do outro, com o prefixo seguindo-se ao verbo, muitas vezes a uma certa distância dele (por exemplo, *setzen... voraus*, em vez de *voraussetzen*), o que não altera o significado do verbo composto, ao contrário do que ocorre em inglês (por exemplo, *overcome* e *outride*, em contraste com *come over* e *ride out*). Aqueles verbos, aliado ao fato de que cada constituinte do verbo tem usualmente um significado familiar que lhe é próprio, permitem a Hegel estabelecer conexões entre vocábulos que não são facilmente transmitidas na presente tradução. Assim, *voraus* significa "em frente, para diante, adiantado", e Hegel pode sugerir que pressupor (*voraussetzen*) alguma coisa é situá-la ou estabelecê-la (*setzen*) de antemão. Os substantivos também são freqüentemente compostos de vocábulos mais simples. (*Der*) *Gegenstand* ("objeto – por exemplo, de consciência") é formado de *gegen* ("para, contra") e *Stand* ("situação, posição"), e assim é, literalmente, "o que está em confronto com o que se põe diante de, o que contrasta com". Exemplos mais simples são *Kunstwerk* ("obra de arte"), *das Kunstschöne* ("o belo artístico, a beleza da arte"), *das Naturschöne* ("beleza natural, a beleza da natureza") etc.

Relacionado à facilidade para a composição de palavras está o fato (ou o suposto fato) de que o alemão, à semelhança do grego antigo mas diferentemente do inglês e do francês, é uma língua "original (*ursprüngliche*)". Essa idéia remonta a Vico, que afirmou ser o alemão uma "língua heróica viva", mas foi popularizada na Alemanha sobretudo por Herder e por Fichte.[3] Alega-se que, em seus primórdios, a linguagem era governada pela "lógica poética" (Vico) e dependia de imagens concretas e metáforas. O homem primitivo não diz que está irado, mas que lhe ferve o sangue no coração. Todas as línguas se originam desse modo, porém, em algumas, como o inglês, as raízes primitivas da língua foram obscurecidas por seu desenvolvimento posterior, em parte pela importação de termos estrangeiros cujos significados originais não são evidentes para os usuários da língua. Por exemplo, o inglês *object* ("objetar, contrapor") deriva do particípio passado, *objectum*, do verbo latino *obicere* (*ob-icere*), "lançar contra", e assim significou originalmente "aquilo que é lançado contra", o que não é evidente para os falantes da língua inglesa, uma vez que *object* foi tomado como um todo do latim e *ob*, *ject* e *icere* não possuem significados independentes em inglês. O alemão, em contrapartida, tem menos empréstimos estrangeiros (em especial, porque os alemães estiveram menos sujeitos a invasões estrangeiras do que os ingleses) e preservaram assim as suas raízes primitivas. Assim, é evidente para um alemão que *Gegenstand* é o que está em confronto com, uma vez que *gegen* e *Stand* têm ambas significados familiares na linguagem. Também o sentido original de *Augenblick* (literalmente, "relance de olhos") é evidente para o alemão, enquanto que os de seus equivalentes ingleses – *moment*, do latim *movere*, "mover, pôr em movimento", e *instant*, do latim *instare*, "estar de pé em, estar iminente, avizinhar-se" – não são facilmente acessíveis aos falantes da língua inglesa.

Não obstante, como veremos na seção seguinte, o alemão apropriou-se de muitas palavras estrangeiras, sobretudo latinas, e as reteve. Por exemplo, além de *Gegenstand*, existe *Object* ou, em sua forma mais germânica, *Objekt*. Alguns puristas defenderam a eliminação de tais empréstimos e sua substituição por equivalentes nacionais. Mas figuras influentes, como Leibniz e Hegel, insistiram em que as importações úteis deviam ser mantidas.[4] Atribuiu-se-lhes com freqüência um sentido ligeiramente diferente do de seus equivalentes autóctones.

Apesar da suposta originalidade de sua língua, os alemães, incluindo o próprio Hegel, atribuíram muitas vezes etimologias incorretas até a palavras germânicas. O que aconteceu, por exemplo, no caso do prefixo *ur-*, o qual ocorre em palavras como *Urteil* ("juízo") e *Ursache* ("causa"). Isso, sobretudo devido à sua presença em *Ursprung* ("origem") e *ursprünglich* ("original), foi considerado como se significasse "original, primevo, proto-", e numerosas palavras foram formadas com base nessa suposição: *(das) Urbild*, uma criação do século XVII para "original, protótipo, arquétipo"; *(die) Urpflanze*, a "protoplanta, a planta arquetípica", da qual, na opinião de Goethe, derivam todas as espécies de plantas; *(das) Urphänomen*, o "protofenômeno", o fenômeno geral, arquetípico, do qual derivam, na opinião de Goethe, fenômenos mais específicos. De fato, *ur-* é uma forma de *er-* (como em *Erscheinung*, "APARÊNCIA") e sua força original era a de "para fora de", "adiante" ou "de dentro de". O sentido original de *Ursprung* era "jorrar, brotar", especialmente no caso de água. Não obstante, a crença geral em que o alemão é uma língua original e que suas raízes primitivas são transparentes para o falante nativo teve considerável influência no uso, interpretação e desenvolvimento do alemão nesse período. A exploração e a utilização por Hegel de etimologias, reais e imaginadas, serão um tema constante neste livro.

O Desenvolvimento do Alemão Filosófico

Leibniz exaltou as virtudes da língua alemã e defendeu o seu desenvolvimento e uso para fins acadêmicos, científicos e filosóficos. Mas Leibniz, tal como a maioria dos demais pensadores alemães do final do século XVII, escreveu quase sempre em francês ou latim. O alemão tinha caído em desuso como língua erudita.

Apesar disso, a formação da terminologia filosófica alemã tem uma longa história.[5] Uma das primeiras figuras importantes é Notker (*c.*950-1022), que traduziu para o alemão as versões latinas de *Categoriae* e *De interpretatione*, de Aristóteles, e *De consolatione philosophiae*, de Boécio. Ele propôs, assim, equivalentes germânicos para muitos termos filosóficos latinos: algumas de suas sugestões (por exemplo, *ewig* em vez de *eaternus*, "eterno") foram incorporadas, mas outras (por exemplo, *mitewist* em vez de *accidens*, "acidente (de uma substância)" não vingaram. Porém, o mais importante fator no crescimento do alemão filosófico durante todo o período medieval (quando as principais correntes do pensamento filosófico se expressavam habitualmente, como em toda a parte, em latim) foi o misticismo alemão, o qual devia tanto ao neoplatonismo[6] e ao gnosticismo quanto ao cristianismo. O seu primeiro e destacado representante foi o dominicano Mestre (Johann) Eckhart (*c.*1260-1327). O objetivo de Eckhart, como o de outros místicos, era a união da alma com Deus, a visão de Deus nas profundezas da alma humana. Antes da criação, Deus é "nada em nada". Somente na natureza que Ele cria (*genaturte Natur*, isto é, *natura naturata*), Deus adquire consciência de Si próprio. Tudo passa a ser em e com Deus, e tudo se extingue de novo em Deus. Os místicos desenvolveram um vocabulário para a expressão desses pontos de vista, e usaram numerosos termos que desde então se estabeleceram de forma definitiva: palavras terminadas em *-heit*, como *Anderheit* ("alteridade"), *Menschheit* ("humanidade") e *Würklicheit* ("efetividade, realidade"); e *Eigenschaft*, porém nas acepções mais de "possessão" e de "peculiaridade" do que no sentido de "atributo, PROPRIEDADE (de uma COISA)".

Lutero (1483-1546) provocou forte impacto sobre a evolução da terminologia teológica e filosófica. Outra personalidade, que foi influenciada pelo misticismo e influenciou ele próprio o seu desenvolvimento subseqüente, foi Paracelso (1493-1541), médico que escreveu sobre assuntos filosóficos e também deu aulas de medicina em alemão, cerca de 1526, em Basiléia. Paracelso usou *Erfahrung* ("experiência") para significar a totalidade do dado como objeto de cognição e a atividade da própria cognição. Também estabeleceu *Verstand* como a contraparte do latim *intellectus*, mas (ao contrário de Hegel) colocou-o acima de *Vernunft* ("razão", o latim *ratio*). (Eckhart tinha usado variantes de *Verstand*, como *verstandnisse*, mas não o próprio *Verstand*. A palavra mística usual para a atividade suprema da MENTE é *gemuet*, isto é *Gemüt*.)

Paracelso influenciou o pensamento de Jakob Böhme (1575-1624), sapateiro e místico, a quem Hegel considerou o "primeiro filósofo alemão", por intermédio de quem "a filosofia emergiu na Alemanha com um caráter próprio". Böhme era propenso a subverter os empréstimos (por exemplo, *qualitas*, "QUALIDADE") associando-os a palavras alemãs sem qualquer relação etimológica (por exemplo, *Qual*, "dor, tortura"). Mas também desenvolveu numerosos termos e conceitos filosóficos: por exemplo, *Zweck* para "PROPÓSITO" e *Auswicklung* para "DESENVOLVIMENTO" (a qual só veio a ser suplantada por *Entwicklung* no século XVIII).

Leibniz tinha alto apreço por místicos como Böhme e recomendou-os como fonte para a terminologia filosófica alemã. Böhme também foi apreciado pelos românticos, especialmente Novalis, e F. Schlegel afirmou que não havia ninguém tão "rico em alegoria e representação simbólica" quanto ele. Exerceu forte influência sobre Schelling e, em particular, sobre sua filosofia da natureza.

Embora Leibniz escrevesse pouco em alemão, fez algumas contribuições para o vocabulário filosófico alemão. Uma das que subsistiram é o uso de *Urteil* ("*JULGAMENTO, JUÍZO") no sentido lógico; uma a que isso não ocorreu é *Selbstand* (literalmente, "manter-se por si mesmo"), no lugar do latim *substantia* ("SUBSTÂNCIA"). Leibniz não ocupou cargos universitários e, portanto, não lecionou. Christian Thomasius (1655-1728), professor na Universidade de Leipzig, criou grande alvoroço em 1687 ao anunciar em alemão uma série de conferências, as quais proferiu também em alemão. Acabou expulso de Leipzig, em parte por sua insistência em lecionar e publicar em alemão, transferindo-se para a Universidade de Halle, que não fez objeções a esse desdém pela tradição. Em seus escritos publicados, Thomasius continuou incorporando termos estrangeiros ao vernáculo, e opôs-se à criação de termos germânicos artificiais para substituir estrangeirismos consagrados.[7] Assim, faz uso de *Materie* e do vernáculo *Stoff, Object* e *Gegenstand*.

Entretanto, o problema para o filósofo que escrevia em alemão não era, primordialmente, a inexistência de palavras no vernáculo (ou de assimilações aceitáveis) para uso, mas o fato de não haver um vocabulário filosófico estabelecido e geralmente aceito. Certos autores retiveram palavras latinas; outros traduziram-nas para o alemão. Porém, ainda não se instituíra uma convenção terminológica quanto às traduções. Thomasius pouco fez para remediar essa situação, em parte porque seus escritos ainda estavam eivados de empréstimos latinos, em parte porque às suas propostas terminológicas faltavam a clareza, a autoridade e a consistência necessárias para uma aceitação geral. O passo mais significativo nessa direção foi dado pelo principal filósofo do Iluminismo alemão, Christian Wolff (1679-1754).

Wolff era originalmente um matemático, e acreditava que a filosofia devia ser apresentada com clareza e rigor matemáticos. Em sua opinião, quando um termo é apresentado, deve-se defini-lo claramente evitando empregá-lo depois em sentido diverso do que lhe foi a princípio atribuído. Não é aconselhável usar dois ou mais termos sinonimamente; a sinônimos manifestos devem ser dados sentidos distintos e bem definidos. Assim, Wolff distingue entre *Grund* ("base, fundamento, razão") e *Ursache* ("causa, motivo"). "A razão é aquilo pelo qual podemos entender por que algo é, e a causa é uma coisa que contém em si mesma a razão de outra coisa" (*PR*, §29). E entre um *Vermögen* ("aptidão, poder") e uma *Kraft* ("força, potência"): "A aptidão é apenas a possibilidade de fazer alguma coisa, ao passo que, como a força é uma fonte de alterações, deve envolver um empenho em fazer alguma coisa" (*PR*, §117). Wolff escreveu quase sempre em alemão, fornecendo um equivalente germânico para quase todas as palavras latinas ou latinizadas. Termos alemães só raramente são de sua própria lavra, mas ele propõe um uso estável e bem definido para vocábulos que antes careciam disso. Atribuiu a *Begriff*, por exemplo, o seu sentido moderno de "conceito", procurando distingui-lo de *Vorstellung* ("representação, *CONCEPÇÃO"): "conceitos são concepções de gêneros e espécies de coisas" (*PR*, §273). (Wolff também parece ter criado alguns termos latinizados, que se integraram ao alemão: *genetische Definition, Monist* e *Monismus, Teleologia* etc.)

Devido à clareza e simplicidade do seu estilo, os escritos de Wolff tornaram-se imensamente populares e influenciaram o vocabulário tanto literário quanto filosófico. O uso de *Begriff* generalizou-se devido, em grande parte, à sua elucidação e estabilização do vocábulo. Hegel não prezava muito Wolff como filósofo, mas admite em *IHF* que foi ele quem "primeiro converteu em propriedade comum o pensamento na forma de pensamento", "deu uma contribuição imortal para o desenvolvimento do intelecto alemão [*Verstand*, '*ENTENDIMENTO']" e "fez da filosofia uma ciência que pertence à nação alemã".

Muitos filósofos na tradição de Leibniz e Wolff deram substanciais contribuições para o alemão filosófico: Baumgarten deu-nos *Ästhetik* etc.; Lambert criou *Phänomenologie*; e Tetens refinou o vocabulário psicológico, distinguindo, por exemplo, *Empfindung* ("sensação") como "cópia" de um objeto, de *Gefühl* ("sentimento") como "alteração percebida em nós próprios". O criativo, mas indisciplinado, Herder imprimiu um sentido mais amplo e histórico a *Kultur, Entwicklung* e *Fortschritt* ("progresso"), ao passo que Jacobi introduziu o contraste entre *mechanisch* e *organisch*.

Kant (1724-1804) não estava especialmente interessado na linguagem como tal, mas, em virtude do poder, clareza e natureza sistemática de seu pensamento, foi duradouro o impacto que provocou sobre o vocabulário e o estilo filosóficos alemães, conferindo a muitas palavras o que desde então tornou seu significado corrente.[8] Ao contrário de Hegel, raramente contestou o uso estabelecido por Wolff, mas refinou-o, desenvolveu-o e ampliou-o. Compara-se, por vezes, a um químico, que analisa substâncias e separa o que está confuso. Assim, traça distinções entre palavras, por exemplo, entre *Schein* ("*ILUSÃO") e *Erscheinung* ("APARÊNCIA"), e entre *analytisch-synthetisch* e *a priori – a posteriori*. Usa com freqüência um vocábulo estrangeiro paralelamente a seu correspondente no vernáculo, mas tende a distinguir os sentidos de uns e outros: por exemplo, *Notio(n)* e *Begriff*, *Empirie* e *Erfahrung*, *Phaenomenon* e *Erscheinung*. Kant era também profundamente sistemático, e apresentou seu vocabulário em construções tão ordenadas quanto o quadro de classificação das categorias. Na época de Hegel, o significado corrente de um termo filosófico era usualmente o sentido em que Kant o tinha usado.

A LINGUAGEM DE HEGEL

O desenvolvimento do alemão filosófico nas mãos de Wolff e Kant pode ser visto como o surgimento de *Verstand*, o *ENTENDIMENTO, com sua penetrante clareza e seu rigor analítico no domínio da terminologia. Distinções são traçadas e nitidamente demarcadas entre, por exemplo, um fundamento lógico (*Grund*) e um fundamento real, entre o objetivo e o subjetivo etc. Os idealistas alemães representam, em contraste, a reação da RAZÃO (*Vernunft*) dialética. Embora não desejando suplantar o entendimento com o SENTIMENTO puro, ou retornar à fase pré-wolffiana, eles tornam indistintos ou, pelo menos, complicam distinções que até então pareciam claras e precisas. Funções do pensamento, como *Idee* (IDÉIA), *Begriff* e razão convertem-se em reais forças ativas, envolvidas no mundo tanto quanto nosso pensamento sobre o mundo. O emprego coloquial de certos termos influenciam seu emprego filosófico. Há um maior interesse pelo lugar de uma coisa, de um conceito ou de uma palavra no todo a que pertence, e uma insistência em que palavras e conceitos não podem ser entendidos se isolados de seu lugar em tal sistema. Idealmente, argumenta Fichte, é desejável um vocabulário filosófico fixo, mas isso só pode ocorrer na conclusão do sistema, quando a razão completou o seu trabalho. Por ora, ele evita uma "terminologia fixa – [que é] o caminho mais fácil para os literatos privarem um sistema de seu espírito e transformá-lo em um seco esqueleto" (*TC*, 87). A terminologia torna-se assim mais fluida, e desenvolve-se com o seu pensamento.

Fichte, não obstante, possui um vocabulário distinto, marcado, por exemplo, pelo freqüente uso de *absolute* (*-s*, *-r*) ("ABSOLUTO") como adjetivo, para distinguir o uso de determinada palavra de seu uso corrente; por exemplo, o Eu absoluto é distinto de mim, de ti e de Fichte, ainda quando relacionado a essas pessoas. *Wissenschaftslehre* ("doutrina da ciência, ciência do conhecimento") é o substituto recomendado de Fichte para *Philosophie*, embora reconhecesse mais tarde que a proposta não obtivera muita aceitação. Devemos a Fichte o desenvolvimento da noção de Kant de *intellektuelle Anschauung* ("INTUIÇÃO intelectual"), o freqüente e aparentemente indiscriminado uso de *setzen* ("*PÔR, estabelecer") e a tríade "tese-antítese-síntese", em geral erroneamente atribuída a Hegel.

Schelling, tal como Hegel, rejeitou explicitamente as radicais antíteses que considerava características da filosofia anterior. O que falta na filosofia moderna, argumenta ele, são "conceitos mediadores" (*mittleren Begriffe*). Na ausência destes, pressupostos que, se uma coisa não é algo, então não é nada; que, se não é plenamente espiritual, então é grosseiramente material; que, se não é eticamente livre, então é mecânica; e, se não é inteligente, então carece totalmente de compreensão. Uma característica especial da própria terminologia de Schelling é o seu uso de termos das ciências naturais com fins filosóficos mais amplos: *Organismus* e *organisch, Polarität, Potenz* (na acepção matemática de potência) e *potenzieren* (elevar a uma potência superior, ampliar), e *Metamorphose*. A natureza, especialmente a orgânica, é fonte de analogias para o espiritual e o metafísico. (Hegel critica essa tendência por considerá-la nebulosa e assimilar o superior ao inferior. Mas ele próprio não está inteiramente imune a isso.)

Mas Hegel é, de longe, o mais inovador e influente dos idealistas. Efetuou uma transformação radical do alemão filosófico, o qual, embora não tenha suplantado a tradição wolffiana-kantiana, ainda influência muitos discursos filosóficos, não só em alemão, mas também em outras línguas européias. Não o fez criando novos termos, mas explorando os recursos existentes do alemão, tanto em suas formas vernáculas quanto em suas apropriações. O alemão, argumenta ele no Prefácio à segunda edição de *CL*, dispõe de uma enorme riqueza de "expressões lógicas", preposições etc., que podem ser usadas com fins filosóficos. (O exemplo mais conhecido é *an sich, für sich* e *an und für sich*, EM SI, PARA SI e EM E PARA SI.)

Assim, é provável que qualquer palavra empregada por Hegel tenha, primeiro, um uso em discurso ordinário e, segundo, um uso ou, melhor, uma gama e história de usos em filósofos antecedentes. Com bastante freqüência, Hegel utiliza palavras de tal natureza, empregando, por exemplo, *an sich* naturalmente em seu sentido ordinário ou, quando está analisando algum filósofo do passado, usando-a tal como esse filósofo a usava. Mas, com freqüência, atribui à palavra um sentido relativamente novo, relacionado a (mas distinto de) seus sentidos ordinário e filosófico prévios. Algumas características gerais das inovações de Hegel são as seguintes:

Palavras e frases distintas têm, com freqüência, aproximadamente o mesmo sentido. Assim, no uso corrente, *an sich, für sich* e *an und für sich* não têm significações claramente distintas; *Sittlichkeit* ("ética") e *Moralität* eram, em Kant e outros filósofos, aproximadamente sinônimos: *Dasein* ("existência, SER determinado") é empregado de modo alternado com *Existenz* etc. Hegel não aprecia sinônimos, tal como Wolff, e promove uma campanha de implacável dessinonimização.[9] Assim, *Sittlichkeit* e *Moralität* recebem significados diferentes, respectivamente, "VIDA ÉTICA, moralidade social" e "MORALIDADE individual, a moralidade de consciência". De modo geral, entretanto, Hegel atribui diferentes significados a palavras com toda a aparência de sinônimos, sempre que a diferenciação de sentidos lhe permita traçar alguma importante distinção conceitual. Assim, estabelece uma distinção ao contrastar *ideal* e *ideell* ("IDEAL"), mas não vê distinção paralela entre *real* e *reell*, tendendo a usar uma ou outra palavra alternadamente. (Mesmo quando Hegel diferencia palavras, nem sempre é cuidadoso ou coerente no uso delas, sobretudo, e compreensivelmente, em suas aulas.)

O sentido que Hegel atribui a uma palavra nunca está dissociado de seu uso ordinário ou anterior uso filosófico. Com freqüência, ele enxerga uma conexão entre a (real ou suposta) etimologia de uma palavra, indicando o seu (real ou suposto) uso pretérito e o sentido que lhe atribui. Assim, *Sittlichkeit* está relacionado à palavra corrente para "costume", *Sitte*, e Hegel pôde assim supor que ela significou originalmente "costumeiro", "consuetudinário", em vez de moralidade "individual". Inclina-se mais para explorar a etimologia de palavras do vernáculo do que de apropriações, uma vez que *Moralität* também deriva da palavra latina para "costume", *mos* (plural: *mores*). Porém, recorre a etimologias estrangeiras quando surge a ocasião. Sublinha a derivação de *Existenz* ("EXISTÊNCIA") do latim, *existere*, "mostrar-se, adiantar-se".

Quando aparentes sinônimos são discriminados desse modo, é raro Hegel supor que sejam meramente distintos. O mais usual é que estejam sistematicamente relacionados de algum modo. Assim, *an sich*, *für sich* e *an und für sich* são vistos com freqüência, embora não invariavelmente, marcando três estágios no desenvolvimento de uma entidade. *Moralität* é muitas vezes considerado um estágio cuja inadequação leva ao desenvolvimento ou à introdução de *Sittlichkeit*, e que persiste, como uma fase ao menos na moderna forma de *Sittlichkeit*. (Se o que Hegel tem em mente é a antiga *Sittlichkeit* grega, o mais provável é que a ordem seja invertida.) Do mesmo modo, *Dasein* e *Existenz* são sistematicamente mencionadas na *Lógica*, ainda que a alguma distância uma da outra. A interligação de conceitos num *SISTEMA, e assim das palavras que os expressam, é a função central do método dialético de Hegel.

No uso corrente, as palavras não têm, com freqüência, um único e preciso significado, mas uma gama de significados vagamente relacionados entre si, ou mesmo dois ou mais significados razoavelmente distintos. Exemplos em alemão são *Begriff* ("conceito" etc.); *Reflexion*; *Urteil* ("JUÍZO"); *aufheben* ("preservar, destruir, elevar" etc.); *wahr* ("verdadeiro – por exemplo, juízo, amigo" etc.); *Freiheit* ("LIBERDADE"). A resposta filosófica clássica a isso, especialmente wolffiana, consiste em atribuir um único e preciso significado à palavra em questão, tentando desprezar os seus outros usos e conotações e empregá-la daí em diante exclusivamente nesse sentido. Hegel rejeita esse procedimento usual. Não o substitui por qualquer outro, mas adota diferentes estratégias em diferentes casos. No caso de uma palavra ambígua, *aufheben*, Hegel emprega-a manifesta e regularmente em dois sentidos opostos ao mesmo tempo: "preservar e destruir, isto é, *SUPRASSUMIR". De modo geral, quando Hegel usa uma palavra, mesmo quando um dos sentidos da palavra parece dominar ou até excluir outros, esses outros sentidos são passíveis de influenciar o uso dela por Hegel. Não obstante, nem sempre ocorre, sempre que Hegel usa uma palavra, que todos os seus sentidos e usos correntes estejam em jogo numa *equal* medida. Ele trata as ambigüidades, na linguagem de que dispõe, de dois modos diferentes. No caso de algumas palavras ambíguas, por exemplo, *Freiheit*, *Reflexion*, *Urteil* etc., tenta relacionar sistematicamente os diferentes sentidos da palavra, argumentando, por exemplo, que um juízo no sentido de "avaliação" ou "veredito" é o mais elevado tipo de juízo *lato sensu*. Com freqüência, distingue diferentes sentidos da palavra precedendo-a de um adjetivo, por exemplo, liberdade "*OBJETIVA" e "*SUBJETIVA", "ESPÍRITO (*Geist*) subjetivo" etc. Por vezes, rejeita bruscamente um sentido de determinada palavra para favorecer e desenvolver um outro; argumenta, por exemplo, que um juízo não pode ser verdadeiro (somente "correto"), e assimila o seu próprio uso de *wahr* ao uso deste vocábulo em "verdadeiro amigo". Por vezes, distingue entre o sentido bom ou "verdadeiro" de uma palavra e um mau ou "falso" sentido: por exemplo, INFINIDADE verdadeira e má. Os casos de "verdade" e "infinidade" diferem em que, enquanto as expressões "juízo verdadeiro" ou "proposição verdadeira" (*Satz*) não desempenham virtualmente papel algum no discurso de Hegel, "infinidade má" ou "o mau infinito" ocorrem com freqüência, e a noção de má infinidade desempenha um papel crucial no surgimento da noção de verdadeira infinidade. (Não obstante, uma versão ou, pelo menos, uma parente próxima da correspondente definição de verdade judiciária – a de que verdade é a "concordância de um conceito com a realidade" – desempenham um papel na própria exposição hegeliana de verdade.)

Assim, contrariando o ideal wolffiano, Hegel não manifesta grande interesse em usar uma palavra no mesmo sentido ao longo de todas as suas obras, ou mesmo em um único texto. Há muitas razões para isso. Uma das mais óbvias é que, como ele está constantemente interessado em HISTÓRIA e, em especial, na história da filosofia, um termo deve estar disponível nos sentidos em que filósofos do passado o empregaram, por exemplo, *Idee* ("IDÉIA") deve existir para nós no sentido de Platão, tanto quanto no de Hegel.

Em segundo lugar, a atribuição de significado a uma palavra não é assunto fácil, e, mesmo se fosse possível atribuir simplesmente sentidos inteiramente novos a palavras antigas, a crença de Hegel em que o filósofo deve mergulhar em seu *OBJETO DE ESTUDO impede-o de fazê-lo: ele deve, por assim dizer, observar as palavras desenvolvendo seus próprios sentidos, em lugar de declarar arbitrariamente que pretende usá-las de tal maneira. Além disso, como a filosofia, no entender de Hegel, não tem pressuposições, a aquisição de significado de uma palavra é parte integrante da filosofia, não um mero preâmbulo que podemos supor se completará quando começarmos a filosofar. Portanto, Hegel começa em geral por usar um termo em um ou mais de seus sentidos já familiares e só depois desenvolve, a partir daí, seu próprio sentido ou sentidos. O novo sentido da palavra envolve invariavelmente, em uma forma "suprassumida", os sentidos anteriores, uma vez que, na concepção de Hegel, o resultado de um processo temporal ou lógico contém sempre o processo que levou a ele. (Essa é uma razão pela qual, por mais que uma palavra seja modificada, ela permanece pronta para uso em sentidos prévios.)

Em terceiro lugar, o significado de uma palavra não depende só da palavra, mas também de seu lugar num sistema de palavras, em particular de palavras que contrastam com ela. (Hegel endossou a sentença de Spinoza, "DETERMINAÇÃO É NEGAÇÃO".) Para dar um exemplo simples, o significado de "homem" varia segundo contraste com (1) "besta" ou "animal", e talvez "Deus" e "anjo"; (2) "mulher"; (3) "rapaz"; (4) "oficial" etc.; ou (5) "rato". Isso implica que uma palavra como *Sein* ("SER"), a primeira palavra explicitamente considerada na *Lógica*, não pode conservar exatamente o mesmo significado que lhe foi atribuído primeiro, uma vez que termos adicionais sejam introduzidos. O significado dessa e de outras palavras desenvolve-se à medida que o sistema evolui.

Existem, finalmente, três doutrinas hegelianas que implicam que uma palavra muda seu significado à medida que o pensamento de Hegel progride:

1. Em uma proposição como "Deus é ser", "Deus é eterno" ou "O real é o universal", o sujeito ("Deus" etc.) não tem um significado fixo, independente, mas é-lhe atribuído

um significado pelo predicado ("ser" etc.) (*FE*, Pref.; *Enc*. I, §31). O sujeito desenvolve-se assim em significado à medida que lhe adicionamos mais predicados ou, mais geralmente, dizemos mais sobre ele.

2. O pensamento de Hegel avança habitualmente em TRÍADES, cujo terceiro termo é uma reintegração do primeiro em um nível mais elevado. A mesma palavra é freqüentemente usada para o primeiro e o terceiro termos de uma tríade, sem sentidos distintos, mas sistematicamente relacionados: ver, por exemplo, ABSOLUTO, *IMEDIATIDADE etc.
3. O UNIVERSAL especifica-se no universal, no *PARTICULAR e no *INDIVIDUAL. Assim, o universal apresenta-se como o gênero e como uma espécie desse gênero. Assim, a mesma palavra é com freqüência empregada em um sentido genérico e em um específico (ver, por exemplo, SER etc.)

A redefinição ou "reconstrução" de palavras por Hegel envolve uma complexa interação entre os sentidos comuns ou correntes de uma palavra (na filosofia e no discurso corrente), os reais ou presumidos sentidos literais da palavra, que é freqüentemente um sentido pretérito (desvendado pela etimologia real ou presumida da palavra) e o argumento filosófico. Assim, *unendlich*, "infinito", tem o significado nuclear de "não (*un-*, *in-*) ter um fim ou limite (*Ende*, *finis*)". É corretamente aplicado a uma série (por exemplo, 1, 2, 3 etc.) ou extensão (espaço ilimitado etc.) e a uma deidade infinita, distinta do mundo finito. Mas essas aplicações, argumenta Hegel, divergem de seu significado radical, uma vez que um Deus que é distinto do finito está limitado pelo finito, e só podemos manipular uma série ou extensão infinita retalhando-a em segmentos finitos. ("1, 2, 3 etc." é tão finito e limitado quanto "1, 2, 3".) Hegel também assinala que, para alguma coisa ser infindável ou ilimitada, não necessita, como se costuma dizer, "continuar eternamente". A circunferência de um círculo (ou a superfície de uma esfera) não tem um limite ou chega a um fim ("1, 2, 3, 1, 2, 3, 1 etc." é ilimitado de um modo que "1, 2, 3 etc." e "1, 2, 3" não são.) Assim, a reconstrução de Hegel de "infinidade" utiliza o argumento filosófico para apreciar separadamente duas camadas do significado de *unendlich* e para realinhar a palavra (com o seu significado nuclear ou radical) para um novo sentido ou aplicação. Ele aplica um procedimento análogo a muitas outras palavras: *an sich* e *für sich* etc.

A exploração da etimologia por Hegel tem muitas fontes. Em primeiro lugar, como vimos acima, argumentar que uma palavra deve ser usada mais em um sentido do que em outro pressupõe, em geral, que a palavra em questão possui dois ou mais níveis de significado, os quais podem ser contrastados, opostos uns aos outros, e revelar que envolvem um conflito ou CONTRADIÇÃO. A suposta raiz ou significado original de uma palavra é uma de tais camadas de significado, em conflito potencial com os usos correntes da palavra. Além disso, acredita Hegel, assim como um resultado contém sempre o processo que levou até ele, também uma palavra nunca rejeita totalmente os seus significados passados; eles estão invariavelmente envolvidos no significado corrente da palavra. Ele não acredita, entretanto, que os sentidos anteriores ou o significado original de uma palavra sejam superiores aos que vieram depois. Tal crença estaria inteiramente em conflito com a sua opinião de que a ESSÊNCIA de uma coisa reside não em seu estado inicial, mas em seu estado plenamente desenvolvido, no frondoso carvalho e não na glande. Assim, Hegel concebe-se mais como alguém que está desenvolvendo e aperfeiçoando a língua do que como alguém que lhe procura restaurar os primórdios. Mas fazer isso requer freqüentemente um exame de seus estados anteriores. Assim, quando Hegel sugere (em ambos os casos equivocadamente) que *Urteil* significa "divisão original" (*Ur-teil*) ou que *wahrnehmen* ("perceber") significa "considerar verdadeiramente, em verdade" (*wahr-nehmen*), não está tentando recobrar os sentidos originais dessas palavras, mas chamando a atenção para as potencialidades de seu desenvolvimento posterior, implícitas em seus significados passados e, assim, também em seus presentes. O fato de negligenciar com freqüência a etimologia de uma palavra (por exemplo, *Moralität*) sugere que a etimologia só lhe interessa quando indica uma potencialidade – potencialidade que quer desenvolver mais por razões filosóficas do que etimológicas.

Hegel, tal como Schelling, era contrário às nítidas oposições características da filosofia de Wolff e, de modo geral, do entendimento (*Verstand*) iluminista. Considerou a superação de tais oposições, entre, por exemplo, o entendimento e os sentidos, uma tarefa central da filosofia. Ele aborda diferentes oposições de diferentes modos, mas uma estratégia típica é sugerir que, em seus pontos extremos, os opostos se permutam entre si. Por exemplo, se algo é totalmente INTERIOR (isto é, latente e por desenvolver), então também é totalmente *EXTERIOR (ou seja, conhecido somente para um observador externo). Em geral, Hegel reluta em dizer que qualquer coisa tem uma certa característica para total exclusão do oposto ou da negação dessa característica. Assim, ele rejeita dicotomias wolffiano-kantianas, tais como *a priori-a posteriori*, analítico-sintético etc., pelo menos na medida em que exigem que algo seja ou *a priori* etc. ou *a posteriori*, mas não ambas as coisas juntas (por exemplo, *Enc.* I, §12).

Uma das dicotomias que Hegel procura superar é aquela entre *SUBJETIVIDADE e *OBJETIVIDADE, ou entre *PENSAMENTO e COISA. A filosofia distingue tradicionalmente entre termos aplicáveis a coisas ("ser, "causalidade" etc.) e termos aplicáveis a nossos pensamentos ou discurso: "VERDADE", "DIALÉTICA", "CONTRADIÇÃO", "CONCEITO", "JUÍZO", "INFERÊNCIA" etc. Uma característica impressionante da reconstrução lingüística de Hegel é a sua transferência ampla de termos subjetivos para o domínio objetivo: coisas, assim como conceitos, podem ser verdadeiras, contraditórias, juízos etc. Essa transferência tem antecedentes, por exemplo, no neoplatonismo e em Böhme, assim como em nossa aplicação cotidiana de "racional" (*vernünftig*) tanto a pensamentos quanto a estados de coisas. Mas em Hegel ela é muito mais sistemática e deliberada do que em qualquer de seus predecessores. É uma conseqüência de um dos traços centrais do seu idealismo a crença em que o pensamento não é distinto das coisas, mas está inserido nelas e é responsável por sua natureza e desenvolvimento.

CONCLUSÃO

As complexidades do alemão de Hegel são difíceis de deslindar para os que falam a língua alemã. Mas as dificuldades são multiplicadas para os que falam outras línguas. Certos termos alemães têm, com freqüência, uma gama de significados e usos a que não corresponde exatamente uma única palavra de outra língua: assim, *Bestimmung* ("determinação") indica o estado atual de uma coisa e a sua futura "vocação" ou "destino". Mesmo se uma palavra alemã tem um equivalente aceitável em outra língua, sua história e (real ou suposta) etimologia diferem, muito provavelmente, das dessa palavra: nenhuma tradução pode sujeitar "juiz" e "juízo" às manobras por que passam *urteilen* e *Urteil* nas mãos de Hegel. O caso torna-se ainda mais complicado quando a palavra alemã, seja ou não diretamente derivada do latim ou grego, é influenciada, em seu prévio desenvolvimento e/ou no uso dela por Hegel, por um equivalente latino ou grego: não se pode entender, por exemplo, o uso de *Schicksal* ("*DESTINO") sem conhecer alguma coisa de uma série de palavras gregas relacionadas a esse conceito. Assim, neste dicionário, refiro-me freqüentemente às palavras alemãs que Hegel usa e aos usos que lhes dá. Descrevo alguns aspectos de seu emprego corrente, de seu desenvolvimento histórico e da história de seu prévio uso filosófico, tentando, desse modo, transmitir algo das camadas de significado que suprem Hegel com os materiais para o seu próprio desenvolvimento de tais palavras. Também considero com freqüência os usos de um termo latino ou grego correspondente.[10] Esta informação não assegura, é claro, plena compreensão dos textos de Hegel, mas constitui, geralmente, prévia condição necessária para tal.

NOTAS

1. Carta a Voss de 1805 (*Letters*, p.107). Lutero traduziu a Bíblia para o alemão e Voss traduziu a *Odisséia* (1781) e a *Ilíada* (1793).

2. Cf. W. Whewell, em *The Philosophy of the Inductive Sciences, founded upon their History* (2ª ed., Londres: Parker, 1847), II, p.486: "Das línguas européias modernas, o alemão possui a maior facilidade de composição e, por isso, os autores científicos nessa língua são capazes de inventar termos que é impossível imitar em outras línguas da Europa."

3. *The New Science of Giambattista Vico*, traduzido da 3ª edição (1744) por T.G. Bergin e M.H. Fisch (Ithaca, NY e Londres: Cornell University Press, 1948), §445. Vico acrescenta que o alemão transforma quase todos os nomes de línguas estrangeiras em seus próprios" (§445), que é "uma língua-mãe (porque nações estrangeiras nunca entraram nesse país para governá-lo)", na qual "as raízes são todas monossilábicas" (§452), e que "preserva intactas suas origens heróicas – até em excesso – sendo essa a razão (...) por que as palavras compostas gregas podem ser adequadamente traduzidas em alemão, sobretudo em poesia" (§471). A fase heróica da linguagem é precedida, no entender de Vico, pela fase "divina" de sinais "mudos" e "símbolos naturais" – hieróglifos ou ideogramas – e seguida pela fase "humana", dominada pela razão e pela convenção. Herder examina a originalidade das línguas em, por exemplo, *OL*, especialmente III. Em *DNA*, IV, Fichte argumenta que o alemão, em contraste com as línguas românicas, é uma língua original. Ver também I. Berlin, *Vico and Herder: Two Studies in the History of Ideas* (Londres: Hogarth, 1976).

4. Leibniz expressou seus pontos de vista em dois ensaios escritos em alemão: "Advertência aos alemães sobre o aperfeiçoamento de seu entendimento e linguagem, com uma proposta adicional para uma Sociedade Filogermânica" (1682-3, mas publicado em 1846), e "Pensamentos oportunos a respeito do uso e aperfeiçoamento da língua alemã" (1697, publicado em 1717). Fichte, em *DNA*, IV, deplorou o uso de palavras alatinadas, como *Humanität, Popularität* e *Liberalität*. No Prefácio à 2ª edição de *CL*, Hegel diz que "devíamos adotar de línguas estrangeiras algumas palavras que, através do uso assíduo, já adquiriram direitos de cidadania na filosofia". Ver também Blackall (1959), cap.I.

5. Sobre este assunto, e em outras partes deste livro, beneficiei-me de Hoffmeister (1955); Eucken (1879); G. Droadowski, *Das Herkunftswörterbuch: Etymologie der deutschen Sprache*, Duden, vol. VII (2ª edição, Mannheim, Viena, Nova Iorque: Duden, 1989); e, sobre os desenvolvimentos no século XVIII, Blackall (1959).

6. Sobre os neoplatônicos, seguidores tardios de Platão (embora fossem também fortemente influenciados por Aristóteles), ver especialmente TRÍADES. Ver também A.C. Lloyd, *The Anatomy of Neoplatonism* (Oxford, Clarendon, 1990).

7. Ele rejeita, por exemplo, a resposta de Phillip von Zesen de *Zeugemutter* (literalmente, "mãe criadora") para substituir o alatinado *Natur*, e *Unterlage* ("o que está sob, fundação, alicerce, substrato") para o latino *subjectum*.

8. Eucken (1879), p.139 e seg., argumenta que faltou a Kant um motivo importante para interessar-se pela linguagem filosófica, uma vez que rejeitou a crença do Iluminismo (de, por exemplo, Mendelssohn) em que as disputas filosóficas são, em última instância, verbais, e sustentou que existem discordâncias filosóficas substanciais, não-verbais.

9. Alguns filósofos modernos também são avessos à sinonímia. J.L. Austin, em *Sense and Sensibilia* (Oxford, Clarendon, 1962), IV, diferencia *look, seem* e *appear* por meio de sua etimologia, de um modo que lembra o de Hegel.

10. Foi muito proveitosa a minha consulta de F.E. Peters, *Greek Philosophical Terms: A Historical Lexicon* (Nova York e Londres: New York University Press, 1967); e J.O. Urmson, *The Greek Philosophical Vocabulary* (Londres: Duckworth, 1990). Também consultei as seguintes e valiosíssimas obras: H.F. Eggeling, *A Dictionary of Modern German Prose Usage* (Oxford: Clarendon, 1961); R.B. Farrell, *A Dictionary of German Synonyms* (Cambridge University Press, 1953); e E. Moldenhauer e K. Michael (orgs.), *G.W.F. Hegel: Werke in zwanzig Bänden* (Frankfurt: Suhrkamp, 1969-72), em conjunto com H. Reinicke, *Register* (Frankfurt: Suhrkamp, 1979).

Apresentando Hegel

Em geral, considera-se que a apresentação de um filósofo requer um relato de sua vida. Mas apresentar Hegel desse modo poderia parecer inadequado. Não só a vida de Hegel (como a de tantos filósofos) foi relativamente tranqüila e rotineira, tendo-a passado quase toda a ler e a escrever, mas o próprio Hegel era avesso, por temperamento e por convicção, a permitir que as peculiaridades de sua vida e personalidade se intrometessem em seu pensamento filosófico. Por temperamento, era sumamente objetivo, dedicando-se desde a adolescência ao estudo das obras de outros homens e das tendências culturais de seu tempo.[1] Só depois de uma extensa e profunda educação, acreditava ele, era possível realizar uma contribuição original própria. Assim, Hegel é um dos mais eruditos filósofos, com imenso conhecimento de arte, literatura, religião, filosofia, vida política e ciência, tanto de sua própria época como de épocas passadas.

Mas Hegel também acreditava que o filósofo, mesmo depois de ter dominado o seu *métier* e adquirido o conhecimento necessário a seu exercício, não deve limitar-se estritamente a fazer uma contribuição pessoal. Sua tarefa consiste simplesmente em observar o desenvolvimento de seu *OBJETO DE ESTUDO e relatar ao leitor o que descobriu. Desse modo, acredita Hegel, ele pode evitar o erro. Pois o próprio objeto de estudo não pode errar; somente as opiniões idiossincráticas do filósofo podem introduzir o erro e têm, assim, de ser excluídas, tanto quanto possível. Ao criticar as opiniões de outros, o seu propósito não é apresentar-se como um partidário tendencioso, contrapondo os seus próprios pontos de vista aos deles, mas mostrar como as opiniões de seu antagonista se desenvolvem e se inserem em suas próprias, formando assim uma parte ou uma fase da visão UNIVERSAL ou abrangente que Hegel pretende representar. Poucos leitores de Hegel compartilharam de suas crenças em que o objeto de estudo "avança" ou desenvolve-se sem a ajuda dele, ou que é totalmente possível evitar a parcialidade, desde que se integrem todas as opiniões razoáveis em um todo coerente. Mas a maioria concordaria em que ele consegue, em considerável medida, excluir sua própria personalidade de suas obras. Hegel é, como tem sido dito de Deus e de Shakespeare, todos e nenhum.[2] O detalhe de sua vida parece singularmente irrelevante para o seu pensamento.

Não obstante, Hegel também insiste em que ninguém pode ir além de seu próprio tempo, e ele, como qualquer outro filósofo, ostenta as marcas do tempo (e lugar) em que viveu. Mesmo a sua ambição de dominar a totalidade do saber humano situa-o mais no começo do século XIX do que no século XX. A situação política, cultural e intelectual em que se encontrou também influenciou o saber ao seu alcance, a maneira como o abordou e a direção em que se desenvolveu.

A época de Hegel era um tempo de fermentação política e cultural, mas também de prodigiosa realização filosófica. Isso envolveu três principais tendências. Primeiro, durante a infância e a juventude de Hegel, Immanuel Kant estava produzindo as suas mais importantes obras. Estas inspiraram uma legião de jovens alemães a publicar obras filosóficas de sua própria autoria, expondo, desenvolvendo e (ou) criticando Kant. Sistemas filosóficos e críticas de sistemas filosóficos seguiam-se uns aos outros em rápida sucessão. Segundo, as tendências filosóficas estavam, muito mais do que em qualquer outra parte da Europa, entrelaçadas a desenvolvimentos literários e outros de natureza cultural. Suas mais óbvias manifestações foram o movimento *Sturm und Drang* (literalmente, "tempestade e ímpeto")[3] e, mais tarde, o Círculo ROMÂNTICO. *Sturm und Drang* foi uma reação ao racionalismo iluminista (de, entre outros, Kant) em literatura, estética, religião, história etc. Sublinhava a necessidade, como Hegel fez mais tarde, de superar as nítidas dicotomias do *ENTENDIMENTO: entre, por exemplo, RAZÃO e SENTIMENTO, e entre pensamento e sensação. A maioria de suas figuras de proa – Hamann, Herder, o jovem Goethe e, em suas margens, Schiller – circulava com desenvoltura de um lado e do outro da fronteira entre literatura e filosofia. Os românticos – F. von Schlegel, Novalis etc. – eram amigos de Fichte e de Schelling, e seus escritos eram inspirados por uma visão filosófica e impregnados de significação filosófica. Mas muitos outros escritores que não se enquadram facilmente nem em uma nem na outra dessas categorias – Lessing, Hölderlin etc. – também exemplificam a tendência em combinar filosofia com cultura em geral. Terceiro, muitos filósofos mais antigos foram, nesse período, revividos, editados, traduzidos, reavaliados ou transformados: Platão,[4] Plotino,[5] Proclo,[6] Böhme e os místicos,[7] e Spinoza[8] são apenas os exemplos mais óbvios. A Alemanha conhecia nesse período um ressurgimento do interesse pelo saber clássico comparável ao do Renascimento italiano. O excelente domínio do grego e do latim por Hegel habilitou-o a tirar todo o proveito disso.

Georg Wilhelm Friedrich Hegel nasceu em 1770 em Stuttgart, a capital do ducado de Württemberg, na Suábia, região do sudeste da Alemanha e um dos numerosos pequenos estados em que a Alemanha estava então dividida. (Durante toda a sua vida, manteve forte sotaque e muitas características do dialeto suábio.) Era o primogênito de um servidor público a soldo do duque, descendente de refugiados protestantes da católica Áustria para o luterano Württemberg. Sua dedicação à irmã caçula, Christiana, influenciou e foi influenciada por sua leitura da *Antígona*, de Sófocles. Foi educado no *Gymnasium* local e estudou história, teologia e os clássicos. Aí provou ser estudioso, metódico e dotado de excelente memória, mas não era tido na conta de excepcionalmente talentoso.

Em 1788, Hegel ingressou no seminário teológico de Tübingen, com a intenção de tornar-se pastor luterano. Aí estabeleceu estreita amizade com Hölderlin, um dos maiores (e mais filosóficos) poetas alemães, e com Schelling, que, embora cinco anos mais moço do que Hegel, era muito mais precoce. Os contemporâneos de Hegel chamavam-lhe "o velho", por causa de suas maneiras circunspectas e meticulosas, seu semblante grave. Mas sentiu-se excitado não só pela leitura das obras de Kant como também pela eclosão da Revolução Francesa em 1789, e juntou-se a Hölderlin e Schelling no plantio (para consternação das autoridades do seminário) de uma "árvore da liberdade" em celebração ao evento. (Não tardou em perder o seu fervor revolucionário, mas, apesar da sua crítica ao Terror em *FE*, acreditou durante a vida inteira que a revolução era uma fase necessária ao crescimento do ESTADO moderno, no que nunca seria inteiramente obliterada pela Restauração.) Também compartilhava do entusiasmo de Hölderlin pela sociedade, cultura e filosofia gregas antigas, mas, ao contrário de Hölderlin – que enlouqueceu no começo do novo século – chegou depois a uma avaliação mais serena das perspectivas de restauração da VIDA ÉTICA grega na Alemanha moderna.[9] Completou seus estudos teológicos, mas decidiu que a sua verdadeira vocação estava na filosofia, e não na Igreja.[10]

Ao deixar o seminário em 1793, Hegel seguiu a prática comum de buscar emprego como preceptor. Encontrou-o em uma família aristocrática na cidade suíço-alemã de Berna. Não se sentia feliz nesse emprego e adquiriu aversão pela aristocracia bernense, mas o acesso a uma boa biblioteca habilitou-o a estudar Gibbon, Montesquieu, Kant, Herder etc., e a escrever algumas notas e ensaios sobre "RELIGIÃO popular" e cristianismo.[11] Em 1796, obteve um posto de preceptor em Frankfurt, com a ajuda de Hölderlin, que também exercia essa mesma função na cidade.[12] Hegel aprofundou aí seus estudos de Berna, produzindo especialmente o substancial ensaio *ECD*. (Além dos escritos mencionados em meu verbete sobre *PET*, Hegel escreveu comentários sobre a ética de Kant e sobre *Inquiry into the Principles of Political Economy* (1767), de sir James Steuart.[13])

Em 1799, a morte de seu pai dotou Hegel de uma pequena herança que o eximiu de trabalhar como preceptor. No mesmo ano, Fichte era acusado de ateísmo e forçado a trocar Iena por Berlim. Schelling sucedeu a Fichte na cátedra e era então o astro em ascensão da filosofia alemã. Em 1801, ajudou Hegel a tornar-se um *Privatdozent* na Universidade de Iena, um professor não-assalariado que cobrava uma taxa de quem assistisse às suas aulas. Obteve esse posto graças à sua dissertação doutoral *Sobre as órbitas dos planetas* (1801), na qual supostamente procurava provar que havia somente sete planetas.[14] No mesmo ano, publicara o seu primeiro livro, *DFS*, que obteve a aprovação de Schelling como uma exposição de sua filosofia. Schelling assegurou a colaboração de Hegel em *DCF*, onde este último publicou alguns ensaios e críticas importantes.

Nessa época, Hegel era um protegido de Schelling e usava boa parte do mesmo vocabulário. Assim, havia uma tendência geral para considerá-lo discípulo e assistente de Schelling.[15] Mas cedo ficou claro que não era bem assim. Em especial, as lições de Hegel em Iena – sobre lógica, DIREITO natural, história da filosofia etc. – são consideravelmente diferentes no tema, conteúdo e estilo da obra de Schelling, e apresentam as linhas principais de seu sistema subseqüente.[16] As relações entre os dois deterioraram-se e, em 1803, Schelling partiu, indo assumir uma cátedra em Würzburg.

Hegel tornou-se professor-adjunto em 1805 e permaneceu em Iena para escrever *FE*. A obra foi concluída em 1806, na mesma época em que Napoleão derrotava a Prússia na batalha de Iena (e em que Hegel era expulso de seu alojamento, por ter engravidado a mulher de seu senhorio). Mas já tinha deixado Iena quando *FE* veio a ser publicada em 1807. Hegel, como Goethe, considerava Napoleão "o espírito do mundo a cavalo", o grande libertador. Quando a universidade fechou em conseqüência da ocupação francesa, Hegel foi para Bamberg, na Baviera, e editou durante um ano o *Bamberger Zeitung*, um jornal pró-napoleônico.[17] (Durante toda a sua vida, Hegel leu jornais franceses e ingleses, assim como os alemães, e escreveu numerosos artigos sobre assuntos correntes.)

Em 1808, foi nomeado diretor de um *Gymnasium* em Nuremberg, onde deu as aulas de filosofia que foram depois coligidas e publicadas como *PF*. Em 1811, casou com uma jovem aristocrática 22 anos mais moça do que ele, Marie von Tucher. Foi um casamento feliz e seus dois filhos tiveram bem-sucedidas carreiras. (Em 1817, adotaram o filho ilegítimo de Hegel, Ludwig Fischer, que faleceu em 1831.) Entre 1812 e 1816, publicou *CL*, a qual, em 1816, lhe valeu a titularidade de uma cátedra em Heidelberg, onde publicou a sua primeira edição da *Enc*.

O interesse de Hegel por seus discípulos e pelas obrigações administrativas de seu cargo, assim como sua fama de filósofo, culminaram na oferta de uma cátedra na relativamente nova Universidade de Berlim, que ficara vaga desde a morte de Fichte em 1814. Foi em Berlim que Hegel publicou *FD*, uma edição ampliada da *Enc*. em 1827 e uma terceira edição em 1830. Mas dedicou-se sobretudo às suas crescentes funções administrativas e, em especial, às aulas sobre lógica, direito natural, filosofia da natureza, filosofia da MENTE ou ESPÍRITO, arte, religião, história e história da filosofia. (Também jogava cartas, viajava e assistia a peças de teatro e óperas.)

Hegel não era um professor que fascinasse pelo brilho de sua elocução: a fala arrastada do suábio era interrompida pelo pigarro e a tosse constantes, enquanto permanecia debruçado sobre seu manuscrito. Sua prática pedagógica (tal como sua teoria) era não-socrática. Não solicitava perguntas ou comentários por parte de seus ouvintes. Esperava que mergulhassem a fundo no tema exposto, tal como ele fizera. Somente no final de um longo e extenuante aprendizado um estudante estava em condições de fazer perguntas judiciosas e comentários apropriados. Mas sua inteligência profunda, vasta erudição, evidente paixão pela filosofia e freqüentes e inspiradas improvisações asseguravam-lhe vasta audiência, que vinha muitas vezes de outras partes da Alemanha.[18]

Hegel publicou numerosos ensaios durante seus anos em Berlim. Salvo um longo ataque contra o *Reform Bill* inglês de 1831,[19] foram publicados principalmente no *Jahrbücher für wissenschaftliche Kritik* (Anuário de crítica científica), produzido por Hegel em colaboração com seus amigos Gans, Marheinecke, Forster etc., a partir de 1827. Isso proporcionou-lhe um veículo para a divulgação de ensaios sobre W. von Humboldt, Solger e Hamann.[20]

Hegel faleceu no final de 1831, vítima do cólera que varreu e dizimou quase toda a Alemanha, e foi sepultado em Berlim perto de Fichte. Morreu no auge de sua fama, considerado por amplo consenso o maior filósofo da Alemanha. Alguns dias depois de sua morte, a família ajudou a formar uma Sociedade de Amigos do Falecido (*Verein von Freunden des Verewigten*), a qual era composta por seus alunos e seguidores, com o objetivo de editar suas obras, incluindo as lições, as quais, acreditavam eles, eram necessárias para suplementar o quadro do seu sistema fornecido pelas obras publicadas. A edição veio à lume em 21 volumes, com vários editores, entre 1832 e 1845.

Mesmo durante sua vida, entretanto, Hegel teve seus críticos, e estes proliferaram após sua morte. O mais interessante deles é Schelling, que criticou a noção de Hegel de "movimento automático do CONCEITO", e também reivindicou ter originado o método empregado por Hegel. Em 1841, Schelling foi convidado pelo governo prussiano a lecionar em Berlim, na esperança de que isso neutralizasse o radicalismo teológico e político dos "jovens" hegelianos. As aulas foram sobre a "filosofia da revelação" e Schelling argumentou que Hegel (tal como o jovem Schelling) propusera uma filosofia "negativa", preocupada apenas com a possibilidade conceitual (o "quê" (*das Was*)) das coisas. Schelling propôs então suplementar isso com uma filosofia "positiva", desvendando a EXISTÊNCIA (*Existenz*) ou o "que" (*das Dass*) das coisas. A audiência incluía Engels, Bakunin, Burckhardt, Savigny, Ranke e Kierkegaard. Mas as conferências não tiveram êxito e os ouvintes de Schelling logo debandaram, deixando-o entregue a uma velhice amargurada até sua morte em 1854.[21]

O hegelianismo não tardou em perder sua posição nas universidades alemãs, em parte devido às crescentes críticas que lhe eram feitas, em parte porque a sua evidente pretensão de totalidade e finalidade parecia estar sendo abalada pelo rápido crescimento das ciências empíricas, especialmente as naturais, e ainda em parte porque o crescente radicalismo de seus mais talentosos representantes, como Feuerbach e Marx, os desqualificava para a obtenção de cargos universitários. Com efeito, os seguidores de Hegel logo manifestaram suas discordâncias em torno de sua ambígua herança, e dividiram-se em "velhos hegelianos" ou "hegelianos da direita" (Göschel etc.), o "centro" (Rosenkranz, Erdmann etc.) e os "jovens hegelianos" ou "hegelianos da esquerda" (Strauss, Michelet, Ruge, Vischer etc.). A classificação dependia em parte de Hegel ser interpretado ou não como proponente da ortodoxia religiosa e política, e em parte de se decidir se o hegeliano era ou não um conservador religioso e político. A direita continuou publicando os *Anuários de crítica científica* fundados por Hegel, ao passo que a esquerda os *Hallischen Jahrbücher* (Anuários de Halle), editados por Ruge e Echtermeyer a partir de 1838.

Marx, o mais célebre dos seguidores de Hegel, transformou o hegelianismo em materialismo histórico, argumentando que, com o sistema de Hegel, a filosofia, como tal, chegara ao fim. Mas a influência de Hegel estendeu-se a outros pensadores significativos que, embora não fossem hegelianos puros, lhe eram devedores de alguns aspectos cruciais de seu pensamento. Na Alemanha, Dilthey, um estudioso do pensamento de Hegel que é também descrito como o "maior historiador cultural desde Hegel", fez poderoso uso da noção hegeliana de "ESPÍRITO objetivo" em sua descrição de produtos culturais, e compartilhou da crença hegeliana de que "somente através da história o homem descobre o que é".[22] Mas o impacto de Hegel foi sentido em toda a Europa: na Itália especialmente (Croce, Gentile), mas também na Grã-Bretanha (Bradley, Bosanquet, McTaggart), Dinamarca (culminando em Kierkegaard, que exibe as cicatrizes de seu conflito com "o *SISTEMA (hegeliano)" e França (Meyerson, Sartre). Nos Estados Unidos (W.T. Harris, Peirce, Royce), Hegel deixou sua marca no pragmatismo.

Desde a morte de Hegel, raros filósofos foram adeptos incondicionais de seu sistema, e hoje não é mais possível ser um hegeliano puro, o que, na opinião de Hegel, é ser um platônico puro. Mas o pensamento de Hegel, tal como o de Platão, tem tido um profundo e, com freqüência, surpreendente efeito sobre os seus seguidores e sobre outros filósofos, e também sobre os profissionais de outras disciplinas, mormente em teologia e ciências sociais e políticas.

Entretanto, para apreciar inteiramente a influência de Hegel, precisamos entender o próprio Hegel. E para isso precisamos, entre outras coisas, conhecer algo das complexidades de sua linguagem. Assim, neste Dicionário, digo relativamente pouco acerca dos pensadores que influenciaram Hegel ou sobre a história posterior dos termos que ele usou, e muito mais a respeito de pensadores (alemães e não-alemães) que ajudaram a moldar sua linguagem e conceitos, e sobre o seu próprio e criativo uso do que herdou deles. Hegel sugeriu que as últimas obras de Platão deviam ser prefaciadas pelas palavras que Dante colocou acima da entrada para o Inferno: "Abandonai toda a esperança, vós que entrais aqui!" Hegel não pretendeu dizer que não deveríamos ler essas obras: seu valor filosófico é, a seu ver, proporcional à sua dificuldade. As obras de Hegel são igualmente difíceis. Mas este livro foi escrito na crença de que o leitor não precisa abandonar toda a esperança de compreendê-las e pode, tal como Dante, reemergir delas enriquecido.

NOTAS

1. Rudolf Haym, no que ainda é um dos melhores livros sobre Hegel, *Hegel und seine Zeit* (Berlim: Gaertner, 1857), sublinha a suprema e indefectível objetividade de Hegel.

2. J.L. Borges, "Everything and nothing", in *Labyrinths* (Harmondsworth: Penguin Books, 1970), p.284-5.

3. Ver R. Pascal, *The German Sturm und Drang* (Manchester: Manchester University Press, 1953).

4. Sobre o impacto de Platão nesse período, ver J.-L. Vieillard-Baron, *Platon et l'idéalisme allemand (1770-1830)* (Paris: Beauchesne, 1979), e G.W.F. Hegel, *Lençons sur Platon, 1825-1826*, tradução e introdução de J.-L. Vieillard-Baron (Paris: Auber, 1976).

5. Amigo e colega de Hegel em Heidelberg, Creuzer editou, traduziu e analisou trechos de Plotino. Sua edição completa foi publicada após a morte de Hegel, em 1835.

6. Proclo foi editado por Creuzer (1820-5) e por um outro amigo de Hegel, Cousin (1820-7). Ambas as edições contêm dedicatórias a Hegel e Schelling. Em sua autobiografia, Creuzer contou que Hegel o ajudou em seu trabalho de editor. Para mais detalhes, ver E. Wind, *Pagan Mysteries in the Renaissance* (2ª ed., Oxford: Clarendon, 1980), p. 192 e seg., e, em alemão, a obra pioneira de W. Beierwaltes, *Platonismus und Idealismus* (Frankfurt am Main: Klostermann, 1972).

7. Sobre Böhme e os místicos, ver p. 21.

8. Em seu artigo sobre Spinoza, no seu *Dictionnaire historique et critique* (1696, 1702), Bayle condenou-o como ateu. Mas muitos alemães desse período foram atraídos para Spinoza, a quem interpretaram de acordo com os propósitos pessoais de cada um: Goethe, Lessing, Mendelssohn, F.H. Jacobi, Herder (em *D*) e Schelling. Novalis chamou a Spinoza "um homem ébrio de Deus".

9. Uma descrição clássica do helenismo alemão desse período é a de E.M. Butler, *The Tyranny of Greece over Germany: A Study of the Influence Exercised by Greek Art and Poetry over the Great German Writers of the Eighteenth, Nineteenth and Twentieth Centuries* (Cambridge: Cambridge University Press, 1935). Ver também H. Hatfield, *Aesthetic Paganism in German Literature: From Winckelmann to the Death of Goethe* (Cambridge, Mass.: Harvard University Press, 1964). Nostalgia por Grécia e Roma tinha mais do que uma significação erudita ou poética: revolucionários por toda a Europa (e América) viam-se tentando reviver o antigo republicanismo.

10. O professor de lógica e metafísica no seminário era um lógico matemático de primeira categoria, G. Ploucquet. Viveu até 1790, mas deixara de lecionar em 1782, após um ataque cardíaco. Assim, embora Hegel tomasse mais tarde conhecimento de sua obra (mas não aprovasse o seu cálculo lógico), é duvidoso que tivesse sido ensinado por ele.

11. Foram publicados por H. Nohl em *Hegels theologische Jugendschriften* (Tübingen: Mohr, 1907).

12. A preceptoria de Hegel foi menos agitada do que a de Hölderlin. Em 1798, Hölderlin foi demitido pelo seu empregador, um banqueiro, devido ao seu caso amoroso com a muito mais jovem esposa do banqueiro, Susette Gontard, que foi imortalizada nas obras de Hölderlin como "Diotima". A morte de Susette em 1802 acelerou o início da insanidade de Hölderlin.

13. Esses manuscritos estão agora perdidos, mas K. Rosenkranz teve-lhes acesso para a sua *Hegels Leben* (*A vida de Hegel*), 1844.
14. O título completo é: *Dissertatio philosophica de orbitis planetarum*. Figura na *Jubiläumsausgabe* de H. Glockner (Edição do Jubileu: Stuttgart, 1927-39) das obras de Hegel, vol.I. Krug, em seu *Wörterbuch*, vol.V, p.507, cita a afirmação de Hegel de que não existe nenhum planeta entre Marte e Júpiter, e acrescenta: "E pouco depois quatro novos planetas foram aí descobertos." Mas eram asteróides, e não planetas, que foram descobertos: uns 1.500 corpos gravitam em torno do Sol entre Marte e Júpiter mas nenhum excede 300 milhas de diâmetro. B. Beaumont, "Hegel and the seven planets", *Mind* LXIII (1954), p.246-8, fornece uma equilibrada descrição da controvérsia.
15. Um ano ou dois antes, a tendência de Fichte para considerar *Schelling* seu assistente redundou num tempestuoso corte de relações entre eles.
16. As lições de 1804-5 sobre lógica e metafísica traçam uma distinção entre "lógica" e "METAFÍSICA" que desaparece em *CL*.
17. Haym, em *Hegel und seine Zeit*, recrimina Hegel por esse episódio impatriótico, mas elogia sua habilidade jornalística.
18. Entre 1820 e 1831, quando era um *Privatdozent* (professor não-assalariado) em Berlim, Schopenhauer fixou as suas aulas para coincidirem com as de Hegel, mas nunca atraiu mais de três estudantes.
19. *On the English Reform Bill* (1831), traduzido por T.M. Knox em *Political Writings* (*Escritos políticos*).
20. O comentário crítico a *Über die unter dem Namen Bhagavad-Gita bekannte Episode des Mahabharata* (*Sobre o episódio do Mahabharata conhecido pelo nome de Bhagavad-Gita,* 1826) de Humboldt, foi publicado em 1827. (Humboldt não revelou a Hegel o seu desdém por essa crítica.) O comentário crítico a *Solgers nachgelassene Schriften und Briefwechsel* (*Escritos e correspondência inéditos de Solger*, 1826) foi publicado em 1828, assim como a *Hamanns Schriften* (*Escritos de Hamann*, 1821-5). Os *Jahrbücher* também contêm as críticas de Hegel a obras de Göschel, Ohlert, Görres e seus comentários a duas críticas anônimas a respeito dele (por Hülsemann e Schubart). Esses, como muitos outros comentários críticos de Hegel (especialmente o de 1817 sobre o terceiro volume das *Obras* de Jacobi), ainda não foram traduzidos.
21. O primeiro ataque público de Schelling a Hegel foi publicado em sua brilhante coletânea de "Conferências de Munique" de 1827. Voltou ao tema no seu prefácio à tradução alemã de *On French and German Philosophy*, de Cousin (1834).
22. *Jugendgeschichte Hegels* (*História do jovem Hegel*, 1905), de Dilthey, foi uma obra pioneira sobre o assunto. Dilthey também exerceu importante influência sobre Heidegger.

A

absoluto O alemão *absolut* é adjetivo ou advérbio, sendo usado de modos idênticos a "absoluto" no nosso idioma. Deriva do latim *absolutus* ("desprendido, desligado, completo"), particípio passado de *absolvere* ("desprender de, soltar, desligar, completar") e significa desta maneira: "não dependente de, incondicionado a, não relativo a ou limitado a qualquer outra coisa; autônomo, perfeito, completo." Aparece primeiro como substantivo em Nicolau de Cusa, que, em sua *De docta ignorantia* (1440), empregou *absolutum* para referir-se a Deus como o ser que não é condicionado por, limitado por ou comparável a qualquer outra coisa, e os filósofos alemães depois de Kant usam regularmente *das Absolute* para referir-se à realidade última, incondicionada. Isso pode ter, mas não necessariamente, as características (natureza da pessoa etc.) tradicionalmente associadas a Deus. A descrição de "o absoluto" que mais interessou a Hegel foi a de Schelling que, embora um dos primeiros adeptos do idealismo de Fichte, logo o abandonou a favor do ponto de vista segundo o qual o absoluto é uma "IDENTIDADE" neutra subjacente tanto no SUJEITO (ou espírito), quanto no OBJETO (ou natureza) – um ponto de vista que devia muito a Spinoza, assim como a Kant e Fichte.

A resposta de Hegel a Schelling (e Spinoza) não é negar que o absoluto existe: ele estava empenhado em conceder que existe um absoluto, tanto por sua convicção de que nem tudo é dependente de alguma outra coisa, quanto por sua crença em Deus, para quem, no seu ponto de vista, "o absoluto" é a expressão filosófica, podada de seus pressupostos antropomórficos. Mais exatamente, a questão consiste em apurar o que é o absoluto (ou, no caso, Deus); se não respondermos a essa questão, a asserção de que o absoluto existe é vazia. (No Prefácio para *FE*, o absoluto de Schelling é descrito como "a noite em que todas as vacas são pretas"). A sua própria opinião é esta: Uma teoria do absoluto postula três tipos de entidade: (1) o absoluto; (2) o mundo fenomênico (rochas, árvores, animais etc.); (3) o conhecimento humano de (1), de (2) e das relações entre eles. Mas esse esquema provoca várias críticas:

1. Tanto Spinoza quanto Schelling não apresentam uma descrição adequada de como e por que o absoluto gera o mundo fenomênico. Ambos recorrem implicitamente a um observador de fora, a quem o absoluto aparece sob várias formas, um observador que é inconsistentemente tratado ora como responsável pela manifestação do próprio absoluto, ora como meramente uma das manifestações do absoluto.

2. O absoluto *per se*, (1) não pode ser o absoluto se não se manifesta na forma de (2) e (3). Somente a manifestação do absoluto é que o faz o absoluto (assim como somente o desenvolvimento, *ceteris paribus*, de um girino em uma rã nos autoriza a classificá-lo como girino). Logo, o absoluto (1) depende de suas manifestações, tanto quanto estas dependem dele. Assim (1), por si só, uma vez que depende de (2) e (3), não é o absoluto; o absoluto é, antes, (1), (2) e (3) juntos.

3. A verdadeira natureza de uma entidade é essa entidade plenamente desenvolvida e não o seu estado embrionário (a rã e não o girino): logo, o absoluto verdadeiro é (1) tal como se desenvolveu em (2) e (3), e não (1) *per se*.

4. O absoluto (1) não é epistemicamente absoluto ou incondicionado: o nosso conhecimento dele não é (como subentende a teoria de Schelling de "INTUIÇÃO intelectual") imediato e incondicionado; envolve um longo processo de investigação, tanto para o indivíduo como para a humanidade em seu todo. O absoluto não pode permanecer simples e estático, porquanto deve refletir o desenvolvimento do nosso conhecimento dele, (3), uma vez que esse conhecimento não é (por 3 acima) distinto do absoluto, mas a sua fase suprema.

5. O absoluto em seu sentido original (1) é supérfluo: uma proposição como "O absoluto é (uma/a) substância" (distinta de "O chefe está zangado") não tem um sujeito que é inteligível independentemente do conceito que lhe aplicamos. Assim, podemos também omiti-lo por completo e concentrar-nos tão-só em conceitos, como substância, conceitos que aplicamos ao mundo fenomênico (2), e nós mesmos (3), os quais constituem a ESSÊNCIA desses domínios, uma vez que nem nós nem o mundo fenomênico poderiam existir, a menos que tais conceitos lhes fossem aplicáveis. Hegel conclui que o absoluto não é algo subjacente ao mundo fenomênico, mas o sistema conceptual inserido neste. Uma vez que esse sistema conceptual não é estático mas desenvolve-se e manifesta-se em níveis sucessivamente mais elevados da natureza e no avanço do conhecimento humano ao longo da história, o absoluto tampouco é estático, mas desenvolve-se e atinge o seu estágio final na própria filosofia de Hegel.

6. O que é absoluto não é exclusivamente imediato ou incondicionado, mas tem condições e mediações que se suprassumem na imediatividade. Por exemplo, a filosofia, a fase suprema do absoluto e ela própria "conhecimento absoluto", depende de certo meio ambiente natural e cultural. Mas liberta-se desse meio ambiente pondo – digamos – em dúvida a sua existência, concentrando-se em conceitos puros, não-empíricos, ou conceptualizando esse meio ambiente. De modo semelhante, os seres humanos em geral suprassumem o meio ambiente natural de que dependem mediante suas atividades cognitivas e práticas ("ESPÍRITO"). Por essa razão e também porque o sistema conceptual que estrutura a natureza e a história forma o núcleo da MENTE humana, o absoluto é espírito.

Hegel também usa "absoluto" como adjetivo. *FE* culmina em "O *SABER absoluto" – em contraste com razão, espírito e religião –; *CL* conclui com a "idéia absoluta" – em contraste com a vida e com a idéia de conhecer –; e o clímax do *SISTEMA total, em *Enc.* III, é o "espírito absoluto" – em contraste com espírito subjetivo e espírito objetivo. *CL* também se refere à "*DIFERENÇA absoluta" – em contraste com diversidade e OPOSIÇÃO –; ao "FUNDAMENTO absoluto" – em contraste com o fundamento determinado e a condição

–; ao incondicionado absoluto – em contraste com o incondicionado relativo –; e à "RELAÇÃO absoluta" – em contraste com a relação essencial, o absoluto e a efetividade e à "NECESSIDADE absoluta" – em contraste com a necessidade formal e relativa.

Usualmente, o item caracterizado como absoluto ocorre no final de uma série de itens: o espírito absoluto vem por último e é, em certo sentido, mais elevado do que – os espíritos subjetivo e objetivo. Mas isso não é invariavelmente assim: a diferença absoluta vem antes de diversidade e oposição, e o fundamento absoluto vem antes do fundamento determinado e da condição – sugerindo que o que é "absoluto" é, em algum sentido, inferior ao que lhe vem depois. Essa diferença corresponde a uma diferença entre dois sentidos de "absoluto": num sentido, ser "absoluto" é excluir mediação e condições, enquanto que, em outro sentido, é ter mediação e condições suprassumidas. Uma criança sem educação é absoluta no primeiro sentido, ao passo que um adulto educado que suprassuma a sua educação (talvez por inovação lingüística ou científica) é absoluto no segundo sentido.

abstrato e concreto No século XVI, *abstrahieren* ("abstrair") foi tomado do latim *abstrahere*, literalmente "levar puxando, arrancar, retirar (algo de alguma outra coisa)". O particípio passado de *abstrahere, abstractus*, deu origem, no século XVIII, a *abstrakt* e *das Abstrakte* ("o abstrato") para caracterizar os produtos de tal abstração (*Abstraktion*). Do mesmo modo, *konkret* e *das Konkrete* derivam do particípio passado *concretus* ("formado ou crescido por agregação, condensado"), do latim *concrescere* ("formar-se ou crescer por agregação, condensar").

O abstrato é usualmente considerado um PENSAMENTO, CONCEITO ou UNIVERSAL, que extraímos ou removemos da realidade concreta, perceptível. Mas Kant, em muitos dos seus escritos, insistiu em que *abstrahieren* deve ser usado de modo intransitivo, ou seja, não para dizer que abstraímos algo (especialmente um conceito), mas que o próprio conceito ou nós, ao usar um conceito, abstraímos de (isto é, desconsideramos) algo, especialmente as características não-essenciais, contingentes, do concreto. Hegel usa com grande freqüência *abstrahieren* intransitivamente para dizer, por exemplo, que a VONTADE, ou o EU, abstrai(-se) dos seus desejos concretos etc. (*FD*, §5).

Outra característica no uso de Hegel é que, de acordo com a etimologia neutra de *abstrakt* e *konkret*, um item sensório ou um *PARTICULAR, assim como um pensamento ou um universal, pode ser abstraído (a saber, desligado de um pensamento ou de outros itens sensoriais), e um universal pode ser concreto (a saber, "formado junto" com outros universais ou com o concreto sensorial), assim como abstrato. (Mas Hegel também tende a ver como (abstratamente) *universal* qualquer item, seja ele sensorial ou intelectual, que esteja desligado, ou abstraído, de outras coisas: ver, por exemplo, *FE*, I, sobre certeza sensível.)

Do século XVIII em diante, filósofos alemães condenaram a abstração característica do Iluminismo. Antecipando-se a Nietzsche, assim como a Hegel, Herder em *EE* criticou a separação por Kant do *a priori* do *a posteriori*, da FORMA da nossa cognição da sua MATÉRIA. O abstrato foi associado ao insuficiente, dependente, universal, conceitual e sem vida. O dano produzido por abstração foi detectado na teologia, na ciência e na história, bem como na filosofia. Hegel simpatizava com essa linha do pensamento alemão e em

PET tendeu a contornar a RAZÃO, o *ENTENDIMENTO e o conceptual, em favor da concreção da VIDA e do amor. Em suas obras maduras, entretanto, ele não rejeita o abstrato para imersão no concreto, mas avança do abstrato até o concreto: "A vida do espírito não é a vida que se atemoriza em face da morte e se preserva em face da devastação, mas sim a vida que suporta a morte e nela se conserva" (*FE*, Prefácio).

Os pensamentos, como SER, CAUSALIDADE ou universalidade – o assunto próprio da Lógica – são, ele admite, abstratos, em contraste com entidades perceptíveis e com REPRESENTAÇÕES, tais como, a concepção de uma casa, uma árvore ou uma vaca. Não são, porém, derivados por abstração de entidades perceptíveis ou de representações, no sentido de que *primeiro* percebemos coisas e delas formamos concepções de nível pouco elevado, e só *então* abstraímos das concepções (ou diretamente das coisas) suas características comuns, de modo a formar pensamentos ou conceitos gerais. Se isso assim fosse, então o abstrato seria inferior ao concreto, uma vez que os conceitos formados desse modo conteriam (como *Merkmale*, marcas ou critérios) somente aquelas características das coisas que porventura atraíssem a nossa atenção e nos habilitassem a reconhecer coisas como de um certo tipo quando as encontrássemos. Mas os pensamentos de que a Lógica se ocupa são, primeiro, da ESSÊNCIA das coisas – nada poderia haver, por exemplo, a que o conceito de ser não fosse aplicável, ou que não fosse um indivíduo – e, segundo, são tão básicos ao ponto de serem pressupostos por qualquer processo de abstração: não se poderia, por exemplo, abstrair o pensamento de NEGAÇÃO sem se possuir já o pensamento do que *não* é negação. (Hegel também põe em dúvida se concepções tais como a de um cavalo são formadas desse modo, uma vez que, por exemplo, ao abstrair a concepção teríamos, pelo menos, de ignorar cavalos deformados e defeituosos.) Assim, conquanto seja verdadeiro que, quando fazemos lógica e pensamos sobre pensamentos puros, abstraímos do concreto e de suas características não-essenciais, esses pensamentos abstratos não são formados por abstrações do concreto. E uma vez que formam as características essenciais do concreto, tampouco lhe são, em qualquer sentido claro, inferiores.

Há outro sentido de "abstrato" no qual os pensamentos não são abstratos. Se os conceitos são formados, como Hegel por vezes admite que podem ser, por abstração de coisas ou representações, eles são usualmente abstratos na acepção de nítida e firmemente separados *uns dos outros*, sem nenhuma das relações fluidas entre conceitos que ele revela na sua Lógica. (Hegel acreditava, por exemplo, que os tipos de silogismo na lógica de Aristóteles eram apresentados "empiricamente" ou "historicamente", e eram nessa medida produtos do "entendimento (*Verstand*) abstrato (isto é, abstrativo)".) No tratamento de Hegel, em contrapartida, os pensamentos são derivados uns dos outros e, assim, é mostrado que formam um sistema concreto, em vez de um agregado distinto e abstrato. Uma de suas razões para acreditar que os nossos conceitos devem ser unificáveis desse modo é que tais conceitos (ou "o conceito") formam o núcleo ou essência da mente humana, à qual faltaria uma unidade apropriada se os seus conceitos fossem um simples agregado.

Assim, quando fala do "conceito concreto" e de "universalidade concreta", Hegel tem usualmente dois pontos, pelo menos, em mente: que os conceitos ou universais não estão nitidamente separados do concreto perceptível – uma vez que, por exemplo, formam a essência do concreto – e que não estão nitidamente separados entre si, que, por exemplo, o conceito de universalidade não é claramente distinto dos de particularidade e *INDIVIDUALIDADE. Mas Hegel também se opõe à tendência para ver todos os conceitos ou universais como num mesmo nível com, digamos, a cor vermelha, em que a vermelhidão de uma coisa não precisa afetar significativamente a natureza dessa coisa ou as suas relações com outras coisas vermelhas: um objeto vermelho pode facilmente tornar-se (ou ser imaginado como) de alguma outra cor, sem mudar as suas outras qualidades, e objetos vermelhos podem ter pouquíssimas outras características em comum além da cor. Em contrapartida, um universal como a vida constitui, em parte, a essência de coisas viventes, dirigindo a sua articulação interna, e as coisas viventes estão essencialmente relacionadas entre si em virtude de sua vida: diferentes espécies nutrem-se e, ocasionalmente, sustentam-se à custa umas das outras, e espécies reproduzem-se a si mesmas. Assim, temos uma ciência da vida, ao passo que seria absurdo propor uma ciência dos objetos vermelhos. (Hegel considerou espírito e Deus como similarmente concretos.) Além disso, Hegel era contrário à idéia de que fenômenos concretos e historicamente em desenvolvimento, tais como punição e monarquia, podem ser apreendidos numa única e simples definição.

Entretanto, é igualmente difícil definir a palavra "abstrato", e muitos dos seus usos por Hegel só são inteligíveis no contexto em que ocorrem: É pensar abstratamente, diz ele num breve ensaio "Quem pensa abstratamente?" (1807), "ver no homicida senão essa abstração, que ele é um homicida, e apagar o resto da essência humana nele". O dinheiro é ou expressa o valor abstrato de outros bens. A primeira obra de arte, o templo egípcio ou grego, é a obra de arte abstrata, em contraste com as obras de arte cada vez mais vigorosamente autoconscientes e, então, espirituais, dos períodos posteriores da Grécia. O DIREITO abstrato – em contraste com MORALIDADE e VIDA ÉTICA – diz respeito aos direitos dos indivíduos em seu convívio mútuo, primordialmente o direitos de PROPRIEDADE, contrato e não-interferência, e é característico de sociedades altamente – e abstratamente – individualistas como a Roma imperial, mas também é um elemento essencial na sociedade moderna. Mas Hegel é contrário à temerária aplicação de "abstrações" tais como liberdade, igualdade e fraternidade à EFETIVIDADE concreta e acredita que ela a destrói.

As noções do abstrato e do concreto permeiam, pois, o pensamento de Hegel em seu todo. De um modo geral, o seu ponto de vista é que o abstrato constitui um elemento essencial: em lógica, abstraímos do concreto perceptível, e os conceitos são vistos inicialmente, embora não em última instância, mais como distintos do que como uma massa indeferenciada. Nas histórias de humanidade, de arte, de religião e de filosofia, o abstrato e a concentração nele constituem uma fase essencial. Na sociedade moderna, direitos abstratos, princípios abstratos e o indivíduo abstrato são características essenciais, aliadas à riqueza concreta das relações pessoais, consuetudinárias e éticas.

ação, ato e responsabilidade Entidades tanto não-humanas quanto humanas agem e reagem reciprocamente e são ativas de várias maneiras. Para "ativo" e "atividade", nessa acepção geral, Hegel usa as palavras *tätig* e *Tätigkeit*. O vocábulo usual para uma ação humana é *Handlung*, do verbo *handeln*, "agir" (literalmente, "manipular" ou "segurar com as mãos"). Hegel considera usualmente a ação no contexto do ESPÍRITO objetivo e, mais especificamente, da MORALIDADE. A ação, em especial a ação moral, é vista como tentativa pela VONTADE de realizar-se de modo apropriado à sua *UNIVERSALIDADE essencial.

Uma ação pressupõe um meio ambiente externo que é por ora independente de minha vontade e do qual tenho um conhecimento mais ou menos incompleto. Suponha-se, por exemplo, que estou numa clareira de uma floresta. Ateio então fogo, deliberadamente, a um tufo de grama, o fogo propaga-se e a floresta e uma aldeia vizinha são destruídas pelas chamas. Atear fogo à grama era, na terminologia de Hegel, o meu *Vorsatz*, o meu desígnio ou propósito. O incêndio da floresta e da aldeia, em conjunto com quaisquer outras conseqüências que daí advenham, e quer fossem previstas ou pretendidas por mim, quer não, constitui o meu *Tat* ou ato. Mas em que medida o meu ato me será imputado como de minha responsabilidade (*Schuld*) e consideração *ação (Handlung) minha*? O incêndio da floresta e da aldeia, ou somente o atear o lume na grama? Um primeiro impulso é para dizer que a minha ação coincide com a realização do meu *propósito*, a saber, atear fogo na grama. Mas isso é insatisfatório. Eu posso ter pretendido causar o incêndio mais vasto (ou alguma parte dele) e mesmo que não o pretendesse, eu podia (e devia) estar cônscio das prováveis, senão inevitáveis conseqüências de atear fogo na grama. O impulso seguinte é, portanto, dizer que sou o responsável e minha ação inclui aquela parcela do meu ato que corresponde à minha *Absicht* ou intenção. *Absicht* deriva do verbo *absehen* (literalmente, "abranger com a vista") e, diz Hegel, "implica *ABSTRAÇÃO, ou a forma de universalidade ou a extração de um aspecto *PARTICULAR da coisa *CONCRETA" (*FD*, §119). Ou seja, ao atribuir uma ação intencional a um agente, não atribuímos a totalidade do ato com todas as suas múltiplas características e conseqüências, nem atribuímos somente o ato individual envolvido no *Vorsatz*, mas alguma característica essencial, "universal", do ato pretendido pelo agente: "incêndio premeditado" ou "queimar uma floresta" – uma descrição que é universal no sentido de que é aplicável a uma quantidade infinita de ações executadas em diferentes ocasiões, e no sentido de que, numa dada ação, engloba uma multiplicidade de eventos e não a simples realização do *Vorsatz* do agente. Na medida em que o agente pretendia essa ação, ele deve tê-la visto como contribuição para o seu *bem-estar* ou o de outros, como satisfação de necessidades, interesses ou propósitos, e Hegel considera tal satisfação um ingrediente essencial mesmo em ações que não são primordialmente motivadas por isso. (Desdenhava as tentativas para desprestigiar grandes atos e grandes homens mediante a revelação de seus motivos egoístas, e gostava de dizer, "Ninguém é herói para o seu criado de quarto – não porque ele não é um herói, mas porque o criado é um criado.")

Entretanto, intenção e bem-estar não fornecem orientação adequada para o desempenho de ações ou para a sua avaliação. *Qualquer* ação pode ser justificada pela intenção e o bem-estar do agente: incendiar uma floresta, por exemplo, pelo meu desejo de fritar salsichas ou de preparar o terreno para plantar. O bem-estar de outros, mesmo de todos os outros, tampouco melhora a questão: "Quando São Crispim roubou couro a fim de fabricar sapatos para os pobres, a sua ação era moral mas errônea e, portanto, inadmissível" e "é um dos mais comuns equívocos do pensamento abstrato fazer os direitos privados e o bem-estar privado valer como *absolutos*, em oposição à universalidade do estado" (*FD*, §126). Embora Hegel passe da intenção e do bem-estar para uma descrição do bem, isto é, da moralidade individual conforme retratada por Kant e seus sucessores, ele sentiu que tampouco isso fornecia solução alguma para o problema da ação e de sua avaliação. Com efeito, a "visão moral do mundo" também permite que qualquer ato seja justificado, desde que resulte de uma boa intenção ou de um "bom coração". Somos responsáveis, argumenta Hegel, por muitas, senão todas as conseqüências, mesmo as imprevistas ou não premeditadas, de nossas ações, visto que agir é essencialmente aceitar riscos em face de uma realidade externa que não se encontra totalmente sob o nosso próprio domínio ou conhecimento prévio. (Ele cita um antigo provérbio: "Uma pedra arremessada é obra do diabo.") Assim, embora admita que devemos levar em certa conta as intenções de uma pessoa – hoje não consideraríamos Édipo responsável pelo parricídio e incesto – o seu ponto de vista geral é que a "verdade da intenção é o próprio ato".

Uma notável característica do pensamento de Hegel é a sua tendência para assimilar ação e *COGNIÇÃO, MENTE ou espírito prático e teórico. Inicialmente, concebemos a ação como muito diferente da cognição, uma vez que, enquanto a cognição está preocupada com o que *é* o caso, a ação é motivada pela crença em que eu *DEVO, seja qual for a razão, introduzir uma alteração numa realidade estranha, *EXTERNA. Hegel deseja abalar essa visão de ação. O meio ambiente em que atuo já está, em geral, moldado por *outros*, e contém uma variedade de normas e instituições que guiam as minhas ações, e que as minhas ações ajudam mais a sustentar do que a alterar – assim como o meu uso de uma linguagem sustenta geralmente a linguagem e só gradual e perifericamente a altera. Que outras pessoas compartilham desse meio ambiente e reconhecem, interpretam e respondem às minhas ações é também, no entender de Hegel, uma característica essencial da ação. (Na filosofia alemã pós-kantiana em geral, *outras* pessoas são consideradas de preferência sob o título de filosofia moral, em vez de filosofia teórica.) Daí que a idéia ABSOLUTA é vista como a "identidade de idéias teóricas e práticas", ou seja, a identidade das idéias de "o verdadeiro" (cognição) e de "o bem" (atividade moral) que imediatamente a precede na Lógica.

Por essa razão (e também porque o sistema de Hegel é histórico e retrospectivo), Kierkegaard argumentou que o *SISTEMA de Hegel exclui uma descrição adequada da ação, especialmente daquelas ações que requerem uma decisão que não é prescrita por – e pode conflitar com – normas e práticas geralmente aceitas: "a maioria dos sistematizadores são como um homem que constrói um enorme castelo e vive numa choupana vizinha". Hegel pode acomodar as escolhas dissidentes de figuras como Antígona e os atos revolucionários de indivíduos "históricos mundiais" como César, Alexandre e Napoleão, pois representam um aspecto do sistema de valores de suas épocas. Mas tem pouco apreço pela adoção totalmente idiossincrásica e não-racional de um credo ou de um modo de vida que Kierkegaard tinha em mente. Um agente racional, na concepção de Hegel, ajustar-se-á às normas e instituições de sua sociedade, tal como o conhecedor racional se renderá ao objeto de cognição.

alienação e externação Hegel usa duas palavras para "alienação":

1. *Entfremdung* corresponde a *entfremden* ("alhear"), de *fremd* ("alheio"). No Alto-Alemão médio (isto é, dos séculos XII a XV), referia-se a tomar ou roubar os bens de uma pessoa e também à alienação mental, especialmente o coma ou estupor. Mas passou mais tarde a indicar, primordialmente, o estranhamento ou a desavença entre pessoas.

2. *Entäusserung* corresponde a *entäussern*, "tornar *EXTERIOR ou externo (*ausser*)", e significa "renúncia" ou "despojamento". (Hegel usa *Entäusserung*, mas não *Entfremdung*,

para referir-se à alienação, isto é, ao ato de despojamento voluntário dos próprios bens: *FD*, §§65 e seg.)

Outras palavras na mesma área são: *Entzweiung* (de *zwei*, "dois"), "bifurcação", "desunião"; *Zerrissenheit* (de *zerreissen*, "rasgar, dilacerar, desmembrar, desligar"), "desmembramento", "desconjuntura"; *Zwiespalt* (também de *zwei*), "discórdia", "conflito", "discrepância"; *Diremtion*; e *Trennung*, "separação" (de *trennen*, "separar").

Alienação para Hegel é o estágio de desunião que emerge de uma simples unidade e é subseqüentemente reconciliado numa unidade superior, diferenciada. O seu conceito de alienação, embora substancialmente original, deve muito a pensadores que o precederam: à idéia de Rousseau de que o contrato social exige que cada pessoa se entregue à comunidade; à sugestão de Fichte, em *ECR*, de que a "idéia de Deus como legislador, através da lei moral em nós, está baseada numa *Entäusserung* do que é nosso, no traslado de algo subjetivo para um ser fora de nós; e essa *Entäusserung* é o verdadeiro princípio de religião, na medida em que a religião será usada para determinar a vontade", e à sua afirmação em *TC* de que o EU ou SUJEITO produz o mundo fenomênico por um processo de *Entäusserung*, de auto-alienação ou auto-externação; ao argumento de Schiller em *EE* de que o avanço da cultura fragmentou a harmonia original do grego antigo com a sua própria natureza essencial, com outros homens, com a sua sociedade e com a natureza – uma desunião que, no entender de Schiller (mas não de Hegel) só pode ser reparada pela arte; e ao retrato feito por Diderot, em *O sobrinho de Rameau* (cuja tradução por Goethe foi publicada em 1805), do cínico servil, autoconsciente, que representa mil papéis para bajular o poder e a riqueza, e é, em *FE*, VI.B, um paradigma da "consciência dilacerada (*zerrissene*)" e do "espírito auto-alienado (*sich entfremdete*)".

Hegel não usa a palavra *Entfremdung* antes de *FE*, mas vários de seus escritos anteriores prenunciam seus pontos de vista posteriores. No fragmento sobre "Amor" (em *PET*), "VIDA" (tal como, em *FE*, "ESPÍRITO") subsiste um processo de unidade imatura, oposição e reunião final. O amor restaura a unidade entre indivíduos e entre o indivíduo e o mundo, mas sem aniquilar inteiramente o indivíduo. Em *ECD*, ele, assim como Schiller, considera a discórdia em nosso íntimo entre o intelecto e o sentimento como uma fase necessária de desenvolvimento espiritual, mas argumenta que a reunião só pode ser realizada pela religião, concebida como "reflexão e amor unidos". No "Fragmento de um sistema" (em *PET*), a religião habilita o homem a transcender sua vida finita ou restrita e a unir-se com a "vida infinita" ou "espírito" que permeia o mundo.

Em *DFS*, em lugar da religião (ou da ARTE), é a filosofia como RAZÃO (em contraste com *ENTENDIMENTO) que pode reconciliar a *Entzweiung* envolvida no desenvolvimento da cultura. Tal *Entzweiung* – "o surgimento da consciência a partir da totalidade, a bifurcação em ser e não-ser, em conceito e ser, em finito e infinito" – é um dos dois "pressupostos" da filosofia, sendo o outro o "próprio absoluto... o objetivo que é buscado, mas já está presente": "A tarefa da filosofia é unificar essas pressuposições, instalar o ser em não-ser – como vir-a-ser, bifurcação no absoluto – como aparência, o finito no infinito – como vida." Um aspecto da superação da alienação é a reconciliação (*Versöhnung*) com a EFETIVIDADE em *CA*.

FE contém duas impressionantes descrições da alienação. Uma é a descrição quase-feuerbachiana da "CONSCIÊNCIA infeliz, internamente cindida (*entzweite*)" do cristianismo primitivo e medieval, que se considera variável e não-essencial, e projeta seu aspecto universal, essencial e invariável num ser transcendente com quem busca reunir-se (IV.B). (*ECD* tinha descrito a religião de Abraão em termos semelhantes.) A outra ocorre em *FE*, VI, especialmente B.I., onde a VIDA ÉTICA não-alienada da Grécia antiga declina, primeiro, no atomismo dos indivíduos dotados de direitos do Império Romano, e, depois, no "mundo do espírito auto-alienado (*sich entfremdete*)". Esse mundo (que Hegel situa entre a queda de Roma e a Revolução Francesa) é marcado pela separação: entre o mundo efetivo e um além-mundo, o qual é representado pela FÉ (*Glaube*) como a ESSÊNCIA do mundo efetivo; entre o indivíduo *AUTOCONSCIENTE e a SUBSTÂNCIA social; e entre o poder do Estado e a riqueza. Cada um desses elementos é estranho aos outros e, no entanto, dependente deles. A interação entre eles ocorre na forma de CULTURA (*Bildung*): uma pessoa abandona ou aliena o seu eu meramente natural e só tem valor em proporção à sua cultura adquirida.

R. Schacht, em *Alienation* (1971), p.37 e seg., argumenta que em *FE*, VI, Hegel usa *Entfremdung* para dois fenômenos distintos: (1) o fato de que a substância social é estranha ao indivíduo; (2) a alienação ou abandono pelo indivíduo do seu eu particular e identificação com a substância universal. (*Entfremdung* no sentido (2) mas não no sentido (1) é, argumenta Schacht, intermutável com *Entäusserung*.) Schacht também declara que a alienação do indivíduo (2) de si mesmo pela aquisição de cultura é, na opinião de Hegel, a solução para a alienação (1). Mas isso é incorreto. A cultura é tanto a possessão de um indivíduo "desprezível", alienado (sobrinho de Rameau), quanto de qualquer outro: a cultura é o meio no qual a alienação (1) se exaure, não a solução dela. A alienação (2) não pode resolver a alienação (1), por duas razões:

1. A alienação (2) envolve uma perda autêntica de integridade e independência individuais, não simplesmente uma recuperação da essência universal ou do eu real do indivíduo; a alienação (2) só é requerida do indivíduo em virtude da alienação (1), e o indivíduo alienado (2) é um estranho para si mesmo. A cultura em geral, acredita Hegel, envolve a auto-alienação num sentido forte, por exemplo, no domínio de línguas estrangeiras, não apenas da língua materna do indivíduo.

2. Neste estágio, a substância social não apresenta um conjunto estável e coerente de instituições ou valores com os quais um indivíduo pode identificar-se: se ele se dedica ao ESTADO com exclusão da riqueza, o poder do Estado converte-se, isto é, aliena-se (2) num indivíduo (o monarca) e num manipulador de riqueza – daí resulta que o "heroísmo de serviço" se converte no "heroísmo da bajulação"; riqueza e poder do Estado podem ser alternadamente vistos como bons ou maus, dependendo de se conceber o Estado como sustentáculo do bem universal ou como alheio e repressivo, e a riqueza servir aos próprios e fugazes prazeres do indivíduo ou, antes, ao bem de todos.

Assim, embora Hegel esperasse, em última instância, uma reconciliação do indivíduo com a substância social que deixasse intacta a integridade do indivíduo, ele não acredita, porém, que isso fosse possível na sociedade alienada da França de Luís XIV, e sua simpatia imediata está com o sumamente alienado Rameau, que não se deixa iludir e ostensivamente parodia as instituições e valores alienados e cambiantes de sua sociedade. A solução para essa alienação (1), argumenta Hegel, não era uma identificação imediata com a substância social, mas a *intensificação* da alienação – iluminismo e revolução.

A "alienação" ocorre em muitos outros contextos. Hegel fala, tanto no Prefácio como no final de *FE*, de *Entfremdung* de Deus e da *Entäusserung* do espírito na NATUREZA, e da superação disso na HISTÓRIA. Em *FE*, VI, ele considera a LINGUAGEM, especialmente o uso de tais palavras UNIVERSAIS como "EU", como envolvendo a *Entfremdung* ou *Entäusserung* do eu mesmo *PARTICULAR (em contraste com o eu mesmo universal) num grau muito maior do que a AÇÃO ou a "expressão fisionômica". No Prefácio, ele sugere que a EXPERIÊNCIA requer que o objeto se aliene e depois retorne a si dessa alienação (*Entfremdung*): só podemos, por exemplo, compreender fenômenos mediante o recurso a abstrações que, inicialmente, parecem muito distantes dos próprios fenômenos.

A alienação é descrita de forma sumamente vigorosa em *FE* mas tanto as palavras quanto as idéias são importantes em obras posteriores de Hegel. Entretanto, a sua importância e até a sua presença foram virtualmente ignoradas pelos estudiosos de Hegel antes do aparecimento das análises de Marx de *Entfremdung* e *Entäusserung* em seus "Manuscritos filosóficos" de 1844, mas publicados primeiro em alemão em 1932, e em inglês em 1959.

alma *ver* MENTE E ALMA.

alteridade *ver* IDENTIDADE, DIFERENÇA E ALTERIDADE.

anulação *ver* SUPRASSUNÇÃO.

anular *ver* SUPRASSUNÇÃO.

aparência[1], ilusão e fenômeno O alemão tem duas palavras para significar aparência: *Schein*, com o verbo *scheinen*, e *Erscheinung*, com o verbo *erscheinen*. (1) *Scheinen* tem dois sentidos distintos: (a) "brilhar, fulgir"; (b) "aparecer, parecer". Correspondentemente, *Schein* significa: (a) "brilho, fulgor"; (b) "aparência, semelhante, ilusão". (2) *Erscheinen* e *Erscheinung* também significam "aparecer" e "aparição ou fenômeno" mas, ao contrário de *Schein* e *scheinen*, ambas podem ser usadas na acepção de aparecimento, isto é, de publicação, de um livro, ou de apresentação, onde não há sugestão alguma de que as coisas sejam diferentes do que parecem.

Na filosofia do século XVIII, *Schein* tende a ser equiparado com *Täuschung* ("engano, ilusão") ou com *Erscheinung*. Mas Kant estabeleceu uma distinção entre eles: *Erscheinung* é um "fenômeno" perceptível, o que percebemos estar num objeto de acordo com as nossas formas de sensibilidade e entendimento, em contraste com o "número", a realidade supra-sensível ou o objeto tal como é em si mesmo. (Ao contrário de Fichte, que sustentou serem os fenômenos produtos da atividade do EU, Kant argumentou que uma aparência implica algo que aparece e que não é em si mesmo uma aparência.) *Schein*, em contrapartida, é uma ilusão que resulta num falso juízo ou sobre fenômenos ou sobre matérias

1. O verbete no original é "appearance, illusion and shining". Como o texto trata de distinção entre *Erscheinung* e *Scheinen*, optamos por termos que vêm sendo utilizados em português para a tradução do alemão "*Erscheinung*" (fenômeno, aparição) e "*Scheinen*" (aparência, parecer). Observemos que, no interior do texto, mantivemos a seguinte tradução do inglês: *"shine"* (brilho) e *"shining"* (brilhando). (N.R.T.)

supra-sensíveis. *Schein* também tem uso em estética. Herder, em *Plastik*, e Kant, em *CJ*, distinguem a pintura como arte do *Schein* sensorial da escultura e arquitetura como as artes de verdade sensorial, uma vez que a pintura nos dá somente a *ilusão* de tridimensionalidade. Mas Schiller considerou *Schein* (no sentido de "semelhança" estética, não de "engano") como uma característica de *toda* a arte (em contraste com a realidade) e também de qualquer objeto, desde que seja visto esteticamente.

Hegel rejeita a distinção de Kant entre *Schein* e *Erscheinung*, assim como rejeita a incognoscível COISA-em-si e o IDEALISMO subjetivo (na opinião de Hegel) de Kant e Fichte, no qual a distinção de Kant assenta. (Hegel acredita que os fenômenos, conforme concebidos por Kant, são mais *Schein* do que *Erscheinung*.) Mas os termos são distintos para Hegel. *Schein* é correlativo a *Wesen* ("essência"): a ESSÊNCIA mostra-se ou aparece (*scheint*) mas ela própria permanece escondida atrás de um véu de *Schein*. Nesse caso, *Sein* ("SER", ou seja, aquilo com que estamos imediatamente relacionados) é *Schein*, tanto no sentido de que é dependente de alguma outra coisa, uma essência, como no sentido de que não manifesta plenamente essa essência. (*Sein* e *Schein* são foneticamente semelhantes, mas etimologicamente distantes.) Mas *Schein* e *scheinen* retêm, para Hegel, o significado de "brilho" ou "fulgor". (Estão estreitamente associados à analogamente ambígua REFLEXÃO.) Assim, Hegel fala da essência como "brilhando" dentro de, ou em si mesma, como se a própria essência e sua distinção de *Schein* fossem constituídas por um processo semelhante àquele pelo qual se "mostram" externamente: é somente ao projetar uma aparência (brilhar exteriormente) – por exemplo, as bolhas num líquido em ebulição – e ao retirar depois essa aparência (brilhar interiormente), que uma essência se constitui como essência. Hegel também emprega essa noção de um duplo *Schein* em ligação com outros pares de termos correlativos: por exemplo, na medida em que o universal brilha em si mesmo, é estritamente universal ou genérico (por exemplo, "cor" em relação a "vermelho" etc.), ao passo que, na medida em que brilha para fora, se torna específico ou particular em contraste com o "outro" no qual brilha (por exemplo, "cor" em relação a "forma" ou "som"). (Neste caso, *Schein* é intercambiável com *Reflexão*.) Hegel, como Schiller, acredita que a arte envolve *Schein*: distingue *Schein* de *Täuschung*, e associa-o ao foneticamente semelhante (e etimologicamente aparentado) *schön* ("belo").

No uso de Hegel, *Erscheinung* e *erscheinen* diferem de *Schein* e *scheinen* em muitos aspectos: (1) *Erscheinung* é também a aparência de uma essência, mas a essência revela-se totalmente em *Erscheinung* e não conserva nada oculto. (A força original do prefixo *er-* era "de dentro para fora", o que levou à idéia de "transição" ou "estado resultante" e, por conseqüência, à de "alcançar ou chegar a".) (2) Uma *Erscheinung* é, como *Schein*, transitória e dependente, mas aquilo de que depende ou a que se rende não é, pelo menos imediatamente, uma essência, mas uma outra *Erscheinung*. Logo, *Erscheinung*, em contraste com *Schein*, é um TODO ou mundo diverso, interdependente e flutuante. (3) *Erscheinung* contrasta primordialmente não com "essência" mas com "CONCEITO" ou "EFETIVIDADE" (como o que consubstancia totalmente o conceito), e é mais contingente e fugaz do que necessário, racional e estável: por exemplo, a psicologia empírica somente considera a *Erscheinung* da MENTE, e a psicologia metafísica considera unicamente o seu conceito, enquanto que a abordagem correta, acredita Hegel, é ver como o conceito da mente se realiza em *Erscheinung*; e, ao passo que um crime é meramente *Schein*, uma vez que está em conflito com o DIREITO e o direito restabelece-se pela NEGAÇÃO (isto é, PUNIÇÃO) desse *Schein*, um contrato particular é *Erscheinung*, visto que, embora não conflite com o direito, é apenas uma manifestação contingente do mesmo (*FD*, §82). (*Erscheinung* – assim como *Schein* – é suscetível de mudar sua aplicação, dependendo do que Hegel considera, num dado contexto, ser o conceito ou a estrutura racional com que ela contrasta.)

Tanto em *FE* quanto em *CL*, o mundo de *Erscheinung* gera um outro mundo, um mundo que é essencial ou EM-SI-MESMO e constitui o reverso (*Verkehrung*) do mundo da aparência. A ação recíproca da aparência é governada por LEIS (*Gesetze*, que Hegel associa à idéia de que qualquer aparência é *gesetzt*, *POSTA ou produzida, por uma outra aparência). As leis explicam mudanças no domínio da aparência. Mas como essas mudanças são inversões (o que é quente torna-se frio etc.), as leis devem especificar que o que no mundo de aparência é, digamos, quente, é *essencialmente* ou *em-si-mesmo* frio, e assim por diante. Isso sugere a idéia de um mundo que é o inverso do mundo de aparência, no qual tudo o que tem, em nosso mundo, certa qualidade, tem, no mundo em si, a qualidade oposta.

O significado desse mundo invertido não é claro. Está Hegel pretendendo dizer que estes dois mundos seriam indistinguíveis? Alguns dos seus exemplos (por exemplo, os pólos opostos de ímãs, e a eletricidade positiva e negativa) sugerem que eles seriam indistinguíveis, enquanto outros (por exemplo, preto e branco), não. Devemos pensar que o indivíduo humano é habitante de cada um desses mundos e passa por uma correspondente inversão ou, de preferência, que ele transcende ambos os mundos e os conserva unidos em pensamento (o que subentenderia que ele, pelo menos, não é mera *Erscheinung*)? Mas algumas coisas são claras. Em primeiro lugar, a idéia tem uma variedade de fontes e significados para Hegel: tal como Schelling, ele estava intrigado com a polaridade dos ímãs e da eletricidade; mas também tem significação ética e religiosa em, por exemplo, a inversão de bem e mal. (*Ver* ALIENAÇÃO em *FE*, VI.B). Em segundo lugar, inversões análogas ocorrem em todas as suas obras, por exemplo, o mundo social alienado após a queda de Roma gera um similarmente invertido mundo de FÉ. Em terceiro lugar, apesar do seu interesse no mundo invertido e da sua crença em que o nosso mundo é um mundo de aparência, Hegel rejeita tanto a crença quanto o anseio por um mundo do "Além" (*Jenseits*) que eram comuns entre os seus contemporâneos (Kant, Herder, Schelling etc.) A essência ou estrutura lógica (que Hegel não hesita em chamar de "DEUS") do mundo de aparência manifesta-se plenamente em suas interações e inversões. (Alguns pensadores, por exemplo, Shklar, *Freedom and Independence*, 1976, ligam esse mundo invertido ao mundo de *FORMAS de Platão. Mas as formas de Platão constituem uma idealização, não uma inversão, do mundo fenomenal.)

arbitrário, arbitrariedade *ver* VONTADE E ARBÍTRIO.

arbítrio *ver* VONTADE E ARBÍTRIO.

arte, beleza e estética (*Die*) *Kunst* ("arte, habilidade, destreza", de *können*, "poder, ser capaz de") não tinha originalmente, à semelhança do grego *techne*, nenhuma conexão especial com beleza (*Schönheit*) ou com o que passou a ser conhecido no século XVIII como as "belas-artes" (*die schönen Künste*) – em contraste com (1) as sete artes liberais medievais (incluindo astronomia, matemática e filosofia), e (2) um ofício, habilidade ou profissão. (*Kunst*, diferentemente de "arte", não possui nenhuma associação especial com pintura.) O *conceito* de belas-artes, abrangendo arquitetura, escultura, música, pintura e poesia, remonta a Platão. Mas arte e beleza foram tratadas separadamente por Platão (beleza em, por exemplo, *O banquete* e a arte em, por exemplo, *A república*) e por Aristóteles (na *Poética*).

Para Platão e Aristóteles, a arte, quando não era simplesmente um ofício ou profissão, envolvia, antes de tudo, a imitação da natureza e dos assuntos humanos. Os neoplatônicos, especialmente Plotino, foram os primeiros a comparar o artista com o criador do universo (em especial o demiurgo divino do *Timeu* de Platão, que incorpora as IDÉIAS em matéria). Assim, o artista imita não os produtos da natureza, mas a atividade produtiva da natureza: em obras de arte, ele converte a idéia em matéria perceptível. Nos séculos XVII e XVIII, a arte ainda era predominantemente vista como imitação, mas essa concepção foi rejeitada por Goethe, Hegel e, sobretudo, Schelling, que colocou a criatividade do artista no mesmo nível da natureza.

Plotino reuniu os conceitos de arte e de beleza (*Enéades*, V. viii, 1). Na opinião de Hegel, as obras de arte são essencialmente *schön*, "belas". Em autores que o antecederam, por exemplo, Burke e Kant (especialmente em *Observações sobre o sentimento do belo e do sublime*, 1764), o sublime (*das Erhabene*) é uma categoria estética coordenada com o belo (*das Schöne*). (O sublime aparece primeiro numa obra do século I de nossa era atribuída a Longinus, *peri hypsous, Do sublime*.) Mas a aversão de Hegel ao intelectualmente intratável e especialmente ao mau infinito significa que a sublimidade desempenha um papel secundário na *E* e está mais ou menos confinada à esteticamente insatisfatória arte simbólica pré-clássica, na qual FORMA e *CONTEÚDO não estão em harmonia. Mas *schön* é um termo mais abrangente do que "belo", ocorrendo em contextos tais como "uma obra *primorosa*" e "realizar um *belo* serviço". *Schönheit* para Hegel acolhe dissonâncias significativas e até fealdade.

O termo "estética" (do grego *aisthēsis, aisthanesthai*, "percepção", "perceber" e, assim, literalmente, o "estudo de percepção") foi usado primeiro para o "estudo da beleza sensória" (incluindo a beleza da natureza, assim como a da arte) por um seguidor de Leibniz, A.G. Baumgarten, especialmente em sua *Aesthetica* (1750-8). Em *CRP*, Kant contestou esse uso e a esperança de Baumgarten de "submeter a avaliação crítica do belo aos princípios da razão e elevar suas regras ao nível da CIÊNCIA" (A21, B35f). Ele retém a palavra em seu sentido original, para o estudo das condições de percepção. Mas em *CJ* usa-a na acepção de Baumgarten, embora insista ainda em que "não existe ciência do belo, mas somente uma crítica, não bela ciência mas unicamente bela arte" (§44). Em *E*, Hegel critica o termo *Ästhetik* por sua ênfase sobre o *SENSÓRIO e o SENTIMENTO, mas o conserva no título de suas conferências. (Ele rejeita outro termo proposto, *Kallistik* ["o estudo da beleza" – do grego *kalos, kallos* "belo", "beleza"], porquanto cobre beleza em geral e não está restrito à beleza da arte.)

Na Alemanha de Hegel, a estética foi dominada pela *CJ* de Kant. Argumentou ele (em oposição às concepções utilitaristas, hedonistas e intelectualistas) que o belo dá origem ao prazer "desinteressado", decorrente do livre jogo de nossa imaginação; é "não-conceptual"; tem "a forma de *FINALIDADE sem a representação do fim"; e é o "objeto de um prazer universal". Resulta da faculdade de JUÍZO (*Urteilskraft*) em associação com sentimento. Introduzimos a nossa idéia de beleza num mundo que não é intrinsecamente belo, e vemos a beleza como um símbolo do bem *MORAL.

Depois de Kant, a estética deslocou-se para o centro da filosofia alemã. Em primeiro lugar, Schiller argumentou, especialmente em *CEE* (uma obra muito admirada por Hegel), que a beleza é objetiva e que a sua contemplação corrigirá a ALIENAÇÃO que aflige o homem moderno, as fissuras entre o homem e a natureza, homem e homem, e razão e desejo. Em segundo lugar, a doutrina de Fichte de que o mundo fenomenal é produzido unicamente pela atividade (*LIVRE e, no entanto, *NECESSÁRIA) do EU, sugeriu um paralelo com a atividade criativa do artista. Schelling, em particular, desenvolveu esse paralelo e argumentou, em *SIT*, que a "pedra angular" da filosofia é a filosofia da arte: a arte é a mediadora entre a mente e a natureza, uma vez que a atividade artística combina a criatividade livre e intencional da mente com a criatividade necessária, inconsciente, da natureza. A descrição de arte dos idealistas alemães diferia, pois, de Kant, em vários aspectos correlacionados:

1. A beleza é objetiva; é a revelação do ESPÍRITO, a IDÉIA, e o divino no mundo da aparência.
2. Enquanto Kant estava somente interessado no juízo subjetivo de gosto, eles interessavam-se mais pelo artista e seus produtos.
3. Kant estava tão disposto a ver beleza na natureza quanto na arte, mas seus sucessores desvalorizaram a beleza da natureza. Para Schelling, a NATUREZA, tal como a MENTE, está impregnada de espírito e do IDEAL, mas é inferior em beleza à arte, a qual une mente e natureza. Para Hegel, o espírito deriva da natureza, a qual é inferior em beleza aos produtos do espírito e só é vista como bela à luz de tais produtos.
4. Kant era indiferente à HISTÓRIA da arte (e do gosto), mas os idealistas deram um lugar central à história.

Em parte, a descrição de Hegel da arte leva à realização de um programa que ele compartilha com Schelling e Fichte. Em *FE*, VII.B, a arte é considerada sob o título, não de "ESPÍRITO", mas de "RELIGIÃO": a "religião da arte" (Grécia) aparece entre a "religião natural" (Pérsia, Índia e Egito) e a "religião revelada" (cristianismo). Mas em *Enc* III, a arte forma, juntamente com a religião e a FILOSOFIA, uma parte do "espírito ABSOLUTO", ou seja, o espírito que pressupõe a psicologia individual do espírito *SUBJETIVO e as instituições sociais de espírito *objetivo*, mas que transcende ambos. A arte, como a religião e a filosofia, tem um valor racional, cognitivo: revela progressivamente a natureza do mundo, do homem e das relações entre eles (o absoluto) numa forma sensível ou a forma de INTUIÇÃO (*Anschauung*), ao passo que a religião o faz na forma de REPRESENTAÇÃO (*Vorstellung*) figurativa, e a filosofia na forma de *PENSAMENTO ou no CONCEITO. Em *E*, Hegel combina uma explicação sistemática da arte com uma descrição do seu desenvolvimento ao longo da história. A arte é dividida, primeiro, em três estilos principais – simbólico, clássico e romântico – e, segundo, em gêneros – arquitetura, escultura e pintura, música e poesia. Historicamente, a arte reparte-se em três períodos principais: o Oriente antigo (especialmente o Egito), a antigüidade grega e romana, e a modernidade cristã. (Essas divisões, e suas mais detalhadas subdivisões, pretendem estar fundamentadas mais conceptual do que empiricamente, e depender, em última instância, do sistema conceptual apresentado na Lógica. Mas Hegel sustenta-as com grande riqueza de material empírico.) Um gênero de arte, embora ocorra em todos os períodos, é dominante num período e está associado a um determinado estilo: a arquitetura, por exemplo, é a forma de arte simbólica e foi dominante no Egito; mais tarde, a arquitetura é transposta para o estilo clássico ou o romântico, mas não é o gênero dominante desses períodos, ou seja, não confere ao absoluto a mais alta expressão artística de que é capaz nesses períodos.

Hegel viveu numa idade de grandes artistas, alguns dos quais (por exemplo, Goethe e Hölderlin) eram seus amigos. Mas ele nega à arte a posição suprema que Schelling (e muitos de seus outros contemporâneos) lhe atribuiu. Em primeiro lugar, a arte em geral expressa o absoluto menos adequadamente do que a religião e a filosofia, uma vez que a intuição é um veículo inferior para a concepção e o pensamento. (A filosofia, por exemplo, pode compreender a arte, mas a arte não pode compreender a filosofia.) Em segundo lugar, em tempos modernos, a arte não pode expressar a nossa concepção do absoluto tão adequadamente quanto expressou os pontos de vista de tempos pretéritos. A arte grega expressou a visão grega do mundo com suprema competência e elegância – talvez até mais do que a filosofia grega; a arte *ROMÂNTICA dificilmente pode expressar concepções tais como a Trindade – na medida em que o faz, transcende o domínio da arte e abandona a harmonia e a beleza da arte clássica. Schelling concordou que a arte grega ainda não tinha sido suplantada, ou mesmo igualada, em tempos modernos, mas esperava que isso acontecesse no futuro, após a criação de uma mitologia moderna comparável à de Homero. Mas Hegel acreditava que a arte não podia mais captar toda a complexidade da nossa visão do mundo e não tinha futuro como veículo primacial para a expressão do absoluto.

A doutrina de Hegel do fim da arte está relacionada com a sua concepção da sociedade moderna. Hegel e Schelling sustentaram que a arte, embora produto imediato de indivíduos de talento ou gênio, é numa acepção mais ampla o produto de uma sociedade culta ou do povo (*Volk*) a que eles pertencem. (É porque a arte não depende unicamente do talento natural do artista; a arte tem uma história.) Schelling acreditava que a sociedade ou o estado pode e deve ser uma obra de arte. Hegel, em contrapartida, embora concordasse que a sociedade grega tinha a harmonia e a coesão características da arte, não acreditava, em sua maturidade, que esse ideal estético pudesse ser restabelecido na sociedade moderna. Os homens modernos são reflexivos e autoconscientes demais, e estão dispersos demais na complexa vida econômica da SOCIEDADE CIVIL, para que possam constituir um todo esteticamente coerente. As grandes obras de arte não podem surgir em tão inestético ambiente.

ato *ver* AÇÃO, ATO E RESPONSABILIDADE.

autoconsciência *ver* CONSCIÊNCIA E AUTOCONSCIÊNCIA.

B

beleza ***ver*** **ARTE, BELEZA E ESTÉTICA.**

C

cancelar, cancelamento *ver* SUPRASSUNÇÃO.

categoria *ver* DETERMINAÇÃO E DETERMINIDADE; PENSAR E PENSAMENTO.

causalidade e reciprocidade O alemão tem duas palavras para causalidade: (1) *Kausalität*, com o adjetivo *kausal* derivando do latim *causa*; a palavra "causa" também era usada por alguns filósofos alemães, mas não por Hegel, exceto ao analisar a obra de outros filósofos. (2) *Ursache* é o vernáculo alemão para "causa" e deriva de *ur-* ("proveniente de", portanto, "original") e *Sache* ("COISA, matéria", originalmente "caso em disputa, caso jurídico"); tal como *causa*, era originalmente um termo jurídico para designar a "ocasião original de uma ação judicial", mas foi generalizado para significar "causa". *Ursache* dá origem ao adjetivo *ursächlich* ("causal") e ao substantivo *Ursächlichkeit* ("causalidade"), mas o verbo *verursachen* ("causar, ocasionar, produzir") raramente ocorre na explicação de Hegel de causalidade.

O correlativo de *Ursache* é *Wirkung* ("(um) efeito"), do verbo *wirken* ("operar, causar, agir, atuar (sobre), afetar"). Mas *Wirkung* é ambíguo: tanto pode significar o que é efetuado ou produzido (*gewirkte*) como a ação, a eficácia, responsável por esse resultado (*Wirksamkeit*). Por conseguinte, é também usado nas expressões *Wirkung und Gegenwirkung* ("ação e reação") e *Wechselwirkung* ("reciprocidade", a ação recíproca de duas ou mais substâncias). O termo usual de Hegel para a *produção* de um efeito por uma causa é *setzen* "*PÔR, colocar", mas o seu uso não está restrito à causalidade.

Hegel não faz distinção entre *Kausalität* e *Ursächlichkeit*. Mas, à semelhança de outros filósofos, distingue-os de outras RELAÇÕES similares, tais como, *Grund* e *Folge* ("FUNDAMENTO" e "conseqüente"), *Bedingung* e *Bedingte* ("*CONDIÇÃO" e "condicionado") e *Kraft* e *Äusserung* ("FORÇA" e sua "expressão"). *Grund* e *Bedingung*, por exemplo, têm um uso "lógico", assim como um uso "real": referem-se ao encadeamento de uma proposição numa outra, assim como à dependência de um evento de um outro. Além disso, *Grund*, no uso de Leibniz, inclui o PROPÓSITO, ou causal final, de uma coisa, enquanto que *Ursache*, não. (Ocasionalmente, Hegel usa *Endursache* para "causa final", mas distingue-o de forma clara das causas "eficientes" ou "mecânicas" que formam o objeto de estudo em sua explicação de *Ursache*.) Ambas essas relações são, pois, no entender de Hegel, de aplicação mais ampla do que a causalidade. Uma força, diferente de uma causa, é concebida mais como evento geral do que evento particular, e mais subjacente ou encoberta do que manifesta ou aberta: o acionamento de um interruptor *causa* acender-se a luz, ao passo que a eletricidade é a força que está subjacente, torna possível e expressa-se na produção desse efeito, mas que também está envolvida em muitos outros eventos de diversos tipos.

Em sua Lógica, especialmente *CL*, Hegel desenvolve o conceito de causalidade a partir do de SUBSTÂNCIA: a substância, a "coisa ou matéria original" (*Ur-sache*) passa para os seus acidentes e, assim, produz ou "põe" um efeito. Mas causa e efeito são implicitamente idênticos. Pois, argumenta Hegel, nada existe na causa que não esteja também no efeito e, inversamente, nada há no efeito que não exista também na causa. Assim, o que era primeiro o efeito é, em si, uma causa e tem um efeito próprio; enquanto que, inversamente, o que era primeiro a causa é, em si, um efeito e tem uma causa adicional própria. Portanto, passamos da substância singular, produzindo seus acidentes, para uma interminável série de causas e efeitos. Uma outra via pela qual ele chega à mesma conclusão é esta: quando a causa produz o seu efeito, a causa desaparece inteiramente no efeito. Assim, o efeito não é simplesmente um efeito mas é, ele mesmo, a "matéria original", que é a *Ursache* ou causa que produz um efeito. A ambigüidade de *Wirkung*, denotando não simplesmente um efeito passivo mas também atividade ou produção, também desempenha aqui um papel, como a conexão que Hegel vê entre *Wirkung* e *Wirklichkeit* ("REALIDADE"): o efeito, uma vez produzido, é uma efetividade independente, capaz de gerar efeitos próprios.

A doutrina de que nem a causa nem o efeito contêm nada que não exista tanto numa quanto no outro é interpretada por Hegel de dois modos distintos.

1. Em virtude dos próprios conceitos de uma causa e de um efeito, uma causa só é uma causa se tem um efeito, e um efeito não é um efeito a menos que seja o efeito de alguma causa. Os conceitos de uma causa e de um efeito são, pois, logicamente inseparáveis.

2. Existe, sustenta Hegel, uma identidade não-lógica ou real entre a causa e seu efeito; por exemplo, quando a chuva molha o solo, a umidade do solo não é distinta da chuva que a produziu: é simplesmente a chuva numa forma diferente. Causa e efeito são a mesma matéria ou *Sache*, por exemplo, umidade, primeiro em sua forma original e, depois, na forma de "assentamento". Com efeito, a própria distinção entre uma causa e o seu efeito é obra de um "*ENTENDIMENTO subjetivo", uma distinção introduzida por *nós* num contínuo essencialmente homogêneo. Proposições causais como "A chuva umedece as coisas" não são, infere ele, sintéticas, como Kant acreditava, mas proposições analíticas ou tautologias. Essa inferência é defeituosa: não é inconcebível que a chuva deixe coisas secas. Em virtude do princípio de Hegel de que um efeito tem o mesmo conteúdo que a sua causa, a secura não contaria como um *efeito* da chuva, mas a chuva não teria, entretanto, tornado as coisas úmidas. Assim, o que poderia ser considerado analítico não é "A chuva umedece as coisas", mas "Se a chuva tem qualquer efeito, então umedece as coisas". Mas até essa proposição encontrará a dificuldade de que o princípio segundo o qual causa e efeito têm o mesmo conteúdo é, na melhor das hipóteses, vago. Hegel concorda que casos tais como a pintura de uma tela por uma pessoa, ou a propulsão de um objeto em movimento por um outro, são menos favoráveis ao princípio, uma vez que, ao invés da chuva, um pintor e um objeto movente contêm muitas características que não se transferem para os

seus efeitos. Mas o pintor e o objeto são apenas causas, argumenta ele, a respeito daquelas características que *reaparecem* no efeito.

O princípio de que causa e efeito possuem o mesmo conteúdo tem duas conseqüências para a explicação de Hegel da causalidade. Em primeiro lugar, ele não considera, como Kant, que a causação de um evento por um outro dependa de uma LEI ou regra causal: uma vez que causa e efeito não são distintos, mas, no fundo, são a mesma coisa, nenhuma regra ou lei é exigida para governar a sua conexão. Assim, as leis figuram na explicação de Hegel da APARÊNCIA (*Erscheinung*) em vez da causalidade. Em segundo lugar, a causalidade não se aplica a todos os fenômenos: não é aplicável, em particular, a entidades vivas ou espirituais. A nutrição não é a causa do sangue e a ambição de César não foi a causa da queda da República Romana. Pois entidades vivas e espirituais "não admitem em si mesmas uma outra entidade original nem deixam uma causa continuar nelas, mas segregam-na e a transformam". Hegel sublinha aqui dois pontos distintos. Primeiro, o que uma entidade – um organismo vivo, uma mente, uma sociedade – faz de algum impacto externo exercido sobre ela difere demais em conteúdo do próprio objeto externo para ser considerado um *efeito* desse objeto: a pérola não é o efeito do grão de areia. Em segundo lugar, no caso de mentes e sociedades, senão de organismos vivos em geral, um tal impacto externo não é uma condição necessária nem suficiente do que dele resulta: uma pessoa ou uma sociedade pode, em vista de sua criadora natureza íntima, responder de diferentes modos a qualquer impacto dado, e pode fazer uso de diferentes eventos ou objetos a fim de obter o mesmo resultado. Assim, um impacto é, no máximo, uma "ocasião" (*Veranlassung*) ou um "estímulo" externo (*Erregung*), e converte-se numa ocasião pelo "ESPÍRITO íntimo" de uma pessoa ou de uma sociedade. A ambição de César ou o nariz de Cleópatra não *causaram* a queda da República: a República fez da ambição ou do nariz a *ocasião* de sua queda, como poderia ter usado outros objetos ou eventos para o mesmo fim, se esses não estivessem disponíveis.

Causa e efeito são inseparáveis. Assim, ao produzir um efeito, a causa torna-se uma causa e é, pois, num certo sentido, a causa de si mesma e também o efeito de si mesma. Causa e efeito invertem, portanto, seus papéis: o efeito é uma causa, uma vez que somente a sua ocorrência faz da causa uma causa e, inversamente, a causa é um efeito, porquanto se faz causa pelo seu efeito. Mas o entendimento procura (contraditoriamente) separar causa e efeito como eventos distintos. Quando são assim separados, a relação recíproca de causa e efeito expressa-se como uma regressão infinita e uma progressão infinita: qualquer causa é o efeito, não do seu próprio efeito, mas de alguma outra causa, e qualquer efeito é a causa, não de sua própria causa, mas de algum outro efeito. Esse falso ou mau *INFINITO é instável – não se pode, por exemplo, explicar totalmente um evento se os seus antecedentes causais regridem infinitamente – e dá lugar à relação de ação e reação ou, mais explicitamente, de reciprocidade, em que duas ou mais substâncias interatuam de tal modo que os estados de uma são causa e efeito dos estados da outra. Assim, causa e efeito são colocados na relação recíproca, íntima, que sua relação formal ou lógica requer, uma relação mais próxima da circularidade da verdadeira infinidade do que da má regressão infinita.

A superioridade lógica da reciprocidade torna-se mais adequada, no entender de Hegel, para o entendimento de fenômenos superiores, a saber, biológicos e sociais, do que a causalidade unidirecional. É mais provável que os diferentes órgãos de um animal, ou os costumes e a constituição política de um POVO, se influenciem reciprocamente, do que um ser simplesmente o efeito do outro. Mas explicar *x* em termos de *y*, e *y* em termos de *x*, embora correto até certo ponto, não pode fornecer uma explicação satisfatória de *x* ou *y*. Para isso, é requerida uma terceira entidade que englobe *x* e *y*, a saber, o CONCEITO da entidade, por exemplo, o organismo ou a sociedade de que *x* e *y* são aspectos.

certeza *ver* CONHECIMENTO, COGNIÇÃO E CERTEZA.

ceticismo e estoicismo Estoicismo, epicurismo e ceticismo foram, na opinião de Hegel, as três principais tendências filosóficas na Grécia entre Aristóteles e o neoplatonismo. Hegel estuda o epicurismo em *IHF*, mas considera-o uma doutrina sensualista, não-filosófica, inferior ao estoicismo e ao ceticismo. Por isso não aparece em *FE*, IV.B., onde o estoicismo e o ceticismo são seguidos pela CONSCIÊNCIA infeliz (cristianismo medieval). (Karl Marx tentou reparar a injustiça de Hegel para com Epicuro em sua dissertação doutoral – *As diferenças entre as filosofias naturais de Demócrito e Epicuro*, 1841.)

O estoicismo ou a *Stoá* foi fundada por Zenão de Cício (em Chipre), *c.* 300 a.C. O nome deriva da *stoá poikíle*, o "pórtico pintado" em Atenas onde Zenão ensinava. A escola durou vários séculos e dividiu-se em três períodos: a *Stoá* antiga (especialmente Zenão, Cleantes e Crisipo); a *Stoá* média (sobretudo Panécio e Poseidônio); e a *Stoá* nova (principalmente Sêneca, Epiteto e Marco Aurélio). Hegel estava mais familiarizado com os novos estóicos, uma vez que suas obras sobreviveram em quantidade, enquanto que os períodos precedentes são conhecidos somente através de relatos posteriores e de fragmentos citados. Em *FE*, ele mostra-se impressionado pelo fato de um estóico, Epiteto, ser um escravo (liberto), enquanto um outro, Marco Aurélio, era um imperador (um senhor).

Os estóicos acreditavam que o universo era governado e perpassado por um *logos* ou razão, que era identificado com um fogo rarefeito, o qual estava presente em todas as coisas numa forma mais degradada. (A maioria dos estóicos acreditava numa periódica conflagração e ressurgimento do mundo.) A alma racional do homem é um fenômeno do *logos* divino; pode assim apurar a intenção divina e adaptar-se-lhe. Virtude e felicidade consistem somente nessa conformidade. Tudo o mais (saúde, riqueza etc.) é "indiferente", nem bom nem mau. Alcançar esse estado de espírito (*apatheia*, "liberdade de emoção, imperturbabilidade") e viver assim "de acordo com a natureza" é a meta da vida. (Essas doutrinas não impediram os estóicos de exercer altos cargos: conceberam-se freqüentemente como atores, distanciados do papel que, não obstante, desempenharam com eficácia.) Os estóicos gregos, embora seu objeto fosse principalmente ético, basearam seus princípios éticos na metafísica, lógica, física e epistemologia. (A idéia de um *kriterion* de verdade deriva do estoicismo.) Mas esses campos foram negligenciados durante o Império, quando o estoicismo se tornou tanto uma religião quanto uma filosofia.

Em *IHF*, Hegel mostra um satisfatório conhecimento dos aspectos mais intelectuais do estoicismo, mas em *FE* ele concentra-se na tentativa dos estóicos de lidar com o mundo externo através do recolhimento íntimo. A ética do estoicismo exerceu influência contínua sobre pensadores subseqüentes, incluindo (apesar de suas críticas) Hegel. O seu ponto de vista, por exemplo, de que o REAL efetivo é racional, deve mais ao estoicismo do que ao simples conservadorismo. Mas as crenças, expressas em *IFH*, de que a HISTÓRIA é um "espetáculo de paixões" e de que "nada de grande foi realizado no mundo sem paixão" subentende uma crítica à doutrina de *apatheia*.

O ceticismo grego (de *skepsis*, "inquérito, investigação", não "descrença" ou "dúvida") também tinha uma extensa história, mais ou menos contemporânea à do estoicismo. O movimento teve sua origem com Pirro de Élis, no século IV a.C., e sobre ele a nossa principal fonte são as obras de Sexto Empírico, médico e cético grego do século III a.C. Os céticos defenderam a investigação não-dogmática (*skepsis*) e a suspensão da crença (*epoché*), em contraste com o dogmatismo do platonismo e do estoicismo, por exemplo. *Epoché*, sustentaram eles, produz tranqüilidade. (Na época de Hegel, o *Skeptizismus* ainda é contrastado com o *Dogmatismus*, mas o *Kritizismus*, isto é, o kantianismo, é freqüentemente visto como uma terceira alternativa.) No século III a.C., sob a liderança de Arcesilau, a Academia fundada por Platão converteu-se ao ceticismo e aderiu-lhe por dois séculos; produziu céticos tão notáveis quanto Carnéades e Enesidemo, que se rebelou contra o que considerava ser o dogmatismo residual da Academia. Houve controvérsias na antigüidade sobre as relações entre o pirronismo e o ceticismo acadêmico. (*IHF* trata os novos acadêmicos e o ceticismo separadamente, mas de um modo consecutivo.) O ceticismo antigo ressurgiu no século XVI, e teve significativo impacto sobre Montaigne, Pascal, Bayle etc.

Atribui-se a Enesidemo a formulação dos dez *tropoi*, "modos, argumentos" aduzidos pelo ceticismo, os quais exploram as variações na APARÊNCIA, dependendo de (1) as espécies animais; (2) os indivíduos humanos; (3) o sentido ou órgão sensorial (por exemplo, visão ou tato); (4) as circunstâncias (por exemplo, embriaguez ou sobriedade); (5) a posição do objeto (por exemplo, dentro ou fora de água); (6) o meio interposto ao objeto (por exemplo, a distorção do objeto pelo meio através do qual é sentido, por exemplo, o ar quente ou frio através do qual é sentido); (7) a quantidade do objeto (por exemplo, uma pequena porção de limalha de prata parece preta, uma grande porção parece branca); (8) a relatividade (por exemplo, o Jumbo parece pequeno em relação a outros elefantes, mas grande em relação a outros animais); (9) a freqüência dos encontros do sujeito com o objeto (por exemplo, o primeiro abalo sísmico parece-nos mais assustador do que os subseqüentes); (10) o estilo de vida, costumes e leis do indivíduo. suas anteriores crenças míticas e dogmáticas. Em cada caso, o argumento cético é do tipo:

1. O objeto parece vermelho para uma pessoa, num conjunto de circunstâncias etc., mas verde para uma outra, em circunstâncias outras etc.
2. Não pode ser vermelho e verde ao mesmo tempo.
3. Não há razão para preferir uma aparência à outra. (Isso é *isostheneia*, "equipolência".)
4. Não podemos afirmar que é vermelho ou que é verde, mas devemos sustar temporariamente a crença.

Agripa acrescentou mais tarde cinco modos: (a) em filosofia e na vida comum existem disputas, sem nenhuma razão para preferir uma opinião à outra. (b) A garantia fornecida para uma opinião requer, por sua vez, uma garantia, provocando uma regressão *INFINITA. (c) Um objeto apresenta-se em relação ao sujeito e outras circunstâncias; devemos suspender o julgamento sobre o que parece ser em si mesmo. (d) Os dogmáticos evitam uma regressão infinita ao adotar uma hipótese (ou *PRESSUPOSIÇÃO). (e) Os argumentos deles envolvem freqüentemente um círculo vicioso, quando cada uma de duas doutrinas requer a garantia da outra (o "modo recíproco"). (a) e (c) resumem os dez modos originais; (b), (d) e (e) são dirigidos contra o dogmatismo filosófico, por exemplo, contra a teoria de Aristóteles de que existem axiomas *IMEDIATOS que não necessitam de PROVA.

Hegel estudou cuidadosamente o ceticismo grego, sobretudo para a sua crítica de Schulze em *DCF*. Nessa crítica e posteriormente, ele considerou o ceticismo antigo superior ao moderno (por exemplo, Hume, Schulze), principalmente por ser mais cético. Em especial, ao mesmo tempo que os céticos modernos são céticos a respeito da filosofia e da aplicação de *PENSAMENTOS a fenômenos sensoriais, os céticos antigos atacaram os fenômenos sensoriais, assim como as crenças oriundas do senso comum. Hegel considera-os aliados em seu ataque a tais filósofos do "senso comum" como Wilhelm Krug, que recorre aos "fatos (*Tatsachen*) de CONSCIÊNCIA". Assim, ele prefere os dez modos aos cinco de Agripa, porquanto os dez visam ao senso comum, ao passo que os cinco atacam a filosofia. (Há considerável controvérsia sobre o âmbito do ceticismo antigo, sobre se ele, ou várias correntes dele, atacam somente os dogmas filosóficos, ou também as crenças requeridas para a vida cotidiana.)

Hegel é influenciado pelo ceticismo em muitos níveis:

1. Suas exposições sobre determinados tópicos (CAUSALIDADE, a COISA, o critério de VERDADE em *FE*, Introd. etc.) deve freqüentemente tanto a Sexto Empírico quanto a filósofos modernos.
2. O ceticismo é uma FORMA de consciência em *PS*, em que Hegel reconhece o objetivo mais prático do que puramente epistemológico do ceticismo antigo: a aquisição de tranqüilidade por *epoché*. As suas objeções ao ceticismo em *FE* não são convincentes: os céticos, tais como os estóicos, tiveram meio milênio para pensar sobre as respostas aos argumentos contra eles.
3. Hegel considera o seu próprio procedimento como cético a respeito de formas de consciência (incluindo a *CERTEZA SENSÍVEL) e de DETERMINAÇÕES de *PENSAMENTO (incluindo outras filosofias). Mas o seu ceticismo não envolve simplesmente a suspensão da crença acerca de uma posição; ele envolve também a sua NEGAÇÃO, uma negação que resulta na afirmação de uma nova posição. O procedimento de Hegel é complicado pelo fato de o seu ceticismo (tal como o de alguns gregos) abranger as LEIS da lógica, enquanto que a sua rejeição de uma posição depende usualmente de uma CONTRADIÇÃO nela.
4. Hegel também procurou fortalecer o seu *SISTEMA contra ataques céticos, especialmente na base dos cinco modos de Agripa. Suas defesas incluem as seguintes:

   (i) A sua filosofia não está em disputa com outras filosofias distintas e incompatíveis com ela: *SUPRASSUME e, portanto, engloba outras filosofias. A sua resposta a uma tentativa para contrapor outro ponto de vista ao seu próprio é: "Eu já disse isso." (Contra o modo (a).)

   (ii) Hegel simplesmente observa "a própria COISA (*Sache*)", ou seja, formas de consciência, de pensamento etc., desenvolverem-se e criticarem-se sem qualquer contribuição por parte dele próprio. (Contra o modo (c).)

(iii) O critério de verdade (que para o cético é tão discutível quanto qualquer outro) é assim suprido, e aplicado a si próprio, pela forma de consciência etc., não por Hegel.

(iv) São feitas pressuposições, mas são suprassumidas pelo movimento circular do *SISTEMA. O sistema não raciocina num círculo em torno de um mundo estático distinto de si mesmo, mas acompanha o movimento circular do próprio mundo. Assim, envolve *hypotheseis* e circularidade, mas não regressão infinita. (Contra os modos (b), (d) e (e).)

Hegel distingue o ceticismo da dúvida (especialmente cartesiana). *Zweifel* ("dúvida") provém de *zwei* ("dois") e subentende um continuado apego às crenças de que se duvida e uma esperança de recuperação da confiança nelas. A dúvida cética é, antes, desespero (*Verzweiflung*), um abandono irremediável da posição posta em dúvida.

Ciência da lógica (Wissenschaft der Logik) (1812-16) *CL* consiste em dois volumes. O primeiro, "A lógica objetiva" contém dois "livros": a "Doutrina (*Lehre*) do SER" (publicado em 1812) e "A doutrina da ESSÊNCIA" (1813). O segundo volume, "A lógica subjetiva", contém "A doutrina do CONCEITO" e foi publicado em 1816. Em 1831, Hegel completou uma versão consideravelmente revista e ampliada da "Doutrina do ser", mas não teve tempo para rever o resto de *CL*. O Prefácio da segunda edição é datado de 7 de novembro de 1831, apenas uma semana antes de sua morte em 14 de novembro desse ano. Essa edição foi publicada em 1832 e de novo em 1834-35 nas *Obras* póstumas.

O tema de *CL* não corresponde a uma disciplina tradicional estudada isoladamente, mas é uma tentativa de combinar vários temas previamente distintos num único todo. Os principais antecedentes de *CL* são estes:

1. Em suas *Categorias*, Aristóteles tentou enumerar e definir os tipos mais gerais de predicado aplicáveis a uma entidade: SUBSTÂNCIA, QUALIDADE, *QUANTIDADE, RELAÇÃO etc. Platão tentou uma tarefa análoga, especialmente no *Sofista*, o diálogo platônico favorito de Hegel.

2. Em *Da interpretação*, Aristóteles considerou a estrutura e os constituintes da *PROPOSIÇÃO OU JUÍZO. Platão havia explorado essa matéria, especialmente no *Teeteto* e no *Sofista*.

3. Os *Primeiros analíticos* de Aristóteles tratam da natureza e validade de INFERÊNCIAS ou *SILOGISMOS, enquanto que os *Segundos analíticos* se ocupam da PROVA ou demonstração, e da CIÊNCIA demonstrativa. *Analutika* é a palavra de Aristóteles para "lógica". *Logiké* (*techné*) ("(a arte da) lógica", de *logos*, "palavra, razão" etc.) foi usada pela primeira vez pelos estóicos.

Essas e outras obras lógicas de Aristóteles foram depois denominadas o *Órganon*, o "instrumento" do pensamento correto. (Obras intituladas "Novo órganon", como as de Bacon e Lambert, são tentativas de superar ou atualizar Aristóteles.)

4. Na *Metafísica*, Aristóteles tentou justificar as LEIS da CONTRADIÇÃO e do terceiro excluído. (Foram por ele atribuídas à *METAFÍSICA ou "primeira filosofia", uma vez que se aplicam a todas as entidades.) Na época de Hegel, as "leis do *PENSAMENTO" também

incluíam a lei da IDENTIDADE e (a partir de Leibniz) o princípio da razão suficiente ou FUNDAMENTO.

2, 3, 4 e, em parte, 1 constituíram o objeto de estudo da lógica "FORMAL", "clássica" ou "tradicional" da época de Hegel. Tal como Kant, Hegel sustentou que essa lógica não tinha realizado qualquer avanço importante desde Aristóteles. (Tal opinião subestima as contribuições medievais e estóicas para a lógica, assim como a lógica matemática que começou com a "simbologia universal" de Leibniz e que Hegel despreza profundamente.)

5. Hegel também declara que *CL* incorpora o material da "velha" METAFÍSICA, a qual deriva de Aristóteles (e Platão), mas também abrange Leibniz, Spinoza, Wolff etc. Muitos dos conceitos examinados em *CL*, especialmente na "Doutrina da essência", foram empregados por metafísicos.

6. Na primeira seção principal de *CRP*, a "Doutrina transcendental dos elementos", Kant define a lógica "transcendental" como a ciência que, em contraste com a lógica formal, "determina a origem, alcance e validade objetiva dos conhecimentos [*a priori*]" (*CRP*, A57, B81). A lógica transcendental tem duas partes: (a) a lógica da verdade (analítica transcendental), e (b) a lógica da *ILUSÃO (*Schein*) (dialética transcendental). Em (a) ele tenta sistematizar e justificar as categorias (por exemplo, CAUSALIDADE) pressupostas por juízo *OBJETIVO e EXPERIÊNCIA. Em (b), tenta conter o uso *ESPECULATIVO da RAZÃO, argumentando, por exemplo, que leva a antinomias. Muitos dos conceitos considerados em (a) e (b) reaparecem em *CL*. Mas Hegel combina analítica e DIALÉTICA em todos os estágios de *CL*, argumentando que todo e qualquer conceito (exceto a IDÉIA absoluta) dá origem a antinomias ou contradições. A segunda seção principal da *CRP*, a "Doutrina transcendental do método", a qual determina as "condições formais de um sistema completo de razão pura" (A708, B735), é também importante, sobretudo para o interesse de Hegel pelo *SISTEMA. Eram grandes o reconhecimento e a dívida de Hegel para com Kant. Mas ainda é matéria de controvérsia em que medida as suas motivações e os seus procedimentos fundamentais são *kantianos*.

7. *CL* também explora conceitos tais como FORÇA, polaridade ou OPOSIÇÃO e INFINIDADE, os quais figuram não só em metafísica e TEOLOGIA, mas também na ciência natural e na matemática da época.

O principal conteúdo de *CL* é o seguinte:

1. "A lógica objetiva" abre com o Prefácio da primeira edição. Nele se descreve o caráter geral da *CL*, o contexto filosófico e cultural em que a obra foi escrita e sua relação com *FE*.

2. O Prefácio da segunda edição considera o relacionamento entre as DETERMINAÇÕES do *PENSAMENTO e a LINGUAGEM, o EU e as COISAS. Explica alguns dos procedimentos adotados em *CL* e defende-os contra interpretações errôneas.

3. A Introdução expõe o "conceito geral da lógica" e suas relações com *FE*, a linguagem, a lógica formal e as filosofias precedentes, sobretudo a de Kant. Depois explica a divisão da lógica em lógica do ser, da essência e do conceito.

4. Livro I, "A doutrina do ser", abre com uma seção intitulada "Qual deve ser o ponto de partida da CIÊNCIA?", na qual se examina a dificuldade de um começo (*Anfang*) de lógica e de filosofia em geral, especialmente se considerarmos que a filosofia não deve ter "PRESSUPOSIÇÕES e também forma um *círculo*. Hegel explica por que não principia (como

Fichte e o primeiro Schelling) com o EU puro (uma vez que, por exemplo, pressupõe uma prévia introdução cultural e filosófica) mas com o ser. A afirmação de Hegel de que *CL* é a "exposição de DEUS tal como ele é em sua essência eterna antes da criação da natureza e de um espírito finito" (*CL*, Introd.) é enganosa em sua sugestão de que a lógica forma o princípio do *SISTEMA, quando, uma vez que o sistema forma um círculo, ela é igualmente o fim (e o meio).

5. *CL*, à semelhança de todo o sistema de Hegel, consiste em TRÍADES dentro de tríades. Uma tríade inteira tem freqüentemente o mesmo título que o primeiro termo da tríade, em parte porque Hegel acredita que um UNIVERSAL (genérico) se especifica num universal (específico), um *PARTICULAR e um *INDIVIDUAL. A Doutrina do Ser propriamente dita reparte-se em três seções. A seção I (*DETERMINIDADE OU QUALIDADE) considera (a) o ser (ser, *NADA, *DEVIR); (b) o *SER DETERMINADO (ser determinado, *FINITUDE, infinidade); e (c) o ser-*PARA-SI-MESMO (ser-para-si-mesmo como tal, o um e o múltiplo, repulsão e atração). A seção II (Grandeza ou *QUANTIDADE) cobre (a) quantidade (quantidade pura, grandeza contínua e grandeza discreta ou descontínua, e *LIMITAÇÃO da grandeza); (b) quantum (número, quantum extensivo e intensivo, e infinidade quantitativa); e (c) RELAÇÃO quantitativa. A seção III (*MEDIDA) cobre (i) a quantidade específica; (ii) a medida real; (iii) o devir da essência.

6. O Livro II, a "Doutrina da essência", também tem três seções. A seção I (A essência como REFLEXÃO-em-si-mesma) cobre (a) ilusão ou aparência (*Schein*) (ilusão, reflexão, essencial e não-essencial); (b) as essenciabilidades ou determinações da reflexão (IDENTIDADE, *DIFERENÇA, CONTRADIÇÃO); e (c) FUNDAMENTO (fundamento absoluto, fundamento determinado, *CONDIÇÃO). A seção II (APARÊNCIA ou *FENÔMENO (*Erscheinung*) trata de (a) EXISTÊNCIA (COISA e propriedades, a constituição da coisa a partir de MATÉRIAS, a dissolução da coisa); (b) aparência (a LEI da aparência, o mundo aparente e o mundo *EM-SI-MESMO, dissolução da aparência); e (c) a relação essencial (TODO E PARTES, FORÇA e sua expressão, *EXTERIOR e INTERIOR). A seção III (EFETIVIDADE) cobre (a) o ABSOLUTO (a exposição do absoluto, o atributo absoluto, o modo do absoluto); (b) a EFETIVIDADE (CONTINGÊNCIA etc., NECESSIDADE relativa etc., necessidade absoluta); e (c) relação absoluta (SUBSTÂNCIA, CAUSALIDADE, *RECIPROCIDADE).

7. "A lógica *SUBJETIVA ou a doutrina do conceito" tem três seções. A seção I (Subjetividade) ocupa-se de (a) o conceito (o conceito universal, o conceito particular, o individual); (b) os tipos de JUÍZO; e (c) os tipos de INFERÊNCIA. A seção II (Objetividade) considera (a) o MECANISMO, (b) o *QUIMISMO e (c) a TELEOLOGIA ou *FINALIDADE. A seção III (a IDÉIA) considera (a) a VIDA; (b) a idéia de *CONHECER (a idéia do *VERDADEIRO e a idéia do bom); e (c) a idéia absoluta.

Muitas "notas" ou "observações" (*Anmerkungen*) estão disseminadas ao longo do corpo principal de *CL*. A maioria delas trata do papel de uma dada determinação do pensamento em outras filosofias ou na ciência e matemática. Tais notas são usualmente menos difíceis do que o texto principal e contribuem muito para elucidá-lo.

A lógica de Hegel difere da de seus predecessores em muitos aspectos:

1. Idealmente, possui estrutura única, necessária e completa que deixa o lógico sem opção arbitrária sobre como começar ou proceder, especialmente se se levar em conta que o

lógico está (idealmente) absorvido por inteiro no assunto e as determinações de pensamento se desenvolvem e criticam *a si mesmas*. (Isso não é refutado por diferenças de detalhe entre *CL* e *Enc*. I: a existência de uma única lógica correta não acarreta necessariamente que qualquer obra de Hegel seja uma expressão definitiva dela.)

2. A lógica é "PENSAR sobre pensamento". Os pensamentos em função dos quais pensamos sobre pensamentos devem figurar entre os pensamentos sobre os quais pensamos. Assim, um significado da idéia absoluta é que, no final de *CL*, todos os pensamentos requeridos para pensar sobre pensamentos foram desenvolvidos dentro da própria lógica. A lógica de Hegel, distinta da aristotélica ou da kantiana, é nesse sentido infinita e auto-suficiente.
3. A fusão da lógica objetiva e subjetiva (isto é, formal) é assegurada, em parte, pela convicção de Hegel de que as formas de lógica subjetiva (conceito, juízo, inferência, assim como verdade, dialética etc.) constituem a estrutura de coisas, tanto quanto a do nosso pensamento sobre coisas. Esse é um aspecto essencial do seu IDEALISMO.
4. Hegel deriva e "reconstrói" determinações de pensamento. Mas também sustenta que elas constituem a estrutura lógica essencial da MENTE OU ESPÍRITO e do mundo. Assim, *CL*, ao contrário da lógica formal, fornece a necessária estrutura lógica da NATUREZA, do espírito e das relações entre eles. Não é um fato contingente que o mundo exiba a estrutura lógica desvelada em *CL*. Assim, Hegel tenta, com variáveis graus de integração e êxito, estruturar suas outras obras de acordo com a lógica.

A lógica de Hegel é, em intenção, totalmente *a priori* e não requer qualquer recurso à EXPERIÊNCIA. Não se segue que pudesse ter sido desenvolvida em qualquer outro período anterior, uma vez que tem condições culturais, as quais ela *SUPRASSUMA. Os pensamentos de *CL* estão *implícitos* na mente humana em qualquer período mas (diferentemente de Kant) Hegel não acredita que sejam *explícitos* em todos os tempos (ou lugares). Os pensamentos são desvendados ao longo da HISTÓRIA.

ciência e sistema *Wissenschaft*, de *Wissen* ("*CONHECER"), significou originalmente "conhecimento"; mas, a partir dos séculos XVI e XVII, foi usada como equivalente do latim *scientia*, "(uma) ciência, um corpo organizado e coeso de conhecimento; a atividade de aquisição de tal conhecimento". Aplica-se às ciências naturais (*Naturwissenschaften*) mas está menos estreitamente associado do que "ciência" com as ciências naturais e seus métodos. Assim, é empregada mais extensamente do que "ciência" o é nos dias de hoje: por exemplo, o estudo sistemático da ARTE, RELIGIÃO, HISTÓRIA, ética etc. é uma *Wissenschaft*. (A palavra *Geisteswissenschaft* pós-data Hegel e é uma tradução da "ciência moral" de J.S. Mill.) Por conseguinte, é natural considerar a filosofia, desde que seja sistemática, como uma *Wissenschaft*.

Sistema provém do grego *systema* ("um todo articulado composto de numerosas partes"), que por sua vez provém de *synistanai* ("reunir, combinar", de *sun*, "com, juntos", e *histanai*, "colocar, pôr"). Wolff definiu-o como "uma coleção de verdades ligadas entre si e com os seus princípios". Kant viu um *Sistema* em termos mais orgânicos e associou-o estreitamente a *Wissenschaft*. (Uma arte, *Kunst*, como a química, também pode ser sistemática, no entender de Kant, mas é prática, ao passo que uma *Wissenschaft* é teórica.) Um *Sistema* é, para Kant, "a unidade de múltiplas cognições sob uma IDÉIA. A idéia é o

CONCEITO racional da forma de um TODO, na medida em que o conceito determina *a priori* o âmbito do todo e o lugar das partes em relação umas às outras" (*CRP*, A832, B860). Um sistema é governado por um PROPÓSITO contido em seu conceito, e é um todo articulado, não um agregado de partes externamente relacionadas. Partes não podem ser adicionadas ou subtraídas sem prejudicar o sistema; este pode, entretanto, crescer organicamente, como uma criatura viva.

Hegel compartilha dessa noção de um sistema e de sua associação com *Wissenschaft*. Desde seus anos em Iena, sustentava que a filosofia deve ser sistemática e científica, embora criticasse o *Formalismus*, a aplicação de irrelevantes e artificiais esquemas abstratos a material empírico (por exemplo, *FE*, Pref.), e sistemas opostos, como o de Spinoza, que partia de pressupostas DEFINIÇÕES e axiomas iniciais. Em *Enc*. I, §14, ele dá duas razões pelas quais "uma filosofia sem sistema não pode ser científica":

1. O objeto da filosofia, a idéia ou o ABSOLUTO, forma ele próprio um sistema: "A VERDADE é *CONCRETA; desdobra-se em si mesma, e recolhe-se e mantém coesa na unidade" (*Enc*. I, §14). Para fazer-lhe jus, a filosofia deve refletir a sua estrutura. (Para Hegel, um sistema não é, como a sua derivação sugere, "formar um todo pela combinação de partes" pelo filósofo: ele revela interligações que lhe são intrínsecas, e reúne somente aquilo que tinha sido separado por pensadores precedentes ou pela CULTURA.)

2. Um sistema científico assegura que aquilo de que uma pessoa opta por ocupar-se e as asserções que formula a esse respeito expressam mais do que idiossincrasias pessoais: "Um conteúdo só tem sua justificação como um *MOMENTO do todo; mas, fora dele, é uma *PRESSUPOSIÇÃO sem fundamento ou convicção pessoal" (*Enc*. I, §14). Assim, Hegel rejeita o ponto de vista de Fichte: "Que espécie de filosofia se escolhe depende da espécie de homem que se é; pois um sistema filosófico não é uma peça inerte de mobiliário que podemos aceitar a nosso bel-prazer; ele é animado pela alma da pessoa que o sustenta" (Primeira Introd. para *TC*). Sistema e ciência, acredita Hegel, eliminam tais fatores pessoais.

A idiossincrasia pessoal na escolha de um sistema também é excluída pelo fato de que, na opinião de Hegel, um sistema de FILOSOFIA não é um entre muitos sistemas alternativos: um sistema não é uma filosofia com um "princípio limitado, distinto dos outros; ao contrário, é princípio da verdadeira filosofia conter em si todos os outros princípios particulares" (*Enc*. I, §14). (Algumas épocas expõem várias filosofias distintas, consubstanciando princípios distintos – por exemplo, *ESTOICISMO, epicurismo e CETICISMO na Grécia pós-aristotélica – mas tal situação é filosoficamente insatisfatória, e será resolvida por uma filosofia que combine todos esses princípios.)

Hegel refere-se freqüentemente à filosofia, sobretudo à sua própria filosofia, como "(a) ciência"(*die Wisssenschaft*), parecendo subentender que existe somente uma ciência. A razão é a seguinte: na medida em que a filosofia de Hegel inclui todos os princípios filosóficos particulares, é filosofia como tal, não *uma* filosofia. Mas a filosofia também engloba outras ciências na medida em que são genuinamente ciências e não simples agregados de informação (por exemplo, filologia), baseados no ARBÍTRIO (por exemplo, heráldica), ou positivas, em contraste com racionais, em seu objeto de estudo (por exemplo, o sistema de tributação), em sua forma (por exemplo, ciências sumamente empíricas nos dias de hoje) ou em seu modo de cognição (por exemplo, recorrer ao SENTIMENTO, à autoridade etc.). Pois uma ciência genuína emprega DETERMINAÇÕES de pensamento, as quais, uma vez que são FINITAS, transcendem implicitamente a esfera da ciência em questão e transferem-se para uma esfera mais elevada, isto é, para uma outra ciência. Assim, quando, por exemplo, a física experimental e a história tiverem purificado suficientemente os seus conceitos, elas "refletirão o conceito" e ocuparão seus lugares como partes de uma única ciência. Somente as quase-ciências ou aqueles aspectos de ciência que são irremediavelmente positivos ficarão de fora dessa ciência. Mas isso é porque não são genuinamente científicos: uma ciência genuína não pode ser distinta de outras ciências (*Enc.* I, §16).

Essa ciência única, argumenta Hegel, formará um círculo e cada uma das ciências particulares que aquela contém formará um círculo, o qual, dado que é uma *TOTALIDADE, "rompe também a barreira de seu elemento e funda uma outra esfera". Por conseguinte, a ciência forma um "círculo de círculos" (*Enc.* I, §15). As principais esferas são a lógica, a filosofia da NATUREZA e a filosofia do ESPÍRITO, mas ciências mais específicas têm seu lugar dentro dessas esferas. (*Enc.* não se propõe apresentar na íntegra as ciências particulares mas apenas os seus pontos de partida e conceitos básicos.) A estrutura circular da ciência, em contraste com ciências particulares e outros sistemas filosóficos anteriores, não enfrentará o problema de onde *começar*: em princípio, pode-se começar em qualquer ponto, desde que se tenha tomado a decisão de filosofar, embora alguns pontos possam ser mais apropriados do que outros para um principiante (*Enc.* I, §17).

Numerosas convicções estão subjacentes na tendência de Hegel para o sistema: que o mundo como um todo forma um sistema único, inteligível, que nos cumpre discernir e refletir; que os itens e corpos de conhecimento, uma vez que compartilham de uma estrutura racional comum, devem estar inteligivelmente relacionados; que os fragmentos de um sistema não são totalmente inteligíveis quando isolados uns dos outros ("A verdade é o todo": *FE*, Pref.); e que somente um sistema em seu projeto pode ser epistemologicamente seguro.

Hegel viveu numa época de sistemas filosóficos e, assim, não faz total justiça à pergunta: Por que deve a filosofia ser sistemática ou científica? Soube de escritores que apresentaram seus pensamentos de uma forma assistemática, alguns dos quais mereceram a sua admiração (por exemplo, Diderot, Lichtenberg), e de críticos do sistema como o *ROMÂNTICO, F. Schlegel: "É igualmente fatal para a mente ter um sistema e não ter nenhum. Terá simplesmente que decidir combinar as duas coisas" (*Fragmentos do Ateneu*). Mas ele reserva principalmente a *IHF* para aqueles filósofos que tiveram (por exemplo, Aristóteles), ou poderiam ser vistos como tendo (por exemplo, Platão) um sistema. Dois dos maiores críticos de Hegel, Nietzsche e Kierkegaard, foram também críticos do sistema e da ciência. (Kierkegaard refere-se regularmente ao hegelianismo como "o sistema", e seus *Fragmentos filosóficos* e *Apostila não-científica conclusiva* anunciam nos respectivos títulos seu anti-hegelianismo.) Suas objeções e as de outros são estas:

1. O mundo é complexo demais e o nosso conhecimento sobre ele é hoje demasiado vasto para ser acomodado num sistema.
2. Um sistema é limitado e restritivo: fecha-nos a mente para alternativas e para novas descobertas que não podem ser acomodadas no sistema (Jaspers).

3. Um sistema é mais cognitivo e retrospectivo do que prático e prospectivo: não pode suprir opções humanas em vida e AÇÃO (Kierkegaard).
4. Um sistema é, em última instância, desprovido de fundamento e expressa essencialmente a personalidade do sistematizador (Nietzsche).
5. Um sistema não pode acomodar a suprema reflexividade da mente humana. Questões como "Por que preferir a verdade à falsidade?" (Nietzsche) ou "Por que ter um sistema?" ocorrem necessariamente fora de qualquer sistema.

Hegel teria de admitir (1), embora (1) não acarrete que um sistema é, em princípio, impossível ou indesejável. Ele rejeita explicitamente (2) em *Enc.* I, §14. A sua preocupação com a verdade e a objetividade o levaria a rejeitar (3), se não se tivesse ocupado já de Kierkegaard em sua descrição da "CONSCIÊNCIA infeliz". Ele tenta eliminar os fatores pessoais mencionados em (4); suas respostas ao problema (ou problemas) do conhecimento não são obviamente inferiores às de Nietzsche. O pensamento de Hegel e a construção do seu sistema desenvolvem-se por meio de sucessivas REFLEXÕES sobre o estado atual da ação: não é óbvio que ele não possa acomodar as questões suscitadas em (5), mesmo que não o faça explicitadamente. (Suas reflexões sobre a verdade não são menos inovadoras do que as de Nietzsche.)

Hegel também usa *Sistema* numa acepção não-técnica, por exemplo, para o sistema tributário e para o "sistema de necessidades" da SOCIEDADE CIVIL (*FD*, §§189 e seg., *Enc.* III, §§524 e seg.).

classificação O interesse de Hegel na classificação tem dois aspectos. Primeiro, há os procedimentos através dos quais agrupamos indivíduos, inclusive plantas e animais, em espécies, e essas espécies, por sua vez, em gêneros mais amplos. O interesse por tais procedimentos começou com Platão e, especialmente, Aristóteles, ele próprio um notável biólogo e responsável por muitas das nossas idéias a respeito de espécies, gêneros e classificação em geral. Segundo, os filósofos alemães, com destaque para Kant, preocupavam-se, além disso, que seus pensamentos e escritos não procedessem aleatoriamente de um tópico para o seguinte, mas formassem um sistema cuidadosamente articulado. Hegel, em particular, sublinhou que a filosofia deve ser sistemática, e conseqüência disso é que suas obras desenvolvem-se apresentando, em primeiro lugar, um conceito geral relativo ao assunto que é objeto de estudo, dividindo depois esse conceito em três segmentos, e cada um destes, por sua vez, em três subsegmentos, e assim por diante, até que o assunto, para os seus propósitos, se esgote por completo. Os princípios que regem essas divisões sucessivas e a estrutura resultante eram de grande importância para Hegel e ocuparam sua atenção ao longo de toda a sua carreira.

O vernáculo alemão para "classificação" (em contraste com *Klassifikation* ou *Klassifizierung*, derivados do latim) é *Enteilung*, de *enteilen* ("dividir, repartir, classificar"). É usado por Hegel para indicar tipos biológicos ou outros de classificação empírica e a divisão de um conceito em filosofia. A classificação envolve três coisas: (1) Um gênero (*Gattung*) ou conceito genérico que será dividido – por exemplo, *animal (animais)*; (2) um princípio de classificação (*Enteilungsgrund*) – por exemplo, se o habitat habitual do animal é a terra, a água ou o ar; e (3) os termos ou membros da classificação (*Enteilungsglied, -er*) que resultam da aplicação do princípio de divisão ao gênero – por exemplo, animais terrestres, aves, peixes. Essas subclasses são comumente chamadas "espécies" (*Art*, *-en*). Mas *Gattung* e *Art* são termos relativos: uma classe é considerada como um gênero em relação às espécies que lhe estão subordinadas, mas como uma espécie em relação à classe mais abrangente da qual, junto com outras espécies coordenadas, é uma subdivisão. (O alemão fornece grande variedade de termos para classes e subclasses, mas *Gattung* e *Art* são os mais comumente usados por Hegel.) A característica que diferencia uma espécie de uma outra espécie do mesmo gênero é uma "diferença específica" (*Artsunterschied*), mas esta é freqüentemente mencionada como *Merkmal*, uma característica ou marca distintiva. A definição de uma espécie refere-se, tradicionalmente, ao gênero a que pertence e à sua diferença específica: um peixe, por exemplo, é um animal aquático.

Hegel trata de tal classificação em diversos lugares mas, sobretudo, em *CL*, sob os títulos de "o JUÍZO disjuntivo" e de "o *CONHECER sintético (*Erkennen*)". Os problemas que o contrariavam eram estes: a classificação pode enveredar por dois caminhos. Podemos, em primeiro lugar, proceder empiricamente ou *a posteriori*: examinando as características de um indivíduo após outro, derivando indutivamente das nossas observações as espécies em que agrupamos esses indivíduos e, finalmente, classificando os grupos de espécies reunidos em gêneros superiores. Ou, em segundo lugar, podemos proceder *a priori* na direção oposta: a partir de um conceito genérico, que dividimos em espécies por um princípio pressuposto de divisão, passamos então a encaixar tais indivíduos, à medida que os vamos encontrando, no nosso esquema classificatório. Hegel viu dificuldades em ambos os procedimentos. Se procedermos puramente *a posteriori*, daremos o mesmo peso às nossas observações de indivíduos mutilados ou defeituosos, tanto quanto às daqueles que são indenes e sãos, e poderíamos assim concluir que o cavalo não é um quadrúpede, uma vez que nem todos os cavalos têm as quatro pernas. (Ainda menos todo o "círculo" que encontramos se ajusta à definição 15 de Euclides: "Uma figura plana contida por uma linha de tal forma que todas as linhas retas que se encontram com essa linha, a partir de um determinado ponto entre os que se situam dentro da figura, são todas iguais entre si".) Ou podemos também observar que todos os homens, em contraste com outras criaturas, têm lobos das orelhas. (Hegel atribui essa asserção a J.F. Blumenbach.) O que nos impede de tratar essa característica trivial como a diferença específica de um ser humano, em vez de alguma outra característica mais essencial como a sua capacidade para pensar?

Se, inversamente, procedemos *a priori*, também podemos selecionar um princípio de divisão (a posse de lobos das orelhas) que não é essencial para o nosso objeto de estudo. Além disso, o procedimento será empírico na medida em que o princípio de divisão que selecionamos não é determinado pelo gênero que estamos dividindo: o gênero *animal* por si só não nos diz se o dividimos em aquático e não-aquático ou em vertebrado e invertebrado.

A resposta de Hegel a essas dificuldades é esta: a nossa abordagem da classificação biológica não pode ser puramente empírica nem puramente apriorística. A fim de assegurar que, tanto quanto possível, as nossas classificações correspondam às naturezas essenciais de nosso objeto de estudo, devemos baseá-las nos processos pelos quais os indivíduos se agrupam em espécies e *se* distinguem de indivíduos de outras espécies, a saber, os órgãos sexuais pelos quais os membros da mesma espécie se reproduzem, e suas armas de ataque e defesa ("unhas e dentes") contra outras espécies.

O seu princípio geral aqui é que as entidades, sejam elas indivíduos ou espécies, definem-se por conflito com outras entidades. Mas ele não adota invariavelmente esse princípio: embora acredite que Estados políticos se definem *individualmente* no conflito com outros Estados, não defende a tese de que os *tipos* de Estado (por exemplo, monarquias, aristocracias e democracias) se definem em conflito mútuo; diferentes tipos de Estado são com muito maior freqüência historicamente sucessivos do que contemporâneos; e mesmo no caso de haver contemporaneidade, um Estado tem tantas probabilidades de declarar guerra a um outro Estado do mesmo tipo como contra um de tipo diferente. A classificação de Estados deve, no entender de Hegel, processar-se tanto empiricamente quanto *a priori*. A divisão em democracia, aristocracia e monarquia, embora indispensável, não deve obscurecer a existência de versões degeneradas dessas "formas puras" (oclocracia, por exemplo, é uma perversão da democracia) ou das mais antigas formas de transição: o despotismo oriental e a monarquia feudal compartilham com a monarquia constitucional autêntica da característica abstrata de que "a vontade de um indivíduo está à frente do Estado", mas diferem dela em aspectos essenciais.

As divisões envolvidas nas próprias obras de Hegel pretendem ser, tanto quanto possível, não-empíricas, tanto no sentido de que, pelo menos, as linhas gerais da divisão se baseiam não na observação empírica do objeto de estudo, mas nas divisões *a priori* da lógica, quanto no sentido de que o modo como um CONCEITO genérico é dividido é determinado pelo próprio conceito. Uma das formas como ele procura realizar isso é argumentando que o conceito UNIVERSAL, que se pretende dividir, se constitui em uma de suas próprias subdivisões, a qual é genérica e específica. Essa idéia deriva de Aristóteles, que argumentou que os três tipos de alma, as almas de uma planta, de um animal e de um homem, não são coordenadas, mas formam uma série que procede desde a universal alma da planta, a qual possui somente as capacidades de nutrição e reprodução comuns a todos os tipos de alma, passando pela alma animal, que é adicionalmente especificada pela capacidade de percepção, até chegar, enfim, à alma humana, que tem a capacidade de pensamento, somada às outras duas: a alma da planta é, assim, um universal, contendo o mais elevado fator comum de todos os tipos de alma, e um tipo particular de alma.

Hegel generaliza essa idéia argumentando que o próprio conceito de um universal contém implicitamente os conceitos de um *PARTICULAR e de um *INDIVIDUAL – uma vez que, por exemplo, um conceito universal é um tipo *particular* de conceito, coordenado com o conceito particular e o individual – e assim o universal é um gênero *e* uma das três espécies em que o universal genérico se "particulariza". Isso explica, em parte, por que as divisões de Hegel (diferentemente das dicotomias de Platão) são, de modo geral, *TRIÁDICAS, por que cada termo da divisão é mais elevado do que o seu predecessor, e por que o título de uma seção de uma obra também é, com freqüência, o título da sua primeira subseção (por exemplo, SER). Ele esperava mostrar desse modo que um conceito genérico se *DESENVOLVE ou particulariza-se sucessivamente sem a introdução de um princípio externo de divisão. O desenvolvimento do conceito na Lógica não é temporal ou histórico, mas Hegel ilustra-o muitas vezes com exemplos temporais, por exemplo, de uma planta que se desenvolve desde uma semente concebida como universal ou indeterminada. No caso de entidades que se desenvolvem ao longo da história, Hegel acredita que elas evoluem desde formas "universais", mais simples, até às formas mais específicas. As constituições políticas só se tornam diferenciadas e articuladas no mundo moderno; as dos gregos eram simples e universais (*FD*, §297A). A autoparticularização do universal aplica-se, pois, à história, assim como ao sistema de Hegel.

cognição *ver* CONHECIMENTO, COGNIÇÃO E CERTEZA.

coisa e objeto de estudo O alemão tem duas palavras para "coisa":

1. *Ding* era originalmente um termo forense que significava "tribunal de justiça" e também "processo, ação judicial", mas acabou tendo o significado de "coisa" em geral. Em filosofia, *Ding* abrangia tradicionalmente "tudo o que é possível, seja REAL ou não" (Wolff). Uma coisa que é possível, mas não real, é uma *Gedankending* ("coisa pensada"). *Unding* ("não-coisa") ora se refere a uma *Gedankending*, ora ao que não é possível (por exemplo, um círculo quadrado). Uma *Ding* tem *PROPRIEDADES (*Eigenschaften*). Wolff distinguiu entre uma coisa que subsiste independentemente ou *PARA SI, isto é, uma SUBSTÂNCIA, e uma coisa que subsiste através de uma outra coisa. A primeira, por exemplo, a *ALMA, tem a fonte de suas mudanças em si mesma, uma FORÇA interna; a segunda é apenas uma "*RESTRIÇÃO do que subsiste para si".

Uma coisa-EM-SI (*Ding an sich*) é, *stricto sensu*, uma coisa independentemente de suas relações com outras coisas. Mas para Kant (assim como para Locke, Lambert etc.) era uma coisa independentemente de suas relações com a percepção, o sujeito etc. Só as APARÊNCIAS podem ser conhecidas, não as coisas em si mesmas. Kant pretende fazer apenas um "uso negativo" do conceito de uma coisa em si: serve como um "conceito *LIMITANTE". Fazer dele um "uso positivo" é considerá-lo o objeto de uma INTUIÇÃO intelectual, cuja existência e natureza são tão problemáticas quanto as da coisa-em-si (*CRP*, B307). Mas Kant faz freqüentemente mais do que um uso negativo do conceito, argumentando que as aparências devem ser as aparências de coisas em si mesmas e que as coisas em si mesmas são o FUNDAMENTO de aparências. A idéia de que existem coisas incognoscíveis em si foi rejeitada por Jacobi, Fichte e Schelling, assim como por Hegel.

2. *Sache* também era originalmente um termo forense: significava "processo ou ação judicial", e foi generalizado para significar "coisa", e também "caso, negócio, motivo, assunto". É com freqüência equivalente a "questão" (como em "isso está fora de questão") ou "matéria" (como em "o âmago da matéria"). *Sache* sugere, mais fortemente do que *Ding*, um contraste com *Person*. Assim, Kant igualou *Sache* a uma "coisa corporal" (*res corporalis*) e definiu-a como uma coisa (*Ding*) que não pode ser responsabilizada pelo que faz, uma vez que carece de livre *ARBÍTRIO. Kant aceita a distinção no direito romano entre (a) um DIREITO a uma coisa (*ius ad rem*), o qual confere a uma pessoa autorização para usar uma coisa (*res, Sache*) e exclui outras do uso dessa coisa, e (b) um direito a uma *PESSOA (*ius ad personam*), o qual autoriza a exigir de uma pessoa que atue, ou não atue, de certo modo. (Hegel critica a distinção em *FD*, §40.)

Hegel usa *Ding* e *Sache* de modos muito diferentes:

1. *Ding* tem numerosos usos:

(a) É usada, por vezes, num sentido geral para coisas contingentes, seculares, incluindo o ESPÍRITO finito, em contraste com DEUS ou a NECESSIDADE absoluta (por exemplo, *LPED*, XVI).

(b) Relacionado com esse está o uso de *Ding* em que é contrastado com *denken* (PENSAR) ou *Gedanke* (*PENSAMENTO). Mas o contraste é apenas superficial. Os pensamentos formam a ESSÊNCIA das coisas, e Hegel vê essa conexão preservada na semelhança das palavras: "O pensar [*das Denken*] é coisidade [*Dingheit*], ou a coisidade é pensar" (*FE*, VI.B.IIb). (De fato, não existe qualquer parentesco etimológico entre *Ding* ou "coisa" e *denken* ou "pensar".)

(c) Num sentido mais estrito, *Ding* aparece como o OBJETO de *PERCEPÇÃO em *FE*, II, e como uma DETERMINAÇÃO de REFLEXÃO na Lógica (*Enc*. I, §§125 e seg.). Considerar algo como uma *Ding* nesse sentido é apenas um entre vários modos de vê-la; em vez disso, ela poderia ser vista, por exemplo, como uma FORÇA que se manifesta. Uma coisa tem necessariamente propriedades, as quais, em *FE*, estão correlacionadas com os nossos vários órgãos sensoriais. Diferentemente de "algo" (*Etwas*) e sua QUALIDADE, uma coisa pode mudar suas propriedades sem deixar de *EXISTIR. Assim, ela "tem", mais do que "é", suas propriedades. A dificuldade de explicar a unidade da coisa em virtude de suas diversas propriedades leva à idéia de que as propriedades são MATÉRIAS independentes (por exemplo, o calor é calórico) que interpenetram os poros umas das outras. Hegel rejeita essa teoria em bases empíricas e conceptuais em, por exemplo, *Enc*. I, §130, e *Enc*. II, §§305A e 334.

(d) Hegel associa freqüentemente a coisa em si de Kant com *Ding* no sentido (c), o portador de propriedades, e argumenta que só é incognoscível porque, se *ABSTRAIRMOS de todas as propriedades (e relações) de uma coisa, nada resta para ser conhecido. Mas também a associa com freqüência (e mais em conformidade com as intenções de Kant) a *Ding* no sentido (b), argumentando que as coisas no sentido em que elas contrastam com pensamento são, de fato, o produto de pensamento e que o pensamento é a essência ou o "em si" das coisas. O teor dos complexos argumentos de Hegel contra a coisa incognoscível em si não é, portanto, que a filosofia *ESPECULATIVA propicia acesso a entidades que frustraram Kant e seus predecessores, mas que a essência das coisas é a sua estrutura lógica, aberta à investigação conceptual e empírica.

Ding é cognato com *bedingen, Bedingung* ("*CONDIÇÃO", "(uma) condição"). Schelling argumentou certa vez que se, por exemplo, o EU fosse visto como condicionado ou como tendo condições, então seria (equivocadamente) considerado uma *coisa*. No entender de Hegel, Schelling e Kant rejeitaram corretamente o ponto de vista de Descartes de que Eu (ou *ALMA) é uma coisa (*Enc*. I, §34A). Mas não se segue que deva ser não-condicionada, uma vez que as condições estão *SUPRASSUMIDAS no que condicionam (o que, para Hegel, é mais uma *Sache* do que uma *Ding*).

2. Em contraste com *Ding*, *Sache* em Hegel tem o sabor de "a coisa que importa", "a verdadeira questão", em contraste, por exemplo, com as formas transitórias em que se apresenta ou com as interpretações que as pessoas lhe dão. É freqüentemente mencionada como *die Sache selbst*, "a *Sache* ela mesma". (O pronome *selbst* não indica que a *Sache* é *um* eu, um *Selbst*.)

Assim, em *FE*, V.C.a, "O reino animal do espírito e o engano, ou a 'coisa em si mesma' [*die Sache selbst*]", a *Sache selbst* é a "obra" que um indivíduo produz de acordo com a sua natureza e os seus objetivos, e na qual ele situa o seu próprio valor ou importância.

Mas a *Sache selbst*, ou seja, a importância de sua obra, não coincide necessariamente nem depende primordialmente do objetivo ou intenção do agente. O seu destino depende do que outros fazem e do modo como o consideram. Assim, por exemplo, a *Sache selbst* é Conan Doyle, o criador de Sherlock Holmes, não Conan Doyle, o romancista histórico, ou o descobrimento da América por Colombo, não de uma rota para a Índia. Mas a *Sache selbst* não precisa estar localizada apenas na obra de um indivíduo. Na VIDA ÉTICA grega, é a SUBSTÂNCIA ética, enquanto que, do ponto de vista da consciência, é o próprio SUJEITO: o que importa para a pessoa consciensiosa não é a ação ou resultado externo, mas o espírito em que a decisão é tomada (*FE*, VI.C.c).

A *Sache selbst* apresenta-se numa variedade de contextos na Lógica. Em *MEDIDA, por exemplo, a *Sache selbst* é a persistente substância material subjacente em sucessivas mudanças quantitativas e qualitativas, por exemplo, H_2O, em contraste com seus estados sólido, líquido e gasoso. É também a coisa ou "fato" que emerge de seu *FUNDAMENTO ou condições (por exemplo, *Enc.* I, §148) e a coisa na *CAUSA (*Ursache*, a "*Sache* originária") que é suprassumida no efeito (*Enc.* I, §153). O INTERIOR e o *EXTERIOR são formas diferentes de uma *Sache*.

O uso central por Hegel de *die Sache selbst* é com a finalidade de distinguir o seu próprio método de *COGNIÇÃO da cognição que é *EXTERNA a *Sache selbst*, "o objeto de estudo". O seu procedimento é absorver-se na *Sache selbst* e seguir o seu movimento imanente ou DESENVOLVIMENTO, sem lhe impor as suas próprias REFLEXÕES externas (*FE*, Pref.; *CL*, Pref. e Introd.; *Enc.* I, §23). Neste caso, estão em jogo a conotação de "coisa principal" e o contraste com a pessoa. Assim, Hegel pretende em *FE* estar simplesmente observando a auto-avaliação e o desenvolvimento da CONSCIÊNCIA, e em *CL* estar examinando a DIALÉTICA imanente de conceitos. Essa é uma de suas principais defesas contra o CETICISMO e contra as possibilidades de erro. A máxima de Husserl, *Zu den Sachen selbst!* (Para as coisas mesmas!) tinha uma finalidade análoga.

Sache também ocorre em *Tatsache* ("fato"), introduzido no século XVIII para traduzir "uma questão de fato", "um fato concreto". Hegel usa o termo de modo depreciativo, por exemplo, para desacreditar o recurso de Krug aos "fatos de consciência".

conceito O verbo *begreifen* provém de *greifen* (literalmente, "agarrar, apreender") e significa "compreender", tanto no sentido de "incluir, abranger", quanto no de "entender, conceber, conceituar", mas tem uma aplicação mais limitada do que *verstehen* ("*ENTENDER) e subentende um esforço para captar ou abarcar. (O particípio passado também é usado na expressão *begriffen sein in*, estar fazendo ou estar empenhado em algo.) Entre outros componentes de *greifen*, Hegel usa *übergreifren*, "sobrepor-se, estender para, ultrapassar, invadir": o conceito ultrapassa o seu *OUTRO, uma vez que, por exemplo, o conceito do que é diferente de um conceito, um OBJETO, é em si um conceito.

O substantivo *Begriff* significa "conceito" e "concepção", especialmente no sentido de "capacidade para conceber". (A expressão *im Begriff sein* significa "está prestes a fazer, estar a ponto de realizar" algo.) Eckhart usava-o para o latim *conceptus* ou *notio*; e Wolff usou-o no sentido de uma "REPRESENTAÇÃO de uma coisa em pensamentos", mas o seu significado foi estabilizado por Kant: em contraste com "INTUIÇÃO (*Anschauung*)", *Begriff* ("conceito") é uma "representação UNIVERSAL [*Vorstellung*] ou uma representação daquilo que é comum a vários objetos" (*Lógica* I, i, §1). *Begriff* em Hegel é freqüentemente traduzido como "Noção", uma vez que, para Hegel, *Begriff* não é exclusivamente universal, nem uma *Vorstellung*, nem indicativo do que os objetos têm em comum. Mas essa tradução obscurece os seus vínculos com *begreifen* e também com o uso corrente de *Begriff*, que Hegel não rejeitou, simplesmente, mas desenvolveu reflexivamente ou *SUPRASSUMIU.

Em obras anteriores, especialmente *ECD*, Hegel contrasta o conceito ABSTRATO com VIDA e amor, e considera que ele expressa tão-só as características comuns das coisas, não a sua essência íntima. Mas em Iena passou a acreditar que a filosofia deve ser mais conceptual do que intuitiva e exaltada. Manifestou essa sua convicção no Prefácio para *FE* e nunca mais a abandonou. A crença em que o pensamento conceptual, em vez de esquivar-se a ele (ou esquivar-se dele), deve apreender toda a riqueza da experiência empírica, emocional e religiosa, é um motivo central para a sua transformação da visão clássica do conceito.

Na Lógica, *Begriff* contrasta com várias ordens de termos:

1. Em contraste com INTUIÇÃO ou o *SENSÓRIO (*das Sinnliche*) e com a representação (*Vorstellung*): uma *Begriff* não é, como era para Wolff e Kant, um tipo de *Vorstellung*; uma concepção empírica (de, por exemplo, vermelhidão, uma casa ou um homem), que formamos por reflexão sobre objetos, é distinta de um conceito.
2. *Begriff*, como o tema de estudo da terceira parte principal da Lógica, contrasta com SER e com ESSÊNCIA, que são os temas das primeiras duas partes.
3. Contrasta com o OBJETO ou *OBJETIVIDADE, que a concretiza ou a realiza, e com a IDÉIA, que é a união do conceito e do seu objeto.
4. Contrasta com o JUÍZO, no qual bifurca, e com a INFERÊNCIA, que reconcilia o conceito consigo mesmo.

Cada um desses contrastes sublinha um diferente aspecto de *Begriff*, mas a característica central da descrição de Hegel é a sua rejeição da seguinte noção de conceitos e de pensamento conceptual: o EU ou o *ENTENDIMENTO (para Kant, a faculdade de conceitos, em contraste com RAZÃO, a faculdade de *idéias*) situa-se em confronto com um mundo de objetos, que lhe é acessível através da intuição. Para lidar com esses objetos, abstrai deles (ou da intuição sensível) uma gama de conceitos que usa em suas relações subseqüentes com objetos. Os conceitos são distintos do Eu que os desenvolve, dos objetos a que os aplica e uns dos outros. Hegel contesta cada uma dessas distinções:

1. Os conceitos não são nitidamente distintos do Eu: dizer que eles são "meios usados pelo entendimento no pensar" é como dizer que "mastigar e engolir alimento é meramente um meio para comer, como se o entendimento fizesse muitas outras coisas além de pensar" (carta para Niethammer em 10 de outubro de 1811). Sem conceitos, não poderia haver Eu ou entendimento, e sem conceitos eu não poderia *ABSTRAIR conceitos ou concepções dos dados sensoriais. Hegel também tem outras razões para identificar o Eu com um (ou *o*) conceito: o Eu (e ESPÍRITO) forma uma unidade peculiarmente íntima que não pode ser explicada pelas categorias mecanísticas de CAUSALIDADE e *RECIPROCIDADE, mas só conceptualmente. Além disso, o Eu é totalmente universal ou indeterminado – se eu me penso simplesmente um ego cartesiano, destituído de um corpo e de um conteúdo empírico

– e *PARTICULAR, na medida em que não pode existir sem uma consubstanciação corpórea e uma determinada CONSCIÊNCIA de outros objetos além de si mesmo. Assim, a estrutura do Eu reflete a do conceito, o qual é simultaneamente universal, particular e *INDIVIDUAL, e o qual, à semelhança do Eu, abrange ("compreende") ou ultrapassa (*übergreift*) o que é outro além de si mesmo. Mas a identificação do Eu com o conceito não acarreta que todos os homens em todos os tempos desenvolvam os mesmos conceitos: para Hegel, ao contrário de Kant, diferentes conceitos categóricos tornam-se sucessivamente acessíveis ao longo da HISTÓRIA.

2. Os conceitos não são nitidamente distintos de objetos. Hegel tem numerosos argumentos para isso:

(a) Os conceitos gerais considerados na Lógica *constituem*, mais do que simplesmente qualificam, os objetos que os exemplificam: nenhum objeto pode ser totalmente indeterminado, e nenhum objeto que é, por exemplo, uma COISA com propriedades poderia deixar de ser uma coisa com propriedades.

(b) O próprio contraste entre conceitos e objetos externos é em si um conceito ou uma construção conceptual: o conceito bifurca-se no conceito de um conceito e no conceito de um objeto (assim como no conceito do Eu), da mesma forma que o universal se particulariza no universal, no particular e no individual; o conceito ultrapassa o que é outro além de si mesmo.

(c) O Eu não tem acesso não-conceptual a objetos: intuição e percepção, embora distintas do pensamento conceptual, estão profundamente carregadas de conceito.

(d) Unidades relativamente autodesenvolvidas, como mentes, organismos e sociedades, cresceram e mantiveram-se coesas em virtude do conceito presente nelas (ou codificado na semente), não como resultado, unicamente, de impactos externos. Conceitos tais como o de uma planta (ou de uma rosa) são relativamente específicos e empíricos, mas, ao invés das concepções que *nós* formamos, eles são ativos e desenvolvem-se, graças a um processo que Hegel considera um *juízo*. (Por conseguinte, ele rejeita a noção de Kant de que a existência de algo não pode ser derivada do seu conceito.) Uma vez que as partes de tal entidade estão unidas de um modo tão estreito, e que a entidade é relativamente imune a impactos oriundos do seu meio ambiente, que ela supera e usa em vez de simplesmente suportar, Hegel associa o conceito a LIBERDADE, em contraste não com a NECESSIDADE como tal, mas com a necessidade externa envolvida em causalidade e reciprocidade. Uma vez que os conceitos não são formados por abstração da realidade empírica, um objeto não precisa ajustar-se inteiramente ao seu conceito. Os conceitos são, para Hegel (tal como para Platão), ideais normativos: um cavalo inutilizado ou defeituoso não é inteiramente um cavalo, e um bebê ou uma semente são apenas "em conceito" e ainda não concretizaram plenamente seus respectivos conceitos. (Assim, *Begriff* em Hegel refere-se freqüentemente ao estágio inicial de uma entidade, em contraste com a sua forma desenvolvida.) No caso de conceitos categóricos, uma entidade de baixo nível, como uma rocha, não condiz inteiramente com *o* conceito mas apenas com um fragmento de baixo nível do mesmo, tal como o conceito de uma coisa com propriedades.

3. Os conceitos não se distinguem nitidamente uns dos outros. Formam um *SISTEMA dialeticamente entreligados que não pode ser adquirido por gradual abstração. Assim,

somente existe, no fundo, um conceito, o conceito que se desdobra na Lógica e form... essência do mundo e do Eu.

Hegel assimila freqüentemente o conceito a DEUS, cuja criação do mundo, a partir do nada, expressa a auto-realização do conceito num objeto que é distinto e, no entanto, idêntico a ele mesmo. O que ele quer dizer é isto: o conceito aplica-se a entidades FINITAS dentro do mundo, mas tais entidades não condizem plenamente com o conceito; mesmo aquelas que são relativamente autodeterminantes também dependem de alimentação externa. Mas o mundo, como um todo, só depende de si mesmo para a sua natureza e desenvolvimento; portanto, deve estar em total harmonia com o seu conceito. O mundo é inteiramente determinado pelo conceito de um modo que, entre entidades finitas, tem o seu melhor exemplo na MENTE. Assim, Hegel é propenso a acreditar que é possível inferir, pelo menos, as linhas gerais do mundo a partir de um exame do seu conceito, mas admite uma área de *CONTINGÊNCIA, cuja natureza e extensão não explicou por completo. Suas obras sobre áreas específicas (por exemplo, *FD, E, IFR*) abrem com uma descrição do conceito pertinente (como o conceito de direito, de beleza ou de religião), a qual, sugere ele, se desenvolve então numa exposição mais específica do objeto de estudo (a estrutura da sociedade moderna, estilos e gêneros artísticos, tipos de religião etc.), numa considerável independência da introdução "externa" de conteúdo empírico.

Mas a extensão em que, no entender de Hegel, a natureza do mundo é determinada, e é derivável *a priori* do conceito lógico (ou da idéia), é discutível: as interpretações formam um espectro que vai desde o ponto de vista de que a Lógica simplesmente "reconstrói" e clarifica conceitos, que Hegel usa então para organizar e elucidar o conteúdo empírico (por exemplo, M.J. Petry, K. Hartmann), até o ponto de vista segundo o qual ele acredita que o mundo "emana" do conceito, na tradição do neoplatonismo. Essas diferenças refletem a ambigüidade e a complexidade intrínsecas no pensamento de Hegel.

concepção *ver* REPRESENTAÇÃO E CONCEPÇÃO.

conclusão *ver* INFERÊNCIA, SILOGISMO E CONCLUSÃO.

concreto *ver* ABSTRATO E CONCRETO.

condição *ver* FUNDAMENTO, CONDIÇÃO E EXPLANAÇÃO.

conhecimento, cognição e certeza Nenhuma palavra alemã corresponde estritamente a "conhecer" mas várias palavras coincidem em parte com ela:

1. *Wissen* é "saber, não ser ignorante de", próximo do francês *savoir.* Pode ser seguido por um nome (por exemplo, "o modo certo"), "de" (*von*), "acerca de" (*um*), "como" ou uma cláusula-que (*dass*). O substantivo verbal (*das*) *Wissen* ("o saber, a erudição") é usado em frases convencionais (por exemplo, "até onde me é dado saber"), para o conhecimento de algo ou num campo particular, e para o saber em geral (por exemplo, "Saber é poder"). É usado por Hegel para "saber ABSOLUTO". Gera *Wissenschaft* ("CIÊNCIA").

2. O verbo *kennen* (como o francês *connaître*) é "conhecer, estar familiarizado com": em "Não a conheço, mas conheço a respeito dela", *kennen* traduz o primeiro "conheço",

wissen o segundo. O substantivo *Kenntnis* é "informação" sobre um fato particular, é ter "ciência" de algo. O plural *Kenntnisse* é "itens de informação". (*Wissen*, em contrapartida, não tem plural e não sugere itens de informação.)

3. O verbo *erkennen* significa (a) "conhecer de novo, *RECONHECER" algo previamente encontrado; (b) "reconhecer, perceber, identificar, chegar a ver", por exemplo, uma verdade, um erro cometido ou que se estava enganado; (c) "emitir um juízo ou veredito"; por exemplo, "*achá-lo* culpado, *condená-lo* à morte". A acepção mais importante em Hegel é (b): ele estabelece um contraste entre o que é meramente *bekannt* ("familiar, muito conhecido") com o que é *erkannt* ("sistematicamente conhecido, entendido, sabido"): por exemplo, antes de fazermos lógica, a nossa linguagem e certas palavras e construções são *bekannt*, depois também são *erkannt*. (*Die*) *Erkenntnis* é o conhecimento filosófico ou científico. O plural, *Erkenntnisse*, significa "itens de conhecimento, cognições". Os tradutores distinguem freqüentemente "cognição/cognições" (*Erkenntnis(se)*) de "saber" (*Wissen*). O substantivo verbal (*das*) *Erkennen* ("conhecer, cognoscer") também é comum.

4. *Einsehen* (literalmente, "ver dentro, olhar para dentro de") é parente de *erkennen* no sentido (b): "chegar a perceber, entender, saber" uma coisa, ou que algo assim é. Hegel usa freqüentemente o substantivo *Einsicht* ("intelecção"): em *FE*, contrasta-o com *Glaube* (fé) e associa-o ao racionalismo iluminista. Ao contrário de *Glaube*, é conceptual, racional e individual; inteligir as coisas contrasta com simplesmente aceitá-las. Por conseguinte, embora se possa aceitar, por exemplo, uma religião sobre a qual se possui uma compreensão clara de sua natureza íntima, a tendência de *einsicht* é para conflitar com RELIGIÃO.

5. *Wissen* é cognato com *gewiss* ("certo") e *Gewissheit* ("certeza"), tanto num sentido objetivo ("Isso é certo") quanto num subjetivo ("Estou certo disso"). Em Hegel, as palavras têm usualmente um sentido subjetivo, e ele não se cansa de sublinhar que a certeza não é garantia de VERDADE, seja no sentido usual, seja no de Hegel: a certeza *SENSÍVEL é contrastada com a verdade apreendida por *PERCEPÇÃO. (Por vezes, essa característica de *gewiss* é transferida para *wissen*, a fim de que uma pessoa possa "saber" com certeza o que é falso.) A certeza em Hegel é mais *IMEDIATA do que derivada, e essa é uma razão pela qual a verdade a elude. Pode estar envolvida na fé religiosa. A certeza de si (*Selbstgewissheit*), o autoconhecimento cartesiano, mas também, em Hegel, a autoconfiança, é uma versão primitiva da *AUTOCONSCIÊNCIA. *Gewissen* (consciência) também deriva de *wissen*. Originalmente, *Gewissen* significava "escrúpulo" (como ocorre com a palavra "consciência" em muitas línguas européias). Mas em *FE* e em *FD*, Hegel sublinha a conexão de consciência com certeza de si e sua conseqüente falibilidade.

Wissen era originalmente um tempo pretérito que significava "ter percebido". Por conseguinte, *Wissen* pode ser imediato, não envolvendo, ao invés de *Erkennen*, qualquer processo de "vir a saber". Assim, é freqüente Hegel contrastar desfavoravelmente *Wissen* com *Erkennen*, como um conhecimento direto ou imediato que não pode apreender inter-relações *CONCRETAS. (Em cognição filosófica, os passos pelos quais chegamos a um resultado estão envolvidos na estrutura do resultado.) Ele cita o ditado "nós *wissen* [sabemos] que Deus existe, mas não *erkennen* Deus [isto é, a sua natureza real e concreta]" (*Enc.* III, §445A). Também a doutrina de Jacobi de que conhecemos imediatamente a existência de Deus etc., é uma doutrina de *Wissen* imediato; em contrapartida, *Erkennen* é inevitavelmente mediado (*Enc.* I, §§61 e seg.). Mas *Wissen* nem sempre é comparado desfavoravelmente a *Erkennen*: por exemplo, o "conhecimento absoluto" em *FE* é *das absolutes Wissen*. Há duas razões para isso: (1) *Wissen* é atraído para a invariavelmente favorável *Wissenschaft* ("CIÊNCIA") e afastado da usualmente pejorativa *Gewissheit*. (2) Como o resultado da cognição *SUPRASSUME os passos por meio dos quais a atingimos, o resultado é imediato num sentido superior e, por conseguinte, é tanto *Wissen* quanto *Erkennen*.

Hegel examina *Erkennen* (mas não *Wissen*), ou seja, o conhecimento FINITO das ciências naturais e matemáticas, na Lógica: o conhecimento é ou analítico ou sintético. Essas noções (as quais não têm uma ligação estreita com o JUÍZO analítico e sintético) derivam de um matemático grego, Pappus: análise (ou o método regressivo) e síntese (o método progressivo) são dois procedimentos usados, com freqüência complementarmente, em geometria. Se temos um problema para resolver ou um teorema cujo valor de verdade é desconhecido, a análise começa por supor o problema solucionado ou a verdade do teorema, e depois deriva conseqüências dessa suposição. Por exemplo, supomos a verdade do teorema A, depois derivamos B de A, e C de B, até atingirmos um teorema, digamos, M, cujo valor de verdade já é conhecido. Se M é falso, então A é agora conhecido como falso. Se M é verdadeiro, então a síntese retrocede desde M (dedutivamente em matemática mas, por exemplo, indutivamente nas ciências naturais) a fim de provar a verdade de A. Assim, a análise procede do desconhecido para o conhecido, a síntese do conhecido para o (até então) desconhecido.

Hegel (ao contrário de Kant) não viu como a cognição podia avançar do desconhecido para o conhecido e associa assim a análise com a matemática em geral, uma vez que divide as coisas em quantidades que estão *EXTERNAMENTE relacionadas (em *CL*), com a extração de LEIS, FORÇAS e *GÊNEROS universais a partir de fenômenos concretos, e com a análise de uma substância em seus constituintes químicos (*Enc.* I, §227 e A). A sua muito mais extensa descrição de síntese trata de DEFINIÇÃO, CLASSIFICAÇÃO e do teorema.

Hegel acredita que o seu próprio procedimento cognitivo é analítico e sintético. Isso é verdadeiro num sentido: com efeito, ele não sintetiza simplesmente, por exemplo, a IDÉIA ou DIREITO lógico num único todo, ou simplesmente os analisa em seus elementos constituintes, mas apresenta-os como TODOS unificados e articulados. Entretanto, isso não é verdadeiro no sentido de Pappus: Hegel nunca (oficialmente, pelo menos) retrocede desde o seu pretendido resultado para chegar ao que é exigido a fim de obter tal resultado; ele avança sempre do que já lhe é conhecido em direção a um resultado ainda desconhecido. (Em *FE*, "nós", filósofos, já ocupamos o ponto de vista do conhecimento absoluto, mas somente observamos e não ajudamos o desenvolvimento da CONSCIÊNCIA para se chegar a esse ponto de vista.) Mas a circularidade do seu sistema subentende que progresso também é regresso ao começo: as condições suprassumidas no resultado reemergem dele, por fim, e só são plenamente entendidas quando o ciclo está completo. Há um outro sentido em que a cognição de Hegel é analítica e sintética.

Hegel e seus contemporâneos foram muito perturbados pela ameaça do CETICISMO a *Erkennen* e *Wissen*. Argumentou ele, contra o que interpretou como sendo a opinião de Kant, que o problema não pode ser enfrentado examinando *primeiro* a cognição, uma vez que, se os nossos poderes cognitivos são suficientemente bons para a tarefa, então também são suficientemente bons para aplicação direta no mundo: o procedimento de Kant é como tar aprender a nadar sem entrar na água (*FE*, Introd.). Mas Hegel não desdenha a epistemologia: não só *FE* (com o seu exame não do mundo, mas de formas da consciência), mas todo o seu sistema está configurado em parte como uma resposta ao ceticismo. Essa resposta envolve a reformulação ou reavaliação de muitos outros conceitos, além do de conhecimento: "certeza", "verdade", "PROVA", "imediato" etc.

consciência e autoconsciência *Bewusst*, um termo técnico em filosofia e psicologia desde o século XVIII, significa "consciente". É usado para distinguir os estados e eventos mentais conscientes dos inconscientes, mas em filosofia indica primordialmente a consciência intencional ou a consciência de um objeto (*Gegenstand*). *Bewusstsein* ("consciência", literalmente "SER consciente") foi criado por Wolff como equivalente do latim *conscientia* e serviu para substituir a *Apperzeption* de Leibniz, mas ainda é usada por Kant paralelamente a *Bewusstsein*. Kant e Hegel empregam *das Bewusstsein* para denotar não só a consciência de um sujeito, mas o próprio SUJEITO consciente, em contraste com o objeto do qual ele está consciente.

A adição do pronome *selbst* ("si") resulta em *selbstbewusst* e *Selbstbewusstsein*, que indicam consciência de si, conhecimento de si ou percepção de si mesmo. Esse conceito apareceu pela primeira vez explicitamente na expressão de Plotino *synaisthesis hautou*, "autopercepção". Na acepção corrente da psicologia e filosofia do século XVIII, *Selbstbewusstsein* era o conhecimento das mudanças nos estados conscientes da própria pessoa e dos processos que ocorriam em seu eu, conjuntamente com uma percepção de que o próprio EU é o portador desses estados e processos; de que a pessoa tem/é unicamente um Eu; de que esse Eu persiste do começo ao fim e independentemente da sucessão das várias experiências da pessoa; e de que o Eu de uma pessoa se situa em contraste com o mundo externo de objetos, do qual se distingue como sujeito que persiste identicamente no decorrer de todas as mudanças nos objetos de que ele está consciente. Mas Kant argumentou que autoconsciência nesse sentido não é, como essa descrição sugere, totalmente independente do caráter da minha experiência e dos objetos de que estou consciente. As minhas intuições, para que sejam as *minhas* experiências e as experiências de objetos distintos de mim, devem ser "sintetizadas" de acordo com certas categorias, como a causalidade (por exemplo, *CRP*, A107, B144). Essa síntese é, no entender de Kant, executada pelo próprio Eu.

Essa doutrina – juntamente com a doutrina dos neoplatônicos e de Böhme de que o eu e o mundo estão reciprocamente relacionados e de que o conhecimento de um permite o conhecimento do outro – levou os idealistas alemães à concepção do eu, não como nitidamente distinto de outros objetos, mas como penetrando neles e envolvendo-os. Correspondentemente, ser plenamente autoconsciente não é apenas ser consciente de si em contraste com objetos, mas ver o mundo externo como o produto, a possessão ou a imagem especular do próprio eu. O uso de Hegel de *selbstbewusst* e *Selbstbewusstsein* depende dessas considerações. Mas também depende do sentido coloquial dessas palavras ("autoconfiante, seguro, etc.).

As duas principais explicações de Hegel da consciência e autoconsciência ocorrem em *FE*, IV A, e *Enc*. III, §§413 e seg. Em ambos os textos, a descrição de consciência é seguida pelas de autoconsciência e RAZÃO (*Vernunft*). (*Bewusstsein* é também usado *lato sensu*, abrangendo autoconsciência e razão, assim como a consciência "como tal".) Em *Enc*. III mas não em *FE*, a descrição da consciência é precedida pela da *ALMA (*Seele*), a qual está consciente, em suas fases superiores dos seus próprios estados sensórios, mas não de objetos distintos de si própria. Como a consciência envolve essencialmente um objeto distinto de si mesmo, é APARÊNCIA ou "presença" (*erscheinend*, isto é, não "ilusório" mas "apresentando-se, expondo-se em, e, assim, dependendo de um outro"), em contraste com a alma, que ainda não adquiriu um objeto, e com a razão e o ESPÍRITO, que eliminam a alteridade do objeto. Em ambos os textos, a consciência assume sucessivamente três FORMAS ou "configurações" (*Gestalten*): consciência ou *CERTEZA SENSÍVEL (conhecimento *IMEDIATO de dados sensíveis, vistos simplesmente como indivíduos a ser referidos ou apontados); PERCEPÇÃO (conhecimento mediado de dados sensíveis como COISAS com propriedades); e *ENTENDIMENTO (conhecimento de coisas como manifestações de FORÇAS e como aparência – *Erscheinung* – governada por LEIS).

Hegel não se comprometeu em dizer que objetos produzem consciência ou que a consciência produz seus objetos. Os termos são correlativos. Assim, a consciência não é um meio uniforme que permanece inalterado enquanto os seus objetos variam: o caráter da consciência varia com o de seus objetos. Uma forma de consciência ainda não é *auto*consciência mas está ciente de si mesma e de seus objetos: a sua percepção de uma discrepância entre si e os seus objetos provoca o avanço para uma nova forma, cujo objeto é a prévia forma de consciência. Por exemplo, a consciência sensível usa termos UNIVERSAIS, como "isto", a fim de denotar seus objetos supostamente individuais; esses universais tornam-se as propriedades reconhecidamente universais de uma coisa, o objeto de percepção. Mas nenhuma forma de consciência sabe que é assim que ela se origina; somente "nós", filósofos, sabemos isso. (Em *TC*, Fichte também distingue entre o *nosso* conhecimento e o do Eu no estágio sob consideração. Fichte, à semelhança de Hegel, almeja traçar o desenvolvimento do Eu até que o seu conhecimento coincida com o *nosso*.)

O avanço da autoconsciência ocorre quando a consciência como entendimento desenvolve concepções que incluem uma "distinção que não é distinção" (como os pólos opostos de um magneto ou de eletricidade): ela vê que a ESSÊNCIA íntima das coisas, conceptualizada em termos de uma distinção que se dissipa, é o seu próprio produto, e que o conceito de tal distinção é aplicável à sua própria relação com o seu objeto. Isso gera a mais simples forma de autoconsciência: o Eu está consciente de si mesmo, isto é, do Eu. Mas essa fase de autoconsciência é deficiente, uma vez que, em contraste com o mundo externo, o Eu autoconsciente é tênue e evanescente. Assim, ele tenta através de uma série de manobras, remover a alteridade de objetos externos que lhe é estranha e, *ipso facto*, adquirir um conteúdo objetivo para si mesmo. Essas manobras são mais práticas do que cognitivas: desejo (o interminável processo de consumo de objetos sensórios); uma luta pelo *RECONHECIMENTO por uma outra autoconsciência e a escravização do vencido pelo vencedor; e, em *FE*, desdém pelo mundo externo (*ESTOICISMO), negação de sua existência (CETICISMO) e projeção das características essenciais do eu e do mundo num domínio transcendente (a consciência infeliz), mas, em *Enc*. III, o avanço para a autoconsciência *universal*, o reconhecimento mútuo de indivíduos autoconscientes coexistindo numa comunidade ética.

Mas o avanço da autoconsciência não termina aí. Hegel passa em seguida para uma explicação da razão, a unificação da consciência (conhecimento de um objeto visto como ser-outro que não eu mesmo) e da autoconsciência (conhecimento de eu-mesmo como distinto do objeto): a razão vê as DETERMINAÇÕES do Eu como pertencentes também ao objeto. De fato, a autoconsciência avança através de toda a HISTÓRIA e através do próprio *SISTEMA de Hegel, o qual, em seu entender, é a culminação da autoconsciência humana.

A descrição de Hegel da autoconsciência tem três características notáveis. Primeiro, a autoconsciência não é uma questão de tudo-ou-nada, mas progride através de estágios cada vez mais adequados. Segundo, é essencialmente interpessoal e requer o reconhecimento recíproco de seres autoconscientes: é "um Eu que é um nós, e um nós que é um Eu" (*FE*, IV). Terceiro, é prática, assim como cognitiva: encontrar-se a si mesmo no outro, a apropriação do ser-outro, que é no que a autoconsciência consiste, envolve o estabelecimento e o funcionamento de instituições sociais, assim como a investigação científica e filosófica. Elementos dessas características aparecem em seus predecessores, especialmente em Schelling, mas a concepção de Hegel, como um todo, é substancialmente original.

conteúdo *ver* FORMA, MATÉRIA E CONTEÚDO.

contingência *ver* NECESSIDADE, POSSIBILIDADE E CONTINGÊNCIA.

contradição O verbo *widersprechen* (literalmente, "falar contra") e o substantivo *Widerspruch* são exatos equivalentes de "contradizer" (uma pessoa ou uma coisa) e de "contradição". Em Lógica, "contradição" tem dois sentidos: (1) um sentido mais limitado, em que duas proposições ou conceitos se contradizem mutuamente se, e unicamente se, uma é a negação da outra (por exemplo, "vermelho" e "não-vermelho"); (2) um sentido mais amplo, em que duas proposições ou conceitos se contradizem mutuamente se são logicamente incompatíveis (por exemplo, "quadrado" e "círculo", ou "vermelho" e "azul"). A LEI (em alemão, *Satz*, "*PROPOSIÇÃO") de contradição foi considerada, desde a sua primeira formulação por Aristóteles, como a suprema "lei do *PENSAMENTO" (*Denkgesetz*). Foi formulada de várias maneiras: "É impossível para a mesma coisa pertencer e não pertencer a algo ao mesmo tempo" (Aristóteles); "A não é não-A" (Leibniz); "Um predicado não pertence a nenhuma coisa que o contradiga" (Kant). Kant viu a contradição como um critério *negativo* de VERDADE: duas proposições contraditórias não podem ser ambas verdadeiras e nenhuma proposição autocontraditória é verdadeira, mas duas proposições que não se contradizem mutuamente, ou uma proposição que não é autocontraditória, podem ser ainda assim falsas.

Desde épocas remotas alguns filósofos afirmaram que não só o nosso pensamento, mas o próprio mundo envolve OPOSIÇÕES ou contradições. O paradigma de Aristóteles a esse respeito foi Heráclito, que, embora não tivesse uma palavra para "contradição", descreve o mundo em termos opositivos ou contraditórios; o mundo, além disso, é governado pelo *logos* ("palavra, RAZÃO" etc.), de modo que nenhuma distinção clara é traçada entre as contradições envolvidas em seu próprio pensamento e as do próprio mundo. Também Böhme, embora não usando a palavra *Widerspruch*, viu *Gegenwurf* ou oposição no mundo. O mal, assim como o bem, está em tudo, e sem ele não existe vida ou movimento; todas as coisas são um Sim e um Não; o Não é o *Gegenwurf* do Sim ou da verdade. Novalis, que foi largamente responsável pelo renascer de Böhme nesse período, escreveu: "Talvez a tarefa suprema da lógica superior seja aniquilar a lei da contradição."

Desde cedo, Hegel viu um conflito entre a lei da contradição e as verdades da RELIGIÃO. Em *ECD*, ele argumenta (com referência à abertura do Evangelho Segundo João: "No princípio *era* o Verbo, e o Verbo *estava com* Deus; e Deus *era* o Verbo; a Vida *estava* nele") que "tudo o que se expressa acerca do divino na linguagem da reflexão é *ipso facto* contraditório", e conclui que "o que é uma contradição no reino da morte não o é no reino da vida". A partir do início da década de 1800, ele tentou criar uma lógica que pudesse acomodar a religião e a VIDA, assim como as intuições da lógica tradicional.

A noção de contradição finalmente descrita por Hegel é esta: Podemos, provisoriamente, distinguir entre contradições subjetivas, contradições em nossos pensamentos, e contradições objetivas, contradições em coisas. A lógica tradicional reconhece a ocorrência de contradições subjetivas: Kant sustentou que, ao argumentar acerca do mundo como um todo, caímos inevitavelmente em contradições ou "antinomias". Mas, afirmou Hegel, tais contradições são muito mais difundidas e significativas do que Kant acreditava. Qualquer concepção ou pensamento FINITO, tomado isoladamente, envolve uma contradição. (Tal contradição reside primordialmente num conceito, como o de CAUSALIDADE, mas também contamina proposições tais como "O mundo é uma ordem causal".) Pensar, ou o próprio pensamento, tem um impulso (*Trieb*) para superar a contradição. Tenta freqüentemente fazer isso, no início, recorrendo a uma regressão *INFINITA (por exemplo, de causas e efeitos) mas a solução apropriada consiste em deslocar-se para um novo e mais elevado conceito, o qual está intrinsecamente relacionado com o primeiro e elimina a sua contradição. O novo conceito envolve usualmente uma contradição que lhe é própria e, assim, o pensamento progride revelando e superando sucessivas contradições, até chegar à IDÉIA absoluta (infinita), a qual está livre da espécie de contradições que gera novos movimentos. A idéia absoluta é apropriada para a conceptualização de entidades, tais como Deus, que se esquivam às rígidas concepções do *ENTENDIMENTO. A idéia, e as reivindicações por ela autorizadas (por exemplo, que Deus é um FUNDAMENTO e uma conseqüência, que ele é mediado, mas suprassume a sua MEDIAÇÃO em imediatidade), *parecem* contraditórias para o entendimento, mas isso é porque o entendimento isola aspectos da idéia absoluta de maneira que se provou serem ilegítimas.

Os lógicos tradicionais, mormente Kant, excluíram a possibilidade de contradições *objetivas*. Mas Hegel argumentou que coisas finitas, tal como pensamentos finitos, envolvem contradições. Assim como os pensamentos finitos têm um impulso para superar a contradição e avançar, assim, para outros pensamentos, também as coisas finitas têm um impulso tal, que as leva ao movimento e à mudança. Mas as coisas finitas, ao invés da MENTE, não podem suportar contradições: elas em última instância, acabam por perecer. O mundo como um todo, em contrapartida, não perece, uma vez que está livre da finitude contraditória das entidades que engloba.

Por conseguinte, a lei da contradição é uma "lei do pensamento", não no sentido de que as contradições são impensáveis (ou ininteligíveis) nem no sentido de que as contradições não podem ocorrer no mundo. Hegel só a aceita na medida em que sustenta que as contradições, objetivas e subjetivas, devem ser superadas, e que um pensamento ou entidade contraditório não é *verdadeiro* (na acepção de Hegel de "verdadeiro").

Hegel viu as contradições que postulou em pensamentos e em coisas como contradições no sentido tradicional. Mas existe margem para duvidar de que isso assim seja. Ocasionalmente, ele rejeita de forma categórica noções tais como a de um "conceito composto", descrevendo-as não como contraditórias, mas como "ferro de madeira" (isto é, um "círculo quadrado" ou uma contradição em termos). Na *Lógica*, a sua descrição da contradição acompanha as de *DIFERENÇA e de oposição, sugerindo que ele vê uma contradição como uma oposição intensa: nenhum lógico formal precisa negar que o mundo contém intensas oposições. Além disso, os seus exemplos, sobretudo os de contradições objetivas, apresentam freqüentemente escassa semelhança com as contradições lógicas formais. Em sua maior parte, as contradições objetivas são conflitos íntimos produzidos por confuso envolvimento de uma coisa com outras coisas. As contradições subjetivas são muitas vezes o resultado de uma tentativa de manter distintos conceitos que, como os de causa e de efeito, são conceptualmente interdependentes. Mas, ocasionalmente, um sistema conceptual truncado, finito, dá origem a uma "contradição" mais interessante: se eu apresento apenas termos para determinadas qualidades pertencentes a séries cujos membros são mutuamente exclusivos (por exemplo, vermelho, verde etc.; plano, redondo etc.), então, uma vez que estou consciente, simultânea e sucessivamente, de muitas dessas qualidades, só contraditoriamente posso descrever-*me* ou à minha própria consciência em tais termos (por exemplo, "sou vermelho *e* verde (e *nem* vermelho nem verde)"); para evitar isso, devo introduzir, como fez Hegel na *Lógica*, o conceito de ser *PARA SI, o qual transcende a determinidade de *Dasein* ("*SER DETERMINADO").

Assim, as contradições subjetivas são mais aceitáveis do que as objetivas. Mas, para Hegel, umas e outras são intrinsecamente interdependentes. Em seu entender, não existe uma distinção clara entre pensamento e o mundo. Pensamentos e conceitos estão implantados no mundo, e muitos dos conceitos reservados pela lógica tradicional para a descrição de nosso pensamento e discurso – "NEGAÇÃO", "verdade", "JUÍZO", "INFERÊNCIA" etc. – possuem, para Hegel, um sentido objetivo no qual são aplicáveis a coisas. Que coisas finitas consubstanciam conceitos finitos e suas contradições é, pois, uma característica central do IDEALISMO de Hegel. (A noção tradicional de que uma proposição contraditória acarreta proposição, seja ela qual for, como conseqüência, noção freqüentemente apresentada em críticas a Hegel, é hoje rejeitada pela "lógica de relevância".)

correto *ver* VERDADE, FALSIDADE E CORRETO.

costume *ver* VIDA ÉTICA E COSTUME.

crença, fé e opinião O alemão tem uma grande variedade de palavras para designar tipos e graus de crença. As mais significativas em Hegel, são *Glaube(n)* e *Meinung*. *Glaube* deriva de *glauben* ("acreditar" etc.), o que originalmente significava "nutrir estima" (*lieb*), "aprovar". Era usada pelos germanos pré-cristãos para denotar a confiança da pessoa na deidade, e expressou mais tarde o relacionamento do cristão com Deus. Foi então enfraquecida para significar "crer".

Assim, tal como o cognato "crença", *Glaube* indica: (1) confiança (*Vertrauen*) numa pessoa, coisa ou Deus; (2) aceitação de algo como verdadeiro (*Fürwahrhalten*); (3) o que é acreditado. Mas *Glaube* é mais rigoroso do que "crença", na medida em que implica convicção mais forte e menos confiança em evidência sensorial e racional do que "crença". (O verbo *glauben*, entretanto, não exclui o apoio em evidência.) Assim, *Glaube* equivale a "fé": Hegel associa-o freqüentemente a "certeza imediata" (*Gewissheit*) – uma certeza subjetiva que não traz consigo verdade – e contrasta-o com RAZÃO, *PENSAMENTO e CONCEITO. O alemão para "superstição" é formado a partir de *Glaube*: *Aberglaube*, "crença perversa" – mas o sentido exato de *Aber*– é incerto. (O possivelmente hegeliano "Oldest System-Programme of German Idealism" (1796 ou 1797) usa *Afterglaube* em vez de *Aberglaube*.)

Hegel associa *Glaube* não com a religião antiga – os gregos estavam, em seu entender, absorvidos demais em sua própria sociedade e em suas crenças e práticas religiosas para ter "fé" ou "confiança" ("uma coisa é ser um pagão, outra é *acreditar* numa religião pagã", *FD*, §147) – mas com o cristianismo, uma vez que *Glaube* subentende separação de Deus ou o ABSOLUTO e uma atitude *REFLEXIVA em relação a ele. Hegel interessa-se especialmente por *Glaube* em *PET*. Nesses escritos, especialmente *PCR* e *ECD*, ele tenta responder à questão sobre como o cristianismo se converteu numa religião "positiva", envolvendo, entre outras coisas, uma "fé positiva", isto é, um "sistema de proposições religiosas que se supõe conterem a verdade para nós, porque exigido de nós por uma autoridade, à qual não podemos recusar submeter a nossa fé". Esta concepção de fé é a da Igreja Católica: fé é a virtude sobrenatural pela qual, com a ajuda da graça de Deus, aceitamos como verdadeiro o que Deus revelou, unicamente pela autoridade de Deus e não porque tenhamos discernido a sua verdade pela luz natural da razão.

Hegel, em contrapartida, endossou a concepção luterana, segundo a qual a fé é menos uma questão de crença em certos fatos históricos do que de confiança em Deus, de aceitar a promessa de Deus. É essa concepção de *Glaube* que ele atribui ao Cristo e aos primeiros cristãos, fé não como aceitação de algo como verdadeiro, mas em seu significado original de confiança no divino: "A fé no divino só é possível porque existe no próprio crente um elemento divino, o qual se redescobre, e redescobre a sua própria natureza, no objeto de sua fé (...) O estado intermédio entre, por um lado, as trevas, o distanciamento do divino, o cativeiro na realidade e, por outro lado, a própria vida plenamente divina do crente, uma confiança em si mesmo, é fé no divino; fé é o pressentimento, a cognição, do divino e o anseio de unificação com ele."

Mais tarde, Hegel foi avesso a qualquer concepção de *Glaube*, católica ou protestante, que o contrapusesse à razão e ao pensamento conceptual. Primeiro, sob a influência do Iluminismo, não podia admitir que certas doutrinas devam ser simplesmente aceitas com base na autoridade. As doutrinas, para que sejam aceitas, devem ser autenticadas pelo próprio "discernimento" (*Einsicht*) de uma pessoa, não recebidas com base na autoridade da Igreja ou do Estado. Segundo, ele rejeitou qualquer concepção de dois mundos, qualquer mundo do "além" postulado pela fé como um refúgio do mundo da realidade terrena, secularizada. Seu ideal juvenil era a cidade-estado grega, na qual o cidadão estava inteiramente familiarizado com a sua cidade e com os deuses que, por assim dizer, residiam nela. Logo abandonou esse ideal, ao perceber que tal "nostalgia" (*Sehnsucht*) era apenas uma outra versão de fé num mundo mais além, mas reteve a sua aversão ao dualismo. Terceiro, desagradava a Hegel a moderna diluição da magnífica fé do cristianismo primitivo e medieval numa fé esquálida, numa "essência absoluta" (*Wesen*) ou num deus concebido somente como, por exemplo, ser puro. Semelhante fé é intelectualmente vazia e incapaz de fornecer qualquer evidência para uma fé popular ou de revitalizar uma realidade cada vez mais secularizada, concebida em termos de mecanismo e utilidade. Esse empobrecimento da fé tem, acredita Hegel, numerosas fontes: a ênfase protestante sobre a *SUBJETIVIDADE, o espírito e intensidade da crença, à custa da *OBJETIVIDADE, o conteúdo de crença; o individualismo afim do protestantismo, a ênfase sobre a convicção e a devoção pessoais à custa da autoridade pública e do culto comunitário; a invasão pela ciência newtoniana de áreas previamente reservadas à fé; a luta do Iluminismo contra a *Aberglaube*; e o individualismo egoísta associado à ascensão da SOCIEDADE CIVIL.

Esse processo foi refletido no pensamento de Kant e seus seguidores, especialmente Jacobi e Fichte, como Hegel registra em *FS*. Kant supõe que tinha demolido os argumentos teóricos para doutrinas religiosas em *CRP*, afirmando que "destruíra o conhecimento a fim de dar lugar à fé" – uma fé para a qual tentou mais tarde fornecer uma base na MORALIDADE. Mas Hegel viu o resultado como uma fé atenuada e totalmente separada do mundo do CONHECIMENTO (*Wissen*). O decano, aos olhos de Hegel, da filosofia da fé era Jacobi, que falou do *salto mortale* de fé requerido para cruzar o abismo entre a cognição filosófica (*Erkennen*) e a verdade religiosa. Jacobi usou uma variedade de termos para designar o que estava envolvido nesse salto mortal: "fé", "conhecimento imediato" (*Wissen*, em contraste com *Erkennen*), "SENTIMENTO" e "INTUIÇÃO". Hegel viu pouca diferença entre esses termos: em vista de seu *imediatismo* compartilhado, redundam na mesma coisa. Mas o imediatismo da fé de Jacobi explica a sua deficiência central, a saber, que em contraste com a fé cristã o seu conteúdo é sumamente pouco consistente, fornecendo, quando muito, o menor denominador comum de todas as religiões. Um outro fator que contribui para a atenuação de *Glaube* é a sua aplicação a questões mundanas: Jacobi afirmou, por exemplo, que eu sei da existência de objetos externos, e do meu próprio corpo, por *Glaube*. Hegel argumenta, em sua descrição da certeza sensível, que o rico conteúdo do mundo externo não pode ser apreendido por conhecimento imediato ou fé (*FE*, I). Em seu entendimento, um estado cognitivo deve ser tão completo e mediado quanto o seu objeto.

Hegel acreditava que, nas complexas mediações envolvidas em sua Lógica, filosofia da religião e filosofia do direito, ele tinha dado a melhor reconciliação possível das exigências aparentemente conflitantes de uma fé moderna: (1) preservar o rico e denso conteúdo da fé cristã; (2) satisfazer o direito do indivíduo de avaliar e endossar racionalmente os pontos de vista cuja adoção lhe é exigida; e (3) consubstanciar essa fé em nossa sociedade, em nossas vidas e em nossa concepção do mundo, em vez de atribuí-la a um mundo mais além.

Glaube e *glauben* são distintos de *Meinung* ("opinião, ponto de vista") e *meinen* ("pensar, acreditar, opinar"). Kant definiu *Meinung* como "uma aceitação como verdadeiro (*Fürwahrhalten*) do que é conscientemente insuficiente, tanto do ponto de vista subjetivo quanto do objetivo. Se a aceitação como verdadeiro é apenas subjetivamente suficiente, mas é evidente a sua insuficiência objetiva, então estamos na presença da fé. Finalmente, se a aceitação como verdadeiro é subjetiva e objetivamente suficiente, isso é conhecimento" (*CRP*, B850). Hegel associa *Meinung* com (o etimologicamente não aparentado) *mein* ("meu") e, portanto, com idiossincrasia: é uma "REPRESENTAÇÃO (*Vorstellung*) subjetiva, um pensamento fortuito, uma fantasia, que posso formar de qualquer modo que me agrade, enquanto que outrem pode fazê-lo de modo inteiramente diverso. Um *Meinung é mein*; não é um pensamento intrinsecamente universal, um pensamento que é EM E PARA SI. Mas a filosofia é CIÊNCIA objetiva da verdade, ciência de sua necessidade, conhecimento conceitual, não opinião e desfiar de opiniões" (*IHF*, Introd.). Em *FE*, I, e em outras partes, Hegel contrasta meu *Meinung* e o que eu *meine* com o que *digo*: o que eu *meine*, o meu particular *Meinung*, não pode expressar-se nas palavras universais disponíveis na linguagem. (Hegel defende invariavelmente a racionalidade da linguagem e deprecia *Meinung*.) Neste caso, *meinen* e *Meinung* correspondem a "pretender, intensionar" e "pretensão, intenção", mas sempre no sentido do que uma pessoa quer dizer ou pretende significar por uma expressão ou elocução, não *pelo* significado de uma palavra.

Öffentliche Meinung, uma expressão que entrou em voga pouco antes da Revolução Francesa, significa "opinião pública". Hegel argumenta que opinião pública é uma expressão do moderno princípio de LIBERDADE subjetiva, de acordo com o qual normas racionais e estruturas políticas não podem ser impostas pela FORÇA ou por costume e tradição, mas somente convencendo o cidadão dos méritos dessas normas e estruturas. Por conseguinte, a opinião pública envolve uma combinação paradoxal de racionalidade pública e autoritária com a privacidade, contingência e perversidade de *Meinung*. Assim, "a independência de opinião pública é a primeira condição formal de qualquer coisa grande e racional tanto na vida quanto na ciência (...). A opinião pública contém todas as espécies de falsidade e de verdade, mas leva um grande homem a descobrir a verdade existente nela" (*FD*, §§316-18).

crime *ver* PUNIÇÃO E CRIME.

cristianismo *ver* DEUS E O CRISTIANISMO.

cultura e educação O alemão tem duas palavras comuns para "educar" e "educação": *bilden* e *erziehen*, e *Bildung* e *Erziehung*. *Bilden* também significa "formar, moldar, modelar, cultivar" e, antigamente, *Bildung* denotava apenas a formação física de uma entidade; no século XVIII, J. Moser deu-lhe o sentido de "educação, cultivação, cultura", como processo e como resultado. Mas *bilden* e *Bildung* enfatizam o resultado da educação, *erziehen* e *Erziehung* o processo. Assim, *Erziehung*, ao contrário de *Bildung*, não significa "cultura".

O interesse de Hegel pela cultura e educação tem várias fontes:

1. *Emílio, ou Da educação* (1762), de Rousseau, que entende a educação perfeita como a remoção de obstáculos ao desenvolvimento natural das aptidões da criança, em especial isolando-a da vida civilizada corrente, teve um grande impacto sobre o pensamento alemão. Contra Rousseau, Hegel argumentou que a educação envolve a superação da natureza e a conversão "da *ÉTICA (*das Sittliche*) na segunda natureza do indivíduo". Endossa o conselho pitagórico sobre educação: "Faça-o cidadão de um estado com boas leis" (*FD*, §153).

2. A derrota da Prússia pela França em 1806-7 levou a um movimento de reforma educacional. Fichte, em *DNA*, propôs um ambicioso plano de reforma educacional como remédio para a humilhação e a desarmonia nacionais. Fichte extraiu algumas de suas idéias

– especialmente sobre educação como força socialmente regeneradora – do pedagogo e educador suíço J.H. Pestalozzi. Schelling também contribuiu para esse debate em *Dos estudos universitários* (1803).

3. O interesse de Herder e outros na linguagem como o veículo de uma cultura nacional fundiu-se com um movimento de longa data para o desenvolvimento e uso do alemão como língua literária, científica e erudita. Fichte não estava sozinho ao propor a expulsão de empréstimos estrangeiros do alemão, como *Humanität*, para fazer dos alemães um POVO plenamente cultivado (*gebildete Volk*). Hegel tolerou empréstimos consagrados, mas compartilhou do objetivo de cultivar os alemães.

4. Esse movimento atingiu um de seus objetivos com a criação, especialmente por Goethe e Schiller, de uma literatura comparável à de outras nações européias. Um gênero popular era o *Bildungsroman*, o romance de cultura ou educação, no qual o protagonista adquire educação através de uma série de experiências e encontros. A obra-prima do gênero é *Wilhelm Meisters Lehrjahre* (*Os anos de aprendizado de Wilhelm Meister*, 1759-60) de Goethe; *Heinrich von Ofterding* (1802), de Novalis, é um exemplo menor. O *Bildungsroman* influenciou, e foi influenciado por obras filosóficas, que freqüentemente tinham forma e propósito semelhantes: Novalis estudou *TC*, de Fichte; e *FE*, de Hegel, que apresenta certa semelhança com *Wilhelm Meister* (por exemplo, ambas as obras oferecem uma descrição da "bela *ALMA" (*schöne Seele*)), é uma "história da *Bildung* da consciência para a ciência" (*FE*, Pref.).

5. A crescente consciência histórica levou a um interesse por diferentes culturas ou *Bildungen*, e também à idéia de que a humanidade, como um todo, passou (e ainda está passando) por um processo de educação comparável ao de um indivíduo. *ERH*, de Lessing, defendeu a tese de que a religião desempenhou papel crucial nessa educação, e que "a revelação é para a raça humana em seu todo o que a educação (*Erziehung*) é para o homem individual" (§1). Schiller atribuiu um papel semelhante à arte em *FE*, e prenuncia o ponto de vista de Hegel de que a cultura envolve ALIENAÇÃO e OPOSIÇÃO: "O único modo de desenvolver as múltiplas potencialidades no homem é colocá-las em oposição mútua. Esse antagonismo de forças é o grande instrumento de cultura (*Kultur*)" (*EE*, VI).

Hegel era um professor e, como tal, moderadamente interessado, mas não em excesso, nos processos e técnicas de educação. Era um historiador, que viu o desenvolvimento da cultura (ou culturas) como essencialmente progressiva, ainda que de forma indireta. E era um filósofo, consciente das pressuposições culturais da filosofia, bem como do contexto cultural e da significação do seu próprio pensamento. A sua concepção de educação e cultura, seja de um indivíduo, de um povo ou da humanidade como um todo, difere do Iluminismo e do humanismo clássico de Goethe. Para o Iluminismo, a educação é um aperfeiçoamento regular, unilinear, do indivíduo e da sociedade mediante a gradual superação da FÉ pela RAZÃO. Para Goethe, a educação é a modelação igualmente regular do indivíduo para se atingir um ideal de harmonia estética. Hegel, em contrapartida, viu a educação (e o DESENVOLVIMENTO em geral) como uma progressão de um estágio de unidade natural primitiva para um estágio de alienação e externação, e daí para um estágio de harmoniosa reconciliação (*Versöhnung*). O contraste iluminista de fé e razão é, em si mesmo, uma característica de alienação, a qual será superada no estágio de reconciliação.

Assim, em seu discurso de Nuremberg, em 29 de setembro de 1809, Hegel argumenta que a educação envolve um afastamento da mente de sua "essência e estado natural", e isso é melhor realizado através do estudo do mundo antigo e suas linguagens. Elas são suficientemente estranhas para nos "separar" do nosso estado natural, mas suficientemente próximas de nossa própria linguagem e do nosso próprio mundo para "nos reencontrarmos (*wiederfinden*)" neles, não mais em nosso próprio estado natural mas "em conformidade com a essência genuína e universal da mente". Também nos reconciliamos com a nossa própria linguagem e o nosso próprio mundo, mas agora com uma apreciação mais profunda de sua estrutura e significação. (Hegel também sublinha que os Estados que negligenciam a "cidadela íntima na alma de seus cidadãos" e só buscam lucro e utilidade são passíveis de decadência e destruição.) Esse padrão de afastamento de uma unidade natural e, mais tarde, de reconciliação com ela, ocorre em todas as fases da educação: o ensimesmamento da criança é interrompido por sua percepção consciente de um mundo externo, o qual, no começo estranho, se torna cada vez mais familiar com sua crescente exploração. Suas inclinações naturais são submetidas às normas éticas e sociais, as quais, estranhas e repressivas no início, acabam por tornar-se uma segunda natureza. O estudo da lógica afasta-nos das formas familiares (*bekannte*) de nossa língua natal, mas retornamos a elas com uma compreensão enriquecida. O jovem perde a satisfação ingênua da criança com o seu meio social e rebela-se contra ele; irá reconciliar-se finalmente com ele num contentamento mais ponderado e reflexivo. A ruptura da unidade primitiva é freqüentemente impiedosa e difícil, e requer esforço e disciplina (*Zucht*). Mas o produto final, o homem culto, embora tenha absorvido plenamente a cultura de sua sociedade, tem mais independência de pensamento e de ação do que a criança ou o jovem, em virtude do seu estoque de "concepções universais".

A educação de um povo ou da humanidade como um todo, por contraste, não possui um IDEAL estabelecido a ser realizado nem um educador externo que os crie com o objetivo de atingir esse ideal. Depende de professores, como Lutero, que pertencem eles próprios ao povo e à humanidade, e da DIALÉTICA interior de pensamento e *AUTOCONSCIÊNCIA. Mas obedece também ao padrão de unidade simples – externação – reconciliação. A cultura dos gregos era, na opinião de Hegel, bem como na de Schiller, relativamente harmoniosa. Mas o desenvolvimento posterior da cultura gerou grande variedade de externações e oposições, entre o indivíduo e sua sociedade, entre riqueza e poder, entre fé e razão, e assim por diante. *DFS* e *FS* argumentam que essas oposições requerem uma filosofia que as resolva, uma filosofia que Hegel tentou mais tarde oferecer.

D

definição Kant queixou-se de que a "língua alemã tem apenas uma palavra para os termos [latinizados] *Exposition, Explikation, Deklaration* e *Definition*: *Erklärung* (*CRP*, B758). Wolff usou *Erklärung* (de *erklären*, "esclarecer, explicar, declarar") para traduzir o alatinado *Definition*, mas o vocábulo é também usado para "*EXPLANAÇÃO". Hegel reserva regularmente *Erklärung* para "explanação" e, para "definição", prefere usar *Definition* ou, ocasionalmente, *Bestimmung* ("DETERMINAÇÃO").

Hegel examina definição explicitamente em dois principais contextos: primeiro, argumenta que as "determinações" ou "categorias" consideradas na Lógica (ou, pelo menos, o primeiro e o terceiro membros de cada TRÍADE) podem ser vistas como "definições do ABSOLUTO, como definições metafísicas de Deus", por exemplo, o SER fornece a definição "O absoluto (ou Deus) é ser" (*Enc.* I, §§85, 86). (Ele considera esse modo de ver as categorias como enganador, uma vez que os termos "Deus" e "o absoluto" ou são vazios e só recebem um sentido pelo predicado da *PROPOSIÇÃO definidora, ou transferem para a lógica as REPRESENTAÇÕES pictóricas que lhes estão usualmente associadas.) Uma definição nesse sentido não é uma definição da expressão "Deus" ou "o absoluto", mas sua especificação em termos de *PENSAMENTO.

Em segundo lugar, ele considera a definição, em *CL*, como o primeiro estágio do "*CONHECER sintético". (Os outros dois estágios são a CLASSIFICAÇÃO e o teorema (*Lehrsatz*). Considera aí a definição de três tipos de entidade:

1. Os *artefatos* podem ser definidos diretamente em termos do PROPÓSITO (*Zweck*) que se propõem realizar e das características requeridas para a consumação desse propósito.

2. As entidades matemáticas são abstrações produzidas por nós e podem ser definidas em função do que colocamos nelas. Hegel, ao contrário de Kant, considera estipulativa uma definição como "A linha reta é a distância mais curta entre dois pontos" e, portanto, uma proposição analítica.

3. As entidades naturais e espirituais CONCRETAS são mais problemáticas. A sua definição, em vista da cognição que Hegel está apresentando, envolve três elementos: (a) o gênero, ou o elemento UNIVERSAL; (b) a diferença específica, ou o elemento *PARTICULAR; e (c) o próprio objeto, o elemento *INDIVIDUAL, o qual se situa fora da definição, mas exemplifica o gênero e a diferença específica. Tetens tinha-se antecipado a Wittgenstein ao objetar, em *On the Origin of Language and Writing* (1772), p. 52-3, que muitas pala-

vras não se prestam a semelhante definição, uma vez que não existe uma característica que seja comum e peculiar a, digamos, todas as espécies de animal; diferentes espécies animais assemelham-se mutuamente, mas em diferentes aspectos. Hegel não levanta essa objeção, em parte porque está pensando mais na tentativa de um cientista empírico para formar conceitos dos objetos com que se depara, do que na definição de palavras estabelecidas. O problema consiste, antes, pelo menos inicialmente, em que não dispomos de qualquer critério para selecionar como diferença específica de uma espécie uma característica que seja essencial, ou seja, uma característica da qual depende o caráter geral da espécie, e escolhemos tipicamente algum sinal distintivo relativamente superficial, baseados em sua posse por todos ou pela maioria dos membros da espécie, e em sua persistência do começo ao fim de suas vidas. Hegel conclui que tal definição, especialmente em virtude da ocorrência de indivíduos deformados e defeituosos aos quais falta o sinal distintivo de suas espécies, não pode justificar a "NECESSIDADE" de seu conteúdo.

Kant sustentou que as definições filosóficas não podem, como as definições biológicas, proceder por gênero e diferença, nem, como as definições matemáticas, construir um conceito; elas fornecem uma análise e exposição ou explanação (*Erklärung*) de um conceito já existente. Segue-se, argumentou ele, que, ao contrário dos matemáticos, os filósofos não devem, como Spinoza, começar com definições: as definições vêm no final, não no começo (*CRP*, B758-9). Hegel concorda com isso em alguns aspectos, mas não em outros:

1. A maioria dos CONCEITOS filosóficos não são suscetíveis de definição por gênero e diferença.
2. Mesmo que tal definição seja possível, ela não mostra a "necessidade" do conceito ou da definição que dele é dada.
3. Isso só pode ser mostrado derivando ou "deduzindo" o conceito de outros conceitos, como, por exemplo, o conceito de *RECIPROCIDADE é derivado do de CAUSALIDADE.
4. Mas a descrição de tal conceito não *conclui* com uma clara definição do mesmo, uma vez que o conceito evolui ao longo do tratamento que Hegel lhe dá e acaba sendo transposto para um diferente conceito, da mesma forma que a causalidade se converte em reciprocidade. A definição do conceito é muito mais a descrição de todo o curso de seu DESENVOLVIMENTO do que de qualquer de suas fases, considerada singularmente. Hegel também era avesso a começar a sua *Lógica* com uma definição de lógica, crendo que tal definição redundaria apenas num exame geral das *CONCEPÇÕES (*Vorstellungen*) correntes da lógica. Para descobrir o que a lógica (ou, se for o caso, a matemática) é, devemos seguir o seu curso. Coerentemente com isso, argumentou que as definições (e axiomas) com que se inicia a *Ética* de Spinoza só ficam inteligíveis quando vemos o que é derivado delas.
5. A filosofia não constrói os seus conceitos nem analisa conceitos previamente dados. Não analisa uma concepção estabelecida nem avalia a sua explicação de um conceito por sua conformidade com tal concepção, com a etimologia ou com os "fatos de consciência" (ou seja, a auto-evidência intuitiva – a frase era popular na época, especialmente com J.F. Fries). Mostra simplesmente o grau de conformidade com concepções comuns de tais conceitos, à medida que os deriva e "reconstrói".

Num exame de definição em *FD*, §2, Hegel assinala que os juristas romanos advertiram que "toda a definição é perigosa", uma vez que uma definição clara de um conceito pode expor as características "*CONTRADITÓRIAS" de instituições existentes. Uma definição de homem, por exemplo, ou excluiria (improvavelmente) os escravos do âmbito do conceito ou então revelaria que os escravos, embora homens, eram tratados de maneiras que infringem o conceito de homem. Isso é coerente com o ponto de vista de Hegel de que um conceito e, portanto, uma definição, não registram simplesmente as características comuns a tudo o que neles se enquadra. Coisas, por exemplo um escravo, não correspondem inteiramente ao conceito, por exemplo, ao de um homem, que fundamentalmente se lhes aplica. Enquanto um homem pleno é livre *PARA SI, um escravo só é livre EM SI. Um antigo defensor da escravatura, como Aristóteles, teria respondido que alguns homens são "escravos naturais", uma vez que somente pensam num nível baixo e, assim, não preenchem a qualificação para a plena humanidade, ou seja, o pensamento racional: um membro degenerado de um tipo não precisa receber o tratamento apropriado a seus membros não-degenerados. Hegel poderia responder a isso: (1) É improvável que qualquer sistema existente de escravatura escravize todos aqueles, e somente aqueles, que são, na definição de Aristóteles, escravos naturais; (2) não existem escravos naturais, uma vez que (a nossa capacidade para) pensar está intrinsecamente em desenvolvimento e não pode ser congelado pela natureza num nível baixo; mas (3) como os escravos, devido às circunstâncias, só podem pensar num nível baixo – e também por causa da relutância de Hegel em criticar a EFETIVIDADE – (1) e (2) não impõem que a escravatura, quando e onde quer que exista, *DEVA ser abolida de um só golpe. Não fica claro que só as definições sejam tão perigosas quanto os juristas acreditaram.

A noção de definição de Hegel pode ser utilmente comparada com a observação de Nietzsche sobre PUNIÇÃO: "Todos os conceitos em que um processo está semioticamente concentrado furtam-se à definição."

desenvolvimento A palavra usual para "desenvolvimento" é *Entwicklung*, do verbo *(sich) entwickeln* ("deslindar, desdobrar, desenvolver(-se), evoluir, explicar" etc.), mas *Entfaltung* ("desdobramento") é também usado. Até o século XVIII, referiu-se principalmente à atividade lógica de explicar um conceito, de modo a relevar seu conteúdo, escopo e relacionamento com outros conceitos. Mas também era usado para expressar a concepção neoplatônica de que o mundo é fruto do desenvolvimento ou desdobramento espontâneo de Deus. Na Renascença, o desenvolvimento foi concebido como o desenvolvimento ou expansão espontânea da VIDA – a vida como um todo e a vida de um indivíduo. Todas as três correntes principais de pensamento se conjugaram em Hegel e em pensadores como Herder, Goethe e Schelling: o desenvolvimento é concebido como (1) autodesdobramento do divino no mundo; (2) o autodesenvolvimento da vida, especialmente da vida humana, em direção ao divino; e (3) o desenvolvimento da nossa concepção do processo cósmico envolvido em (1) e (2).

As principais descrições de Hegel do desenvolvimento apresentam-se nas Introduções a *IFH* (C.a.) e *IHF* (A.2.a). Como a palavra *Entwicklung* subentende, o desenvolvimento de algo envolve o desdobramento de sua potencialidade interior (o EM SI) em efetividade explícita (o *PARA SI). Assim, o paradigma de desenvolvimento de Hegel é o crescimento de uma planta desde a semente. Uma semente requer água, nutrientes e luz solar para que se desenvolva e desabroche em, por exemplo, uma rosa. Mas é determinada e relativamente autodesenvolvida, na medida em que, dadas as condições apropriadas, se converte numa rosa e nenhuma variação que se introduza nas condições fará com que se converta num gerânio ou num leão. A potencialidade de uma semente difere da de um bloco de mármore, o qual pode ser talhado por um escultor numa grande variedade de formas. A semente é, assim, implicitamente *CONCRETA, mas Hegel rejeita a teoria de pré-formação, desenvolvida por Leibniz e Bonnet, e endossada por Malebranche, de acordo com a qual uma semente ou um ovo contém um organismo completo, com todas as suas partes, reais mas invisíveis, de modo que o seu desenvolvimento consiste somente na ampliação ou expansão dessas partes (*Enc.* I, §161). (A teoria foi denominada *Einschachtelung*, *emboitement* ou "caixas-dentro-de-caixas", porquanto subentende que qualquer semente ou ovo contém os "germes" de todas as gerações futuras numa escala cada vez menor.) Uma objeção a essa teoria é que, pela explicação de Hegel de *MEDIDA, o formato de um organismo e as dimensões relativas de suas partes não podem manter-se inalterados, enquanto o seu tamanho varia. Na opinião de Hegel, a semente desenvolve-se da potencialidade para a efetividade, uma vez que, como meramente potencial, envolve uma CONTRADIÇÃO e, assim, um impulso para desenvolver-se. O estágio final (o EM E PARA SI) é atingido quando a planta retorna à sua simplicidade original pela produção de novas sementes.

A natureza como um todo, na opinião de Hegel, não se desenvolve ou se expande: as suas mudanças são periódicas e repetitivas. O que se expande ou desenvolve, como um todo e no indivíduo, é o ESPÍRITO ou a MENTE. Tal como uma planta, isso ocorre movendo-se a partir de simples, mas concreta potencialidade (a teoria de IDÉIAS inatas tal como a teoria da pré-formação, é rejeitada por Hegel) para alcançar a efetividade explícita e retornando depois ao seu estado simples ao "vir a si mesmo (*Zusich (selbst) kommen*)" e "sentir-se em sua própria casa (*Beisichsein*)", uma fase de *AUTOCONSCIÊNCIA e LIBERDADE. (O indivíduo, tal como a planta, produz descendência, mas isso é apenas um aspecto secundário do retorno do espírito a si mesmo.) O desenvolvimento do espírito, ao contrário do da planta, envolve ALIENAÇÃO, OPOSIÇÃO e conflito. O espírito desenvolve-se quando se torna para si o que é em si, mas no caso do espírito, ao contrário da planta, isso significa que ele se torna *consciente* do que é *implicitamente*, por exemplo, o homem é *LIVRE em si ou implicitamente. Mas na antigüidade muitos homens não eram realmente livres, mas escravos. Quando os homens adquiriram consciência de que eram *implicitamente* livres, surgiu um conflito entre essa consciência e a escravidão, um conflito que foi finalmente resolvido pela abolição da escravatura, de modo que os homens eram livres em si e para si. O mesmo processo *TRIÁDICO é repetido na HISTÓRIA e no desenvolvimento do indivíduo.

Hegel acredita que os conceitos filosóficos se desenvolvem a partir uns dos outros, de modo semelhante. A estrutura formal desse desenvolvimento é exposta na Lógica, mas o desenvolvimento também ocorre ao longo do tempo na história da filosofia: a IDÉIA lógica desdobra-se, ao tornar-se para si ou consciente, em qualquer estágio dado, do que em si ou implicitamente era no estágio prévio, e resolvendo então o conflito entre o em si e sua consciência disso. Esse padrão, concorda Hegel, nem sempre é fácil de discernir em lógica e em história, mas é a sua resposta mais geral à questão de por que elas se desenvolvem.

As coisas desenvolvem-se, na opinião de Hegel, devido a um impulso para realizar o seu CONCEITO, e ele equipara freqüentemente o "em si" de, por exemplo, uma planta com o seu conceito, codificado na semente, o qual busca realizar-se na planta. Assim, na Lógica, o desenvolvimento está especialmente associado com a terceira fase, a Doutrina do Conceito. Na primeira fase, a Doutrina do SER, as categorias "passam" para outras (*übergehen*); na segunda fase, a Doutrina da ESSÊNCIA, elas "brilham" ou "*APARECEM" (*scheinen*) umas em outras; mas na terceira fase, o conceito *desenvolve-se* ao *PRESSUPOR somente o que já está implícito nele (*Enc*, I, §161A). Assim, enquanto a idéia lógica se desenvolve como um todo, a relação de uma dada categoria lógica com outras categorias reflete o caráter das coisas a que a categoria se aplica. Por exemplo, uma vez que uma SUBSTÂNCIA não se desenvolve em seus acidentes, mas aparece ou brilha neles, a categoria de substância aparece de igual modo na de um acidente. Mas o *conceito* lógico desenvolve-se, pressupondo o que está implícito nele, de modo correspondente ao desenvolvimento de uma entidade que consubstancia um conceito, como o de uma semente. Essa dupla abordagem do desenvolvimento da idéia lógica reflete o duplo papel que Hegel lhe atribui: por um lado, a idéia lógica é o conceito implicado no mundo como um todo, assim como em aspectos dele, como a história da filosofia: como tal, a idéia lógica desenvolve-se como um todo. (Em, por exemplo, *Enc*. I, §114, é dito que ser e essência se desenvolvem.) Por outro lado, a idéia lógica envolve várias categorias FINITAS aplicáveis a entidades finitas no mundo: como tal, somente as categorias da Doutrina do Conceito se desenvolvem conceptualmente; as categorias inferiores da Doutrina do Ser e da Essência não.

destino *ver* FATALIDADE, DESTINO E PROVIDÊNCIA.

determinação e determinidade O verbo *bestimmen* significou originalmente "nomear, denominar, designar, estabelecer com a voz (*Stimme*)", por conseguinte, "fixar, marcar, dispor". Tem várias acepções correntes: consertar, arranjar, nomear, decidir (sobre) (por exemplo, um preço), induzir ("O mau tempo induziu-me a ficar em casa"), determinar ("O espaço disponível determinará o número de hóspedes"), instituir (um poder ou uma lei), definir (um conceito), destinar, pretender (por exemplo, colocar uma pessoa num cargo). Na lógica do século XVIII, passou a significar "determinar" no sentido de delimitar, demarcar ou definir um conceito fornecendo as características que o distinguem de outros conceitos. Em *TC*, de Fichte, o EU põe-se como determinado ou afetado (*bestimmt*) pelo não-Eu, e o não-Eu como determinado pelo Eu. A *Wissenschaftslehre* teórica está baseada na primeira dessas posições, a *Wissenschaftslehre* prática na segunda.

O particípio passado, *bestimmt*, é também usado como adjetivo ou advérbio, "determinada(mente), definitiva(mente), específica(mente)", mas com uma gama de sentidos correspondentes, de modo geral, aos do verbo. Isso dá origem ao substantivo *Bestimmtheit*, "determinidade, definitividade", o que distingue uma coisa ou conceito de qualquer outra coisa ou conceito. Mas refere-se ambiguamente ou ao fato de que algo é determinado (por exemplo, o fato de que (o conceito de) um vertebrado é determinado em contraste com (o de) um animal) ou à característica em virtude da qual ele é determinado (por exemplo, ter espinha dorsal).

O substantivo seiscentista *Bestimmung* denota o processo de determinação de algo (em todas as acepções de *bestimmen*) e o resultado desse processo. (Neste último sentido,

Bestimmung é freqüentemente difícil de distinguir de *Bestimmtheit* na acepção de uma "característica determinada".) Mas *Bestimmung* tem outra ambigüidade e possui dois amplos significados:

1. "Determinação", em sentidos como (a) "delimitação, DEFINIÇÃO"; (b) tornar uma coisa ou um conceito mais determinado adicionando-lhe características, ou a característica ou características assim adicionadas; (c) descobrir a posição de algo; (d) (no plural) disposições ou regulamentações legais. A adição de *selbst* (auto-) da *Selbtsbestimmung*, "autodeterminação", o DESENVOLVIMENTO ou funcionamento autônomo de algo, por exemplo, a VONTADE, em contraste com a sua determinação por forças externas. (*Bestimmung*, como outras palavras *bestimmen*, nunca significa "afoiteza", ou "fixidez de propósitos".)

2. "Destinação, destino, chamado, vocação". Para ter uma *Bestimmung* para alto cargo, uma pessoa deve não só estar encaminhada para ou aspirar a um alto cargo, mas também estar destinada para ele, de modo que a realização desse objetivo expressa a verdadeira NATUREZA da pessoa. A "*Bestimmung* de homem" é, assim o PROPÓSITO final ou *destino* do homem em geral, o que confere significado à sua existência. Numerosas obras do período ostentam esse título, com destaque para *VH*, de Fichte. Assim, *Bestimmung* tem certos matizes religiosos.

Hegel usa palavras *bestimmen* em todas as suas obras e numa variedade de contextos e sentidos. Em *CL*, "*Bestimmtheit (Qualität)*" é o título da primeira seção do Livro I, "Doutrina do SER"; nela, *Bestimmtheit* é um termo geral para a "determinidade qualitativa", em contraste com "*QUANTIDADE" e "*MEDIDA", os títulos, respectivamente, da segunda e terceira seções. Hegel endossa a afirmação de Spinoza de que "determinação é NEGAÇÃO (Spinoza, Carta 50), ou seja, que uma coisa ou conceito só é determinado em virtude de um contraste com outras coisas ou conceitos determinados de um modo que aquele não é. (Num lance típico, Hegel argumenta que a indeterminidade (*Unbestimmtheit*) do ser, com que principia a seção, é em si uma espécie de determinidade, uma vez que a indeterminidade do ser contrasta com, e distingue-a de, a determinidade da QUALIDADE.)

Nessa seção, Hegel distingue os termos *Bestimmtheit*, *Bestimmung* e *Beschaffenheit* ("condição, qualidade, constituição, o modo como uma coisa é criada ou feita"). A sua discussão é complexa, em parte porque ele está tentando combinar ambos os sentidos principais de *Bestimmung* num único conceito. A ligação de *Bestimmtheit* com negação permite-nos, não obstante, distinguir entre o que uma coisa é EM SI (*an sich*) e o que é *nela* (*an ihm*), ou seja, entre a natureza INTERIOR ou potencialidade e suas qualidades *EXTERIORES, explícitas, que são *suas* qualidades e suas RELAÇÕES com outras coisas, revelando sua natureza interior a outras coisas e habilitando-a a interatuar com elas, por exemplo, um homem é pensar *an sich*, isto é, tem pensamentos interiores (ou talvez a capacidade para pensar). Concebido apenas como *an sich*, pensar é a *Bestimmtheit* do homem: é o que o distingue das outras criaturas. Mas se pensar *an sich* é concebido como algo que deve ser e é *an ihm*, expresso em discurso e conduta ponderados, então pensar é a *Bestimmtheit* do homem, uma *Bestimmung* que pode ou não pode ser cumprida (*erfüllen* ambiguamente "preencher" e "cumprir"). A *Bestimmung* cumprida, conduta manifestamente racional, também é uma *Bestimmtheit*, mas somente em virtude de sua existência determinada e não em virtude de suas relações com o estado interior ou potencialidade.

Um homem também tem muitas características que dependem, não de sua natureza interior, mas dos seus aspectos "naturais" e "sensoriais" e de seus encontros contingentes com outras coisas. Essas são o seu *Beschaffenheit*, suas características superficiais e variáveis em contraste com a sua natureza interior imutável. Também são, num sentido geral, uma *Bestimmtheit*, mas não, pelo menos inicialmente, a sua *Bestimmung*. Mas o cumprimento de sua *Bestimmung* envolve a absorção nela de sua *Beschaffenheit*: um homem pode impregnar seus aspectos naturais e sensoriais com pensamento e, em certa medida, controlar os seus encontros com outras entidades ou fazer uso delas para seus próprios fins racionais.

Hegel também relaciona a distinção entre *Bestimmtheit* e *Bestimmung* com dois usos de "real" (*reell*) e "REALIDADE": um "homem real" é algo que, em contraste com, digamos, uma estátua, tem as características definidoras ou *Bestimmtheit* de um homem, e um homem que preenche a *Bestimmung* (ou CONCEITO) de um homem, ou seja, alguém que pensa e age racionalmente.

Não só os homens possuem uma *Bestimmung*: A *Bestimmung* de coisas FINITAS (em contraste com o homem) é o seu fim. A *Bestimmung*, por exemplo, de um ácido, em contraste com a sua *Bestimmtheit* corrente, é ser neutralizado por um álcali. Em particular, o termo usual de Hegel para os conceitos considerados na Lógica é *Bestimmungen* ou *Denkbestimmungen* (determinações de *PENSAMENTO). O principal sentido desse termo é que existem processos pelos quais o pensamento se determina a si mesmo, em contraste com o permanecer indeterminado. Mas um sentido secundário, que Hegel ocasionalmente explora, é que tal determinação de pensamento está *destinada* a transpor-se para uma outra determinação de pensamento. *Bestimmung* é freqüentemente equivalente a "conceito (*Begriff*)": se algo (inclusive uma determinação de pensamento) cumpre sua *Bestimmung*, também realiza plenamente o seu conceito. Mas "conceito" é, com freqüência, contrastado com *Bestimmtheit*; por exemplo, *IFR* abre com o *conceito* de religião, prossegue para determinar (*bestimmte*) a religião, isto é, religiões históricas específicas, e conclui com a RELIGIÃO completa ou consumada (*vollendete*), a saber, o cristianismo. O conceito é relativamente indeterminado, mas a sua *Bestimmung* é para determinar-se e, finalmente, retornar à sua *UNIVERSALIDADE inicial, enriquecida pela determinidade adquirida durante o percurso.

Deus e cristianismo Como a maioria dos seus contemporâneos, Hegel afirmou crer na existência de Deus. Mas as noções de CRENÇA, EXISTÊNCIA e Deus são todas problemáticas:

1. Em nível de *FÉ, Hegel acreditava na deidade pessoal da Igreja luterana. Mas não se contentava em aceitar simplesmente essa doutrina sem tentar compreendê-la e justificá-la racionalmente. Entretanto, a compreensão e justificação racional das REPRESENTAÇÕES pictóricas não as deixam inalteradas. A cognição filosófica transforma essas concepções em pensamentos. Assim fazendo, os filósofos alteraram usualmente o conteúdo da fé diluindo o Deus pessoal do cristianismo, por exemplo, num "ser necessário". Os filósofos medievais recorreram à doutrina da "dupla verdade", a verdade da fé e a verdade da razão, as quais podem não só não coincidir, mas até conflitar. Um dos objetos de Hegel, porém, é superar a oposição, como outras oposições, entre a riqueza da fé tradicional e a pobreza

da razão filosófica. Assim, a sua filosofia pretende ter o mesmo conteúdo que o cristianismo, embora diferido dele na FORMA.

2. A noção da existência de Deus apresenta numerosas dificuldades. Uma é que os termos facilmente acessíveis para "ser" ou "existência" tendem a sugerir que Deus é uma entidade FINITA, lado a lado com outras entidades finitas, e existindo no modo como estas existem. Uma outra é que, quando falamos da existência de algo, subentendemos usualmente um contraste com o seu CONCEITO: o conceito de um leão é uma coisa, a sua existência é outra. Mas, argumenta Hegel, Deus não é distinto do conceito de Deus, como um leão é distinto do conceito de leão, uma vez que Deus não é finito, mas *INFINITO.

3. Outra dificuldade em atribuir existência a Deus é esta: uma fé como o luteranismo proporciona rica concepção de Deus, assim como a afirmação de sua existência. (Poderia-se compartir dessa concepção de Deus, embora duvidando de sua existência ou negando-a.) Mas a filosofia pode admitir tal concepção, não mais do que admite a possibilidade de sua existência. Ela indaga: "O que é Deus?", assim como "Existe Deus?" No máximo, adota o menor denominador comum de qualquer concepção de Deus, de que é (o) ABSOLUTO, que é a concepção de Deus extraída de seu antropomorfismo pictórico e transposta para a forma de pensamento puro. Assim, "Deus" em Hegel é freqüentemente equivalente a "o absoluto", e argumentos semelhantes aplicam-se a ambos os conceitos. As PROVAS tradicionais da existência de Deus são vistas como preenchendo a nossa noção de Deus, não como estabelecendo simplesmente a existência de algo de que já possuímos uma concepção clara. (Kant, em *CJ*, viu as provas de modo semelhante.)

Uma vez que "Deus", tal como "o absoluto", é uma expressão quase vazia, e como, portanto, uma resposta à pergunta "O que é Deus?" (por exemplo, "Deus é ESSÊNCIA") equivale a pouco mais do que uma presteza para empregar o conceito assim predicado de Deus (por exemplo, o conceito de essência), é quase impossível ser ateu; o ateísmo seria simplesmente uma completa incapacidade para pensar. (Schopenhauer, que acreditava que a realidade última é a VONTADE, e Nietzsche, que sustentava ser ela a vontade de potência, consideraram-se ambos ateus. Hegel viu-os como teístas que equivocadamente, e em vão, acreditavam que Deus era a vontade ou a vontade de potência.) Mas ainda há margem para, pelo menos, duas imperfeições teológicas: (a) Pode-se aplicar a Deus, ou ao universo, apenas um pensamento relativamente primitivo, como SER ou essência, ficando aquém de pensamentos mais avançados e apropriados como o de IDÉIA absoluta ou ESPÍRITO. (b) Pode-se postular uma RELAÇÃO inadequada entre Deus e o mundo. Esta imperfeição está relacionada à primeira, na medida em que ver Deus em termos de certo pensamento implica certo tipo de relação entre ele e o mundo. Se, por exemplo, Deus é um determinado ser ou EXISTÊNCIA (um *Daseiendes*), então ele deve ser algo limitado pelo mundo e diferente deste; se ele é essência, o mundo deve ser APARÊNCIA (*Schein*). Somente se ele for visto em termos da idéia absoluta ou espírito, pode ser relacionado com o mundo de modo apropriado.

À primeira vista, Deus poderia estar relacionado com o mundo de três modos alternativos: (1) Deus é distinto do mundo. (2) Deus é idêntico ao mundo, mas de tal modo que só o mundo realmente existe e Deus não. Esta é a versão de panteísmo que, por exemplo, Bayle atribuiu a Spinoza. (3) Deus é idêntico ao mundo, mas de tal modo que só Deus realmente existe e o mundo não. Esta é a versão de panteísmo a que Hegel chama

Akosmismus ("acosmismo", "negação do mundo") e sustenta ser a verdadeira opinião de Spinoza. Embora Hegel prefira (3) a (1) e (2), sustenta que as três são inadequadas: (1) porque faz Deus tão finito quanto o mundo, e não fornece uma explanação fundamental nem de um nem de outro; (2) porque deixa apenas o mundo finito; e (3), porque não oferece uma descrição adequada da aparência de um mundo finito, especialmente do próprio SUJEITO filosofante.

A própria opinião de Hegel do relacionamento (que é semelhante à de místicos como Böhme) é esta: Deus é uma Trindade, consistindo em Pai, Filho e Espírito Santo. Sua relação com o mundo não é pura identidade nem pura diferença. O mundo da NATUREZA e do espírito são, antes, fases ou *MOMENTOS de Deus: ele (o pai) realiza a consciência na natureza (o filho) e ascende à *AUTOCONSCIÊNCIA no espírito humano (o espírito santo, o qual inclui a compreensão e o culto de Deus na comunidade religiosa, mas muito mais do que isso). Essas três fases estão envolvidas na própria noção de espírito. Esse ponto de vista é apresentado em termos de RELIGIÃO em *IFR*. Mas está exposto em termos de pensamento filosófico em todo o sistema de Hegel, uma vez que Deus o Pai é a idéia lógica, o sistema conceptual apresentado na Lógica, e as filosofias da natureza e do espírito apresentam o Filho e o Espírito Santo, respectivamente. Essa identidade-na-diferença de Deus e do mundo é simbolizada, na concepção de Hegel, pela encarnação e MORTE do Cristo. (O "filho de Deus" tem três significados em Hegel: (1) o Jesus histórico; (2) o mundo natural; (3) o "filho eterno" imanente no pai, o *logos* do Evangelho Segundo João. (2) e (3) envolvem alteridade e diferenciação, mas (1) representa reunificação e reconciliação.)

A existência de Deus, nessa concepção, não exige prova no sentido tradicional, uma vez que Deus é a estrutura lógica do mundo e o próprio mundo. Por conseguinte, Hegel considera as provas como o registro da "elevação" (*Erhebung*) do homem para Deus, uma expressão que ambiguamente sugere a aquisição pelo homem da consciência da presença de Deus *e* a sua própria divinização. A sugestão de que o homem se torna Deus está implícita na noção de que o desenvolvimento do espírito do homem é Deus tornando-se autoconsciente, e Hegel rejeita a noção de que o homem é inevitavelmente finito em contraste com a infinidade de Deus. Assim, também rejeita a idéia de que Deus é, de qualquer maneira, incognoscível.

O pensamento religioso de Hegel suscita numerosas questões. Uma que dividiu os seus próprios discípulos é esta: ele é um teísta, um panteísta ou um ateu? Alguns, como Göschel (dos hegelianos de "direita"), sustentaram ser ele um crente ortodoxo; outros, como Strauss (os hegelianos de "esquerda"), adotaram o ponto de vista oposto. Essa questão envolve três outras, suas subsidiárias: (1) O sistema filosófico de Hegel, por mais rigorosamente que reflita (sob uma diferente forma) a estrutura do cristianismo, é uma tradução adequada do mesmo, de modo que quem aceita o sistema pode ser considerado *ipso facto* um cristão? (2) A tradução de Hegel distorce demais o conteúdo do cristianismo (por exemplo, ao assimilar o homem a Deus) para ser uma versão de cristianismo? (3) Devem as freqüentes profissões de fé cristã de Hegel superar as inadequações da sua tradução filosófica do cristianismo? A complexidade de noções tais como "crença", "existência", "Deus" e "cristianismo" exclui respostas definitivas a essas questões. Mas a crença de Hegel em que os opostos se transformam uns nos outros quando atingem o seu mais alto nível implica que, se ele chegou ao ateísmo, foi levando o teísmo até os seus limites lógicos.

dever ser O verbo *sollen* é um auxiliar modal, etimologicamente relacionado com *Schuld* ("dívida, culpa, responsabilidade", mas originalmente "obrigação"). Em contraste com *wollen*, que expressa a vontade do agente (como em "Eu vou (*Ich will*) jejuar"), *sollen* expressa a vontade de alguém ou de algo (por exemplo, o *DESTINO) (como em "Eu devo (*Ich soll*) jejuar" ou "Tu (*Du sollst*) não matarás"). Em contraste com *müssen* ("ter que"), que sugere que algo não pode deixar de ocorrer ou de ser o caso, *sollen* deixa aberta a possibilidade de que isso não ocorra ou não seja o caso. Por isso corresponde freqüentemente a "dever ser". Mas significa, muitas vezes, "diz-se que, consta que", como em "diz-se que/consta que está doente", ou "está para ser, está destinado a ser", como "Esse estava para (estava destinado a) ser o nosso último encontro" etc.

"Dever" ou "o dever ser" (*das Sollen*) foi central na descrição kantiana de MORALIDADE: expressa a NECESSIDADE moral ou racional de uma AÇÃO, não em decorrência de causas naturais ou físicas, mas de um conceito de razão prática. Assim, só pode ser verdadeiro a respeito de seres racionais que devem fazer algo. Por outro lado, só pode ser verdadeiro de seres racionais que sejam, em parte, seres *naturais*, isto é, assoberbados de desejos etc., não inteiramente sob o domínio da RAZÃO, que *devem* fazer coisas, uma vez que a vontade e a conduta de um ser plenamente racional seria determinada automaticamente pela razão, a qual não se lhe apresentaria, portanto, como um "dever" ou uma obrigação.

Kant vê o dever ser como o que nos apresenta uma tarefa infinita, ou seja, uma tarefa que só pode ser completada na INFINIDADE: eu devo ser perfeita e moralmente bom, mas, sejam quais forem as muitas ações que obedientemente realizo, nunca atingirei esse estado num período finito de tempo. Não se segue que deva abandonar os meus esforços, uma vez que posso tornar-me sempre moralmente melhor do que sou, tal como contar "1, 1/2, 1/4,..." coloca-me cada vez mais perto de "0". Como seria moralmente absurdo se os meus esforços fossem abruptamente cerceados pela MORTE, é um "postulado da razão pura prática" que os homens são imortais e podem continuar seus esforços morais depois da morte. (Deus e LIBERDADE também são tais postulados.)

Fichte encampou a noção kantiana de dever e fez dela o centro do seu sistema. O EU puro pressupõe um mundo externo principalmente como arena para suas aspirações (*Streben*) morais. O objetivo do Eu finito, do Eu que tem um não-Eu em confronto com ele, é recuperar o *status* do puro Eu, converter-se num ser puramente racional cuja vontade e conduta são exclusivamente determinadas pela razão e pela moralidade. Mas essa é uma tarefa infinita que deve ser, mas nunca, de fato, será completada. Schelling abandonou essa característica do pensamento de Kant e de Fichte, uma vez que colocava a NATUREZA e a ARTE acima da moralidade: a natureza não é simplesmente uma pressuposição de moralidade, e a perfeição da obra de arte, em conjunto com a fusão da finalidade racional e da força natural pura no gênio artístico, fornece uma conclusão unificadora ao sistema de filosofia que a imperfeição moral dos homens não pode e não precisa suprir.

A noção de Kant do dever infringe dois princípios hegelianos centrais: (1) envolve uma nítida OPOSIÇÃO entre o que é o caso (ou EFETIVIDADE) e o que deve ser o caso. (2) Envolve uma ruim e infinita regressão.

1. Hegel rejeita qualquer asserção de que o mundo, o estado atual do mundo ou o estado atual da nossa própria sociedade é radicalmente diferente do que devia ser, independentemente de a asserção gerar ou não uma regressão infinita:

(a) Mesmo no caso de tal asserção ser verdadeira, ninguém está em condições de a formular: não existe um padrão de sobrenatural transcendência contra o qual este nosso mundo possa ser aferido; os critérios para julgar o mundo ou uma sociedade devem ser encontrados dentro dele ou dela e, portanto, não podem fundamentar uma completa rejeição seja de um ou de outra. A pessoa mais habilitada para avaliar a sua sociedade, como um todo, é o filósofo, uma vez que se situa a uma certa distância dela e tem acesso não só a outras sociedades e outros períodos históricos, mas também à estrutura racional das coisas. Mas ele entra em cena quando as coisas já estão acontecendo e a sua tarefa é essencialmente retrospectiva (e, argumenta Hegel, reconciliatória).

(b) Tal asserção jamais é verdadeira, uma vez que não pode haver nenhuma brecha radical entre a razão (ou a IDÉIA) e a realidade. Hegel funde teologia (o mundo é regido pela *PROVIDÊNCIA divina), metafísica (está impregnada de *PENSAMENTO e é racionalmente inteligível) e avaliação (é boa). A sua idéia não é tanto de que o mundo, em qualquer estágio dado, é impecável, mas de que ele trata de corrigir seus próprios defeitos, em seu movimento progressivo, e não necessita de críticas ou correção por um observador externo.

2. Hegel associa o dever ser às noções de LIMITE, *RESTRIÇÃO e *FINITUDE: uma restrição é essencialmente algo que deve ser superado e, inversamente, se algo deve ser o caso, isso implica uma restrição ou obstáculo que precisa ser superado. Assim, o dever ser é, para Hegel, não só um dever moral, mas é uma característica de qualquer regressão infinita, por exemplo, as regressões quantitativas de números e de *ESPAÇO e TEMPO. Mas, com freqüência, o dever ser é um dever moral e subentende uma aspiração inextinguível ao bem. Como tal, Hegel faz-lhe duas objeções principais:

(a) O dever ser é uma tentativa para resolver uma CONTRADIÇÃO entre, por exemplo, o meu eu racional e a minha natureza sensória, corporal, ou entre a racionalidade e o estado real do mundo. Mas uma contradição não pode ser adequadamente resolvida mediante o recurso a uma regressão infinita. É despropositado empenharmo-nos numa tarefa infinita, se não houver uma perspectiva de progresso: assim que se chegou com o pedregulho ao topo do monte, ele rola de novo encosta abaixo.

(b) A tarefa deve ser infinita, uma vez que a atividade moral contraditoriamente *requer* o que tenta superar. Se eu subjugasse completamente a minha natureza animal ou fizesse o mundo ser totalmente como deve ser, a minha atividade moral cessaria por completo. Kant e Fichte tentaram protelar esse indesejável resultado localizando-o na infinidade. Mas a contradição ainda persiste.

Nenhuma dessas objeções é muito convincente: uma tarefa infinita é descabida se não progredir, mas a tarefa de Kant e de Fichte não é desse tipo – *melhoramos* (ou melhoramos o mundo) continuamente, mesmo que nunca se possa alcançar a *perfeição*. Hegel ignora a distinção entre regressões que convergem para um limite e aquelas em que tal não ocorre. Além disso, não é absurdo aspirar a um objetivo que, se fosse alcançado, tornaria tal atividade impossível. É sensato, por exemplo, melhorar o nosso talento no xadrez, ainda que o interesse pelo xadrez dependa das imperfeições que se procura superar e que desapareceriam se se alcançasse a perfeição. Do mesmo modo, não existe incoerência em tentar aliviar a pobreza, ainda que o êxito completo (e improvável) cerceasse a nossa atividade, desde que não se alimente secretamente a esperança de péssimas colheitas a fim de propiciar as nossas demonstrações de munificência.

Hegel (como Aristóteles) achou difícil aceitar que muita atividade valiosa consiste em esforçar-se por alcançar determinadas metas, as quais, uma vez atingidas, são menos valiosas do que o esforço realizado: os montanhistas sentem mais prazer em tentar alcançar o topo de montanhas do que em *estar* no topo delas; deleitamo-nos mais com a exploração e a descoberta do que com a contemplação de nossos resultados etc. Mas, para Hegel, é mais satisfatório participar na ordem social corrente do que tentar continuamente corrigir o mundo. A participação numa sociedade ou num corpo estabelecido de saber não é totalmente estática e possui alguns dos atrativos do esforço de realização, tanto porque um resultado (por exemplo, a idéia absoluta) *SUPRASSUME e preserva os conflitos e OPOSIÇÕES que levaram a ele, quanto porque o *status quo* ou o mundo tal como é hoje inclui tais movimentos para além dele próprio, como as batalhas de César e de Napoleão. (César, Napoleão e seus seguidores são concebidos, não como críticos externos tentando fazer o mundo tal como deve ser, mas como agentes da marcha para diante do ESPÍRITO do mundo.) Não obstante, a MORTE resulta de um refinado contentamento com o mundo.

devir *ver* SER, NADA E DEVIR (VIR-A-SER).

dialética *Dialektik* deriva do grego *dialektiké* (*techné*), que vem de *dialegesthai*, "conversar", e era originalmente a "arte de conversação", mas foi usado por Platão para designar o método filosófico correto. (Platão favorece diferentes métodos em diferentes épocas, mas usualmente considera o seu método preferido como "dialético".) Na antigüidade, Zenão de Eléia foi considerado o fundador da dialética, em virtude de suas provas indiretas de, por exemplo, a impossibilidade de movimento, inferindo absurdos ou CONTRADIÇÕES da suposição de que o movimento ocorre. A dialética de Sócrates, conforme retratada nos primeiros diálogos de Platão, tende a assumir uma forma destrutiva: Sócrates interroga alguém sobre a definição de algum conceito que ele empregou (por exemplo, "virtude") e extrai contradições das sucessivas respostas dadas. Mas em diálogos posteriores, que devem muito mais ao próprio Platão do que a Sócrates, a dialética é um método positivo, formulado para produzir o conhecimento das FORMAS ou IDÉIAS e das relações entre elas. Nesses diálogos, a forma dialogal tende a tornar-se relativamente pouco importante e a dialética perde o seu vínculo com a conversação (exceto na medida em que pensar é tido como um diálogo da pessoa *consigo própria*). Para Hegel, a dialética não envolve um diálogo entre dois pensadores ou entre um pensador e o seu objeto de estudo. É concebida como a autocrítica autônoma e o autodesenvolvimento do objeto de estudo, de, por exemplo, uma forma de CONSCIÊNCIA ou um conceito.

A "dialética" também adquiriu um sentido pejorativo em conseqüência de sua associação com os chamados "sofistas" ou "professores profissionais de sabedoria" que, embora combatidos por Sócrates, usaram freqüentemente métodos quase-socráticos para desacreditar conceitos e doutrinas recebidos. Adquiriram, assim, reputação de bizantinismo e "sofisticaria". Kant usa "dialética" nesse sentido pejorativo quando a define como a "lógica da ILUSÃO (*Schein*)", especialmente a ilusão de deduzir verdades que transcendem a nossa EXPERIÊNCIA unicamente de conceitos e princípios formais; mas usa-a num sentido favorável quando diz que a sua própria "dialética transcendental" é uma "crítica da ilusão dialética" (*CRP*, B86). Um aspecto da dialética de Kant que impressionou Hegel é a derivação de antinomias, de duas respostas incompatíveis a uma questão (se, por exemplo, o mundo tem ou não um começo no tempo) que transcende a nossa experiência. O procedimento triádico de Fichte de uma tese (o EU põe a si mesmo, uma antítese (o Eu põe um não-Eu) e uma síntese (o Eu põe no Eu um não-Eu divisível em oposição ao Eu divisível) também influenciou a dialética de Hegel. (Mas Hegel usa os termos "tese", "antítese" e "síntese" *unicamente* em sua exposição de Kant.)

Lato sensu, a dialética de Hegel envolve três etapas: (1) Um ou mas conceitos ou categorias são considerados fixos, nitidamente definidos e distintos uns dos outros. Esta é a etapa do *ENTENDIMENTO. (2) Quando refletimos sobre tais categorias, uma ou mais contradições emergem nelas. Esta é a etapa propriamente dialética, ou da RAZÃO dialética ou negativa. (3) O resultado dessa dialética é uma nova categoria, superior, que engloba as categorias anteriores e resolve as contradições nelas envolvidas. Esta é a etapa de ESPECULAÇÃO ou razão positiva (*Enc.* I, §§79-82). Hegel sugere que essa nova categoria é uma "unidade de *OPOSTOS", uma descrição que se ajusta em alguns casos (por exemplo, SER, *NADA e *DEVIR) mais facilmente do que em outros (por exemplo, MECANISMO, *QUIMISMO e *TELEOLOGIA). Sustenta Hegel que os opostos, no caso tanto de pensamentos quanto de coisas, se convertem mutuamente quando são intensificados, por exemplo, um ser cujo poder é tão grande, que aniquila toda a resistência, cai na impotência a partir do momento em que deixa de ter um antagonista a testar, revelar e sustentar o seu poder.

Esse método é aplicado não só na Lógica, mas também em todas as obras sistemáticas de Hegel. Em *FD*, por exemplo, procede de modo semelhante, passando da FAMÍLIA à SOCIEDADE CIVIL e desta para o ESTADO. Mas a dialética não é apenas uma característica de conceitos; é também de coisas e processos reais. Um ácido e um álcali, por exemplo, (1) estão inicialmente separados e são distintos; (2) dissolvem-se um no outro e perdem suas propriedades individuais, quando são reunidos; e (3) resultam num sal neutro, com novas propriedades. Ou a *EDUCAÇÃO de uma pessoa envolve ALIENAÇÃO de seu estado natural, para o qual é mais tarde restituído ou com o qual é reconciliado num plano superior. Hegel sustenta que o ESPÍRITO pode tolerar contradições, ainda que resultem na destruição de outras entidades irrestritamente FINITAS. Isso está relacionado com uma diferença adicional entre espírito e NATUREZA. A dialética de coisas e eventos naturais não reflete a dialética de nosso pensamento sobre eles: o nosso pensamento progride dialeticamente de estágios inferiores para superiores da natureza (por exemplo, da natureza mecânica para a orgânica), enquanto que a dissolução de uma entidade natural resulta numa entidade de um tipo idêntico ou semelhante (uma nova semente, digamos, da mesma planta), não numa transição para um estágio superior da natureza. O espírito, em contraste, tem uma história progressiva (por exemplo, a destruição de um estado resulta freqüentemente num novo tipo de estado, não simplesmente num novo estado do mesmo tipo) e, assim, o seu desenvolvimento corresponde com freqüência, embora não invariavelmente, ao avanço do nosso pensamento sobre ele.

Hegel distingue a dialética *INTERNA da *EXTERNA. A dialética de coisas objetivas deve ser-lhes interna, uma vez que elas só podem crescer e perecer em virtude de contradições realmente presentes nelas. Mas a dialética pode ser aplicada externamente a conceitos, descobrindo neles imperfeições que, na realidade, não contêm. Isso, na opinião de Hegel, é sofística. A dialética propriamente dita, em contraste, é interna aos conceitos ou categorias: desenvolve radicalmente as imperfeições que contêm e os faz passar (übergehen) para um outro conceito ou categoria. Hegel fala freqüentemente como se fossem os próprios conceitos, e não o pensador, que conduzem essa operação, e diz que eles mudam e se desintegram autonomamente, da mesma forma que as coisas, exceto que o seu "movimento dialético" (*Bewegung*) é não-temporal. (Schelling e Kierkegaard criticaram-no por falar de "movimento" de conceitos.) Ele pode querer simplesmente dizer que o pensador acompanha a índole natural dos conceitos ao expor suas contradições e ao propor soluções para elas, mas, não obstante, sustentou a existência de um paralelo entre o desenvolvimento de pensamentos ou conceitos e o desenvolvimento de coisas, o que implica ser a dialética interna a ambos. Assim sendo, a dialética não é um *método*, no sentido de um procedimento que o pensador aplica ao seu objeto de estudo, mas a estrutura e o desenvolvimento intrínsecos do próprio objeto de estudo.

A dialética, do ponto de vista de Hegel, explica todo o movimento e toda a mudança, tanto no mundo quanto em nosso pensamento sobre ele. Também explica por que as coisas, assim como os nossos pensamentos, apresentam uma coesão sistemática entre si. Mas a transitoriedade das coisas finitas e a elevação (*Erhebung*) acima do finito efetuada pelo pensamento dialético também têm para ele uma significação religiosa, e está inclinado a assimilar a dialética no sentido negativo ao PODER (*Macht*) de Deus.

Diário crítico de filosofia (Kritisches Journal der Philosophie) (*DCF*) O fermento intelectual do final do século XVIII deu origem a numerosas revistas e jornais editados por figuras eminentes: Fichte e F.I. Niethammer editaram o *Philosophisches Journal* (1795-1800); Schiller editou *Die Horen (As estações*) (1795-97); e A.W. e F. Schlegel dirigiram o *Athenäum* (1798-1800). O *DCF* foi concepção de Schelling. Este esperava inicialmente editá-lo com Fichte, mas quando Fichte, em virtude de sua percepção das diferenças existentes entre ele próprio e Schelling (especialmente depois de *SIT* de Schelling), rejeitou a sugestão, Schelling recrutou Hegel (em agosto de 1801) como co-editor do *Diário*. Hegel, que chegara a Iena em começos de 1801, era então virtualmente desconhecido. Mas a publicação em agosto desse mesmo ano do seu primeiro livro, *DFS*, iniciou a séria discussão das divergências entre Fichte e Schelling e ganhou a aprovação de Schelling.

Kritik significa originalmente "avaliação, julgamento" e não envolve necessariamente a exposição de erros ou defeitos. Kant contrastou *Kritik* e *Kritizismus*, a tentativa de descobrir as condições, alcance e limites dos nossos poderes *COGNITIVOS, com *Dogmatismus*, a suposição de que somente a razão, por meio de meros conceitos, pode chegar ao conhecimento da realidade. Um leitor de *DCF* pensaria naturalmente no uso kantiano de *kritisches*. Mas *DCF* não é crítico no sentido de Kant, pois em sua maior parte não critica as nossas faculdades intelectuais e práticas, mas outros filósofos e, com freqüência, critica-os mais no sentido de apontar erros do que no de expor seus pressupostos e limitações. Isso é porque o objetivo de Hegel (que escreveu a maioria de *DCF*) e de Schelling era limpar o lixo da "não-filosofia" (*Unphilosophie*) como preparação para uma filosofia genuína. As filosofias (e não-filosofias) criticadas, como o senso-comum de Krug e o ceticismo de Schulze, são sobretudo desenvolvimentos da filosofia crítica de Kant.

DCF foi publicado entre janeiro de 1802 e junho de 1803 em dois volumes, cada um com três números. Seu principal conteúdo consiste no seguinte:

1. "Introdução. Sobre a essência de crítica filosófica em geral e sua relação com o estado atual da filosofia em particular" (Hegel, com revisão por Schelling, I, 1: janeiro de 1802). Explora a noção da crítica de um filósofo por um outro, uma questão crucial em virtude da proliferação de sistemas filosóficos na esteira de Kant. (Hegel compara-a com a proliferação de filosofias na Grécia antiga.) A crítica, argumenta ele, pressupõe um padrão que não é simplesmente o adotado pelo crítico ou o do objeto de crítica. No caso da filosofia, tal padrão é fornecido pela "IDÉIA de filosofia", da qual uma determinada filosofia consubstancia um determinado aspecto. Mas a não-filosofia (por exemplo, o senso comum mascarando-se de filosofia) e a crítica filosófica nada têm em comum para o qual ambas possam recorrer. Por conseguinte, a crítica da não-filosofia é negativa e polêmica. Hegel também ataca a popularização da filosofia: "A filosofia é, por sua própria natureza, esotérica... Só é filosofia em virtude de estar em conflito com o *ENTENDIMENTO e ainda mais com o vulgar senso comum (o que equivale às limitações locais e temporais de uma estirpe de homens); em relação ao senso comum, o mundo da filosofia é um mundo total e intrinsecamente invertido." Em obras posteriores, como *FE*, Hegel ainda se mostra perturbado com o problema de como se pode criticar um outro ponto de vista sem incorrer em petição de princípio. Ele continua rebaixando o senso comum e o entendimento, mas tenta encontrar um lugar para o entendimento no seu sistema e também para as crenças populares: por exemplo, considera-se estar justificando a mais desenvolvida das religiões, o luteranismo.

2. "Sobre o sistema de identidade absoluta e sua relação com o mais recente dualismo (de Reinhold)" (Schelling, I, 1: janeiro de 1802).

3. "Como o puro e simples senso comum considera a filosofia, conforme se mostra nas obras de Krug" (Hegel, I, 1: 1802). Wilhelm Traugott Krug era um lúcido kantiano de escassa originalidade e prodigiosa atividade. Em 1805 sucedeu a Kant na cátedra em Königsberg. Era um convicto liberal e escreveu numerosos panfletos em apoio à insurreição grega de 1821 contra os turcos. Assim, em obras subseqüentes, criticou a sentença de Hegel de que tudo o que é *EFETIVO é racional, e previu que se Hegel não escrevesse com maior clareza, em breve deixaria de ser lido. *Krug* significa "jarro, canecão", o que propiciou a Hegel uma oportunidade para o que Krug descreveu como "humor de banco de cervejaria".

Hegel criticou três livros de Krug: (1) (*Cartas sobre a doutrina de ciência*), (*Briefe über die Wissenschaftslehre*) (1800), uma crítica do idealismo de Fichte; (2) (*Cartas sobre o mais recente idealismo*), (*Briefe über die neuesten Idealismus*) (1801) uma crítica de *SIT* de Schelling; (3) (*Esboço de um novo organon da filosofia ou ensaio sobre os princípios do conhecimento filosófico*), (*Entwurf eines neuen Organons der Philosophie oder Versuch über die Prinzipien der philosophischen Erkenntnis*) (1801), o qual argumenta a favor de um sistema que não é exclusivamente idealista, partindo do EU, nem exclusivamente realista, partindo do objeto, mas ambos: devemos começar pelos "fatos (*Tatsachen*) de

CONSCIÊNCIA", os quais abrangem, SUJEITO e OBJETO. Os episódios mais interessantes na crítica relacionam-se com (2):

(a) Krug desafiou Schelling a "deduzir" a lua, uma rosa etc., ou até mesmo a pena com que estava escrevendo. Hegel responde que a lua pode ser deduzida, na filosofia da NATUREZA, no contexto do sistema solar como um todo. Mas não dá resposta satisfatória para o problema da pena. Em *FE*, ele argumenta (contra a *CERTEZA SENSÍVEL mas provavelmente com Krug em mente) que a filosofia não está interessada numa entidade individual, uma vez que não pode referir-se a ela singularmente. (Qualquer pena pode ser mencionada como "esta pena".) Mas ainda que esse argumento fosse sólido, as questões subsistiriam sobre se Hegel (ou Schelling) é – ou seria – capaz de deduzir penas em geral e, se não, por que não.

(b) Krug não pode conceber "uma ação ou atividade sem um SER [*Sein*, isto é, um substrato]", que o conceito idealista do Eu envolve.

(c) Krug não enxerga que a "REFLEXÃO filosófica" envolve a "SUPRASSUNÇÃO e retenção de CONSCIÊNCIA num único ato".

4. "Relação do ceticismo com a filosofia, exposição de suas diferentes modificações e comparação da mais recente com a antiga versão" (Hegel, I, 2: março de 1802). Trata-se de uma crítica à *Kritik der theoretischen Philosophie* (1801) (*Crítica da filosofia teórica*), de Schulze. Schulze tinha adotado o nome de um antigo cético para o seu *Aenesidemus, oder über die Fundamente der von Herrn Professor Reinhold in Jena gelieferten Elementarphilosophie, nebst eine Verteidigung des Skeptizismus gegen die Anmassungen der Vernunftkritik* (1792) (*Enesidemo ou sobre os fundamentos da filosofia elementar ditada em Iena pelo sr. professor Reinhold, com uma defesa do ceticismo em face das presunções da crítica da razão*). (Este recebeu um comentário crítico de Fichte.) O CETICISMO de Schulze persiste em sua mais recente obra, a qual faz uma descrição histórica do ceticismo e uma lúcida crítica à filosofia pós-cartesiana, especialmente ao sistema de Kant. O seu ceticismo diz mais respeito à FILOSOFIA do que a assuntos perceptivos cotidianos, e apresentou um argumento que molestou Hegel durante toda a sua carreira: como podemos escolher racionalmente entre tantas filosofias conflitantes, mas igualmente bem justificadas e coerentes? Hegel critica (nem sempre corretamente) a descrição de Schulze do ceticismo antigo, e argumenta que ele é superior à versão moderna, dado que é integralmente cético, estendendo-se aos "fatos da consciência", tanto quanto à filosofia. Em 1810, Schulze assumiu a cátedra em Göttingen, onde ensinou filosofia a Schopenhauer.

5. "Ruckert e Weiss, ou a filosofia que não requer pensamento ou conhecimento" (Schelling, I, 2: março de 1802).

6. "Sobre a relação da filosofia da natureza com a filosofia em geral" (Schelling, possivelmente com a ajuda de Hegel, I, 3: impresso na primavera e publicado em novembro/dezembro de 1802).

7. "Sobre construção em filosofia" (Schelling, I, 3).

8. "Fé e saber [*Wissen*] ou a filosofia reflexiva da subjetividade na integridade de suas formas como filosofia de Kant, Jacobi e Fichte" (Hegel, II, 1: julho de 1802). Esse longo ensaio diz respeito ao conflito entre a *FÉ e a razão na CULTURA ALIENADA da época e seu reflexo na filosofia. Hegel mostra-se muito mais respeitoso em relação a Kant, Jacobi e

Fichte, do que em relação a Krug e Schulze. Sua análise de Kant é mais sutil e simpática do que em estudos posteriores.

9. "Das maneiras de tratar cientificamente o direito natural, do seu lugar na filosofia prática e de sua relação com as ciências positivas do direito" (Hegel, II, 2: novembro/dezembro de 1802, com continuação em II, 3: maio/junho de 1803). Neste extenso ensaio, Hegel argumenta contra a concepção atomística e igualitária liberal da natureza humana. Constrói um ESTADO orgânico tripartite baseado no modelo da *República* de Platão. A VIDA ÉTICA da nação distingue-se da MORALIDADE individual privada: "O todo ético absoluto é nada mais e nada menos do que a nação [isto é, não o indivíduo]."

10. "Sobre Dante a respeito de filosofia" (Schelling, maio/junho de 1803).

A publicação de *DCF* termina em virtude da saída de Schelling de Iena em maio de 1803. Outros possíveis fatores de sua extinção foram a crescente consciência dos editores de suas divergências e o fato de que os ensaios mais longos de Hegel, 8 e 9, transcendem o objetivo polêmico do *Diário*. Mas *DCF* tinha cumprido sua finalidade de habilitar Hegel a um confronto com a filosofia contemporânea e de lhe permitir o desenvolvimento de alguns dos temas e conceitos que reaparecem em *FE*. Ele foi influenciado, mais do que reconheceu, pelos filósofos que atacou, não só pelos problemas que eles colocaram para sua solução (Hegel retorna à pena de Krug em *Enc*. III, §250), mas também por suas doutrinas positivas: por exemplo, a descrição de *FE* do desenvolvimento da consciência, em conjunto com os seus objetos, mostra certa semelhança com o programa de Krug em *Esboço para um novo organon da filosofia*.

diferença *ver* IDENTIDADE, DIFERENÇA E ALTERIDADE.

direito O adjetivo *recht* tem a maioria dos sentidos dos cognatos "direito" e "direita". Significou originalmente "reto", depois "correto" (*richtig*) e, portanto, "certo", "justo" (*gerecht*); "eticamente bom". (*Die rechte Hand* é "a mão direita", cujo uso se considera o correto.) O neutro singular de *recht* torna-se o substantivo *(das) Recht*. Este significa: (1) um direito, reivindicação ou título; (2) justiça (como em, por exemplo, "administrar *justiça*", "ter a justiça do nosso lado", mas não a justiça como virtude, isto é, *Gerechtigkeit*); (3) "a lei" como princípio, ou "as leis" coletivamente (como em, por exemplo, "direito romano", "direito internacional (*Völkerrecht*)", não as LEIS particulares, isto é, *Gesetze*). *Recht* corresponde ao latim *ius*, ao francês *droit* e ao italiano *diritto*, em contraste com *lex*, *loi*, *legge* ("lei, *Gesetz*"). *Recht* participa em numerosos compostos, mormente *Staatsrecht* ("direito constitucional") e *Naturrecht* ("direito natural").

Em filosofia (por exemplo, em Kant e Fichte), *Recht* é comumente usado para designar normas e instituições legais, em contraste com *Moralität* ("MORALIDADE") e *Sittlichkeit* ("VIDA ÉTICA"). Fries desenvolveu a idéia de que *Recht* só diz respeito à conduta externa, ao passo que a moralidade se refere à *Gesinnung* ("disposição") de cada um. Hegel usa freqüentemente Recht nesse sentido mais estrito, tanto em *PF*, que precede *FD*, como em Enc. III, §§448 e seg., que se lhe segue. Mas em *FD*, Recht é usado num sentido mais amplo, para incluir *Moralität* e *Sittlichkeit*, HISTÓRIA mundial, assim como *Recht stricto sensu* (o qual corresponde a *abstrakte Recht* em *FD*, §§34-104; *PROPRIEDADE contrato e mal, incluindo *CRIME E PUNIÇÃO). Há muitas razões para isso:

1. Para Kant e Fichte, Sittlichkeit é equivalente a *Moralität*, e pode assim ser apropriadamente contrastada com *Recht*. Mas a redefinição de Hegel de *Sittlichkeit* significa que o termo cobre agora muita coisa que antes se incluía em *Recht*, por exemplo, leis e *Staatsrecht*. (Mesmo em *Enc*. III, *Rechtspflege*, a "administração de justiça", é incluída no título de *Sittlichkeit*, em vez de *Recht* como tal: §§529 e seg.) Assim, não pode continuar sendo simplesmente contrastado com *Recht*. *Moralität* é intermédia entre *Recht* abstrato e *Sittlichkeit*: *Recht* abstrato, o qual corporifica a LIBERDADE num objeto externo, representa o lado OBJETIVO do direito, e *Moralität* o lado SUBJETIVO, enquanto que *Sittlichkeit* combina subjetividade e objetividade. Assim, é natural incluir *Moralität* sob o título de *Recht*. Em *Enc*. III, §§483 e seg. a expressão "ESPÍRITO objetivo" abrange a mesma área de *Recht* em *FD*. Mas isso é mais natural quando (como em Enc. III mas não em *FD*) o espírito "objetivo" é contrastado com espírito "subjetivo" e "ABSOLUTO".

2. Hegel está continuamente consciente de que Recht significa "um direito", assim como "direito" ou "(a) lei". Mas a moralidade também confere certos direitos a um indivíduo, por exemplo, o direito a não ser responsabilizado, moralmente ou legalmente, por AÇÕES realizadas de forma involuntária, sem premeditação. A história mundial deve a sua inclusão em *Recht* em parte ao fato de que, na história do mundo, o "tribunal de julgamento do mundo", o "espírito do mundo", exerce o seu *direito*, "o mais alto de todos os direitos", sobre os espíritos nacionais finitos (*Volksgeiste*) (*FD*, §340).

3. O contraste entre moralidade e direito depende, em parte, da crença em que podem conflitar mutuamente, em que o que é legalmente permitido, ou menos requerido, pode ser imoral. Mas, na concepção de Hegel, moralidade e direito não podem, em última instância, conflitar: a crítica *moral* de disposições sociais e legais correntes raras vezes, ou nunca, é apropriada ou racionalmente sustentável. O direito pode não fazer jus à consciência moral de seus cidadãos, ou ser defeituoso em outros aspectos. Mas esses defeitos são percebidos, não pela consciência moral individual, mas por um exame da racionalidade inerente no próprio direito. Assim, *FD* almeja limitar as reivindicações da Moralität e integrá-la no *SISTEMA de direito.

4. Em contraste com a moralidade, o direito abstrato é relativamente objetivo. Mas também desenvolve o indivíduo, convertendo-o numa *PESSOA autoconsciente. *Recht* e *Sittlichkeit*, como moralidade, não regulam simplesmente a conduta externa de indivíduos que já são seres humanos plenamente formados: formam-nos, por estágios, em seres humanos corretos e responsáveis. Assim, Fichte estava errado em argumentar, em *FDN*, que *Recht* envolve coerção, enquanto que *Moralität* não: *Recht*, tanto quanto *Moralität*, requer a aquiescência do indivíduo e obtém-na ao amoldá-lo a seus fins. *Recht, Moralität* e *Sittlichkeit* são, pois, fases de um só empreendimento.

O termo *Naturrecht* (introduzido por Leibniz para o latim *ius naturale*, e em contraste com *positives Recht*) ocorre no título de *FD*, assim como em *DN*. Mas Hegel rejeitou a noção habitualmente associada ao termo, ou seja, que os homens têm certos direitos e devem ser governados por certas leis que são totalmente independentes de – e podem estar inteiramente em conflito com – os direitos que lhes são concedidos e os modos como são governados em sociedades EFETIVAS. Ele é mais favorável à noção, procedente de Aristóteles, de que certos princípios gerais podem ser derivados de um exame do homem como ser social, e de que, embora esses princípios, em sua maioria, estejam subjacentes nas disposições sociais e políticas existentes, eles podem ser usados para a avaliação interna e o aperfeiçoamento de uma sociedade. Mas Hegel distingue essa noção de *Naturrecht* como tal. Em *Enc.* III, §502, ele argumenta que *Naturrecht* se refere ambiguamente a dois sentidos distintos de "NATUREZA":

(a) Se "natureza" é usada em contraste com o "espiritual" e o "social", *Naturrecht* é um *Recht* que prevalece num estado de natureza (*Naturzustand*). Depois, a SOCIEDADE CIVIL e o ESTADO exigem a restrição de nossa liberdade e direitos naturais. Mas direito e direitos, argumenta Hegel, só prevalecem em sociedade: "um estado de natureza é um estado de violência e injustiça (*Unrechts*)".

(b) Se "natureza" é usada para designar a "ESSÊNCIA" do direito, *Naturrecht* é *Recht* tal como é determinado pelo CONCEITO de direito. Neste sentido, *Naturrecht* não é natural no sentido de (a), mas social e está baseado na "personalidade livre".

A teoria (b) é a do próprio Hegel. Entretanto, mesmo o direito da personalidade livre é um produto histórico do Império Romano e não foi realizado em todos os tempos e lugares, por exemplo, na antiga Grécia. Ele rejeita (a), não só por sua associação com um fictício estado de natureza, mas também por sua supervalorização da VONTADE PARTICULAR do indivíduo. A liberdade consiste não em ser livre para fazer o que se quiser, mas em ser um ser humano plenamente desenvolvido.

No estado moderno, os indivíduos têm certos direitos "abstratos" ou "formais" que são inalienáveis (*unveräusserlich*) e imprescritíveis (*unverjährbar*), direitos que constituem a minha pessoalidade, como o direito de não ser escravizado, de adquirir e possuir propriedade etc. (*FD*, §66). Tais direitos não devem ser violados por outras pessoas. Mas como o direito abstrato é apenas a mais inferior das três fases de *Recht*, os direitos abstratos não estão imunes à interferência das esferas superiores, *Moralität* e *Sittlichkeit*: uma pessoa, cuja vida está em perigo imediato, tem o direito à propriedade de uma outra e, se rouba, "seria errôneo tratar essa ação como um roubo ordinário" (*FD*, §127A). Hegel não esclarece se o direito do ladrão é apenas um direito moral ou é (ou deve ser) um direito legalmente exeqüível; mas um devedor tem (na opinião de Hegel, corretamente) um direito tanto legal quanto moral a reter da propriedade do seu credor a parcela de que necessidade para manter-se (*FD*, §127). Um estado em GUERRA tem o direito de exigir a seus cidadãos que sacrifiquem suas vidas e bens (*FD*, §324). Sua justificação não é que o sacrifício dos direitos de alguns indivíduos é requerido para a preservação dos direitos de outros indivíduos. Pois o objetivo central do estado não é, na opinião de Hegel, a proteção de direitos abstratos (à propriedade etc.) de seus cidadãos. Mas como os cidadãos de um estado devem ser também pessoas (e uma vez que o homem é essencialmente livre), existem restrições ao direito do estado de violar ou abolir direitos abstratos: por exemplo, não deve escravizar ou permitir a escravização de seus cidadãos (ou de qualquer outro ser humano).

Na esfera do direito abstrato, a posse de direitos não acarreta deveres, exceto o dever de respeitar os direitos de outros, ao passo que na vida ética só se tem direitos (por exemplo, conjugais) na medida em que se tem deveres, e vice-versa (*FD*, §155).

E

educação *ver* CULTURA E EDUCAÇÃO.

efetividade A palavra *wirklich* ("efetivo") está ligada, etimologicamente e no pensamento de Hegel, a *wirken*, "ser ativo ou efetivo", *wirksam*, "efetivo", e *Wirkung*, "efeito": "O que é efetivo pode produzir efeito (*wirken*)." Seus usos são semelhantes aos de "efetivo" e "real": um detetive real ou efetivo é contrastado com um detetive fictício, imaginário ou meramente possível, como Sherlock Holmes ou o detetive que está neste momento sentado a meu lado; com um detetive simulado, um modelo de cera, digamos, ou um impostor; com um detetive medíocre, trapalhão, e com um meramente potencial, um novato que tem capacidade para vir a ser um detetive, mas ainda não efetivou ou concretizou essa capacidade. Em cada caso, o detetive efetivo pode produzir um efeito de um modo que sua contraparte irreal não pode.

Filósofos como Kant usaram geralmente "efetivo" no primeiro desses sentidos, como sinônimo para "o que é" ou "existe", com acento sobre o sensorialmente perceptível e em contraste com o que é meramente possível, pensado ou imaginário. Hegel discorda desse uso e tende a negar efetividade não só ao que é meramente possível, mas também a entidades ontologicamente de baixo grau e contingentes, e a entidades que são subnormais ou subdesenvolvidas no referente a seu tipo, por exemplo, a ESTADOS corruptos ou tirânicos e a bebês que ainda não realizaram sua potencialidade para tornar-se seres humanos racionais. É por isso que se considera a efetividade a unidade do INTERIOR e do *EXTERIOR (ou da ESSÊNCIA e da EXISTÊNCIA) – categorias que precedem a efetividade na Lógica: uma entidade de nível baixo, como um arco-íris, é contingente no sentido de que sua existência não é o produto de sua própria natureza íntima ou essência mas depende unicamente de outras entidades; um estado tirânico é uma perversão da natureza de um estado; um bebê não realizou ainda a sua natureza interior (e também é, nessa medida, dependente de outros para a sua sobrevivência atual e seu desenvolvimento futuro).

Mas é característico de Hegel que ele não se limite simplesmente a estipular o seu próprio uso de "efetivo", mas passe a desenvolvê-lo a partir de um exame de outros usos. Começando com a idéia de que o efetivo contrasta com o que é meramente possível ou sistematicamente pensável, ele sustenta que o efetivo, nesse sentido, é o que é contingente, ou seja, capaz tanto de ser quanto de não ser, uma vez que não está fundamentado em si mas em alguma outra coisa. Mas as entidades contingentes, as realidades *imediatas*, formam as condições de uma realidade *desenvolvida*, a qual é também necessária, porque todas as condições de sua realização estão presentes e porque as suas condições estão suprassumidas ou absorvidas nele, de modo que, num certo sentido, é uma realidade independente e autodeterminante. Uma "realidade desenvolvida" é uma entidade tal como um organismo vivo que absorve objetos contingentes ou aleatórios em seu meio ambiente, de modo a promover o seu próprio crescimento de acordo com um padrão prescrito por sua natureza interior, um agente racional que usa tudo aquilo com que se deparar a fim de executar um plano predeterminado; ou uma sociedade que converte os materiais e as forças em seu meio ambiente em estruturas intencionais. Mas Hegel equipara com freqüência o verdadeiramente real com *Deus*, e sugere que Deus (ou o ESPÍRITO universal) orienta as contingências deste mundo no sentido da realização de um plano divino pela "astúcia da RAZÃO". (Isto não difere muito da "Mão Invisível" de Adam Smith.)

No Prefácio para *FD*, disse Hegel: "O que é racional é efetivo e o que é efetivo é racional." Usualmente, contrastamos o que é real ou efetivo com idéias ou pensamentos. Podemos então jogar realidade e idéias umas contra outras, afirmando que uma coisa é meramente uma idéia e não real ou realizável, ou, alternativamente, que a realidade está confusa, uma vez que colide com as nossas idéias ou IDEAIS. Hegel quer demolir essa oposição. Para tanto, argumenta que os pensamentos e, em especial, "a IDÉIA", não são primordialmente entidades *SUBJETIVAS mas estão imanentes na realidade. Essa doutrina tem vários sentidos:

1. um sentido ontológico: as coisas não poderiam ser se não fossem estruturadas de acordo com os pensamentos da Lógica (causalmente ordenadas, reais etc.);
2. um sentido teológico: as coisas executam um plano divino;
3. um sentido epistemológico: as coisas são totalmente inteligíveis e cognoscíveis;
4. um sentido avaliatório: as coisas são razoáveis e em conformidade com padrões racionais.

(Diferentes intérpretes de Hegel sublinham diferentes aspectos da doutrina, mas é evidente que Hegel tinha todos eles em mente.) A implicação da doutrina para o estudo de história e de política é que não se deve criticar estados de coisas atuais ou passados ou recomendar mudanças, mas tentar unicamente entendê-los e discernir sua racionalidade, ou seja, sua inteligibilidade e justificação fundamental. As nossas "idéias" e propostas são inevitavelmente superficiais em comparação com as idéias enraizadas na natureza das coisas. (Essa atitude manifesta-se pela primeira vez em *CA*: "Se vemos que [o que existe] é como deve ser, não é arbitrário ou acidental, então vemos também que teria de ser como é.")

A doutrina foi atacada por críticos de Hegel e interpretada como se proibisse a crítica ou a reforma de *qualquer prática, instituição ou governante*. (Se a doutrina se aplica a *tudo* o que acontece, ela também se anula, a menos que Hegel se abstenha de criticar aqueles que criticam o *status quo* e de propor que eles parem de o fazer.) Assim, na segunda edição de *Enc.* (1827), ele insiste em que não considera tudo efetivo e que algumas coisas que existem (o contingente, as ondas cerebrais, o erro, a maldade e o que é meramente a "existência tolhida e transitória") são mais APARÊNCIAS (*Erscheinung*) do que efetividade (*Enc.* I, §6). (Aqueles que relutam em ver teologia em Hegel podem interpretar sua afirmação adicional de que somente *Deus* é verdadeiramente efetivo como significando que só a estrutura lógica das coisas é efetiva.) De acordo com esse critério, um estado tirânico ou ineficiente não é (um estado) efetivo e não está isento de crítica e reforma. Hegel era um realista no tocante a conceitos e, assim, acreditava-se imune à objeção de que, digamos, um *estado* irreal pode, não obstante, ser uma *tirania* efetiva ou real. Mas não forneceu nenhum critério para distinguir o real do aparente: nem mesmo o melhor dos estados é irrepreensível ou eterno.

A doutrina de que o efetivo é racional não constitui simplesmente um produto do conservadorismo de Hegel. (Ele era, porém, conservador no sentido de que aceitou mais ou menos o estado de coisas vigente, não no sentido de que considerou desejável ou praticável restaurar a *velha* ordem derrubada pela Revolução Francesa.) Também representa uma linha estóica e spinozista em seu pensamento, a crença em que é melhor compreender e considerar coisas do que agitá-las ou alterá-las, e em que a LIBERDADE consiste no entendimento da necessidade, na medida em que esse entendimento nos habilita a aceitar o mundo tal como ele é, em vez de querer mudá-lo.

ego *ver* EU.

ele mesmo *ver* EM SI, PARA SI, EM E PARA SI, ELE MESMO ETC.

em si, para si, em e para si, ele mesmo etc. A terceira pessoa do pronome reflexivo em alemão é *sich*. É singular e plural, e cobre todos os três gêneros. Assim, significa "si mesmo, ele mesmo, ela mesmo, eles mesmos, um ao outro". Pode ser acusativo ou dativo, mas não nominativo ou genitivo. Acompanha os numerosos verbos reflexivos do alemão, e pode ser também precedido por várias preposições. Por exemplo, *für sich* (literalmente, "para si" etc.) ocorre em contextos tais como "Precisa de um quarto *para si mesmo*", "Ela cuida *de si mesma*" e "Isso é um problema *em si mesmo*, ou seja, independentemente de suas ligações com outros assuntos". No uso comum, *an sich* ("em si" etc.) difere pouco, com freqüência, de *für sich*: considerar um assunto *an sich* é também considerá-lo independentemente de suas ligações com qualquer outra coisa, e se alguma coisa é certa *an sich*, a sua certeza é *IMEDIATA e não dependente de qualquer outra coisa. Em ambos esses contextos, *an und für sich* ("em e para si mesmo") é apenas um equivalente mais enfático de *an sich*. Outras expressões desse tipo usadas por Hegel são *in sich* ("dentro de si, em seu próprio íntimo" etc.) e, mais crucialmente, *bei sich* ("de acordo consigo mesmo" etc.), que ocorre em contextos como "guardar *consigo*, conter-se", mas contrasta, por vezes, com *ausser sich* ("fora de si (com pesar, sofrimento etc.)").

No alemão corrente, portanto, uma expressão desse tipo não tem usualmente um único uso bem definido, mas uma gama de usos que coincidem em parte com o de outras expressões. A única que adquirira um uso filosófico consolidado no tempo de Hegel foi *an sich*, que Wolff empregou para traduzir *kath' hauto* ("em si"), de Aristóteles, e significa "(a coisa) como tal, *ABSOLUTAMENTE, à parte sua relação com qualquer outra coisa"; por exemplo, um cavalo galopa *an sich* ou *kath' hauto*, mas o seu cavaleiro só galopa derivativamente. *An sich* era também usado para traduzir uma das expressões de Platão para a FORMA OU IDÉIA: a forma, por exemplo, de beleza é "o belo *em si* ou *an sich*". Para Kant uma COISA *an sich* é uma coisa à parte a sua relação com a nossa *COGNIÇÃO e o modo como se nos apresenta: as coisas em si mesmas existem "fora de nós *für sich* (independentemente ou por sua conta própria)". Assim, *an sich* nesse sentido não contrasta com *für sich* mas com *in uns* ("em nós") ou *für uns* ("para nós").

Hegel emprega freqüentemente expressões-*sich* em seus sentidos correntes, não traçando qualquer distinção especial, por exemplo, entre *an sich* e *für sich*. Mas também as usa muito em sentidos especiais, em que *an sich* e *für sich* contrastam mutuamente, e também com *an und für sich*. A sua reinterpretação e realinhamento dessas expressões parte do uso filosófico de *an sich*. Um ser FINITO só possui uma natureza *DETERMINADA em virtude de suas RELAÇÕES com outras coisas, sua NEGAÇÃO delas e por elas. Isso é verdade não só a respeito de coisas dentro do mundo, mas também da coisa-em-si mesma de Kant, uma vez que também ela é finita se for isolada e distinta de nossa cognição. Assim, uma coisa que é *an sich* não tem um caráter aberto e determinado; no máximo, possui um caráter potencial que só será concretizado e manifesto por suas relações com outras coisas. Um bebê, por exemplo, é um *an sich* racional, mas sua racionalidade é meramente potencial, não efetiva e "para um outro" ou "nele" (*an ihm*). Nesse sentido, *an sich* não contrasta com *für uns*; a racionalidade do bebê *é* para nós, porquanto podemos ver, por aquelas características que já apresenta, que ele é potencialmente racional. Assim, Hegel usa freqüentemente a expressão *an sich oder für uns* ("em si ou para nós") a fim de indicar que alguma coisa que só o é potencialmente e desconhecida para si mesma, é conhecida para nós, filósofos ou observadores de fora. (Que podemos saber o que o bebê é *an sich* implica que ele não é – como a coisa-em-si kantiana – totalmente *an sich* mas possui algumas características das quais podemos inferir suas potencialidades. Mas isso é porque o bebê não está inteiramente isolado de relações com outras coisas.)

Para Hegel, ao contrário de Kant, *an sich* não é equivalente a *für sich*: *für sich* contrasta com *an sich*. Mas *Fürsichsein* ("ser-para-si mesmo") é uma noção complexa, em parte porque contrasta não só com *Ansichsein* ("ser-em-si mesmo") mas também com *Sein-für-Anderes* ("ser-para-outro"). Em *CL*, Hegel vincula-a à expressão comum *was für ein* (por exemplo, *Ding ist das?*), "que espécie de (por exemplo, coisa é isso?)", mas literalmente "para o quê uma (coisa é isso?)", e sugerindo assim que perguntar de que espécie alguma coisa é, é perguntar o que ela é para si. Ser-para-si envolve ou conjuntamente ou em diferentes contextos, várias idéias:

1. Uma coisa, por exemplo, uma pessoa adulta, pode ser, digamos, um latoeiro, um alfaiate, um soldado ou um marinheiro. Mas seu ser, por exemplo, um alfaiate, depende, de várias maneiras, de *outros*: alfaiatar deve ser uma profissão reconhecida, devem existir outras profissões para contrastar com ela (se todos são alfaiates, nenhum é alfaiate), e deve ser reconhecido como alfaiate. Assim, o seu ser alfaiate envolve o seu ser para um outro. Mas ele também é um alfaiate *an sich*, não no sentido de ser meramente um alfaiate potencial, mas de ter certas aptidões internas que o capacitam para o desempenho adequado desse papel e de ter certas características manifestas que justificam ser ele um alfaiate em vez de, por exemplo, um marinheiro. Ser alfaiate envolve, assim, uma interação entre ser *an sich* e ser para um outro. Mas uma pessoa não é simplesmente o ocupante de um papel. É também um Eu individual e, como tal, pode distanciar-se do seu papel e pensar-se apenas como *mim* ou EU. Quando isso ocorre, ele deixa de ser para outros, e passa a ser *para si*, uma vez que, embora a sua *AUTOCONSCIÊNCIA possa pressupor o *RECONHECIMENTO por outros, um Eu não é um elemento de um sistema de papéis contrastantes: cada um é

um Eu. Num certo sentido, um Eu não tem um caráter determinado: o seu ser consiste unicamente em seu ser para si, no sentido de ser consciente de si e de estar afastado ou isolado de outros. Na Lógica, Hegel exemplifica o ser-para-si não só pelo Eu, mas também pelo "um", a unidade ou átomo que difere de outras unidades ou átomos, em virtude não de qualquer qualidade determinada mas tão-somente de sua distinção numérica, seu independente ser-para-si.

2. A idéia de que se algo é para si, está consciente de si, leva à idéia adicional de que uma entidade pode ter *em si* certas características que não são *para si*. Um bebê é racional em si, mas não para si, porquanto não tem consciência de que é racional; um escravo é, como um homem, *LIVRE em si mesmo, mas pode não ser livre para si mesmo.

3. Com freqüência, se uma pessoa tem uma característica da qual não está consciente, a característica não está plenamente desenvolvida ou realizada. A ignorância de um bebê de sua racionalidade deve-se à imaturidade de sua racionalidade; a ignorância do escravo de sua liberdade pode ser devida ao seu estado de escravidão. Por conseguinte, *an sich* e *für sich* passam a significar "potencial" e "real", e podem ser aplicados, por exemplo, ao DESENVOLVIMENTO de uma planta, onde conhecimento ou ignorância estão fora de questão. (Nesse sentido, *an sich* contrasta freqüentemente com POSTO (*gesetzt*), em vez de *für sich*.) De maneira característica, uma entidade efetiva, plenamente desenvolvida, em contraste com uma bolota ou um bebê, possui bastante articulação e estabilidade interna para existir "por si" ou *für sich*, independente de algum grau de relações com outras entidades.

4. No caso 2, quando uma pessoa se torna para si o que ela é em si, reconhece usualmente o que é para si como uma adequada expressão do que é em si. (Embora possa sentir que sua condição real de escravidão ou seus limitados poderes de raciocínio – que são também, num sentido, *para si* – estão em discordância com a sua liberdade ou racionalidade *an sich*.) Mas nem sempre é esse o caso. A pessoa pode chegar a ser para si, num retrato acurado dela por outros ou numa obra de sua própria autoria que expresse amplamente a sua personalidade, mas não se reconheça nela. Uma razão pela qual poderia não conseguir fazer isso é que tal retrato ou obra é suscetível não só de colocar diante dela o que ela intrinsecamente é, mas também de concretizar pensamentos, sentimentos e traços que *nele* são meramente potenciais ou incipientes. Um artista, por exemplo, raras vezes tem um plano totalmente elaborado de sua obra em mente antes de começar a trabalhar: a obra de arte desenvolve, assim como exterioriza, os seus pensamentos etc. Hegel generaliza essa idéia: uma pessoa (ou um grupo de pessoas) pode produzir uma obra ou ter um objeto, que ela faz para si, mas que requer uma atividade adicional, cognitiva ou prática, se pretende ver-se ou à sua *Ansich* (a sua "em si" ou "ESSÊNCIA") nela. Paradoxalmente, em vista do Eu acima, o Eu como tal é visto, com freqüência, como meramente *an sich*: em si, é subdesenvolvido e evanescente; só se torna *für sich* em seu produto ou objeto.

Cada uma dessas idéias deixa margem para um terceiro estágio, o de *Anundfürsichsein*, o qual congrega o *an sich* e o *für sich*:

1. A retirada do Eu para si mesmo deixa inalterado o múltiplo mundo externo. O alfaiate que se distancia do seu papel e pensa em si como Eu pode dar o passo adicional de reconciliar-se com o seu trabalho ou de encontrar um trabalho no qual esteja "à vontade" (*bei sich*).

2. O escravo e a criança podem tentar pôr sua condição corrente de escravidão ou de racionalidade imperfeita de acordo com sua *Ansich*, sua "em si" ou essência.
3. Aristóteles distinguiu dois graus de potencialidade, assim como de plena realidade:
   (a) O bebê que ainda não aprendeu uma língua é um locutor potencial.
   (b) A pessoa que conhece uma língua mas não está agora falando é um locutor potencial num sentido superior, e um locutor real em contraste com (a).
   (c) Uma pessoa que está agora falando é um locutor plenamente real.

   Mas isto é inaplicável a, por exemplo, uma planta, e Hegel não explora usualmente para o seu padrão *TRIÁDICO. O desenvolvimento, para Hegel, envolve um retorno ao começo ou *Ansich*. As plantas produzem sementes de novo, subseqüentemente. A velhice é um retorno do conflito característico da juventude para uma versão refinada da familiaridade e contentamento infantil com o mundo.
4. *Anundfürsichsein* ("ser-em-e-para-si") é freqüentemente visto como estando à vontade consigo (*Beisichsein*) ou vindo a si (*zu sich*) no OUTRO. É, assim, semelhante a INFINIDADE.

De um modo geral, o uso de expressões-*sich* por Hegel é mais fluido e diverso do que sugerem as descrições do seu sistema.

Enciclopédia das ciências filosóficas em compêndio (Enzyklopädie der philosophischen Wissenschaften im Grundrisse) (*Enc.*) (1817, 1827, 1830, 1840-45) A palavra "enciclopédia" foi formada na segunda metade do século XVI do grego *enkyklios* ("circular" ou "em circulação", isto é, "comum") e *paideia* ("educação"), e significa assim ou "educação circular, isto é, universal" ou "educação comum" e, mais particularmente, um exame geral ou de todas as artes e ciências ou de um determinado campo, em ordem sistemática ou alfabética. As mais conhecidas enciclopédias no tempo de Hegel eram o *Dictionnaire historique et critique* (1695-7), de Bayle, e a *Encyclopédie, ou dictionnaire raisonné des sciences, des arts et métiers* (1751-80), de Diderot. Mas a escolha de Hegel do título pode ter sido influenciada pelos regulamentos educacionais bávaros de 1808, os quais prescreveram a instrução numa "enciclopédia filosófica" (um curso que Hegel deu como reitor do *Gymnasium* de Nuremberg) e pela *Enzyklopädie der philosophischen Wissenschaften* (1814), de G.E. Schulze.

A *Enciclopédia* de Hegel também foi concebida como um compêndio para acompanhar suas lições. Os verbetes apresentam-se em parágrafos numerados que seriam explicados e desenvolvidos nas aulas. Por isso os principais parágrafos são, com freqüência, extremamente breves e obscuros. Por outro lado, como a obra também foi publicada para um público leitor maior, Hegel adicionou aos parágrafos "comentários" que freqüentemente contêm material empírico, o qual só vagamente se relaciona com o parágrafo principal. Sucessivas edições da obra aumentaram o número e a extensão desses *Adendos*: a segunda edição tem quase o dobro da primeira; a terceira é um pouco mais extensa do que a segunda; a póstuma quarta edição, publicada pelos seus seguidores, acrescenta a muitos parágrafos "Adendos" que são excertos de suas lições.

Tal como outras enciclopédias, a de Hegel propõe-se oferecer apenas uma idéia geral das ciências e não uma informação completa sobre elas. Em particular, as conexões sistemáticas entre sucessivos verbetes não são apresentadas em tanto detalhe quanto em algumas das outras obras de Hegel. A primeira parte, por exemplo, "A Ciência da Lógica", é muito menos detalhada (mas freqüentemente mais clara) do que *CL*. Assim, *Enc.* não apresenta a versão acabada do *SISTEMA de Hegel, embora seja a nossa principal fonte para certas partes dele, sobretudo a sua filosofia da NATUREZA. Por outro lado, a *Enciclopédia* de Hegel difere de outras na medida em que não apresenta um "agregado de ciências" ou "mera coleção de informações", mas as expõe em suas "conexões lógicas".

A edição de 1830 da *Enciclopédia* é composta pelos seguintes segmentos:

1. Prefácios de todas as três edições. O primeiro afirma que a obra apresenta "uma nova elaboração da filosofia conforme um método – que, como espero, ainda será reconhecido como o único verdadeiro [e] idêntico ao conteúdo. No segundo e no terceiro prefácios defende o direito da filosofia de tratar de religião e argumenta que FILOSOFIA e RELIGIÃO são em última instância idênticas.
2. Uma "Introdução" que discute a natureza da filosofia, a "*consideração pensante* dos objetos [*Gegenstände*]" e da *Enciclopédia.*
3. Um "Conceito Preliminar" (*Vorbegriff*), o qual examina o *status* geral e a natureza da lógica, a "ciência da idéia pura, ou seja, da idéia no elemento abstrato de pensar."
4. Uma consideração crítica de três "posições conferidas ao pensar a respeito da objetividade", a qual, como *FE*, serve como uma introdução à CIÊNCIA. A primeira posição, ou "atitude", é a dos racionalistas pré-kantianos, que tentam discernir a verdade acerca de DEUS, da *ALMA e do mundo pelo pensar. Sua falha, argumenta Hegel, foi negligenciar a natureza *CONTRADITÓRIA, DIALÉTICA, do pensamento. A segunda é a dos empiristas e de Kant, que argumentaram que a natureza das coisas não é acessível somente ao pensamento ou, na verdade, à cognição em geral. Enfim, a terceira posição é a de F.H. Jacobi, que sustentou que a natureza das coisas, terrenas e divinas, é acessível, não ao pensamento ou COGNIÇÃO, mas à *FÉ ou *SABER IMEDIATO.
5. Uma breve descrição dos três aspectos da lógica, o *ENTENDIMENTO, o DIALÉTICO e o *ESPECULATIVO, em conjunto com a divisão da lógica em três partes: as Doutrinas do SER, da ESSÊNCIA e do CONCEITO.
6. A própria Lógica, em suas três divisões, avança, como *CL*, do puro ser para a idéia absoluta, mas difere um pouco dela em conteúdo e disposição. A idéia finalmente "decide-se a deixar sair livremente de si o *MOMENTO de sua *PARTICULARIDADE, ou do primeiro determinar-se e do ser-outro, a idéia imediata como seu *REFLEXO, como natureza" (I, §244). Hegel acredita que essa decisão marca o retorno ao começo da lógica, ou seja, ao ser, uma vez que a natureza é "a idéia enquanto ser".
7. A Segunda Parte de *Enc.*, a "Filosofia da Natureza", percorre os estágios da NATUREZA, começando com o espaço e concluindo com o organismo animal. Os estágios da natureza estão mais ou menos correlacionados com as categorias da Lógica, de modo que a "Filosofia da Natureza" é uma reapresentação da idéia mas agora mais do domínio da natureza do que do pensamento. A MORTE do animal, a passagem do indivíduo para a *UNIVERSALIDADE do seu gênero, fornece a transição para o ESPÍRITO.
8. A Terceira Parte, a "Filosofia do Espírito", tem, como as outras partes, três seções: I. O ESPÍRITO subjetivo; II. O Espírito objetivo; III. O Espírito absoluto. Cada seção tem, por sua vez, três subdivisões: "O Espírito subjetivo" divide-se em: A. "Antropologia" [isto é, "o estudo do homem", não, como agora, "etnologia"]. A "alma" é uma descrição

dos níveis primitivos, não-intencionais, da *ALMA humana (*Seele*) que não figura, em sua maior parte, em qualquer das outras obras publicadas de Hegel; B. "Fenomenologia do Espírito. A Consciência" é uma descrição da CONSCIÊNCIA intencional que constitui uma reapresentação sucinta das seções A e B de *FE*; C. "Psicologia. O Espírito" é uma exposição das nossas faculdades intelectuais e práticas, em isolamento dos objetos para os quais estão dirigidas. Isso tampouco se encontra em outras obras publicadas de Hegel. Cada uma dessas três divisões está também dividida e usualmente subdividida em três. Esses níveis do espírito subjetivo formam, como os da natureza, uma hierarquia ascendente, e as transições entre eles são corroboradas pela lógica. Mas, ao invés dos estágios da natureza, eles *DESENVOLVEM-SE, em certa medida pelo menos, ao longo do tempo. Por exemplo, os estágios antropológicos ocorrem somente em crianças pequenas; são mais salientes em povos primitivos do que em civilizados; nos adultos cultos, estão recobertos e controlados por fases superiores, mas restabelecem o seu predomínio no sono e em estados patológicos.

"O Espírito Objetivo" está dividido em DIREITO, MORALIDADE e *VIDA ÉTICA. Trata-se de uma versão mais sucinta de *FD*. "O Espírito Absoluto" está dividido em ARTE, RELIGIÃO revelada e FILOSOFIA. Corresponde, mas apenas grosso modo, ao final de *FE*: VII. "Religião" e VIII. "O Saber Absoluto".

As Segunda e Terceira Partes retornam ambas, como a Lógica, ao seu começo. Mas a *Enc. como um todo* é vista como retornando ao seu começo, uma vez que lógica, filosofia da natureza e filosofia do espírito são, respectivamente, as ciências da idéia EM E PARA SI, em sua alteridade, e em retorno a si a partir de sua alteridade. (A última fase do espírito, a filosofia, principia com a lógica.) Assim, *Enc*, retrata a filosofia como um "círculo de círculos" (*Enc*. I, §15) e fornece uma "educação circular".

entendimento *ver* RAZÃO E ENTENDIMENTO.

espaço *ver* TEMPO, ESPAÇO E ETERNIDADE.

especulação, especulativo e metafísica *Spekulation, spekulativ* e *spekulieren* ("especular") derivam do latim *speculatio* ("vigilância, reconhecimento, contemplação") e *speculari* ("espiar, observar, olhar à volta"), que por sua vez descende de *specere* ("ver, olhar"). (O latim para "espelho" é *speculum*, o que dá origem ao alemão *Spiegel*, "espelho".) *Spekulieren* desenvolveu outros sentidos: "confiar em, contar com; adivinhar, conjeturar"; logo, no século XVIII, "engajar-se em empreendimentos comerciais arriscados".

Speculatio foi usado por Boécio para o grego *theoria* ("contemplação"). Santo Agostinho, os escolásticos (por exemplo, santo Tomás de Aquino) e os místicos (como Seuse, Nicolau de Cusa) associaram-no com *speculum* e, seguindo São Paulo (I Cor. 13:12), argumentaram que Deus não pode ser visto ou conhecido diretamente, mas apenas em suas obras ou efeitos, como num espelho. Assim, especulação vai além da EXPERIÊNCIA *SENSÍVEL para atingir o divino ou sobrenatural.

Especulação adquiriu um sabor depreciativo em decorrência do ataque de Lutero à escolástica, e também da oposição de Herder e Goethe ao Iluminismo. Para Kant, o "*CONHECIMENTO teórico é especulativo, se têm em vista um OBJETO, ou conceitos de um objeto, a que não é possível chegar em qualquer experiência. Contrasta com o conhecimento natural [isto é, primordialmente causal], que visa somente objetos, ou predicados deles, que podem ser dados numa possível experiência" (*CRP*, A634f, B662f). Associa-a à RAZÃO especulativa, a qual é responsável, por exemplo, pelas PROVAS da existência de Deus.

Fichte, Schelling e Hegel consideraram seu próprio pensamento como especulativo, não porque transcendessem a experiência possível no sentido kantiano, mas porque as alternativas apresentadas por Kant, *Spekulation* transcendente e cognição natural, não são completas mas deixam margem para uma terceira alternativa, uma que o próprio Kant se esforçou por concretizar: a reflexão sobre a natureza da experiência e sobre os conceitos nela envolvidos. Schelling, tal como os místicos, considerou por algum tempo a especulação como envolvendo uma visão unitária ou INTUIÇÃO, mas Hegel a vê como um processo conceptual.

Hegel não associa *Spekulation* com espelho. É avesso à idéia de que DEUS (ou qualquer outra coisa) seja inacessível à cognição direta e só pode ser percebido numa imagem; contrasta a filosofia especulativa com a filosofia da REFLEXÃO e, embora a reflexão mútua de *OPOSTOS e de outras DETERMINAÇÕES da reflexão esteja envolvida em *Spekulation*, tal reflexão é apenas uma fase da lógica "especulativa". Não faz grande intento para ligar o sentido filosófico de *Spekulation* aos seus sentidos ordinários, mas observa que uma especulação matrimonial ou comercial, à semelhança da especulação filosófica, envolve (1) ir mais além do que está imediatamente presente, e (2) tornar *OBJETIVO o que é inicialmente *SUBJETIVO. Mas não há qualquer implicação de risco ou incerteza na *Spekulation* filosófica de Hegel.

A característica central de *Spekulation* no uso de Hegel é que unifica pensamentos (e coisas) opostos e aparentemente distintos. Assim, em contraste com o ENTENDIMENTO analítico, é semelhante à *IMAGINAÇÃO poética e ao misticismo, mas difere destes na medida em que é conceptual e pressupõe o trabalho do entendimento. Discorda frontalmente do *Dogmatismus* da metafísica pré-kantiana, a qual insiste em aplicar apenas um de um par de predicados contrastantes a objetos, insistindo, por exemplo, em que o mundo é *ou* FINITO *ou* *INFINITO, e não pode ser ambos. O pensamento especulativo, em contrapartida, unifica os dois conceitos e, assim, considera o mundo finito e infinito (*Enc.* I, §32A). A especulativa (ou positivamente racional) é apenas a terceira fase do pensamento de Hegel, contrastando com o entendimento, que estabelece distinções claras, e a negativamente racional ou DIALÉTICA, que as decompõe de novo (*Enc.* I, §§79 e seg.). Mas como se trata da fase final e mais característica de seu pensamento (e como *Spekulation* também tem um sentido mais amplo), ele refere-se freqüentemente à sua filosofia e lógica etc., como "especulativa". *Spekulation*, insiste Hegel, não é meramente subjetiva: ela suprassume a oposição entre subjetividade e objetividade, a par de outras oposições. Está, assim, estreitamente associada ao IDEALISMO. Pela mesma razão, não está (como supunha Kant) interessada no supra-sensível, em contraste com a experiência.

Em alguns usos (por exemplo, em Kant) *Spekulation* está vinculada à *Metaphysik*. Uma obra de Aristóteles que se ocupava da "primeira filosofia" ou "teologia", passou a ser conhecida como *ta meta ta phusika* ("a obra depois da *Física*" num catálogo). Isso foi tomado no sentido de "coisas para além da *phusika*, coisas naturais" e deu origem ao latim medieval *metaphysica*. O termo englobou os assuntos considerados no livro de Aristóteles: (1) as características universais de todos os seres enquanto seres (ontologia) e (2) seres que são eternos, imutáveis e separados do mundo de mudança (TEOLOGIA). Pensadores subseqüentes, sobretudo Wolff e seus seguidores, adicionaram outros assuntos ao campo da metafísica, como a cosmologia e a psicologia racional, que Aristóteles tratara como partes da física, uma vez que ele não traçou uma distinção clara entre ciência empírica e filosofia.

Kant acreditou ter dado fim à metafísica no sentido de Wolff: a ontologia será substituída pela "lógica transcendental", a qual é uma "analítica" não de seres mas do puro entendimento (*CRP*, A247, B303). Outras áreas da metafísica, que formulam asserções a respeito de DEUS, da *ALMA e do mundo que transcendem toda a experiência possível, são rejeitadas (ou, pelo menos, atribuídas à FÉ moral), uma vez que os argumentos que sustentam essas asserções são inevitavelmente falaciosos e, em alguns casos, redundam em antinomias sem solução. A metafísica desse tipo é um produto de *Spekulation* e do uso especulativo da razão. Mas Kant não rejeitou tudo o que, em seu entender, se enquadrava no campo da "metafísica". Em *CRP*, A841-51, B869-79, ele faz um inventário dos sentidos correntes da palavra e, em alguns desses sentidos, ele considera-se um metafísico. Assim, *Metaphysik* aparece nos títulos de suas obras sobre ética e sobre natureza (*FMC* e *PMCN*), sugerindo que seu tratamento é puro ou não-empírico, fundamental e sistemático. (Em seu *Handwörterbuch*, Krug critica o uso ético de "metafísica" por Kant: Krug equipara a *Metaphysik* com a "teoria filosófica da cognição".)

Um manuscrito de Iena de 1804-5, agora intitulado *Jenenser Logik, Metaphysik und Naturphilosophie*, está dividido em três partes "Lógica", "Metafísica" e "Filosofia da Natureza". Em obras posteriores, Hegel não reserva uma seção separada para a "metafísica", mas incorpora o material da metafísica em outras disciplinas, especialmente a lógica: a lógica "coincide com a metafísica, a ciência das coisas apreedidas em *PENSAMENTOS" (*Enc.* I, §24) e "constitui a metafísica propriamente dita ou a filosofia especulativa" (*CL*, Pref. da 1ª edição). No Prefácio de 1812 para *CL*, observou que a filosofia alemã e o senso comum conspiraram para produzir o "espetáculo insólito de um POVO culto sem metafísica – como um templo elaboradamente ornamentado sem um *sancta sanctorum*". Critica com freqüência a "velha" ou "anterior metafísica (isto é, wolffiana)", não usualmente pelas razões de Kant mas por seu "dogmatismo", sua "unilateralidade" e rígidas distinções "ou...ou" entre conceitos que estão dialética ou "especulativamente" relacionados (*Enc.* I, §§26 e seg.). O nítido contraste entre os mundos sensível e supra-sensível característico da metafísica pré-kantiana, e do próprio Kant, é uma das oposições que precisa ser superada. Assim, Hegel, ao contrário de Kant, atribui tal metafísica ao entendimento, não à razão. Os seus conceitos são incorporados à Lógica e aí submetidos a uma reelaboração especulativa. Ele é mais favorável à antiga metafísica, especialmente o Neoplatonismo, do que à metafísica wolffiana, e tenta dissociá-la de *Schwärmerei*, a fantasia irracional e emocional. (*Schwarm*, "enxame", e *schwärmen*, "enxamear", aplicavam-se originalmente às abelhas e, depois, às seitas religiosas na Reforma. *Schwärmerei* está assim próximo de "entusiasmo", conforme usado por Locke, entre outros.)

"Metafísica" é agora indeterminada demais em seu sentido para que possamos dar uma resposta inequívoca e informativa à pergunta: "Hegel era um metafísico?" Hegel viu-se como, em certo sentido, um metafísico. Mas isso não quer dizer que retornass desejasse retornar à metafísica pré-kantiana. Uma volta direta ao passado nunca é poss na concepção de Hegel: uma vez que a fé ingênua (por exemplo, em que a verdade pode ser alcançada pelo pensamento reflexivo, *Enc.* I, §26) foi abalada pela dúvida, ela só pode ser recuperada num nível superior, mais refinado, não em sua ingenuidade original. As reservas de Hegel acerca do entendimento significam que ele não pode expor um princípio à custa de outros, mas deve atribuir um lugar a todas as categorias significantes, e que não pode postular um mundo supra-sensível ou um "Além" (*Jenseits*) nitidamente distinto do mundo sensível – ou deste mundo (*Diesseits*). Assim a resposta menos enganosa é que ele é um metafísico e um antimetafísico: "O mais alto estágio e maturidade que qualquer coisa pode atingir é aquele em que o seu declínio começa."

especulativo *ver* ESPECULAÇÃO, ESPECULATIVO E METAFÍSICA.

espírito *Geist* está etimologicamente relacionado com "fantasma"; entretanto, sua gama de significado corresponde estreitamente ao de "espírito". Originalmente, significou "emoção, excitação", mas desenvolveu os sentidos de "espírito, *ALMA, MENTE; ser sobrenatural, fantasma". Em tempos cristãos, foi influenciado pelo latim *spiritus* e o grego *pneuma* ("ar, sopro, espírito")e também *nous* ("mente, intelecto"). Mais tarde, recebeu a influência do francês *esprit* e adquiriu as conotações de "vivacidade", "perspicácia" e "gênio", além das sugestões de amplitude e profundidade do alemão vernáculo.

Assim, *Geist* apresenta uma vasta gama de significado:

1. O espírito santo, a terceira pessoa da Trindade (*der heiliger Geist*, cf. *spiritus sanctus*).
2. O aspecto espiritual, não-material, do homem, em contraste, por exemplo, com a carne ou o corpo.
3. Um espírito, demônio ou fantasma.
4. Vivacidade, vitalidade, perspicácia.
5. Humor, disposição.
6. Em química, "espírito, essência", como em, por exemplo, *Kampfergeist* ("espírito de cânfora"), *Weingeist* ("espírito de álcool"); logo, *Geist* é álcool. Esta acepção explica, em parte, as sugestões ocasionais de Hegel de que a VERDADE envolve embriaguez: "O verdadeiro é, assim, o frenesi orgiástico, no qual nenhum membro está sóbrio" (*FE*, Pref.).
7. Mente, intelecto, em geral e de um indivíduo. Neste sentido, "mente" é mais apropriado do que "espírito", mas o adjetivo *geistig* pede usualmente "espiritual" em vez de "mental".
8. A atitude mental, espírito, gênio, temperamento dominante de uma época (*der Geist der Zeit, Zeitgeist*), de um POVO (*Volksgeist*), do cristianismo (*der Geist des Christentums*) etc.
9. Um/o espírito de contradição, revide etc.
10. O significado interior ou "espírito" de, por exemplo, uma lei, em contraste com a sua letra.

Geist não é um conceito central para Kant mas, de acordo com 4 e 7 acima, ele o vê como o princípio estimulante ou animador da mente (*Gemüt*) (*Antropologia*, §57; *CJ*, §49).

É também o que dá vida a uma obra de ARTE ou a uma conversa, e como tal é distinto de *esprit* ou agudeza de espírito. Em *ESTÉTICA, é a capacidade para apresentar IDÉIAS estéticas, para captar "o jogo fugaz da *IMAGINAÇÃO" e comunicá-la a outros (*CJ*, §49).

Hegel usa *Geist* numa grande variedade de maneiras e em suas obras maduras tenta sistematizar os seus significados:

1. Num sentido geral, *Geist* denota a mente humana e seus produtos, em contraste com a NATUREZA e também com a idéia lógica. Assim, *Enc.* III como um todo contém a filosofia de *Geist*.
2. Num sentido mais limitado, *Geist* é o "espírito *SUBJETIVO", "o qual engloba toda a vida psicológica individual", desde a "alma natural" até o *PENSAMENTO e a VONTADE (*Enc.* III, §§387-482).
3. Num sentido ainda mais estrito, *Geist* inclui os aspectos mais intelectuais da psique, desde a INTUIÇÃO até o pensamento e a vontade, mas excluindo e contrastando com a alma, o SENTIMENTO etc. (*Enc.* III, §§440-83). A "FENOMENOLOGIA de *Geist*" (*Enc.* III, §§413-39) cobre o mesmo terreno, mas com destaque para a CONSCIÊNCIA de OBJETOS por parte do espírito; em *FE*, também inclui o espírito *OBJETIVO e ABSOLUTO.
4. "Espírito objetivo" é o espírito comum (no sentido 8 acima) de um grupo social, consubstanciado em seus *COSTUMES, LEIS e instituições (DIREITO), e impregnando o caráter e a consciência dos indivíduos pertencentes ao grupo. É concebido como a objetivação do *Geist* subjetivo (*Enc.* III, §§483-552).
5. "Espírito absoluto" engloba ARTE, RELIGIÃO e FILOSOFIA (*Enc.* III, §§553-77). Ao contrário de (2) e (4), que são FINITOS, ele é *INFINITO, uma vez que o espírito constitui aí um objeto "para" o próprio espírito, mas também porque se reflete em algo distinto dele e, assim, *LIMITA ou restringe o espírito (*Enc.* III, §§§386 e A, 563 e seg.). Hegel vê (2), (4) e (5) como, respectivamente, o CONCEITO de espírito, sua REALIDADE e a unidade de conceito e realidade (*Enc.* III, §385). O "espírito absoluto" tem um matiz mais teológico do que (2) ou mesmo (4): o espírito que é para o espírito é DEUS e, assim, espírito absoluto é a *AUTOCONSCIÊNCIA de Deus. O espírito é também absoluto no sentido de que está relativamente "desligado" da vida social de uma determinada comunidade, isto é, (4).
6. O *Weltgeist* ou "espírito do mundo" era, no século XVII, o espírito "secular" em contraste com o espírito divino; tornou-se então (por exemplo, em Thomasius) um espírito cósmico impregnando a natureza inteira, como a *ALMA do mundo; e, finalmente, em Herder e Hegel, é o espírito que se manifesta na HISTÓRIA. A História é um DESENVOLVIMENTO coerente e racional, porque a ascensão e queda de nações é governada por um espírito singular. Assim, o *Weltgeist* é usualmente tratado sob o título de "espírito objetivo" e "direito" (*FD*, §§341-60; Enc. III, §549), mas também é responsável pelo desenvolvimento da arte, religião e filosofia, e, assim, do espírito absoluto.
7. O *Volksgeist* ("espírito de um/o povo") é semelhante a (4) mas inclui a contribuição de um povo para (5) ou, pelo menos, aqueles seus aspectos que são mais específicos de um determinado povo e, sobretudo se se levar em conta que, ao contrário de (4), ocorre no plural, fica mais fácil vê-lo como espírito historicamente relativo e transitório. O espírito do mundo realiza-se num determinado povo (por exemplo, a Grécia), desen-

volve o seu espírito ao máximo e, alcançado o apogeu, afasta-se daquele e volta-se para um outro povo (por exemplo, Roma). O espírito de um povo sobrevive ao seu afastamento do centro do palco mundial mas permanece relativamente estático e nunca mais pode voltar a dar uma contribuição decisiva para a história do mundo.

8. Hegel fala do *Geist der Zeit* ("espírito da época, do tempo") em lugar de *Zeitgeist*. A mentalidade, vida social e produtos culturais de uma dada época, especialmente no seio de um determinado povo, compartilham de um espírito comum. Um indivíduo está imbuído desse espírito e não pode "ir além" de seu tempo. Assim, o espírito da época é uma fase do espírito do mundo. (O ensaio de J.S. Mill, "The Spirit of the Age" (1831), mostra que o conceito atravessou as fronteiras do idealismo alemão.)
9. Em religião, Deus é espírito. Mas o "espírito santo" que emana de Deus e inspira e santifica o homem, é a terceira pessoa da Trindade. Em *IFR*, Hegel concebe-o como imanente na comunidade cristã (*Gemeinde*) e, assim, como a autoconsciência de Deus. É o análogo religioso da esfera de *Geist* como um todo, em contraste com a idéia lógica e a natureza (1). Hegel não dá prioridade à comunidade cristã original: *Geist* nesse sentido, como em outros, desenvolve-se, e suas fases posteriores são superiores às primeiras, ao não exigirem, por exemplo, a presença sensorial do Cristo para a FÉ.

Hegel não considerou que estes fossem sentidos distintos de *Geist*, mas fases sistematicamente relacionadas no desenvolvimento de um único *Geist*. Isso é possível por três características especiais de *Geist*: (a) não envolve uma COISA subjacente, ou substrato, mas é pura atividade; (b) desenvolve-se por estágios em formas sucessivamente superiores, primordialmente por reflexão sobre o seu estágio corrente; e (c) apossa-se, cognitiva e praticamente, do que é o outro, a natureza assim como os níveis inferiores do *Geist*, e realiza-se neles. O desenvolvimento de *Geist* é concebido ora como lógico e não-temporal (por exemplo, em *Enc*. III), ora como histórico (nas *Vorlesungen*).

Embora falemos de "o espírito grego" e de estar "imbuído do mesmo espírito", assim como de "o espírito de equipe", "mente" sugere mais do que "espírito" um único centro de consciência. Assim, pode-se pensar que ao "espírito" objetivo e absoluto falta a unidade especial da "mente" subjetiva, e que o "*espírito do mundo*" é simplesmente a coerência racional da história, não uma "mente" cujo desenvolvimento coerente explica a coerência da história. Mas a conotação de "mente" não pode ser inteiramente excluída de qualquer dos principais usos de *Geist* por Hegel, por três razões:

1. Os usos de *Geist* estão sistematicamente relacionados, o que se deve à atividade do próprio *Geist*. Mas o *Geist* paradigmaticamente ativo é *Geist* subjetivo, ou seja, é tanto "mente" quanto "espírito".
2. Os antecedentes teológicos do *Geist* de Hegel sugerem que ele é uma mente, assim como um espírito.
3. Ele personifica freqüentemente o *Weltgeist* "o artesão desse trabalho de milênios é o espírito vivo e uno, cuja natureza pensante é trazer à sua consciência o que ele é; e quando isso se tornou assim o seu OBJETO, ser ao mesmo tempo elevado acima dele e ser em um grau superior" (*Enc*. I, §13).

Não obstante, uma vez que é atividade, não uma coisa, e, como verdadeiramente infinito, não se distingue claramente do finito, *Geist* não pode simplesmente transcender os fenômenos do mundo e dificilmente se distingue da estrutura lógica de seus fenômenos. A asserção de Hegel de que *Geist* é o absoluto não significa que tudo é mental ou o produto da mente da própria pessoa, mas que: (a) o sistema unificado de PENSAMENTOS e estruturas racionais que formam o núcleo do *Geist* (subjetivo) é imanente na natureza e no desenvolvimento do próprio *Geist*; e (b) espírito/mente "ultrapassa" (*übergreift*) e *IDEALIZA o que é diferente do espírito, por suas atividades cognitivas e práticas.

essência O verbo alto-alemão médio *wesen* ("ser") tornara-se obsoleto nos dias de Hegel, mas ainda fornecia os pretéritos do verbo *sein* (ser), especialmente o seu particípio passado, *gewesen*, e o substantivo verbal *(das) Wesen*. Os mais importantes usos de *Wesen* são estes: (1) um ser, criatura ou entidade, sobretudo quando vivente (por exemplo, "Deus é o supremo *Wesen*", "O homem é um *Wesen* finito"); (2) a essência, natureza ou caráter de uma entidade individual, seu ser assim e então (*Sosein*) em contraste com a sua EXISTÊNCIA (*Dasein*); (3) a natureza dominante e permanente de uma coisa, que está subjacente em variáveis estados exteriores ou APARÊNCIA (*Erscheinung*); (4) a natureza real ou essencial de uma coisa em contraste com o que *parece ser* ou sua aparência (*Schein*); (5) as características essenciais ou UNIVERSAIS de um grupo de entidades, em contraste com suas variações individuais; (6) em compostos tais como *Postwesen* (o "serviço de correios" ou "sistema postal"), um sistema ou complexo. (Hegel argumenta que este uso da palavra está próximo do seu, porquanto subentende que as coisas devem ser consideradas como um complexo e em suas "relações diversas [e manifestas]", *Enc*. I, §112A.)

Wesen dá origem a um adjetivo, *wesentlich* ("essencial"), contrastando com *unwesentlich* ("inessencial"), e estes podem formar frases substantivas: "o essencial" e "o inessencial". Também dá origem a um outro substantivo, *Wesenheit* ("essencidade"), que é o que constitui a essência de uma coisa, em contraste com *Wesentlichkeit* ("essencialidade"), que é a qualidade de ser essencial. Hegel usa o plural *Wesenheiten* como equivalente de *Reflexionsbestimmungen*, "DETERMINAÇÕES-DA-REFLEXÃO", ou seja, aquelas determinações que constituem a essência das coisas e são geradas por, e/ou acessíveis à reflexão, e são consideradas na Doutrina da Essência, a segunda seção da Lógica.

Em *FE*, a essência é examinada na terceira seção de "CONSCIÊNCIA" (*FE*, III), onde é correlato de *ENTENDIMENTO. No mais completo exame da Lógica, especialmente *CL*, "essência", à semelhança de "SER", tem um uso amplo e um uso estrito: abrange todos os conceitos ou determinações-da-reflexão na Doutrina da Essência *e* refere-se à primeira e mais geral dessas determinações. A transição de ser (*lato sensu*) para essência (*stricto sensu*) é esta: na Doutrina do Ser, deparamo-nos com QUALIDADES, *QUANTIDADES e a complexa interação entre qualidades e quantidades na *MEDIDA. Essas determinações e suas alterações são *IMEDIATAS, no sentido de que não são vistas como pertencentes a uma só entidade (*Wesen*) ou como explicáveis por uma subjacente e persistente essência (*Wesen*). A razão expressa de Hegel como justificativa da progressão para *Wesen* é que a falsa regressão *INFINITA de variações de quantidade, sublinhadas por mudanças qualitativas, dá lugar à transformação recíproca, verdadeiramente infinita, de qualidade e quantidade uma na outra, gerando um substrato que, como tal, não é qualitativo nem quantitativo. Há outras razões subjacentes para a sua crença: (1) O EU ou SUJEITO requer um OBJETO distinto de si mesmo, e tal objetividade exige a posse de qualidades e quantidades por uma entidade relativamente persistente. (2) A posse por uma entidade de características diversas e variáveis requer, por sua vez, a explicabilidade dessas características e de sua coerência mútua, em termos da essência da entidade. (3) O próprio sujeito deve ser mais do que uma série de tais características variáveis, se pretende ter consciência delas ou de si mesmo: deve ser uma entidade persistente que sustenta seus estados variáveis. (Uma razão para a omissão por Hegel de tais argumentos é a sua crença em que quantidade, qualidade e medida *passam-se* para essência, e essa essência não é simplesmente introduzida por nossa "reflexão externa" para resolver os problemas que elas suscitam.)

O *Wesen* de uma coisa é inicialmente contrastado como o essencial, com o inessencial, as características superficiais imediatas que previamente eram *Sein*. Mas esse par de termos é inadequado, porque o essencial depende do seu contraste com o inessencial tanto quanto o inessencial depende do essencial, e porque, como conseqüência disso, a caracterização de um dos termos como essencial em vez do outro requer um observador externo. (Neste caso, os argumentos de Hegel, como de um modo geral na Doutrina da Essência, assemelham-se aos argumentos sobre o ABSOLUTO.)

Portanto, *Wesen* é contrastado em seguida com *Schein* "(APARÊNCIA)." O que antes era *Sein* ("ser") tornou-se um simples e indeterminado *Wesen*: o ser *INTERNALIZA-SE em essência. (Neste ponto, Hegel sublinha o vínculo de *Wesen* com o passado: "a essência é ser que é passado (*vergangene*), mas passado intemporal".) Mas o que antes era *Sein*, características superficiais imediatas, ainda persiste como *Schein*, características aparentes *MEDIADAS pela atividade da essência. *Wesen* e *Schein* têm agora uma outra relação além da de mero contraste ou "alteridade": *Schein* é gerado pela aparência de essência (*scheinen*). Mas *Schein* e *scheinen*, tal como a noção de REFLEXÃO apresentada mais tarde na seção, são ambíguos:

1. Estão associados a aparência, parecença e ilusão, ao que parece ou aparenta ser para um observador. Mas o observador percebe não só *Schein* mas também *Wesen*: seu pensamento é refletido de *Schein* para *Wesen* em sua fonte. Assim, a essência desloca-se da dominação de *Schein* para paridade com ele: adquire determinidade implícita, em contraste com a simplicidade com que principiou, e é um produto da mente humana tanto quanto (de acordo com alguns *IDEALISTAS) *Schein* é.

2. Estão associados ao brilho da luz. A idéia de uma simples e persistente fonte de luz que se propaga num fulgor variado ajusta-se bem à idéia de uma essência simples que gera uma abundância de características superficiais. *Schein*, de acordo com esse modelo, é o produto da própria essência, não simplesmente de um observador externo: a essência brilha dentro-de-si. Mas também brilha para dentro de si. Pois a luz, quando atinge uma superfície, é refletida de volta à sua fonte. Por conseguinte, *Wesen* e *Schein* passam a estar reciprocamente relacionados pelo brilho, cada um projetando seu brilho no outro. Desse modo, *Wesen* também se torna tão determinado quanto o *Schein* que gera, contendo EM SI toda a variedade cuja explicação lhe é solicitada.

As outras determinações-da-reflexão constituem desenvolvimento da noção de essência. Por exemplo, a IDENTIDADE deriva da identidade consigo da essência, e a *DIFERENÇA de sua autodiferenciação em *Schein*. As determinações, diferentemente das de ser, formam pares (por exemplo, identidade e diferença), cujos termos estão relacionados pelo parecer (*scheinen*) de um refletido no outro. Hegel contrasta esse parecer com a passagem ou transição recíproca que é característica das determinações de ser e com o DESENVOLVIMENTO das determinações do CONCEITO. Mas também fala do desenvolvimento da essência (e do ser) como um todo. Esse desenvolvimento progride da essência concebida como substrato oculto para a essência concebida como a estrutura lógica manifesta e a relação mútua de fenômenos, isto é, da essência que meramente parece, por meio de seu surgimento em aparência (*Erscheinung*), para a EFETIVIDADE ordenada e articulada.

Não fica inteiramente claro o que Hegel quer dizer ao associar *Wesen* com o pretérito:

1. É improvável que comungue do ponto de vista de Sartre, em *Baudelaire* (1947): "O que eu sou é o que eu era, uma vez que a minha atual liberdade sempre questiona a natureza que adquiri." No entender de Hegel, eu transcendo ou suprassumo os meus estados passados, mas não procede assim com a LIBERDADE SUBJETIVA que Sartre tem em mente, e não transcendo a minha essência geral como um EU ou um ser *PENSANTE.
2. Com freqüência, a questão parece ser que a essência de algo emerge (temporalmente, à margem da lógica) de seu estado ou estados passados e não é explícita desde o começo: por exemplo, "por essa reflexão em si, o ESPÍRITO completa a sua libertação da forma de mero ser [da '*ALMA natural'], dá-se a forma de essência e torna-se EU" (*Enc.* III, §412A).
3. Por vezes, a questão parece ser que a essência de uma entidade atual é todo o processo passado do qual ela é o resultado: "toda a folhinha de grama, toda a árvore tem (...) sua HISTÓRIA (...) Esse é ainda mais o caso na esfera do ESPÍRITO; como espírito efetivo em sua aparência, só pode ser exaustivamente retratado (...) como um tal curso de história" (*E*). (Isto aproxima-se do que, no ponto de vista de Nietzsche, é a definição de PUNIÇÃO.)

As ambigüidades de *Wesen* e palavras associadas, assim como a generalidade intrínseca da lógica, significam que Hegel não está interessado em apenas um uso de "essência", mas em toda uma gama de usos – em teologia, metafísica, ciência empírica e discurso informal.

estado (*Der*) *Staat* foi formado do latim *status* ("estado, condição" etc., de *stare*, "estar ou ficar em pé") no século XV. Significou originalidade "situação, posição de prestígio; condição, modo de vida; dignidade". No século XVII, desenvolveu-se o hoje dominante significado de "estado (político)", sob a influência do francês *état* (também um descendente de *status*). Retém uma acepção mais antiga de "pompa, fausto, grande gala, gastos suntuosos, especialmente por um príncipe em sua corte", mas perdeu agora seus outros sentidos. Assim, "estado" no sentido de "condição" não é *Staat* mas *Zustand*, sobretudo em *Naturzustand*, "estado de natureza", e "estado" na acepção de "classe, categoria", é *Stand* ou *Rang*. (*Stand* e *Zustand* derivam de *stehen*, "estar em pé".)

Mas até mesmo em seu sentido político *Staat*, como "estado", tem uma gama de significados. Um estado envolve usualmente três elementos: (1) um POVO (*Volk*) que é mais ou menos cultural e lingüisticamente homogêneo; (2) um território ocupado por ele que, geograficamente, é mais ou menos unificado (mas não necessariamente homogêneo); (3) uma organização política, com uma autoridade central que exerce o PODER em todo o território. *Staat* pode referir-se a qualquer desses elementos ou aos três juntos. Assim, se algo é no interesse do *Staat*, é no interesse nacional ou no interesse da nação, isto é, de 1,

2 e 3 juntos, um povo politicamente organizado ocupando um certo território. Se algo acontece no *Staat* alemão, acontece no território. Alguém que trabalha para o *Staat* trabalha para o governo ou em algum ramo do *Staat* no sentido 3. Se uma decisão é tomada *von Staats wegen*, é tomada em nível governamental, isto é, nas esferas superiores do sentido 3.

O sentido 3 gera ambigüidades adicionais. Em primeiro lugar, o poder exercido pela autoridade central pode variar em grau: é relativamente restrito num sentido federal (*Bundesstaat*) e em seus estados constituintes. (O território de um estado pode também estar mal definido.) Em segundo lugar, 3 engloba usualmente um amplo leque de instituições, com freqüência hierarquicamente organizadas, e *Staat* pode abranger uma série mais ampla ou mais limitada de tais instituições. Pode, por exemplo, excluir ou incluir a força policial, as universidades etc. (Como professor em Berlim, Hegel era um funcionário do estado prussiano.) *Staat* inclui usualmente o governo (*Regierung*) como instituição, mas pode opor-se a um determinado governo: o que é do interesse do *Staat* não tem que ser necessariamente do interesse do governo. A força de *Staat*, como de outras palavras, depende muitas vezes daquilo com que é contrastado, por exemplo, o indivíduo, a Igreja, a economia etc.

Hegel usa *Staat* em dois sentidos: (I) Um estado em contraste com outros estados, englobando 1, 2 e 3. Usa *Staat*, por exemplo, para a *polis* grega, a qual não era, em seu entender, tão internamente articulada e diferenciada quanto o estado moderno. (*Polis* significa (i) uma cidade, em contraste com o campo e as aldeias; (ii) uma cidade estado, incluindo os campos e aldeias circunvizinhas. Somente (ii) é um *Staat*; (i) é uma *Stadt*.) (II) O estado, em contraste com outros aspectos da sociedade, especialmente a FAMÍLIA e a SOCIEDADE CIVIL. Os dois sentidos estão relacionados, na medida em que algo é um *Staat* no sentido (I) se, e unicamente se, possui um *Staat* no sentido (II) ou, como no caso de uma *polis*, algo que se aproxima disso.

Algumas características centrais do *Staat* no sentido (II) dependem dos seus contrastes com:

1. DIREITO abstrato: o estado protege os direitos de *PESSOAS mas não é essa, como, por exemplo, Locke supôs, a sua única ou principal finalidade.
2. Moralidade: o estado e suas ações não serão avaliados pelos padrões de MORALIDADE individual.
3. A família: o estado, em contraste com a sociedade civil, tem uma unidade comparável à da família. Mas não se baseia, como a família, em amor e SENTIMENTO: "No estado, o sentimento desaparece, aí estamos cônscios da unidade como LEI; aí o conteúdo deve ser racional e nosso conhecido" (*FD*, §158A). Por conseguinte, em contraste com a família e a sociedade civil, o estado está associado à *AUTOCONSCIÊNCIA. O estado permanece unido e coeso não pela FORÇA mas pelo nosso "sentimento de ordem", isto é, autêntico patriotismo (*FD*, §268 e A).
4. Sociedade civil: o estado não assenta, como as transações comerciais da sociedade civil, num contrato. Não foi formado por um contrato original; não é, como Fichte, por exemplo, supôs, uma instituição voluntária à qual se pode renunciar, se assim se desejar; nem será avaliado de acordo com o seu cumprimento de um suposto contrato com seus cidadãos (*FD*, §§75, 258). Os homens num estado de natureza não tinham direitos ou direito, mas como quer que estivessem (ou o que quer que fossem) num estado de

natureza não tem relação alguma sobre a NATUREZA ou ESSÊNCIA do homem: a essência de uma entidade consiste em sua condição plenamente desenvolvida, não em seus começos. O estado não é primordialmente um dispositivo para satisfazer as nossas necessidades ou desejos antecedentes; ele nos faz seres humanos plenos: "O fim racional do homem é a vida no estado" (*FD*, §75A). O estado é necessário, em parte, para devolver os indivíduos à unidade, retirá-los da dispersão nos interesses privados promovidos pela sociedade civil. Tal como Tocqueville, Hegel viu o individualismo egoísta como um perigo constante para a comunidade após o colapso da velha ordem pré-revolucionária, e sustentou que nem o despotismo nem o retorno à antiga ordem pode enfrentar a ameaça, mas somente uma estrutura política racional com que os indivíduos possam identificar-se e que permita alguma liberdade de ação ao individualismo da sociedade civil.

Em *FD*, §§257-360, e *Enc*. III, §§535-52, Hegel considera o estado sob três epígrafes: (1) direito constitucional (*inneres Staatsrecht*); (2) direito internacional (*äusseres Staatsrecht*); e HISTÓRIA do mundo:

1. A constituição (*Verfassung*) do estado racional envolve três elementos ou *PODERES (*Gewalten*):

(a) O elemento *INDIVIDUAL é o monarca. O cargo é hereditário, de modo a evitar o capricho e o elemento contratual envolvido em eleições. Ele tem a decisão final na nomeação de executivos e em atos de estado como a declaração de guerra, mas suas decisões são orientadas pelo parecer de especialistas. Não é um monarca absoluto mas um constitucional: "o aspecto objetivo pertence unicamente à lei, e o papel do monarca consiste meramente em apor na lei o subjetivo 'Eu quero'" (*FD*, §280A).

(b) O poder executivo ou governamental (*Regierungsgewalt*) é *PARTICULAR no sentido de que insere o particular no universal (*FD*, §287), ou seja, põe em vigor as leis e decisões do monarca. Isso inclui os chefes do serviço civil, o judiciário, a polícia etc. Os cargos devem ser acessíveis a qualquer postulante de talento.

(c) O elemento UNIVERSAL é o legislativo (*gesetzgebende Gewalt*), (*FD*, §§298-320; *Enc*. III, §544). O povo como um todo (mas não os camponeses e trabalhadores) está representado nesse ramo do estado, não como indivíduos particulares mas como membros de "estados" (*Stände*). Os estados são grupos profissionais, em vez de classes sociais ou econômicas. Hegel, tal como Durkheim, considera-os instituições que medeiam entre indivíduos atômicos e o governo, e preparam os homens para a vida no estado. Existem, em seu entender, três estado: (i) a nobreza rural e hereditária, que tem assento como indivíduos numa câmara alta, (ii) a classe mercantil e (iii) a classe "universal" de servidores civis (incluindo professores etc.), que através de suas "corporações" elegem representantes para uma câmara baixa. (As "câmaras" também são chamadas *Stände*.)

2. Um estado só é um estado se contrasta e está relacionado com outros estados. Os estados requerem RECONHECIMENTO por outros estados, tal COMO *PESSOAS requerem reconhecimento por outras pessoas (*FD*, §331). Neste caso, *Staat* é usado principalmente no sentido (I) acima. O sentido (II), porém, também está em jogo, uma vez que em suas

relações com outros estados o estado deve, como um *individuelles Subjekt*, ser representado pelo monarca, que assim comanda as forças armadas, conduz os negócios estrangeiros através de embaixadores, faz a GUERRA e a PAZ, e conclui tratados (*FD*, §329). O direito entre estados assume a forma de tratados e de direito internacional (*Völkerrecht*, *ius gentium*, que se baseia mais no costume do que na autoridade central, e tem por objetivo mitigar a conduta da guerra e possibilitar a restauração da paz.

3. Qualquer estado é finalmente varrido pela história do mundo, o tribunal de justiça do mundo (*Weltgericht*, também o "juízo final (do mundo)") (*FD*, §340; *Enc.* III, §548).

Hegel atribui um alto valor ao estado e a ele é atribuída a expressão de que o estado é a "marcha de Deus na terra" (*FD*, §258A). Esse comentário deve ser interpretado à luz das seguintes considerações:

(a) Ele acrescenta que "o estado não é obra de ARTE; está na terra e, portanto, na esfera do capricho, do acaso e do erro" (*FD*, §258A).

(b) Dizer que o estado é a marcha de DEUS na terra não é dizer que ele é Deus, no sentido de que é o auge da perfeição ou de que qualquer estado é eterno. O ESPÍRITO ABSOLUTO é superior, para Hegel, ao espírito objetivo, incluindo o estado, e estados individuais sucumbem à história.

(c) Hegel rejeita o contraste radical entre o estado e o indivíduo. A relação entre o estado e o indivíduo é *MEDIADA por várias instituições – a família etc. Nenhuma dessas deixa o indivíduo incólume. Elas formam-no num indivíduo de um certo tipo. O estado faz dele um cidadão (um *citoyen*, não simplesmente um *Bürger*), que pensa e age com o estado em vista. O indivíduo moderno é, assim, um ser em múltiplas camadas sobrepostas, moldado pelas instituições a que pertence. Insistir em que o valor primordial é a LIBERDADE do indivíduo para fazer o que quiser é, no entender de Hegel, sobrevalorizar uma camada inferior do indivíduo, aquela associada ao direito abstrato ou à sociedade civil. (Hegel não considera o estado a principal ameaça à liberdade, mesmo desse tipo.)

(d) Hegel foi influenciado pela visão orgânica do estado de Platão e Aristóteles, e não pode conceber uma vida plenamente humana fora de um estado, ou mesmo fora daquele estado em que cada um nasceu. (Refere-se mais freqüentemente às doutrinas políticas de Platão do que de Aristóteles, porquanto acreditava, incorretamente, que Platão apresentou uma descrição da *polis* grega real, não de uma IDEAL. Mas suas opiniões pessoais estão mais próximas das de Aristóteles.) Ele dá mais amplitude, porém, à liberdade *SUBJETIVA do que, em seu entender, a *polis* admitiu. Sustenta que o estado racional moderno deve incluir todos os valores significantes consubstanciados em estados do passado e não é, pois, como eles eram freqüentemente, "unilateral".

estética *ver* ARTE, BELEZA E ESTÉTICA.

estoicismo *ver* CETICISMO E ESTOICISMO.

eternidade *ver* TEMPO, ESPAÇO E ETERNIDADE.

No alemão corrente, *ich* ("eu") é o pronome pessoal da primeira pessoa e contrasta com *du* ("tu"), *er* ("ele") etc. Mas também pode formar um substantivo, *das Ich* ("o eu, ego"), e refere-se então à *INDIVIDUALIDADE ou ego de uma pessoa (em contraste com o não-ego (*das Nicht-Ich*)), ou a uma parte de sua individualidade, como o seu "melhor eu" (*besseres Ich*). "O eu" deixa de contrastar com "tu", "ele"etc., porquanto posso falar do "teu eu" e do "seu eu", assim como do "meu próprio eu"; também tem um plural, e pode-se dizer, por exemplo, que todos temos dois eus (por exemplo, um eu usual e um melhor eu).

Propriedades, estados e atividades são atribuídos a animais e objetos inanimados, assim como a seres humanos. Mas somente seres humanos acima de uma certa idade podem atribuir-se propriedades etc. a si mesmos pelo uso de "Eu". Até os antigos gregos eram capazes de fazer isso, mas o Eu, no entender de Hegel, somente se tornou um tema explícito de filosofia com o *Cogito, ergo sum*, de Descartes. O Eu, na concepção de Descartes, não abrange todas as características que uma pessoa pode atribuir-se usando a palavra "Eu", mas apenas os seus pensamentos, incluindo estados mentais de cuja ocorrência ela pode estar imediatamente certa, mas não seus estados corporais etc. Assim, Descartes inferiu que eu sou uma coisa pensante (*res cogitans*), à qual podem ser atribuídas características tais como substancialidade e imortalidade. O malogro de Hume em descobrir uma *res cogitans* quando olhou para dentro de si mesmo, ou qualquer impressão correspondente ao Eu, levou-o a rejeitar não só a *res cogitans* mas o Eu como tal (o *cogito*). Entretanto, Kant argumentou que, embora o Eu não seja uma entidade substancial, o Eu ou o "Eu penso" é uma pressuposição de todas as nossas REPRESENTAÇÕES (*Vorstellungen lato sensu*) e deve estar apto a acompanhar todas elas. O Eu exclui agora todos os estados mentais, assim como os físicos, uma vez que é somente o sujeito de EXPERIÊNCIA. Qualquer coisa que eu atribua a mim mesmo usando "Eu" é, *ipso facto*, um predicado ou objeto do Eu, não o próprio Eu. O Eu, nesse sentido, forma o ponto de partida da "teoria do conhecimento" de Fichte (e Schelling). Mas agora o Eu não é, inicialmente, contrastado com os eus de outros indivíduos, nem com o não-Eu: precede a diferenciação entre o Eu e o não-Eu, assim como entre distintos indivíduos. É uma força criativa que gera um não-Eu e a própria distinção entre "eu" e "tu"; mas o faz em virtude das dificuldades lógicas envolvidas num tão abrangente e não-contrastante Eu. O Eu é referido por Fichte e, freqüentemente, por Hegel como o "Eu = Eu", tanto porque a auto-identidade é tudo o que lhe pode ser atribuído, quanto pelo fato de ser essencialmente auto-reflexivo: só existe em virtude de (e produz-se por) sua consciência de si mesmo.

Hegel rejeitou a noção de que a filosofia, em particular a lógica, deveria começar com o EU ABSOLUTO: ou o Eu = Eu requer MEDIAÇÃO ou, se tomado como imediato, é equivalente a puro SER (*Enc.* I, §86). Mas considerou a habilidade exclusivamente humana para *ABSTRAIR de todas as características determinadas da própria pessoa e para concentrar sua existência num simples ponto de ser *PARA-SI ao afirmar o "EU" como de suprema importância. A nossa LIBERDADE de VONTADE e *AUTOCONSCIÊNCIA tem raízes nessa capacidade. Mas a consciência-de-Eu, consciência da simples identidade de si mesmo é apenas o começo da autoconsciência e do ESPÍRITO: a autoconsciência plena requer a consciência de si mesmo como um habitante entre outros de um mundo informado pelo espírito.

No concepção de Hegel, o Eu tem várias características especiais:

1. O Eu é essencialmente auto-reflexivo: a consciência-de-Eu é necessária e suficiente para uma pessoa ser (ou ter) um Eu. Logo, o Eu não é uma COISA ou SUBSTÂNCIA.
2. O Eu como tal é UNIVERSAL no sentido de que é totalmente indeterminado: consciência-de-eu e afirmação-de-"eu" abstraídas de todas as características determinadas da mente, do corpo e do ambiente físico da pessoa. "Eu" comparte essa característica com "isto" e "aquilo", cujo uso também abstrai de toda a característica determinada dos objetos humanos e não-humanos assim referidos (*FE*, I. "Consciência"). Mas os objetos não-humanos não aplicam essas palavras a si mesmos, e não podemos, por exemplo, conceber que retenham sua identidade através das drásticas mudanças qualitativas a que podemos, em imaginação, submeter-nos e submeter outros seres humanos.
3. O Eu universal no sentido distinto, mas relacionado à consciência-de-eu, e o uso de "eu" como tal não consegue, salvo em "significado" ou *OPINIÃO (*Meinung*), escolher um determinado indivíduo entre outros: cada um é um "Eu" ou "este indivíduo determinado". O "Eu" também compartilha dessa característica com "este". A universalidade de "este" é significativa para Hegel: habilita-o a rejeitar a EXPERIÊNCIA crua da *CERTEZA SENSÍVEL e o desafio de deduzir a existência de objetos individuais (*FE*, I, e *DCF*). Mas a universalidade de "Eu" tem uma significação extra: Eu participo de um núcleo de PENSAMENTO racional com todos os outros homens, e quando me concentro somente nisso, abstraindo de minhas idiossincrasias mentais e físicas, perco todo o sentido de eu mesmo como individual particular e, especialmente ao fazer lógica, fico totalmente absorto em meu OBJETO DE ESTUDO.
4. Mas ninguém pode ser somente um Eu autoconsciente: a consciência-de-eu envolve um corpo de um certo tipo definido. Também acarreta, e tem por conseqüência, a consciência de um mundo distinto de si mesmo, o mundo que o Eu, em companhia de outros eus, deve suprassumir e depois voltar a si como espírito. O Eu é assim um universal ativo que envolve essencialmente *PARTICULARIDADE e *INDIVIDUALIDADE, um universal *CONCRETO (num sentido dessa expressão).

Uma vez que o Eu é, pois, inteiramente universal e requer, contudo, um outro a partir de cuja suprassunção volta a si, Hegel assimila o Eu ao CONCEITO, o qual também é totalmente universal e se desenvolve, no entanto, em particularidade e individualidade. Mas a assimilação depende não só da crença de Hegel em que Eu exemplifica melhor o conceito (melhor, por exemplo, do que a semente de uma planta), mas também de sua convicção de que o Eu é, no fundo, idêntico aos pensamentos ou conceitos universais que desenvolve: não posso distanciar-me coerentemente dos meus pensamentos, como posso dos meus desejos e percepções – supondo, por exemplo, que eles poderiam ser inteiramente diversos do que são, ou considerando-os forças estranhas que me detêm em seu poder – uma vez que a própria consciência-de-eu e o ato de distanciar-me do que é visto como não-eu envolvem o pensamento de Eu e outros pensamentos tais como o de diferença. Assim, o desenvolvimento do Eu a partir da consciência até chegar à autoconsciência fornece a Hegel um modelo para a estrutura do mundo retratado em seu *SISTEMA: o conceito ou a idéia lógica contrapõe-se à natureza, a qual, em seus níveis inferiores, é relativamente estranha ao pensamento, mas avança por estágios até o nível do espírito do homem, que gradualmente compreende a natureza e, finalmente, em filosofia, chega a uma consciência do conceito ou idéia lógica. Hegel tende a igualar esse Eu cósmico e seu desenvolvimento com DEUS.

existência, realidade e ser determinado O alemão tem várias palavras nesta área. Hegel tentou, num grau mais extenso do que a maioria dos filósofos que o antecederam, distingui-las entre si. A mais corrente delas, em seu entender, é *sein* ("*SER"): contém mínima bagagem ontológica e aplica-se a tudo. *Sein* e o advérbio *da* ("ali", "aqui" etc.) geram *dasein* ("ser-aí, estar presente, existir") e, no século XVII, o substantivo verbal *(das) Dasein* ("o ser-aí, presença, existência (especialmente em espaço e tempo)"). *Dasein* foi usado por Leibniz e Wolff para o latim *existentia*, a existência de uma coisa em contraste com o seu caráter. Para Kant, *Dasein* era o contrário de *Nichtsein* (não-ser), e é por ele utilizado para a existência de qualquer coisa, inclusive Deus. (Hegel também o utiliza freqüentemente para a existência de DEUS, mas isso é ou uma concessão ao uso tradicional ou subentende um contraste especial com o CONCEITO de Deus.) A associação heideggeriana de *Dasein* com ser humano no tempo aparece ocasionalmente nesse período, mas tem escassa significação para Hegel ou para outros filósofos.

O latim *res* ("coisa") deu origem a *realis* ("real" – provavelmente usado pela primeira vez por Abelardo) e a *realitas* ("realidade" – usado primeiro por Duns Scotus). Em alemão, estes vocábulos converteram-se em *real*, com a variante *reell* derivada do francês, e *Realität*. A força dessas palavras depende do seu contexto e, sobretudo, da expressão contrastada com eles. O contraste central é com IDEAL (ou *ideell*) e *Idealität*, no sentido comum (mas não-hegeliano) de presente somente em pensamento ou imaginação. Mas usa-se a expressão *ideale* ou *ideelle Realität*, em filosofia, para indicar a presença de alguma coisa em pensamento, e, em Hegel, para aquele aspecto da *OBJETIVIDADE que, em contraste com a realidade EXTERNA (*äusserliche*), corresponde ao conceito. *Realität* é freqüentemente equiparada a *Wirklichkeit* ("EFETIVIDADE") e "objetividade", mas, para Hegel, trata-se de conceitos distintos: *ideale Realität* está perto de *Wirklichkeit*, mas *Realität* como tal está associada a *Dasein*.

O latim clássico *exsistere* ("elevar-se para fora de, provir de, manifestar-se, mostrar-se") deu origem ao latim medieval *existentia*, a existência de algo em contraste com a sua *essentia* ou natureza. Esses vocábulos tornaram-se, em alemão, *existieren* ("existir", mas retendo, em Hegel e em outros filósofos, sua implicação de mostrar-se ou emergir) e *Existenz*.

Dasein, diz Hegel, é ser (*Sein*) com uma *DETERMINIDADE (*Bestimmtheit*), uma determinidade *IMEDIATA (em contraste com uma ESSÊNCIA subjacente), ou seja, uma QUALIDADE. (Por conseguinte, nesse contexto, *Dasein* é usualmente traduzido como "Ser determinado".) Uma entidade determinada é *ein Daseiendes* (substantivo formado do particípio presente, *daseiend*) ou um "Algo" (*Etwas*, uma substantivação formada do pronome *etwas*, "alguma coisa"). *Dasein* surgiu do colapso de DEVIR, a passagem recíproca de ser e do *NADA. Logo *Dasein* envolve NEGAÇÃO: um *Daseiendes* possui caráter determinado em virtude de um contraste com outros "algos" dotados de caráter diferente. Hegel ilustra freqüentemente *Dasein* com exemplos de coisas que têm mais de uma qualidade e que podem mudar essas qualidades sem deixar de existir, mas um *Daseiendes* (como uma mancha de cor projetada numa tela) é, nesse estágio, coincidente com a sua qualidade: ele não pode ter mais do que uma qualidade ou sobreviver à mudança de qualidade. Isso não nos impede de falar do *Dasein* de entidades mais complexas e cambiantes, mas tais entidades não são complexas e cambiantes em virtude somente do *Dasein*. Significa que Hegel é relutante em atribuir a *Dasein* mais do que um papel muito subordinado na constituição do ESPÍRITO, porquanto, na concepção de Hegel (como na de Heidegger e de Sartre), os seres humanos, a menos que estejam doentes ou loucos, não são dominados ou "penetrados" por suas qualidades (suas paixões ou caracteres) do modo que as COISAS são. (O espírito é mais apropriadamente caracterizado como ser-*PARA-SI.) Por essa razão, e também porque *Dasein* implica a existência de algo mais, distinto e contrastando com o *Daseiendes*, *Dasein* não é estritamente atribuível a Deus ou ao ABSOLUTO. Mas *Dasein* é usado, com freqüência, em contraste com "CONCEITO": diz-se, por exemplo, que um conceito "mostra-se" ou "emerge" (*hervorgehen, hervortreten*) em *Dasein*. Nesse sentido (quando o uso de Hegel não é simplesmente tradicional), o *Dasein* de Deus é o mundo real, e o *Dasein* do espírito são as atividades e os produtos concretos em que ele se manifesta. Mas, nesse sentido, ainda se pensa que *Dasein* envolve contingências e imperfeições que não correspondem tão plenamente ao conceito quanto efetividade corresponde.

Realität, em Hegel, tem dois sentidos. O primeiro, correspondente ao habitual contraste com *ideal*, está associado a *Dasein* e próximo de "qualidade", exceto que contrasta com "negação", embora, como uma qualidade, envolva essencialmente a negação. Nesse sentido, argumenta Hegel, podemos falar da realidade, ou realização de um plano ou intenção, do corpo como realidade da alma, do DIREITO como a realidade da LIBERDADE, e do mundo como a realidade do conceito divino. (*Realität* está, neste caso, próximo do ser-aí, do *Dasein*.) No segundo sentido, *Realität* tem caráter de avaliação, como em "um filósofo real"; neste caso, não é equivalente a *Dasein* e não contrasta com *ideal*; indica a "concordância do Algo, do *Daseiendes* com o seu conceito", e está próximo do que se entende por "efetividade" (*Enc.* I, §91A).

Existenz, na definição de Hegel, é uma DETERMINAÇÃO de essência. Na Lógica, acompanha a categoria de FUNDAMENTO: a noção de um fundamento redunda na de uma condição (um *sine qua non*), e quando a totalidade de condições é realizada a COISA ou matéria (*Sache*) emerge na existência. O existente (*das Existierendes*) é uma coisa (*Ding*) com muitas propriedades. O que lhe permite, ao contrário de o "algo", ter ou combinar numerosas propriedades é o seu surgimento do fundamento. Mas o fundamento ou essência não está escondido sob as propriedades da coisa; está plenamente *SUPRASSUMIDO no existente. Assim como o algo pertence a um sistema de algos diferentemente qualificados, o existente pertence a um sistema de existentes, cada um dos quais é uma condição dos outros, e que propriedades uma coisa tem depende, em parte, de suas ações contrastantes com outras coisas.

A noção de *Existenz*, em contraste com RAZÃO, o conceito e a IDÉIA, tornou-se mais tarde um traço de união entre tais adversários de Hegel como Schelling, Kierkegaard e Ranke. (Hamann e Jacobi também a tinham invocado contra os sistemas racionalistas de Kant e outros filósofos do Iluminismo.) Suas críticas eram, primeiro, que Hegel ocupou-se do conceito de existência, não da existência real, e, segundo, que, na medida em que trata da existência real, a sua sistematização racionalista da mesma não faz jus à complexidade e particularidade da existência religiosa, histórica e humana. Mas essas acusações não podem ser avaliadas em termos de *Existenz*, da qual Hegel se apropriou para seus próprios e especializados propósitos. Tal como *Dasein, Existenz* não está, para Hegel, associado à existência humana, cuja conceituação adequada requer categorias mais avançadas. *Ver* AÇÃO.

experiência e saber empírico Hegel usa os derivados do grego *Empirie* (experiência), *empirisch* (empírico/empiricamente) e *Empirismus* (empirismo), mas as palavras do vernáculo alemão para "experimentar" e "experiência" são *erfahren* e *Erfahrung*. (As palavras *erleben* e *Erlebnis* (experiência vivida) só se tornaram importantes no século XX.) *Erfahren* provém do prefixo *er-* (*ver* APARÊNCIA) e *fahren*, originalmente "viajar, ir, vaguear", daí "progredir, ir (por exemplo, bem)", e "viajar ou jornadear". Assim, o significado radical de *erfahren* é "partir em viagem para explorar ou ficar a conhecer algo". *Erfahrung* refere-se a esse processo ou ao seu resultado.

Erfahrung foi usada pela primeira vez por Paracelso para traduzir o latim *experientia*. Contrasta com o que é meramente *PENSAMENTO e com o que é aceito com base na autoridade ou tradição. Kant argumentou, em *CRP*, que todo o nosso conhecimento começa com *Erfahrung* mas não nasce todo de *Erfahrung*, porquanto *Erfahrung* é o produto conjunto de nossas INTUIÇÕES sensíveis e das formas de intuição (espaço e tempo) e categorias do *ENTENDIMENTO com que contribuímos para tais intuições. Não podemos ter *COGNIÇÃO, no entender de Kant, do que transcende tal experiência, ou seja, das COISAS-em-si-mesmas e de entidades tais como DEUS, a *ALMA e LIBERDADE.

Hegel usa *Erfahrung* de mais de uma maneira. Em *FE*, não está associada a qualquer forma particular de CONSCIÊNCIA, mas é a experiência por que passa a consciência em seu caminho para a CIÊNCIA. Neste caso, está em jogo a sugestão de uma viagem de descoberta. Além disso, a experiência da consciência não é especificamente empírica: *Erfahrung* não contrasta com "pensamento" (embora Hegel faça distinção das experiências da consciência da lógica), mas indica aquilo por que passa a consciência ou o que descobre por si mesma, em contraste com o que nós, espectadores, conhecemos a seu respeito. "Experiência", neste sentido, difere do seu sentido usual, na medida em que a consciência descobre a inadequação de uma de suas formas e avança para a seguinte, não por encontrar algum *outro* objeto em sua experiência mas por experimentar a incoerência interna entre seu OBJETO e sua concepção desse objeto e a transformação dessa concepção em seu objeto seguinte.

A idéia de que *Erfahrung* é, essencialmente, a *própria* experiência da pessoa persiste nas descrições posteriores de Hegel da experiência empírica, especialmente nas seções introdutórias de *Enc.* I. Pois um mérito do empirismo, argumenta ele, à parte o seu suprimento de apoio cognitivo para as suas asserções, é a sua insistência em que um homem deve aceitar somente o que é por ele experimentado. Isso leva-o a assemelhar, por exemplo, o CONHECIMENTO imediato de, ou a *FÉ em entidades tais como Deus, de F.H. Jacobi, ao empirismo de Hume e dos cientistas naturais. Mas uma outra fonte dessa assimilação é a indeterminidade do relacionamento entre experiência e pensamento. Essa indeterminidade aparece ocasionalmente em Kant mas é sumamente óbvia em Hume, onde a experiência é equivocamente tanto de impressões, o que não requer nenhum processamento conceptual e imaginativo para a sua apreensão, quanto de objetos, que são um construto conceptual e imaginativo. (Hume também tergiversa quando se trata de apurar se a experiência é a experiência pessoal de cada um ou a dos homens em geral; não é a minha experiência pessoal mas a da humanidade em geral, que, por exemplo, os homens mortos não renascem.) Assim, *Erfahrung* tem, em Hegel, três amplos sentidos:

1. É, especialmente em explicações de Hume, material sensível bruto, não processado pelo pensamento. (Hegel acreditava que tinha refutado o empirismo que reco à experiência nesse sentido, em sua explicação de certeza sensível em *FE*, I.)
2. É material sensível que passou por algum processamento conceptual. O ponto de vista usual de Hegel é que *Erfahrung* nesse sentido, vai além da *PERCEPÇÃO, na medida em que envolve LEIS empíricas, mas não vê a NECESSIDADE de tais leis.
3. *Lato sensu*, entidades tais como Deus são objetos de experiência. Este sentido tem uma variedade de fontes: o sentido em *FE* de "experiência", tal como qualquer objeto de consciência, por exemplo, a leva a efeito, e a afirmação de Goethe de que embora a "experiência (*Empirie*)" contraste usualmente com "teoria (*Theorie*)", existe um tipo refinado de experiência que se identifica tão intimamente com o seu objeto que ascende ao nível de teoria. Mas o argumento central de Hegel é este: Hume e Kant distinguem entre a conceituação legítima de material sensível envolvido nas ciências naturais e a aplicação de conceitos a entidades transcendentes, como DEUS. Mas essa distinção é arbitrária. Deus é apresentado como transcendente por teólogos racionalistas, que pressupõem um abismo entre Deus e o mundo terreno. Se rejeitarmos essa noção incoerente, experimentar Deus é apenas aplicar mais pensamentos ou conceitos à nossa experiência do mundo. Kant e os empiristas procuram impor um limite arbitrário ao nosso pensamento.

Apesar dessa extensão da noção de experiência, a experiência é, para Hegel, ainda distinta do pensar, especialmente do pensar filosófico ABSTRATO, uma vez que a experiência em todos os três sentidos envolve experiência no sentido (1) de um modo que o pensamento puro não envolve. O pensamento pressupõe experiência se não quiser acabar, como a filosofia iniciante, empobrecido e limitado. Não pressupõe primordialmente a própria experiência do filósofo, mas a obra de cientistas empíricos, historiadores, teólogos etc., que processam material empírico e o convertem em experiência no sentido (2) e, por vezes, no (3), de modo a encontrar o filósofo a meio caminho. O filósofo encampa então os resultados das ciências empíricas (*Erfahrungswissenschaften*) e os mostra como *a priori* e necessários, de uma forma semelhante àquela como os geômetras gregos encamparam os resultados de geômetras empíricos anteriores e os consubstanciaram num sistema *a priori*. Em geral, uma vez que alguma coisa foi descoberta *a posteriori*, mas não antes, o filósofo pode estabelecê-la *a priori*. Desde que os cientistas empíricos começaram desenvolvendo pensamentos ou categorias que são assunto da lógica, o filósofo também pode criticar seus relatos de experiência, caso interpretem mal ou façam mau uso de categorias. (Hegel está atento ao fato de que o que passa por ser observação empírica é quase sempre a mera aplicação de um simplíssimo esquema conceptual *a priori* em que os dados empíricos recalcitrantes são desconsiderados.)

Hegel considera com freqüência empíricas o que seria normalmente visto como disciplinas conceptuais ou *a priori*, se se desenvolvem de modo casual e assistemático.

Por exemplo, a lógica tradicional, a aritmética e a lógica trascendental de Kant são comparadas a ciências empíricas, não porque seu objeto de estudo seja inerentemente experimental, mas porque é derivado, desenvolvido e apresentado, não sistemática, mas "empiricamente" (*empirisch*) ou "*HISTORICAMENTE" (*historisch* – neste contexto, um sinônimo depreciativo de *empirisch*).

explanação *ver* FUNDAMENTO, CONDIÇÃO E EXPLANAÇÃO.

explícita e implicitamente *ver* EM SI, PARA SI, EM E PARA SI, ELE MESMO ETC; POSTO E PRESSUPOSTO.

exterior *ver* INTERIOR E EXTERIOR, INTERNO E EXTERNO.

externação *ver* ALIENAÇÃO E EXTERNAÇÃO.

externo *ver* INTERIOR E EXTERIOR, INTERNO E EXTERNO.

F

falsidade *ver* VERDADE, FALSIDADE E CORRETO.

família e mulheres *Familie* foi extraído no século XVI do latim *familia*, que se originou de *famulus* ("servo, criado") e, por conseguinte, significou originalmente os "domésticos' de uma casa, mas acabou por referir-se a todas as pessoas de uma casa, tanto os familiares e dependentes quanto os escravos, sob a tutela do *pater familias*. No tempo de Hegel, tal como hoje, *Familie* significou (1) uma "comunidade de pais e filhos", mas também (2) um mais abrangente "grupo de parentesco" relacionado pelo sangue. Mas o sentido pertinente para Hegel é (1).

Hegel sustentou que a família é a esfera da mulher, e que as mulheres deviam ser excluídas de atividades associadas com a SOCIEDADE CIVIL e o ESTADO. Essa opinião era compartilhada pela maioria dos filósofos, tanto do seu tempo como anteriores a ele. A principal exceção é Platão, que argumentou, na *República*, que a família devia ser abolida (pelo menos, para a classe de guardiães ou governantes) e que as mulheres deveriam receber a mesma EDUCAÇÃO dos homens e ser promovidas ao status de guardiãs, caso provassem estar preparadas para exercer tais funções. (Ele não acreditava que elas se mostrassem tão capacitadas quanto os homens.) Em *IHF*, Hegel discute a abolição da família, mas negligencia as opiniões de Platão sobre as mulheres. Os neoplatônicos incluíram várias mulheres entre seus adeptos, especialmente Hipatia (filha do matemático Têon), que lecionou filosofia em Alexandria e teria sido trucidada por uma turba cristã. (Ela é o tema de *Hypatia*, de Charles Kingsley.) Hipatia não é mencionada por Hegel, o que não surpreende, uma vez que nada se conhece sobre suas doutrinas específicas. A única mulher a quem ele se refere (em *E*) como tendo feito uma significativa contribuição cultural é a poetisa lírica Safo.

A Revolução Francesa gerou interesse pelos DIREITOS das mulheres. Condorcet escreveu um ensaio sobre *A admissão de mulheres nos direitos de cidadania* (1790). Mas o liberal Krug, tal como Hegel, associa mulheres mais a sentimento, afeição e instinto, do que a razão ou entendimento e, assim, considera que o lugar delas é no lar, criando e educando os filhos. As mulheres devem ter direitos humanos (*Menschenrechte*), mas não direitos cívicos ou de cidadania (*Bürgerrechte*). À parte Platão, Krug menciona três vozes discordantes do seu tempo: (1) Mary Wollstonecraft, *Vindication of the Rights of Woman* (1792, traduzido para o alemão em 1793-94); (2) G.F.C. Weissenborn, que traduziu (1) e escreveu *Letters on the Civil Independence of Women* (1806); e (3) Wm. Thomson, *Appeal of One Half of the Human Race, Women, Against the Pretentious of the Other Half, Men, to Retain Them in Political, and Thence in Civil and Domestic Slavery* (1825). Nenhum desses livros é mencionado por Hegel. Outras obras listadas por Krug, incluindo *The Emancipation of Woman, Considered from the Standpoint of Psychology* (1836), do hegeliano Karl Rosenkranz, vieram a ser publicadas após a morte de Hegel.

As mulheres obtiveram um considerável grau de emancipação sexual e social na Alemanha do final do século XVIII e início do XIX, especialmente no Círculo *ROMÂNTICO. (O *Diálogo sobre poesia* (1799-1800) de F. Schlegel revela algo do papel intelectual de mulheres no círculo.) Mas os românticos sublinharam mais o amor do que os direitos civis, e sustentaram que o casamento perde o seu significado quando o amor acaba. Esse ponto de vista foi expresso no romance *Lucinde* (1799), de F. Schlegel, e nas *Cartas íntimas sobre Lucinde* (1800), de Schleiermacher, escritas em defesa de Schlegel (cf. *FD*, §164A). Em *PET*, Hegel é influenciado pela idéia de amor dos românticos e pela significação cósmica que lhe atribuem. Mas suas últimas obras subordinaram o amor à racionalidade: o casamento origina-se no amor mas, como instituição social, racional, deve transcender e sobreviver às contingências da paixão (*FD*, §§162 e seg.).

Hegel considera as mulheres e a família em dois principais contextos:

1. *FE*, VI.A.a., considera, sob o título "O ESPÍRITO", a VIDA ÉTICA grega tal como se reflete na tragédia grega, especialmente em sua favorita, a *Antígona*, de Sócrates. No entender de Hegel, a sociedade grega era governada por dois tipos de lei:

(a) a LEI não escrita dos deuses inferiores, a qual "não é de ontem ou de hoje mas eterna, embora ninguém saiba de onde veio". (Palavras de Antígona freqüentemente citadas por Hegel.) Essa é a lei sagrada da família, a qual vincula os vivos aos mortos. Prescreve a espiritualização da MORTE mediante apropriados ritos fúnebres. A observância dessa lei, e a salvaguarda da família em geral, é missão atribuída à mulher. (De fato, na Atenas de Sófocles, a remoção dos mortos, especialmente dos mortos em guerras, não era simplesmente um assunto de interesse privado, familiar.)

(b) A lei humana, pública, a lei do estado, sancionada pelos deuses olímpicos. Esta é consignada aos homens, neste caso o governante, Creonte, que proibiu o sepultamento do rebelde irmão de Antígona, Polinices.

As duas leis não se sobrepõem uma à outra. Daí surge um conflito trágico.

Tanto Hegel quanto o público grego de Sófocles não viram isso como um conflito entre o estado e o *INDIVÍDUO. Trata-se, na opinião de Hegel, de um conflito entre *PODERES, representados por indivíduos: o individualismo só surgiu mais tarde, em parte como resultado de tais conflitos. A sua interpretação da tragédia é discutível, mas tem o mérito de analisar seriamente a posição de Creonte, assim como a de Antígona. (Creonte não é simplesmente um tirano, mas um estadista que tenta restabelecer a ordem de que depende a vida civilizada.)

2. Em *FD*, §§158-81, a família é considerada como a primeira, a fase *IMEDIATA da vida ética, a qual *SUPRASSUME as pulsões instintivas, sensuais, na instituição do casamento, e prepara o indivíduo para a participação na sociedade civil e no estado. A família

é a esfera da mulher, que "tem seu destino substantivo na família, e está imbuída de devoção familiar como base espiritual de sua eticidade" (§166).

A noção de Hegel do relacionamento marido-mulher está associada, por vezes, à sua descrição da relação amo-escravo em *FE*, IV.A, subentendendo que Hegel considerou a mulher como escrava ou serva do seu marido, e talvez que ela, à semelhança do escravo, possa encontrar satisfação e/ou libertação no trabalho que executa para ele. Essa associação, com quaisquer inferências dela aduzidas, é incorreta:

1. O serviço doméstico era muito comum nos dias de Hegel e das mulheres da classe de Hegel não se esperava que realizassem os trabalhos de casa que incumbiam aos seus serviçais: "Antígona não lavava as suas próprias roupas" (W.H. Walsh).
2. A diferenciação da relação marido-mulher da relação amo-escravo remonta a Aristóteles, para quem o "governo" do marido sobre a mulher é idêntico ao governo do cidadão sobre os seus concidadãos e, portanto, muito diferente do domínio "despótico" do amo sobre os seus escravos. Não há provas de que Hegel sancionasse um afastamento radical dessa tradição.
3. O alemão, tal como o grego e o latim, tem duas palavras para "homem": *Mensch*, que se aplica a todos os humanos, e *Mann*, que significa "homem adulto" e "marido". Mas o alemão para "senhor, cavalheiro", *Herr*, também significa "amo, patrão, dono". Entretanto, o fato de o sr. (*Herr*) Hegel ser também o dono (*Herr*) de sua casa não acarreta que ele seja o dono da sra. Hegel. (O dono da casa não manda em sua mulher. O seu status reflete-se nela, e ela é a dona da casa.) *Herr*, como muitas outras palavras, participa em vários contrastes: como "senhor, amo", contrasta com *Knecht* ou *Diener* ("servo, escravo"); como "Sr.", com *Frau* ("Sra.", mas também "mulher, esposa"); e, como "cavalheiro", com o igualmente respeitoso *Dame*.
4. Antígona, a mulher ideal de Hegel, não era escrava nem serva de ninguém. Hegel conheceu muitas mulheres inteligentes e socialmente ativas (incluindo a romancista Caroline Paulus), mas teria provavelmente desaprovado uma Antígona moderna, acreditando que tal conduta (como a comparável conduta masculina) é apropriada para os antigos e heróicos tempos, mas não para o moderno estado burguês.

A.W. Wood argumenta, de forma plausível, que a exclusão das mulheres (e dos camponeses) da vida pública é um sistema de conflito entre três idéias adotadas por Hegel:

1. A vida social requer SUBSTÂNCIA, assim como *SUBJETIVIDADE e REFLEXÃO. Mas esses princípios só podem reconciliar-se se são atribuídos a diferentes pessoas, respectivamente, a mulheres e a homens.
2. No mundo moderno, uma pessoa não pode alcançar a plena realização de sua natureza humana sem LIBERDADE subjetiva, isto é, sem se tornar uma *PESSOA e um SUJEITO na SOCIEDADE CIVIL.
3. Todos os indivíduos humanos são pessoas e sujeitos (*Hegel's Ethical Thought*, p.245 e seg.).

Wood sugere que, embora o princípio substantivo (o "fundamento da ética em sentimentos, disposições e relações pessoais") e o princípio reflexivo sejam ambos essenciais à teoria de Hegel, (1) poderiam ser modificados para que sua reconciliação possa efetuar-se não só por sua atribuição a diferentes grupos, por exemplo, sexos, mas também, (2) de maneira mais aceitável, por sua integração "dentro de cada personalidade humana" (p.246). Isso pode, conforme Wood argumenta, ser difícil na prática, mas deve ser possível em princípio, porquanto ninguém é ininterruptamente reflexivo e subjetivo. Filósofos e estadistas não só emergem da substância como crianças e, na opinião de Hegel, a ela retornam na MORTE, mas usualmente retornam à substância ao anoitecer. Assim, é difícil perceber por que qualquer pessoa necessita ser exclusivamente substancial.

fatalidade, destino e providência O alemão tem numerosas palavras para "fatalidade" ou "destino":

1. *Bestimmung* (DETERMINAÇÃO) é o "destino" ou "destinação" da pessoa, na medida em que depende de sua natureza íntima.
2. *(Das) Geschick* ("fatalidade, sorte", e agora também "habilidade, jeito") deriva de *schicken* (originalmente, "fazer acontecer", agora "enviar, remeter"), que por sua vez é cognato com *(ge)schehen* ("acontecer"). *Geschick* refere-se agora aos próprios eventos, mais do que ao poder que os determina.
3. *(Das) Schicksal* também deriva de *schicken*. Refere-se tanto aos eventos quanto ao poder que os determina, mas é usado somente com referência a seres humanos, não a coisas. Pode ser usado de forma irrestrita ou para o destino *de* algo, por exemplo, do cristianismo. É a palavra usual de Hegel para "destino".
4. *Das Fatum* vem do latim *fari*, "expressar, dizer, tornar conhecido", e refere-se assim, originalmente, a uma determinação ou profecia de uma deidade. Leibniz, em sua *Teodicéia* (1710), distinguiu (a) o *Fatum* "maometano", que é inescrutável e iniludível; (b) o *Fatum* *ESTÓICO, que podemos entender e desse modo obter tranqüilidade íntima; e (c) o *Fatum* cristão, que devemos suportar alegremente, uma vez que é o destino para que estamos "fadados" por uma deidade benévola. Algumas vezes, Hegel distingue *Fatum* de *Schicksal*: *Fatum* é necessidade totalmente cega, indiferente à justiça e injustiça, ao passo que *Schicksal* é reconhecido, na tragédia grega (especialmente a sofocleana), como verdadeira justiça. Mas são muitas vezes sinônimos, como em seu relato do comentário de Napoleão a Goethe de que já não possuímos um *Schicksal* a que os homens estejam submetidos e de que o velho *Fatum* foi substituído pela política. (Em *IFH*, Hegel aplica essa sentença à Roma Imperial e não ao mundo moderno.)
5. *(Das) Verhängnis*, de *verhängen* ("deixar (algo) correr, deixar acontecer") foi usado na Reforma para assinalar um ato de "providência" divina, e no Iluminismo como equivalente de *Schicksal*. Agora significa uma "sina adversa, uma sorte infausta, uma fatalidade".

Hegel também é influenciado pelo conceito grego de fatalidade, especialmente *moira* ("quinhão repartido (especialmente de morte), fatalidade", também personificado como *Moirai*, "as Parcas"), a qual figura na épica, na tragédia e, sobretudo, no disfarce de *anankē* ("NECESSIDADE"), nos filósofos pré-socráticos (especialmente Heráclito). Os deuses, principalmente Zeus, são com freqüência distribuidores do destino, ora superiores a ele, ora coagidos por ele. Zeus e destino determinam, de algum modo, os eventos, mas os homens possuem livre-arbítrio: o destino utiliza o caráter dos homens para manter a ordem cósmica. No século IV a.C., heimarmenē ("fatalidade", mas também "cadeia" de causas) suplantou moira, e os astrólogos e o *ESTOICISMO tentaram resolver os paradoxos da crença anterior. Os estóicos identificaram o destino com logos ("razão"), *pronoia* ("providência") e Zeus. A fatalidade irracional e o determinismo racial (*anankē*, "necessidade") convergem em heimarmenē. Na filosofia grega subseqüente, Deus tornou-se mais transcendente e, assim, Deus e *heimarmené* voltam a estar separados. Com freqüência, Hegel considera a fatalidade um poder singular, indeterminado e UNIVERSAL, acima da diversidade e *PARTICULARIDADE dos deuses. Em sua explicação de *MEDIDA em CL, ele equipara *Schicksal* a Némesis, indignação divina perante a (e punição pela) presunção humana (hybris), a transgressão dos devidos limites ou medidas (cf. *Enc.* I, §107A).

Schicksal desempenha um papel na mitologia e na crença popular germânicas, mas Hegel, tal como Hölderlin e Schelling, derivou seu interesse por ele da tragédia grega. Schelling, em *SIT*, associou fatalidade especialmente com antigüidade: HISTÓRIA é a auto-revelação própria do ABSOLUTO e divide-se em três períodos. No primeiro, *Schicksal*, um poder totalmente cego, domina e é responsável pela destruição do mundo grego; no segundo, que começa com a expansão de Roma, a natureza é dominante e a LEI obscura da fatalidade converte-se na clara lei da natureza; o terceiro, que está ainda para começar, será o da providência (*Vorsehung*), quando o que antes aparentava ser fatalidade e natureza será visto como tendo sido o começo de uma providência auto-reveladora (*SIT*, III.604). Em *Sobre estudos universitários*, viii, Schelling apresenta os três períodos na ordem: natureza, destino, providência. Os gregos estão em harmonia com a natureza; abre-se então uma brecha entre liberdade e fatalidade como necessidade (a "Queda do Homem"); finalmente, o cristianismo dá início ao reino da providência. Em suas conferências sobre filosofia da arte (1801 e 1804), Schelling oferece uma descrição mais refinada do papel da fatalidade em vários gêneros literários e das diferenças entre as antigas e as modernas concepções de fatalidade.

A fatalidade envolve quatro elementos:

1. Os indivíduos a quem as coisas acontecem.
2. Os eventos que não são planejados ou pretendidos pelos indivíduos a quem as coisas acontecem, e que não são facilmente evitados. Assim, eles requerem:
3. Um *PODER, externo aos indivíduos, que é (tido por) responsável pela ocorrência desses eventos.
4. A relação entre 1 e 3, que ocasiona 2.

A explicação de Hegel de fatalidade pode ser considerada em função desses elementos:

1. Coisas acontecem a indivíduos não-humanos devido a forças externas, e Hegel, em *CL* (sob o título de MECANISMO cego), admite que o destino de um ORGANISMO VIVO é o seu gênero (*Gattung*), isto é, a sua dissolução no gênero pela MORTE. Mas simplesmente como OBJETOS (*Objekte*), as crianças vivas não têm destino, porquanto é sua própria natureza ou CONCEITO serem determinadas desde fora. Assim, a DETERMINAÇÃO externa é, num sentido, sua própria *auto*determinação. Somente no caso de humanos e grupos humanos existe um contraste adequado entre um indivíduo que pode, em algum grau, determinar sua própria carreira ou "destino" e eventos que lhe ocorrem fora de seu controle. Para ter um destino, um indivíduo deve ser mais ou menos *AUTOCONSCIENTE, capaz de

traçar um contraste entre si mesmo como um EU livre que tem desejos e planos próprios, em conjunto com certa capacidade para os concretizar, e eventos externos ou um poder externo que ele vê como ALHEIOS a si. Mas nem todos os seres humanos têm o mesmo grau de autoconsciência. Um grego antigo era suficientemente autoconsciente para distinguir entre si mesmo e o mundo externo, e estar sujeito, assim, ao destino. Mas, se o seu destino era adverso, não protestava, como os cristãos, se as coisas não eram como *DEVIAM SER, e exigia alguma consolação (*Trost*) para o seu desapontamento, uma vez que não tinha um contraste bem desenvolvido entre "é" e "deve ser". Para ele, as coisas eram mais ou menos como deviam ser, e aceitava simplesmente o seu destino com um resignado "Assim é" (*Enc.* I, §147A).

2. Os eventos são atribuídos ao destino ou são vistos como o destino de um indivíduo ou grupo. Enquanto os gregos estavam sumamente interessados no destino de indivíduos, Hegel também está, desde uma perspectiva histórica mais ampla, interessado no destino de POVOS e civilizações, em especial o destino da própria civilização grega.

3. O poder que produz eventos decisivos deve, na opinião de Hegel, ser mais ou menos inescrutável e cego em seu funcionamento. Não pode funcionar de maneira inteligível para a realização de um *PROPÓSITO que nos é conhecido. (Em *ECD*, ele examina as diferenças entre PUNIÇÃO à sombra das leis humanas e punição como fatalidade.) O destino pode, como em Sófocles, servir a justiça. Mas a sua concepção de justiça deve permanecer mais ou menos obscura, não deixando assim margem para queixas ou para pedidos de consolação. Na medida em que o destino serve um propósito determinável, converte-se em providência (*pronoia, Vorsehung*).

4. Para estar exposto ao destino, argumenta Hegel em *CL*, a pessoa deve realizar um ATO (*Tat*), o que deixa um "lado aberto para a comunicação da sua ESSÊNCIA EXTERNADA (*entfremdeten*)": "Um POVO (*Volk*) sem atos (*tatlose*) é um povo irrepreensível (*tadellos*)." Assim, em algum nível, uma pessoa é sempre responsável pelo seu destino. Mas isso pode ser concebido de diferentes maneiras. Em *E*, Hegel argumenta que no teatro um personagem cria o seu próprio destino, por seu empenho em alcançar seu objetivo em circunstâncias que lhe são conhecidas, enquanto que na épica o destino do herói é preparado para ele, porquanto "a situação é grande demais para os indivíduos". Além disso, na tragédia grega, o destino de um indivíduo emerge de sua AÇÃO, ao passo que no teatro romântico (por exemplo, *Macbeth*), o seu destino é também "um crescimento interior, um desenvolvimento de seu *caráter*". A opinião de Hegel é que o destino de uma pessoa é uma "evolução de si mesma" e, assim, é de sua própria responsabilidade (Enc. I, §147A). Acidentes acontecem mas cabe a nós decidir se convertemos ou não as pedras em pérolas. Em grande escala, o que nos acontece é dirigido pela providência do ESPÍRITO-do-mundo, mais do que pelo destino cego.

A concepção de Hegel de destino é o resultado final de um movimento *TRIÁDICO: (1) aceitação ingênua (grega) do destino; (2) resistência moderna (pós-grega) ao destino e exigência de consolação, especialmente numa vida futura; (3) reconciliação (*Versöhnung*) refinada (hegeliana) com o destino, baseado numa concepção mais profunda do ser humano em sua relação com o espírito do mundo.

fé *ver* CRENÇA, FÉ E OPINIÃO.

fenômeno *ver* APARÊNCIA, ILUSÃO E FENÔMENO.

fenomenologia A palavra *Phänomenologie* deriva do grego *logos* ("palavra, razão, doutrina, teoria" etc.) e *phainomenon* ("APARÊNCIA"), que ingressou no alemão, no século XVII, como *Phänomen. Phainomenon* e o verbo correspondente, *phainesthai*, são (como "aparente" e "aparecer") ambíguos: (1) "aparência", "parecer", em contraste com a realidade dos fatos; (2) "o que é visível, evidente", "ser, tornar-se visível", tanto literal quanto metaforicamente. Assim, *Phänomenologie* é o estudo de aparências em um ou outro desses dois sentidos.

A palavra aparece pela primeira vez em *NO*, de J.H. Lambert. Essa obra tem quatro partes: (1) *Dianoologie* ou a doutrina das leis do pensamento; (2) *Alethiologie* ou a doutrina da verdade na medida em que é oposta ao erro; (3) *Semiotik* ou a doutrina da designação de pensamentos e coisas; (4) *Phänomenologie* ou a doutrina da aparência (*Schein*). O objetivo da *Phänomenologie* é "evitar a aparência/ilusão (*Schein*) a fim de penetrar até a verdade". Mas *Schein* não é simplesmente falsidade: é o meio-termo entre VERDADE e falsidade. Assim, a ótica descobre leis da perspectiva que nos habilitam a determinar, a partir do *Schein* visual de uma coisa, a verdadeira natureza da coisa e, inversamente, a determinar, partindo da natureza de uma coisa, qual será seu *Schein* desde uma dada perspectiva. Os procedimentos da ótica podem ser generalizados para cobrir toda a gama de *Scheine*: sensoriais, psicológicos, morais, o provável (*das Wahrscheinliche*, literalmente, "o que se parece com a verdade, a verossimilhança") etc. *Phänomenologie* é, pois, uma "ótica transcendente": ela descobre a "perspectiva transcendente" pela qual cada tipo de *Schein* está relacionado com a verdade e nos habilita assim a determinar a verdade a partir de *Schein*. O resultado disso não será uma informação fragmentária, mas um sistema completo de cognição científica.

Herder apreciou a fenomenologia de Lambert e anteviu uma fenomenologia da estética: "uma vez que a beleza visível nada mais é do que aparência (*Erscheinung*), há também uma grande e completa ciência dessa aparência: uma fenomenologia estética que aguarda um segundo Lambert" (*Kritische Wälder* (*Florestas críticas*), IV, 1796). Essa obra só veio a ser publicada em 1846, mas referências a uma "fenomenologia do belo" ocorrem em várias partes de seus outros escritos. A sua descrição fenomonológica da visão, da audição e do tato, em relação à pintura, música e escultura, prefigura partes de *E*, mas tem pouca influência em *FE*.

PMCN, de Kant, consiste em quatro partes: *Phoronomie, Dynamik, Mechanik* e *Phänomenologie*. A *Phänomenologie* considera "movimento e repouso meramente em relação ao modo de representação ou modalidade, por conseguinte, como uma aparência dos sentidos externos". Assim, é muito mais limitada em seu escopo do que a fenomenologia de Lambert ou de Hegel. Mas as cartas de Kant para Lambert mostram que ele planejava originalmente escrever uma obra sobre fenomenologia no sentido de Lambert: "Parece que a metafísica deve ser precedida de uma ciência muito distinta, mas meramente negativa (*Phaenomenologia generalis*), a qual determinará a validade e os limites dos princípios de sensibilidade, de modo que não confundam juízos sobre objetos de razão pura" (2 de setembro de 1770). Numa carta para Herz, Kant projetou escrever uma obra intitulada *Os limites de sensibilidade e razão*, cuja primeira seção seria *Die Phaenomeno-*

logie überhaupt (A fenomenologia em geral) (21 de fevereiro de 1772). A obra não se concretizou, mas *CRP* contém elementos de um empreendimento fenomenológico na "Estética transcendental" (sobre aparência (*Erscheinung*) sensível) e na "Dialética transcendental" (sobre a "ilusão (*Schein*) transcendental"). Em *Enc.* III, §415, Hegel argumenta que Kant, mais do que uma filosofia do espírito, apresenta uma fenomenologia do espírito, mas pela razão muito diferente de que Kant considera o EU em relação a uma independente COISA-EM-SI.

Também Fichte, em sua *Wissenschaftslehre* (*Teoria do conhecimento*) de 1804, sugeriu que uma "*Phänomenologie*, uma teoria da aparência e da ilusão" (*Erscheinungs- und Scheinlehre*), era necessária para complementar a *Wissenschaftslehre*. Esta mostra-nos que a CONSCIÊNCIA é o "fato original (*Urfaktum*) e a fonte de todo o fatual (*Faktischen*)". A *Phänomenologie*, inversamente, derivará da consciência o fatual, o que (ilusoriamente) parece ser distinto da consciência.

Hegel menciona Lambert apenas para lastimar as suas (de fato, consideráveis) contribuições para a lógica simbólica, mas tinha conhecimento, sem dúvida, de *NO* e também da correspondência de Kant com ele, a qual foi publicada em 1786. Ele associa *Phänomenologie* mais com "aparência" (*Erscheinung*) do que com "ilusão" (*Schein*), e com "ESPÍRITO". A "fenomenologia do espírito" é equivalente à "doutrina da aparência de espírito". Mas a expressão tem mais de um significado:

1. O espírito *aparece* (ou "manifesta-se") na medida em que é consciência de um OBJETO distinto de si. Nesse sentido, *Phänomenologie* contrasta com *Anthropologie*, o estudo da *ALMA que está fechada em si mesma e ainda não tem consciência de objetos externos, e com *Psychologie*, o estudo do espírito como é intrinsecamente ou EM E PARA SI, sem levar em conta suas relações com objetos.

2. Mas o espírito como consciência ou como aparece não é simplesmente uma fase do espírito, ou um modo como o espírito pode ser visto. Envolve também ilusão, na medida em que o espírito projeta em objetos o que, de fato, é sua própria ação. Os tipos distintos de objeto com que se depara e sua elevação de um tipo para o seguinte são características intrínsecas do próprio espírito, mas este as vê como características de objetos. Por conseguinte, a consciência de objetos não só não é o mais elevado modo de *ver* o espírito, como tampouco é a suprema fase do espírito, mas apenas uma que ele deve superar. (Um modo de ver o espírito, como a psicologia, é ele próprio uma fase do espírito: este deve avançar se pretende ver-se de um modo mais avançado.)

3. Mas *FE* está interessada não só na ilusão geral envolvida na consciência como tal, mas também na possibilidade de que qualquer "forma dada de consciência" seja ilusória, de que seus objetos intencionais ou sua concepção de objetos possam não corresponder aos objetos reais. Hegel propõe resolver esse problema, não, como Lambert, pelo estudo das relações entre a aparência e o objeto real, mas por um exame interno de cada forma de consciência e do modo como seus defeitos intrínsecos a transformam numa diferente forma de consciência. Hegel e Lambert compartilham do objetivo de atingir a verdade por meio da aparência. Mas, enquanto que para Lambert a verdade ou falsidade de uma aparência reside em sua relação com uma objeto distinto dela, para Hegel reside dentro da própria aparência, e a verdade é alcançável mediante exame de desdobramento de cada aparência

em sua sucessora (sua verdade mais próxima), até atingirmos o CONHECIMENTO absoluto, no qual às aparências e seus defeitos intrínsecos são *SUPRASSUMIDOS.

4. Assim, a aparência de espírito não é simplesmente sua consciência de um objeto em qualquer estágio dado, mas seu aparecimento em cena ou seu surgimento dos humildes primórdios em *CERTEZA SENSÍVEL. "Espírito" tem vários sentidos: *lato sensu*, inclui até formas elementares de consciência, tais como a certeza sensível, e nesse sentido espírito é o objeto de estudo de *FE* desde o começo: *stricto sensu*, somente entra em cena com a VIDA ÉTICA interpessoal (*FE*, VI); num sentido ainda mais limitado, o espírito só se realiza plenamente quando atinge o "CONHECIMENTO absoluto" (*FE*, VIII). Assim, o que é espírito só num sentido mais amplo, é um estágio no aparecimento ou surgimento do espírito, num sentido mais estrito.

Hegel estuda a fenomenologia do espírito não só em *FE*, mas também em *Enc.* III. Nesta última, tem um alcance muito mais limitado do que em *FE*, cobrindo apenas a consciência e a *AUTOCONSCIÊNCIA (com uma curta seção sobre RAZÃO); exclui (além da antropologia e da psicologia) o espírito objetivo e o absoluto, os quais figuram (em diferente forma) em *FE*. As conferências de Hegel em Nuremberg (*PF*) também restringem a fenomenologia à consciência e distinguem-na da psicologia, política etc.

Fenomenologia do espírito (1807) O título completo desta obra é *Sistema de ciência: primeira parte. A fenomenologia do espírito* (System der Wissenschaft: Erster Teil, die Phänomenologie des Geistes.) Foi originalmente concebido como a parte introdutória do sistema que Hegel tinha em vista em seus escritos e conferências de Iena. Após algumas *partidas em falso*, começou no inverno de 1805-6 a escrever a introdução ao seu sistema, a qual, em conjunto com a Lógica, estavam programadas para ocupar o primeiro volume. Mas a introdução expandiu-se e, no verão de 1806, passou a ser concebida como uma parte separada.

O subtítulo inicialmente pretendido seria "*Primeira parte. A ciência da experiência da consciência*"; figurou em alguns exemplares impressos e ainda figura em algumas edições modernas (por exemplo, a de Hoffmeister) entre o Prefácio e a Introdução. A palavra *Phänomenologie* aparece pela primeira vez no anúncio de Hegel de suas conferências para o inverno de 1806-7: "(a) Lógica e metafísica ou filosofia especulativa, precedida pela fenomenologia do espírito, de acordo com o seu próximo livro, *Sistema de ciência...*" O subtítulo original foi então substituído por "*I. Ciência da fenomenologia do espírito*", o qual apareceu entre o Prefácio e a Introdução em alguns exemplares da primeira edição.

Numa breve "Notícia" do seu livro, Hegel anunciou que ele seria seguido de um segundo volume, contendo "o sistema de *Lógica* como filosofia especulativa, e as duas outras partes da filosofia, as *Ciências da natureza* e do *espírito*" (*Intelligenzblatt der Jenaer Allgemeinen Literatur-Zeitung*, 28 de outubro de 1807). No seu Prefácio para a primeira edição de *CL* (22 de março de 1812), Hegel confirma que era esse o seu plano original, mas acrescenta que, como a Lógica, se expandiu para formar um volume separado, ao qual se seguiria mais tarde um estudo das duas ciências "reais". Uma nota adicionada em sua revisão de *CL* (1831) diz que na segunda edição de *FE*, a ser publicada "na próxima Páscoa" (1832), o título "*Sistema de ciência*" será retirado, uma vez que o plano original foi suplantado pela publicação da *Enciclopédia*. Hegel começou revendo *FE* para a segunda edição na primavera de 1831, mas não foi além da primeira metade do Prefácio. A edição de J. Schulze de 1832, para as *Obras completas* póstumas, incorporou essas revisões.

FE abre com um extenso Prefácio (composto depois do resto da obra), o qual apresenta uma visão geral do sistema projetado por Hegel e de suas relações com a cultura da época. Em sua "Notícia", Hegel diz que o Prefácio oferece seus pontos de vista sobre "a necessidade da filosofia em sua presente conjuntura" e sobre a "arrogância e praga de fórmulas filosóficas que atualmente degradam a filosofia". Esse e outros comentários, como a crítica endereçada contra o ABSOLUTO vazio, têm por alvo, entre outros, Schelling: em *FE* que Hegel pela primeira vez ventilou publicamente suas divergências com ele. (Mas Hegel foi muito influenciado por algumas das outras idéias de Schelling, especialmente a de uma HISTÓRIA (*Geschichte*) da *AUTOCONSCIÊNCIA em, por exemplo, *SIT*.).

O prefácio (*Vorrede*) é seguido de uma Introdução (*Einleitung*) mais breve, na qual Hegel explica o problema da *COGNIÇÃO, para o qual *FE* constitui, em parte, uma resposta: se o OBJETO de cognição é distinto da própria cognição, como podemos estar certos de que os dois se harmonizam? Hegel rejeita a opinião (de Kant) de que, considerando-se a cognição como uma ferramenta, devíamos examiná-la antes de colocá-la para operar sobre objetos, e a opinião (de Lambert) de que, se considerarmos a cognição como um meio, podemos descobrir a lei de refração que rege a sua distorção do "raio" do objeto. Ambas as opiniões pressupõem, por exemplo, que a cognição pode, pelo menos, fornecer informação idônea sobre si mesma. Ele propõe um exame de CONSCIÊNCIA que é interno à própria consciência e a avalia pelos seus próprios padrões. Cada forma de consciência será considerada insuficiente e tornar-se-á o objeto da forma de consciência seguinte. A "Notícia" de Hegel diz que *FE* "retrata a evolução do conhecimento (*das werdende*) ('*VIR A SER') *Wissen*)" e "propõe-se suplantar as explicações psicológicas e também as investigações mais abstratas do fundamento do conhecimento".

A "Notícia" reúne o principal corpo da obra nos seguintes termos:

> Concebe as várias FORMAS (*Gestalten*) do espírito como colocadas no caminho para dentro de si mesmo [*Stationen des Weges in sich*], o caminho através do qual se converte em puro conhecimento ou espírito absoluto. As principais seções da ciência, as quais são, por sua vez, subdivididas, estão assim ordenadas e estudadas: consciência, autoconsciência, razão observante e ativa, o próprio espírito como espírito ético, culto e moral, e finalmente como espírito religioso em suas diferentes formas. A profusão de aparências (*Erscheinungen*) de espírito, que à primeira vista parece caótica, é apresentada em sua NECESSIDADE: as aparências imperfeitas dissolvem-se e passam para outras mais elevadas, que constituem sua VERDADE aproximada. Atingem a verdade última inicialmente na religião e, depois, na ciência, o resultado do todo.

O subtítulo original de *FE*, e a Introdução, sugerem que *FE*, tal como a seção fenomenológica de *Enc*. III, estará exclusivamente preocupado com a consciência de objetos. Mas o seu objeto de estudo expande-se muito além da consciência como tal, tratando das formas sociais e históricas interpessoais do espírito que ocupam a segunda metade de *FE* (VI e seg.). Neste caso, as transições de uma forma de espírito para a seguinte apresenta escassa relação com o esquema descrito na Introdução. Hegel acredita que o "conhecimento" não está nitidamente separado de nossas atividades e atitudes práticas, que não é uma realização exclusivamente individual, mas envolve uma variedade de relações interpessoais, que ele, ou o que nós sabemos, não é idêntico de um período histórico para o seguinte, e que o que sabemos em qualquer época histórica depende do que aconteceu em épocas anteriores, tanto no que concerne ao conhecimento quanto em outros aspectos. Assim, o que pretendia originalmente oferecer uma introdução à CIÊNCIA, transcende o seu propósito pedagógico para tornar-se uma panorâmica mais ou menos completa da CULTURA humana e da história do mundo.

Mas *FE* não apresenta a história de um modo uniforme e contínuo. "Consciência" (I-III) não está localizada numa época histórica específica. "Autoconsciência" (IV) vai desde a pré-história (a luta por *RECONHECIMENTO) até a Grécia e Roma (*ESTOICISMO e CETICISMO) e o cristianismo medieval (consciência infeliz). "RAZÃO" (V) considera a ciência moderna e a MORALIDADE. "Espírito" (VI) retorna à VIDA ÉTICA da Grécia antiga e avança até a Revolução Francesa e a moralidade pós-revolucionária. "Religião" (VII) descreve a religião desde a antiga Israel e/ou Pérsia até o cristianismo. As épocas históricas são assim tratadas como paradigmas de fases de pensamento e cultura; com freqüência, mas não invariavelmente, a ordem lógica ou sistemática dessas fases coincide com a ordem de seu surgimento na história.

A história era freqüentemente vista, nos dias de Hegel, como o resultado do surgimento e predomínio de faculdades psicológicas, tipos de razão ou fases de desenvolvimento religioso sucessivamente mais elevados. É freqüente sustentar-se que o DESENVOLVIMENTO de um indivíduo passa pelos mesmos estágios que a história da raça. O entrelaçamento por Hegel de história, psicologia e epistemologia é próximo do de Schiller:

> Esses três *MOMENTOS [o estado "físico" de dominação do homem pela natureza, o estado "estético" de sua emancipação da natureza e o estado "moral" de domínio do homem sobre a natureza] são, em geral, três épocas diferentes no desenvolvimento tanto da humanidade como um todo quanto no desenvolvimento total de cada indivíduo humano; mas também podem ser percebidos em toda e qualquer percepção individual de um objeto e são, em suma, as condições necessárias de toda a cognição que obtemos através dos nossos sentidos (*EE*, XXV).

"Conhecimento absoluto", com que termina *FE*, é em parte, o saber que o próprio Hegel exibe ao escrever *FE*. Envolve um *insight* sobre as várias formas de espírito e de suas relações mútuas que nenhuma forma prévia de espírito possuía, e também talento para reconstruir a lógica, a qual governou, em parte, o desenvolvimento do espírito conforme retratado em *FE*. O conhecimento absoluto foi preparado pelo desenvolvimento do espírito ao longo da história, e o leitor individual é introduzido nele através do estudo de *FE*.

Hegel expressa mais tarde alguma insatisfação com a concepção e execução de *FE* em seu sistema maduro? Como *introdução* pedagógica ao sistema, é dispensável, uma vez que, embora Hegel considerasse *alguma* introdução necessária, fornece uma introdução alternativa, o exame das "atitudes de pensamento a respeito da objetividade" (Leibniz, Wolff e outros, Kant e Jacobi) em *Enc.* I, §§25-78. Como o sistema forma um círculo, *Enc.* III também pode servir como introdução para *Enc.* I. Como descrição do percurso histórico pelo qual a humanidade alcançou o conhecimento absoluto, *FE* também é dispensável, uma vez que, embora Hegel acreditasse que tal descrição era requerida, essa necessidade é satisfeita por *Enc.* III (que, como registro do desenvolvimento do espírito, também é histórico) e pelas lições históricas que a acompanham. Não obstante, *FE* é uma obra rica, ainda que caótica, que contém material (sobre certeza sensível, sobre fisionomia e frenologia etc.) que não figura em mais nenhuma obra de Hegel.

filosofia Diz-se ter sido Pitágoras o criador do vocábulo grego *philosophos,* composto de *philos, philein* ("amigo", "amar") e *sophos, sophia* ("sábio", "sabedoria") e significando, pois, "amigo da sabedoria". Originalmente, tinha fortes matizes religiosos e éticos (que persistem no *Fédon*, de Platão). Mas para Aristóteles *philosophia* é equivalente a *episteme* ("conhecimento racional"). Em Platão, *philosophos* contrasta com *sophistes*, que originalmente caracterizava qualquer pessoa de grandes realizações científicas mas veio mais tarde a referir-se aos professores profissionais do Iluminismo grego, a quem Sócrates e Platão desprezavam, e assim adquiriu o sabor de "sofisticação" ou pseudofilosofia. Mas *philosophia* não contrasta, nesta fase, com outros ramos do conhecimento. Aristóteles divide-a, ou divide *episteme*, em três ramos: *praktike* (isto é, ética e política), *poietike* (isto é, produtiva, especialmente de poemas) e *theoretike*. A filosofia teórica está, por sua vez, dividida em *prote philosophia* ou *theologike* ("primeira filosofia, teologia", a qual estuda tanto as substâncias divinas quanto as características gerais de todos os seres como tais), física (incluindo cosmologia e psicologia) e matemáticas. Os ESTÓICOS dividiram a filosofia em física, ética e lógica.

Sob a influência de Platão, Aristóteles e os estóicos, os escolásticos medievais dividiram a filosofia em METAFÍSICA, incluindo a ontologia, e TEOLOGIA (natural, mas não a revelada), física (incluindo cosmologia e psicologia) e ética (incluindo a política). Com tais adições – como a teoria ou "crítica" do conhecimento e a *ESTÉTICA (Baumgarten) –, essa divisão persistiu na Alemanha setecentista. Mas o crescimento das ciências naturais e outras significou que a filosofia precisava ser distinguida delas. Por isso, no tempo de Hegel, a "física" foi substituída por "filosofia da NATUREZA" e "psicologia" por "filosofia da MENTE OU ESPÍRITO". Para Hegel, a filosofia tem três ramos principais: lógica, filosofia da natureza e filosofia do espírito (*Enc.* I, II e III). A filosofia do espírito inclui várias outras filosofias: a filosofia do DIREITO, a filosofia da HISTÓRIA, estética ou a filosofia da ARTE e a filosofia da RELIGIÃO.

As principais palavras alemãs para "filosofia" etc. derivam do grego, via latim: *Philosoph* ("filósofo") e *Philosophie* foram introduzidas no final do século XV, *philosophisch* ("filosófico") e *philosophieren* ("filosofar") no século XVI. Os termos do alemão vernáculo foram relativamente malsucedidos: Paracelso usou *Weltweisheit* ("sabedoria secular, mundana") para "filosofia", em contraste com *Theosophie* ("sabedoria sagrada, divina") ou *Theologie*. Essa palavra foi comum no século XVIII como um termo para *Philosophie*, e foi revivida por F. von Schlegel, com o objetivo de eliminar a filosofia da discussão de, por exemplo, religião. Em *IHF*, Hegel concorda que a palavra era válida na medida em que expressava a preocupação da filosofia com assuntos FINITOS, de natureza mundana, em contraste com uma religião sobrenatural, mas argumenta que, como a filosofia também se interessa pela IDÉIA divina e tem a mesma finalidade que a religião, o termo é impróprio. Fichte tentou substituir *Philosophie* pelo vernáculo *Wissenschaftslehre* ("teoria da ciência ou do conhecimento"), mas admitiu que a palavra não ganhara raízes. Hegel, como muitos de seus contemporâneos, refere-se à filosofia como "(uma) Ciência" (*Wissenschaft*) e aos seus ramos como "ciências (filosóficas)". Mas isso tem o propósito de transmitir o caráter sistemático da filosofia, não o de substituir a palavra *Philosophie*.

As breves definições de filosofia formuladas por Hegel (como, por exemplo, a "consideração pensante de objetos", *Enc.* I, §2) são, como ele próprio admite, usualmente pouco esclarecedoras. O significado de *Philosophie* depende, em parte, da variedade de empreendimentos com que ela contrasta:

1. A filosofia é distinta da EXPERIÊNCIA e das disciplinas empíricas. Especialmente na Inglaterra, a palavra "filosofia" foi empregada a respeito de disciplinas empíricas: a física de Newton foi considerada "filosofia natural" e Newton, "filósofo"; os aparelhos científicos eram chamados "instrumentos filosóficos"; e estadistas (como Canning) falaram da aplicação de máximas filosóficas à administração pública (*Enc.* I, §7). (Hegel ficou particularmente chocado com um anúncio publicado num jornal inglês: "A Arte de Preservar o Cabelo de Acordo com Princípios Filosóficos, impecavelmente impresso no formato 8vo, preço sete xelins".) Algumas dessas matérias nada têm a ver com filosofia, na concepção de Hegel; elas são solucionadas pela experiência. Outras (como as leis de Newton ou a obra de Grotius sobre direito internacional) são demasiado empíricas para qualificar-se como filosofia, mas são um interesse legítimo da filosofia. O filósofo pensa, num nível mais elevado e mais sistemático, sobre os conceitos envolvidos nelas, seus pressupostos, suas justificações etc. Hegel hesita entre o ponto de vista de que a filosofia pensa diretamente sobre os objetos de outras disciplinas (pensa, por exemplo, sobre NATUREZA), mas pensa-os de um modo diferente, e o ponto de vista de que a filosofia pensa acerca do pensamento envolvido em outras disciplinas (pensa, por exemplo, sobre física).

2. A filosofia tem o mesmo "*CONTEÚDO" que, mas difere na "FORMA" de, a arte e, mais especificamente, a religião. A filosofia, tal como a religião, ocupa-se de Deus, de sua criação do mundo etc., mas (a) chega às conclusões por pensamento racional, conceptual, mais do que por *FÉ, autoridade ou revelação; (b) apresenta suas conclusões na forma de pensamentos ou conceitos, mais do que em *CONCEPÇÕES pictóricas. Por vezes, sublinha o caráter sumamente *REFLEXIVO da filosofia: a filosofia pensa sobre religião, mas a religião não pode pensar sobre, ou formar uma concepção (*Vorstellung*) de filosofia. Em *IHF*, ele sugere que a filosofia combina o livre pensar das disciplinas empíricas com a temática da religião: "Ela combina ambos os aspectos: o domingo da vida, no qual o homem humildemente se sacrifica, e o dia de semana, no qual ele permanece aprumado, é o senhor e age em função dos seus próprios interesses."

Hegel estava preocupado com um problema que derivou do CETICISMO de Schulze: dado que existem tantas filosofias concorrentes mas internamente coerentes, como decidir qual delas adotar? Uma resposta é que se abster de filosofia por essa razão é como recusar-se a comer maçãs, cerejas etc., porque são maçãs, cerejas etc., mas *não* frutas. (*Enc.* I, §13). Mas diferentes filosofias não são espécies coordenadas, como tipos de fruto. Manifestamente, distintas filosofias complementam-se umas às outras, e exibem incoerências internas que só podem ser resolvidas pela transição para uma outra filosofia. As filosofias superiores (isto é, usualmente aquelas que surgem mais tarde na HISTÓRIA) *SUPRASSUMEM as inferiores, consubstanciando os princípios que elas expuseram isoladamente. A própria filosofia de Hegel é a filosofia UNIVERSAL que contém tudo o que é verdadeiro em filosofias anteriores. Um indício de que uma filosofia é superior a uma outra é a capacidade da primeira para refletir sobre a segunda de um modo em que a segunda não pode refletir sobre a primeira. A filosofia de Hegel pode refletir não só sobre si, mas também sobre todas as outras filosofias, e é, assim, suprema entre elas. Não se segue que o principiante pode adotar imediatamente a filosofia de Hegel; mas, se adotar alguma filosofia inferior, chegará ao próprio sistema de Hegel se pensar de modo persistente e laborioso (e com alguma orientação de Hegel).

filosofia da natureza *ver* NATUREZA E FILOSOFIA DA NATUREZA.

filosofia da religião *ver* RELIGIÃO, TEOLOGIA E FILOSOFIA DA RELIGIÃO.

Filosofia do direito (1821) (*FD*) O título completo é *Fundamentos da filosofia do direito ou direito natural e ciência política em compêndio;* Grundlinien der Philosophie des Rechts oder Naturrecht und Staatswissenschaft im Grundrisse. Tal como *Enc.*, pretendia ser um compêndio para acompanhar as lições de Hegel e consiste, assim, em parágrafos numerados, os quais são, por vezes, lacônicos e obscuros. Mas Hegel adicionou comentários mais pausados em atenção ao leitor comum e, em sua edição de 1833, E. Gans intercalou "Aditamentos" a partir de notas baseadas nas lições de Hegel. Esses aditamentos são reproduzidos na maioria das edições e traduções subseqüentes. Hegel escreveu extensas notas sobre a primeira parte de *FD* em seu próprio exemplar da obra. Elas foram publicadas por Lasson em 1930 e reimpressas na edição Hoffmeister de *FD* de 1955.

Recht tem um significado muito amplo e a obra compreende não só jurisprudência mas também filosofia moral e teoria política. O conteúdo de *FD* é o seguinte:

1. Um Prefácio no qual Hegel diz que a obra exemplifica o método *ESPECULATIVO de *COGNIÇÃO explicado e justificado em *CL*; afirma, em oposição à utopia moralizante personificada por Fries, que "o que é racional é real [ou EFETIVO] e o que é real [ou EFETIVO] é racional"[1] e que "devíamos reconhecer a razão como a rosa na encruzilhada do presente"; e argumenta que a filosofia não pode predizer ou prescrever o curso de eventos futuros: "Quando a filosofia pinta seu cinzento em cinzento, então tem uma forma envelhecida de vida. Esta não pode ser rejuvenescida pelo cinzento em cinzento da filosofia, mas apenas compreendida. A coruja de Minerva [ou Atena, a deusa grega da sabedoria, associada à coruja] só abre suas asas no lusco-fusco."

2. Uma Introdução que explica que a obra desenvolverá a IDÉIA de direito a partir do CONCEITO de direito. A idéia de direito é o conceito de direito em conjunto com a sua realidade ou efetividade (*Verwirklichung*). Assim, *FD* não está interessada nos detalhes meramente positivos e contingentes de sistemas sociais e políticos, mas em sua estrutura racional, essencial. O conceito de direito é, na opinião de Hegel, o *LIVRE-ARBÍTRIO, e a Introdução descreve as três fases da vontade como noções sucessivamente mais adequadas de LIBERDADE.

A estrutura da VONTADE, isto é, o conceito de direito, fornece o quadro de referência para a divisão ou CLASSIFICAÇÃO da explicação da efetividade do conceito: (a) O *IMEDIATO corresponderá ao direito ABSTRATO; (b) A vontade que reflui de volta a si mesma corresponde à MORALIDADE; (c) A união de (a) e (b) corresponde à VIDA ÉTICA. Essas três fases são realizações sucessivamente mais adequadas do conceito de direito. Assim (a) é

---

1. "*Was vernünftig ist, das ist wirklich; und was wirklich ist, das ist vernünftig.*" Sobre a distinção entre *Wirklichkeit* e *Realität ver* EFETIVIDADE; EXISTÊNCIA; REALIDADE E SER DETERMINADO. (N.T.)

o conceito abstrato de direito, análogo à semente com o conceito codificado nela, enquanto que (c) (ou a fase final de (c), o ESTADO) é o conceito plenamente realizado, a idéia, análoga à planta que atingiu a plenitude do desenvolvimento. Mas embora certas fases do direito estejam especialmente associadas a determinados períodos históricos (por exemplo, o direito abstrato ao Império Romano), elas não são historicamente sucessivas: são todas elementos ou *MOMENTOS essenciais do estado moderno, o qual *SUPRASSUME e inclui as características centrais de anteriores formações políticas.

3. Direito abstrato: a vontade está consubstanciada num objeto externo, *PROPRIEDADE, e é assim uma "pessoa". Esta seção tem três subseções: (i) Propriedade; (ii) Contrato; (iii) Fraude; (iii) inclui o principal exame de Hegel de PUNIÇÃO.

4. Moralidade: inclui um exame de AÇÃO e suas três subdivisões são: (i) Propósito (Vorsatz) e Responsabilidade; (ii) Intenção e Bem-Estar; (iii) Bem e Consciência.

5. Vida Ética: esta seção ocupa mais de metade do livro. Suas três principais subdivisões são:

(i) A FAMÍLIA: esta, por sua vez, está dividida em (A) Casamento; (B) O Capital Familiar; (C) A *EDUCAÇÃO dos filhos e a Dissolução da Família (isto é, a dissolução de certas famílias pela MORTE de pais e a emancipação dos filhos, não a dissolução da família como tal).

(ii) SOCIEDADE CIVIL: as três subdivisões são: (A) O *SISTEMA de Necessidades (isto é, o sistema econômico); (B) A Administração de Justiça (*Die Rechtspflege*); (C) A Política e a Corporação.

(iii) O estado: as subdivisões são: (A) Direito Interno do Estado (*Das innere Staatsrecht*) ou Constituição. (A primeira seção trata dos principais *PODERES (*Gewalten*) ou órgãos do estado: o poder do príncipe ou Coroa, o poder governamental ou executivo e o poder legislativo. Uma breve segunda seção trata da "Soberania *vis-à-vis* estados estrangeiros" e argumenta que a GUERRA entre estados é necessária e inevitável.) (B) Direito Internacional, que continua o exame da guerra. (C) História Mundial, uma breve exposição do conceito hegeliano de HISTÓRIA.

FD emprega muitos conceitos que são derivados de *CL* e aí explicados, e as TRÍADES em que a obra está estruturada têm usualmente a finalidade de exemplificar um ou mais padrões lógicos: (1) conceito-realidade-idéia; (2) UNIVERSAL-PARTICULAR-INDIVIDUAL; (3) EM SI, PARA SI, EM E PARA SI. A família, por exemplo, é universal e em si, a sociedade civil é particular e para si, e o estado é individual e em e para si. Mas a estrutura da obra, como um todo, não corresponde sistematicamente à da Lógica.

FD tem mais amplo escopo e profusão maior de detalhes do que a maioria das obras comparáveis, mormente as de Kant (*MC*) e Fichte (*FDN*). Entre as suas características distintivas estão: uma tentativa de integrar numa única teoria a liberdade da vontade *e* a liberdade social e política; uma tentativa de suprassumir a moralidade reflexiva, individualista, na moralidade social ou vida ética; a rejeição de uma profunda dicotomia entre o indivíduo e o estado, e uma descrição das várias instituições intermediárias que preparam o indivíduo para a cidadania; uma distinção entre sociedade civil e o estado, e uma exposição sobre o papel da economia em sociedade, em conjunto com uma apreciação de sua necessidade para regulamentação; e, finalmente, uma avaliação do papel da guerra na vida de um estado e do fato de que um estado é, essencialmente, membro de um sistema de estados.

A característica de *FD* que atraiu maiores atenções é a doutrina de que tudo o que é efetivo é racional, e a tentativa de Hegel de reconciliar seus contemporâneos com um estado moderno relativamente liberal mas também relativamente hierárquico e não-democrático. Essa questão, como a de DEUS e RELIGIÃO, dividiu os seus seguidores em hegelianos de "esquerda" e de "direita". (O mais famoso hegeliano de esquerda, Karl Marx, escreveu uma penetrante crítica das partes finais de *FD*, a Crítica da filosofia do direito de Hegel: introdução.) A questão envolve diversas interrogações distintas:

1. Até que ponto é condenável o estado que Hegel retrata?
2. O seu retrato implica uma aprovação do estado prussiano existente, que lhe serviu, em suas linhas gerais, de modelo? (A.W. Wood, em *Hegel's Ethical Thought*, p.13, argumenta que o estado racional de Hegel "possui uma flagrante semelhança", ao propor, por exemplo, uma monarquia constitucional em vez de uma absoluta, não com o estado prussiano real mas com os planos de W. von Humboldt e K.A. Hardenberg para uma nova constituição, redigida em 1819 mas nunca concretizada.)
3. O sistema de Hegel, especialmente a DIALÉTICA, acarreta uma aprovação de, ou "reconciliação" com, o *status quo*, ou é incompatível com ele (como Marx acreditou)?
4. O endosso do estado moderno, ou a equação de efetividade com racionalidade, pretendeu excluir futuras transformações políticas ou apenas o utopismo moralista?

fim *ver* PROPÓSITO E FINALIDADE; LIMITE, RESTRIÇÃO E FINITUDE.

finito, finitude *ver* LIMITE, RESTRIÇÃO E FINITUDE.

força e poder Hegel usa três termos principais para "força" ou "poder".

1. *Macht* é primordialmente o poder detido por pessoas em virtude de uma posição institucional (de poder) que as habilita a influenciar e controlar pessoas, coisas e eventos. Pode ser atribuído a coisas, por exemplo, ao amor, à música ou ao *DESTINO. Uma pessoa ou coisa que tem *Macht* pode ser também chamada uma *Macht*. Por exemplo, Deus e a Alemanha têm poder e são potências.

2. *Gewalt* é o poder para forçar (mais do que influenciar) pessoas a fazer o que alguém quer. É freqüentemente, mas não sempre, equivalente a "violência" (*Gewalttätigkeit*, literalmente "brutalidade"). Mais do que *Macht*, sugere a aplicação de força ou poder: assim, em *CL*, *Gewalt* é a aparição (*Erscheinung*) de *Macht*, ou *Macht* como algo externo. Também pode ser atribuída à música, ao amor, à tempestade etc., se o seu poder é irresistível. Mas *Gewalt* significa também poder legítimo e refere-se então aos órgãos específicos do poder estatal e ao poder exercido pelos funcionários desses órgãos. Assim, a divisão constitucional de poderes é a distribuição de funções entre distintos *Gewalten*, entre, em *FD*, §273, o Gewalt legislativo, o *Gewalt* governante ou executivo e o *Gewalt* do príncipe.

3. *Kraft* ("força, energia, vigor, potência" etc.), quando se refere a uma pessoa, significa o seu poder físico, intelectual ou moral individual para efetuar coisas. *Kraft* não é primordialmente poder institucional ou político, nem é essencialmente poder sobre alguém ou alguma coisa. Seus principais usos filosóficos são os seguintes: é uma força natural,

como a gravidade, a eletricidade ou o magnetismo. Os filósofos alemães *têm* simplesmente forças, e preferem defender a tese de que *são* forças, sem qualquer substrato independente sustentando a própria força. Sua visão do mundo é dinâmica: as coisas são atividades ou, pelo menos, a potencialidade para atividades. Leibniz considerou uma força como uma capacidade para ação, a qual é realizada quando certas condições são preenchidas: uma SUBSTÂNCIA, em seu entender, é essencialmente uma força. Wolff atribuiu aos elementos da natureza duas forças: uma força de inércia e um motivo ou força movente; em contraste com uma *Vermögen* ("habilidade, capacidade"), que é mera possibilidade de fazer ou submeter-se a algo, *Kraft* tem uma tendência intrínseca para expressar-se ou realizar-se. Kant argumentou, em *PMCN*, que a MATÉRIA é constituída por uma força de atração e uma força de repulsão. (Na Lógica, Hegel avalia essa doutrina de Kant em sua seção sobre ser-*PARA-SI.) Herder, em *D*, considerou Deus uma força suprema e o mundo como "expressão de Suas forças permanentemente vivas e atuantes". Um outro uso comum de *Kraft* é para caracterizar os poderes ou faculdades da MENTE. *Vermögen* também é usado nesse sentido.

Em Hegel, esses termos coadunam-se, de um modo geral, com o uso tradicional, mas ele freqüentemente diverge das doutrinas que eles são utilizados para expressar:

1. *Macht* é usado num sentido político, mas não tem, para ele, nenhuma significação política especial. Também fala, na Lógica, da *Macht* da substância, do CONCEITO e do UNIVERSAL, casos em que não há resistência a ser vencida. Em *E*, discute os "poderes universais da ação", os quais são as instituições gerais (FAMÍLIA, nação, ESTADO, Igreja) e as forças motivadoras (fama, amizade, honra, amor) que impulsionam o indivíduo para agir; em situações trágicas, esses poderes entram em colisão mútua nas ações conflitantes dos indivíduos que os representam. Na medida em que resultam em ação e conflito, esses poderes também são *Gewalten* ("forças").

2. Por várias razões, Hegel atribui a *Gewalt* ("força") um papel limitado na vida política interna: (a) Uma pessoa com LIBERDADE de VONTADE não pode ser forçada a fazer coisas que não quer fazer: pode optar entre resistir ou eximir-se à força, em último recurso pela MORTE. (b) Um cidadão é iniciado no estado pela *EDUCAÇÃO e pelos costumes da VIDA ÉTICA. Logo, (c) o estado é um todo mais orgânico do que mecanístico: o cidadão é mais um executante numa orquestra do que uma bola de bilhar. (d) O estado confere benefícios que a maioria das pessoas querem, como rodovias seguras, e não é primordialmente uma instituição opressiva ou restritiva. A força pode desempenhar um importante papel na fundação de estados, mas não em seu subseqüente funcionamento. Hegel favorece uma divisão de poderes (*Gewalten*) no estado mas somente se estes articulam o ORGANISMO estatal e não se são criados para limitar-se ou registrar-se mutuamente – um arranjo que leva à falência ou à inércia políticas (*FD*, §272).

3. Hegel endossa o ponto de vista de que as coisas, no fundo, são mais atividades do que sólidos blocos, mas sustenta que a noção de *Kraft* é de uso limitado a esse respeito: (a) Embora *Kraft* seja introduzida na Lógica para dar unidade às diversas partes de uma coisa, uma força é usualmente inerente a um substrato que ela não constitui: a força magnética pressupõe a presença de uma barra de metal que tem outras propriedades, por exemplo, uma cor, não explicadas pela força. (b) Uma força não se expressa nem se realiza automaticamente: precisa ser "solicitada" por uma outra força. Temos, assim, uma regres-

são *INFINITA de forças ou a interação de duas forças, cada uma solicitando a outra. Uma força difere nisso de um PROPÓSITO, o qual se realiza espontaneamente. (c) Há grande diversidade não só de forças específicas mas de tipos de forças: gravidade, magnetismo, eletricidade etc. Tentar reduzi-las a uma única força é uma abstração vazia. (d) O funcionamento de uma força é cego e, ao invés do propósito, não pode explicar a natureza ordenada do mundo.

Assim, a força é uma categoria FINITA: uma dada força tem um conteúdo restrito e pressupõe a existência de outras forças e entidades de um tipo superior, para que possa operar. Por conseguinte, é impróprio considerar Deus ou o mundo, em seu todo, como uma força ou forças. Falta à força a requerida *INFINIDADE ou auto-explicabilidade. Também é um equívoco considerar a mente uma coleção de forças, de *Vermögen*, ou mesmo de atividades: (a) A mente não é um sólido substrato, como uma barra de ferro. (b) É relativamente autocompreensiva e autodeterminante. (c) Sobretudo, as nossas faculdades não são simplesmente distintas umas das outras, como são as diferentes forças: as faculdades formam uma hierarquia ordenada, mas o PENSAMENTO controla e impregna todas as outras. Por exemplo, o SENTIMENTO em suas formas primitivas, rudimentares, recua para segundo plano num adulto racional saudável, e o pensamento fornece o conteúdo de tipos superiores de sentimento.

Hegel rejeita a noção de que só podemos conhecer a expressão (*Äusserung*) de uma *Kraft*, não a força em si. Nada mais existe para ser conhecido a respeito de uma força, argumenta ele, além de suas diversas expressões: o seu INTERIOR e *EXTERIOR coincidem.

forma, matéria e conteúdo O alemão tem duas palavras para "forma":

1. *Gestalt* é uma palavra do vernáculo, originalmente derivada de *stellen* ("pôr, colocar, armar, formar" etc.), mas gerando um verbo próprio, *gestalten* ("formar, configurar") e, daí, o substantivo *Gestaltung* para o processo ou produto de tal formação. Uma *Gestalt* não é uma forma abstrata que possa ser compartilhada por várias coisas mas a forma ou um todo morfológico de um indivíduo. Assim, pode referir-se também ao próprio indivíduo formado. Diferentemente de *Form*, *Gestalt* não envolve um contraste com "matéria" ou "conteúdo". Os objetos que têm uma *Gestalt* (por exemplo, plantas, obras musicais, culturas) são concebidos como unidades *ORGÂNICAS, somente apreciáveis como um todo, não por consideração distinta de suas partes.

2. *Form*, derivado do latim, indica usualmente uma forma ABSTRATA compartilhada por numerosos indivíduos: ao invés de *Gestalt*, pode referir-se, por exemplo, à forma genérica de soneto, embora, como *Gestalt*, possa também aludir à forma de um determinado soneto. Assim, contrasta usualmente com "matéria" ou "conteúdo". Em estética, a forma de uma obra de arte é a sua APARÊNCIA (*Schein*) exterior, perceptível, em contraste com o seu conteúdo. (A *Form*, mas não a *Gestalt*, da obra pode ser inadequada ao seu conteúdo.) Na tradição aristotélica, em contraste, a *Form* (grego: *eidos*) de uma coisa, distinta de sua matéria, é freqüentemente vista como a sua ESSÊNCIA íntima, a qual determina a sua forma externa. A noção de uma forma interior, essencial, aparece em Herder, Goethe e Hegel (*ver* CONCEITO). O adjetivo *formal* ou *formell* aplica-se a tudo o que pertença à forma e abstraia do conteúdo, e *Formalismus* é uma concentração excessiva na forma à custa do conteúdo.

Na Lógica de Hegel, *Form* contrasta com "essência" mas, principalmente, com "matéria" e "conteúdo":

1. *Materie*, à semelhança de "matéria", tem dois usos principais em filosofia:

(a) Indica a matéria física, em contraste não com "forma", primordialmente, mas com ESPÍRITO ou MENTE e com o IDEAL ou abstrato. Nesse sentido, *Materie* é equivalente a *Stoff* ("substância, matéria"). Estas palavras também ocorrem no plural, especialmente quando Hegel discute a teoria de que as propriedades de uma COISA são matérias ou substâncias (por exemplo, o calor é "matéria calórica"), mas substâncias "porosas" que podem penetrar umas nas outras, de modo que a coisa pode ser, por exemplo, totalmente quente e doce. Mas no singular, *Materie* pode significar a matéria neutra, homogênea, em que todas as coisas consistem, de acordo com a física newtoniana. Hegel (tal como Berkeley) considerou *Materie* desse tipo uma abstração vazia.

(b) Na tradição aristotélica, a matéria de uma entidade contrasta com sua forma. Entretanto, "matéria", nesse sentido, é também ambígua: refere-se à (i) matéria amorfa da qual emerge a coisa formada, por exemplo, o bloco de mármore de que é feita a estátua; e (ii) a matéria formada que é contemporânea da coisa formada, por exemplo, o mármore modelado em que a estátua consiste. Há quatro complicações adicionais: primeiro, matéria no sentido (b) também é usualmente matéria ou material no sentido (a), mas não necessariamente: a matéria de, por exemplo, uma pintura pode ser os materiais (a tela, as tintas etc.) usados para fazê-la, ou o tema ou mensagem da pintura. (Hegel usa mais comumente *Inhalt*, "conteúdo", para "matéria" na segunda acepção.) Segundo, no caso de uma estátua, forma e matéria são relativamente independentes ou "indiferentes" (*gleichgültig*): o mármore, ou um dado bloco de mármore, pode ser transformado em outras coisas além de estátuas, e uma estátua da mesma forma pode ser feita de um material diferente, por exemplo, bronze. Mas, no caso de entidades tais como organismos vivos, matéria e forma não são tão indiferentes: a carne, ao contrário do mármore, não pode existir antes das entidades feitas dela, deve constituir o animal que consiste nela; inversamente, um animal só pode consistir em carne. Terceiro, o mármore, do qual uma estátua é feita e no qual ela então consiste, ou a carne em que um animal consiste, são informes em relação à estátua ou ao animal. Por sua vez, porém, mármore e carne possuem uma forma que os torna diferentes de, digamos, sílex ou sangue, e consistem em matéria mais elementar que, por sua vez, tem uma forma e consiste em matéria ainda mais simples, e assim por diante. Há, pois, duas alternativas: (i) qualquer matéria é analisável em forma e matéria, *ad infinitum*; (ii) a retrogressão termina em "matéria-prima", matéria sem forma, a matéria simples, fundamental, em que tudo consiste. Essa matéria-prima não é diferente da matéria básica dos físicos. (Poder-se-ia também argumentar que (iii) existem muitas matérias fundamentais, não mais analisáveis em forma e matéria: os elementos.) Finalmente, os aristotélicos sustentaram que a série de entidades constituídas pela sucessiva imposição de formas superiores termina em pura forma, forma sem matéria, ou seja, Deus.

2. Há duas palavras para "conteúdo": *Inhalt* e *Gehalt*. *Gehalt* difere de *Inhalt* em que, primeiro, sugere que o conteúdo está mais unificado do que em *Inhalt* (por conseguinte, poderíamos usar "conteúdo" para *Gehalt*, "conteúdos" para *Inhalt*) e, segundo, envolve

mais enfaticamente o valor do conteúdo (logo, *Gehalt* sugere "importância"). Por essas duas razões, o *Gehalt* de algo está mais intimamente entretecido com sua *Form*, e Hegel, embora use ambás as palavras, contrasta usualmente *Form* com *Inhalt*. *Inhalt* difere de *Materie* de duas maneiras. Primeiro, *Inhalt* é logicamente correlativo de *Form* e não pode existir antes da coisa formada. Segundo, *Inhalt* não comporta sugestão alguma de materialidade física. Por ambas as razões, o conteúdo de uma obra de arte é o seu tema, não os materiais com que ela é feita.

Hegel usa todas essas palavras na plena extensão de seus significados. Emprega *Gestalt* em *FE* em relação às formas de CONSCIÊNCIA, para as formas de objetos naturais, como cristais e, especialmente, para as formas de obras de arte. *Form e Inhalt* ou *Materie* ocorrem repetidas vezes em suas obras. Ele sublinha, em particular, os seguintes pontos:

1. *Form* e *Inhalt/Materie* podem denotar uma variedade de contrastes distintos: por exemplo, o material de que é feito um livro, ou seja, papel e couro, é a sua *Form* externa, em contraste com a sua forma interna, literária, e com o seu *Inhalt* (nos dois sentidos correspondentes). Até que ponto forma e conteúdo são "indiferentes", e qual dos membros do par é considerado mais essencial e "ativo", dependerá de que contraste temos em mente.
2. Mesmo no caso de um único contraste, um dos termos contrastantes pode ser visto como *Form* e o outro como *Inhalt*, dependendo do nosso ponto de vista: por exemplo, os puros *PENSAMENTOS envolvidos em, ou a estrutura lógica de, uma peça de discurso (em contraste com o seu conteúdo empírico), podem ser vistos como sua *Form* ou como seu *Inhalt* (seu "teor").
3. Em organismos vivos e obras de arte ideais, *Form* e *Inhalt* estão inseparavelmente entrelaçadas.
4. Não existe matéria ou conteúdo totalmente informe, porquanto o que é informe em relação a uma forma é "informado" por uma outra forma: o mármore informe tem a forma de mármore.
5. Inversamente, não existe uma forma inteiramente desprovida de conteúdo: por exemplo, as formas lógicas de duas sentenças podem diferir uma da outra somente em virtude de uma diferença em seus respectivos conteúdos. O que é de suma importância, um pensamento ou uma forma lógica que num nível é *Form* ou *formell* pode ser o *conteúdo* de um pensamento superior (ou meta)pensamento: por exemplo, o pensamento SER é parte da forma da sentença "Rosas são vermelhas", mas parte do conteúdo de "Ser torna-se nada". Assim, o pensamento puro ou a "IDÉIA lógica", embora *forma* pura num sentido, não é exclusivamente formal, mas tem-se a si como seu próprio conteúdo.

Pura, forma sem conteúdo e pura, matéria sem forma, são, na visão de Hegel, o mesmo: abstração, inteiramente indeterminada.

fundamento, condição e explanação O significado básico de *Grund* é "solo, chão, fundo, base", com a implicação de que sustenta o que se apóia nele. Hegel explora a sua ocorrência em numerosas expressões coloquiais: *zu Grunde gehen* (literalmente "ir para o fundo", portanto, sobre um navio, "afundar", e sobre pessoas etc. "estar arruinado, sucumbir"); *zu Grunde richten* ("pôr por terra", portanto, "arruinar, destruir" uma coisa ou pessoa); *auf den Grund gehen* ("ir ao fundo" de um assunto, de uma investigação etc.); *im Grunde* ("no fundo, fundamentalmente, em rigor") e *von Grund aus* ("desde a base, completamente, radicalmente, do começo ao fim"). *Grund* também significa "(a) razão (para uma ação, crença ou emoção)" e "(a) razão (para uma ocorrência)". Entra em numerosas palavras compostas (por exemplo, *Grundsatz*, "princípio, axioma") e fornece dois verbos, *gründen (auf)* ("fundar, estabelecer, basear (idéias) em") e *begründen* ("fundamentar, consolidar, substanciar, fornecer razões para"). O correlativo de *Grund* é *Folge* ("conseqüência, resultado", de *folgen*, "seguir") ou *das Begründete* ("o fundamentado, o consolidado").

Grund foi usado por místicos como Eckhart para a mais profunda ESSÊNCIA da *ALMA, onde está em contato com Deus. Eckhart fala também do *Abgrund* ("abismo") de Deus e da alma, e místicos posteriores introduziram *Ungrund* ("não-fundamento") e *Urgrund* ("fundamento original"). Para Böhme, o *Ungrund* é o primeiro estágio do processo divino, a unidade fechada em si mesma que depois gera *Grund*, o segundo estágio. Schelling também se referiu à "IDENTIDADE absoluta", que precede todos os fundamentos e toda a existência como *Urgrund* ou *Ungrund*.

Os usos filosóficos correntes de *Grund* são estes: um *Grund* é (1) uma proposição que subentende uma segunda proposição; (2) uma razão para acreditar em algo; (3) a *minha* razão para acreditar em algo; (4) o evento ou estado de coisas responsável por um outro evento ou estado de coisas; (5) *uma* razão para (ou contra) fazer algo; (6) a *minha* razão para fazer algo (um *Beweggrund*, "motivo"). Em cada um desses casos, o *Grund* pode (ou não pode) ser suficiente (*zureichend*), em cujo caso explica plenamente, acarreta ou fundamenta a ocorrência, proposição etc. da qual é a base. Foi a partir daí que Leibniz estabeleceu o "princípio da razão suficiente": "Nada acontece sem uma causa ou, pelo menos, uma razão determinante." Isso foi considerado por Leibniz, e seguidores como Wolff, como válido para proposições, assim como para eventos e estados de coisas: nenhuma proposição é verdadeira a menos que haja uma razão suficiente para isso, mesmo que a razão não nos seja conhecida. Hegel dá a esse princípio uma nova interpretação, a saber, que tudo deve ser considerado não simplesmente em sua *IMEDIATIDADE superficial, mas também como posto por algo mais, o seu fundamento. Mas ver as coisas simplesmente como fundamentadas não é, para Hegel, satisfatório, em última instância. Rejeitou o princípio como princípio explanatório e como princípio epistemológico; endossou o uso por Leibniz de explanações TELEOLÓGICAS, mas sustentou que isso vai além da noção de um fundamento para chegar às de CONCEITO e de PROPÓSITO (FINALIDADE).

Em sua principal explicação de *Grund*, em *CL*, Hegel usa a palavra com uma ampla gama de significados. Associa primeiro o que é fundamentado com FORMA e o fundamento com essência, matéria e conteúdo. Esse é o fundamento ABSOLUTO: começa por ser um mero *Grundlage*, uma "camada ou estrato básico, uma fundação, um alicerce", o qual não requer ou determina qualquer tipo particular de forma ou superestrutura; mas acaba por adquirir um conteúdo próprio, pelo que é fundamento determinado, o fundamento de um certo (tipo de) fenômeno.

Se o fundamento adquire um conteúdo que reflete plenamente o conteúdo do fenômeno que fundamenta, é um fundamento "formal" e explica plenamente o fenômeno. Mas tal explanação (*Erklärung* – também "DEFINIÇÃO") é, na opinião de Hegel, "tautológica":

explica por que o ópio faz uma pessoa cair no sono em termos de seu poder soporífico, ou seja, redescreve simplesmente o fenômeno a ser explicado. Em *FE*, assim como em *CL*, Hegel argumentou que as explanações de fenômenos em termos de, por exemplo, força de atração, são tautológicas e representam a "comunhão da CONSCIÊNCIA consigo mesma". Tal fundamento não só alicerça o fenômeno, mas é também alicerçado por ele: o conteúdo do fundamento é totalmente derivado do conteúdo do fenômeno (epistemicamente fundamentado).

No estágio seguinte, o do fundamento real, o conteúdo deste distingue-se do fenômeno. Neste ponto, Hegel considera dois tipos de caso. Primeiro, há fundamentos científicos, como a gravidade (e fundamentos teológicos, como Deus), que diferem em conteúdo de qualquer fenômeno particular em virtude da grande diversidade de fenômenos que supostamente fundamentam. Mas tal fundamento, embora não seja tautológico, não logra explicar qualquer fenômeno em particular, justamente porque se propõe explicar fenômenos demais: não pode explicar por que o fenômeno, como um todo, é de um tipo (por exemplo, o movimento dos planetas) e não de um outro (por exemplo, as marés). Segundo, um aspecto de um fenômeno é freqüentemente selecionado como seu aspecto essencial, o qual supostamente fundamenta o fenômeno como um todo, com todos os seus outros aspectos. Por exemplo, o aspecto dissuasivo da PUNIÇÃO é aceito como o fundamento de, ou a razão para, a punição. Mas a seleção de tal aspecto é arbitrária, e a relação desse com outros aspectos permanece *CONTINGENTE e externa, a menos que se vá mais além da categoria de fundamento e se considere o conceito de todo o fenômeno. Nesse capítulo, Hegel considera também o "*Räsonnement* [palavra pejorativa para 'argumentação (sofística)'] a partir de fundamentos", isto é, procurar razões pró ou contra ações ou crenças. Tais razões nunca são conclusivas: a preservação da própria vida, por exemplo, é *uma* razão para roubar ou para desertar do campo de batalha, mas uma razão desse tipo é apenas um de muitos prós e contras, e não pode justificar a ação em questão.

Agora que surgiu um hiato entre o fundamento e sua conseqüência, o fundamento requer certas *condições* para que tenha efeito. Uma *Bedingung* ("condição") era, originalmente, reserva ou cláusula legal e, por conseguinte, condição logicamente necessária, proposição que deve ser verdadeira para que outra proposição seja não só verdadeira, mas também condição causalmente necessária. O verbo *bedingen* significa "estipular, postular, exigir (como condição de êxito)" *e* "causar, produzir (como resultado de certas condições)".

Uma condição difere de um fundamento. A fome, por exemplo, é o fundamento para eu comer. Fornece uma razão para se comer e tende a resultar na ingestão de alimentos se nada mais a impedir. Mas a fome não resultará por si só em eu comer, a menos que certas condições sejam satisfeitas, por exemplo, alguma fruta ser acessível. Ao contrário da minha fome, a fruta é uma entidade aberta, independente, sem qualquer relação intrínseca com a minha fome: *per se*, a fruta não dá razão alguma para comer e não tem tendência nenhuma para resultar em comer. A fruta não é intrinsecamente uma condição para (eu) comer, mas passa a ser uma condição para tal em conseqüência da minha fome: a fruta está condicionada pela minha fome a converter-se numa condição para eu comê-la. Mas uma vez que a fruta foi assim condicionada e integrada na esfera da minha fome, ela está em igualdade de condições com a minha fome: a fruta, na medida em que é desejada para matar a fome, fornece uma razão para se comer, e tende a resultar em que eu a coma. A minha fome e a fruta desejada, para saciar a fome são duas condições de eu comer, cada uma *per se* é uma condição meramente necessária mas, juntas, a *Totalität* ("*TOTALIDADE") de condições e, assim, suficientes para produzir o fato ou COISA (*Sache*): comer. Quando como, as condições para eu comer, fruta e fome, desaparecem: elas são absorvidas ou *SUPRASSUMIDAS no ato de comer que fundamentam ou *MEDIATIZAM, o qual é, assim, num certo sentido, não-condicionado. Uma vez que as condições são suprassumidas, Hegel discorda do ponto de vista (inicial) de Schelling de que algo tem condições ou é condicionado (*bedingt*) somente se é uma COISA (*Ding*).

Em *COGNIÇÃO, assim como no mundo, acredita Hegel, fundamento e condições são suprassumidos no que fundamentam e condicionam; por exemplo, um sistema filosófico e um ESTADO político desenvolvido absorvem suas condições materiais extrínsecas, e seu fundamento ou base é constituído por suas respectivas estruturas lógicas abertas, não um princípio do qual emergem ou uma essência subjacente.

G

guerra e paz Hegel nunca lutou numa guerra mas, durante boa parte de sua vida, os estados europeus guerrearam-se mutuamente. Alguns filósofos tinham considerado desejável o estado de guerra. Heráclito afirmou que "a guerra [mas provavelmente num sentido mais metafórico do que literal] é a mãe de todas as coisas", e Maquiavel considerou-a necessária, não só à sobrevivência do estado mas também à "virtude" de seus cidadãos. Outros tinham-na considerado lamentável mas inevitável. Mas, no século XVIII, numerosos planos foram propostos para uma "paz perpétua", entre os estados europeus ou envolvendo o mundo inteiro. A primeira de tais propostas foi o *Projeto de paz perpétua* do Abade de St. Pierre, escrito em 1715 e mais tarde publicado em forma popular por Rousseau, junto com *Julgamento sobre a paz perpétua* (1756), de sua própria autoria. Tanto Leibniz (que em dado momento depositara suas esperanças num ressurgimento da medieval "república da cristandade", mas depois aceitou a existência de nações-estados independentes) quanto Rousseau criticaram o plano, mas suas dúvidas eram mais sobre a exeqüibilidade da paz perpétua do que sobre sua conveniência.

A mais famosa obra sobre o assunto foi *PP*, de Kant. Argumentou Kant que a paz perpétua (em contraste com o armistício temporário com que as hostilidades são usualmente concluídas) é uma exigência da RAZÃO prática. Tem que ser concretizada gradualmente pela formação e desenvolvimento de uma "liga de nações" (*Völkerbund*), cujos membros repudiam a guerra entre si. Mesmo que a paz perpétua nunca possa ser plenamente realizada, é nosso dever, argumenta Kant, trabalhar infinitamente nesse sentido. Fichte endossou o ideal de Kant e propôs um plano semelhante em *FDN*. Krug mencionou um crítico feroz da paz perpétua e do plano de Kant: Embser, que escreveu *A idolatria do nosso século filosófico. Primeira idolatria: paz perpétua* (1779) e *Refutação do projeto de paz perpétua* (1797). Mas a maioria dos filósofos acolheu favoravelmente a idéia de paz perpétua, mesmo duvidando da viabilidade do plano de Kant ou de qualquer outro.

Hegel também duvidou da praticabilidade do plano de Kant: a unanimidade de diferentes "VONTADES soberanas" está infestada pela *CONTINGÊNCIA e, portanto, é continuamente incerta (*FD*, §333). E "ainda que uma série de estados se torne uma família, este grupo como indivíduo deve engendrar uma oposição e criar um inimigo" (*PR* §324A). Mas a principal objeção de Hegel à paz perpétua não é que ela seja irrealizável mas que é indesejável. A maioria dos críticos do estado de guerra vêem-no como segue:

Uma vez que a finalidade do ESTADO é simplesmente regular a conduta dos homens em suas relações mútuas, é possível, em princípio, que deva existir somente um estado e, assim, nenhuma ocasião surgiria para a guerra entre estados. Mas acontece que surgiram numerosos estados sem qualquer perspectiva imediata de se unirem num só. É possível, em princípio, que tais estados nunca se envolvam em guerra. Mas, na prática, a tendência dos estados é para violar os direitos uns dos outros, e a única maneira de que um estado dispõe para defender-se e defender os seus cidadãos contra tais violações é estar preparado para a guerra e, se necessário, recorrer a ela.

Hegel discorda desse ponto de vista em três aspectos:

1. O estado é mais do que um dispositivo para regular a conduta de seus cidadãos. Faz deles seres humanos completos e impregna-lhes a natureza.
2. Assim como não pode existir um só indivíduo livre, mas unicamente uma multiplicidade deles, cada um reconhecendo os outros, também não pode haver um só estado: "um estado é um indivíduo, e *INDIVIDUALIDADE subentende essencialmente NEGAÇÃO" (*FD*, §324A). Um estado é essencialmente um membro de um sistema de estados, cada um *RECONHECENDO os outros.
3. A guerra não é simplesmente uma resposta a acidentes externos da mesma forma que comer não é simplesmente a reação de um animal à presença acidental de alimento. A beligerância é uma característica essencial do estado. Os estados são fundados através da guerra e preservam-se pela guerra. As invasões e violações de direitos soberanos são meramente ocasiões para a guerra e o modo como um estado lhes reage depende de sua situação interna, não da natureza intrínseca da violação: um estado que esteve em paz por um longo período de tempo é mais suscetível de procurar uma ocasião para a guerra do que um que não esteve (*FD*, §334). Uma sociedade, como os Estados Unidos, que não tem inimigos externos a ameaçá-la, não pode tornar-se um estado perfeito.

Não só um estado perfeito deve estar capacitado e disposto a recorrer à guerra efetivamente, se a necessidade surgir; ele deve, ocasionalmente, deflagrar a guerra. (É improvável, acredita Hegel, permanecer-se *pronto* para a guerra se não houver qualquer ameaça externa e nunca se empreender *realmente* uma guerra.) Assim, ao contrário de Kant e Fichte, Hegel sustenta que a MORTE de um estado é mais provável que ocorra em conseqüência de suas tendências pacíficas do que de sua beligerância.

Esse ponto de vista apresenta-se em *DN*: "a guerra preserva a saúde ética dos POVOS em sua indiferença por instituições específicas (...) Assim como o sopro dos ventos preserva o mar da podridão que resultaria de uma contínua calmaria, também a corrupção resultaria para os povos sob uma contínua ou, na verdade, 'perpétua' paz." É repetido em *FD*, §324, e argumentado em maior detalhe (*FD*, §§321-40). O principal argumento é este: na paz, os cidadãos ficam absorvidos em seus próprios negócios e interesses, e deixam de identificar-se com o estado. Assim, o estado deixa de existir como indivíduo, a menos que os atraia de volta à unidade por meio da guerra, a qual exige que o cidadão esteja pronto a sacrificar sua propriedade e sua vida pelo estado. Hegel vê esse sacrifício como um caso particular, da transitoriedade geral do FINITO: "Ouvimos muitos sermões, desde o púlpito, a respeito da insegurança, futilidade e instabilidade das coisas temporais... Mas, se essa insegurança entra agora em cena na forma de hussardos com refulgentes sabres e realizam com séria determinação o que os pregadores disseram, então os comoventes e edificantes discursos que profetizam todos esses eventos se convertem em maldições contra o invasor" (*FD*, §324A). Ele também recorre à evidência empírica; por exemplo, estados que superam as discórdias internas mediante guerras travadas além-fronteiras (*FD*, §324A).

Ao contrário de Hegel, Fichte não tinha interesse na sobrevivência de mais de um estado e, assim, argumentou que os estados em guerra deixam de reconhecer-se mutuamente e têm como alvo a aniquilação recíproca, isto é, a incorporação. Não se segue que um estado possa tratar a população inimiga como quiser: os civis no território conquistado e os prisioneiros de guerra devem ser respeitados, dado que são agora súditos do estado que os capturou. Hegel, em contrapartida, sustenta que os estados continuam reconhecendo-se mutuamente, mesmo em guerra. Não visam à aniquilação recíproca, e a guerra não deve ser conduzida de tal modo que torne impossível o restabelecimento da paz (*FD*, §338).

Hegel não era um patriota inabalável ou um panegirista da violência. Estava certo em sublinhar o papel do conflito no desenvolvimento do indivíduo e da humanidade como um todo; as profundas raízes da guerra em nossas disposições sociais; e o papel de reconciliar o individualismo com a vida em comunidade. Mas o seu ponto de vista de que a guerra é inevitável e desejável pode ser contestado de várias maneiras:

1. Poder-se-ia argumentar que, embora o desenvolvimento humano tenha até agora dependido de estados com um papel mais do que regulador, não é inevitável nem desejável que isso continue sendo assim, e que a dispersão de indivíduos em suas tarefas particulares seja uma coisa má. Hegel ataca esse ponto de vista do começo ao fim de *FD*.
2. Poder-se-ia argumentar que um estado mais do que regulador não requer a existência de outros estados e que poderia haver um único estado mundial, o qual preenche as condições que Hegel requer de um estado, salvo no tocante às relações externas. Este ponto de vista discorda com a doutrina de que a "individualidade subentende negação", e precisaria explicar como a fidelidade dos cidadãos a um tal estado poderia ser obtida.
3. Poder-se-ia argumentar que um sistema de estados mais do que reguladores não requer a guerra:

(a) Se um sistema de indivíduos dentro de um estado já não exige mais o combate individual entre eles, por que razão um sistema de estados exigiria a guerra? Por que a negação precisa subentender conflito físico? Hegel pôde contestar esse paralelo: os cidadãos individuais podem prescindir do combate, uma vez que são disciplinados pela *EDUCAÇÃO, a SOCIEDADE CIVIL e o estado. Mas os estados não podem ser membros de um *estado* superior a eles e, sem isso, falta às instituições reguladoras internacionais o poder real sobre eles.

(b) As guerras entre estados tecnologicamente avançados são agora mais suscetíveis de os aniquilar ao passo que guerras entre estados mais avançados e menos avançados tecnologicamente são muito desiguais para fortalecer os estados mais avançados do modo que Hegel tinha em mente. A transitoriedade do finito não tem por que levá-lo a favorecer a aniquilação recíproca ou a carnificina unilateral: a antiga função da guerra poderia, talvez ele pudesse sugerir, ser cumprida por alternativas.

4. Alguns estados não produzem a guerra, quer estejam ou não preparados (como a Suíça do século XX) para fazê-la, e estados que deflagram a guerra fazem-no em diferentes

> proporções e com diferentes graus de ferocidade. Há poucas provas de que cidadãos de estados mais belicistas sejam menos egoístas, mais devotados às causas públicas e ao bem-estar de seu estado do que os cidadãos de estados menos fomentadores de guerras.

Hegel poderia tentar pôr ponto final na discussão insistindo em que a filosofia é essencialmente retrospectiva e não especular sobre o modo como as coisas *DEVERIAM ser. Mas a sua explicação da guerra não é meramente retrospectiva e a sugestão de que a guerra persistirá indefinidamente em sua forma tradicional não é mais realista do que o projeto de paz perpétua.

H

história O alemão tem duas palavras para "história":

1. O grego *historia* ("investigação; conhecimento, ciência; um relato escrito de investigações, narrativa, história de eventos", de *historein*, "investigar, explorar") ingressou no alemão, via latim, no século XIII como *Historie*. A partir do século XVIII, o uso e desenvolvimento da palavra foi reprimido pelo de *Geschichte*, mas o adjetivo *historisch* e o substantivo *Historiker* ("historiador") floresceram. O sentido original de *Historie* é próximo de *Erfahrung* ("EXPERIÊNCIA") e Hegel é propenso a usá-lo mais como alternativa para *Empirie* do que para experiência e eventos especificamente históricos. Também fala depreciativamente de *Historismus* em teologia, erudição histórica acerca de opiniões e instituições religiosas à custa da investigação conceptual de verdades religiosas.

2. *Geschichte* ("narrativa; negócio, assunto; história") é uma palavra do vernáculo alemão, derivada de *geschehen* ("ser feito, acontecer, ocorrer") e, assim, originalmente, "um evento, uma seqüência de eventos". Mas a partir do século XV foi considerada igual a *Historie* e usada para uma narrativa ou relato. Com o crescimento da pesquisa e da consciência históricas no século XVIII, passou a significar, especialmente em Herder, "história" como a investigação sistemática de eventos passados. É a palavra usual de Hegel para "história". O seu emprego da palavra foi influenciado pelo seu parentesco com *Geschick* e *Schicksal* ("*DESTINO") e sua semelhança com *Schicht* ("estrato, camada").

"História" tem, pois, dois sentidos: a seqüência de eventos históricos e um relato ou estudo de tais eventos. "Filosofia da história" possui, assim, dois sentidos correspondentes: REFLEXÃO filosófica, primeiro, sobre o curso de eventos históricos, e, segundo, sobre a natureza e métodos de narração de eventos históricos. Antes de Hegel, a filosofia da história era mais do primeiro tipo que do segundo. O fundador da disciplina, Vico, argumentou, em seus *Princípios de uma ciência nova acerca da natureza comum das nações* (1725), que todos os povos passam por um estágio divino, um heróico e um humano, desenvolvendo-se progressivamente do pensamento sensorial para o pensamento abstrato, da ética heróica para a MORALIDADE e do privilégio para a igualdade de direitos. (Hegel não menciona Vico em nenhum momento.) Voltaire (que criou a expressão *philosophie de l'histoire*) descreveu a história, no seu *Ensaio sobre os costumes e o espírito das nações* (1756), como a luta do homem pela cultura e o progresso. Herder, em *IFHH*, viu a história humana como um desenvolvimento na direção da "humanidade"; é uma continuação do desenvolvimento da natureza e procede de acordo com as mesmas leis; a ordem e legitimidade do mundo expressa o poder e a razão de Deus. Kant escreveu dois comentários críticos das *Idéias* de Herder e numerosos ensaios sobre história, especialmente *IHU*, onde expôs a tese de que, apesar do livre-arbítrio, as ações humanas são determinadas por leis universais e podem, pelo menos em termos gerais, expor para o historiador um padrão regular; o objetivo da história é um ESTADO perfeitamente justo e racional, o qual irá assegurar a liberdade necessária ao pleno desenvolvimento de capacidades humanas, e manter PAZ perpétua com outros estados analogamente organizados. A história foi freqüentemente vista, por exemplo, por Lessing e Fichte, como a realização da divina *PROVIDÊNCIA, do plano de Deus para a *EDUCAÇÃO da raça humana, o que resultará, em última instância, em sua perfeição.

A principal explicação de história de Hegel está na *IFH*. Em contraste com as de seus predecessores, tem duas características distintivas.

Em primeiro lugar, ele era cético a respeito das pretensões dos historiadores filosóficos a fornecerem informação sobre o fim (ou o começo) da história que escapava aos historiadores empíricos. A história, para Hegel, termina com o presente. Embora descreva freqüentemente o presente em termos (por exemplo, como a plena realização de LIBERDADE e *AUTOCONSCIÊNCIA) que parece deixarem pouca coisa para acontecer no futuro, admite que existe mais história por ocorrer, talvez na América. Mas isso não interessa ao historiador.

Em segundo lugar, Hegel considera a história da filosofia um empreendimento da segunda ordem, o qual faz uso essencial dos resultados obtidos por outros historiadores. A ambigüidade de *Geschichte* não é um acidente: a história como narrativa de eventos apresenta-se ao mesmo tempo como feitos e acontecimentos estritamente históricos. As sociedades que não escrevem história não têm uma história: os feitos e acontecimentos históricos requerem uma autoconsciência que se revela na literatura histórica. (A NATUREZA tampouco tem uma história, na opinião de Hegel: ela só se desenvolve e muda de um modo cíclico e repetitivo.) A literatura histórica assume três formas principais:

1. História "original", a do cronista, a qual registra os feitos de um povo e de uma época a que ele pertence e de cujo ESPÍRITO participa.
2. História "reflexiva", a qual registra os feitos do passado mas consubstancia o espírito de uma época posterior e interpreta o passado em função desse espírito. A história reflexiva é de quatro tipos:

(a) A história "universal" registra toda a história de um POVO, de um país ou do mundo, com base na obra de historiadores originais.

(b) A história "pragmática" tenta assimilar o passado ao presente e dele derivar lições para o presente. A convicção de Hegel de que a história implica DESENVOLVIMENTO e de que qualquer fase da história suprassume as condições para o seu próprio surgimento, leva-o a assumir o ponto de vista de que períodos históricos passados não são de relevância direta para o presente. Desaprova a explicação de feitos históricos em termos de motivos triviais que não são específicos de nenhum período histórico (*Enc.* I, §140A). Rejeita, pois, a história pragmática como gênero.

(c) A história "crítica" avalia as fontes e a plausibilidade de outros relatos históricos: é uma "história da história".

(d) Histórias de campos específicos, como ARTE, DIREITO, RELIGIÃO ou FILOSOFIA. Hegel vê a adoção de semelhante "ponto de vista universal" como parte do processo de transição da história reflexiva para:

3. A história filosófica. O historiador filosófico usa os resultados dos historiadores originais e reflexivos para interpretar a história como o desenvolvimento racional do espírito no tempo, algo que escapa a ambos os agentes históricos e a outros historiadores. O espírito do mundo, que encarna a IDÉIA, é levado avante pelas paixões de indivíduos, em especial os "indivíduos históricos mundiais" ou heróis, como Alexandre, César e Napoleão, que, apenas com uma tênue consciência de seu desígnio histórico mas guiados pela "astúcia da razão", impõem com poderosa eficácia o estabelecimento de uma nova época, consubstanciando um novo e mais elevado estágio do espírito, da liberdade e da autoconsciência. Ao contrário de, por exemplo, Kant e Voltaire, Hegel sustentou que tais "heróis" não devem ser avaliados por códigos morais ou éticos comuns.

Hegel deu aulas não só sobre história mundial, mas também sobre as histórias da arte, religião e filosofia. Mas a sua perspectiva profundamente histórica é manifesta em todas as suas obras e coerente com numerosas características do seu pensamento: (1) O indivíduo está subordinado às estruturas do espírito objetivo e absoluto, as quais se desenvolvem ao longo da história mais obviamente do que os indivíduos como tais. (Assim, a história pragmática necessita recorrer a triviais motivos pessoais.) (2) Os estágios pretéritos de uma entidade estão suprassumidos em seu estado atual, de modo que a plena compreensão do presente requer um conhecimento do passado: "o que nós somos, o somos ao mesmo tempo historicamente" (*IHF*). (3) Mas não se pode entender algo conhecendo exclusivamente a sua história. O entendimento filosófico ou, por exemplo, teológico, envolve mais do que simplesmente registrar crenças filosóficas ou religiosas passadas. Devemos também discernir a racionalidade deles e de seu desenvolvimento. (4) Os estágios passados da humanidade são radicalmente diferentes de seu estado presente: os homens do passado pensaram e agiram de formas sistematicamente diferentes. (5) Mas as formas pretéritas de pensamento e ação estão relacionadas com as nossas de maneiras que são racionalmente inteligíveis, não em lógica tradicional mas na lógica de conflito e desenvolvimento de Hegel. (6) Uma vez que o processo histórico é racional, o destino histórico de uma doutrina ou de um modo de vida reflete o seu valor intelectual ou ético essencial: "A história universal é o juízo do mundo [ou seja, o Juízo Final]" (*FD*, §340; *Enc*. III, §548). (Esta é uma frase adaptada de um verso do poema de Schiller, "Resignação".)

I

ideal Em alemão, como em muitos outros idiomas germânicos e neolatinos, "ideal" é (1) um substantivo (*das Ideal*) e (2) um adjetivo (*ideal*). O adjetivo tem um quase-equivalente derivado do francês, (3) *ideell*. Ele gera um outro substantivo, (4) *(die) Idealität* ("idealidade, a característica de ser ideal") e um verbo (5) *idealisieren* ("idealizar").

1. No uso corrente, um ideal é um modelo ou meta em qualquer esfera de atividade humana: educação, política, arte, ciência etc. Um ideal pode ser uma concepção abstrata, como uma justiça perfeita, ou um indivíduo imaginário (o ESTADO ideal de Platão), ou um indivíduo existente (por exemplo, Sócrates), visto como a encarnação de tal concepção. Podemos buscar racionalmente a realização de um ideal, mesmo que não acreditemos ser capazes de o realizar por inteiro ou até que ele seja, de algum modo, realizável, contanto que se acredite que essa busca nos levará mais perto do ideal. Para Kant, um *Ideal* é um indivíduo concebido como em total conformidade com uma IDÉIA. Assim, existem ideais puros (por exemplo, Deus, o bem supremo) e ideais empíricos (por exemplo, a beleza perfeita, a felicidade perfeita). Esses ideais não têm realidade objetiva, mas regulam os nossos esforços cognitivos e práticos.

Hegel usa *das Ideal* de modo analogamente abrangente em suas primeiras obras (por exemplo, Cristo como ideal personificado) e ao examinar as opiniões de outros. Mas a sua preferência pessoal é para atribuir a *Ideal* sentido exclusivamente estético. Não precisa referir-se unicamente à arte, mas também, por exemplo, à beleza do corpo como expressão do ESPÍRITO, mas é usado com maior freqüência em *E*. A explicação dessa restrição é a seguinte. Para Hegel, como para Kant, um *Ideal* é a consubstanciação de uma idéia (*Idee*) num indivíduo. Mas indivíduos reais, como o ESTADO, podem consubstanciar a idéia e não envolver o desajuste entre idéia e realidade sugerido por *Ideal*, e Hegel, diferentemente de Kant, era contrário a entidades ideais imaginárias que não são, mas deviam ser, realizadas. (Ele considerou o estado de Platão como uma descrição da cidade-estado grega, não um ideal.) Mas uma obra de arte, como uma estátua, (a) é um indivíduo sensorial real e, portanto, não um mero ideal; (b) retrata um indivíduo sensorial, por exemplo, um corpo humano, que é ideal a respeito de qualquer indivíduo existente do seu tipo, uma vez que lhe faltam os defeitos que qualquer indivíduo existente possui; e (c) não só representa a idéia absoluta em forma sensível, mas ela própria exemplifica a idéia, porquanto é um todo relativamente independente, o qual *SUPRASSUME as *CONDIÇÕES materiais de sua produção e cuja FORMA e *CONTEÚDO estão em total concordância. Assim, Hegel equipara a idéia de beleza, à idéia em forma sensível, a *Ideal*.

2. O adjetivo *ideal* ("pertinente a uma *Idee* ou *Ideal*") tem três sentidos: (a) "ideal, exemplar, modelo"; (b) em contraste com *real*, "imaterial, não perceptível aos sentidos etc."; (c) em contraste com *real* num outro sentido, "não existente exceto em pensamento ou imaginação". Hegel usa *ideal* no sentido (b) ao examinar os pontos de vista de outros, mas o seu sentido preferido é (a), limitado, como *Ideal*, à estética e, sobretudo, à arte: "pertencente ao ideal ou à idéia de beleza".

3. No alemão corrente, *ideell* difere pouco de *ideal*, exceto que é menos provável ser usado no sentido (a) de *ideal* ("exemplar, modelo"). Para Hegel, em contrapartida, *ideell* é distinto de *ideal: ideell* está ligado a *Idee* ("IDÉIA") e não a *Ideal*, e, das acepções comuns de *ideal*, está mais próximo de (b). Uma vez que *ideell* contrasta, pelo menos inicialmente, com *real* ou *reell* (Hegel não traça uma distinção correspondente entre essas palavras), não significa simplesmente "ser ou consubstanciar uma ou a idéia". Pois a idéia não contrasta com o real, mas é a unidade do ideal e do real (*Enc.* I, §214). Assim, na Lógica, Hegel apresenta primeiro o *ideell* em conexão não com a idéia, mas com o ser-*PARA-SI e a INFINIDADE. A relação do *ideell* com a *Idee* é esta: a idéia é a unidade do CONCEITO e sua realidade. O conceito (por exemplo, a semente, a *ALMA) é uma unidade intrínseca, mas, não obstante, *CONCRETA, envolvendo diversos aspectos ou *MOMENTOS que ainda não são apresentados em sua plena diferenciação. A realidade (por exemplo, a planta, o corpo) é uma unidade em virtude do poder unificador do conceito, mas os seus diversos aspectos são explicitamente diferenciados. Todos esses itens são *ideell* de modos diferentes mas relacionados:

(a) O conceito como um todo é intrinsecamente *ideell* em contraste com a sua realidade. Não se torna *ideell* por qualquer outra coisa, pois é *ideell* em virtude de sua exclusiva dependência de si mesmo. O EU, por exemplo, é *ideell*, uma vez que só existe em virtude de sua consciência de si mesmo.

(b) Um aspecto do conceito é *ideell*, porque é apenas um aspecto, não o conceito todo, e porque ainda não está realizado: por exemplo, na semente, o sangue é apenas *ideell*.

(c) A realidade é *ideell* em virtude de sua dependência do conceito ou torna-se *ideell* pelo conceito. Não deixa de ser, desse modo, real: sua realidade está *SUPRASSUMIDA em sua idealidade.

(d) Um aspecto da realidade é *ideell* em virtude de sua dependência do conceito e de sua dependência do TODO de que é uma parte, por exemplo, um membro amputado não pode sobreviver como órgão vivo.

Hegel iguala freqüentemente o *ideell* com o que é suprassumido: a realidade e suas partes são suprassumidas pelo conceito. Também o associa com INFINIDADE: as partes FINITAS da realidade são suprassumidas no todo auto-suficiente perpassado pelo conceito. A noção de *ideell* aplica-se a qualquer coisa que exemplifique a idéia: o mundo como um todo, grandes fases do mundo como a idéia lógica, e itens dentro do mundo, como a VIDA, a MENTE e o estado. É o conceito central do IDEALISMO de Hegel. (Ocasionalmente, Hegel usa *ideell* num sentido que não tem relação clara com o seu sentido de *Idee*: por exemplo, espaço e tempo são *ideell*, em contraste com os corpos, em virtude de sua falta de solidez, embora não sejam por esse motivo inexistentes ou meramente subjetivos).

4. *Idealität* em filosofia é a característica de ser ideal, mas em contraste c
"realidade", não no sentido de "exemplar". Assim, para Kant, acreditar que
de objetos externos é duvidosa é atribuir-lhes *Idealität* e constitui (um tipo d
a respeito deles. Atribui "*Idealität* transcendental" ao espaço e ao tempo, e endossa assim o idealismo transcendental a respeito deles. Para Hegel, *Idealität* é a característica de ser *ideell*, usualmente no sentido preferido de Hegel, e atribuir idealidade a um tipo de entidade constitui idealismo em relação a ele.

5. Hegel usa ocasionalmente *idealisieren* ou *Idealisierung* ("idealizar"), e emprega freqüentemente o conceito sem usar a palavra. Não tem o sentido usual de tratar ou considerar algo como ideal ou exemplar, mas o de fazer com que algo se torne *ideell*. A idéia é um processo contínuo de idealização, ou de fazer com que as coisas se tornem ideais, não um resultado estático. Assim, o eu ou a mente, em seus encontros intelectuais e práticos com o mundo objetivo, o faz ideal. Mesmo no caso de uma criatura viva, a alma ou o conceito está continuamente em ação, tornando ou mantendo o corpo e suas partes *ideell*; a criatura morre se essa atividade cessa. Isso exemplifica a crença de Hegel em que o mundo e itens significativos dentro dele, mormente os seres humanos, estão em (ou simplesmente *são*) ininterrupta tensão e atividade, uma crença que remonta a Heráclito mas persistiu no neoplatonismo.

idealismo Em termos gerais, o idealismo (*Idealismus*) é a doutrina segundo a qual as IDÉIAS ou o IDEAL são, ontológica e/ou epistemologicamente, anteriores às COISAS ou ao REAL. Mas o idealismo varia de acordo com (entre outras coisas) os sentidos atribuídos a "idéia" e "ideal", e com o tipo de prioridade que lhes é prescrito.

O idealismo de Platão afirmou a prioridade de protótipos ideais, independentes da mente, mas com a moderna equação de uma idéia com uma REPRESENTAÇÃO mental, o "idealismo" passou a referir-se à crença em que os objetos como tais ou os objetos como os conhecemos (ou podemos conhecê-los) são simplesmente as minhas (ou nossas) idéias ou construções a partir de, ou projeções de, minhas (ou nossas) idéias. O idealismo desse tipo que preponderou na época de Hegel foi o idealismo "crítico" ou "transcendental" de Kant: existem coisas independentes da mente em si mesmas e das quais só podemos conhecer as APARÊNCIAS, isto é, as idéias (*Vorstellungen*, não *Ideen*) que são o produto conjunto de seu efeito sobre os nossos sentidos e as formas de nosso *ENTENDIMENTO (as categorias) e de nossa sensibilidade (espaço e TEMPO). O idealismo de Kant envolveu um dualismo ou OPOSIÇÃO entre fenômenos e a coisa-EM-SI e entre conceitos e material sensorial, que os seus sucessores tentaram eliminar. Assim, Fichte considerou o mundo externo como um todo o produto do EU ABSOLUTO. Fichte opôs o idealismo ao "dogmatismo" ou realismo, especialmente ao de Spinoza. Mas Schelling (como Hegel) viu o idealismo como envolvendo essencialmente o realismo: o mundo externo e o mundo do ESPÍRITO são os dois lados da mesma moeda, manifestações complementares de um único e neutro absoluto. (Para Hegel, "dogmático" significa "unilateral", de maneira que o idealismo, assim como o realismo, pode ser dogmático.)

O idealismo de Fichte (e, implicitamente, o de Kant) tem três aspectos: (1) ontológico ou metafísico: o Eu produz o mundo; (2) epistemológico: o Eu, ao contrário dos objetos externos, é imediata e certamente cognoscível, e dele podemos deduzir as principais características do mundo; (3) prático: não só o idealismo acomoda a LIBERDADE da VONTADE de um modo que o realismo não faz, mas ainda prescreve uma direção para a conduta: o Eu FINITO enredado no mundo esforçar-se-á por purificar-se e assim retornar ao Eu INFINITO. Esse idealismo envolve, pois, *ideais* morais, assim como *idéias*. Hegel critica constantemente esse idealismo: ele viu Kant, por exemplo, como um idealista SUBJETIVO e rejeitou a sua asserção de que podíamos ter conhecimento de meras aparências; rejeitou a coisa-em-si, que percebeu no não-Eu de Fichte, assim como em Kant, e rejeitou qualquer ideal que *DEVAMOS atingir. Mas o idealismo de Hegel também envolve os três aspectos de ontologia, epistemologia e prática.

Hegel não é um idealista subjetivo: não acreditava que os objetos como tais, ou como nós os conhecemos, sejam produzidos por, ou sejam, minhas ou nossas representações sensoriais. Tal doutrina não pode fazer jus à dependência do espírito finito da natureza. Mas, sobretudo, é uma doutrina vazia: fala-nos sobre o status ontológico de objetos e idéias, mas nada sobre o seu conteúdo. Ele é, por contraste, um idealista absoluto. Isso tem vários aspectos:

1. Num sentido mínimo, o idealismo é a doutrina na qual as entidades finitas são IDEAIS (*ideell*): não dependem de si mesmas para a sua existência, mas de alguma entidade maior e independente que as sustenta ou as engloba. Do que elas dependem não é necessariamente, neste estágio, uma MENTE ou espírito. Pode ser, por exemplo, MATÉRIA, de modo que até um materialista é, nesse sentido, um idealista. Embora, neste contexto, qualquer entidade finita seja ideal, certas entidades finitas o são de modo especial, uma vez que pertencem a todos relativamente auto-suficientes dentro do mundo: por exemplo, as partes de um ORGANISMO vivo ou os cidadãos de um ESTADO são ideais em relação ao TODO a que pertencem. Esses todos orgânicos, finitos, dentro do mundo, fornecem a Hegel um modelo parcial para o mundo como um todo. Até aqui, o idealismo não envolve qualquer referência específica à mente ou ao espírito, e o idealismo poderia ser verdadeiro até num mundo que não contivesse mente alguma.

2. O materialista vê a matéria como substância independente da mente, mas isso, argumenta Hegel, não é assim: uma vez que é indeterminada, UNIVERSAL e somente acessível ao pensamento, não à *PERCEPÇÃO, a matéria é um *PENSAMENTO e não algo que corresponde meramente a um pensamento. Isso não quer dizer que, ao ser inserida no mundo sensível, a matéria recebe um significado especial que lhe é simplesmente atribuído por mim (ou por nós), mas que, na verdade, ela pertence a um sistema impessoal de pensamentos que constituem o âmago da mente e da natureza. O idealismo refere-se agora à mente, mas sugere que o mundo é mais semelhante do que dependente da mente.

3. Que a natureza é semelhante à mente fica mais claro quando nos apercebemos de que ela não pode ser adequadamente conceituada em termos de qualquer coisa tão rudimentar quanto a matéria. A matéria como tal não pode explicar a sua própria proliferação num mundo de entidades finitas: pressupõe uma operação que a induz a fazer isso. Mediante argumentos como esse, Hegel chega à conclusão de que o mundo só pode ser adequadamente conceituado em termos da idéia absoluta. Isso introduz mais elementos espirituais no idealismo:

(a) Ao contrário, por exemplo, da matéria, a idéia absoluta proporciona uma adequada conceituação tanto da mente quanto da natureza.

(b) Envolve não só tais pensamentos relativamente objetivos como o de matéria, mas também pensamentos que só estão usualmente associados ao nosso pensar, não ao mundo externo, como o CONCEITO e as formas de JUÍZO e de INFERÊNCIA.

(c) Os pensamentos são, neste estágio, explicitamente vistos como pensamentos, não como entidades objetivas, que é o modo como o materialista vê a matéria. A natureza é, pois, considerada semelhante à mente e vinculada ao pensamento num grau superior ao do estágio 2.

4. A natureza não é apenas semelhante à mente; ela é também dominada ou *SUPRASSUMIDA pela mente. Pois a natureza desenvolve-se no seio da mente humana, a qual idealiza pouco a pouco a natureza por suas atividades cognitivas e práticas. A natureza é, independentemente da atividade humana, ideal em si mesma: a mente ou espírito torna-a ideal *PARA SI. O processo histórico em que os seres humanos fazem coletivamente isso e, ao mesmo tempo, vão alcançando estágios cada vez mais elevados de *AUTOCONSCIÊNCIA, é ele próprio semelhante à mente e, num nível superior ao da natureza, consubstancia a RAZÃO. Finalmente, os homens adquirem consciência do sistema de pensamentos com que começamos, a idéia lógica.

5. Mente ou espírito é não só a fase dominante do processo universal; o processo como um todo é, ou é análogo a, uma mente, o espírito absoluto. As três fases principais do processo universal – a idéia lógica, natureza e mente – correspondem às três fases do espírito finito: Eu, o objeto de minha CONSCIÊNCIA e o meu retorno à autoconsciência a partir do objeto. Uma vez que o processo universal, diferente do espírito finito, é totalmente auto-suficiente e não requer alimentação externa, há portanto um sentido em que a natureza é totalmente dependente da mente e não apenas semelhante à – ou dominada pela – mente, embora a mente de que ela depende não seja uma mente individual, finita.

O idealismo de Hegel, assim como a sua crença em DEUS, é ambíguo. A asserção 5, por exemplo, poderia ser interpretada como verdadeira doutrina espiritualista ou como doutrina relativamente modesta a respeito da estrutura conceptual do mundo e do desenvolvimento histórico da humanidade. (A ponte entre as duas interpretações pode residir em que, no entender de Hegel, o âmago do *self* seja precisamente um sistema de conceitos.) Embora Hegel apresente com freqüência o idealismo como consistindo em – ou envolvendo – a noção de que as coisas finitas, uma vez que são passageiras, consistem em mera APARÊNCIA (*Schein*) e nada têm de EFETIVAS, o seu idealismo, não obstante, é compatível com o realismo ou lhe está até vinculado, pelo menos a respeito de entidades tão elevadas quanto os organismos vivos e o estado. A sua relutância em distinguir, como Kant, um dado sensorial independente da mente e um elemento conceptual dependente da mente, ou entre coisas como são em si mesmas e como são para nós, significa que ele não ocupa uma posição intermédia entre idealismo e realismo mas faz avançar ambos até seus respectivos limites, para que alterem seus rumos e se encaminhem na direção um do outro. Algumas dificuldades específicas em seu idealismo são estas:

(a) O espírito universal, que é o processo universal como um todo, é modelado pelo, e contém como uma fase de si mesmo, o espírito finito dentro do mundo. Na concepção de Hegel, não existe um abismo intransponível entre espírito finito e espírito universal; o espírito universal é simplesmente o desenvolvimento supremo do espírito humano, a própria filosofia, a qual, ao tornar-se cônscia da idéia lógica, inicia, de um modo circular, o processo universal que começa (num certo sentido não-temporal) com a idéia lógica e culmina, finalmente, em seu próprio aparecimento.

(b) Hegel sugere que a idealidade é uma noção absoluta, quando, de fato, é relativa: os membros de um organismo são ideais quanto ao próprio organismo; o organismo é ideal quanto à sua espécie; e a espécie é ideal em relação ao mundo como um todo. Da mesma forma, os cidadãos são ideais em relação ao seu estado, o qual é ideal quanto à história mundial. Assim, o idealismo é inerentemente uma doutrina estruturada em múltiplas camadas, relativa a numerosos níveis de realidade dentro do mundo e ao mundo como um todo.

(c) É freqüentemente obscuro se Hegel acredita que algo, por exemplo, a natureza, é (como em (1) acima) ideal independentemente da mente, ou (como em (4) acima) idealizada pelo espírito. As partes de organismos são ideais independentemente de nós, ao passo que nos jardins, por exemplo, a natureza é idealizada por nós. Essa ambigüidade pode ser resolvida de muitas maneiras: uma vez que a idealidade é relativa, o que é independentemente ideal num aspecto (por exemplo, a perna de um porco vivo) pode ser *idealizado* por nós num outro aspecto (por exemplo, uma perna de porco fazendo parte integrante de uma refeição). Ou o que é independentemente ideal em si ou potencialmente (por exemplo, a natureza dominada pelo pensamento) pode tornar-se ideal para si ou concretamente (por exemplo, em nossas teorias a esse respeito). Finalmente (e com menos plausibilidade), Hegel poderia invocar a circularidade do processo universal: os membros de um organismo são independentemente ideais, uma vez que são ideais *antes* da mente entrar em cena, *e* idealizados pela mente, uma vez que a circularidade do processo significa que eles também são ideais *depois*, e na dependência, portanto, do aparecimento da mente.

idéia *Idee* do grego *idea* ("imagem, forma, configuração, aspecto ou aparência (de uma coisa)"), corresponde rigorosamente a "idéia": pode ser equivalente a "(um) pensamento", "conceito", "concepção", "noção", "imagem", "crença", "imaginação" ou "plano" (nos sentidos correntes, não-hegelianos, dessas palavras). Mas também adquiriu uma variedade de sentidos filosóficos, ao longo de sua complexa história.

Para Platão, uma idéia ou FORMA (*eidos*) é um exemplar ideal que, em contraste com os fenômenos que o "imitam" ou "participam nele", tem existência plena, imutável, perfeita e universal: por exemplo, a idéia de beleza é suprema e permanentemente bela, e é responsável pela beleza fugaz e imperfeita de particulares perceptíveis. Uma idéia não é uma entidade mental (ou física), mas a nossa tênue consciência dela nos habilita a pensar sobre particulares e o objetivo da filosofia é ascender, pela DIALÉTICA, à contemplação não-empírica de idéias. As idéias formam um sistema hierárquico com a idéia do bem em seu ápice (na *República*). Nesse sentido, "idéia" não contrasta com "real" ou "realidade", uma vez que as idéias, ao invés de particulares, são inteiramente reais. Apesar da opinião de Aristóteles de que as formas ou universais são mais inerentes em particulares do que transcendentes, a doutrina persistiu no neoplatonismo e na Idade Média, quando o "realismo" denotou a doutrina de que os universais são anteriores aos particulares e separados destes.

Nos primórdios da filosofia inglesa e francesa moderna, "idéia" e *idée* passaram a caracterizar uma entidade mental e foram assimiladas a "REPRESENTAÇÃO". Mas Kant usou idéia num sentido próximo ao de Platão: idéias são conceitos da RAZÃO. Nenhum objeto que lhes corresponda é dado na EXPERIÊNCIA, mas são necessárias e não-arbitrárias. As idéias ou são puras e transcendentais (por exemplo, as idéias de LIBERDADE, DEUS, o mundo como um todo) ou derivativas e parcialmente empíricas (por exemplo, as idéias de virtude, de ESTADO perfeito, de filosofia). A razão teórica não pode inferir a existência de objetos transcendentes correspondendo a idéias puras; idéias tais como liberdade, Deus e *IMORTALIDADE só podem ser substanciadas pela razão prática e têm um uso essencialmente prático. Mas ambos os tipos de idéia, embora não *constituam*, como os conceitos de *ENTENDIMENTO, a nossa experiência, têm um uso *regulador* para o nosso entendimento teórico. A idéia de Deus, por exemplo, permite-nos ver o mundo como um *SISTEMA ordenado, e a idéia de PROPÓSITO guia o nosso entendimento de criaturas vivas.

Os sucessores de Kant acolheram favoravelmente essa renovação das idéias platônicas. Schiller fala, por exemplo, da "idéia de humanidade", no sentido de um conceito de razão que ainda está por ser plenamente compreendido; Schelling as considerou "poderes sobrenaturais" que governam a natureza e a ARTE; e Schopenhauer as viu como os protótipos que a arte imita.

O uso de *Idee* por Hegel tem muitas características distintas:

1. Uma idéia não é uma entidade subjetiva ou mental: distingue-se, portanto, de uma representação e não contrasta com "REALIDADE" ou "EFETIVIDADE", exceto na medida em que esta é uma categoria inferior que a idéia envolve ou SUPRASSUME. Uma idéia é a plena realização ou efetivação de um CONCEITO (o qual tampouco é uma entidade mental): uma idéia é, assim, verdadeira ou a VERDADE.
2. Uma idéia não é transcendente e separada de particulares: está plenamente realizada em certos tipos de particular. Apesar do seu respeito por Platão, Hegel rejeita qualquer visão de dois mundos (*ver* APARÊNCIA) e inclina-se mais para a noção aristotélica de que as idéias estão em coisas.
3. Uma idéia não é um IDEAL que *DEVAMOS realizar: ela é real no presente. Por conseguinte, as idéias não são práticas no sentido de Kant.
4. As idéias são racionais mas não regulam simplesmente o nosso entendimento do mundo: a idéia de VIDA, por exemplo, envolve FINALIDADE, da mesma forma que os sistemas *MECANICISTAS envolvem CAUSALIDADE.

O ponto de vista de Hegel de que uma idéia é um conceito plenamente efetivado tem raízes em Kant. Diferentemente de um OBJETO sensorial, um objeto correspondente a uma idéia pura é totalmente determinado por sua idéia ou conceito, uma vez que nenhum material *SENSORIAL extra é requerido para a sua existência ou para o nosso conhecimento de sua existência. Tal objeto (por exemplo, Deus, o mundo como um todo) é, portanto, incondicionado: depende tão-somente de sua própria natureza, de seu conceito, para a sua existência. Por isso a idéia primordial para Hegel é o mundo como um todo, o qual, ao contrário de entidades particulares dentro dele, não depende de nada que lhe seja estranho e está, portanto, em concordância total com o seu conceito. Mas o mundo não é inteiramente desprovido de *CONDIÇÕES e dizer que ele é totalmente determinado por seu conceito não significa que ele surge de uma só vez. Com efeito, Hegel procede à revisão da noção do incondicionado: o que é incondicionado não está inteiramente desprovido de condições mas suprassume aquelas condições que possui. Assim, o mundo é um processo, cada fase do qual condiciona a fase seguinte, mas é suprassumida por esta. De suas principais fases, por exemplo, a idéia lógica condiciona a NATUREZA, a qual por sua vez condiciona o ESPÍRITO, que então condiciona a idéia lógica; o mundo é um círculo de condições sucessivamente suprassumidas.

Mas essa noção de um TODO, o qual é determinado por seu próprio conceito, e suprassume suas condições externas, é transferida por Hegel para itens dentro do mundo. A vida é a idéia *IMEDIATA: um organismo vivo é relativamente autodeterminado, isto é, determinado pelo conceito nele codificado; absorve condições externas para dentro de si e as utiliza de acordo com o seu conceito.

A noção da idéia desenvolve-se, na Lógica, e a idéia de vida é apenas a sua primeira fase. Um organismo vivo está em harmonia imediata com o seu meio ambiente, mas na fase seguinte, a idéia de *CONHECER, há uma separação entre o conceito e um domínio objetivo inicialmente alheio que o conceito se esforça por superar. Aqui, o conceito não é tanto um plano codificado numa semente ou germe, mas o EU e seus recursos conceptuais. Essa idéia subdivide-se na idéia do verdadeiro, ou *CONHECER propriamente dito, e na idéia do bem, ou MORALIDADE. O Eu esforça-se por compreender o seu meio ambiente de um modo sistemático, para depois o transformar de acordo com a sua idéia do bem. A idéia, nesse caso, não é o acordo já realizado entre o conceito e a *OBJETIVIDADE, mas uma idéia num dos sentidos de Kant: um IDEAL de completa concordância entre conceito e objetividade, que se deve procurar obter, mas talvez nunca seja alcançado. (*E* apresenta a idéia de beleza, que é também um ideal que a ARTE, o retrato sensório da idéia absoluta, se esforça por realizar.)

As inadequações da idéia, nesse sentido, levam à idéia ABSOLUTA, a fase final da Lógica. A idéia absoluta é, primeiro, simplesmente, o objeto de estudo da lógica, a idéia EM SI E PARA SI. Isso reúne em si e, portanto, suprassume as dicotomias que assediam a idéia de cognição, entre, por exemplo, *SUBJETIVIDADE e objetividade. É um todo autodeterminante e autodiferenciador: a lógica *ABSTRAI de suas condições ambientais e históricas e deriva *PENSAMENTOS de outros pensamentos sem recorrer a fenômenos empíricos. Não existe separação entre a lógica e o seu objeto de estudo: como a lógica é simplesmente pensar sobre pensar ou pensamentos sobre pensamentos, o conceito está em plena concordância com o seu objeto, e a verdade é alcançada.

A idéia reaparece então no domínio da natureza, como a idéia em sua alteridade, e no do espírito, como a idéia retornando a si a partir da alteridade. Mas também aparece em várias entidades relativamente elevadas dentro do mundo, em, por exemplo, a VIDA ÉTICA do ESTADO. Em tais casos, Hegel tem em mente uma variedade de pontos: (1) O estado, se cumpre a sua idéia, é como devia ser: o indivíduo está à vontade nele e não há desajustamento entre os seus ideais e o mundo ético que ele habita. (2) O estado é um todo orgânico relativamente autodeterminante e autodiferenciador. (3) Assim, ele molda e forma os indivíduos que o constituem. Os indivíduos não são independentes dele. Se vêm a sê-lo e perdem o respeito por suas instituições éticas e políticas, o estado torna-se morto, como um corpo que perdeu sua alma. (4) O estado exemplifica e supera uma variedade de dicotomias: é, por exemplo, UNIVERSAL, PARTICULAR e INDIVIDUAL.

Idee em Hegel tem uma variedade de aplicações e significações. Isso reflete a complexidade de sua noção de um conceito: o conceito é um plano inicial (numa semente), uma força determinante interior (a alma, literal e metafórica, de um corpo), um ideal normativo, um sistema conceptual e um Eu cognoscente. O significado do termo contrastante ("realidade", "objetividade" etc.) e da "realização" do conceito varia em conformidade com isso. A *Idee* de Hegel (como a *idea* de Platão) é o produto de uma tentativa de fusão da ontologia, epistemologia, avaliação etc. num único conjunto de conceitos.

identidade, diferença e alteridade A expressão alemã comum para "o mesmo" é *der-, die-, dasselbe*. Indica a identidade tanto numérica quanto qualitativa. (O alemão recorre a perífrases, como *ein und derselbe*, "um e o mesmo", para distinguir a identidade numérica e qualitativa.) O termo antônimo é *ander* ("outro"), o qual é usado para a diferença tanto numérica quanto qualitativa. Hegel usa freqüentemente *derselbe* etc., mas não o discute em sua Lógica. Analisa a alteridade qualitativa no capítulo sobre "*SER DETERMINADO", onde o "outro" contrasta com "o algo" (*das Etwas*), e a alteridade numérica sob o título de "ser-*PARA-SI", onde "o outro" contrasta com "o um" (*das Eins*). Mas "o outro" e "alteridade" (*Anderssein*) são importantes do começo ao fim da Lógica, e o seu sistema como um todo, por exemplo, *AUTOCONSCIÊNCIA e LIBERDADE, consiste primordialmente em superar a alteridade.

O principal estudo de Hegel da identidade ocorre no capítulo da Lógica dedicado à "doutrina da ESSÊNCIA". Ele apresenta aí *Identität* (do latim *idem*, "o mesmo") com o adjetivo *identisch*. Isso indica principalmente a identidade numérica, embora nas mãos de Hegel venha a indicar também a identidade qualitativa, uma vez que, para ele, a própria distinção entre identidade numérica e qualitativa é problemática e fluida. Hegel prefere, com freqüência, usar *Einheit* ("unidade, unicidade", de *ein*, "um", e também o artigo indefinido "um"), porquanto ele tende a associar *Identität* com a identidade ABSTRATA do *ENTENDIMENTO. O contraste principal com *Identität* é *Unterschied*, a palavra mais geral para "diferença" ou "distinção". Isto provém de *unterscheiden* ("distinguir, discriminar, discernir") que, por sua vez, origina-se de *scheiden* ("separar, dividir" etc.). Como este tem uma forma reflexiva, *sich unterscheiden* ("diferir", mas literalmente "distinguir-se ou diferenciar-se"), Hegel pensa em *Unterschied* como o resultado de um processo de *auto*diferenciação. *Unterschied* pode referir-se a uma diferença numérica ou qualitativa. Hegel distingue *Unterschied* dos vocábulos semelhantes, *verschieden* ("diferente, diverso") e *Verschiedenheit* ("diferença, diversidade"). Estes derivam também de *scheiden*, mas o verbo correspondente, *vescheiden*, passou a significar somente "expirar, falecer" (*scheiden* significa também "afastar-se (por exemplo, da vida)"). Por conseguinte, *Verschiedenheit* é mais passivo em seu teor do que *Unterschied*, na medida em que não envolve nenhuma autodiferenciação ativa. Sugere diferença qualitativa, não simplesmente numérica.

Ocasionalmente, Hegel usa *Differenz*, derivado do latim. É um termo mais ativo do que *Verschiedenheit*, porquanto gera um verbo, *differenzieren* ("diferenciar") e também contrasta com *indifferent*, que sugere "não fazer ou discernir nenhuma diferença (importante)": *Differenz* envolve, assim, uma diferença que faz diferença, principalmente para os itens diferenciados. O vernáculo germânico para "indiferente" (em "é indiferente se..." e em "sou indiferente...") é *gleichgültig* (literalmente "igualmente válido"). A característica distintiva de *Verschiedenheit*, argumenta Hegel, é que os diferentes itens são indiferentes (*gleichgültig*) à diferença entre eles. Isso leva-o a considerar a palavra *gleich* ("igual, análogo"). Esta expressa também indiferença no idiomático "Para mim é tudo *gleich* ("o mesmo")", mas indica principalmente a igualdade ou identidade qualitativa de duas ou mais coisas ou, pelo menos, que elas são mais do que aproximadamente semelhantes (*ähnlich*). (*Gleichheit* ("semelhança, parecença") e *gleich* também são usados para "igualdade" humana e política.) *Gleich* gera *gleichen* ("igualar, ser como"), mas, para Hegel, mais significativo é o verbo *vergleichen* ("comparar, cotejar"). Se os diferentes itens são indiferentes à sua diversidade, semelhança e dissemelhança, então diversidade etc. lhes são atribuídas por um observador externo que os *compara*. Mas nem todas as diferenças entre coisas são desse tipo: por exemplo, espécies animais, religiões e partidos políticos diferenciam-se ativamente entre si. Assim, a CLASSIFICAÇÃO de animais não requer a comparação externa, mas o registro dos modos como as espécies se diferenciam. As diferenças, em tais casos, não são insignificantes nem muito grandes, como as existentes entre uma pena e um camelo: são diferenças específicas sobre um fundo de identidade genérica. Isso constitui uma distinção *DETERMINADA (*bestimmter Unterschied*). Esta, finalmente, é realçada e elevada ao nível de OPOSIÇÃO: cada oposto (por exemplo, norte e sul) depende essencialmente do outro, e retorna assim a um tipo de identidade.

Nessa exposição, Hegel tem em mente três questões:

1. As "LEIS de pensamento" da lógica formal, especialmente a lei de identidade ("Tudo é idêntico a si mesmo" ou "A = A"), e a lei de Leibniz de *Verschiedenheit* ou da identidade dos indiscerníveis ("Tudo é qualitativamente diferente de tudo o mais" ou "Não há duas coisas que sejam exatamente idênticas").
2. As doutrinas teológicas ou metafísicas da identidade ou unidade do mundo; por exemplo, a doutrina neoplatônica de que o mundo diverso emana de uma unidade original. A postulação de Schelling de uma identidade neutra, ou indiferença, subjacente na natureza e na mente, e o panteísmo ou a doutrina segundo a qual DEUS é idêntico com o mundo.
3. A classificação científica de espécies, elementos químicos etc.

1. Hegel é contrário à identidade abstrata da lógica tradicional e à lei da identidade. Algumas de suas objeções a isso (por exemplo, que nos restringe a enunciados do tipo "Um planeta é um planeta" e que uma asserção de identidade da forma "A = A" ou "A = B" envolve, *ipso facto*, *duas* entidades (ou seja, dois símbolos lingüísticos)) são equivocadas. Suas objeções básicas são estas:

(a) Ele tem dificuldade em ver como uma coisa pode ter uma RELAÇÃO (*Beziehung*) consigo mesma sem, desse modo, se reduplicar. Um fator, neste caso, é que o alemão para "estar relacionado com" é reflexivo, *sich beziehen (auf)* ("aplicar, relacionar-se com"), o que sugere um relacionamento ativo do sujeito consigo mesmo. Uma outra dificuldade é que o paradigma de auto-identidade para Hegel e outros idealistas alemães é a identidade do EU, o Eu = Eu, o qual parece envolver uma espécie de autoduplicação.

(b) Ele interpreta a asserção de que uma coisa é abstratamente auto-idêntica no sentido de que é totalmente contida em si e não envolve qualquer diferenciação em seu interior. Mas uma coisa desse tipo seria inteiramente vazia e indeterminada. É só na medida em que se relaciona ativamente com outras coisas e se diferencia destas, e no processo de diferenciar-se de si mesma, que uma entidade adquire uma natureza determinada. O seu modelo, de mais a mais, é o Eu: o Eu = Eu como tal é vazio; adquire conteúdo ao voltar a si do outro.

Hegel também põe objeções à lei de *Verschiedenheit*, na medida em que vê a diversidade como meramente indiferente aos diversos itens e não como o resultado de autodiferenciação ativa.

2. As doutrinas teológicas e metafísicas de unidade requerem mais do que a identidade abstrata e a diferença abstrata do entendimento. Elas pedem um tipo de identidade que se diferencia em pluralidade, ou um tipo de identidade que nos habilite, não à mera declaração de que Deus é pura e simplesmente idêntico ao mundo ou pura e simplesmente distinto dele, mas que está relacionado com este por uma identidade-na-diferença que se desenvolve por si mesma. O que Hegel tem em mente é menos a identidade atribuída a uma entidade descrita de modo diferente (por exemplo, "Cícero = Túlio") ou identidade ao longo do tempo (por exemplo, "Otaviano = Augusto"), do que a identidade de entidades que, aparentemente, pertencem a níveis ontológicos distintos (por exemplo, "a alma = o corpo" ou "a mente = o cérebro"). Esse tipo de identidade envolve NEGAÇÃO, e Hegel a ele se refere freqüentemente como "unidade negativa".

3. A idéia de Hegel de classificação, nas ciências empíricas e, especialmente, em seu próprio sistema, envolve uma identidade ou unidade que se diferencia e uma diferença que resulta de autodiferenciação. Na Lógica, a sua própria descrição de identidade, diferença etc. exemplifica tal processo classificatório. O conceito de identidade, por exemplo, encaminha-se *DIALETICAMENTE para o de *Unterschied* e, portanto, não é pura e simplesmente distinto, nem pura e simplesmente idêntico a ele.

ilusão *ver* APARÊNCIA, ILUSÃO E FENÔMENO.

imaginação *ver* MEMÓRIA, INTERNALIZAÇÃO E IMAGINAÇÃO.

imediatidade *ver* MEDIAÇÃO E IMEDIATIDADE.

imortalidade *ver* MORTE E IMORTALIDADE.

individual *ver* UNIVERSAL, PARTICULAR E INDIVIDUAL.

inferência, silogismo e conclusão O verbo *schliessen* significa "fechar, encerrar, concluir, estabelecer uma conclusão, inferir". Um substantivo derivado dele, *Schluss* ("terminação, fim, conclusão, final, inferência"), foi usado por Böhme para o latim *conclusio*, e por Leibniz e Wolff para o processo de inferência. Hegel explora esse vínculo entre "concluir" e "inferir", e também o fato de que *schliessen* forma, com o prefixo *zusammen* ("junto"), *zusammenschliessen* ("unir, combinar, ligar").

O grego *syllogismos*, do verbo *syllogizesthai* ("inferir"), também está associado às idéias de concluir e combinar ou "juntar dois e dois". Daí a palavra usual de Hegel para "inferência", *Schluss* — ele só ocasionalmente usa *Syllogismus* — ser traduzida com freqüência como "silogismo". A desvantagem dessa tradução é que, enquanto *syllogismos* significou originalmente "inferência", passou a referir-se apenas àquelas inferências reconhecidas como válidas por Aristóteles e a inferências similares adicionadas por lógicos na tradição aristotélica. Embora a maioria dos tipos de inferência considerados na Lógica de Hegel se inclua nesse título, não é esse o caso de algumas, como, por exemplo, a inferência indutiva. (Aristóteles reconheceu a indução, mas não como forma válida de silogismo.)

Hegel, à semelhança de Kant, sustentou que a lógica formal não tinha registrado qualquer progresso significativo desde Aristóteles. De fato, a lógica setecentista e do começo do século XIX conteve numerosas adições *ESTÓICAS e medievais à lógica de Aristóteles. Por exemplo, Aristóteles reconheceu somente silogismos cujas premissas e conclusão adotassem uma destas formas: (1) Afirmativa universal: "Todos os A's são B"; (2) Negativa universal: "Nenhum A é B"; (3) Afirmativa particular: "Alguns A's são B". (4) Negativa particular: "Alguns A's não são B". Mas a lógica do tempo de Kant e de Hegel adicionou-lhes as formas do juízo *INDIVIDUAL: (5) "Este A (por exemplo, Sócrates) é B"; (6) "Este A não é B". Um silogismo aristotélico tem duas premissas e uma conclusão. Por exemplo:

1 Todos os homens são mortais.

2 Todos os gregos são homens.

3 Todos os gregos são mortais.

1 é a premissa maior (em alemão, *der Obersatz*, 2 é a premissa menor (*der Untersatz*) e 3 é a conclusão (*der Schlusssatz*). Também envolve três termos ou conceitos, no exemplo acima, "homem", "grego", e "mortal". O termo que aparece em ambas as premissas, neste caso, "homem", é o termo médio (em Hegel, freqüentemente apenas *die Mitte*, "o meio, médio"); os outros dois termos são os "extremos"; o extremo na premissa maior, aqui "mortal", é o termo maior, o da premissa menor, "grego", é o termo menor. Aristóteles divide o silogismo em três esquemas ou figuras (uma quarta foi adicionada mais tarde, supõe-se que por Galeno), as quais diferem de acordo com as posições dos termos médio, maior e menor. O exemplo acima é na primeira figura, dado que os termos ocorrem nas seguintes posições: 1 Médio-Maior; 2 Menor-Médio; 3 Menor-Maior. As duas (ou três) outras figuras variam a ordem dos termos nas premissas (mas não na conclusão). Cada figura é então dividida em vários modos, de acordo com a forma proposicional das premissas e da conclusão. Assim, o silogismo acima é no primeiro modo (da primeira figura), porquanto suas premissas e conclusão são todas universais e afirmativas.

A explicação de Hegel da inferência, em sua Lógica, altera consideravelmente a lógica de Aristóteles e a lógica formal do seu próprio tempo. Aristóteles estava interessado nos processos pelos quais uma proposição pode ser validamente derivada de duas outras proposições. Mas, de acordo com a sua reinterpretação do JUÍZO como uma divisão original do CONCEITO em UNIVERSAL, PARTICULAR e INDIVIDUAL. Hegel reinterpreta as formas de inferência como os métodos sucessivamente mais adequados de restauração da unidade do conceito. Assim, é crucial para Hegel que uma inferência contenha um termo universal, um particular e um individual. Por exemplo, uma inferência de EXISTÊNCIA (*Dasein*) na primeira figura é esta:

1 Todos os *homens* são *mortais*.

2 *Caio* é um *homem*.

3 *Caio* é *mortal*.

Neste caso, o termo médio, "homem", é particular; o termo maior, "mortal", é universal; e o termo menor, "Caio", é individual. O termo individual é combinado com o universal por *MEDIAÇÃO do particular (U-P-I). A segunda figura da inferência de *Dasein* difere da primeira na medida em que une o universal e o particular por meio do individual (P-I-U); e a terceira figura une o individual e o particular por meio do universal (I-U-P). (Os termos da menos significativa quarta figura, a "inferência matemática", são todos universais.)

Hegel rejeita os modos de Aristóteles como uma complicação desnecessária, e passa da inferência de *Dasein*, em que os termos são "*EXTERNOS" em relação uns aos outros e estão ligados de forma contingente, para a inferência de REFLEXÃO, em que os termos estão mais rigorosamente ligados. A primeira forma é a inferência de "totalidade" (*Allheit*), uma versão melhorada da primeira figura da inferência de *Dasein*. A segunda é a inferência de indução, a qual une o particular com o universal por meio dos indivíduos, e a terceira, a inferência de analogia, une o individual com o particular pelo universal.

Finalmente, na inferência de NECESSIDADE, a relação entre os termos é ainda mais estreita: a inferência categórica, uma versão ainda mais melhorada da primeira figura de *Dasein*, une um indivíduo ao seu gênero mediante sua espécie (I-P-U). A inferência hipotética une a espécie ao gênero por meio do indivíduo (P-I-U); por exemplo, "Se Fido é um cão, então Fido é um animal; Fido é um cão; logo, Fido é um animal". Finalmente, a inferência disjuntiva une o indivíduo com a espécie por meio do gênero (I-U-P), o qual é exaustivamente dividido em suas espécies subordinadas: por exemplo, "Fido, sendo um animal, ou é um cão, ou um gato, ou um cavalo etc.; ele não é um gato ou um cavalo etc.; logo, é um cão". Esta inferência, no entender de Hegel, restabelece inteiramente a unidade do conceito, e podemos agora passar ao domínio da *OBJETIVIDADE.

Hegel vê, diferentemente de Aristóteles, cada tipo de inferência, exceto a última, como tendo defeitos que só podem ser resolvidos avançando para o tipo seguinte de inferência. Por exemplo, a primeira figura de *Dasein* (I-P-U), exemplificada acima, tem estes defeitos:

1. É inteiramente contingente a escolha de "homem", "mortal" e "Caio" como os nossos termos. Podíamos ter deduzido a mortalidade de Caio de premissas diferentes (por exemplo, "Todos os agricultores são mortais" e "Caio é um agricultor"). Esse defeito é resolvido, na opinião de Hegel, pela relação cada vez mais estreita entre os termos em sucessivos tipos de inferência.
2. As premissas da inferência, "Todos os homens são mortais" e "Caio é um homem", ainda não estão demonstradas, e não podem ser demonstradas na primeira figura. Hegel, como J.S. Mill, alega até que o silogismo envolve uma *petitio principii*, porquanto não podemos saber que todos os homens são mortais, a menos que já conheçamos a conclusão, que Caio é mortal. Isso motiva a introdução, em cada tipo principal de inferência, das segunda e terceira figuras (P-I-U) e (I-U-P), uma vez que estas podem

demonstrar as premissas da primeira figura. Mas o que ele requer não é um regresso *INFINITO, no qual as premissas de qualquer inferência são demonstradas por duas outras inferências, mas um círculo de inferências, no qual duas figuras quaisquer demonstram as premissas da terceira.

Mas o principal desvio de Hegel da ortodoxia aristotélica é este: que as inferências se apresentam como um modo de argumentar a partir de duas proposições para se chegar a uma terceira é unicamente a sua "forma subjetiva". As inferências de *Dasein*, devido à contingência de seus termos, são mais suscetíveis a essa leitura subjetiva do que os tipos superiores de inferência. Mas todas as inferências têm também um "significado objetivo" – a unificação de universalidade, particularidade e individualidade – o qual não é essencial ou primordialmente proposicional. Nem a inferência é, como sustentou Aristóteles, essencial ou primariamente uma forma adotada pelo nosso pensar subjetivo. No entender de Hegel, *tudo* é uma inferência. Basicamente, tudo é um indivíduo de uma dada espécie e de um gênero universal. Mas uma totalidade autônoma, como o sistema solar (sol-planetas-luas), o ESTADO ou o universo como um todo são sistemas circulares de três inferências que mutuamente se sustentam, com um elemento universal, particular e individual, servindo cada um deles para unir os outros dois. O estado, por exemplo, envolve a pessoa individual (I), suas necessidades (P) e um governo (U), e cada um une os outros dois. Do mesmo modo, o universo envolve a idéia lógica (U), natureza (P) e espírito (I): no seu sistema, Hegel apresenta-os na ordem U-P-I, mas qualquer ordem é igualmente apropriada, uma vez que cada termo medeia os outros dois.

A objetificação de Hegel da inferência é parte de sua transposição sistemática de termos tradicionalmente associados ao pensamento subjetivo (por exemplo, RAZÃO, juízo, conceito, CONTRADIÇÃO, VERDADE) para o domínio objetivo. Uma vez que, por exemplo, a razão está tradicionalmente associada à inferência, e as coisas, assim como o pensamento, podem ser racionais e verdadeiras, é natural supor que as coisas também são inferências. A motivação para a transposição é esta: o autêntico IDEALISMO requer que as coisas não sejam simplesmente projeções estáticas do *PENSAMENTO, mas que consubstanciem também os processos de pensamento. Mas de acordo com o princípio de *OPOSTOS de Hegel, a doutrina é também um realismo extremo, porquanto as coisas harmonizam-se totalmente com os nossos pensamentos e formas de pensar.

Uma objeção natural à doutrina é que mesmo se, por exemplo, o estado exibe tal estrutura tríplice, a sua relação com a inferência é mais de analogia superficial do que de profundo parentesco.

infinidade *Unendlichkeit* ("infinidade") e *unendlich* ("infinito") contrastam com *Endlichkeit* ("*FINITUDE") e *endlich* ("finito"), e indicam a ausência de um fim (*Ende*) ou LIMITE. O equivalente grego, *to apeiron*, aparece pela primeira vez em Anaximandro, e se refere à substância básica de que todas as coisas consistem e, provavelmente, tem mais o sentido de "indefinido, indeterminado", do que de "sem fim no espaço ou no tempo". Os atomistas, Leucipo e Demócrito, consideraram os átomos numericamente infinitos e os localizaram num espaço infinito e num tempo infinito. Mas, de modo geral, o *apeiron* foi considerado intelectualmente intratável e avaliatoriamente desacreditado. Os pitagóricos iniciaram sua tábua de *OPOSTOS com o limitado e o ilimitado, correspondendo ao bom e ao mau. "Ilimitado", neste caso, ainda comporta o sentido de "indeterminado", assim como de "infinito", e isso persiste no *Filebo*, de Platão, onde o limite (*peras*) e o ilimitado são vistos como dois princípios do ser, governados por uma razão cósmica que os amalgama em todas as coisas. Aristóteles, para quem o *apeiron* é mais definidamente o "infinito", tentou ver o cosmo como finito no tempo e no espaço. Quando a infinidade parecia inevitável, ele argumentou que era meramente potencial, não REAL: por exemplo, uma linha pode ser dividida indefinidamente, mas não consiste nem pode ser dividida numa infinidade real de partes. Considera-se que um cosmo ordenado exclui a infinidade irrestrita.

Assim, os antigos deuses gregos não eram infinitos. Mas Fílon de Alexandria (que combinou platonismo com judaísmo) considerou Deus infinito, ou seja, não infindavelmente expandido no espaço ou no tempo mas contendo numa forma concentrada tudo o que pode ocorrer no espaço e no tempo. Portanto, o infinito deixa de ser defectivo para ser visto como perfeito e completo. Os filósofos cristãos primitivos e medievais retiveram a idéia grega de que o mundo é finito, mas inverteram a sua avaliação: o mundo finito é um produto imperfeito de um Deus infinito.

A noção de que o mundo é simplesmente finito foi desafiada de duas direções. Primeiro, místicos como Eckhart argumentaram que, como a alma humana deriva em essência de Deus e busca a união com ele, ela não pode ser irrestritamente finita. Segundo, Nicolau de Cusa (a quem, surpreendentemente, Hegel nunca menciona) argumentou que, como o mundo explicitamente amplia em espaço e tempo o que está implicitamente concentrado em Deus, também deve ser espaço-temporalmente infinito. Essa doutrina foi desenvolvida por Copérnico e Giordano Bruno. Também Kant foi atraído pela idéia de que o poder infinito de Deus se expressou no contínuo DESENVOLVIMENTO de sua criação.

Depois da descoberta de Newton e de Leibniz do cálculo infinitesimal, os matemáticos tentaram apresentar uma descrição coerente do infinitamente pequeno, assim como do infinitamente grande. O assunto (ao qual Hegel dedica uma extensa seção de *CL*) ainda estava pendente no seu tempo, mas os matemáticos inclinavam-se para a noção quase-aristotélica de que o infinitamente pequeno é meramente potencial, isto é, que linhas etc. podem ser feitas tão pequenas quanto queiramos, mas não há linhas reais infinitamente pequenas. O infinitamente grande também foi considerado paradoxal: é igual em tamanho ou número a uma parte apropriada de si mesmo, por exemplo, a série 2, 4, 6, 8 etc. tem tantos termos quanto a série 1, 2, 3, 4 etc. Mas espaço e tempo, assim como números, pareciam requerer um infinitamente grande que era real, não meramente potencial.

Schelling e Hegel viram dois problemas centrais na infinidade. Primeiro, se o infinito é distinto do finito, é *limitado* pelo finito e, portanto, é mais finito do que infinito. Se, por exemplo, DEUS é distinto do mundo, ele é finito. Assim, eles sustentaram, como Fichte, que o infinito não é distinto do finito mas envolve o finito como um aspecto ou "*MOMENTO" de si mesmo. Segundo, uma regressão infinita ou uma progressão infinita é falha, intelectualmente incoerente e praticamente contraproducente. (Schelling ilustrou a má infinidade com o exemplo da dívida nacional inglesa, antigos empréstimos sendo pagos por novos empréstimos, indefinidamente.) Assim, eles objetaram à idéia de Kant e Fichte de que a humanidade tem um objetivo pelo qual *DEVE lutar, mas não o alcançará num tempo finito. De modo geral, Schelling e Hegel não distinguem entre uma série que tende para um limite (como a de Kant e, por exemplo, 1 + 1/2 + 1/4 + 1/8 +...) e uma que não (por exemplo, 1 + 1 + 1 + 1 +... ou 1 – 1 + 1 – 1 + 1...).

Esses dois problemas são distintos: a infinidade de Deus não consiste, primordialmente, numa regressão infinita, mesmo que os teólogos racionalistas argumentem que ela é, por exemplo, poderosa em grau infinito e pode realizar inferências de extensão infinita. Inversamente, uma série infinita contém seus termos finitos e não se distingue destes de forma clara. Mas em ambos os casos, reconheceu Hegel, o infinito não é genuinamente infinito: ao avançar através de uma série infinita, jamais logramos ir além de um segmento finito dela, sem alcançar nunca o próprio infinito. (Poder-se-ia também argumentar que uma deidade distinta de sua criação e, portanto, finita, requer uma outra deidade para explicar a *sua* existência, e assim por diante *ad infinitum*.)

Spinoza tinha feito a distinção entre a infinidade (interminável) da imaginação e a infinidade (fechada em si) do intelecto. Hegel também distingue o mau (*schlecht*) infinito do *ENTENDIMENTO do *VERDADEIRO infinito da RAZÃO, o qual envolve o finito, em vez de contrastar com ele, e não continua eternamente. O mau infinito é representado por uma linha reta, que se estende infinitamente em ambos os extremos, o verdadeiro infinito por um círculo, o qual é, poderíamos dizer, "finito mas ilimitado". Ele aplica essa idéia a qualquer estrutura recíproca ou circular relativamente auto-suficiente, em contraste com um interminável avanço de uma coisa para uma outra: por exemplo, três INFERÊNCIAS que se sustentam mutuamente, em contraste com uma série má e infinita de inferências; o envolvimento recíproco de *CAUSA e efeito em contraste com uma série infinita de causas e efeitos; o ESPÍRITO ou *AUTOCONSCIÊNCIA que não é limitado por seu outro, mas está (*bei sich*) nele; e a própria lógica, na qual o *PENSAMENTO tem-se a si como seu objeto e não depende de um outro limitante. A verdadeira infinidade está freqüentemente associada à NEGAÇÃO da negação: o finito é o negativo, o qual é, por sua vez, negado de modo a produzir uma afirmativa.

A aplicação central da verdadeira infinidade é ao universo como um todo: Deus não pode ser distinto do mundo, pois seria então duas entidades finitas, as quais não poderiam ser independentes e explicadas por si mesmas. Da mesma forma, o mundo não pode avançar e recuar para sempre: ele deve ter uma forma circular auto-suficiente. Além disso, o pensamento a respeito do mundo não pode ser distinto do mundo, pois nesse caso pensar e ser limitar-se-iam mutuamente e seriam duas entidades finitas, não independentes e auto-suficientes. Por conseguinte, o pensamento é idêntico ao (mas também diferente do) mundo, e também é circular. O CONCEITO é, assim, tão infinito quanto o mundo. A verdadeira infinidade explica, portanto, várias características do sistema de Hegel: por exemplo, por que deve Deus ser a estrutura lógica do mundo, e por que formas de pensamento, como a inferência, devem estar implantadas no mundo.

Hegel tenta restabelecer, num plano mais elevado, o mundo finito e fechado de Aristóteles, em contraste com o mundo aberto do Iluminismo e da ciência newtoniana, carregado de oposições entre o eu, Deus e o mundo, e várias infinidades indigeríveis. Mas tais infinidades são difíceis de eliminar: Hegel subentende que *ESPAÇO e TEMPO são (más) infinidades. Não sugeriu, como poderia ter feito, que o espaço é circular, de maneira que o movimento numa linha reta acabaria por nos devolver ao nosso ponto de partida. Tampouco reviveu, como Nietzsche, a idéia pitagórica de que o tempo é circular, envolvendo a interminável recorrência de acontecimentos exatamente similares, ou até numericamente idênticos. O eterno retorno estaria em conflito com a crença de Hegel em que a HISTÓRIA progride para um meta, mas o fato de negligenciar isso o leva a vacilar, de modo equívoco, entre a idéia de que a história chega (ou chegou) a um fim e a idéia de que ela prossegue rumo ao (mau) infinito, mesmo que não possamos saber como continuará e tenhamos de nos confinar à infinidade verdadeira do presente.

interior e exterior, interno e externo As preposições *aus* ("de, fora de etc."), *ausser* ("lado de fora, exterior etc.") e *in* ("em, dentro de"), e o advérbio *inne(n)* ("dentro, no interior de"), dão origem a numerosas palavras nesta área:

1. Os adjetivos *innerlich* ("interno, interior") e *äusserlich* ("externo, exterior") são comumente usados para distinguir o que está na superfície do que está abaixo dela, em expressões tais como "um ferimento *äusserliche*, ou seja, superficial", "calma *exterior*, em contraste com agitação *íntima*" etc. O substantivo *Innerlichkeit* ("interioridade, contemplação") deriva dos místicos alemães e tem dois principais sentidos: (a) a ESSÊNCIA de uma coisa; (b) o domínio de si, a autoconfiança, o recolhimento espiritual de uma pessoa. *Äusserlichkeit* ("exterioridade, externalidade") foi criado no século XVIII para indicar o que é inessencial para uma coisa ou pessoa.

Hegel usa os substantivos e os adjetivos numa variedade de contextos, e nem sempre em contraste mútuo: a *Äusserlichkeit* de uma FORÇA (sua "manifestação externa") é idêntica à sua *Innerlichkeit*. Se duas coisas são *äusserlich*, elas são indiferentes uma à outra, intrinsecamente desconexas e independentemente variáveis, como o formato de uma coisa e sua cor. A NATUREZA é *OUTRA e *äusserlich* em relação ao ESPÍRITO e, por conseguinte, é outra e *äusserlich* em relação a si mesma, isto é, desdobrada no espaço e no tempo. Assim, os principais usos de *Innerlichkeit* dizem respeito ao domínio do espírito. A *Innerlichkeit* ("vida interior") do espírito é contrastada com o seu *SER DETERMINADO (*Dasein*), isto é, seu exterior corporal (*FE*, VII.A). Mas a *Innerlichkeit* da mente é também contrastada com a *Äusserlichkeit* do mundo externo. O *innerlich* é por vezes equiparado ao EM SI, o qual necessita ser realizado e revelado: grandes homens trazem à CONSCIÊNCIA a *Innerlichkeit* inconsciente de seus contemporâneos. Entretanto, mais comumente a *Innerlichkeit* é consciente; pode ser a vida interior característica de todos os homens, ou a *Innerlichkeit* *SUBJETIVA ou especialmente autoconsciente associada a Sócrates, ao protestantismo, a Descartes e ao ROMANTISMO. Nesse sentido, *Innerlichkeit* é semelhante a *Innigkeit* ("interioridade, intimidade"), o que sugere intensidade interior, sobretudo quando se refere a relações como o amor e a amizade. Hegel a vê como característica especial do povo alemão. Em *E*, *Äusserlichkeit* refere-se à FORMA material em que o IDEAL estético está consubstanciado, ao ambiente externo do indivíduo e à apresentação da obra ao público.

2. Os adjetivos *äusser* ("exterior") e *inner* ("interior") são comumente usados em contextos tais como "o quadrângulo interior/exterior", "o círculo familiar interior (isto é, íntimo)", "valor interior (isto é, intrínseco)", "aparências exteriores", "negócios internos/externos (isto é, estrangeiros)". Os substantivos adjetivados, *das Innere* (o interior) e *das Äussere* (o exterior) são comuns no alemão vulgar.

Hegel usa freqüentemente *das Innere* para a essência íntima de uma coisa e *das Äussere* para a aparência externa, e também para a vida interior de uma pessoa em contraste com seu corpo, ações e fala. A sua análise dos conceitos na Lógica desenvolve-se a partir de sua definição de FORÇA e de sua externalização (*Äusserung*). O seu argumento é o seguinte: "interior" e "exterior" são *OPOSTOS correlativos. Assim, cada um envolve logicamente o outro. Ele interpreta isso como significando que, no caso de coisas reais, seu interior ou essência deve corresponder ou ter o mesmo *CONTEXTO que seu exterior ou APARÊNCIA. Mas "o interior" tem dois sentidos diferentes a respeito de coisas reais e significa:

(a) a potencialidade não desenvolvida de uma coisa, por exemplo, a planta é meramente interior na semente, a racionalidade do bebê é meramente interior, e assim é também a de uma pessoa defeituosa, como um criminoso;

(b) o âmago ou essência de algo que está plenamente desenvolvido, por exemplo, a essência da natureza ou as intenções íntimas etc. de um agente.

O princípio de identidade de interior e exterior aplica-se de forma diferente a esses dois tipos de caso:

(a) As características externas da semente não refletem a sua potencialidade interna. Mas, como a sua natureza é meramente interior, a própria semente é meramente externa: um pedaço inexpressivo e inarticulado de matéria, o qual, em contraste com uma planta, é passivo e vítima de ataques externos. Do mesmo modo, o corpo do bebê é relativamente mal coordenado e inexpressivo, ao passo que o corpo de um adulto expressa a sua vida interior desenvolvida. Além disso, as formas racionais e culturais que constituem sua natureza interior são-lhe inteiramente externas, consubstanciadas em seus pais. De modo análogo, as formas sociais que o criminoso internalizou inadequadamente parecem-lhe ser imposições alheias (na forma de PUNIÇÃO), em vez de expressões de sua própria VONTADE. O princípio, neste caso, é que a superfície exterior do indivíduo é meramente "externa" no mesmo grau em que o seu interior é meramente interno, e em que a externalidade que expressa o seu interior situa-se a uma distância do indivíduo correspondente à profundidade em que o seu interior está enterrado.

(b) Hegel, tal como Goethe, sustentou que o interior de uma entidade plenamente desenvolvida, como a NATUREZA, não pode diferir de seu exterior. O seu interior pode estar a uma certa distância de sua superfície mas é, em princípio, acessível à observação e ao pensamento. Se supusermos que a natureza tem um interior que difere do seu exterior, descobrimos, após REFLEXÃO, que o seu pressuposto interior reside em *nós*, o observador externo, isto é, que, como no caso (a), o interior é externo à natureza num grau correspondente à sua suposta profundidade dentro da natureza.

Hegel é particularmente contrário à idéia de que o exterior de uma pessoa (suas AÇÕES, obras etc.) não reflete o seu interior (as suas intenções etc.), tanto no sentido de que os feitos admiráveis de um homem poderiam resultar de motivos mesquinhos ou perversos (uma asserção que ele associa à HISTÓRIA "pragmática"), quanto no sentido de que uma pessoa cujos atos e obras são insignificantes ou prejudiciais poderia ter tido boas intenções, grande talento etc.: "Um homem é aquilo que faz" (*Enc.* I, §140A). Planos bem estabelecidos podem ocasionalmente fracassar e grandes proezas podem esconder a hipocrisia. Mas, a longo prazo, e aos olhos de um observador cuidadoso, a vontade interior revelar-se-á no exterior.

De fato, a correlatividade lógica de "interior" e "exterior" não acarreta que o exterior reflita sempre fielmente o interior, dado que o interior e exterior *reais* não precisam estar tão estreitamente relacionados quanto os *conceitos* de interior e exterior. Os argumentos de Hegel no caso (a) ou são tautológicos (por exemplo, que se a natureza de uma coisa é interior, isto é, meramente *potencial*, a sua forma exterior é meramente externa, isto é, não expressa o seu interior), ou procedem levianamente com as noções de interior e exterior. As suas conclusões no caso (b) dependem menos da lógica de "interior" e "exterior" do que das dificuldades epistemológicas e explanatórias em atribuir a uma coisa ou pessoa um interior em total conflito com o seu exterior, e de uma preferência do exterior sobre o interior na avaliação de pessoas. Mas Hegel também assimila o caso (b) ao caso (a): as intenções interiores etc. são meramente potenciais na medida em que lhes falta um caráter plenamente determinado, independentemente de suas manifestações exteriores. Assim, se as intenções de uma pessoa são inteiramente indignas, elas devem revelar sua indignidade na conduta externa. Mas ainda assim é concebível que um homem que faz gloriosa história seja movido por intenções abjetas etc., as quais só se revelam em sua vida privada.

3. O verbo *äussern* ("manifestar, expressar, exprimir"), sobretudo em sua forma reflexiva, *sich äussern* ("manifestar-se, expressar-se, mostrar-se"), é usado, por exemplo, em relação a uma força. *Äusserung* é a expressão de uma força. Como não existe nenhum verbo *innern* ou substantivo *Innerung* correspondentes, Hegel recorre geralmente a um substantivo diferente (por exemplo, *Rückkehr*, "volta, regresso") ou ao seu correlativo verbal (*zurückkehren*, "regressar") para significar a retirada de, por exemplo, uma força para o interior, depois de ter produzido o seu efeito externo. Mas usa freqüentemente o verbo *(sich) erinnern* ("refazer-se, repor-se, *INTERNALIZAR") nesse sentido, contrastando-o com *(sich) entäussern* ("*ALIENAR(-se)" etc.). *Ausdruck* e *ausdrücken* (literalmente, "espremedura" e "espremer", "fazer brotar") também são usados para expressão verbal, corporal e artística.

4. Hegel emprega freqüentemente o advérbio *aussereinander* ("fora um do outro"), especialmente como um substantivo, *das Aussereinander* ("o estar fora um do outro"), para expressar a idéia de que o *SENSÓRIO (ao contrário do *PENSAMENTO e da REPRESENTAÇÃO) e a NATUREZA (ao contrário do ESPÍRITO) são exteriores a si ou estão fora de si, ou seja, espalhados no espaço e no tempo, não simplesmente externos ao ser humano.

internalização *ver* MEMÓRIA, INTERNALIZAÇÃO E IMAGINAÇÃO.

interno *ver* INTERIOR E EXTERIOR, INTERNO E EXTERNO.

Introdução à estética (Vorlesungen über die Ästhetik) (*E*) Hegel lecionou *ESTÉTICA em Heidelberg e também em Berlim no inverno de 1820-21, nos verões de 1823 e 1826 e no inverno de 1828-29. H.G. Hotho editou *E* em três volumes para as *Obras* em 1835 e, com revisões, em 1842. As lições sofreram alterações ao longo dos anos, mas Hotho reuniu as notas de Hegel e os transcritos dos estudantes das lições de 1823, 1826 e 1828-29. *E* recebeu freqüentemente o título ou subtítulo de "Lições sobre belas-artes", o qual, embora não fosse o título usado por Hegel para as suas lições, reflete o seu conteúdo com mais precisão.

Hegel viu a ARTE, ao contrário de Kant, como uma atividade dotada de uma HISTÓRIA, e estava interessado tanto no *CONTEÚDO da arte quanto em sua FORMA. Mas em ambos os aspectos o seu empreendimento tinha antecedentes. Herder, em sua resposta a *CJ*, Kalligone (1800), criticara Kant por concentrar-se na forma de arte à custa do seu conteúdo ou ESPÍRITO. Herder sublinhou que a poesia romana da RELIGIÃO, linguagem, costumes etc. de um POVO, e desenvolveu a abordagem genética ou histórica da crítica literária. A arte, como tudo o que é humano, é histórica: assim, não existem regras a-históricas para avaliar a arte, e a *BELEZA é "histórica", não "absoluta". Mas a história da arte foi iniciada por Winckelmann, especialmente em sua *História da arte da Antigüidade* (1764). Argumentou ele que a arte reparte-se em três fases: infância, maturidade e envelhecimento. A fase de maturidade é a da arte grega, que ocupa a maior parte da obra. Hegel (como Herder) tinha grande respeito por Winckelmann e compartilhava de sua admiração pela arte grega, embora rejeitando a sua exaltação dela à custa de todas as outras artes. A.W. Schlegel deu aulas sobre arte, publicadas como *Introdução à bela [schöne] literatura e arte* (1801-4). Esta foi consultada por Schelling para suas lições sobre a filosofia da arte em 1802-3, nas quais tentou dar uma "construção histórica" do conteúdo da arte e de suas formas. Schelling não tinha tanta erudição quanto Hegel mas a sua explicação da arte e do seu lugar na filosofia é semelhante à de Hegel. (Diferentemente de Hegel, ele colocou a arte no pináculo da filosofia.)

E começa com uma introdução geral. O objeto da estética, argumenta Hegel, é o belo artístico. A arte, como produto do espírito, é superior à NATUREZA. Objetos naturais podem ser belos, mas sua beleza é parasítica da arte: só a MENTE ou espírito é capaz de VERDADE e beleza. Além disso, somente a beleza da arte pode ser estudada em moldes científicos. (*Kunst*, como "arte", contrasta com "ciência" (*Wissenschaft*). Mas o alemão admite facilmente falar de "ciência" ou estudo sistemático da arte.) Como objeto de beleza, por exemplo, o Sol é uma entidade isolada, inferior ao espírito, ao passo que, se o considerarmos cientificamente, em suas RELAÇÕES (*Zusammenhang*) com outras entidades, ele não é considerado de *per si* ou, portanto, como belo.

Foi contestado que a arte é trivial, diversa e ilusória demais para ser o objeto de uma ciência ou, por outro lado, que um tratamento científico abstrato ignorará o abundante conteúdo sensorial e emocional da arte. Hegel responde que a arte não é primordialmente decorativa mas (ao contrário da natureza) expressa "a natureza divina, os mais profundos interesses da humanidade e as mais compreensivas verdades do espírito". Não é ilusão nem fraude; "o verdadeiro significado (*Gehalt*) das APARÊNCIAS (*Erscheinungen*) liberta-se da ilusão (*Schein*) e do engano (*Täuschung*) neste mundo perverso e transitório, e confere-lhes uma EFETIVIDADE superior, nascida do espírito". Assim, a arte merece um tratamento científico. E como a arte é essencialmente espiritual e não exclusivamente sensorial, convida à reflexão filosófica. A nossa época é uma época de profunda REFLEXÃO, em que "a arte já não proporciona aquela satisfação de necessidades espirituais que épocas e povos de outrora nela buscavam"; por isso a ciência da arte é "uma necessidade muito mais premente em nossos dias".

Há duas abordagens tradicionais da estética. Uma começa com as próprias obras de arte e inclui, no entender de Hegel, não só uma vasta erudição artística, a qual considera todo o repertório de obras em seus respectivos contextos históricos mas tenta (por exemplo, a de Horácio), usualmente baseada numa estreita gama de obras, formular regras para a produção de arte ou regras para a sua apreciação, regras de gosto. Hegel argumenta que tanto a produção quanto a avaliação de arte não se sujeitam a regras simples e, assim, acolheu favoravelmente a recente ênfase contrária sobre o artista como gênio, cuja criatividade não depende de regras e transgride quaisquer regras que lhe queiram prescrever e impor. Isso, acredita Hegel, subestima o conhecimento e a capacidade técnica requeridos do artista, mas levou a uma ampliação da nossa sensibilidade estética para incluir a arte de outras culturas, por exemplo, a indiana. A segunda abordagem, exemplificada por Platão, consiste em examinar o conceito abstrato de beleza. Nenhuma dessas duas abordagens é adequada, na opinião de Hegel. Devemos desenvolver um CONCEITO de beleza que seja suficientemente *CONCRETO para explicar o surgimento de certos tipos e obras de arte.

Idealmente, esse conceito surge sistematicamente da fase precedente de filosofia, mas, neste caso, Hegel desenvolve o conceito a partir de algumas *CONCEPÇÕES comuns sobre arte, as quais se repartem entre três epígrafes.

1. *A arte é um produto de atividade humana*. Hegel argumenta que (a) a arte não resulta da aplicação de regras, nem apenas do gênio e da inspiração; (b) é uma revelação de DEUS superior à da natureza; e (c) resulta da "necessidade racional do homem de exaltar o mundo INTERIOR e *EXTERIOR numa CONSCIÊNCIA espiritual para si, como um OBJETO (*Gegenstand*) no qual ele reconhece o seu próprio eu".

2. *A arte é criada para o homem, recorre mais ou menos ao* SENSÓRIO *e é dirigida à sensibilidade do homem*. Hegel argumenta aqui: (a) Essencialmente, a arte não expressa ou desperta SENTIMENTOS (*Gefühle*) ou emoções (*Empfindungen*): os sentimentos (por exemplo, o medo, que pode tomar *qualquer coisa* como seu objeto) são por demais indeterminados e grosseiros para fazer jus aos ricos detalhes da arte. (b) Não depende de um especial sentimento ou sensação de beleza (ou "gosto"): o gosto interessa-se apenas pelos arranjos superficiais da arte e negligencia suas profundidades espirituais. (c) Uma obra de arte, por exemplo, uma pintura de frutas, se for apreciada de forma apropriada, não desperta desejo pelo objeto retratado. (d) Não convida à análise teórica ou conceitual do objeto retratado, por exemplo, das propriedades químicas ou biológicas da fruta. (e) A arte, portanto, dá a semelhança (*Schein*), não a presença material, do sensório. Por conseguinte, apela para os sentidos "teóricos" da visão e da audição, não para os sentidos corporais do paladar, cheiro e tato. (f) Assim, o sensório é processado pela mente do artista. Uma obra de arte tem um significado interno (*Bedeutung*), expresso por sua FORMA externa, tal como a *ALMA ou mente é expressa pelo corpo. Mas o artista não concebe *primeiro* o significado em termos prosaicos e *depois* o consubstancia numa forma sensória. Forma e conteúdo estão intrinsecamente interligados, mais do que externamente combinados. Portanto, o artista necessita de *IMAGINAÇÃO (*Phantasie*).

3. *A arte tem um fim ou* PROPÓSITO *particular*. Argumenta Hegel: (a) O propósito essencial da arte não consiste meramente em imitar a natureza. Tal imitação é supérflua. (b) O seu propósito essencial não é nos apresentar toda a gama de possível experiência e emoção humana. Isso significaria que o conteúdo da arte era um assunto de completa indiferença. (c) A arte liberta-nos de nossos desejos e paixões (o sensório) ao apresentá-los ou aos seus objetos numa forma objetiva que convida mais à contemplação do que ao

deleite dos sentidos. Mas a sua significação interna envolve mais do que isso. (d) A arte pode purificar as paixões e nos aperfeiçoar moralmente. Mas (i) nem sempre é fácil ver como isso pode ser realizado: "O retrato de Maria Madalena, a bela pecadora que mais tarde se arrependeu, seduziu muitos a pecarem, pois a arte fez o arrependimento parecer tão belo que temos de pecar para podermos nos arrepender." (ii) Essencialmente, a arte supera as OPOSIÇÕES envolvidas na MORALIDADE, entre, por exemplo, o sensório e o conceptual, o desejo e a razão. (iii) A finalidade da arte não pode ser servir a algum propósito externo a si mesmo, o qual poderia ser servido por outros meios. A obra de arte tem uma finalidade que lhe é imanente. Seu objetivo é revelar a verdade numa forma sensível e apresentar a reconciliação de opostos. (O seu significado pode ser expresso por outros meios, por exemplo, em prosa, somente mais tarde, quando o é.) Essa finalidade está intrínseca em seu conceito, o que não ocorre, por exemplo, no ensino, no aperfeiçoamento moral, na fama ou no dinheiro.

A Introdução conclui com uma "Dedução histórica do verdadeiro conceito de arte", a qual considera Kant, Schiller, Winckelmann, Schelling e a IRONIA romântica. Segue-se-lhe uma exposição da "Divisão" (ou CLASSIFICAÇÃO) da estética, a qual resume o conteúdo de *E*. Essa divisão decorre, acredita Hegel, do próprio conceito de arte. A arte apresenta a IDÉIA em imagens sensoriais. Isso envolve três requisitos: (1) O conteúdo deve ser apropriado à representação artística. (2) Portanto, o conteúdo não deve ser puramente ABSTRATO, por exemplo, Deus concebido como unidade pura e simples, mas, como o Deus cristão, *CONCRETO e representável. (A natureza concreta do conteúdo envolve a tendência de, por exemplo, o Deus cristão e, especialmente, dos deuses gregos para aparecer num forma perceptível.) (3) A forma sensória desse conteúdo deve ser (a) concreta e (b) existir "unicamente em nossa mente (*Gemüt*) e espírito". Pois, diferentemente das belezas naturais, a "obra de arte não possui um ser tão simples e egocêntrico, mas é, essencialmente, uma interrogação, endereçada ao coração sensível, um apelo dirigido às mentes e espíritos".

Mas alguns conteúdos, ou concepções da idéia, podem expressar-se pela arte mais adequadamente do que outros. Os deuses gregos podem ser inteiramente representados em forma humana, ao passo que o Deus cristão, com sua grande profundidade espiritual, furta-se a um retrato sensorial totalmente adequado. A excelência da arte depende da intimidade com que se combinam a idéia e sua forma. Isso fornece um princípio de divisão, pois a arte deve passar por vários estágios de adequação nessa união de idéia e forma. A divisão é a seguinte:

1. Uma parte UNIVERSAL, a qual considera a idéia universal de beleza (o IDEAL) e sua relação com a natureza e a produção artística.
2. Uma parte *PARTICULAR, a qual considera as visões particulares do mundo (*Weltanschauungen*) que são expressas em arte. Estas originam a forma simbólica de arte, na qual o conteúdo é demasiado escasso e abstrato para ser adequadamente expresso; a forma clássica, na qual a expressão do conteúdo é totalmente adequada; e a forma romântica (isto é, cristã), na qual o conteúdo é demasiado rico e *SUBJETIVO para encontrar adequadamente expressão em arte.

3. Uma parte que considera as artes particulares, mas que é vista como *INDIVIDUAL, porquanto as obras de arte individuais surgem neste estágio. Elas distinguem-se principalmente pelo veículo sensório empregado: arquitetura, escultura, pintura, música, poesia. Os itens em (2) são, concorda Hegel, distintos dos de (3). Mas dado que um material sensório "tem a idéia potencialmente para o mais íntimo de sua alma, os materiais sensórios específicos [de (3)] têm estreita afinidade e secreta concordância com as distinções espirituais e os tipos de apresentação artística [conforme (2)]".

O restante da "Divisão" completa esse esquema e *E* o realiza em grande detalhe. Cada um dos itens em (2) tem seu desenvolvimento previsto no seguinte e, analogamente, cada item em (3) desenvolve-se no seu sucessor. A idéia de beleza desdobra-se em (2) e (3) e só encontra sua plena expressão na TOTALIDADE de (2) e (3). Mas a poesia é a arte universal, a qual restaura a unidade da idéia, porquanto idealiza ou *SUPRASSUME o sensório num grau superior ao das outras artes e, assim, requer essencialmente a imaginação que toda a arte envolve. Com a poesia, "a arte transcende-se, uma vez que abandona o veículo de uma harmoniosa consubstanciação do espírito no sensório e passa da poesia da REPRESENTAÇÃO para a prosa do *PENSAMENTO".

Introdução à filosofia da história (Vorlesungen über die Philosophie der Geschichte) (*IFH*) Do inverno de 1822-23 ao de 1830-31, Hegel deu bienalmente aulas sobre "filosofia da história universal". O conteúdo das lições mudava à medida que ele adquiria novos materiais. Seu filho, Karl Hegel, diz que o curso de 1822-23 se concentrou no "DESENVOLVIMENTO do CONCEITO filosófico, e mostrou como isso constitui o verdadeiro cerne da história e da *ALMA em movimento dos povos históricos do mundo". Isso é ilustrado com uma longa descrição da China e da Índia; tratou extensamente dos gregos, mas foi breve em sua abordagem dos períodos romano, medieval e moderno. Mas cursos posteriores reservaram menos espaço para o Oriente e também para o material filosófico, e mais para os períodos medieval e moderno. Gans diz que somente o curso de 1830-31 apresentou uma exposição completa sobre a história mais recente.

Em sua edição de 1837 de *IFH* para as *Obras* póstumas, Gans tentou reconstituir as lições de 1830-31 a partir das notas de Hegel e dos transcritos de estudantes. (Hegel anunciou o curso de 1830-31 como "A filosofia da história universal: Primeira parte", uma vez que o material de que dispunha excedia os limites de um só curso. Mas, segundo Gans e Karl Hegel, o curso abrangia toda a história e não apenas uma parte.) Em 1840, Karl Hegel reeditou as lições com o objetivo de conceder mais atenção aos primeiros cursos, especialmente os de 1822-23 e 1824-25, que considerava superiores aos cursos subseqüentes. Mas não distingue o material de diferentes anos ou diferentes mãos. A tentativa mais recente de fazer isso foi realizada por Hoffmeister, cuja edição da Introdução aos cursos é muito mais completa do que as anteriores versões e publica em itálico material dos manuscritos de Hegel.

O conteúdo de *IFH* é o seguinte:

1. A Introdução, freqüentemente intitulada ou subintitulada "A razão na história". Na edição de Hoffmeister, o seu conteúdo é este:

(a) Um "primeiro esboço" da Introdução, intitulado "Variedades de historiografia", que Hegel apresentou em 1822 e 1828. Considera a "história filosófica" a culminação de uma série de tipos de historiografia, principiando com a "HISTÓRIA original". Isso constitui a base para a opinião de G.D. O'Brien, em *Hegel on Reason and History* (1975), de que Hegel pretende mais produzir uma "história da consciência histórica" do que uma descrição *ESPETACULATIVA da história universal como tal.

(b) Um "segundo esboço" mais extenso da Introdução, apresentado em 1830. Diz pouco sobre as variedades de historiografia e, assim, não pode ser facilmente interpretado como uma "história da consciência histórica". Hegel opõe-se a uma especulação *a priori* sobre, por exemplo, as origens da raça humana, mas insiste em que a filosofia pressupõe que "a RAZÃO governa o mundo e que a história do mundo é, portanto, um processo racional". O curso da história, argumenta ele, é regido por um único ESPÍRITO universal, o qual usa interesses e paixões humanas para a realização de seu plano divino. Esquematicamente, o espírito procede por reflexão sobre o seu estado corrente e assim avança para além dele, embora retendo e *SUPRASSUMINDO suas fases anteriores. O espírito, isto é, a humanidade, progridem assim para uma *AUTOCONSCIÊNCIA e uma LIBERDADE cada vez maiores.

(c) Um "Apêndice" contendo:

(i) "O contexto natural da base geográfica da história universal". Nesta seção, Hegel exclui grandes partes do mundo da história universal. A África é "a terra da infância, distante da luz da história autoconsciente e envolta no escuro manto da noite". A Ásia, após um promissor começo, manteve-se estática. O centro da história universal é a Europa.

(ii) Uma breve descrição de "As fases da história universal". (Sibree a intitula "Classificação de dados históricos".)

(iii) Alguns "Aditamentos do semestre do inverno de 1826-27".

2. "O mundo oriental". À China, com seu despotismo, e à Índia, com o seu sistema de castas, falta a liberdade real. O império persa, cuja religião da luz combatendo as trevas representa a superação da NATUREZA pelo espírito, é o primeiro estágio genuíno da história universal. Na edição de Karl Hegel, Hegel acompanha Heródoto ao tratar a Síria, o Egito etc. como partes do império persa.

3. "O mundo grego". Hegel usa a história grega como principiando e terminando com a morte de um jovem guerreiro, respectivamente, Aquiles e Alexandre. As conquistas de Alexandre helenizaram o império persa por vários séculos, mas o centro da história universal deslocou-se para o Ocidente.

4. "O mundo romano". Hegel subestima a contribuição romana para a história do mundo, em contraste com a grega. Sua principal realização é a formação da *PERSONALIDADE jurídica. Sua exclusão do governo tornou-os receptivos ao cristianismo.

5. "O mundo germânico (*germanische*)". O império romano do ocidente foi assolado por tribos germânicas, as quais tinham resistido à conquista pelas legiões imperiais. Caracterizavam-se mais por *Gemüt* ("coração" – *ver* MENTE) do que por civilização, mas adotaram o cristianismo dos povos autóctones. O princípio de liberdade universal anunciado pelo cristianismo é gradualmente realizado em instituições sociais. O período tem três fases:

(a) "Os elementos do mundo cristão-germânico", ou seja, as invasões bárbaras, a ascensão do Islã e as conquistas árabes, e o império de Carlos Magno.
(b) "As idades médias", especialmente o feudalismo, as Cruzadas, a ascensão da monarquia absoluta e a Renascença das artes e das ciências.
(c) "O período moderno", especialmente a Reforma, o nascimento do estado moderno, o Iluminismo e a Revolução Francesa.

IFH conclui com uma reafirmação do ponto de vista de que a filosofia percebe na história o desenvolvimento da "IDÉIA de auto-realização e, com efeito, da idéia de liberdade, a qual só existe como CONSCIÊNCIA de liberdade". Ver a história desse modo e como o "progresso do espírito" é fornecer uma "teodicéia", uma "justificação de Deus na história", a qual "concilia o espírito com a história universal e a EFETIVIDADE", mostrando ser ela a "obra de Deus".

Por vezes, Hegel fala como se essa concepção de história não representasse um fato objetivo sobre história, mas um ponto de vista que devemos sustentar e projetar na história, se quisermos dar-lhe um nexo e realizar uma historiografia coerente: "Se olharmos a história racionalmente, ela nos olhará racionalmente de volta." A sua crença em que somente POVOS com história escrita figuram no avanço do mundo poderia também sugerir que ele está mais interessado em nossa visão da história, nos eventos tal como foram reelaborados por historiadores, do que nos eventos históricos como tais. Isso não precisa significar que o historiador impõe PROPÓSITO e racionalidade a uma história que é EM SI desprovida de propósito determinado e irracional, mas, antes, o que o historiador faz de eventos é a VERDADE, o real significado desses eventos – da mesma forma que a verdade dos fenômenos naturais reside mais no pensamento do cientista a respeito deles do que nos fenômenos concretos, não conceitualizados. Entretanto, dada a insistência de Hegel em que o relato do historiador deve ser fatualmente exato, e sua hostilidade às ficções históricas, é mais provável que ele creia ser a história, de fato, e não simplesmente na visão do historiador, a realização do plano divino etc. As descrições de eventos pelos historiadores, sobretudo o seu reconhecimento final do plano divino como um todo, são parte essencial desse plano, e este não poderia ser levado a efeito sem elas. Mas não se segue daí que o plano etc. reside somente nessas descrições e não nos próprios eventos.

A asserção de Hegel de que só eventos registrados na história escrita pertencem à história propriamente dita tem mais de um sentido:

1. Eventos que não foram registrados na época não podem figurar na história propriamente dita, simplesmente porque não foram registrados na época.
2. Eventos dos quais nenhum registro seu contemporâneo sobrevive agora não podem figurar na história, simplesmente porque nenhum registro subsiste deles.
3. Eventos que não foram registrados na época não podem figurar na história, não só porque ficaram sem registro mas porque não podem ter sido eventos apropriadamente significativos.

Hegel combina todos os três sentidos argumentando que eventos historicamente significativos são acontecimentos na vida de um ESTADO; que um estado assegura-se de que tais acontecimentos sejam apropriadamente registrados; e que os registros históricos de acontecimentos significativos não perecem. Seja qual for a sua interpretação precisa, a asserção de Hegel excluiria da história eventos e sociedades (como a Creta minóica e micênica) que, embora envolvessem um alto grau de centralização e organização políticas, só nos são conhecidos através de remanescentes arqueológicos. Tais testemunhos arqueológicos, na medida em que eram conhecidos na época de Hegel, eram remetidos para a história da ARTE, não para a história universal.

Não obstante, *IFH* é um testemunho da imensa erudição de Hegel. Forma um valioso comentário sobre, por exemplo, as seções históricas de *FE*.

Introdução à filosofia da religião (Vorlesungen über die Philosophie der Religion) (*IFR*) Hegel fez preleções sobre RELIGIÃO em 1821, 1824, 1827 e 1831. Os quatro cursos diferiram entre si mais acentuadamente do que os de outras disciplinas lecionadas por Hegel. Mas K.P. Marheineke, que editou os cursos para as *Obras* póstumas em 1832, combinou materiais dos diferentes cursos, concentrando-se sobretudo no de 1831. Em 1840, B. Bauer produziu uma segunda edição que fez maior uso de matérias pertinentes aos cursos anteriores. Parte dessas matérias está hoje perdida; o que sobrevive é o manuscrito de Hegel para o curso de 1821, vários transcritos dos de 1824 e 1827, e os excertos de D.F. Strauss de um transcrito do curso de 1831. Essas matérias, somadas às edições mais antigas, foram agora usadas por W. Jaeschke para reconstituir os diferentes cursos e revelar assim as mudanças na forma e conteúdo das lições de Hegel. A edição de Jaeschke está traduzida para o inglês por P.C. Hodgson e outros (*ver* Bibliografia).

A HISTÓRIA da religião foi iniciada por J.L. von Mosheim com *Institutiones historiae ecclesiasticae novi testamenti* (1737), a que Hegel se refere em *PRC*. Foi desenvolvida por um discípulo de Herder e orientalista, J.F. Kleuker, e por F.L. Graf zu Stolberg, que escreveu uma *História da religião de Jesus Cristo* (1806-18). Schleiermacher deu impulso à disciplina quando disse, em seus *Discursos sobre religião para os seus depreciadores cultos* (1799), que devemos "renunciar ao vão e estéril desejo de que exista uma só religião" e "abordar tão imparcialmente quanto possível todas aquelas religiões que já se desenvolveram".

Hegel interessou-se pela religião desde a juventude, mas a ocasião imediata para a sua decisão de lecionar sobre tal matéria pode ter sido a esperada publicação da primeira parte de *A fé cristã* de Schleiermacher (1821). (Hegel preferia decididamente o seu colega de Heidelberg, F. Creuzer, que, além de editar Plotino e Proclo, escreveu *Simbolismo e mitologia de povos antigos, especialmente os gregos* (1810-12), ao seu colega de Berlim, Schleiermacher, que traduziu Platão e teve também significativo impacto sobre o pensamento protestante.) O seu ataque mais explícito à tentativa de Schleiermacher de basear a religião no SENTIMENTO aparece no curso de 1824. As controvérsias religiosas da época explicam, em parte, as mudanças nas preleções de Hegel; por exemplo, a partir de meados da década de 1820, F.A.G. Tholuck, um orientalista e neopietista, desafiou o lugar central da Trindade no cristianismo, considerando-a um princípio tomado da teologia grega, oriental e islâmica, e também acusou Hegel de panteísmo. Hegel ocupa-se dessas matérias em maior detalhe nos cursos de 1827 e 1831 do que nos anteriores. Mas as mudanças introduzidas nas preleções também refletem as tentativas de Hegel para organizar o seu material de acordo com as formas conceptuais da Lógica; de assimilar novas fontes de informação sobre religiões; e de repensar o significado filosófico de doutrinas cristãs como a Eucaristia.

Cada curso consiste em quatro partes, mas o conteúdo de cada parte difere de curso para curso:

1. A "Introdução" analisa a natureza da religião em geral, suas relações com a FILOSOFIA, e a natureza e necessidade de uma filosofia da religião. Apresenta depois argumentos para justificar a divisão do objeto de estudo em (a) o CONCEITO de religião; (b) o DESENVOLVIMENTO do conceito ou religião *DETERMINADA (*bestimmte*); e (c) a completação ou conclusão (*Vollendung*) do conceito, ou religião reveladora ou manifesta (*offenbare*), ou religião consumada (*vollendete*).

2. "O conceito de religião" estuda, por exemplo, (a) DEUS ou a religião em geral, (b) a "RELAÇÃO religiosa (*Verhältnis*)", e (c) o culto. Em (b), Hegel discute as nossas atitudes cognitivas para com Deus, e o papel do sentimento, da FÉ, do CONHECIMENTO IMEDIATO (F.H. Jacobi), da REPRESENTAÇÃO (*Vorstellung*) e do *PENSAMENTO. (c) é concebido como uma unificação da separação entre Deus e o homem, e inclui uma análise das relações da religião com o ESTADO.

3. Religião determinada. Em 1821, 1824 e 1827, isso consiste em (a) religião natural, isto é, religião primitiva e oriental; (b) religião de individualidade espiritual, isto é, o judaísmo e a religião grega; (c) religião da *FINALIDADE, isto é, a religião romana. (A religião romana imperial, à semelhança da cultura romana como um todo, é concebida como utilitária em espírito.) em 1831, consiste em (a) Unidade, isto é, religião primitiva; (b) Bifurcação (*Entzweiung*), isto é, religião oriental, incluindo a judaica; (c) Reconciliação (*Versöhnung*), isto é, religião grega e romana.

4. Religião consumada ou "absoluta", isto é, cristianismo. Hegel ocupa-se, com variações entre os cursos, de Deus o pai, o filho e o ESPÍRITO santo. O cristianismo não é concebido meramente como uma religião entre outras mas como o "retorno do conceito a si", a partir do desenvolvimento ocorrido em determinada religião, e como o cumprimento do conceito de religião de um modo que outras religiões não preenchem. É a VERDADE de, e *SUPRASSUME o que é verdadeiro em, outras religiões, assim como a filosofia de Hegel suprassume outras filosofias.

Diferente de, por exemplo, Kant, Hegel estava sinceramente interessado nos detalhes da crença e prática religiosas. Mas sua explicação está adaptada à finalidade de mostrar que o cristianismo coincide com a filosofia. Assim, ele interpreta o cristianismo (não sem uma certa lógica) de modo a sublinhar a sua convergência com a filosofia, e o faz (embora não invariavelmente) de acordo com a sua profissão de fé luterana ortodoxa. A convergência nem sempre é rigorosa: por exemplo, a significação do Cristo, o filho ou Deus-homem, é a unificação do homem com Deus mas, no sistema de Hegel, o filho representa a NATUREZA, a *ALTERIDADE ou ALIENAÇÃO da IDÉIA lógica.

Ele quer também mostrar que, em seu surgimento histórico, as religiões avançaram, embora de forma indireta, em direção ao cristianismo. Assim, presta pouca atenção ao islamismo, uma religião que é, em seu entender, inferior ao cristianismo e, no entanto, surgiu mais tarde. As diferenças entre os cursos resultam, em parte, do fato de as religiões não formarem uma seqüência cronológica tão clara quanto, por exemplo, as filosofias.

Marheineke juntou em Apêndice a *IFR* às *Vorlesungen über die Beweise vom Dasein Gottes* (*LPED*), que Hegel deu em 1829 como suplemento para as suas lições sobre lógica e que planejou preparar para publicação no inverno de 1831-32. O manuscrito (hoje perdido) estava virtualmente completo. Essas lições estão mais próximas da lógica do que da filosofia da religião; tentam defender as PROVAS contra o ataque que Kant desfechou contra elas, reinterpretando-as em termos da lógica de Hegel.

Introdução à história da filosofia (Vorlesungen über die Geschichte der Philosophie) (*IHF*) Hegel lecionou história da filosofia em Iena (inverno de 1805-6), Heidelberg (inverno de 1816-17) e Berlim (verão de 1819, inverno de 1820-21, 1823-24, 1825-26, 1827-28 e 1829-30). K.L. Michelet editou esses cursos para a edição póstuma das obras de Hegel e foram publicados em três volumes em 1833-36. Michelet juntou material de anos diferentes, usando manuscritos de Hegel e transcritos de seus estudantes. Parte desse material está hoje perdida, mas numerosos transcritos sobreviveram, assim como as próprias versões de Hegel da Introdução às lições de 1816 e 1820.

Os filósofos antigos só episodicamente se interessavam pela história da filosofia, na medida em que ela fosse relevante para a refutação de doutrinas antagônicas e a corroboração de suas próprias. Aristóteles (como Hegel) sustentou que a verdadeira opinião deve explicar e consubstanciar o que é verdadeiro em todas as opiniões significativas e, assim, com freqüência (especialmente em *Metafísica* A.), prefacia a sua opinião pessoal com os pontos de vista de seus predecessores. Na baixa Antigüidade, apareceram numerosas obras que registraram as principais doutrinas de filósofos e seitas filosóficas. A mais famosa dessas obras é a de Diógenes Laércio. Em sua maior parte, elas mostram pouco discernimento histórico ou filosófico mas citam freqüentemente, e com grande minúcia, documentos originais e fornecem útil informação sobre filósofos cujas obras não sobreviveram na totalidade.

Na Alemanha dos séculos XVIII e XIX, a história da filosofia, tal como a história em geral, foi levada mais a sério, embora antes de Hegel não fosse tratada em detalhe por um filósofo ou considerada parte integrante da própria filosofia. No século XVIII, a principal história é a de Brucker, *Historia critica philosophiae* (1742-44), a qual termina com uma descrição da obra de Wolff. Brucker sustentou o ponto de vista de Wolff de que uma filosofia é essencialmente um *SISTEMA, no sentido de uma série de teses arquitetonicamente ordenadas, e tentou extrair tal sistema das obras de qualquer filósofo estudado. Na opinião de Hegel, as doutrinas que ele atribui a filósofos anteriores são expressas em termos wolffianos; imputa a um filósofo não só o que ele realmente disse, mas todas as supostas conseqüências e premissas do que disse. Usualmente, tais sistemas situam-se aquém do de Wolff e expõem, portanto, as tolices de filósofos anteriores. Não devemos, argumenta Hegel, atribuir a um filósofo do passado aquilo de que ele não tinha explicitamente consciência: a história da filosofia consiste no surgimento na CONSCIÊNCIA do que era meramente implícito em pensadores precedentes.

No final do século XVIII, mais pensamento foi dedicado a questões teóricas como estas: (1) Como pode o historiador decidir o que deve ser considerado filosofia? (2) A sua decisão exige que ele adote alguma filosofia em particular? (3) A adesão do historiador a uma certa filosofia prejudica ou realça o seu trabalho como historiador? (4) A história da filosofia é algo mais do que uma fortuita sucessão de crenças, ou tem uma unidade subjacente? (5) Se tem unidade, consiste esta numa repetição cíclica dos mesmos temas e doutrinas, ou num DESENVOLVIMENTO evolucionário?

Na década de 1780, Gurlitt e Bardili argumentaram que CONCEITOS, assim como opiniões, desenvolvem-se ao longo do tempo e que a história da filosofia pressupõe um estudo do desenvolvimento de conceitos metafísicos, não só em filosofia, mas na linguagem comum, na poesia e na religião. Em seu ensaio *Sobre o conceito de história da filosofia* (1791), Reinhold argumentou que a tendência para ver a história da filosofia como "uma história da insensatez humana" ou uma coleção de "seitas" resultou da falta de um adequado "conceito abrangente" (*Inbegriff*) de filosofia, de modo que ou a forma de alguma filosofia contemporânea favorecida era imposta a *todas* as filosofias, ou todo o pensamento era indiscriminadamente considerado como filosofia. A versão de Reinhold da filosofia de Kant fornece-lhe tal conceito, um padrão para avaliar filosofias passadas e um objetivo que se considera ser o visado por elas. Outros kantianos tentaram explicar o surgimento de filosofias em função da análise de Kant da mente humana. Mas, de modo geral, o kantismo não conseguiu sustentar uma adequada história da filosofia, tanto porque a sua concepção de filosofia é excessivamente limitada para abranger todas as filosofias históricas, quanto porque considera as faculdades humanas e os conceitos fundamentais sempre os mesmos em todos os tempos e lugares e, por conseguinte, tende a ver a história da filosofia mais como repetitiva do que progressiva.

Três histórias monumentais foram publicadas na década de 1790:

D. Tiedemann, *O espírito da filosofia especulativa* (1791-97), a qual, opinou Hegel, mostrou pouco apreço pela ESPECULAÇÃO filosófica.

J.G. Buhle, *Compêndio da história da filosofia* (1796-1804), e sua *História da filosofia moderna* (1800-4), que começa com o Renascimento. Buhle era um kantiano e dotado de espírito mais aberto do que Tiedemann; Hegel o preferia mas considerou-o demasiado lacônico sobre a filosofia antiga.

W.G. Tennemann, *Hitória da filosofia* (1798-1819). Tennemann era seguidor de Reinhold e considerava as filosofias anteriores em termos kantiano-reinholdianos. Hegel o preferia de longe a Brucker, Tiedemann e Buhle, mas considerava o seu equipamento filosófico inadequado para a compreensão da filosofia antiga: entende-se Aristóteles melhor se se acreditar no oposto daquilo que Tennemann diz sobre ele.

Um discípulo de Schleiermacher e seguidor de Schelling, F. Ast, escreveu uma *História da filosofia em epítome* (1807), a qual, afirmou Hegel, era "um dos melhores compêndios. Está escrito num espírito elevado." Tal como Hegel, o autor considerou que a unidade da filosofia, e da história da cultura em geral, era um produto do ESPÍRITO: "todos os sistemas, idéias e opiniões são revelações de um espírito e estão por ele internamente ligados. Portanto, sua unidade não lhes é externamente imposta mediante algum conceito, mas é-lhes imediatamente intrínseca." Ast compara a unidade e desenvolvimento do espírito com os de um ORGANISMO.

Hegel considerou a história da filosofia não só uma boa introdução à filosofia, mas o clímax da própria filosofia, uma vez que retrata a realização da fase suprema de espírito ABSOLUTO na história. Ao contrário de, por exemplo, Kant ou Fichte, ele estava profundamente cônscio das fontes históricas de suas próprias idéias e via a história da filosofia como um processo de *INTERNALIZAÇÃO (*Erinnerung*), uma fase essencial do autoconhecimento.

A própria filosofia de Hegel estava equipada para fazer jus à unidade, diversidade e desenvolvimento da história da filosofia. Tal como Ast, a considera o desenvolvimento de um espírito único. Este avança de forma indireta para a *AUTOCONSCIÊNCIA plena, refletindo sucessivamente sobre o seu estado corrente para depois o transpor e seguir adiante. O avanço do espírito é estruturado em termos de lógica, cuja progressão se faz dos conceitos mais simples para os mais complexos que *SUPRASSUMEM e contêm seus predecessores: "a sucessão dos sistemas de filosofia na história é idêntica à sucessão na derivação lógica das DETERMINAÇÕES conceituais da IDÉIA". Assim, por exemplo, a filosofia de Parmênides corresponde ao conceito de SER, a de Heráclito ao de *DEVIR etc. A própria filosofia de Hegel corresponde à idéia absoluta, a qual suprassume todos os *PENSAMENTOS da Lógica. A filosofia, tal como a lógica, desenvolve-se do mais simples para o mais complexo, e retorna por fim à unidade diferenciada da filosofia de Hegel, o que possibilita a reflexão da filosofia sobre a totalidade do seu próprio passado.

Desse modo, não há por que interpretar anacronicamente os filósofos do passado, cujo pensamento é de relevância para a filosofia moderna, na medida em que constitui um ingrediente essencial dela. As filosofias anteriores não são vistas como simples estágios no caminho para se alcançar a verdade, artificialmente forçada a entrar em esquemas lógicos abstratos. Pois:

1. A unidade última para a qual pensamentos e filosofias se dirigem é destinada a dar-lhes (como os cidadãos de um ESTADO moderno) plena liberdade para seu desenvolvimento independente.
2. Cada filosofia (ou grupo de filosofias) é considerada a VERDADE da época em que aparece. Sintetiza o pensamento e a prática da época e tem, portanto, valor histórico, à parte seu mérito como filosofia ABSTRATA.
3. Na prática, Hegel não adere tão rigorosamente ao seu plano fundamental quanto seus comentários programáticos sugerem; e, inversamente, a estrutura de sua Lógica é influenciada pela história da filosofia.
4. Hegel era um leitor assíduo de história da filosofia, e o seu interesse em filósofos do passado, especialmente os gregos, vai muito além do significado deles para o seu próprio sistema.

Em suas Introduções, Hegel discute a natureza da filosofia e sua história, e os princípios metodológicos de sua investigação. Após uma breve descrição da filosofia oriental (chinesa e indiana), examina a filosofia grega desde seus primórdios (Tales) até seu final (Proclo). (A filosofia grega ocupa mais de metade das lições.) Uma descrição mais breve da filosofia medieval e renascentista é seguida da filosofia moderna desde Bacon a Schelling. O nome do próprio Hegel não figura aí, mas uma seção final intitulada "Resultado" realiza um esboço geral do desenvolvimento histórico do pensamento filosófico, com destaque para o idealismo alemão de Jacobi, Kant, Fichte e Schelling. (Somente Schelling sobreviveu para contestar esse ponto de vista.)

As preferências de Hegel não são universalmente compartilhadas: por exemplo, ele dedica muito mais espaço a Böhme e a Jacobi do que a Hume, e negligencia o fecundo, ainda que caótico, Herder. (Não faz menção alguma a Vico ou Nicolau de Cusa.) Mas, essencialmente, a sua abordagem da história da filosofia (como de tudo o mais) é *OBJETIVA e livre de idiossincrasia. Por exemplo, abandonou a idéia tradicional, propagada por Platão e persistente em Tennemann, entre outros, de que os sofistas gregos eram charlatães imorais sem um lugar respeitável na história da filosofia, e considerou-os pensadores DIALÉTICOS que, em contraste com o objetivismo de filósofos anteriores, desenvolveram o princípio de *SUBJETIVIDADE e assim prepararam o caminho para Sócrates. Essa opinião e a abordagem geral adotada por Hegel influenciaram muito historiadores da filosofia subseqüentes, com destaque para Zeller.

intuição, percepção, sensação e sensório As palavras mais notáveis nesta área são as seguintes:

1. *Anschauung* ("intuição") é, pela origem, palavra visual, de *anschauen* ("intuir, olhar, observar") e *schauen* ("ver, observar, olhar"). Significa freqüentemente "visão" ou "concepção" (daí *Weltanschauung*, "visão do mundo, cosmovisão"). Do latim *contemplatio*, ingressou no alemão filosófico com Eckhart, no sentido da atividade ou resultado da contemplação de algo, especialmente e eterno divino. *Anschauung* subentende um contato imediato, não-discursivo, com o OBJETO, e a total absorção do SUJEITO nele.

Na filosofia subseqüente, *Anschauung* tem duas amplas acepções: primeiro, a contemplação intelectual, por exemplo, as IDÉIAS platônicas (o grego *theoria*, "contemplação, ESPECULAÇÃO"); segundo, a impressão sensorial ou sensação. Kant argumentou que toda a *Anschauung* humana é sensorial (*sinnlich*): o pensamento requer objetos e os objetos só podem ser "dados" por intuições. Mas o *ENTENDIMENTO com seus CONCEITOS só pode "pensar" intuições e objetos, não fornecê-los. Só podem ser dados por objetos que impressionem os nossos sentidos. Kant admitiu a *possibilidade* de uma *intellektuelle Anschauung*, a qual supre um objeto sem assistência sensória. Mas a intuição intelectual, que equivale a criar um objeto simplesmente por pensá-lo, é, no entender de Kant, reservada exclusivamente para Deus.

A tentativa de Kant de limitar *Anschauung* ao sensório foi desafiada de duas direções. Em primeiro lugar, críticos com Hamann e Herder atacaram a sua radical separação entre intuição e conceitos. Goethe fala de uma "intuição (*Anschauen*) de íntima natureza criadora" que se avizinha do "protótipo" da IDÉIA (*Juízo intuitivo*, 1817). Tal intuição apreende um fenômeno como um todo, em conjunto com as relações entre suas partes. Não prescinde de conceitos, mas contrasta com o pensamento conceptual analítico. Em segundo lugar, Fichte argumentou que o filósofo adquire consciência do puro EU por um ato de intuição intelectual. Schelling adotou essa idéia e quando o seu ABSOLUTO deixou de ser o Eu e converteu-se numa IDENTIDADE neutra, também isso, sustentou ele, é apreendido por intuição intelectual.

A intuição sensorial, no entender de Hegel, envolve a transformação do que é sentido (*das Empfundene*) num objeto externo (*Enc.* III, §448A). A ARTE apresenta o absoluto na FORMA de intuição sensorial, em contraste com a *CONCEPÇÃO (*Vorstellung*), na forma de RELIGIÃO, e com o *PENSAMENTO, na forma de FILOSOFIA. Em suas primeiras obras, especialmente *DFS*, Hegel adotou a idéia de Schelling de uma intuição "transcendental" que une *OPOSTOS, como a NATUREZA e o ESPÍRITO. Mais tarde, porém, criticou a intuição intelectual, porque é *IMEDIATA, e, ao contrário da *COGNIÇÃO conceptual, não expõe os pressupostos lógicos e a estrutura do objeto. A intuição, mesmo a do tipo de Goethe, embora nos permita ver coisas como um todo, em vez de fragmentadas, só pode ser um prelúdio para a cognição (por exemplo, *Enc.* III, §449A). Não obstante, a lógica de Hegel, como é um pensamento não-empírico sobre pensamentos, assemelha-se um pouco à intuição intelectual no sentido kantiano. Diferentemente de Kant, Hegel não hesitava em assimilar o homem a DEUS.

2. *Empfindung* ("sensação, SENTIMENTO") está perto da *Anschauung* sensória. Mas tem um quê de mais subjetivo e não envolve necessariamente o conhecimento de um objeto. Por isso, em *Enc.* III, Empfindung pertence à "ALMA sensitiva" mas *Anschauung* ao "espírito teórico".

3. *Sinn* tem uma ampla gama de significados que correspondem em geral, mas não exatamente, aos de "sentido" ou "senso" (por exemplo, de música, de história, o senso de humor), os cinco "sentidos", "mente" (por exemplo, uma idéia me veio à "mente"), o "significado, o sentido" de uma palavra, de uma obra de arte, de uma ação, de (uma) vida etc. (*Sinn*, nesta última acepção, é mais subjetiva do que *Bedeutung* ("significação"): *Sinn* refere-se ao sentido de uma palavra num contexto, não ao sentido ou sentidos dados num dicionário.) O adjetivo *sinnlich* e o substantivo abstrato *Sinnlichkeit* (apresentado por Wolff para o latim *sensibilitas, sensualitas*) corresponde a somente alguns dos significados de *Sinn*: o que é *sinnlich* é perceptível pelos sentidos, "sensorial", "sensual". Aplicado a uma pessoa ou a determinado aspecto de uma pessoa, significava "dominado pelo sensório ou por desejos físicos, especialmente eróticos". Hegel usa freqüentemente *das Sinnliche* ("o sensual, o sensório") em contraste com "REPRESENTAÇÃO", "pensamento" etc. *Sinnlichkeit* é: (a) a capacidade para receber estímulos sensoriais dos objetos, pelos quais, na concepção de Kant, nos são dadas intuições e, por conseguinte, os objetos; (b) a nossa EXPERIÊNCIA ou a nossa natureza, na medida em que envolve a experiência sensorial e sentimentos, desejos etc. físicos, em contraste com pensamento, RAZÃO etc.

Como *sinnlich* e seus derivativos contrasta com "pensamento", e o pensamento pode ser puro ou envolver material sensorial, *sinnlich* em Hegel pode significar ou material sensorial bruto ou material sensorial conceptualizado. Correspondentemente, *übersinnlich* ("supra-sensível") pode significar ou aquilo que transcende totalmente o sensório e só é acessível ao pensamento, ou, como em *FE*, III, o sensório conceptualizado, de modo que se converte em APARÊNCIA (*Erscheinung*). (A afirmação de Hegel de que o "supra-sensível é a VERDADE do sensível e perceptível, isto é, ser aparência" depende igualmente da força do prefixo *über-*, "sobre, para além de", mas também "excessivamente", em vez de "não-" ou "in-".)

4. *Wahrnehmung* ("percepção") é a CONSCIÊNCIA sensorial de objetos externos (e derivativamente de nossos estados e processos internos). (Em uso comum, também significa "observação" e, assim, "cuidado, proteção, defesa (por exemplo, dos próprios interesses e direitos)", e *wahrnehmen* significa "observar, fazer uso de, aproveitar (por exemplo, uma oportunidade), proteger, exercer (um papel ou função)", assim como "perceber".) Assim, em contraste com *das Sinnliche, Empfindung* e (na acepção kantiana) *Anschauung*, *Wahrnehmung* envolve essencialmente um elemento conceptual. Para Hegel, enquanto *sinnliche Gewissheit* ("*CERTEZA sensível") é a apreensão não-conceptual

(*Auffassen*) de particulares sensoriais, *Wahrnehmung* aceita-os como UNIVERSAIS, como COISAS dotadas de propriedades universais (*FE*, I, II). *Wahrnehmung*, argumenta ele, aceita a verdade ou aceita as coisas como são na verdade (ou seja, universais), derivando *wahrnehmen* ("perceber") de *wahr* ("verdadeiro") e *nehmen* ("tomar, aceitar"). Essa derivação é incorreta: *wahr-* em *wahrnehmen* não está etimologicamente relacionado com *wahr*, "verdadeiro", mas com o inglês *aware* ("ciente, informado, consciente etc.").

Uma dificuldade central no pensamento de Hegel é esta: acreditava ele, como Kant, que o mundo e a nossa experiência dele envolvem um elemento sensório não redutível ao pensamento ou derivativo deste? Há muitas razões para pensar que não: (1) Ele ataca regularmente a doutrina dualista de Kant. (2) A teologia a que o seu sistema corresponde envolve a criação do mundo por Deus a partir do nada, e não, como no pensamento grego e no judaísmo primitivo, das forma ao caos primevo; isso implica que o pensamento puro não requer contribuição sensória ou material. (3) Não podemos separar um elemento sensorial bruto, livre de contaminação conceptual (*FE*, I), ou um fator puramente material sem FORMA. Hegel, porém, não defende simplesmente a tese de que pensamento e o sensório (ou forma e MATÉRIA) estão combinados de maneira inextricável: a lógica tenta desembaraçar o pensamento (e o relativamente formal) do sensível (e do relativamente material). A questão como o pensamento puro está relacionado com o sensório (ou com a NATUREZA) não recebeu uma resposta satisfatória. (O fato de que um elemento puramente sensório não pode ser separado de modo a ficar independente do pensamento não acarreta a inexistência de tal elemento.)

ironia e romantismo Hegel raramente emprega a palavra "ironia", salvo para criticar as opiniões de outros e, ao contrário de Fichte e Schelling, não era muito chegado ao Círculo Romântico. Mas o seu interesse pela ironia manifesta-se em várias de suas obras: *FE*, VII, B.c; *FD*, §140; Enc. III, §571); *E*, Introd. (sobre ironia romântica); *IFH* (especialmente sobre a ironia socrática); e em sua crítica de 1828 a *Posthumous Writing and Correspondence*, de Solger.

Ironie foi tomado no século XVIII do grego *eironeia* (através do latim *ironia*), que significa "dissimulação, suposta ignorância" e era visto como um defeito. Na *República* de Platão, Trasímaco refere-se acusadoramente à "*eironeia* habitual" de Sócrates. Quando um dos seus interlocutores usa um termo como "virtude", Sócrates declara caracteristicamente não saber o que isso significa e extrai do seu opositor uma definição que é então demonstrado envolver dificuldades fatais. A ironia de Sócrates, argumenta Hegel, consiste não só em sua declaração de ignorância, mas também na sua aceitação das alegações de seu opositor por seu valor aparente, deixando que elas se refutem a si mesmas. A ironia é assim parente da DIALÉTICA: a dialética dá às coisas corda suficiente para que *se* enforquem e é, pois, a "ironia universal do mundo" (*IHF*, I).

O empréstimo feito do francês seiscentista *romantique*, *romantisch*, significou originalmente "no espírito do romance medieval de cavalaria"; mas, tal como o *Romantik* setecentista, passou a referir-se especialmente a estilos e épocas de ARTE, em contraste com o Iluminismo e a clássica. (Em alemão, *Romantik* também está associado à novelística, o *Roman*, o "romance".) Como o "clássico" (*das Klassische*) está associado tanto à Antigüidade greco-romana quanto ao estilo neoclássico de, por exemplo, Lessing e

Goethe, "romantismo" é usado (por exemplo, por Hegel) para o período desde o começo da Idade Média até o presente *e* para a reação romântica ao classicismo de Goethe, representada especialmente por F. von Schlegel, seu irmão A.W. von Schlegel, Novalis, Tieck e Solger. (Mas Goethe é apresentado com freqüência como o poeta supremamente UNIVERSAL, que combina classicismo e romantismo.)

Os românticos alemães eram devotos da *Ironie*, embora a *Ironie* varie em sentido de autor para autor, e também em cada autor. F. Schlegel vincula a *Ironie* romântica à *eironeia* socrática:

> [A ironia socrática] envolve e gera sensação de irreconciliável conflito entre o absoluto e o relativo, entre a necessidade de comunicação completa e sua impossibilidade. É a mais livre de todas as liberdades, porquanto permite a uma pessoa erguer-se acima de si mesma (...) É tanto melhor ainda se um harmonioso beócio não sabe o que fazer dessa constante autoparódia, se vacilar permanentemente entre a crença e a descrença, até ficar estonteado e tomar por gracejo o que é sério e a seriedade por um gracejo. (*Lyceum Fragments*, 108 (1797)).

Hegel argumenta que os dois tipos de ironia diferem, uma vez que, por exemplo, Sócrates era irônico em relação às pessoas, ao passo que a ironia romântica é dirigida a idéias e valores (*FD*, §140).

A ironia romântica é distante, reflexiva e crítica a respeito do mundo, de seus valores, da própria pessoa e de sua arte. A ironia "examina e avalia tudo, ergue-se infinitamente acima de tudo o que é *CONDICIONADO, até acima da arte, virtude ou gênio da própria pessoa" (F. Schlegel). O ironista não adere a nenhuma das duas posições OPOSTAS, mas reflete sobre ambas e manipula cada uma delas alternadamente: "Se uma pessoa está obcecada com o absoluto e não pode livrar-se disso, a única coisa a fazer é contradizer-se constantemente e combinar opostos" (F. Schlegel). Ele reflete sobre a sua própria reflexão: "Estamos prestes a acordar quando sonhamos que estamos sonhando" (Novalis). Os românticos desaprovaram obras literárias cujo autor defende um personagem contra os restantes, e aprovaram aquelas (por exemplo, as de Shakespeare) cujos personagens são todos apresentados com imparcial simpatia, e também aquelas (por exemplo, *Jacques, o fatalista*, de Diderot, e *O gato de botas*, de Tieck) cujos autores jogam deliberadamente com seus personagens e, ao introduzirem-se na obra, induzem à reflexão sobre sua própria maestria e suas convenções artísticas. A paixão pode ser aliviada pela ironia, "uma espécie de confissão, embutida no próprio retrato...de sua superaquecida parcialidade em questões de imaginação e sentimento, o que restabelece o equilíbrio uma vez mais" (A.W. Schlegel). Ironia é também o "reconhecimento de que o mundo é essencialmente paradoxal e só uma atitude ambivalente pode apreender sua totalidade contraditória" (F. Schlegel). Deus é freqüentemente visto como um ironista: "A suprema ironia reina na conduta de Deus, quando cria os homens e suas vidas. Na arte mundana, ironia significa isso: conduta à imagem e semelhança de Deus" e a verdadeira ironia "começa com a contemplação do DESTINO do mundo em geral" (Solger). (A comparação de Deus com um dramaturgo vem desde as *Enéades*, III.ii.17, de Plotino, até *SIT*, III. 602-4, de Schelling.)

"As três maiores tendências da época são a Revolução Francesa, a *Wissenschaftslehre*, de Fichte, e o *Wilhelm Meister*, de Goethe" (F. Schlegel). Assim, a ironia romântica, argumenta Hegel na Introdução de *E*, é, em parte, a filosofia de Fichte aplicada à ARTE. (Não é uma aplicação que mereça a aprovação de Fichte – um defensor da ação decisiva, patriótica.) Três doutrinas fichteanas são importantes. A ambigüidade das doutrinas – sobre se, por exemplo, o EU produz coisas, reconhece cognitivamente a existência delas e/ou endossa o valor delas está implícita no uso de Fichte dos românticos:

1. O Eu é o princípio de todo o conhecimento, e permanece "abstrato e formal" e intrinsecamente simples, não influenciado pelo conhecimento etc. que ele produz ou adquire.
2. (a) Todo o *CONTEÚDO determinado é negado no Eu: tudo está submerso na liberdade e unidade abstrata do Eu. E, inversamente, (b) tudo o que tem valor ou validade para o Eu é postulado e reconhecido pelo próprio Eu. Mas o que eu realizo posso com a mesma facilidade aniquilar.

(1) e (2) subentendem que nada tem subsistência ou valia, exceto na medida em que é produzido pela *SUBJETIVIDADE do Eu. O Eu domina tudo. VIDA ÉTICA, justiça, religião etc. têm primeiro que ser postas pelo Eu e podem, portanto, ser igualmente aniquiladas por ele. Tudo é um mero espetáculo ou *ILUSÃO (*Schein*), dependente do Eu, que está livre para fazer dele o que lhe aprouver.

3. O Eu é um *INDIVÍDUO (*Individuum*) vivo e ativo, e deve, pois, afirmar sua individualidade para si mesmo e para os outros, expressando-se ou *EXTERNALIZANDO-SE e fazendo sua *APARIÇÃO (*Erscheinung*).

No que se refere à arte e à beleza, (3) sugere que se deve viver com um artista e dar à vida uma forma artística. Mas, de acordo com o princípio de Schlegel, eu só vivo como artista se todas as minhas ações e expressões, bem como o seu conteúdo, são para mim mera exibição ou ilusão, e sua forma está inteiramente em meu poder. Não posso levar em consideração esse conteúdo ou sua expressão. A seriedade (*Ernst*) requer um interesse substancial, uma causa proveitosa, verdade, vida ética etc., um conteúdo que é essencial para mim, de modo que só sou essencial para mim na medida em que me absorvo nisso e me adapto a isso em minha ação e em meu conhecimento. Mas o artista irônico não pode identificar-se seja com o que for desse gênero: ele só atribui SUBSTÂNCIA e valor ao seu Eu proponente e destrutivo.

Outros podem levar-me a sério, mas somente porque não podem entender ou alcançar o meu elevado ponto de vista. Assim, nem todos são tão livres quanto eu; para a maioria dos homens, DIREITO, vida ética etc. são obrigatórios e essenciais. O artista irônico concebe-se como um gênio bafejado pelo sopro divino, cuja capacidade para criar e destruir é negada à maioria dos mortais. Como gênio solitário, olha as suas relações com outros com o mesmo desprendimento irônico com que vê o resto do mundo.

A ironia divina do gênio é uma concentração do Eu em si: todos os seus laços estão quebrados e ele só pode viver na beatitude da auto-satisfação. Tudo é vão exceto o próprio Eu. Mas também o Eu é vão (*eitel, Eitelkeit,* significam "vazio, frívolo", "vacuidade, frivolidade" e ainda "presunção, presunçoso"), uma vez que não pode identificar-se com qualquer conteúdo substancial. Assim, não encontra nenhum prazer na auto-satisfação (porquanto não há nada que suscite satisfação no Eu) e quer ligar-se a alguma causa *OBJETIVA, mas não pode fazê-lo, pois isso abalaria a sua liberdade. Sucumbe, pois, à irremediável ânsia (*Sehnsucht*) e converte-se na bela *ALMA, a qual não pode aderir a nenhuma ação definitiva por receio de comprometer sua harmonia e pureza interiores. (F. Schlegel, como outros românticos, optou mais tarde pelo catolicismo e o conservadorismo.)

A ironia governa não só a vida do ironista, mas também as suas obras de arte. Elas propõem-se mostrar o divino como irônico. Causas meritórias e valores objetivos são apresentados como vãos e insignificantes pelo fato de que, nos indivíduos que os encarnam, eles contradizem-se e aniquilam-se, e são assim irônicos às suas próprias custas. (A ironia toca as raias da comédia, mas a comédia trivializa o intrinsecamente trivial, que assume um ar de importância, ao passo que a ironia trivializa tudo.) Os personagens do ironista traem os valores que adotam. Assim, ele pode retratar apenas personagens de caráter fraco e volúvel, não personagens fortes, como Antígona ou Catão, cujo ser consiste, todo ele, no PROPÓSITO e nos valores que representam. São indecisos e hipócritas, quando não estão assediados por anseios e contradições não resolvidas. Por isso a arte irônica é insubstancial e trivial. Mais tarde, em *E*, Hegel associa tal ironia às obras de Kleist, Hoffmann, Tieck e F. Schlegel. Enxerga um desprendimento irônico não nos homens de Homero mas nos deuses de Homero, que se imiscuíam nos assuntos humanos tomando partido, mas depois voltavam à serenidade do Olimpo. Os personagens de Shakespeare, sustenta ele (contra críticos da envergadura de um Tieck), são tensos e decisivos: o próprio Hamlet "não tinha dúvidas sobre *o que* tinha de fazer, mas apenas *como*". Mas no "final da forma romântica de arte", com a intensificação da característica subjetividade da modernidade, o artista passa a ser como os românticos o conceberam: uma *tabula rasa*, sem *FÉ nem devotamento, usando a arte como um "instrumento livre" para retratar qualquer coisa e todas as coisas.

Hegel encontrou elementos de dialética na ironia, especialmente na ênfase de Solger sobre a "atividade da IDÉIA de negar-se como o *INFINITO e UNIVERSAL, de modo a tornar-se *FINITUDE e *PARTICULARIDADE, e depois *SUPRASSUMINDO essa negatividade de novo e restabelecendo o universal e infinito no finito e particular" (*E*, Introd.). Mas essa "intranqüilidade e dissolução dialética" é apenas um *MOMENTO na idéia, não, como acreditava Solger, a sua totalidade. Tal como F. Schlegel, Hegel sustenta que devemos acolher ambos os membros de uma oposição, não aderindo a um deles para exclusão do outro; que o Eu ou ESPÍRITO transcende constantemente e examina a sua presente posição; e que a própria filosofia deve tornar-se "o objeto de estudo da filosofia" (Schlegel). Mas o hegeliano não permanece distante; ele mergulha no *OBJETO DE ESTUDO (*Sache*). Quando o Eu, SUJEITO ou CONSCIÊNCIA, está explicitamente em jogo, como em *FE*, não permanece vazio e imune à contaminação por seu *OBJETO DE ESTUDO, mas é progressivamente enriquecido por ele. Para Schlegel, o mundo infinitamente profundo e diverso esquiva-se à nossa compreensão, e só podemos acenar em sua direção, em CONTRADIÇÕES e paradoxos. Para Hegel, o mundo faz sentido assim que resolvermos esses paradoxos.

A ironia romântica é comparável ao CETICISMO e ao jacobinismo revolucionário (*FE*, VI.B.III): ela desempenha um papel semelhante, *SUPRASSUMIDO, no pensamento de Hegel. A Kierkegaard intrigava-o tanto a ironia quanto a Hegel, e a sua dissertação de mestrado foi *Sobre o conceito de ironia com referência constante a Sócrates* (1841). A ironia romântica influenciou a sua concepção da "estética", especialmente em *Ou, Ou. Um fragmento de vida*, I (1843). Nietzsche também deve muito à ironia, assim como o Baudelaire retratado em *Baudelaire*, de Sartre (1947).

J

juízo e proposição Duas palavras precisam ser distinguidas: *Urteil* e *Satz*.

1. *Urteil* ("juízo"), de *urteilen* ("julgar"). Aqui, *ur-* não significa "original, primitivo", mas equivale a *er-* (*ver* APARÊNCIA), como em *erteilen* ("dar, conceder, conferir"). Por conseguinte, *urteilen* era originalmente "dar, aquinhoar" e *Urteil* referia-se a algo concedido ou repartido. *Urteil* foi mais tarde restringido para um "juízo, veredito, sentença" de natureza jurídica, e subsistiu como palavra da terminologia legal até o século XVII, quando Leibniz lhe deu o sentido de um "juízo" proposicional. Wolff a definiu como a combinação ou separação lógica de dois ou mais CONCEITOS. Assim, *Urteil* é uma entidade mais lógica do que gramatical, e é distinta de uma sentença. No alemão corrente, *Urteil*, *urteilen* e o similar *beurteilen* ("julgar, criticar") conservam a qualidade de uma estimação ou avaliação.

Leibniz também introduziu na filosofia o termo criado mais recentemente *Urteilskraft*, ou seja, o "poder ou faculdade de JULGAR". Kant definiu isso como (em contraste com o *ENTENDIMENTO, a faculdade de estabelecer regras) a faculdade de submeter coisas a regras, isto é, de decidir se a regra se aplica ou não. Se a regra é dada, então o juízo é *DETERMINANTE (*bestimmend*), mas se apenas o particular é dado e a tarefa consiste em encontrar uma regra para aplicar-lhe, o juízo é, nesse caso, *REFLEXIVO (*reflektierend*). Kant considerou o poder de juízo decisivo para a apreciação de obras de ARTE e de criaturas vivas, as quais requerem, respectivamente, juízo *ESTÉTICO (*ästhetische*) e teleológico (*teleologische*).

Os juízos proposicionais foram classificados pelos escolásticos e por Kant da seguinte maneira:

(a) Em quantidade, os juízos são UNIVERSAIS ("Todos os homens são sábios"), *PARTICULARES ("Alguns homens são sábios") e *INDIVIDUAIS ("Sócrates é um sábio").

(b) Em qualidade, são afirmativos, negativos e indefinidos (*unendlich*) ou *limitativos*. Para Kant, um juízo infinito é aquele que é afirmativo na forma, mas negativo no sentido, por exemplo, "Deus é imortal (ou não-mortal)" em contraste com "Deus não é mortal". Hegel nos dá uma explicação diferente: o sujeito de um juízo negativo, por exemplo, "Esta rosa não é vermelha", tem alguma qualidade pertencente à mesma classe da qualidade negada nele: a rosa é de alguma outra *cor*, por exemplo, amarela. O sujeito de um juízo infinito (negativo), por exemplo, "A mente não é vermelha", não tem qualidade nenhuma na classe da qualidade que lhe é negada: a mente não é colorida. Neste ponto, Hegel fica perto da noção de Ryle de um engano de categoria.

(c) Em *relação*, eles são categóricos (A é B), hipotéticos (se A é, então B é) e disjuntivos (A é B ou C).

(d) Em *modalidade*, são problemáticos (possivelmente A é B), assertóricos (A é B) e necessários (necessariamente A é B).

Kant derivou as suas categorias dessas formas de juízo (por exemplo, fundamento ou CAUSALIDADE do juízo hipotético), um procedimento que Hegel freqüentemente critica. Ele também classifica os juízos como analíticos ou sintéticos, mas Hegel tem pouco interesse nessa distinção. (Ele tem mais a dizer sobre os métodos analíticos e sintéticos de *COGNIÇÃO, mas é muito remota a conexão entre essa distinção e a distinção entre juízos analíticos e sintéticos.)

2. *Satz* deriva de *setzen* ("assentar, colocar, pôr, fixar etc.") e é, pois, alguma coisa posta no chão ou posta em determinada situação ou condição. Tem grande variedade de sentidos (por exemplo, "sedimento, resíduos"), mas o seu significado comum em filosofia e no uso corrente é o de "sentença, proposição". Enquanto que *Urteil* consiste em conceitos, *Satz* consiste em palavras: é um *Urteil* expresso em palavras. Mas está freqüentemente mais perto de "proposição" do que de "sentença": por exemplo, o que denominamos a "LEI" ou "princípio" de (não-) CONTRADIÇÃO é, em alemão, o *Satz* de contradição. Hegel traçou uma distinção entre *Satz* e *Urteil* no tocante a seus conteúdos: um *Urteil* tem sujeito e predicado; o sujeito deve ser ou individual (por exemplo, "Sócrates") ou particular (por exemplo, ("Alguns/Todos os) gregos"); se é individual, o predicado ou é particular (por exemplo, "grego") ou universal (por exemplo, "homem"), ao passo que se é particular, o predicado é universal. Isso sugere duas razões por que um *Satz* pode deixar de ser um *Urteil*:

(a) O predicado pode ser do mesmo tipo lógico que o sujeito. *CL* cita um caso em que tanto o predicado quanto o sujeito são individuais "Aristóteles morreu aos 72 anos, no quarto ano da 115ª Olimpíada." Como não está claro que, neste caso, o predicado é individual (outros podem ter morrido aos 72 nesse mesmo ano), um caso melhor é a declaração de IDENTIDADE, por exemplo, "Cícero é Túlio", "SER é nada" ou "DEUS é ser".

(b) O sujeito não é genuinamente distinto do predicado: por exemplo, em "O ABSOLUTO/Deus é ser/eterno", não sabemos o que Deus/o absoluto é independentemente do predicado que enuncia o que ele é (*Enc.* I, §31). Em contrapartida, sabemos quem Aristóteles era sem saber quando ele morreu, e talvez quem Sócrates era sem saber que ele era grego (mas certamente não sem saber que era um homem).

Hegel acrescenta um terceiro critério que depende da sugestão de "avaliação":

(c) *Urteil*, ao invés de *Satz*, subentende alguma incerteza que é resolvida por um recurso à evidência: "O seu amigo morreu" é um *Urteil* somente se não houver dúvida sobre se ele realmente morreu ou se, digamos, está apenas em coma.

Esses critérios não coincidem e sua aplicação é incerta.

Hegel aceitou a idéia geral de que *Urteil* e *urteilen* derivam de *ur-* ("original") e *teilen* ("dividir") e significam, pois, uma "divisão original". Hölderlin, em seu fragmento *Juízo e ser* (1795), argumentou que *Urteil* é a "separação original de OBJETO e SUJEITO que unidos de modo sumamente profundo na INTUIÇÃO intelectual... 'Eu sou eu' é o exemplo mais adequado desse conceito". Para Hegel, o juízo é a divisão original ou "fracionamento" do CONCEITO em seus "momentos" de universalidade, particularidade e individualidade. Isso tem numerosas implicações:

(a) Hegel rejeita a noção ortodoxa de que o juízo envolve a combinação de conceitos.

(b) Assim como o conceito não é simplesmente uma entidade lógica abstrata, mas está implantado na mente e no mundo, também as formas de juízo têm um "significado (*Bedeutung*) objetivo": por exemplo, o crescimento de uma planta a partir de sua semente é um juízo, e todas as coisas FINITAS são, em virtude do desajuste entre seu conceito e sua realidade, um juízo. (Neste caso, Hegel tem em mente a "sentença" ou juízo de morte, a que todas as coisas finitas sucumbem.)

(c) Os quatro tipos de juízo, embora resultem da divisão do conceito, são maneiras sucessivamente mais adequadas de restabelecer a unidade do conceito. Cada tipo tem três subtipos:

(i) Juízos de *SER DETERMINADO, isto é, o juízo positivo, negativo e infinito, predicam uma qualidade contingente.

(ii) Juízos de REFLEXÃO são os juízos individuais, particulares e universais.

(iii) Juízos de NECESSIDADE (categóricos, hipotéticos e disjuntivos) predicam uma característica essencial para o sujeito.

(iv) Juízos do conceito (assertóricos, problemáticos e apodícticos (isto é, necessários) julgam o sujeito ser bom ou mau, isto é, em concordância ou discordância com o seu conceito. O juízo apodíctico atribui um predicado na base de uma razão envolvida no próprio sujeito e está próximo da INFERÊNCIA, para a qual Hegel se volta a seguir. (Os três principais tipos de inferência e suas subdivisões correspondem aos primeiros três tipos de juízo. Mas não há inferência do conceito, talvez porque Hegel não pôde acomodar o silogismo modal e porque à *Schluss* ("inferência") falta a conotação avaliatória de *Urteil*.)

(d) Hegel considera que o "é" em, por exemplo, "Sócrates é sábio" afirma a identidade de sujeito e predicado, e subentende "O indivíduo é o universal". Essa afirmação é "unilateral" e requer, portanto, a contraposição de um juízo negativo: "O indivíduo não é o universal." Hegel confunde a *forma* lógica de um juízo ("O I é U") com uma proposição implícita nele. Mas sua crença em que o "é" é uma proposição de identidade também decorre da sua doutrina de que o juízo tenta restaurar a identidade do conceito.

Hegel sustentou que *Urteil* e *Satz* são inadequados para doutrinas *ESPECULATIVAS, por duas razões: (1) Num *Satz* como "Deus é eterno", o termo-sujeito é inteiramente explicado pelo predicado e, por conseguinte, é supérfluo. (2) Um *Satz* ou *Urteil* é "unilateral": só pode dizer, por exemplo, "ser é nada" ou "ser não é nada", e não pode expressar a identidade-em-diferença de ser e nada. Isso reflete, em parte, a dependência de Hegel de uma lógica tradicional, a qual, como ele sabe, não pode fazer jus às suas *próprias* sentenças (ou a boa parte do discurso filosófico e não-filosófico não-hegeliano). Mas também resulta de sua crença em que o juízo envolve uma divisão essencial que conflitua com a VERDADE última sobre (ou "de") o universo.

L

lei e regra "Lei" pode servir de tradução para várias palavras alemãs: por exemplo, *Recht* ("DIREITO, a (Lei em geral, não no sentido de uma lei em particular)"), *Bestimmung(en)* ("DETERMINAÇÕES, regulamentos, disposições ou cláusulas legais"). Mas a principal palavra para "lei" é *Gesetz*, de *setzen* ("pôr, estabelecer, assentar" etc.), e refere-se, portanto, a algo estabelecido. À semelhança de "lei", *Gesetz* aplica-se tanto às leis da comunidade quanto às leis da NATUREZA. (O alemão para "lei da natureza" é *Naturgesetz* ou *Gesetz der Natur*, contrastando com *Gesetz des Rechts*, "lei da terra". "Direito natural", no sentido de um código ético ou social implícito na natureza do homem ou do cosmo, é *Naturrecht*, em contraste com *positive Recht*.) Essa ambigüidade vem de longa data: Heráclito já sugeria que o cosmo é governado por lei (*nomos*) divina, de um modo comparável àquele como as sociedades humanas são governadas por leis humanas, e essa é uma doutrina central dos *ESTÓICOS. A expressão "leis da natureza" (*leges naturae*) ocorre em Lucrécio, sem associações teológicas ou éticas literais.

Também existem leis morais ou éticas, as quais determinam os nossos deveres, quer estejam ou não consubstanciados também na lei da terra. Kant distingue essas leis das externas (*äussere*) (por exemplo, as da terra), algumas das quais pode saber-se *a priori* que são obrigatórias independentemente da legislação em vigor (leis externas, mas naturais (*natürliche*)), ao passo que outras só são obrigatórias em virtude de legislação externa (leis *positivas*). Na época de Kant, o termo *Denkgesetz(e)* ("lei(s) do *PENSAMENTO") era aplicado às leis ou princípios de IDENTIDADE, de (não-) *CONTRADIÇÃO, do terceiro excluído e, por vezes, da razão suficiente ou FUNDAMENTO. Hegel rejeita esse título, porquanto acredita ser fácil e legítimo pensar em contravenção dessas leis.

Uma *Regel* ("regra", num sentido tanto teórico quanto prático) difere de uma lei na medida em que admite exceções ("por via de regra...", "regras de etiqueta" etc.). Hegel usa *Regel* principalmente em conexão com *MEDIDA (*Mass*), quando é um padrão ou critério (*Massstab*, literalmente uma "vara de medir"), uma unidade fixa de medição consubstanciada numa entidade material (por exemplo, uma régua), cuja repetida aplicação a uma outra entidade determina o seu tamanho. Em *E*, Hegel distingue *Regelmässigkeit* ("regularidade" de *Gesetzmässigkeit* ("legitimidade"). A regra envolve uniformidade não-diferenciada; assim, a regularidade, que está intimamente relacionada com a simetria, aparece, por exemplo, numa série de linhas paralelas de igual comprimento, um cristal e um círculo. A lei consiste numa conexão necessária entre características distintas; assim, legitimidade apresenta-se nos movimentos irregulares dos planetas, no oval irregular e na linha "ondulante" celebrada por Hogarth em sua *Analysis of Beauty* (1753). A regularidade tem um lugar na arquitetura e na música, mas é indesejável na escultura e, em geral, esteticamente inferior à legitimidade.

Hegel assimila freqüentemente os dois principais tipos de lei, referindo-se às leis da natureza como um *Reich* ("reino, império, domínio") de leis (em contraste com o reino da APARÊNCIA) e introduzindo PUNIÇÃO num exame das leis da natureza (*FE*, III; *Enc.* III, §422A). Mas distingue-se em *FD*, Pref. A.: As leis da natureza não são proposições formuladas por nós mas fatos objetivos, que podemos descobrir mas cujos limites não podemos transpor. As leis da terra também são, para o cidadão individual, fatos objetivos, que ele necessita descobrir, e o estudo positivo da lei fornece uma descrição objetiva dos mesmos, semelhante à descrição das leis da natureza pelos cientistas. Mas as leis da terra são formuladas por homens e não são absolutas, dado que variam de sociedade para sociedade. Por isso, pode surgir uma separação entre as leis e a consciência particular do cidadão. *FD* tenta reconciliar-nos (*versöhnen*) com a racionalidade de nossas leis, enquanto que o cientista natural não tenta ou não precisa reconciliar-nos com as leis da natureza. Em *Enc.* III, §529, e *FD*, §211, é dito que a diferença está em que astros e animais não conhecem (wissen) as leis que governam sua conduta, ao passo que os homens as conhecem. (Hegel não dirá que as coisas se submetem realmente às leis da natureza, enquanto que os homens *DEVEM obedecer às leis da terra: uma lei que não é geralmente obedecida é uma lei morta.)

As referências a ambos os tipos principais de leis ocorrem em todas as obras de Hegel. Seu ponto de vista sobre eles é o seguinte:

1. Em *PET*, ele compara freqüentemente leis, éticas e políticas, em termos desfavoráveis com o amor, mas chega à conclusão de que nenhuma sociedade estável pode prescindir de leis. Nas fases iniciais da HISTÓRIA, as leis do estado não eram distintas das leis divinas ou religiosas: *FE*, VI.A, considera os conflitos entre leis humanas e divinas na tragédia e na sociedade gregas.

FD, §211 e seg. e *Enc.* III, §529 e seg. consideram as leis na sociedade moderna. A administração da lei é atribuída mais à SOCIEDADE CIVIL do que ao ESTADO: o estado ou o seu *PODER legislativo faz leis mas qualquer interação humana em grande escala requer um arcabouço jurídico, não a mera atividade dentro das fronteiras da nação-estado. As leis devem ser UNIVERSAIS na forma, clara e definidamente formuladas, de conhecimento de todos os cidadãos, promulgadas de maneira imperativa por autoridade competente, administradas com equanimidade, postas em vigor de modo que se façam respeitar, com punições eficazes para quem as transgrida. As leis devem refinar, aclarar e desenvolver COSTUMES preexistentes; as leis que infringem totalmente os costumes não serão respeitadas. Como as leis são universais, é uma "tautologia" que os cidadãos são iguais perante a lei, no sentido de que as leis se aplicam imparcialmente a todos os cidadãos (*Enc.* III, §539). "Mas, quanto ao concreto, os cidadãos (...) são iguais só naquilo em que eles já são iguais fora da lei." Na medida em que os cidadãos são notoriamente diferentes, as leis pressupõem condições desiguais e atribuem-lhes diferentes deveres e obrigações.

O conteúdo de leis pode ser irracional. Mas até mesmo quando leis não são irracionais, é-lhes freqüentemente necessário decidir sobre pontos de detalhe de uma forma arbitrária:

a proibição e punição de roubo é racionalmente justificável mas uma pena de, digamos, dez anos de prisão, em vez de nove ou onze, não o é. Dizer que uma lei é "positiva" pode, assim, significar três coisas: que a lei (a) contraria a RAZÃO e é, portanto, uma lei ruim; (b) racional e justificavelmente estabelece uma regra que não é racionalmente justificável; ou (c) embora racionalmente justificável e promulgando uma regra racionalmente justificável é, não obstante, uma lei imposta por uma autoridade. Mas as leis não são simplesmente uma imposição externa: a obediência como tal é uma fase essencial na formação do caráter de uma pessoa, e obedecer à lei é submeter-se ao que é, em virtude de sua universalidade, uma expressão da própria racionalidade e VONTADE essencial da pessoa. Assim, Hegel prefere uma ordem jurídica a uma ordem meramente consuetudinária, não só porque ela regula mais efetivamente a nossa conduta, mas porque nos eleva a um nível superior de *AUTOCONSCIÊNCIA.

2. Em *FE,* III, a consideração de FORÇA (*Kraft*) leva à introdução de leis, dado que a ESSÊNCIA interior deve ser suficientemente diferenciada a fim de explicar a diversidade de aparência. Uma lei relaciona distintas características de aparência, por exemplo, a distância percorrida e o tempo dispendido por um corpo em queda. Mas, ao contrário da aparência, as leis não mudam: o domínio das leis é uma "imagem estática [*Bild*, ou cópia, *Abbild*] da aparência inconstante (*Erscheinung*)". Mas isso não significa que as leis sejam menos objetivas do que as forças: elas são as "determinações do *ENTENDIMENTO inerentes no próprio mundo" (*Enc.* III, §422A). Inicialmente, Hegel considera as leis do movimento e encontra nelas dois problemas principais: (a) Uma vez que é propósito de uma lei unificar fenômenos, as leis não deveriam ser simplesmente distintas umas das outras, mas, em última instância, ser redutíveis a uma única lei. Mas as tentativas de redução do número de leis tende (como em Newton) a resultar numa tautologia vazia, onde tudo depende das condições antecedentes em que a lei se aplica. (b) As leis não *FUNDAMENTAM integralmente fenômenos: elas explicam apenas o que acontece *se* certas condições são preenchidas, mas não o preenchimento dessas condições. A sua reflexão sobre esses problemas leva a uma consideração das leis que envolvem *OPOSTOS polares, como as leis do magnetismo e da eletricidade. Isso sugere a idéia de que o domínio das leis é um inverso ou a imagem especular do domínio da aparência.

Em *FE*, V.A., Hegel passa a tratar da "RAZÃO observante (*beobachtende*)", e considera as leis concernentes à VIDA orgânica, e também as leis lógicas e psicológicas, em particular as leis que supostamente correlacionam os traços psicológicos de uma pessoa com suas características faciais ("fisiognomonia") ou com o formato de seu crânio (*Schädellehre*, "craniologia, frenologia"). Hegel duvida da possibilidade de tais leis: os organismos são unificados e autodeterminados demais para que possam existir leis significativas correlacionando os seus estados com estados do seu meio circundante. A MENTE está unificada de modo semelhante e não pode ser dividida em distintos traços ou faculdades, cada um correspondendo a uma distinta característica física. Ela é ainda menos suscetível do que plantas e animais a *CAUSAS externas. Além disso, assim que uma pessoa chega a *conhecer* uma suposta lei governando seu pensamento ou conduta, ela pode dispor-se desde logo a evadir ou explorar o seu funcionamento. Tais leis (mas não a *Gesetzmässigkeit*, legitimidade *interna*) são mais apropriadas, portanto, para MECANISMO do que para tipos superiores de organização.

Em obras posteriores, Hegel não alterou substancialmente suas idéias sobre essas matérias.

liberdade *Freiheit* e *frei* correspondem fielmente a "liberdade" e "livre". Referem-se à liberdade da VONTADE e à liberdade em todos os seus sentidos sociais e políticos. Assim, "liberdade" contrasta com "escravidão", "dependência", "compulsão", "NECESSIDADE" etc. Hegel tenta interligar essa variedade de sentidos numa única teoria de liberdade.

A noção essencial de liberdade é esta: algo é livre, especialmente uma pessoa, se, e somente se, for independente e *AUTODETERMINANTE, não determinado por, ou dependente de alguma outra coisa que não de si mesmo. Mas essa fórmula suscita três questões:

1. Onde se situa a fronteira entre algo e o seu outro? Por exemplo, (a) EU tenho certos (b) pensamentos; tenho (c) percepções, desejos e um corpo; habito (d) num meio social e político; e vivo em (e) um mundo natural que cerca e impregna o meu meio social e a mim próprio. A fronteira entre mim e o outro situa-se entre (a), por um lado, e (b), (c), (d) e (e), por outro; entre (a)-(b) e (c)-(d)-(e); entre (a)-(b)-(c) e (d)-(e), ou entre (a)-(b)-(c)-(d) e (e)? O que significa para mim ser autodeterminante, em vez de determinado por um outro, diferirá de acordo com qual desses pontos de vista adotamos.

2. De que modo especificar a relação de determinação ou dependência? Trata-se, por exemplo, de determinação causal, compulsão ou restrição física (por exemplo, detenção), ameaças, escravidão (isto é, propriedade por uma outra pessoa), aceitação voluntária da autoridade política, moral ou doutrinária de outrem etc.?

3. Como é adquirida a liberdade? Há três possibilidades: (i) A relação de determinação ou dependência é desfeita, apesar da persistência de ambos os termos na relação e de sua alteridade: por exemplo, deixo de me preocupar a respeito de minha prisão ou escravização, e recolho-me em mim mesmo. (ii) A relação de determinação é desfeita pela eliminação de um dos seus termos: por exemplo, sou libertado da escravidão ou da prisão, ou, concebivelmente, alcanço a liberdade através da minha própria MORTE. (iii) Os dois termos deixam de ser, ou de parecer, o outro na relação de cada um deles com o outro, porque um ou outro, ou ambos, *SUPRASSUMEM o outro; por exemplo, o meu captor e eu nos apaixonamos; de modo que deixamos de parecer (ou de ser) estranhos um ao outro, e eu deixo de sentir a obediência à sua vontade como coerção da minha liberdade.

A teoria da liberdade de Hegel gravita em torno das respostas dadas a essas questões:

1. A fronteira entre o eu e o outro não é fixa nem permanente, seja na vida do indivíduo, seja ao longo da HISTÓRIA. O conteúdo do eu tampouco é fixo ou permanente. O que cada um de nós é depende de sua *AUTOCONSCIÊNCIA. Um ponto de vista inicialmente plausível é que eu sou os meus pensamentos, percepções, desejos e corpo ((a)-(b)-(c) acima), e que sou livre na medida em que nada disso me é determinado por outro (em um ou mais sentidos). Mas os meus desejos, argumenta Hegel, são determinados desde fora e, sobretudo na infância, não facilmente controlados por mim. É fácil sentir que os nossos desejos corporais e talvez as nossas percepções sensoriais nos são estranhos, e localizar a nossa verdadeira pessoa no Eu ((a) acima) ou em nosso pensamento ou razão ((b) acima). Suporemos, nesse caso, como Platão, os estóicos e os ascetas religiosos, que a liberdade consiste não em satisfazer os próprios desejos mas em os ignorar, reprimir, controlar ou

eliminar. Uma versão dessa tese foi adotada por Kant: a liberdade de intrusões da natureza será obtida pela submissão às leis MORAIS endossadas e impostas somente pela razão. Esse ponto de vista subentende também a liberdade de coerções naturais, sociais e políticas, porquanto é usualmente através de nossos desejos e aversões que tais fatores externos se nos impõem. (Mas Kant, ao contrário de muitos proponentes dessa tese, estava intensamente interessado na liberdade política.)

Hegel era simpático a esse ponto de vista, mas sentia que os desejos de uma pessoa e o mundo externo não podem ser tão facilmente postos de lado, tanto porque a pura repressão dos desejos de uma pessoa pela RAZÃO constitui, por si mesma, um tipo de escravização, quanto porque a razão não pode, sozinha, dar-lhe uma orientação para a vida ou ação. No entender de Hegel, os nossos desejos não são, no adulto civilizado, impulsos primitivos, totalmente alheios ao nosso eu, já que a nossa CULTURA e VIDA ÉTICA os impregnou de *PENSAMENTO. Mas isso significa que a fronteira entre mim e o outro desloca-se, pelo que o eu inclui uma boa dose do ambiente social que previamente se supunha ser totalmente distinto do eu. O paradigma de tal extensão do eu para incluir a sociedade onde se vive (ou, inversamente, o paradigma da absorção do eu pela sociedade) era, para Hegel, a vida ética grega. Isso propiciou liberdade *OBJETIVA, mas negligenciou a liberdade *SUBJETIVA, a liberdade para buscar a realização dos próprios desejos e para refletir racionalmente sobre códigos e doutrinas tradicionais.

2. Hegel considera vários tipos de alterdeterminação, e responde-lhes de modos diferentes. A escravatura, por exemplo, seu paradigma de ausência de liberdade sócio-política, foi simples e corretamente abolida por estar em choque com a ESSÊNCIA do homem. A determinação *CAUSAL por natureza, mais patente na vida de crianças pequenas e povos primitivos, é gradualmente reduzida pela cultura. (Hegel argumenta contra o determinismo causal numa variedade de maneiras, especialmente em *FE*, V e *Enc.* III.) O controle social e político nunca é eliminado, mas, em primeiro lugar, o ESTADO moderno consente mais liberdade subjetiva do que o antigo; e, em segundo lugar, a vida ética é, e em filosofia é vista como sendo, uma expressão da racionalidade que reside no cerne da pessoa e, portanto, nada mais do que inteiramente o seu próprio eu.

3. Na Lógica, a transição da necessidade para a liberdade do CONCEITO ocorre quando a necessidade com que uma coisa determina uma outra torna-se tão intensa que elas deixam de ser distintas. A liberdade internaliza, mais do que suplanta, a necessidade. Usualmente, portanto, o pensamento de Hegel sobre um tipo de liberdade assume o seguinte rumo: a tentativa para cortar a nossa relação com o repressivo outro ignorando-o (*ESTOICISMO etc.) ou abolindo-o (em seus vários modos, CETICISMO, jacobinismo revolucionário etc.), embora historicamente fecunda, é malsucedida. A liberdade está, mais precisamente, na IDENTIDADE do outro com o eu. A identidade não precisa ser a estreita identidade da cidade-estado, mas a identidade diferençada do estado moderno que acomoda elementos de soluções rejeitadas ou *SUPRASSUMIDAS, como a REFLEXÃO crítica e a busca de satisfação do interesse pessoal.

A identificação do outro com o eu envolve três aspectos distintos: (1) O homem *faz* o outro menos estranho por suas atividades práticas em torno dele; ele reforma a sua sociedade, cultiva a natureza etc. (2) *Descobre* que não é totalmente *outro* por suas atividades teóricas: estudos empíricos e filosóficos da sociedade, natureza etc. revelam que eles consubstanciam pensamentos universais. (3) Torna-o menos estranho por suas atividades teóricas nele: revelar os pensamentos envolvidos em nossa sociedade etc., é não só descobrir, mas realçar a sua afinidade conosco. Esses processos ocorrem ao longo da história, a qual é, para Hegel, a realização da liberdade. Como a autoconsciência também consiste em ver a afinidade do outro comigo e em enriquecer assim a minha concepção de mim mesmo, liberdade e autoconsciência avançam juntas.

limite, restrição e finitude O que tem ou chega a um fim (*Ende*) é *endlich* ("finito"). (Isto significa também "final, último" e, como advérbio, "finalmente, por fim".) *Endlichkeit* é "finitude, finidade". O finito tem um limite ou confim, para o que o alemão tem duas palavras:

1. *Grenze* ("limite, divisa, fronteira, confim ou ponto extremo") gera dois verbos: (a) *grenzen (an)*, "confinar com", literal e figurativamente; (b) *begrenzen*, "restringir, limitar, formar a fronteira de": por exemplo, uma parede *limita* a nossa vista, uma pessoa de espírito tacanho e intolerante é *limitada* (*begrenzt*), as possibilidades são *ilimitadas* (*unbegrenzt*).

2. *Schranke* ("barreira" e, especialmente no plural, *Schranken*, "fronteiras, limites", como em "manter dentro dos *limites*") também gera verbos, principalmente *beschränken* ("confinar, limitar, restringir, impedir que exceda um certo limite"); Hegel usa o substantivo *Beschränkung* para significar, por exemplo, a "*restrição*" ou coibição dos nossos impulsos pela sociedade e o estado. A sugestão de restrição é mais patente em *Schranke* do que em *Grenze*.

Em filosofia não-hegeliana, nenhuma distinção é usualmente feita entre *Grenze* e *Schranke*. Ambos podem ser usados para, por exemplo, os limites da cognição humana, mas *Grenze(n)* é mais comum. Para Kant, um *Grenzbegriff* ("conceito limítrofe") é um conceito que marca a fronteira para além da qual os conceitos reais deixam de ser aplicáveis. O conceito de um *númeno* ("inteligível") ou de uma COISA-EM-SI é um *Grenzbegriff*; não formula nenhuma afirmação definitiva sobre o que se situa além dos limites de nossa experiência, mas serve como um aviso de "Proibida a entrada". O conceito de um *Grenze* e a autolimitação do EU absoluto de modo a tornar-se um Eu finito são importantes em *TC* de Fichte. Em matemática, um *Grenze* ou *Grenzwert* ("valor limitante") é o valor do qual os termos de uma série infinita se aproximam cada vez mais, porém sem nunca o atingir; por exemplo, o limite da série 2, $1\frac{1}{2}$, $1\frac{1}{4}$, $1\frac{1}{8}$, ... é 1. Hegel examina essa noção em seu estudo do *INFINITAMENTE PEQUENO em *CL*.

Hegel distingue *Grenze* e *Schranke*, e os tradutores costumam usar palavras distintas: respectivamente, por exemplo, "limite" e "limitação" (Miller), "limite" (ou "fronteira") e "barreira" (ou "obstáculo") (Wallace), ou "limitação" e "restrição" (Knox). A distinção é a seguinte:

1. Uma entidade finita tem uma *Grenze*. Usualmente, tem um limite *QUALITATIVO, assim como um limite *QUANTITATIVO. Um campo de 1 hectare tem um limite quantitativo em virtude do qual é 1 hectare, mas tem um limite qualitativo em virtude do qual é um campo em vez de um bosque ou de um lago. Cada tipo de limite é uma NEGAÇÃO; é 1 hectare somente em virtude de *não* se estender para além de suas fronteiras, e é um campo somente em virtude de não ser um bosque, um lago etc. Mas a relação do campo com o

seu limite é diferente em cada caso. O limite quantitativo é *EXTERNO ou indiferente (*gleichgültig*): se o campo tem sua área ampliada, isso não afetará a parte do campo localizada dentro de suas fronteiras originais, nem, se suas dimensões forem reduzidas, isso afetará o que resta do campo. Mas o seu limite qualitativo é interno: se o campo for inundado para formar um reservatório, isso alterará por completo a sua qualidade. Porque, e só porque, o campo é limitado, ele é suscetível de mudança. Devido a seu limite qualitativo, possui caráter definido (*Beschaffenheit*), entre um leque de possíveis características de tal modo que lhe é, pelo menos logicamente possível, adquirir uma característica diferente. Devido ao seu limite quantitativo, tem *outras* entidades para além de suas fronteiras, as quais *podem* ter características diferentes (por exemplo, rios) e, de fato, deve ter características diferentes que a separem dos campos circunvizinhos por itens tais como cercas vivas e cursos de água. Essas outras entidades interatuam com ele: é somente em virtude de tal interação que ele é um campo de 1 hectare. Mas também o violam, de modo que uma mudança ocorrerá em seu caráter, por exemplo, será inundado para formar um lago. Uma tal mudança (*Veränderung*, de *(sich) verändern*, "alterar, fazer-se ou tornar-se *OUTRO") pode envolver, e finalmente envolverá, o desaparecimento do campo (*Vergehen*, de *vergehen*, "perecer, dissipar-se"). Assim, em conseqüência de sua finitude qualitativa e quantitativa, o campo também é temporalmente finito e chegará ao fim: "o ser de coisas finitas envolve a semente de seu desaparecimento como seu ser-dentro-de-si (*Insichsein*); a hora de seu nascimento é a hora de sua morte" (*CL*).

2. O limite de uma coisa não a confina ou restringe necessariamente. O campo é indiferente aos seus limites e não tem nenhuma tendência para transgredi-los. Mas uma semente possui uma tendência para transgredir o limite que faz dela uma semente, e um ser humano pode estar cônscio do seu limite com uma restrição a ser superada: uma pessoa pode (ou não pode) sentir as suas limitações intelectuais como algo que exige ser superado. Nesse caso, o limite é uma *Schranke*. Hegel liga a noção de *Schranke* à de *sollen* ("DEVER SER"), porquanto uma *Schranke* é uma *Grenze* que, num certo sentido, deve ser superada e, inversamente, dizer que algo deve acontecer subentende que o estado de coisas corrente é uma *Schranke*. O estado que uma entidade procura alcançar ou tende para tomar como seu alvo é a sua DETERMINAÇÃO ou destino (*Bestimmung*).

Hegel oferece duas explicações do finito: (a) O finito é constituído por seu limite. (b) O finito fica aquém do seu CONCEITO: por exemplo, o ORGANISMO vivo morre porque é apenas um indivíduo, ao passo que o seu gênero é um UNIVERSAL (*Enc.* I, §221A). As duas explicações estão ligadas entre si. Uma entidade infinita, por exemplo, DEUS, tem todas, e somente, aquelas características que estão consubstanciadas em seu conceito, porquanto nada existe fora dele para explicar a ausência de tais características ou a presença de outras adicionais. Além disso, o conceito de uma entidade infinita é em si um conceito infinito: não é limitado por, nem contrasta com, outros conceitos; assim, não tem um conteúdo limitado mas contém todas as possibilidades. Assim, mesmo se nada houvesse para fazer Deus mudar, nada haveria tampouco para torná-lo diferente. Deus é, pois, *IDÊNTICO ao seu conceito. Não se segue que Deus ou o seu conceito não envolva limites ou restrições: estabelece limites internos que depois transcende DIALETICAMENTE. Uma entidade finita, em contrapartida, está envolta em RELAÇÕES com outras entidades e, portanto, não é totalmente determinada por seu conceito: possui características que não são (e, com freqüência, não tem características que são) materializadas em seu conceito. Este, além disso, é um conceito finito, limitado por e contrastando com outros conceitos, como os de "campo" ou "animal", e também conceitos puros como o de "coisa", os quais são limitados por outros conceitos dentro da IDÉIA lógica. Tais conceitos finitos são, portanto, apropriados para entidades finitas, mas nunca poderá haver uma plena concordância entre o conceito e a entidade.

Mesmo entidades finitas, pelo menos de tipos superiores, transcendem certos de seus limites ou restrições. Fome, sede e dor, por exemplo, são sentidos por animais como restrições, mas são por eles superadas para não morrer. Mas os animais não podem adquirir consciência de todos os limites que os fazem ser o que são, e muito menos vencer esses limites. O homem ou ESPÍRITO, entretanto, é um caso especial, porquanto o homem pode tornar-se cônscio de todos os limites que o confinam e o constituem. Em especial, Kant argumentara que existem limites para a *COGNIÇÃO humana e procurou especificar esses limites. Mas isso, sustentou Hegel, é impossível: se existe um limite, existe algo além desse limite, e se estou consciente de um limite (isto é, se o elevo a uma restrição), devo estar consciente de algo para além desse limite. Assim, ao atribuir um limite aos meus poderes cognitivos, já estou transpondo esse limite (*Enc.* I, §60). Basicamente, o espírito não é finito: não tem uma natureza específica, limitada pelas naturezas de outras coisas; envolve e alastra para (*übergreift*) outras coisas, e sente-se à vontade nelas. Torna-se plenamente *AUTOCONSCIENTE e evidente a si mesmo; e, assim, inteiramente conforme ao seu conceito (infinito). Não sucumbe à MORTE do mesmo modo que outras criaturas.

A explicação de Hegel tem dois principais defeitos:

1. Mistura limitação conceptual e física: se algo é conceptualmente limitado em ser, por exemplo, um campo, e não um bosque, lago etc., isso não significa que seja também fisicamente limitado (e constituído, ou mesmo afetado) pelo que não é, ou seja, por bosques, lagos etc. Não é inconcebível que a superfície da terra seja um deserto uniforme; seria, nesse caso, conceptualmente limitada mas não fisicamente limitada (pelo menos, por qualquer outra coisa na superfície terrestre). A nossa capacidade para conceituar e descrever entidades não requer limitação e variedade físicas. Mas os vizinhos físicos de uma entidade, pelos quais ela é fisicamente limitada e com os quais interage, não precisam ser seus mais próximos vizinhos conceptuais: leões interagem com grama, chuva e antílopes, não usualmente com parentes conceptuais tão próximos quanto tigres.

2. A doutrina, segundo a qual atribuir ou estar cônscio de um limite é transcender esse limite, envolve quatro erros. (a) Combina as noções de uma *fronteira* e de um *limite*: que um campo ou um corpo de conhecimentos possui uma fronteira (corrente) implica a existência de algo para além da fronteira. Mas que haja um limite para sucessivas reduções da fronteira de um campo (por exemplo, dividindo sua área em duas metades), ou seja, até um ponto inextenso, não implica necessariamente a existência de qualquer coisa para além do limite. (Mesmo sucessivas duplicações terminam na superfície total da terra, na qual nada existe para além do limite.) (b) A consciência de um limite não precisa acarretar uma concepção do que está além do limite. Sabemos que o campo não pode tornar-se menor do que um ponto, sem qualquer concepção clara do que seria para ele ser menor do que um ponto. Sabe-se que a velocidade da luz é a velocidade *limitante* pelo fato de que a massa de um corpo viajando à velocidade da luz seria infinita, não porque se tenha uma

concepção clara de corpos que *excedem* a velocidade da luz. (c) Mesmo que possamos *conceber* o que está para além de um limite de que temos consciência, isso não acarreta que *sabemos* existir algo além do limite; devemos, talvez, conceber coisas em si mesmas, o que não significa que precisemos por isso saber da existência de nenhuma. (d) Mesmo que saibamos existir *algo* além do limite, podemos não saber *o que* é (ou com o que se parece).

As doutrinas de que as relações entre coisas refletem as relações entre conceitos e de que a consciência de um limite envolve a transcendência dele são centrais para o IDEALISMO de Hegel.

linguagem A maioria das obras de Hegel contém comentários sobre linguagem e, sobretudo, todos os seus escritos são marcados por uma autoconsciência acerca de sua própria linguagem, e de suas relações com a fala comum, uma preocupação que não encontramos em Kant. (Herder e Hamann criticaram o descaso de Kant com a linguagem.) Mas a linguagem tem um lugar *explícito* relativamente secundário no sistema de Hegel. Há várias razões para isso: (1) A linguagem, como a dialética (à qual Hegel também dedica pouca atenção explícita), diz respeito à filosofia como um todo e, por conseguinte, não é facilmente vinculada a uma parte especial dela. (2) Uma questão que interessou a muitos filósofos (Rousseau, Herder, Fichte etc.), a saber, como se originou a linguagem, não era, no entender de Hegel, passível de resposta, porquanto a HISTÓRIA pressupõe escrita histórica, e esta pressupõe linguagem. A história diz respeito aos produtos históricos do ESPÍRITO, não à linguagem, a expressão imediata do espírito envolvido neles todos. (3) Uma outra questão de interesse corrente, a saber, as diferenças e afinidades de linguagens, não era um dos interesses dominantes de Hegel, porque se trata de matéria para pesquisa empírica (como a de W. von Humboldt) e porque ele estava mais interessado nas categorias lógicas que estão consubstanciadas, de um modo mais ou menos completo e explícito, em todas as linguagens.

Em *Enc.* III, §§ 458-64, a linguagem é examinada nas alíneas *IMAGINAÇÃO e MEMÓRIA: a linguagem emerge (mas não necessariamente na história) da tentativa do escuro "poço" (*Schacht*) INTERIOR da inteligência (*Intelligenz*) de encontrar uma apropriada e objetiva materialização *EXTERIOR para as suas concepções ou REPRESENTAÇÕES universais, o que não envolve a dependência constante da *INDIVIDUALIDADE da INTUIÇÃO sensorial. A imaginação (*Phantasie*), que *MEDIATIZA entre concepção e intuição, fornece imagens (*Bild*), as quais, embora dêem à inteligência alguma independência da intuição, são fugazes e subjetivas, assim como envolvem um elemento sensório essencial. O passo seguinte é representar uma concepção por um símbolo (*Symbol*). A entidade escolhida para simbolizar uma concepção retém uma característica empírica essencial que a torna apropriada para servir de símbolo: por exemplo, a força, ou a força de Júpiter, pode ser simbolizada por uma águia, porquanto a águia é (considerada) forte, mas não por uma pomba. Ainda maior libertação da intuição é conferida pela adoção de um sinal (*Zeichen*) inteiramente convencional: por exemplo, uma bandeira deve ter *algumas* características empíricas, mas essas características não são determinadas pelo que ela significa. Hegel representa (ou *simboliza*) o sinal pela pirâmide, a qual contém uma "alma estranha", isto é, uma múmia, com a qual não tem qualquer semelhança (*Enc.* III, §458). Essa alma é comparável ao significado (*Bedeutung*) de um sinal. O passo final é a produção de sons para significar concepções: não só as características empíricas dos sons são puramente convencionais quanto ao seu significado, mas os próprios sons são mais temporais e fugazes do que espaciais e persistentes. Isso representa um rebaixamento adicional da intuição sensorial.

O nome é uma intuição produzida pela inteligência, combinada com o seu significado. No começo, essa combinação é um indivíduo transitório e a combinação é correspondentemente "externa". Mas a MEMÓRIA *INTERNALIZA essa externalidade. Converte a combinação individual numa universal e permanente. O nome deixa de ser uma intuição (ou seja, um sinal) e torna-se uma concepção (isto é, um tipo), cujo significado é também uma concepção. As duas concepções, a da coisa e a do nome, são, pois, fundidas numa só. Não precisamos de imagem ou intuição para pensar sobre um leão: "É em nomes que pensamos" (§462). Assim, a inteligência é totalmente internalizada (apóia-se unicamente em seu próprio produto abstrato, o nome, e prescinde de material empírico) e totalmente externalizada (tem acesso direto a objetos, sem a mediação de entidades sensoriais, psicológicas). (Isso exemplifica a DIALÉTICA de INTERIOR e *EXTERIOR.)

Até aqui, as palavras são agrupadas de acordo com as nossas sensações, concepções ou pensamentos correntes. Mas agora, finalmente, são organizadas num sistema formal, independentemente de suas referências a objetos externos. Assim, a linguagem torna-se "externa" em relação à inteligência que a produziu, a qual se transforma no "espaço universal dos nomes enquanto tal (...) o poder dos nomes diversos, o *vínculo* vazio, que reforça em si a série dos nomes e os conserva em ordem firme" (*Enc.* III, §463). Neste ponto, Hegel tem várias coisas em vista: o fato de que, em relação a qualquer locutor dado, uma linguagem é um sistema objetivo a ser aprendido e obedecido; a nossa capacidade, quando as palavras e seus significados nos são totalmente familiares, para usá-las sem levar em conta, ou mesmo transgredindo, o seu significado; e as vantagens da aprendizagem mecânica, a qual despoja a mente de seus conteúdos privados e a prepara para a recepção de matérias objetivas (*EDUCAÇÃO envolve ALIENAÇÃO).

Em conformidade com a correlatividade do interior e exterior, Hegel nega que possamos pensar sem palavras: "Só conhecemos os nossos pensamentos, só temos pensamentos determinados, reais, quando lhes damos a forma de objetividade, de distinção da nossa interioridade, conferindo-lhes assim a forma de exterioridade, e de uma exterioridade tal que tenha a marca da mais alta interioridade" (*Enc.* III, §462A).

Em *Enc.* III, §459, Hegel discute a fala e a escrita. O som articulado (*Ton*) é discurso (*Rede*), e o sistema de discurso ou fala é a linguagem (*Sprache*, de *sprechen*, "falar"). A linguagem envolve dois aspectos:

1. O material fonético pode derivar originalmente da imitação de sons naturais, como rumorejar e ranger, mas isso é insignificante para uma linguagem desenvolvida. O seu material elementar depende do "gesto" (*Gebärde*) que produzimos pelos movimentos dos lábios, palato e língua. Qualquer significado original que essas características fonéticas, e as vogais e consoantes, tivessem tido outrora é suprimido pelo seu uso em sinais.

2. Em contraste com o material fonético, o aspecto formal, a gramática, é produto do *ENTENDIMENTO, o qual introduz suas categorias na linguagem. Esse "instinto lógico" esteve em ação desde as origens, porquanto as línguas de povos menos civilizados têm

uma gramática mais desenvolvida, transmitindo distinções que estão ausentes ou desaparecem nas línguas de povos mais civilizados. Ele cita *Über den Dualis* (1828) em apoio a seu ponto de vista (essencialmente correto). (Vico e Herder tinham defendido a tese de que as línguas primitivas são rudimentares.)

Em seu estudo da linguagem escrita, Hegel argumenta que uma escrita alfabética, cujos caracteres são sinais dos elementos dos sinais auditivos da linguagem falada, é superior a uma escrita hieroglífica, a qual representa diretamente concepções. Isso foi uma questão importante na época, porquanto Leibniz tinha proposto uma escrita que apresentaria diretamente idéias e as relações entre elas, elaborada segundo princípios hieroglíficos. (Leibniz foi mais influenciado pela escrita chinesa do que pela egípcia.) As objeções de Hegel a tal escrita são as seguintes:

(a) Leibniz acreditava que tal linguagem serviria ao propósito não só de clareza lógica, mas de mais fácil comunicação entre todas as pessoas e, especialmente, as doutas. Mas a história sugere que as escritas alfabéticas foram introduzidas porque facilitam a comunicação cotidiana.

(b) Se o sinal para uma concepção é a materialização de uma análise da mesma, precisaremos mudar os nossos sinais sempre que mudarmos a nossa análise de concepções. Isso ocorre até no caso de substâncias químicas (as quais *são* denominadas segundo princípios hieroglíficos), mas seria mais freqüente no caso de concepções espirituais. Os hieróglifos só são apropriados para sociedades estáticas, como a da China.

(c) A escrita alfabética afeta a linguagem falada, ajudando a simplificar e sistematizar a sua articulação. Uma escrita hieroglífica não pode ter esse efeito; assim, o chinês falado é grotescamente complexo, contendo muitos termos quase homônimos só distinguíveis por diferenças de acentuação ou tom, dificilmente discerníveis para um estrangeiro.

(d) A escrita alfabética, ao contrário da hieroglífica, habilita-nos a *refletir* sobre a palavra falada: podemos ver, mediante sua contraparte escrita, como ela foi elaborada a partir de uns poucos elementos simples. Hegel também atribui vantagens pedagógicas à aprendizagem de um sistema formal, como um alfabeto.

(e) A escrita alfabética, como a linguagem falada, preserva a unidade da palavra, que é assim um *nome*, uma vez que sugere uma certa concepção como um *todo*, e não em virtude do significado de suas partes constituintes. Uma palavra é, para o locutor comum, uma entidade simples, não uma coleção de outras palavras. Como tal, ela refere-se diretamente a *coisas*, ao passo que, segundo os princípios hieroglíficos, o nosso acesso e referências a coisas faz-se por mediação de concepções. A tese de Hegel aplicar-se-ia também ao ponto de vista de Mill de que uma palavra como "cavalo" designa cavalos em virtude de sugerir características que pertencem a todos os cavalos, e somente a cavalos, e ao ponto de vista de Russell de que um nome como "Hegel" denota Hegel em virtude de sua associação com uma descrição definida que se aplica unicamente a Hegel.

(f) O significado de uma palavra pode ser analisado, mas suas características lógicas e suas inter-relações não podem ser adequadamente representadas pelas relações espaciais externas de hieróglifos ou de simbolismos lógicos e matemáticos. A esse respeito, Hegel ataca freqüentemente a opinião pitagórica de que a matemática fornece uma linguagem apropriada para a filosofia.

Derrida, em *O poço e a pirâmide*, critica as crenças de Hegel em que a linguagem é essencial ao pensamento, a linguagem falada é anterior à linguagem escrita, e as escritas alfabéticas são superiores aos hieróglifos. O pensamento de Hegel é orientado para a linguagem, especialmente a linguagem falada: ele apresentou-se em sua melhor forma em suas conferências, mais do que nos livros. Também manifestou escasso apreço, por exemplo, pelo pensamento musical e a música sem um conteúdo exprimível em palavras. Não obstante, rebaixa as características puramente sensórias da linguagem e argumenta, por exemplo, que a poesia pode ser traduzida sem grandes perdas.

lógica, lógico *ver* CIÊNCIA DA LÓGICA.

M

matéria, material *ver* FORMA, MATÉRIA E CONTEÚDO.

mecanismo, quimismo e teleologia Na Lógica, à explicação do conceito de subjetivo ou *SUBJETIVIDADE (isto é, CONCEITO, JUÍZO e INFERÊNCIA) segue-se uma explicação de *OBJETIVIDADE ou de OBJETO. (Subjetividade e objetividade unem-se mais tarde na IDÉIA.) A objetividade adota três formas sucessivamente mais elevadas: (1) *Mecanismo*; (2) *Quimismo* e (3) *Teleologie* ou *Zweckmässigkeit* ("*FINALIDADE").

1. Mecanismo deriva do grego *mechane* ("dispositivo, expediente, máquina, instrumento, aparelho") e significa (a) um/o arranjo e interação de objetos de acordo com princípios mecânicos, isto é, o tipo de princípios em conformidade com os quais as máquinas funcionavam (pelo menos, no tempo de Hegel), e (b) a doutrina de que entidades aparentemente não-mecânicas, especialmente criaturas vivas, funcionam segundo princípios mecânicos. Hegel usa o termo no sentido (a) e rejeita a interpretação mecanística de VIDA e MENTE. A explicação mais concisa de mecanismo em *Enc.* I, §§194-9, abre com uma descrição dos átomos ou mônadas leibnizianas, cujos estados internos se ajustam entre si em virtude de uma harmonia preestabelecida pela mônada das mônadas, Deus (§194). Isso, no entender de Hegel, não é um sistema mecânico, porquanto as mônadas não têm qualquer espécie de interação entre elas: trata-se de pura objetividade. O mecanismo propriamente dito tem três fases:

(a) *Formeller Mechanismus* (*Mecanismo formal*): Objetos ou corpos afetam-se e propulsionam-se mutuamente por pressão e choque. Nenhum corpo é dominante em relação a outros, pelo que o movimento dos corpos não tem um foco central. Os corpos só estão *EXTERNAMENTE relacionados: suas relações não afetam sua natureza essencial. Isto corresponde às primeiras seções de "Matéria e Movimento: Mecânica Finita [*Mechanik*]" em *Enc.* II, §§ 262-65.

(b) *Differenter* (isto é, não-indiferente ou predisponente) *Mechanismus*: Um corpo é central e os outros gravitam na direção dele. Isto corresponde a "Queda" em *Enc.* II, §§267-9.

(c) *Absoluter Mechanismus (Mecanismo absoluto)*: Corpos (planetas) estão relacionados com um corpo central (o sol); eles próprios são centros para corpos menores que gravitam em torno deles (luas). Isso corresponde à "Mecânica Absoluta" em *Enc.* II,

§§269-72. Hegel concebe o sol, planetas e luas formando um sistema de INFERÊNCIAS em que cada termo, alternativamente, une os outros dois.

A categoria de mecanismo refere-se primordialmente à natureza inorgânica. Mas o mecanismo consiste, essencialmente, não nas relações de *corpos físicos ou materiais*, mas nas RELAÇÕES *externas* de objetos *persistentes e independentes*. Assim, a mente é vista mecanicamente não só se é considerada um mecanismo físico, redutível às relações entre partículas materiais, mas também se for considerada um análogo psíquico de um mecanismo físico, como, por exemplo, uma coleção de FORÇAS mentais (faculdades), ou de idéias relacionadas por leis de associação análogas às leis que governam as relações de corpos físicos (*Enc*. III, §455). A mente e a vida, em geral, não são mecanismos. Mas a categoria pode aplicar-se a certos aspectos da natureza orgânica e da mente, sobretudo quando suas funções são deterioradas, por exemplo, ao passo que os processos digestivos normais não podem ser entendidos mecanicamente, a *indigestão* é uma reversão ao mecanismo; memória, leitura etc. precisam tornar-se *mecânicas*, e assim por diante. O mecanismo não-indiferente é exemplificado não só por corpos que caem na terra, mas também pelo desejo e a sociabilidade (*Enc*. I, §196). O mecanismo absoluto aplica-se ao ESTADO, cujos três elementos – o indivíduo, suas necessidades e o governo – formam um sistema solar social (*Enc*. I, §198). A limitada aplicabilidade de mecanismo a fenômenos orgânicos e espirituais explica, em parte, a sua inclusão na Lógica.

2. *Chemismus (Quimismo)*, de *Chemie* ("química") e, basicamente, do árabe *al-kimiya*, "alquimia", significa, em analogia com *Mechanismus*, (a) o arranjo e interação de coisas segundo princípios químicos, e (b) a doutrina de que o mundo como um todo funciona de acordo com princípios químicos. Hegel usa o termo, também neste caso, somente no sentido (a). Acredita ele que, num sistema mecanístico, poderia existir, em princípio, um objeto, mesmo que estivesse separado do sistema e, portanto, sem relação alguma com outros objetos. Mas as substâncias químicas estão intrinsecamente relacionadas por sua OPOSIÇÃO e afinidade mútuas. Um ácido está essencialmente em contraste com uma base ou álcali, e não poderia existir em isolamento. Quando um ácido e uma base se combinam, neutralizam-se mutuamente para formar um sal, perdendo as propriedades que cada um deles possuía antes. O composto pode ser dissolvido de novo por um processo que lhe é externo. Hegel estava especialmente interessado no fenômeno de "afinidade eletiva" (*Wahlverwandtschaft*), que ele examinou antes em *CL* (Doutrina do Ser) e também em *Enc*. II, §333. Os elementos num composto têm uma afinidade que os aglutina. Mas a afinidade recíproca de elementos varia em força. Assim, se um composto que consiste em *x* e *y* encontra uma substância *z*, a afinidade entre *x* e *z* pode ser mais forte do que a afinidade de *x* e *y*. Nesse caso, o composto original desintegrar-se-á, formando um novo composto de *x* e *z*, e deixando *y* livre. Em seu romance *Afinidades eletivas* (1809), Goethe aplicou essa idéia às relações humanas: dois amantes provam, cada um deles, ter uma afinidade mais forte com uma outra pessoa do que entre si. Para Hegel, como para Goethe, o quimismo é exemplificado não só nas relações de substâncias químicas, mas também nas relações sexuais de seres vivos, bem como no amor e amizade humanos.

3. *Teleologie (Teleologia)*, do grego *telos* ("fim, meta" etc.) e *logos* ("palavra, razão, doutrina" etc.), é literalmente a "doutrina do PROPÓSITO ou da finalidade", mas Hegel aplica-a primordialmente ao caráter teleológico ou orientado para a meta final de um objeto

ou sistema de objetos. Tal como Kant, ele distingue entre teleologia externa e interna. Em teleologia externa: (a) O propósito a ser concretizado não é imanente nos objetos em que ele será concretizado mas é introduzido de fora por um agente intencional, humano ou divino. (b) Os objetos em que o propósito será realizado são, portanto, *PRESSUPOSTOS pelo agente, e funcionam, antes e depois de sua intervenção, não na base de princípios teleológicos mas segundo princípios mecânicos ou químicos. (c) O agente realiza o seu propósito neles manipulando-lhes o comportamento de acordo com esses princípios. (d) Quando o propósito é realizado neles, o propósito a que eles servem não é o próprio deles, mas o do agente e, usualmente, também o de uma outra entidade e/ou atividade: por exemplo, Deus fez o sobreiro para podermos tapar as nossas garrafas com rolhas de cortiça (um exemplo favorito de Hegel, derivado de Goethe); faço um barco para velejar nele etc.

Em teleologia interna, pelo contrário. (a) O propósito é imanente no objeto. (b) O objeto em que o propósito é realizado não é, portanto, pressuposto, e funciona, primordialmente, do começo ao fim, segundo princípios teleológicos, regidos por seu propósito. (Mas até mesmo um sistema internamente teleológico pressupõe um ambiente mecânica e quimicamente ordenado ao seu redor.) (c) Não está envolvida nenhuma intervenção ou manipulação externa. (d) O propósito cumprido pelo objeto é ele mesmo e suas próprias atividades. Assim, a teleologia interna é exemplificada, para Kant e Hegel, por organismos vivos.

Poderíamos esperar que Hegel avançasse na Lógica do quimismo para a teleologia interna, assim como em *Enc*. II a química é seguida pela vida orgânica (§§342 e seg.). Mas o que ele descreve é, antes, a teleologia externa, com destaque para a intervenção do agente humano em sistemas mecânicos e químicos a fim de realizar seu propósito (*CL*; *Enc*. I, §§ 204-12). As razões são estas: (a) A mais simples forma de teleologia necessita preceder a mais complexa teleologia interna. (b) O desenvolvimento lógico obedece a um padrão: no mecanismo e no quimismo o conceito é totalmente INTERNO (e, portanto, totalmente *EXTERNO) para os objetos; na teleologia externa (mas não na teleologia interna) abre-se um hiato entre o conceito (isto é, o propósito) e o objeto; fechar esse hiato pela realização do propósito conduz à IDÉIA, na qual a imanência do conceito no objeto está exemplificada, primeiro, pela VIDA, com sua teleologia interna.

Em *CL*, Hegel argumenta que mecanismo, quimismo e teleologia são todos aplicáveis em seus domínios apropriados. Mas não são simplesmente *gleich gültig* ("igualmente válidos", com um trocadilho sobre *gleichgültig*, "*INDIFERENTE"): a teleologia é a VERDADE do mecanismo e quimismo. A teleologia pressupõe um meio ambiente mecânica e quimicamente ordenado mas, num sentido superior, mecanismo e quimismo pressupõem teleologia: como os sistemas teleológicos são autodeterminantes e auto-explanatórios de um modo que os sistemas mecânicos e químicos não o são, o universo deve culminar em sistemas teleológicos (mentes) e deve ele próprio formar um sistema teleológico abrangente no qual mecanismo e quimismo desempenham um papel necessário mas subordinado.

mediação e imediatidade O alemão para "(o) meio" é *(die) Mitte*. Este gera um adjetivo *mittel* ("meio") e um outro substantivo, *(das) Mittel* (originalmente "(o) centro, a coisa que está no centro ou no meio", mas agora "os meios ou recursos, o que serve para se atingir uma finalidade ou PROPÓSITO"). Gera também diversos verbos, especialmente *mitteln* ("ajudar alguém a, ajustar, combinar, mediar", por exemplo, num litígio, numa desavença), o que hoje é obsoleto mas deixou *mittelbar* ("mediato, indireto") e *unmittelbar* ("imediato, direto"), e ainda *vermitteln* ("conseguir união, mediar, conciliar" etc.). O particípio passado de *vermitteln, vermittelt* ("mediado, indireto") é usado em contraste com *unmittelbar*. Ambos dão origem a substantivos abstratos, *Vermittlung* ("mediação") e *Unmittelbarkeit* ("imediatidade").

Na filosofia não-hegeliana, *unmittelbar* é, principalmente, um termo epistemológico. *CERTEZA imediata é uma certeza que não é mediatizada por inferência ou prova, ou talvez até por símbolos ou conceitos. Para Hegel, o principal representante da doutrina da certeza imediata não é Descartes mas F.H. Jacobi, para quem o conhecimento de, ou a *FÉ em, a realidade dos mundos fenomênico e supra-sensível envolvia a certeza de que nem um nem outro requer ou admite prova. Essa doutrina foi contestada por Goethe ("A verdade é divina; não se manifesta imediatamente, devemos apurá-la através de suas manifestações") e Hölderlin ("O imediato, em sentido estrito, é impossível tanto para mortais quanto para imortais, indistintamente"), assim como por Hegel.

Imediatidade também tem uma significação religiosa: Deus pode revelar-se *mediatamente*, isto é, através das obras da natureza, ou imediatamente, isto é, por milagres ou revelação direta (*Offenbarung*). Mas a significação religiosa de *Vermittlung* é mais conspícua: o homem não pode abordar o divino sem um intermediário, quer este seja constituído pelos símbolos fornecidos pela Bíblia (João Escoto Erígena), por uma extensa *EDUCAÇÃO (Lessing) ou pelo próprio Cristo (especialmente Nicolau de Cusa). Em *FE*, "o mediador" (*der Vermittler*) para a CONSCIÊNCIA infeliz é o sacerdote (IV.B), mas na RELIGIÃO revelada (*offenbare*) é o Cristo (VII.C). O mediador forma o termo médio de uma INFERÊNCIA unindo Deus e o homem. Mas qualquer rígida OPOSIÇÃO entre termos díspares é sentida, especialmente por Hegel, como algo que exige mediação: não só entre Deus e homem, mas corpo e MENTE, indivíduo e ESTADO etc.

Assim, em Hegel, *Vermittlung* refere-se com freqüência à união de dois termos por um terceiro termo, por exemplo, a união do UNIVERSAL e do *INDIVIDUAL numa inferência pelo *PARTICULAR. Mas *Vermittlung* e *Unmittelbarkeit* são freqüentemente usados numa acepção mais abrangente. O imediato não está relacionado com outras coisas; simples; dado; elementar; e/ou inicial. O mediato, em contrapartida, tem relações com outras coisas; complexo; explicado; desenvolvido; e/ou resultante. A mediação pode ser (1) física (por exemplo, uma glande é imediata, mas o carvalho é mediatizado por um processo de crescimento; (2) epistêmica (por exemplo, o meu conhecimento da minha própria existência é imediato ou direto, mas o meu conhecimento da existência de Deus é mediatizado ou inferencial); ou (3) lógica (por exemplo, o SER puro é imediato mas a ESSÊNCIA é mediatizada por um processo lógico).

O contraste entre mediação e imediatidade é, em si mesmo, uma oposição que requer mediação, e o resultado disso, argumenta Hegel, é que nada é puramente imediato ou puramente mediatizado: tudo é ambas as coisas ao mesmo tempo. Por exemplo:

1. Uma glande é mediatizada, assim como imediata, uma vez que é o resultado de um prévio ciclo de crescimento, e o carvalho é imediato, assim como mediatizado, porquanto possui um caráter presente definido que pode ser visto e descrito sem referência explícita às suas relações com outras coisas ou com o processo que culminou nele. Algo a que faltasse toda a imediatidade não seria mais do que um corte transversal de um processo ou

a interseção de um conjunto de relações, sem natureza intrínseca própria. Algo a que faltasse toda a mediação nada teria além de sua natureza intrínseca, sem relações com qualquer outra coisa e sem processo que culminasse nisso; na verdade, sequer teria uma natureza intrínseca, uma vez que toda a *DETERMINIDADE depende da mediação.

2. O meu conhecimento da minha própria existência é mediatizado por uma educação que faz de mim um ser *AUTOCONSCIENTE, uma tradição filosófica que me induz a concentrar-me em meu puro EU, em minhas relações com outros que me habilitam a distinguir "eu" de "tu" e "ele" etc. O meu conhecimento da existência de Deus ou de qualquer outra informação inferida é também imediato uma vez que é, por exemplo, conhecimento de uma informação definida, não apenas um corte transversal de um processo de inferência, e o conhecimento pode ser subseqüentemente relembrado e empregado sem constante recurso à inferência pela qual ele foi originalmente adquirido.

3. O ser puro é mediatizado, uma vez que o nosso pensar sobre ele é a culminação da educação (não-lógica) descrita em *FE* e pressupõe um esforço especial de *ABSTRAÇÃO dos detalhes empíricos. Inversamente, a essência também é imediata, porquanto não só constitui um estágio definido da IDÉIA lógica mas envolve também uma retirada da complexidade externa de QUALIDADE, *QUANTIDADE e medida para a simplicidade interior.

Embora "mediato" e "imediato" se apliquem ambos a tudo, Hegel traça, porém, uma distinção entre coisas que são, pelo menos, relativamente imediatas, como a semente e o ser, e coisas que são relativamente imediatizadas, como a árvore e vir-a-ser. Uma coisa pode ser imediata em uma de duas maneiras: (1) Pode ser simplesmente imediata, faltando-lhe o tipo relevante de mediação (por exemplo, ser, a glande). (2) Pode ser mediatizada, mas *SUPRASSUME sua mediação em imediatismo:

(a) A glande, da qual emerge o carvalho, o processo de seu crescimento, e a nutrição que promove o seu crescimento, são suprassumidos no imediatismo do carvalho adulto; a borboleta recém-surgida de sua crisálida suprassumiu sua mediação.

(b) Descartes *ABSTRAIU de sua educação e a suprassumiu na consciência imediata de sua própria existência. (Desse ponto de vista, ele podia até duvidar de que tivesse tido tal educação.)

(c) A essência suprassume a sua mediação lógica em simples auto-IDENTIDADE.

A suprassunção da mediação em imediatidade é semelhante à suprassunção por uma entidade de suas próprias *CONDIÇÕES. Ambos os processos ocorrem, na opinião de Hegel, em nosso conhecimento de DEUS. Argumentou Jacobi que Deus é não-mediatizado e não-condicionado, ao passo que o nosso CONHECIMENTO dele é mediatizado e condicionado; assim, ou a nossa cognição não alcança Deus ou degrada-o ao convertê-lo em entidade mediatizada. A solução, responde Hegel, está em que, embora Deus e a nossa cognição dele sejam mediatizados, eles suprassumem sua mediação em imediatidade.

Assim, mediação e imediatidade não formam uma oposição diática mas uma TRÍADE: (1) imediatidade simples (mas ainda relativa); (2) mediação; (3) imediatidade mediatizada, na qual a mediação de uma entidade é integrada nela. Este padrão é repetido: a imediatidade mediatizada que conclui uma tríade é a imediatidade simples com que se inicia a seguinte. As tríades também se acomodam umas nas outras: a tríade maior, o universo como um todo, forma um círculo de três termos (a IDÉIA lógica, NATUREZA e ESPÍRITO), cada um dos quais serve, por seu turno, como imediatidade simples, mediatizando os outros dois termos, e como imediatidade mediatizada.

Hegel desfecha constantes ataques contra a doutrina de que temos acesso imediato à verdade, quer por CONHECIMENTO, SENTIMENTO ou fé: (a) Todo o conhecimento, como tudo o mais, é mediatizado, assim como imediato, pelo menos pela educação etc. (b) o conhecimento relativamente imediato etc., como a certeza *SENSÍVEL (*FE*, I) ou o conhecimento imediato de Jacobi (*Enc.* I, §§61 e seg.), é deficiente: leva ao empobrecimento do objeto de conhecimento (uma vez que a determinidade e a complexidade requerem mediação) e contradiz-se implicitamente, porquanto o seu acesso a objetos é intrinsecamente mediatizado por termos universais como "isto". (c) Os supostos defeitos da cognição mediatizada são dissipados pela suprassunção da mediação em imediatidade.

Os argumentos de Hegel são freqüentemente obscurecidos pelos diferentes níveis de mediação e imediatidade que entram em jogo: por exemplo, a imediatidade absoluta, totalmente não-mediatizada (a qual nunca ocorre), a imediatidade relativamente simples e a imediatidade mediatizada, na qual a mediação é internalizada pela entidade mediatizada. Eles também parecem viciados por sua fusão de tipos manifestamente distintos de mediação e imediatidade: por exemplo, físicos ou *CAUSAIS, epistêmicos e lógicos. (O fato de que o conhecimento da minha própria existência pressupõe várias mediações biológicas e educacionais pode não ser considerado prejudicial ao seu status como *conhecimento* imediato.) Mas a coincidência de processos físicos, cognitivos e lógicos é essencial para o IDEALISMO de Hegel: o conhecimento absoluto deve refletir fielmente a estrutura do OBJETO conhecido.

medida *ver* QUALIDADE, QUANTIDADE E MEDIDA.

memória, internalização e imaginação O alemão tem muitas palavras para "memória" e "recordar". As mais importantes para Hegel são *Erinnerung* e *Gedächtnis*:

1. O verbo *erinnern* está relacionado com a preposição *in* ("em") e significou originalmente "fazer (alguém) entrar em, isto é, ficar por dentro de (algum assunto), perceber (algo)". [Até hoje, como na época de Hegel, significa "ter reminiscência de, recordar (algo) a (alguém)".] (Também significa "criticar desfavoravelmente, chamar a atenção contrária para".) A forma reflexiva, *sich erinnern* significa assim "lembrar-se de, relembrar, recordar (algo)". Tal como o grego *anamimneskesthai* ("recordar"), sugere o resultado bem-sucedido, mais do que o processo, de uma tentativa de trazer de volta ou relembrar algo que conhecemos ou foi previamente encontrado. O substantivo *Erinnerung* significa um "lembrete" mas também "memória, recordação". A doutrina de Platão de que toda a aprendizagem é a recordação (*anamnesis*) de coisas previamente conhecidas mas depois esquecidas segue de perto os usos de *Erinnerung* pelos idealistas; Schelling escreveu que a "idéia platônica de que toda a filosofia é recordação é verdadeira neste sentido: toda a filosofia consiste numa internalização do estado em que éramos solidários com a NATUREZA" (*Dedução universal do processo dinâmico ou das categorias da física*, 1800).

2. O verbo *gedenken* está relacionado com *denken* ("*PENSAR") e significa "pensar em, lembrar-se de, ter em mente; relembrar, recordar, mencionar" etc. É menos ativo do que

sich erinnern, e não sugere uma tentativa intencional de recordar. O substantivo *Gedächtnis* significou originalmente "pensar em alguma coisa, *Erinnerung*", mas agora significa:

(a) Como o grego *mneme*, todo o cabedal de experiências etc. que podem ser recordadas, mas não precisam ser recordadas no momento.

(b) A capacidade para reaver ou recordar conhecimentos e experiências passadas, e para reconhecê-los como tendo sido adquiridos ou encontrados antes. (*Gedächtnis* está, neste caso, próximo de *Erinnerung*.)

(c) A capacidade para internalizar ou memorizar coisas, no sentido de as adicionar ao nosso estoque de lembranças, isto é, à nossa *Gedächtnis* no sentido (a).

Há também duas palavras para imaginação:

3. O verbo *einbilden*, de *Bild* ("pintura, imagem" etc.) e *bilden* ("moldar, formar, *EDUCAR" etc.), significou originalmente "estampar, imprimir, gravar (alguma coisa) na alma". Hegel, por vezes, usa-o para significar "imprimir (alguma coisa em alguma outra coisa)", quando a imaginação não está explicitamente em jogo. (Schelling usa freqüentemente *einbilden* no sentido de "informar", e associa imaginação com a capacidade do artista para informar o real ou particular com o IDEAL ou UNIVERSAL.) Mas no seu tempo, como agora, ocorreu usualmente na forma reflexiva, *sich einbilden*, e significou "imaginar". *Einbildung* é "imaginação", e *Einbildungskraft* é "o poder da imaginação". Kant distinguiu a *Einbildung produtiva* da *reprodutiva*: a imaginação reprodutiva forma imagens (*Bilder*) de objetos percebidos e as combina de acordo com leis de associação. A imaginação produtiva tem duas funções: (a) Forma uma ponte entre a sensibilidade e o *ENTENDIMENTO; unifica "múltiplas INTUIÇÕES" e possibilita assim a EXPERIÊNCIA. (b) Transforma criativamente o material da natureza em obras de arte.

4. *Phantasie* ("fantasia, imaginação"; do grego *phantasia* ("imaginação, a capacidade de perceber aparências"), é a palavra usual para, por exemplo, uma "imaginação viva". Filósofos (por exemplo, Schiller) usam-na com freqüência permutavelmente com *Einbildung(skraft)*. Quando uma distinção é traçada, *Phantasie* é usualmente a faculdade superior, mais criativa. Jean Paul, por exemplo, viu *Einbildungskraft* como simplesmente reprodutiva e associativa (mesmo animais a têm, uma vez que sonham e temem coisas), ao passo que *Phantasie* "combina todas as partes num todo (...) totaliza tudo, coloca o absoluto e o infinito da razão mais perto e mais nitidamente diante de homens mortais" (*CE*, §§6, 7). Hegel também distingue entre a *Einbildungskraft* passiva (isto é, reprodutiva e mecanicamente associativa) e a *Phantasie* criativa, artística, mas é freqüente vê-lo usar uma ou outra palavra indistintamente. Os tradutores distinguem-nas, por vezes, como "imaginação" (*Einbildungskraft*) e "fantasia" ou "imaginação criativa/produtiva" (*Phantasie*).

Em *Enc.* III, §§451-64, trata *Erinnerung*, *Einbildungskraft* e *Gedächtnis* como fases sucessivamente mais elevadas de *Vorstellung*. (*Vorstellung* é primeiro usada no sentido mais amplo de "REPRESENTAÇÃO interna", mas adquire o sentido de "concepção" à medida que a explicação se desenrola.) Ele sublinha o que considera ser os significados radicais das palavras. Destaque-se, sobretudo, que não atribui a *erinnern* o significado de "trazer à memória" ou "ser reminescente de", mas o de "internalizar", enquanto que *sich erinnern* é menos "recordar" do que "internalizar, recolher-se". A palavra é freqüentemente contrastada com *(sich) entäussern*, "externalizar(-se)". É usada com freqüência mesmo quando a memória não está explicitamente em jogo, sobretudo para a SUPRASSUNÇÃO de uma entidade de suas *CONDIÇÕES ou de sua MEDIAÇÃO. A ESSÊNCIA, por exemplo, retira-se da complexidade da QUALIDADE etc.; o CETICISMO envolve uma completa internalização de si mesmo. De acordo com a noção hegeliana de INTERIOR e *EXTERIOR, a auto-internalização e a auto-externalização são, com freqüência, mais complementares do que opostas: uma pessoa aprofunda a sua vida interior, seus pensamentos etc., na medida em que se externaliza na fala, escrita etc. (Muitas vezes, como no caso de essência, a introdução de *Erinnerung* gera uma referência ao passado.) Inversamente, Hegel continua usando *Erinnerung* para "recordação", mas, habitualmente, com uma sugestão de internalização. Concorda com Platão em que a aprendizagem envolve *Erinnerung* ((auto-) internalização) mas não que envolva *Erinnerung* (recordação). (*Anamnesis* não tem uma sugestão semelhante de internalização.)

A recordação de um evento passado é, em certo sentido, uma internalização do evento: por assim dizer, o evento está em mim e, não, a alguma distância de mim no espaço e no tempo. Mas, para recordar um evento, eu devo, na época do evento, tê-lo internalizado e adquirido uma lembrança dele que pode ser mais tarde relembrada; essa lembrança é menos internalizada por minha recordação do que externalizada, dragada da minha memória. Assim, Hegel considera que *Erinnerung* não é primordialmente recordação, mas a internalização de uma INTUIÇÃO sensória como uma imagem (*Bild*); a imagem é abstraída da posição espaço-temporal concreta da intuição e a ela se confere um lugar na inteligência (a qual tem seu próprio espaço e tempo subjetivo). Mas a imagem é fugaz e sai da consciência. A imaginação é necessária, portanto, para reviver ou reproduzir a imagem. A imaginação é sucessivamente reprodutiva, associativa e produtiva ou criativa (*Phantasie*).

Por mais criativa que a imaginação possa ser, as suas imagens ainda são imagens de objetos intuídos. A libertação de intuição e imagem é proporcionada por *Gedächtnis*. Hegel associa isso a PENSAMENTO: o particípio passado de *denken* ("pensar") é *gedacht* ("(ter sido) pensado"). Por conseguinte, *Gedächtnis*, embora preceda o próprio pensamento (*Enc*. III, §§465-68) na explicação de Hegel, é memória pensante e, como o pensamento, na concepção hegeliana, envolve LINGUAGEM, também é memória verbal. *Gedächtnis* tem três fases: (1) memória retentiva, a qual retém palavras e seus significados, permitindo-nos reconhecer e entender palavras quando as encontramos; (2) memória reprodutiva, a que nos habilita a proferir palavras por nossa própria conta; e (3) memória mecânica, a memorização de palavras sem considerar o seu significado, o que Hegel considera um preliminar essencial do pensamento. A noção de *Erinnerung*, como a "internalização" de uma palavra e seu significado, continua dominando a explicação de Hegel de *Gedächtnis*.

Erinnerung é crucial em todo o pensamento de Hegel. *Gedächtnis* não é tanto; em outros lugares, não se restringe usualmente à memória verbal. A imaginação, como *Phantasie*, desempenha um importante papel na filosofia da ARTE de Hegel, como em outras teorias estéticas da época, sobretudo as de Kant e Schelling. Hegel também a considerou crucial para a filosofia e, em seu comentário crítico de Schulze (em *DCF*), censura-o por sugerir que o filósofo pode prescindir dela.

mente e alma Não há uma palavra alemã que abranja todos os usos do substantivo "mente" mas muitas são as que, em maior ou menor grau, lhe correspondem. As mais notáveis são *Gemüt, Seele* e *Geist*.

1. *Gemüt* significa originalmente a "totalidade de SENTIMENTOS, *SENSAÇÕES e *PENSAMENTOS de uma pessoa", e depois, a "sede dos sentimentos etc. de uma pessoa". Eckhart, Paracelso e Böhme usaram-na para significar a mente ou ESPÍRITO em geral, e também para recolhimento INTERIOR ou espiritualidade (*Innerlichkeit*). Para Leibniz e seus seguidores, *Gemüt* inclui a capacidade para pensar, ou *ENTENDIMENTO, e a VONTADE. Kant (e Schiller) a utiliza num sentido igualmente amplo, englobando sentimentos, sensações e pensamento: é definida como a capacidade para SENTIR (*empfinden*) e pensar, e afirma-se que as formas de INTUIÇÃO (ESPAÇO e TEMPO) residem na *Gemüt*.

Por essa altura, *Gemüt* era um termo mais abrangente do que o mais intelectual *Geist* mas, sob pressão de *Geist* (e também dos ROMÂNTICOS), a conotação de profundidade interior, emocional, implícita nos usos de *Gemüt* pelos místicos, mas suprimida pelo Iluminismo, passou a predominar. Assim, Fichte afirmou que, enquanto os franceses têm *Geist* ("*esprit*, vivacidade de espírito"), os alemães têm *Gemüt* ("alma, coração, a sede de emoções veementes em grande escala"). Românticos como Novalis consideraram *Gemüt* a fonte da poesia: "A poesia é o retrato de *Gemüt*, do mundo interior em sua totalidade" e, "em última instância, tudo se torna poesia. O mundo, afinal, não vem a ser *Gemüt*?" Hegel usa *Gemüt* no sentido mais limitado de "sede da emoção" e a associa especialmente à ESTÉTICA.

2. *Seele* corresponde ao grego *psuche*, ao latim *anima*, "alma". Hegel usa a palavra de vários modos:

(a) Ocasionalmente, ele refere-se à *Weltseele* ("alma-universal"), aludindo à doutrina (iniciada pelos pitagóricos e pelo *Timeu* de Platão, e endossada pelos *ESTÓICOS, Plotino, Giordano Bruno e Schelling) de que o mundo como um todo é um ORGANISMO animado por uma única alma. Mas Hegel não endossa esse ponto de vista, pelo menos em suas obras mais recentes (*Enc.* III, §391).

(b) No pensamento grego, especialmente Platão e Aristóteles, a alma é o princípio de VIDA. Assim, qualquer coisa viva, animais e homens (Platão) e até plantas (Aristóteles) têm uma alma. *Psuche* abrange todas as atividades psíquicas: nutrição e reprodução (Aristóteles), percepção, emoção e razão (Platão e Aristóteles). Quando a criatura morre, perde sua alma. (Se a alma, ou alguma parte dela, persiste após a MORTE é uma questão controversa.) Hegel endossa esse uso de *Seele* e, por conseguinte, atribui uma alma a tudo o que tem vida: plantas, animais e homens. Mas *Seele* não abrange, como *psuche*, todas as atividades psíquicas, apenas aquelas que o homem compartilha com plantas e com animais: qualidades e alterações corporais, sensação, sentimento e hábito (*Enc.* III, §§388-412). Contrasta com a CONSCIÊNCIA e o espírito (*Geist*). Nesta acepção, *Seele* não é uma COISA; não é um componente separável do organismo; e, como Aristóteles, Hegel não se mostra propenso a atribuir-lhe imortalidade. Considera a alma o termo mediador entre a corporalidade e o espírito (*Enc.* I, §34A).

(c) *Seele* é, com freqüência, usado metaforicamente para significar o lado "interno, essencial" de uma entidade que não está literalmente viva.

(d) Descartes (e, ocasionalmente, Platão) considerou a alma uma SUBSTÂNCIA distinta, a qual está combinada com o corpo e pode sobreviver à sua morte. Platão tende a ver a alma nesse sentido como predominantemente intelectual ou racional; para Descartes, ela é exclusivamente intelectual e os animais são máquinas sem alma. Wolff e outros racionalistas leibnizianos fizeram da alma, nesse sentido, objeto de um estudo especial, a psicologia racional. A alma é o espírito (*Geist*) transformado numa *coisa*. Mas, no entender de Hegel, o espírito não é uma coisa: ele é essencialmente ativo, "absoluta atuosidade" (*Enc.* I, 34A). Assim, ele emprega *Seele* nesse sentido somente quando se ocupa dos pontos de vista de outros.

(e) A *schöne Seele* ("bela alma") é criticada em *FE*, VI.C. c. Ele é consciencioso demais para sujar suas mãos atuando de modo decisivo, mas condena severamente as AÇÕES de outros como errôneas e hipócritas. Toda a ação, sentencia Hegel, acarreta a perda de inocência. Mas é um pecado maior abster-se da ação e imputar motivos sórdidos a outros, especialmente a indivíduos *HISTÓRICOS. O conceito da bela alma originou-se com os místicos espanhóis do século XVI (*alma bella*), aparece depois em Shaftesbury e Richardson como "beleza do coração" (*beauty of the heart*, e na *Nova Heloísa* (1761)), de Rousseau, como *le belle âme*, e foi introduzido na Alemanha por Wieland como a *schöne Seele* em 1774. Para Schiller, ela representa uma harmonia ideal entre os aspectos morais e estéticos de uma pessoa, entre dever e inclinação. O Livro VI de *Wilhelm Meisters Lehrjahre* (*Os anos de aprendizado de Wilhelm Meister*), de Goethe, consiste nas "Confissões de uma bela alma".

3. *Geist* tem uma ampla gama de significados: *ver* ESPÍRITO. Na acepção de "mente", tende a indicar os aspectos mais ativos e intelectuais da mente. Em *Enc.* III, Hegel distingue o *subjektive*, *objektive* e *absolute Geist*. O espírito subjetivo é o individual e divide-se, por sua vez, em três: (a) a alma ou espírito natural (que constitui o objeto da *antropologia*); (b) a consciência (objeto da FENOMENOLOGIA do espírito); (c) *Geist* (objeto da *psicologia*). (*Seele* e *Geist* denotam diferentes níveis de atividade psíquica, ao passo que "consciência" e *Geist* referem-se ao mesmo nível (ou níveis), mas de diferentes pontos de vista; a fenomenologia considera o espírito em relação aos seus OBJETOS intencionais, enquanto que a psicologia o considera em si mesmo.) Assim, *lato sensu*, o *Geist* subjetivo é equivalente ao sentido mais amplo de *Gemüt*, abrangendo toda a atividade psíquica. *Stricto sensu*, (c) exclui a alma, embora abrangendo ainda uma vasta gama. Está subdividido em espírito teórico (a que Hegel se refere freqüentemente como *Intelligenz*) e espírito prático, com o "espírito livre", isto é, a VONTADE livre, sucintamente apresentada como um terceiro termo (§§481-82) que assinala a transição para o *Geist* objetivo. O espírito teórico inclui INTUIÇÃO, *CONCEPÇÃO (*INTERNALIZAÇÃO, IMAGINAÇÃO e MEMÓRIA) e *PENSAMENTO. O espírito prático inclui o sentimento prático, os impulsos e o *ARBÍTRIO, e a felicidade.

Geist é, pois, a principal palavra de Hegel para "espírito". Difere do Eu visto que, embora qualquer *Geist*, nesse sentido, seja um Eu e qualquer Eu um *Geist*, o Eu é concebido como recolhido em si e *RELACIONADO consigo mesmo, ao passo que o *Geist* é *EXTERNALIZADO numa variedade de capacidades e atividades. Hegel ataca constantemente o ponto de vista de que o espírito consiste numa coleção de faculdades (*Vermögen*), FORÇAS ou *PODERES: (1) As várias capacidades não pertencem simplesmente a uma só entidade mas formam uma hierarquia estruturada, da qual cada estágio conduz ao estágio seguinte. (2) O espírito é essencialmente atividade: suas capacidades não poderiam ficar todas inativas de uma só vez. (Ele considera o sono e os sonhos em *Enc.* III, §398 e A.) (3) As capacidades não são distintas umas das outras: uma pessoa não pode, por exemplo, empenhar-se numa atividade prática significativa sem uma concepção teórica do seu objetivo e, inversamente, o próprio pensar é uma atividade prática.

metafísica *ver* ESPECULAÇÃO, ESPECULATIVO E METAFÍSICA.

momentos *ver* TODO E PARTES, TOTALIDADE E MOMENTOS.

moralidade Todas as três palavras alemãs para "moralidade" derivam de uma palavra para "COSTUME": *Ethik* veio do grego *ethos, Moralität* do latim *mos* (plural: *mores*), e *Sittlichkeit* do alemão *Sitte*. Mas só no caso de *Sittlichkeit* ("VIDA ÉTICA") Hegel sublinha essa genealogia: *Ethik* tem para ele pouca significação mas usa-a ocasionalmente para abranger *Sittlichkeit* e *Moralität*. *Moralität* é regularmente usada para designar a "moralidade individual", sobretudo de acordo com a concepção de Kant.

Hegel compartilha da crença de Kant em que ser moral é ser racional, em que a racionalidade é o núcleo central da natureza humana e em que ser moral é, portanto, ser LIVRE. Mas faz objeções ao que considera ser algumas outras características da explicação de Kant: que a racionalidade que fundamenta a moralidade é o nosso próprio pensamento racional, em vez da racionalidade consubstanciada nas instituições da nossa sociedade; que existe uma nítida OPOSIÇÃO entre RAZÃO (ou dever) e inclinação; que moralidade é uma questão do que uma pessoa *DEVE fazer; e que isso envolve uma interminável peregrinação rumo ao bem supremo. *Moralität* é uma fase do desenvolvimento humano superior à eticidade grega (*Sittlichkeit*), uma vez que realça a nossa *AUTOCONSCIÊNCIA; e, numa forma modificada, é uma característica essencial do ESTADO moderno. Mas deve estar subordinada à vida ética e limitar-se, em sua maior parte, à aceitação ponderada das normas e instituições da nossa sociedade. (Em *DN, Moralität* está associada primordialmente com a burguesia.)

Moralität está associada a muitas outras noções: VONTADE; obrigação (*Pflicht*); o bem (*das Gute*), em contraste com o mal (*das Böse*); virtude (*Tugend*), em contraste com vício (*Laster*); *RESPONSABILIDADE (*Schuld*); consciência (*das Gewissen*); e o "mandamento" (*das Sollen*). Hegel trata-as de modos diferentes:

1. O "mandamento" é simplesmente rejeitado, porquanto para Hegel está inextricavelmente associado à moralidade individualista e utópica imodificada e não tem lugar na *Sittlichkeit*.
2. Algumas são calorosamente aceitas, dado que têm um papel na simples *Sittlichkeit*, assim como em sua complexa versão moderna: existem, além das obrigações morais, das obrigações legais (*rechtliche*) e éticas (*sittliche*), das obrigações ligadas aos papéis que cada um ocupa num sistema de vida ética; as virtudes éticas são exigidas para (e mostradas em) o desempenho de obrigações éticas, não só de obrigações morais.
3. Algumas têm uma posição mais tênue mas, não obstante, segura na eticidade moderna, em virtude do elemento de *Moralität* envolvido nela, embora não participem na

Sittlichkeit como tal: "Os gregos [éticos] não tinham consciência", diz Hegel, mas há um lugar para ela na vida privada do indivíduo num estado moderno. Hegel associa consciência, *Gewissen*, com *CERTEZA de si, uma característica inalienável da vida moderna. Mas a consciência genuína, argumenta ele, é a *Gesinnung* de querer o que é objetivamente bom. *Gesinnung* é a atitude, disposição ou sentimento ético íntimo de uma pessoa. Também pode ser uma atitude política: a *Gesinnung* política é o patriotismo (*FD*, §268).

Moralität, ao contrário de *Sittlichkeit*, sublinha a vontade e a intenção INTERIORES do agente, em contraste com a sua conduta *EXTERIOR e suas conseqüências. Assim, na simples *Sittlichkeit* grega, no entender de Hegel, culpa ou responsabilidade é atribuída a um agente (como Édipo) pelo que faz (seu *Tat*, "*FEITO", independentemente do seu conhecimento ou intenções. Na *Moralität* pura, em contrapartida, a pessoa só é responsável por suas próprias intenções e por aquele aspecto de seus atos que ela tinha a intenção de praticar (a *Handlung*, "AÇÃO"). Hegel reconhece esse *Recht des Wissens* ("DIREITO a saber"), mas não acredita que uma pessoa possa negar responsabilidade por todas as conseqüências não premeditadas e/ou imprevistas de suas ações.

Moralität e *Sittlichkeit* diferem também em suas respectivas atitudes em relação ao bem. O adjetivo *gut* ("bom") contrasta com muitas palavras, mas as mais importantes, no presente contexto, são *böse* e *schlecht*. Seus significados coincidem em parte, mas *böse* e *das Böse* são mais usuais para o moralmente "mau" e o "Mal moral", ao passo que *schlecht* indica o que é imperfeito ou inferior sem que haja culpa ou falha própria. Assim, Nietzsche quis transcender a oposição entre *gut* e *böse*, e substituí-la pela entre *gut* e *schlecht* que, acreditava ele, era o contraste central nas sociedades heróicas pré-cristãs e do qual estavam ausentes as associações moralistas de *gut-böse*. Hegel antecedeu o pensamento de Nietzsche em muitos pontos, mas estava mais propenso do que este a ceder um lugar para o contraste *gut-böse* na moderna vida ética. Hegel, porém, introduziu três modificações na concepção moralista de bem e mal:

1. Assim como a *Moralität* atribui responsabilidade somente por intenções, pela vontade e por aquilo que é querido ou pretendido, também situa o bem e o mal somente, ou principalmente, na vontade e nas intenções. Kant, por exemplo, argumentou que a boa vontade é o único bem irrestrito. Hegel, pelo contrário, localiza-os na conduta manifesta, em parte porque é somente pela expressão exterior que a vontade adquire um determinado caráter, e em parte porque qualquer crime ou atrocidade poderia ser justificado por uma boa intenção ou uma boa razão ou FUNDAMENTO.
2. *Moralität* tende a ver o bem como algo que *deve* ser realizado, e o estado atual, seja de uma pessoa individual, de uma sociedade ou da humanidade como um todo, como mais ou menos perverso. Hegel, em compensação, acredita que o bem será realizado no atual estado de coisas, EFETIVO.
3. Uma razão para a sua crença em que o bem já está sendo realizado é que, enquanto *Moralität* tende a estabelecer um profundo contraste entre bem e mal, e sustentar que a realização do bem requer a completa eliminação ou derrota do mal, Hegel entende que o mal está necessariamente envolvido no bem: o bem exige a subordinação ou

submissão do mal, não a sua eliminação. Essa doutrina apresenta-se em vários níveis do seu pensamento.

(a) Só é possível ser moralmente bom, mais do que *inocente*, se a pessoa escolhe livremente o bem. Mas isso significa que a pessoa também está livre para optar pelo mal, e se essa possibilidade é eliminada, a pessoa perde a possibilidade de ser boa. (Hegel interpreta o mito da queda como descrevendo uma ascensão, em vez de uma queda, porquanto envolve a aquisição do conhecimento do bem e do mal, o que é uma condição necessária de bondade, em contraste com inocência.)

(b) As nossas inclinações e paixões, as quais são, para a *Moralität*, a raiz do mal, não são para ser combatidas e, em última instância, extirpadas, mas canalizadas para as rotinas e os rituais de *Sittlichkeit*: o apetite sensual é domado para converter-se em amor conjugal e é satisfeito no casamento etc.

(c) A ação decisiva envolve toda a personalidade da pessoa, tanto a paixão (*Leidenschaft*) quanto a razão, e, como Hegel argumenta contra a bela *ALMA, corre inevitavelmente o risco do mal. "Nada de grandioso foi realizado no mundo sem paixão" (*IFH*).

Hegel é especialmente contrário à avaliação moral de agentes históricos por padrões morais. Mas tal avaliação não é, como freqüentemente se subentende, uma peculiaridade de *Moralität*, em contraste com *Sittlichkeit*. É verdade que, diferente de *Sittlichkeit*, *Moralität*, pelo menos como Kant a considerou, não varia ao longo da HISTÓRIA, e avalia mais as intenções do que os feitos. Mas os *feitos* de grandes homens infringem freqüentemente tanto a *Sittlichkeit* de sua própria sociedade quanto o novo tipo de *Sittlichkeit* que eles ajudaram a estabelecer, não simplesmente a *Moralität* kantiana. No caso de grandes homens, Hegel transcende, pois, o ponto de vista tanto da moralidade individual quanto da ética social, e adota o ponto de vista da "história universal". Mas não fornece critérios claros para decidir se uma pessoa deve ser julgada desde esse ponto de vista ou por padrões mais convencionais.

morte e imortalidade A morte era um tema de interesse vital na Alemanha de Hegel. Alguns dos *ROMÂNTICOS, especialmente Kleist e Novalis, consideraram a morte ligada de forma inextricável à VIDA, e a morte de uma pessoa como o supremo clímax de sua vida. A crença na imortalidade estava generalizada entre filósofos mais sensatos, como Mendelssohn, que reelaborou os argumentos a favor da imortalidade apresentados por Platão no *Fédon*, assim como entre pensadores mais exuberantes, como Herder, que endossaram as doutrinas de palingenesia ou reencarnação (*Wiederentstehung*) e metempsicose (*Seelenwanderung*). Kant considerou a imortalidade não como uma doutrina teoricamente sustentável, mas como um "postulado de pura razão prática": uma vez que a nossa vontade não pode vir a ser totalmente adequada à lei moral nesta vida, deve vir a sê-lo por uma progressão para o *INFINITO, o que requer a existência de vida eterna. Num estado de espírito semelhante, embora menos igualitário, Goethe argumentou que grandes homens (como ele próprio) não podem esperar que sua atividade seja bruscamente cerceada pela morte: a natureza deve prover à sua continuidade numa outra vida. Outra característica do período é uma crescente consciência de que as atitudes em relação à morte variam ao longo da HISTÓRIA. Lessing argumentou, em *CARM*, que os gregos temiam menos a morte do que os modernos: eles representaram a morte não como um esqueleto, mas como um ser benigno, o "irmão do sono". Em *CARM 2*, Herder respondeu que tais retratos benignos da morte eram a tentativa dos gregos de lidar com o medo que ela lhes causava. Mas, de modo geral, apoiou a tese de Lessing, como também Schiller o fez em seu poema "Os deuses da Grécia". Em seus escritos de Berna, Hegel argumentou igualmente que os antigos temiam menos a morte e que isso se origina de sua estreita identificação com a cidade-estado.

Em seus primeiros escritos, a tendência de Hegel foi para colocar em contraste a morte (*Tod*) e os mortos (*das Tote*) com a vida e os vivos, sobretudo na caracterização metafórica de, por exemplo, a lei judaica como "morta", em nítido contraste com o amor e a *FÉ "vivificantes" proclamados pelo Cristo. Mais tarde, porém, passou a considerar a morte e o confronto com a morte como um ingrediente essencial da própria vida: a morte é *SUPRASSUMIDA em vida. Isso é evidente em seus usos metafóricos de "morte" em, por exemplo, o Prefácio de *FE*: o filósofo deve levar em conta as *ABSTRAÇÕES "mortas" do *ENTENDIMENTO e não descartá-las, simplesmente, porquanto "a vida do espírito não é a vida que se atemoriza em face da morte e se preserva em face da devastação, mas sim a vida que suporta a morte e nela se conserva". Isso também é evidente no seu tratamento literal da morte. Tal como os *ESTÓICOS, especialmente Sêneca, Hegel, em *DN* e em *Enc.* III, considerou que a capacidade do homem para morrer confere-lhe uma LIBERDADE da compulsão que de outro modo lhe faltaria. Em *FE*, IV.A, o combatente na luta por *RECONHECIMENTO expõe e confirma a sua *AUTOCONSCIÊNCIA, a sua pura e simples percepção de si em contraste com as contingências da vida e da existência, por seu risco de morte, e, subseqüentemente, o escravo derrotado infere um benefício semelhante do seu medo da morte às mãos do seu amo.

Em *FE, E* e *IFR*, Hegel considera que a morte e os ritos a ela associados conferem uma significativa *universalidade* à vida terrena do indivíduo morto. Uma evidente exceção a isso é o "terror" da Revolução Francesa, a "morte vazia de significação (*bedeutungslose*), o puro terror do negativo, que nada contém de positivo, nada que a preencha". Hegel vê a guilhotina como a única resolução do conflito que atormentou a França revolucionária, entre a "VONTADE universal" e os indivíduos atomizados e fechados em si mesmos: "O único feito e obra da liberdade universal é, portanto, a morte e, na verdade, uma morte que não tem profundidade nem conteúdo; pois o que é negado é o ponto vazio do eu absolutamente livre; é, assim, a mais fria e a mais trivial das mortes, sem mais significado do que decepar um pé de couve ou beber um gole de água." Mas, primeiro, essa morte vazia, sem sentido, é a apropriada para os indivíduos simples que a ela sucumbem. E, segundo, o medo dessa morte, a "senhora absoluta", possibilita o restabelecimento de uma ordem diferenciada que se seguiu à revolução na França, e a volta à MORALIDADE kantiana que emergiu na Alemanha. A morte é suprassumida na vida.

Hegel estava especialmente interessado nas dramáticas mortes de grandes homens. Hölderlin ficara fascinado pela morte de Empédocles que, segundo se supunha, tinha se atirado na cratera do Etna para dar a impressão de que ascendera entre os deuses – um plano que foi traído pelo surgimento de um de seus sapatos, expelido pelo vulcão. Mas Hegel estava principalmente interessado nas mortes do Cristo e de Sócrates. (As últimas e enigmáticas palavras de Sócrates, "Devemos um galo a Asclépio" – isto é, devemos uma oferenda ao deus da medicina pela cura efetuada pela morte para os nossos padecimentos corporais – fascinaram Hegel desde seus tempos de escola.) Para o descrente, essas mortes eram semelhantes: a morte de um mártir injustamente imposta a um sábio. Mas a morte do Cristo, argumenta Hegel, tem uma significação teológica e metafísica que falta à morte de Sócrates. Apresenta numa forma intuitiva a reconciliação da dicotomia entre Deus e o mundo. Por um lado, Deus apresenta-se em forma finita e sofre uma morte dolorosa, a qual revela que o próprio Deus envolve FINITUDE e NEGAÇÃO. Por outro lado, sofrer e depois derrotar a morte – a que todos os homens estão sujeitos – mostra que o ESPÍRITO do homem pode triunfar sobre a morte, sendo sua individualidade finita e contingente suprassumida ou transfigurada em universalidade divina. Hegel antecede Nietzsche ao dizer "Deus está morto" (as palavras também ocorrem num hino luterano, "*O Traurigkeit, O Herzeleid*" (Ó tristeza, ó angústia!), de Johann Rist), mas acrescenta que a sobrevivência de Deus à morte é a "morte da morte". "Morte" refere-se aqui tanto à morte no sentido literal e à sua significação para as nossas vidas, quanto à "negativa" em geral, simbolizando a morte da morte a "negação da negação", que é o espírito. O espírito envolve a superação ou suprassunção de nossa vontade e consciência naturais e imediatas – uma superação que é uma morte metafórica e, em parte, efetuada pela perspectiva de morte real; mas o espírito *SUBJETIVO sobrevive a essa "morte" para ascender à universalidade essencial do espírito *OBJETIVO (vida social e política) e do espírito ABSOLUTO (arte, religião e filosofia) – a morte da morte.

A explicação de Hegel da morte do Cristo sugere que ele acreditou serem os homens imortais. Ele concede algum espaço, em *IFR*, à imortalidade da *ALMA (*Seele*) em religiões não-cristãs, afirmando que suas concepções de Deus e de imortalidade andam de mãos dadas. Diz ele, em *IFR*, que o espírito (*Geist*) é imortal, mas acrescenta que não é de duração infinda, como as montanhas, mas eterna. Hegel raramente menciona a imortalidade em outros contextos e, mesmo que acredite nela, é manifesto o seu pouco interesse pelo assunto. Alguns dos seus seguidores, por exemplo, C.F. Göschel (em *On the Proofs of Immortality*, 1835) e McTaggart, argumentam que a imortalidade individual é uma conseqüência do sistema de Hegel; mas outros, como Feuerbach (em *Thoughts on Death and Immortality*, 1830) e Kojève, sustentam que isso está em conflito com o seu sistema. (Kojève aceita a ligação, feita por Hegel, de Deus com a imortalidade e argumenta que Hegel rejeita ambos, enquanto que Feuerbach concorda com McTaggart que Deus e imortalidade são questões distintas, e sustenta a tese de que a imortalidade pessoal está em conflito com o teísmo de Hegel.)

Há muitas razões para duvidar de que a imortalidade individual seja compatível com o sistema de Hegel:

1. Hegel não acreditava (como McTaggart) ser o TEMPO irreal, mas sugeriu que a *ETERNIDADE (*Ewigkeit*) atemporal é, num certo sentido, anterior ao tempo, e que a essência das coisas é mais eterna do que temporal. Mas, se os homens sobrevivem à morte, o que sobrevive é usualmente considerado como o que é essencial neles. Isso, no entender de Hegel, será mais eterno do que duração interminável. Mas a imortalidade genuína requer persistência no tempo, mais do que eternidade sem duração. A imortalidade no sentido de eternidade que Hegel reivindica para o espírito equivale apenas à capacidade do homem para abstrair de sua posição espaço-temporal e estudar tais assuntos não-temporais como lógicos, e à significação universal, espiritual, que uma pessoa adquire por sua morte.

2. A imortalidade significativa e valiosa é excluída pela aversão de Hegel à má INFINIDADE. Uma vida não pode adquirir sentido pelo indefinido adiamento do seu término mas tão-somente por um fim significativo, um fim que erga a vida, com todas as suas contingências individuais, à universalidade espiritual. Isso envolve não só a própria morte, mas os ritos e comemorações fúnebres com que os vivos (por exemplo, Antígona, Aquiles) homenageiam seus mortos (por exemplo, Polinices, Pátroclo).

3. No entender de Hegel, conflito e OPOSIÇÃO são requeridos para manter os seres humanos vivos e despertos: a *AUTOCONSCIÊNCIA emerge do conflito; os homens morrem quando se tornam demasiado satisfeitos com o seu meio ambiente; as nações morrem quando se mostram relutantes em fazer a GUERRA; e a paz perpétua entre estados significaria a morte do ESTADO. Se existe uma vida além da morte, em termos hegelianos, ela deve envolver mais conflito do que no tradicional céu cristão.

4. A morte de uma pessoa, na concepção de Hegel, está profundamente ligada ao curso de sua vida: uma pessoa é responsável por sua morte, não só se morre de refinado contentamento com o seu meio circundante, mas até mesmo se morre de uma enfermidade ou acidente manifestamente contingente. (Isso depende, em parte, de sua crença em que *CAUSAS não podem ter um efeito sobre saudáveis criaturas viventes ou espirituais. Ele também argumenta que a morte de estados ou sociedades é invariavelmente o resultado mais do declínio interno do que de impactos externos.) A morte completa a vida de uma pessoa; não cerceia prematuramente uma vida florescente, nem a impede de fazer coisas, porquanto ela só morre quando nada mais tem a fazer. E nada mais a fazer tampouco na outra vida.

5. Na maioria de suas versões, a outra vida não é simples continuação desta mas nos liberta da dependência de fatores materiais e nos proporciona mais espaço livre para as nossas atividades – pensamento, amor, aperfeiçoamento moral etc. Hegel rejeita esse nítido contraste entre as esferas material e espiritual. A esfera material e nossa dependência dela é suprassumida e idealizada pelos domínios do espírito objetivo e do absoluto, os quais mediatizam a dicotomia entre alma e corpo, ou razão e desejo, característica das filosofias platônica e kantiana. O espírito não é tolhido pela matéria e tem, em sua vida, toda a liberdade de movimentos requerida por suas atividades.

6. A imortalidade pessoal pressupõe que um indivíduo é suficientemente distinto do seu contexto social para que sua sobrevivência fora desse (e talvez de qualquer outro) contexto social seja concebível, valiosa e significativa. Hegel não era um individualista. Aquela LIBERDADE subjetiva que ele admite deve estar inserida numa cultura e ser vigiada por um estado para que seja significativa ou valiosa. Desligado de toda a sociedade, o indivíduo seria escassamente humano – incapaz de pensar, falar ou agir de um modo reconhecivelmente humano. Assim, a sobrevivência de um ser humano destituído de todo o vestígio ou memória de uma sociedade humana dificilmente seria desejável ou mesmo inteligível.

7. O historicismo de Hegel disputa com a imortalidade. A sua doutrina de que ninguém pode saltar além de sua época, que nos impede de falar em detalhe, seja profética ou prescritivamente, acerca do futuro, também excluiria um discurso significativo a respeito de uma outra vida. Uma pessoa está tão profundamente enraizada e moldada por sua situação histórica para lhe ser possível reencarnar numa diferente situação histórica ou persistir fora da HISTÓRIA, numa comunidade de espíritos puros. Hegel admite a pos-

sibilidade de *PENSAMENTO puro, no qual EU me *ABSTRAIO do meu contexto histórico e social a fim de me dedicar a um pensar lógico, intemporal, acerca da natureza das coisas. Mas, ao fazê-lo, perco todo o senso de mim mesmo como indivíduo distinto cuja sobrevivência é possível ou desejável. O que importa para Hegel é a persistência não de indivíduos, mas das estruturas interpessoais de ESPÍRITO objetivo e absoluto, para as quais os indivíduos são sua contribuição e depois morrem, quando nada mais têm a oferecer.

mulheres *ver* FAMÍLIA E MULHERES.

N

nação *ver* POVO E NAÇÃO.

nada *ver* SER, NADA E DEVIR (VIR-A-SER).

natureza e filosofia da natureza *Natur*, do latim *natura* e, basicamente, de *nasci* ("nascer, surgir, originar") corresponde exatamente a "natureza". Significa "o que chega ou cresce sem ajuda de fora; a criação do mundo", e, numa acepção secundária, "ESSÊNCIA, caráter etc.", como em, por exemplo, "*natureza* humana". A "natureza", em ambas as acepções, é freqüentemente contrastada com "cultura" e o "cultural", e com "arte" e o "artificial". "Natureza", em seu sentido *primordial*, é contrastada com "homem" e com o que é especificamente humano, "ESPÍRITO" e o "espiritual". (No final do século XIX, as *Naturwissenschaften* ("CIÊNCIAS naturais") foram contrastadas com as *Geisteswissenschaften* (originalmente uma tradução das "ciências morais" de J.S. Mill).)

Enc. II é dedicada à *Naturphilosophie* ("filosofia natural, filosofia da natureza"), em contraste com a "lógica" (*Enc.* I) e a "filosofia do espírito" (*Enc.* III). A expressão *philosophia naturalis* aparece primeiro em Sêneca mas este, como outros pensadores antigos, não faz distinção nenhuma entre "ciência" e "filosofia" da natureza. Elas ainda estão fundidas na expressão "filosofia natural" que Newton e seus sucessores ingleses aplicaram à física e à química. Mas no século XVIII, Wolff e seus seguidores (incluindo Kant) distinguiram a *physica speculativa* ou filosofia da natureza da *physica empirica* ou ciência natural: a ciência natural estabelece fatos empíricos, ao passo que a filosofia da natureza examina questões gerais no que concerne à natureza e conceitos gerais que sejam aplicáveis a ela. (Em *Enc.* I, §35 e A, Hegel trata da "cosmologia" como um ramo da METAFÍSICA de Wolff.) *PMCN*, de Kant, considera os "princípios a *priori*" da ciência natural e conceitos gerais como MATÉRIA, FORÇA e movimento. Mas Kant não se limita a examinar os pressupostos das ciências naturais: ele também tenta estabelecer *a priori* tais doutrinas científicas como a de que a matéria consiste em forças de atração e repulsão.

Schelling foi mais longe do que Kant a esse respeito. Em *IFN*, defendeu a tese de que a filosofia da natureza parte de princípios intrinsecamente certos e pode prescindir de qualquer orientação por APARÊNCIAS (*Erscheinungen*). No entender de Schelling, a filosofia da natureza, ao contrário das ciências naturais, trata a natureza como viva e criativa. A fim de expressar isso, ele adotou o conceito medieval e spinozista de *natura naturans* ("natureza criativa"), em contraste com *natura naturata* ("natureza criada"). A natureza, tal como o domínio do espírito, consiste em estágios ou níveis (*Stufen*), que Schelling designa como "poderes" ou "potências" (*Potenzen*), mas não se apresentam em sucessão no tempo. Os estágios da natureza são mais ou menos paralelos aos do espírito e, acredita ele, "a natureza é apenas inteligência convertida na rigidez do ser; suas qualidades são sensações extintas para ser; os corpos são, por assim dizer, suas percepções aniquiladas" (*IFN*). A filosofia da natureza de Schelling exercia considerável influência sobre Oken, Steffens, Schopenhauer e Hegel, entre outros.

Hegel critica freqüentemente a filosofia da natureza de Schelling, sobretudo pelo seu uso de analogias imaginativas, mas endossa sem restrições a asserção de Schelling de que a natureza é "inteligência petrificada" (ou "ossificada") (*versteinerte Intelligenz*) (*Enc.* I, §24A; *Enc.* II, §247A), e seu próprio empreendimento é semelhante ao de Schelling em seu propósito geral e em sua execução. A filosofia da natureza é distinta da filosofia da ciência: o seu objeto principal de estudo é a natureza como tal, não as ciências naturais. Mas tanto Schelling quanto Hegel não pretendem estudar a natureza independentemente das ciências naturais. Sua pretensão de deduzir *a priori* a natureza, ou as verdades gerais sobre ela, não acarreta que eles pudessem ter feito isso se os cientistas naturais não tivessem preparado o material para eles (*Enc.* I, §12).

A relação entre natureza e idéia lógica, ou entre lógica e a filosofia da natureza, é uma questão controvertida. No final da *CL*, a IDÉIA lógica "liberta-se" (*sich...entlässt*, "solta-se") ou, por uma livre decisão (*Entschluss*), determina-se como idéia "*EXTERNA" ou "*INTUITIVA" (*anschauende, Enc.* I, §244). *Entschluss* deriva de *(sich) entschliessen*, que originalmente significou "abrir-se", e o prefixo *ent-* ainda tem, em algumas de suas ocorrências, a força de separação. Mas, no tempo de Hegel, significava "resolver, decidir" e, portanto, o seu uso do termo tem implicações antropomórficas ou teológicas. Essa transição da lógica para a natureza é muito diferente das transições (*Übergange*, de *übergehen*, "passar para o outro lado, transpor") que ligam categorias *dentro* da Lógica. Por conseguinte, a idéia lógica não se converte imediatamente em VIDA, o estágio da natureza que é a mais óbvia contraparte para a suprema fase da lógica, mas retorna, por assim dizer, ao seu começo e torna-se o puro ser de *ESPAÇO. Passa, então, pelas fases de *MECÂNICA (espaço e TEMPO, matéria e movimento, mecânica absoluta, isto é, o sistema planetário), física (passando da luz para os processos químicos) e física orgânica (a Terra como um organismo e a vida orgânica). Cada fase passa para a sua sucessora de um modo semelhante àquele como as categorias se concatenam em Lógica. Na concepção de Hegel, a natureza não tem uma HISTÓRIA: os restos fósseis nunca estiveram vivos. Mas, tal como Schelling, está constantemente preparado para encontrar uma significação espiritual ou conceptual em fenômenos tais como a luz e o magnetismo. Há muitas razões para isso:

1. De acordo com o IDEALISMO total de Hegel, a natureza, embora não seja o produto de qualquer mente *finita*, deve ostentar as marcas do espírito: é "inteligência", ainda que "petrificada".
2. A filosofia da natureza pretende não fornecer apenas informação sobre a natureza, mas recuperá-la para o espírito, *SUPRASSUMIR ou superar a natureza ou a sua ALIENAÇÃO do homem (ou a alienação deste da natureza). Realizar descobertas sobre a natureza e conceituá-las de modo adequado é apenas um modo de fazer isso. Um outro modo, mais

satisfatório, consiste em mostrar que os produtos e operações da natureza são mais mentais do que os sólidos átomos e suas interações mecânicas em cujos termos Newton os viu.

3. Um objetivo da filosofia da natureza é mostrar que (e como) a MENTE, em particular a mente que observa a natureza, emerge da natureza. Isso não pode ser feito se a natureza consiste apenas em entidades e processos que são inteiramente estranhos à mente, ou se insistimos em conceituá-los de modos que são inaplicáveis à própria mente. Assim, a física newtoniana postula implicitamente um abismo intransponível entre natureza e mente.

O objetivo específico da filosofia da natureza de Hegel não é claro sob vários aspectos:

1. O seu objeto de estudo é simplesmente a natureza como tal ou a natureza como vista pelas ciências naturais? O programa geral de Hegel sugere respostas conflitantes. A natureza que emerge da idéia lógica e que *precede* o surgimento do espírito deve ser simplesmente a natureza como tal, não contaminada pelo pensamento humano a seu respeito. Por outro lado, Hegel pretende descrever a natureza como tal, independentemente do pensamento prévio sobre ela, seria o mesmo que descrever a história como tal, independentemente de historiadores pregressos. (Os casos diferem em que não pode haver história sem escrita histórica contemporânea, mas a existência da natureza não pressupõe a da ciência natural.) Ele considerou-se alguém que estava completando a obra de cientistas, organizando os seus resultados num sistema unificado e criticando ocasionalmente sua inadequação conceptual. (Ao contrário de Kant, Hegel não era um cientista natural e limita-se usualmente a apoiar uma teoria corrente, por exemplo, Kepler sobre os movimentos planetários ou Goethe sobre a luz, contra uma outra, por exemplo, o newtonianismo em geral.)

2. Em que medida os fenômenos naturais ou as verdades sobre eles são *NECESSÁRIOS ou *a priori*, em contraste com *CONTINGENTES? Hegel sugere com freqüência que o seu procedimento consiste em comparar a APARÊNCIA (*Erscheinung*) com a DETERMINAÇÃO conceptual (*Begriffsbestimmung*) (por exemplo, *Enc.* II, §323A), sugerindo a existência de um necessário esquema geral da natureza, mas os detalhes de sua realização são contingentes. Mas não oferece uma indicação clara de onde (ou por que) deve ser traçada uma linha entre o esquema conceptual e os detalhes empíricos.

3. Como acima indicado, a filosofia da natureza é parte de um processo geral de suprassunção ou superação da natureza. Hegel é menos atraído para a natureza do que Schelling e tende a ver o espírito como envolvido num conflito com a natureza, mais do que como um desenvolvimento regular a partir dela: concorda com Hobbes, contra Rousseau, em que o estado de natureza era uma "guerra de todos contra todos", que a civilização precisava superar, e viu esse processo refletido em mitos gregos como o da batalha dos gregos contra os Titãs. Mas a superação da natureza envolve muitos elementos distintos que Hegel não diferencia ou relaciona claramente: (a) Há um sentido em que a própria natureza se supera, pelo menos na medida em que, sem a nossa assistência, ergue-se do nível de mero espaço para o de animal vivente e sua MORTE, a própria margem do espírito. (b) Ciência e filosofia da natureza descobrem que, desde o começo, a natureza foi menos estranha do que se supunha, quando perceberam que ela contém fenômenos

mentais como a luz, assim como átomos e terremotos. (c) PENSAR sobre alguma coisa, no entender de Hegel, altera *ipso facto* essa coisa: assim, as nossas descobertas sobre a natureza e sua conceituação não só mostram que a natureza não é totalmente estranha mas a tornam cada vez menos estranha. (Ciência e filosofia revelam a VERDADE da natureza, tanto no sentido de Hegel quanto no usual.) (d) As atividades práticas tornam a natureza menos estranha quando, por exemplo, a transformam em parques e quando produzem artefatos e grupos sociais que nos isolam contra os rigores da natureza bruta.

necessidade, possibilidade e contingência *Notwendig* e *Notwendigkeit* significam "necessário" e "necessidade". Contrastam com *möglich* ("possível") e *Möglichkeit* ("possibilidade"), do verbo *mögen* ("poder, preferir, gostar" etc.) e com *Zufall* ("acaso, acidente"), *zufällig* ("fortuito, contingente") e *Zufälligkeit* ("contingência"). Em filosofia não-hegeliana, as palavras estão relacionadas mais ou menos assim. Se algo é possível, pode ou não ser real [ou EFETIVO] (*wirklich*). Se não é real, é *meramente* possível. Se é real, pode ser contingente (ou seja, de tal modo que lhe é possível tanto não ser quanto ser real) ou necessário (ou seja, de tal modo que não lhe é possível deixar de ser real). Mas o que é necessário nem sempre é real: alguma coisa pode ser uma *CONDIÇÃO necessária (isto é, indispensável) para alguma outra coisa, por exemplo, para a verdade de um teorema ou a realidade de um estado de coisas, mas não ser realizada (em cujo caso, aquilo de que é uma condição não pode ser real nem verdadeiro). Os usos por Hegel das palavras são influenciados pelo contraste de Aristóteles entre o que é real (*energeiai*) e o que é meramente potencial (*dunamei*). Ele examina necessidade etc. em detalhe na *CL*. A exposição mais sucinta, em *Enc.* I, §§143-9, é a seguinte:

1. Hegel começa com a possibilidade formal (ou lógica). Uma coisa é formalmente possível, de acordo com a lógica wolffiana da época, se não envolve nenhuma CONTRADIÇÃO. O que é possível é regularmente equiparado com o que é pensável. Os exemplos de Hegel são: é possível que hoje de noite a lua caia sobre a terra; é possível que o sultão se torne papa (*Enc.* I, §143A).

Ao contrário dos lógicos ortodoxos, que sustentaram, por exemplo, que a frase "Isto é quadrado e circular" expressa uma impossibilidade, Hegel afirma que tudo é formalmente possível. Há três razões para isso:

(a) A asserção de que algo é formalmente possível envolve *ABSTRAIR uma entidade de suas circunstâncias presentes (por exemplo, ignorar fatos acerca da lua que são logicamente incompatíveis com a sua queda na terra). Alguém que afirma ser impossível para uma coisa ser simultaneamente quadrada e circular não está abstraindo o suficiente. Pois ainda que seja realmente quadrada, é possível para ela ser circular.

(b) Hegel está mais interessado, portanto, na possibilidade de eventos ou estados de coisas do que em *PROPOSIÇÕES.

(c) Ele está interessado, como os seus exemplos sugerem, em possibilidades futuras: é possível para isso, que é agora quadrado, *vir a ser* redondo.

Não só tudo é possível mas, inversamente, uma vez que qualquer coisa CONCRETA envolve OPOSIÇÃO e contradição (por exemplo, a MATÉRIA envolve atração e repulsão. *Enc.* I,

§143A.), tudo é formalmente impossível. A possibilidade formal é, assim, no entender de Hegel, uma noção singularmente vazia.

2. Os lógicos ortodoxos (p. ex., Kant) tinham uma noção de necessidade formal coordenada à de possibilidade formal: o formalmente necessário é o que não tem possibilidade de ser, ou cuja negação é formalmente impossível. Mas a convicção de Hegel em que tudo é formalmente possível priva-o dessa noção. Por isso ele passa à noção de realidade formal, de realidade não no sentido preferido de Hegel, mas no sentido de simplesmente ser ou existir, em contraste com ser meramente possível. O formalmente real (efetivo) é o contingente (*Zufälliges*): tanto lhe é possível ser como não ser. Que seja real (efetivo) é, portanto, uma questão de acaso (*Zufall*). Mas o conceito de *Zufälligkeit* é complexo: contrasta com o que é essencial, necessário ou intencional, mas também sugere dependência ou estar na contingência de alguma outra coisa: "o *Zufällige*, em geral, é algo que não tem em si mesmo o FUNDAMENTO do seu ser mas num *OUTRO" (*Enc.* I, §145A). Hegel infere que o contingente não é simplesmente uma realidade (efetividade) *IMEDIATA mas também serve como a possibilidade ou a condição de uma nova efetividade. (Neste caso, como em outras oportunidades, ele explora o verbo *voraussetzen*, "*PRESSUPOR", mas literalmente "PÔR de antemão, pre-pôr": o contingente é posto por alguma outra coisa, mas posto antecipadamente ou pressuposto.)

3. As condições (*Bedingungen*) de algo e suas interações são o real (*reale*), não apenas a sua possibilidade formal. É a possibilidade formal de que exista uma estátua, de que este bloco de mármore informe seja ou venha a ser uma estátua; mas quando o escultor põe mãos à obra e aplica seu cinzel no mármore, isso é a possibilidade *real* de uma estátua. Mas a possibilidade real de algo é também sua efetividade real, pois "se *todas as condições* estão presentes, a COISA (*Sache*) deve tornar-se efetiva" (*Enc.* I, §147). Mas não é somente efetiva; é necessária. Trata-se da necessidade relativa (ou hipotética), necessidade em relação a certas condições. Mas, como a emergência da coisa de suas condições envolve a SUPRASSUNÇÃO dessas condições, a suprassunção da MEDIAÇÃO em imediatidade é também necessidade ABSOLUTA ou incondicionada. Kant negara a possibilidade de qualquer coisa absolutamente necessária no mundo fenomênico, mas Hegel reinterpreta a noção de necessidade incondicionada, exemplificada por qualquer entidade relativamente auto-suficiente que absorva as condições de sua emergência: uma obra de arte, um ORGANISMO, uma pessoa, um ESTADO etc.

A explicação de Hegel pretende aplicar-se não só ao surgimento de entidades no mundo, mas também à *COGNIÇÃO humana. O mundo nos apresenta uma grande massa de contingências empíricas. Formam estas as condições de trabalho do cientista natural, mas este não as aceita simplesmente como são: pela observação e experimentação, extrai delas suas características comuns ou ESSÊNCIA e as expressa em LEIS universais que não contêm termos empíricos de nível baixo, como "pedra", mas somente termos mais gerais, como "corpo", "atração", "repulsão". Num nível ainda mais elevado, a lógica hegeliana, embora condicionada por contingências empíricas, assim como pelos resultados das ciências naturais e outras, abstrai dessas condições e opera no nível de *PENSAMENTO puro. Nesse nível, acredita Hegel, pode ser demonstrado que muitos dos resultados das ciências a que originalmente se chegou de maneira empírica são necessários (*Enc.* I, §12). (A lógica, na concepção de Hegel, não envolve contingência: qualquer categoria dada tem uma única sucessora.)

Não obstante, existe no mundo, acredita Hegel, um elemento ineliminável de contingência, não só na NATUREZA (onde, por exemplo, o número de espécies de papagaio é contingente e tem que ser simplesmente aceito, não derivado ou explicado), mas também na HISTÓRIA, ARTE e DIREITO. Isso é problemático por várias razões:

1. O conceito de contingência não é claro: a afirmação de que algo é contingente pode significar que (a) é uma questão de puro acaso, de modo que não existe razão para justificá-lo; (b) há uma razão para isso (uma vez que, afinal de contas, o contingente "tem seu fundamento (...) num outro"), mas essa razão nos é inacessível; (c) a razão para isso é acessível às ciências naturais, mas não se pode demonstrar pela filosofia que o fenômeno é necessário e *a priori*.

2. Tampouco é claro o conceito de "superação" da contingência (por exemplo, *überwinden*, *Enc.* I, §145A). Se a contingência do número de espécies de papagaio não pode ser superada, "superar" deve significar "explicar", no sentido de mostrar que, dados alguns outros fatos (não-contingentes), o número não pode ser mais nem menos de, digamos, 193, ou no sentido de mostrar que 193 espécies de papagaio servem a algum PROPÓSITO que não seria servido por nenhum outro número. Mas em outros sentidos de "superação da contingência", como o de abstrair das espécies de papagaios e, em seu lugar, fazer lógica, ou fazê-los servir a algum propósito superior, por exemplo, comê-los ou embalsamá-los e colocá-los num museu, a sua contingência pode ser facilmente superada. As explicações em *CL* e *Enc.* I não discriminam suficientemente entre esses diferentes modos como a contingência pode ser superada.

3. A Lógica de Hegel subentende que a contingência, tal como outras categorias, deve ser exemplificada no mundo. Mas não fornece uma explicação satisfatória de (a) onde a linha divisória deve ser traçada entre o contingente e o não-contingente; (b) por que será traçada nesse ponto e não em algum outro; ou (c) como a existência de puras contingências é compatível com outras características do seu pensamento, por exemplo, seu extremo teísmo e sua negação da existência de qualquer distinta e informe MATÉRIA ou *CONTEÚDO.

negação e negatividade O alemão vernáculo para "negação" é *Verneinung*, de *verneinen* ("responder 'Não' (*nein*) a uma pergunta, ou contradizer uma asserção"). O seu antônimo é *Bejahung* ("afirmação") de *bejahen* ("responder 'Sim' (*ja*) a uma pergunta, concordar com uma asserção"). Mas Hegel prefere usualmente *Negation*, do latim *negare* ("negar"), com o verbo *negieren* ("negar"), o adjetivo *negativ*, o substantivo adjetivado *(das) Negative* ("(o) negativo") e o substantivo *Negativität* ("negatividade, ser negativo, o processo de negar"). Eles contrastam com *Realität*, com *Affirmation* e *affirmativ*, e com *Position* (só raramente usado), *positiv* e *Positivität*. (*Positivität* usualmente e *positiv* com freqüência contrastam não com *Negativität* e *negativ*, mas com "racional" ou "natural", e indicam a pura existência de algo, por exemplo, uma LEI ou uma RELIGIÃO, independentemente de sua racionalidade.)

Em filosofia não-hegeliana, o conceito de negação tem numerosos usos. Aplica-se primordialmente ao JUÍZO ou PROPOSIÇÃO negativa: "A rosa não é vermelha." Por extensão, aplica-se a conceitos ou predicados: "não vermelho" ou "não-vermelho". Também é usado em matemática para quantidades negativas, -a, -6, em contraste com (+)a, (+)6. A negação também é atribuída a coisas: Kant, por exemplo, considerava que qualquer coisa, ou qualidade de uma coisa, estava situada numa escala contínua entre *Realität* e *Negation*, entre, digamos, o mais brilhante dos vermelhos e um cor-de-rosa que se dissipa em incoloridade. (Kant usou essa idéia para refutar a prova da *IMORTALIDADE da *ALMA proposta por Mendelssohn, segundo o qual, em virtude da sua simplicidade, a alma não é passível de destruição por desintegração. Mas pode, responde Kant, desvanecer gradualmente até não ser mais nada.) Na tradição Leibniz-Wolff, da qual Kant é devedor neste ponto, qualquer entidade FINITA envolve negação, isto é, nenhuma de suas qualidades é real em grau superlativo; só DEUS é plenamente real, sem negação de espécie nenhuma. Hegel endossou a doutrina de Spinoza de que toda a DETERMINAÇÃO é negação, mas rejeitou o ponto de vista de Spinoza de que a REALIDADE é, no fundo, uma SUBSTÂNCIA totalmente indeterminada, uma vez que, a menos que a própria substância envolva negatividade, as negações constitutivas de determinadas entidades só podem provir de um intelecto implicitamente localizado fora da substância ou o ABSOLUTO. Místicos como Böhme também atribuíram a negação, tal como a CONTRADIÇÃO, à natureza das coisas: "Todas as coisas consistem no Sim e no Não."

Negação e negatividade são fundamentais para o pensamento de Hegel, mas a sua interpretação de ambas é original em muitos aspectos:

1. Se uma coisa é a negação de uma outra, então a negação é tão determinada quanto o que nega. Isso colide com a noção comum de negação proposicional e com a doutrina de Kant de que a negação de uma realidade "= 0" (*CRP*, A167; B209). A negação da proposição "A rosa é vermelha", a saber, "A rosa não é vermelha" (ou "Não é o caso em que a rosa é vermelha") é determinada na medida em que difere da negação de "A água está quente" (e, assim, não é "= 0"), mas é menos determinada do que a proposição negada por ela: deixa em aberto de que cor é a rosa, se ela tem qualquer cor e até se há uma rosa ou não. Além disso, na explicação de Kant, a negação de vermelho é menos determinada do que a realidade de vermelho: tal como o incolor absoluto não difere da negação de verde, ou talvez da negação de doçura. A resposta de Hegel a isso é que por mais completa e irrestritamente vermelha que uma coisa seja, ela ainda envolve negação, uma vez que não é verde, nem azul etc., e somente em virtude de ser não-verde, não-azul etc., é que é vermelha. Portanto, verde, azul etc. negam ou *LIMITAM o vermelho, assim como este nega aqueles.

2. Na lógica bivalente clássica (a única lógica formal disponível para Hegel), se algo é negado e a negação é, por sua vez, negada, voltamos ao nosso ponto de partida: "Não é o caso em que não é o caso em que a rosa é vermelha" equivale a "A rosa é vermelha". Para Hegel, a negação de uma negação resulta numa afirmação, mas uma afirmação diferente daquela que foi originalmente negada: alguma coisa (*das Etwas*) por exemplo, (uma coisa) vermelha, é negada pela OUTRA (*das Andere*), digamos, (uma coisa) verde; mas, por sua vez, também a nega e é assim a negação da negação. Isso não é *simplesmente* um retorno ao seu status original, não-negado: o estágio (i) é simplesmente *SER DETERMINADO em geral, não uma coisa determinada; o estágio (ii) é a bifurcação em uma coisa e em sua outra negadora; o estágio (iii) é a afirmação da coisa, por sua negação da outra, de sua

própria natureza intrínseca, do fato de ser mais do que simplesmente um espaço em branco delimitado pelo outro (ou outros).

3. Hegel discute juízos positivos e negativos, mas não está muito interessado na negação como uma característica de juízos. Tal como as noções de contradição, INFERÊNCIA e do próprio juízo, a negação é primordialmente uma característica de conceitos e de coisas. Mas *Negation* e *Negativität* retêm a fragrância ativa da negação judicatória. Coisas e conceitos não são simplesmente negativos ou excludentes; eles negam-se ativa e mutuamente. Tal como no caso de limite, Hegel tende a conjugar as idéias de negação conceptual e física.

Negação e a negação da negação operam em diferentes níveis e de diferentes modos:

(a) Um simples (e supersimplificado) análogo histórico da dialética da coisa e do outro é o seguinte: antes do surgimento do protestantismo, o catolicismo é o próprio cristianismo (ocidental) como tal. Gera depois o protestantismo, que o nega. O protestantismo não é apenas não-catolicismo, mas diferencia-se ativamente dele e mostra as marcas do catolicismo que nega. O catolicismo, por seu turno, nega o protestantismo, deixando assim de ser simplesmente cristianismo como tal e apresentando os sinais de sua ativa autodiferenciação do protestantismo.

(b) Um católico e um protestante não dados à reflexão passam a refletir sobre suas respectivas fés (talvez devido à sua percepção da dificuldade em justificar uma *FÉ em oposição à outra). Eles abjuram então de suas fés, ou as negam. Mas cada um ostenta ainda as marcas da fé que nega ou *SUPRASSUME: um católico renunciante é diferente de um protestante renunciante, uma vez que tal negação é determinada. Subseqüentemente, por REFLEXÃO adicional, cada um readquire a fé que perdera ou a que renunciara: ele nega a negação. Mas nem um nem outro volta à fé irrefletida que perdeu: é agora uma fé reflexiva, enriquecida pela jornada de regresso pela qual ela foi alcançada. (Hegel vê freqüentemente as fases subseqüentes da lógica, HISTÓRIA, uma VIDA etc., como o restabelecimento de uma fase anterior num nível mais elevado.)

(c) Os casos (a) e (b) envolvem a vinculação de indivíduos a um de uma série de credos coordenados, cada um dos quais nega o outro (ou outros). Mas a negação da negação acarreta freqüentemente a transcendência de toda uma gama de negações coordenadas. Assim, a negação da negação pode ser (i) uma tentativa de adotar e saborear cada um, por sua vez, da variedade aparentemente infindável de credos concorrentes (cf. IRONIA); (ii) um recolhimento a si mesmo, afastando-se de todos os credos e fés concorrentes; ou (iii) a adoção de um credo que abranja todos os outros e não os negue, mas rechace suas pretensões de exclusividade ou suas negações recíprocas. Esse tipo de dupla negação é INFINIDADE. A resposta (i) é, ou está governada por, má infinidade, um desfile interminável de entidades finitas, cada uma das quais nega a sua predecessora. (ii) é um tipo de boa infinidade, porquanto envolve o retorno circular de uma coisa a si mesma. Na Lógica, apresenta-se como ser-*PARA-SI, exemplificado pelo EU auto-reflexivo, que transcende a gama de QUALIDADE determinadas. (iii), também boa infinidade, manifesta-se de um modo mais destacado na IDÉIA absoluta, a qual engloba todas as determinações do *PENSAMENTO que se manifestam mais cedo na Lógica.

Embora Hegel considere (i) e (ii) como necessárias fases históricas, ele prefere (iii) como resposta, por exemplo, à diversidade de filosofias aparentemente concorrentes.

O padrão de "simples afirmação-negação-negação da negação" é constantemente repetido do começo ao fim do pensamento hegeliano, e o que é a negação da negação numa aplicação reaparece como a afirmação simples de uma outra aplicação. Por exemplo, a primeira fase da VONTADE, o seu recolhimento em si mesmo e negação de tudo o que é determinado (uma versão de (ii) acima), é negado por sua adoção de uma opção determinada e isso, por sua vez, é negado pelo querer ele mesmo.

Na Lógica (Doutrina de ESSÊNCIA), o negativo e o positivo são vistos como o paradigma de oposição, uma forma elevada de negação em que cada termo não é simplesmente o outro que não é o outro (tal como vermelho é o outro que não é azul, verde etc.), mas o *seu* outro (tal como o norte é o outro do sul). O negativo que é oposto ao positivo, neste caso, é distinto do negativo envolvido na negação hegeliana: o positivo nega o negativo como tal, assim como o negativo nega o positivo, e é tanto negativo quanto positivo.

negatividade *ver* NEGAÇÃO E NEGATIVIDADE.

noção *ver* CONCEITO.

O

objeto de estudo *ver* COISA E OBJETO DE ESTUDO.

objeto e objetividade *(Das Objekt*, do latim *objectum* (o particípio passado de *objicere*, "lançar adiante, opor como defesa ou proteção, impedir"), significa "algo jogado diante de ou contraposto a". Contrasta com "SUJEITO", "o que é posto debaixo". Desde a sua primeira ocorrência em Duns Scotus até o século XVIII, o contraste "sujeito-objeto" tinha um sentido que é o inverso do seu sentido moderno: o "sujeito" era o sujeito subjacente do discurso (ou objeto), enquanto que o "objeto" era o que se lançava contra ou para ele, a saber, a concepção subjetiva ou predicado. Mas Wolff conferiu a *Objekt* o sentido de "algo lançado diante da mente ou contrapondo-se-lhe", o objeto de CONSCIÊNCIA, *CONCEPÇÃO ou CONHECIMENTO. Pode ser também o objeto de conflitos, de um desejo ou de uma ação. Não necessita ser uma entidade física existente: números, unicornes ou a própria consciência podem ser o *Objekt* de consciência ou pensamento. Kant usa-o também no sentido mais estrito de um objeto dado em experiência, um objeto real: "Objeto é aquilo em cujo conceito é reunido o múltiplo de uma INTUIÇÃO dada" (*CRP*, Bl37). *Objekt* é também usado num sentido gramatical para o objeto de um verbo numa oração.

Uma contraparte no vernáculo ocorre a par de *Objekt*: do século XVII em diante, o mais antigo *Gegenwurf* ("algo lançado contra") foi substituído por *Gegenstand* ("o que está em confronto com, defronte de"), se bem que no final do século XVII *Gegenstand* ainda ocorria no sentido religioso de um "apoio" ou "resistência" espiritual contra tentações e aflições. No dialeto suábio de Hegel, também significou "obstáculo, impedimento", mas em alemão filosófico significou, à semelhança de *Objekt*, um "objeto (de consciência, conhecimento, ação etc.)", e um "objeto (real)". Kant não traçou distinção nenhuma entre *Objekt* e *Gegenstand*.

Gegenstand dá origem a *gegenständlich* ("objetivo") e a *Gegenständlichkeit* ("objetividade"). Mas Hegel, como Kant, prefere usualmente os derivativos de *Objekt*: *objectiv* ("objetivo"), *Objektivität* ("objetividade") e, ocasionalmente, *objektivieren* ("converter num objeto, objetivar") e *Objektivierung* ("objetivação"). (Por exemplo, a RELIGIÃO começa com a "objetivação" da natureza essencial, universal, das coisas, ou seja, a sua transformação num Deus objetivo.) O sentido geral de *objektiv* é "pertinente a um/o objeto", mas os seus sentidos mais específicos são: (1) "real, concreto, ser um objeto" (como em "fato objetivo"); (2) "imparcial, dirigido para o objeto" (como em uma "atividade objetiva em relação aos fatos"). *Objektivität* tem dois sentidos correspondentes: (1) "realidade"; (2) "imparcialidade". Objetividade, no sentido de "imparcialidade", tanto pode ser prática quanto cognitiva: obedecer, por exemplo, a regras impessoais, em contraste com os caprichos pessoais de cada um.

Em Hegel, *Objekt* difere de *Gegenstand* em três aspectos: (1) Ele sublinha a etimologia de *Gegenstand* mais do que a de *Objekt*, de modo que um *Gegenstand* é essencial e imediatamente um objeto de conhecimento etc., ao passo que um *Objekt* é, pelo menos inicialmente, independente (*Enc.* I, §193). Um *Gegenstand* é um objeto intencional, enquanto que um *Objekt* é um objeto real. (2) Quando um *Objekt* é o objeto *de* alguma coisa, é usualmente o objeto de um *Subjekt*, enquanto que um *Gegenstand* é o objeto de conhecimento (*Wissen*), consciência, o EU etc. (Não existe uma versão comparável de *Subjekt* no vernáculo alemão.) (3) Uma FORMA de consciência e o seu objeto são, no entender de Hegel, interdependentes e têm uma riqueza e complexidade comparáveis. Assim, uma vez que *Objekt* é correlativo de *Subjekt* e (na Lógica) o sujeito envolve o CONCEITO, o JUÍZO e a INFERÊNCIA, o *Objekt* deve ser um sistema complexo de objetos (como o sistema solar) relacionados pelas formas de inferência. Um *Gegenstand*, em contrapartida, pode ser o objeto de uma simples forma de consciência, como a *CERTEZA SENSÍVEL, o que não é ainda um sujeito plenamente desenvolvido. (Em *PF*, um *Gegenstand* é um objeto CONCRETO com muitas características perceptíveis, mas se eu não lhes considerar ou *ABSTRAIR delas, o que resta é um *Objekt* abstrato.)

Assim, em *FE* (Introd. etc.), onde Hegel está examinando as formas de consciência intencional, desde o conhecimento mais rudimentar ao conhecimento absoluto, o objeto é o *Gegenstand*. Mas na Lógica, onde "O Objeto" se segue a "O Conceito Subjetivo" (*Enc.* I), ou a "Objetividade" se segue à "Subjetividade" (*CL*), "objeto" e "objetividade" são *Objekt* e *Objektivität*. O *Objekt*, que passa pelas fases de MECANISMO, QUIMISMO e TELEOLOGIA, exibe as "DETERMINAÇÕES conceptuais" desenvolvidas em "o Conceito Subjetivo" (em especial uma estrutura silogística), mas é inicialmente concebido como independente de um sujeito cognoscente ou prático. Quando Hegel propõe o (ou "um") problema de conhecimento em termos de "Como nós sujeitos chegamos aos objetos?" (*Enc.* II, §246A), os objetos são *Objekte*, não *Gegenstände*, os quais estão intrinsecamente relacionados com a consciência. (Em *FE*, Introd., o objeto que é real e, por conseguinte, difícil de alcançar, não é o *Gegenstand*, mas *die Sache*, a "COISA etc.")

Em *CL*, Hegel argumenta que *objektiv* e *Objektivität* têm dois sentidos: (i) "Oposição ao conceito independente" ou o Eu, isto é, o "universo múltiplo em sua EXISTÊNCIA IMEDIATA", que o conceito ou o Eu deve superar. (Hegel relaciona isso com um "sentido menos determinado", em que o *Objekt* é o *Gegenstand* de qualquer "interesse ou atividade do sujeito".) (ii) "O EM E PARA SI, o qual está livre de restrição e oposição", a saber, por um sujeito. O objetivo, nesse sentido, inclui princípios racionais e princípios teóricos ou éticos necessários com que o sujeito deve simplesmente conformar-se, em vez de superar ou alterar, e o objeto que o sujeito deve *COGNOSCER, "livre dos aditamentos da REFLEXÃO subjetiva". Mecanismo e quimismo, na explicação de Hegel, envolvem objetividade no sentido (ii), ao passo que a teleologia, na qual o propósito ou o conceito se desliga do objeto e procura determiná-lo, envolve objetividade no sentido (i). Mas, de fato, existem três estágios de objetividade, não apenas dois: (1) Um objeto que é independente do sujeito, no sentido de que o sujeito é deixado inteiramente fora de consideração (exceto na medida em que um sujeito ou conceito é implicitamente pressuposto como constituindo o objeto como objeto), a saber, mecanismo e quimismo. (2) Um objeto que se opõe a um sujeito e será superado por ele, a saber, a teleologia, mas também, ao nível da IDÉIA, as idéias do verdadeiro (cognição) e do bem (a MORALIDADE de Kant e Fichte). (Objetividade no sentido (i) acima.) (3) Um objeto que foi convertido em NECESSIDADE e racionalidade, de modo que o sujeito não precisa alterá-lo ou determiná-lo, mas deve simplesmente adaptar-se a ele. Isso corresponde à idéia absoluta, a qual, na opinião de Hegel, é sujeito e objeto. É exemplificada, por exemplo, por alguém realizando lógica (hegeliana) ou obedecendo às leis e práticas de um ESTADO racional. (Objetividade no sentido (ii) acima.)

Em *Enc.* I, §41A.2, Hegel distingue *três* sentidos de *objetivo*: (a) O sentido ordinário de "presente fora de nós, em contraste com o meramente subjetivo, imaginado, sonhado etc." (b) O sentido kantiano de "universal e necessário em contraste com a contingência, a particularidade e a subjetividade de nossas sensações". (c) O sentido preferido de Hegel de "os *PENSAMENTOS que não são meramente os *nossos* pensamentos mas são, ao mesmo tempo, o EM-SI das COISAS (*Dinge*) e do objetivo (*das Gegenständlichen*) em geral". O sentido (a) corresponde ao sentido (i) acima, enquanto que o sentido (ii) acima abrange aqui (b) e (c). Kant está certo, argumenta Hegel, em pensar que as *CONTINGÊNCIAS da sensação etc. só são objetivas num sentido degenerado, em contraste com pensamentos ou categorias, que são UNIVERSAIS e necessários, tanto no sentido de que se aplicam a todos os objetos quanto no sentido de que não variam de pessoa para pessoa. Mas, para Kant, os pensamentos ainda são subjetivos no sentido (c), porquanto os considera impostos por nós às coisas, não como constituindo a ESSÊNCIA delas (como acredita Hegel).

As tentativas de Hegel de distinguir diferentes sentidos de *Objektivität* ignoram a distinção entre atitudes objetivas em relação às coisas e as próprias coisas objetivas. Isso provém de duas doutrinas: primeiro, que no nível supremo de objetividade, a atitude (ou sujeito) e o seu objeto coincidem; segundo, que de um modo geral as atitudes e seus objetos são objetivos no mesmo nível ou no mesmo grau: se, por exemplo, eu penso objetivamente (ou seja, racional e imparcialmente), distingo os pensamentos objetivos que constituem a essência de coisas, enquanto que se meramente sinto ou percebo, estou distinguindo apenas a objetividade menor das qualidades sensoriais de coisas. Mas não é óbvio que essa correspondência prevaleça. As minhas sensações podem ser fugazes e subjetivas, mas isso não acarreta que as qualidades sensoriais de coisas (determinadas pelo confronto das diferentes sensações de um observador com as de diferentes observadores) sejam igualmente subjetivas. Além disso, no caso de juízos éticos e estéticos, uma atitude objetiva (imparcial) não garante uma resposta objetiva (correta), nem mesmo que haja uma resposta objetiva (correta) a ser encontrada. No caso da ética, não existe um *objeto* óbvio para a atitude objetiva alcançar, mas Hegel tende a ver as LEIS (ou o próprio ESTADO) como um objeto análogo ao objeto de cognição.

Em *CL* e *Enc.* I, Hegel associa a transição do "conceito subjetivo" para o "objeto" com a PROVA ontológica da existência de Deus.

opinião *ver* CRENÇA, FÉ E OPINIÃO.

oposição *Gegensatz* ("oposto, oposição, contrário, antítese"), criado no século XV para traduzir o latim *oppositio* (de *opponere*, "pôr diante, opor"), era originalmente um termo jurídico que significava "alegar algo em contradita num pleito ou ação judicial". Dá origem a um adjetivo, *gegensätzlich* ("oposto, contrário"), mas o verbo correspondente é *entgegensetzen* ("contrastar, opor, contrapor"). (A raiz é o verbo *setzen*, "PÔR".) Além de *Gegensatz*, Hegel usa com freqüência o particípio passado *entgegensetzt* ("contrário, oposto") e o substantivo *Entgegensetzung* ("oposição"). Também usa uma criação setecentista derivada do grego, *Polarität* ("polaridade, oposição polar") e o vernáculo *Gegenteil* ("contrário, reverso").

Os gregos eram propensos a ver o mundo como constituído por forças, qualidades ou substâncias opostas (por exemplo, fogo-água, o quente-o frio, o úmido-o seco). Os opostos desempenham um importante papel no pensamento de Anaximandro, dos pitagóricos e, em especial, de Heráclito. Acreditava Heráclito na unidade essencial de opostos e (como Hegel) encontrou freqüentemente a confirmação disso na linguagem: "O arco (*biòs*) chama-se vida (*bíos*), mas sua obra é MORTE." Platão e Aristóteles analisaram a mudança como uma passagem de um oposto a um outro. Também foram propensos a considerar as coisas intermédias como uma mistura de opostos, por exemplo, as cores como várias combinações de preto e branco.

A idéia de que os opostos coincidem no *INFINITO (Deus) foi adotada por Nicolau de Cusa: como Deus transcende a razão, os contrastes e contradições humanos dissolvem-se na sua presença. Fornece numerosas ilustrações matemáticas disso: por exemplo, à medida que o diâmetro de um círculo é aumentado, a curvatura de sua circunferência diminui; assim, se o diâmetro é aumentado à infinidade, coincidirá com uma linha reta (*De docta ignorantia*, I. 13 e segs.). Giordano Bruno sustentou que as oposições e conflitos que ocorrem em todo o universo e em nossa experiência dele são mantidas e harmonizadas pela unidade divina.

Goethe e os *ROMÂNTICOS endossaram a idéia de que o mundo envolve essencialmente oposição ou polaridade. Hamann invocou o princípio da coincidência de opostos contra as dicotomias de Kant, e o princípio é central no pensamento de Schelling. Em suas primeiras obras, Schelling considerou os opostos da mesma forma que Fichte: um oposto (por exemplo, o EU) põe o outro (por exemplo, o não-Eu). Mas em sua filosofia da IDENTIDADE, os opostos (SUJEITO e OBJETO, ESPÍRITO e NATUREZA) emergem da divisão de uma unidade primordial. Em *B*, ele parafraseia a afirmação de Giordano Bruno de que "aquele que quer conhecer os mais profundos segredos da natureza deve observar e contemplar os valores máximos e mínimos (os quais, para Bruno, coincidem) de contrários e opostos. Há uma profunda magia em ser capaz de extrair o contrário depois que se descobriu o ponto de união" (*Della causa, principio ed uno* (Sobre causa, princípio e unidade), V, 1584). Schelling, como Hegel, também foi influenciado por tais fenômenos polares como magnetismo e eletricidade.

Oposição é também uma característica de conceitos e proposições: Aristóteles distinguiu proposições opostas ou contrárias (por exemplo, "Todos os A's são B" e "Nenhuns A's são B") das proposições contraditórias ("Todos os A's são B" e "Alguns A's não são B"). Mas *Gegensatz* cobre a CONTRADIÇÃO (por exemplo, "(é) vermelho" e "(é) não-vermelho") e o antagonismo ("preto" e "branco"). Assim, em sua análise da oposição,

Hegel inclui um exame da lei do terceiro excluído ou da "oposição" (*Gegensatz*), assim como dos números positivos e negativos (*Enc.* I, §119).

A oposição polar é central no pensamento de Hegel. Suas características fundamentais são estas:

1. Uma coisa só tem um oposto: se o Norte se opõe ao Sul, não pode ser oposto a qualquer outra coisa. (Este princípio foi enunciado por Platão e endossado por Aristóteles. Este último usou-o para descobrir ambigüidades em palavras: se "pontudo" é o oposto de "plano" e de "rombudo", "pontudo" tem dois sentidos.)

2. Se duas coisas são opostas, cada uma delas envolve essencialmente a outra e não podem ser separadas. Um exemplo físico disso que ocorre ao longo de sua obra é o ímã: não pode existir uma barra de metal que esteja magnetizada somente numa extremidade; se um ímã é serrado em dois em seu ponto de indiferença ou neutralidade, o resultado não são dois meio-ímãs, cada um com um único pólo magnético, mas dois ímãs completos, pois o que era o ponto de indiferença está agora magneticamente polarizado; cada pólo gerou o seu oposto complementar. Como princípio *geral*, a inseparabilidade de opostos é mais plausivelmente vista como conceptual, mais do que como física: por exemplo, se uma pessoa é (descrita como) introvertida ou um cisne (descrito como) branco, não se segue que a mesma pessoa também é extrovertida ou que o mesmo cisne também é negro, mas que estamos prontos para aplicar as palavras "extrovertido" e "negro", se surgir a necessidade, ou talvez que algumas (outras) coisas são extrovertidas ou negras. Mas Hegel argumenta, sempre que possível, que a interdependência conceptual de opostos significa que toda a vez que um dos opostos ocorre, ambos ocorrem no mesmo grau: na medida em que uma pessoa, ou o estado de uma pessoa, é, por exemplo, INTERIOR, também é, na mesma medida, *EXTERIOR. Em seu entender, é absurdo esperar eliminar o mal no mundo (ou mesmo numa pessoa individual), porquanto o mal é uma condição necessária do bem.

3. No caso de algumas oposições, Hegel argumenta não só que cada oposto requer ou envolve o outro, mas que cada oposto é, ou torna-se, igualmente o outro. Isso é particularmente verdadeiro a respeito do positivo e negativo: se representarmos passos dados na direção Oeste por números positivos e passos para o Leste por números negativos, podemos igualmente bem representar passos para o Oeste como negativos e passos para o Leste como positivos; podemos representar créditos como positivos e débitos como negativos, ou vice-versa, tanto mais que "crédito" e "débito" são termos relativos: o crédito de uma pessoa é o débito de uma outra. Mas o que se infere disso é que, de qualquer par de opostos, um e outro podem ser representados como positivo e negativo, não que os opostos são ambos a mesma coisa: é possível, embora não seja natural, representar os defeitos de uma pessoa como positivos e seus méritos como negativos, mas não se segue daí que seus defeitos sejam méritos e seus méritos defeitos. Em *FE* III, Hegel examina a idéia, sugerida, por exemplo, pelo Sermão da Montanha e pela *Antígona*, de Sófocles, de que existe um mundo para além do mundo da APARÊNCIA, no qual os opostos são invertidos, o que é certo aqui é errado ali etc. Mas ele rejeita essa hipótese a favor da unidade dos opostos *neste* mundo. (A associação desse "mundo invertido" (*verkehrte Welt*) com as formas de Platão ou a COISA-EM-SI de Kant é errônea, porquanto nada disso envolve uma inversão do mundo fenomenal.)

4. Alguns opostos distinguem-se uns dos outros não intrinsecamente, mas tão-só por sua oposição mútua: os pólos norte e sul de ímãs só são distinguíveis pelo fato de que, como pólos, repelem-se mutuamente, enquanto que pólos distintos se atraem; se eles invertessem sua polaridade mas continuassem repelindo-se e atraindo-se mutuamente, como ocorre agora, nós não perceberíamos a mudança (*FE*, III, e *Enc.* II, §314, referem-se aos pólos do ímã como do "mesmo nome" e de "nome diverso", em vez de "idêntico" e "diferente", porquanto não existe diferença *intrínseca* entre os pólos.) Mas isso não é verdadeiro para todos os opostos: uma mudança de coisas pretas para brancas e de coisas brancas para pretas seria perceptível.

5. Opostos passam de um a outro quando atingem o seu ponto extremo. O exemplo de Nicolau de Cusa pode ser reformulado em termos de INFINIDADE mais verdadeira do que falsa: um círculo na superfície de uma esfera (por exemplo, a terra), se for suficientemente ampliado, torna-se um grande círculo (cujo centro é o centro da esfera), cada arco do qual é a distância mais curta entre os seus pontos extremos e, portanto, uma linha reta ou geodésica. Se eu percorrer uma distância suficientemente grande para o Norte, começarei finalmente caminhando para o Sul. O movimento para o Leste, inversamente, nunca se transforma em movimento para o Oeste (uma vez que Leste e Oeste são direções não-polares), mas acabará por me acercar mais, em vez de me distanciar mais, do meu ponto de partida. Em *FE*, IV.A, o domínio completo sobre um escravo leva a uma inversão das posições de amo e escravo: a recusa do amo em reconhecer o escravo reduz este a algo cujo *RECONHECIMENTO do amo é destituído de valor e o amo é amo sobre coisa nenhuma, sobre nada; enquanto que, inversamente, a obrigação do escravo de trabalhar etc. confere-lhe um tipo de *AUTOCONSCIÊNCIA que escapa ao seu amo; vitória esmagadora converte-se em derrota, e a derrota torna-se vitória. A tendência de *conceitos* opostos para passar de um lado a outro é uma das forças impulsionadoras da DIALÉTICA de Hegel: por exemplo, SER puro converte-se em puro *NADA e vice-versa. Tais inversões envolvem uma unidade *NEGATIVA intrínseca dos dois conceitos.

6. Assim, para Hegel, diferente de Schelling, os opostos não se fundem em um só (nem emergem de um) ABSOLUTO neutral ou ponto de indiferença, mas são transformados um no outro em seus pontos supremos. Sua unificação final na IDÉIA absoluta não é neutralidade inexpressiva, mas uma *TOTALIDADE CONCRETA ou *SISTEMA, o qual SUPRASSUME a oposição mas não a dissolve.

A análise de Hegel é prejudicada por não distinguir diferentes tipos de oposição (por exemplo, Norte/Sul, Leste/Oeste, vermelho/não-vermelho, preto/branco, masculino/feminino) e diferentes modos como esses opostos se vinculam, se convertem etc. uns nos outros. Seu pensamento sobre oposição é, portanto, esporadicamente mais esclarecedor do que sistemático.

orgânico, organismo *ver* VIDA E ORGANISMOS VIVOS.

P

para si *ver* EM SI, PARA SI, EM E PARA SI, ELE MESMO ETC.

partes *ver* TODO E PARTES, TOTALIDADE E MOMENTOS.

particular *ver* UNIVERSAL, PARTICULAR E INDIVIDUAL.

paz *ver* GUERRA E PAZ.

pensamento pictórico *ver* REPRESENTAÇÃO E CONCEPÇÃO.

pensar e pensamento "Pensar" é, em alemão, *denken*. "O pensar" ou "(a atividade do) pensamento" é expresso pelo infinitivo nominal *das Denken. Gedanke* não é, usualmente, "pensamento" como atividade mas "(um) pensamento" como produto ou conteúdo do pensar. Um *Gedanke* pode ser uma entidade psicológica ("Seus pensamentos são confusos", "O pensamento de sua chegada excitou-me") ou uma entidade ideal, lógica ("É um pensamento reconfortante que a efetividade seja racional"). O particípio passado de *denken* é *gedacht*. Por isso Hegel o associa ao cognato *Gedächtnis* (MEMÓRIA, sobretudo de palavras). *Denken* participa de numerosos compostos: especialmente importantes para Hegel são *nachdenken* (literalmente, "pós-pensar", logo, "refletir sobre, ponderar") e *das Nachdenken* ("reflexão, ponderação"). Mas é distinto de *reflektieren* e *Reflexion* (REFLEXÃO), na medida em que têm a conotação favorável de "considerar, pensar melhor sobre" o que foi primeiro encontrado através de, por exemplo, a *PERCEPÇÃO ou o SENTIMENTO, e de produzir *pensamentos* sobre eles (*Enc*. I, §2).

Em filosofia, como na fala cotidiana, "pensar" pode abranger uma ampla gama de atividade mental. Leibniz e seus seguidores consideraram toda a atividade psíquica como pensamento, diferindo apenas em seu grau de clareza e precisão. Mas Parmênides, Platão etc. distinguiram nitidamente o pensar (*to noein* ou *noesis*) de outras faculdades ou atividades, especialmente "*OPINIÃO" (*doxa*) e percepção. Contra os leibnizianos, Kant distinguiu o pensamento da INTUIÇÃO (*Anschauung*) e argumentou que a *COGNIÇÃO requer que um OBJETO seja pensado e intuído. Assim, embora possamos pensar sobre COISAS-EM-SI-MESMAS, nada podemos saber sobre elas, uma vez que não fornecem intuições para os nossos CONCEITOS. Kant (como Krug) sustentou que podemos *pensar* o que quisermos, desde que não caiamos em contradição. A LEI da CONTRADIÇÃO tem, pois, um status especial entre as *Denkgesetze* ("leis do pensamento"): um pensamento contraditório não é pensamento nenhum. Hegel rejeita essa doutrina e as leis do pensamento em geral, porquanto sustenta que o pensamento, como a RAZÃO, não pode aceitar do exterior, nem fixar-se, LIMITES à sua própria atividade que não seja capaz de transpor, de superar ou de transcender. A descoberta e superação de contradições em nosso pensamento desempenha um papel essencial no progresso do nosso pensamento.

Quando conceitos ou categorias não são preenchidos com intuições, são meras *Gedankenformen* ("formas de pensamento (s)"), no entender de Kant. Mas uma expressão mais comum entre os seus sucessores (por exemplo, Schleiermacher, Reinhold) é *Denkform* ("forma de pensar"), em contraste com *Denkstoff* ("matéria do pensamento, do pensar"). As formas de pensar são freqüentemente equiparadas às formas da lógica formal: por exemplo, a forma de pensar "Todo S é P" converte-se, pela adição da apropriada matéria de pensar, no pensamento "Todos os homens são mortais". Hegel equipara-as ao objeto de estudo da lógica, o qual inclui as categorias de Kant e as formas da lógica formal: por exemplo, a forma de pensar da CAUSALIDADE está envolvida no pensamento CONCRETO de quebrar um vidro com uma pedra. Usa com freqüência a palavra *Denkbestimmung* ("DETERMINAÇÃO de pensamento") e, ocasionalmente, *Gedankenbestimmung*, como um quase sinônimo, mas com as sugestões adicionais da palavra *Bestimmung*. Iguala muitas vezes uma forma ou determinação de pensar com um pensamento, uma vez que (1) uma forma de pensar não é simplesmente, em sua opinião, a FORMA de um pensamento mas pode ser também o *CONTEÚDO de um pensamento, e (2) um pensamento concreto, de um cavalo ou de quebrar um vidro com uma pedra, é uma *CONCEPÇÃO (*Vorstellung*), não estritamente um pensamento.

Por vezes, Hegel iguala um pensamento ou forma de pensar com um conceito. É mais freqüente distingui-los, uma vez que o conceito, propriamente dito, só pertence à última fase da Lógica. Mas como "conceito", "pensamento" e "pensar" estão envolvidos num conjunto de contrastes que Hegel procura *SUPRASSUMIR. Eles contrastam com (1) o EU que pensa ou "tem" pensamentos; (2) outras atividades psíquicas do Eu, como perceber, imaginar etc.; e (3) com o objeto sobre o qual penso:

1. De Platão e Aristóteles até Kant, os filósofos associaram o Eu e sua identidade mais ao pensamento do que, por exemplo, à percepção, desejo ou ação; Hegel também insiste em que o Eu não "tem" pensamentos ou formas de pensar, mas é idêntico com (ou constituído por) eles (*Enc.* I, §§20, 24A.1). À parte as considerações em (2) abaixo, ele apresenta dois argumentos para isso. (a) Ser um Eu é estar consciente de si como um Eu, e a consciência de si como Eu envolve pensamento, porquanto o Eu só é acessível mediante o pensar puro; o Eu como tal não fornece material sensorial para a percepção ou concepção. (b) Eu não posso coerentemente distanciar-me das minhas formas de pensar, supondo que elas são uma ferramenta que eu uso (como um martelo) ou que me poderia ter faltado (como um desejo), uma vez que o meu pensar nesses processos de meus pensamentos e de minha relação com eles envolve os próprios pensamentos dos quais procuro distanciar-me.

2. Hegel aceita a doutrina aristotélica de que o que distingue o homem de todas as outras criaturas é a capacidade de pensar, e infere (invalidamente) que "todas as coisas humanas são humanas porque, e só porque, são produzidas pelo pensamento" (*Enc.* I, §2). Assim,

o pensar não é simplesmente uma atividade ao lado de outras a que nos dedicamos. Em primeiro lugar, as minhas outras atividades envolvem pensamento. Minha percepção de um cavalo como cavalo, minha concepção de um cavalo, meu sentimento da presença de Deus etc., envolvem as formas de pensar de, por exemplo, uma COISA, VIDA ou o ABSOLUTO. Nenhum animal, argumenta Hegel, tem moralidade ou uma RELIGIÃO, e isso é porque, mesmo se a moralidade ou a religião vierem a apresentar-se na forma de, digamos, sentimento, elas envolvem essencialmente o pensamento. Os meus sentimentos etc. não estão imbuídos de pensamento desde que nasci, mas o meu desenvolvimento pleno como ser humano e a minha capacidade para afirmar os meus sentimentos etc. (e o meu corpo) como algo que me é próprio requerem sua fusão com pensamento. Isso, acredita Hegel, diverge da doutrina de Kant de que a MORALIDADE envolve um conflito entre a RAZÃO e as nossas inclinações.

Em segundo lugar, as minhas outras atividades (perceber, desejar etc.) são objeto do meu pensar de um modo que o meu pensar não é, inversamente, um objeto *delas*. Posso pensar que estou percebendo, que a minha percepção tem *INDIVÍDUOS por objetos etc., mas não posso perceber que estou pensando ou que pensar é sobre UNIVERSAIS. Isso exemplifica um princípio geral: pensar é sobre o que "vai além do" (*übergreift*) pensamento, ou sobre o que é *OUTRO processo que não o de pensar. O pensar desse tipo, especialmente a extração dos pensamentos puros implícitos em sentimentos etc., constitui o pensar filosófico, em contraste com o pensar envolvido em atividades cotidianas.

3. Pensar não contrasta simplesmente com os seus objetos. Em primeiro lugar, o princípio de que o pensamento vai além do que é o OUTRO do pensamento também é aplicável aqui. Se uma coisa é individual (em contraste com a universalidade dos pensamentos) ou mesmo totalmente alheia ao pensamento ou impensável é, não obstante, pelo pensar que eu sei isso, e que "individual", "alheio ao pensamento" e "impensável" expressam pensamentos e não, por exemplo, percepções.

Em segundo lugar, a ESSÊNCIA das coisas é discernida pelo pensar, não pelo perceber, e constituída por pensamentos, não por suas características perceptíveis externas, que são as primeiras com que nos deparamos. Isso assim é tanto ao nível das ciências naturais (por exemplo, a eletricidade, descoberta por *Nachdenken* (reflexão), é a essência da luz), quanto ao nível da filosofia (por exemplo, o conceito é a essência do Eu). Assim, os pensamentos tanto são *OBJETIVOS quanto *SUBJETIVOS.

Até aqui, o ponto de vista de Hegel sobre a relação do pensamento com os seus objetos é semelhante ao de Kant. Também para Kant, os pensamentos que aplicamos a intuições constituem a essência das coisas resultantes. Mas Hegel difere de Kant na medida em que rejeita a idéia de que os pensamentos são impostos por nós a intuições intrinsecamente livres de pensamento. As coisas estão impregnadas de pensamentos independentemente do nosso pensar sobre elas. Só o nosso pensamento acerca da Ursa Maior faz dela uma unidade mas, por exemplo, um cavalo é uma unidade autodeterminante; não está unificado somente pelo nosso pensamento sobre ele. (Esta doutrina aparentemente inócua desempenha um papel no IDEALISMO de Hegel e em sua crença em que o ABSOLUTO é o ESPÍRITO.)

Hegel também difere de Kant ao sublinhar que podemos pensar não só sobre o que é outra coisa que não pensamento, mas sobre o próprio pensamento. Em particular, podemos (em lógica) pensar sobre (formas de) pensamento em termos de (formas de) pensamento.

Esse puro pensar não necessita de intuições externas e, no entanto, segundo Hegel, é não-arbitrário e constitui a cognição. Ele associa tal pensar com o *noesis noeseos* ("pensar sobre pensar") que Aristóteles atribuí a Deus e Plotino ao "verdadeiro intelecto" (*nous*).

Quando Hegel diz que o pensamento ou o pensar é *INFINITO quis significar várias coisas: (1) as formas de pensar não são nitidamente distintas umas das outras, com suas respectivas fronteiras bem marcadas; elas estão entrelaçadas pela razão e a DIALÉTICA. (2) Os pensamentos vão além do que é o outro do pensamento. (3) O pensamento pode pensar sobre si mesmo. (4) O pensamento como um todo não tem limites. Os pensamentos FINITOS, em contraste, são segmentos de pensamento que são (a) tratados como distintos de outros pensamentos; (b) tratados como distintos das coisas; (c) incapazes de, ou não considerados capazes de, aplicar-se a si mesmos; e/ou (d) aplicáveis a, ou pensamentos *de*, entidades finitas.

percepção *ver* INTUIÇÃO, PERCEPÇÃO, SENSAÇÃO E SENSÓRIO.

pessoa *ver* PROPRIEDADE, POSSESSÃO E PESSOA.

poder *ver* FORÇA E PODER.

possessão *ver* PROPRIEDADE, POSSESSÃO E PESSOA.

possibilidade *ver* NECESSIDADE, POSSIBILIDADE E CONTINGÊNCIA.

posto e pressuposto O verbo *setzen* significa "tomar assento" e o reflexivo, *sich setzen*, é "sentar-se". É equivalente, com freqüência, ao seu parente etimológico, pôr, mas ocorre em muitos idiomas (por exemplo, "*pôr/escrever* seu nome no formulário"). O particípio passado, *gesetz*, é usado para "supondo (que)" ou "vamos supor (que)".

Os usos filosóficos de *setzen* correspondem e são influenciados pelos do grego *tithenai*, *tithesthai* (1 "colocar", 2 "afirmar, pôr, pressupor"), mas a tradução comum, "colocar", vem do particípio passado, *positus*, do latim *ponere* ("pôr" etc.). Indica, principalmente, (1) a admissão ou suposição de uma *PROPOSIÇÃO (*Satz*); (2) a asserção ou afirmação de uma proposição, em contraste com a sua refutação ou negação; (3) a afirmação ou postulação de (a existência de) uma entidade. Fichte (e, sob a sua influência, Schelling) usa *setzen* com muita freqüência num sentido que combina as idéias de asserção de proposições e a afirmação ou postulação de entidades, e assim de assentimento intelectual e afirmação ou (auto)-afirmação volitiva. O que é posto não é simplesmente afirmado ser real, mas torna-se desse modo real: o EU absoluto existe em virtude de sua autoposição ou auto-asserção, e o não-EU é realizado pelo por-se do EU. No uso de Fichte, só a mente postula e assim procede não-temporalmente.

Setzen, gesetzt ("posto") e *Gesetzsein* ("ser posto") ocorrem freqüentemente em Hegel, mas muito poucas vezes na acepção de Fichte (a menos que Hegel esteja comentando Fichte). Dizer que uma coisa é *gesetzt* tem duas implicações, uma das quais pode ser a dominante num dado contexto. (1) O que é *gesetzt* é mais explícito ou manifesto do que implícito ou EM SI: o que é implícito na semente é *gesetzt* na planta; espaço vazio, homogêneo, é "apenas a possibilidade, não a posição do ser reciprocamente exterior

(*Aussereinander*)" (*Enc.* II, §254). (2) O que é *gesetzt* é produzido por ou dependente de alguma outra coisa: a APARÊNCIA de ESSÊNCIA, por exemplo, é *gesetzt*, enquanto que SER DETERMINADO não é. No sentido 2, *gesetzt* e *setzen* são, com freqüência, equivalentes a "*MEDIATIZADO" e "mediatizar". Tal postura pode ser física ou conceptual: a CAUSA põe (fisicamente) o efeito, mas o efeito (conceptualmente) põe a causa. Uma coisa pode *pôr-se*: na série de graus da natureza, por exemplo, a IDÉIA "põe-se como o que ela é *em si*" (*Enc.* II, §251).

Setzen forma muitos compostos: um dos mais importantes para Hegel é *voraussetzen*, "pressupor, requerer, admitir (uma coisa ou proposição)" mas, literalmente, "pôr de antemão, antecipadamente (*voraus*)". Hegel usa muitas palavras para "pressupor" e "pressuposição": *Annahme* ("aceitação, suposição, hipótese"), *Vorurteil* ("preconceito, prejulgamento"), mas sua favorita é *Voraussetzung*, "(pre-)suposição, admissão, (pré-)requisito, (pré-)condição", mas literalmente "pôr, ou o que está posto de antemão". (As contrapartes gregas de *voraussetzen* e *Voraussetzung* são *hypotithestai* e *hypothesis*.)

Hegel preocupava-se com o problema de a filosofia, ao contrário de outras ciências, não estar autorizada a fazer suposições ou pressuposições e, no entanto, parece supor inevitavelmente certos conceitos, proposições, um método de procedimento etc. (*Enc.* I, §1). Em parte, trata-se de um problema de CETICISMO: se posso supor algo, sem PROVA, então outro pode supor, com igual legitimidade, sua negação ou oposto. Mas até mesmo quando o ceticismo não é uma ameaça óbvia, no caso, por exemplo, de suposições aparentemente tão óbvias como "Eu penso" de Descartes ou "Eu sou eu" de Fichte, não só se requerem suposições adicionais (por exemplo, de um método de proceder), se se quiser ir mais além do começo, mas a capacidade de Descartes e Fichte para formular tais asserções, e a nossa capacidade para entendê-las, envolvem uma variedade de pressupostos históricos e culturais. Hegel está interessado não só em dar uma explicação do universo que seja invulnerável ao ceticismo, mas uma explicação completa, ou seja, uma que inclua uma descrição dos pressupostos de seu próprio surgimento e inteligibilidade.

Hegel tem várias respostas para esse problema:

1. Sempre que possível, ele tenta evitar fazer suposições; por exemplo, recusa-se a supor LEIS DE *PENSAMENTO, como a lei de CONTRADIÇÃO. Parte do princípio de que são virtualmente vazias aquelas suposições que ele mesmo formula como, por exemplo, o conceito de SER puro na Lógica ou a *CERTEZA SENSÍVEL em *FE*.
2. Com freqüência (por exemplo, em *FE* e *CL*), sugere não ser ele, Hegel, quem está desenvolvendo o OBJETO DE ESTUDO (*Sache*, "COISA") mas que este se desenvolve ou se aprecia por si mesmo, enquanto Hegel e seus leitores simplesmente observam. Não se segue disso que o OBJETO DE ESTUDO não tem pressuposições, mas segue-se que não é ele, Hegel, quem está fazendo essas pressuposições. (Essa postura objetiva é uma razão para Hegel desconsiderar a distinção entre pressuposições *cognitivas* e outros tipos de pressuposição.)
3. Hegel sustenta que o resultado de um processo de DESENVOLVIMENTO envolve ou *SUPRASSUME as etapas que levaram até ele. Assim, por exemplo, a IDÉIA absoluta que é o resultado de lógica não é simplesmente a última de uma série de categorias distintas: inclui ser etc., e (uma descrição de) o método de lógica dentro de si mesmo. Uma vez

que as pressuposições do resultado são apenas elementos nele, eles são de fato *postos* pelo resultado, mas postos *de antemão*.

4. Ele argumenta que o seu *SISTEMA, e cada parte do mesmo, formam um círculo. Isso confere mais substância à idéia de que as pressuposições do sistema, ou de qualquer parte dele, são postas por ele, mas antecipadamente: o ser puro, por exemplo, com o qual a lógica começa, é posto pelo fim da Lógica, a idéia absoluta, e também pelo fim da filosofia do espírito, que é filosofia e, assim, lógica. Ele também sustenta que o mundo como um todo forma tal círculo: o ESPÍRITO, que é, de um ponto de vista, o fim ou o resultado, põe de antemão seus próprios pressupostos, a idéia lógica e a natureza.

Pôr de antemão é semelhante à suprassunção de *CONDIÇÕES e à mediatização da mediatização em *IMEDIATIDADE. Em *CL* e outras obras, Hegel oferece muito mais interpretações práticas do conceito de pressuposição:

1. Em *RECIPROCIDADE, uma SUBSTÂNCIA, A, tem um efeito posto nela – e, portanto, pressuposto – pela atividade de uma outra substância, B. Mas a atividade pressuponente de B é, ela própria, o resultado da atividade prévia de A sobre B. Portanto, a atividade de B é posta de antemão por A.

2. (a) As pressuposições de uma atividade como comer, por exemplo, frutas em árvores, não são, em si mesmas, pressuposições da atividade mas convertem-se em pressuposições em virtude do PROPÓSITO do agente. (Cf. o evento que é transformado em, posto como, uma *causa* por seu efeito.) (b) Tampouco são estritamente necessárias para a atividade. O agente poderia utilizar outras coisas se essas frutas não fossem acessíveis. (Em contraste, a estrada poderia ter ficado molhada, por alguma outra causa, mesmo que não tivesse chovido, mas isso não é provável.) (c) As frutas não sobrevivem à atividade, pois são consumidas pelo agente e tornam-se parte dele. (Cf. a causa que se consome inteiramente em seu efeito.)

3. Em HISTÓRIA, o ESPÍRITO universal (ou talvez os indivíduos históricos universais) está relacionado com suas pressuposições da mesma forma que o comedor com suas frutas: (a) transforma estados de coisas e pessoas individuais, que não são intrinsecamente pressuposições de sua atividade, em pressuposições; (b) poderia usar outros estados de coisas ou indivíduos, dentro de certos limites, para o mesmo propósito; (c) as pressuposições são consumidas, destruídas ou suprassumidas na atividade e seu resultado.

4. Mesmo se os homens não produzirem ou puserem literalmente as pressuposições naturais e históricas de suas atividades, eles assumem o controle intelectual e prático das mesmas, conceituando-as, entendendo-as e, no caso da natureza, transformando-a. Também as *SUPRASSUMEM no sentido de que podem erguer-se acima de suas circunstâncias naturais e históricas, fazendo de uma pedra uma pérola, mas não, no entender de Hegel, a ponto de poder "dar um salto para além de sua época" ou "deixar de ser um filho de seu próprio tempo".

Hegel dá, assim, uma variedade de interpretações para a idéia de que a pressuposição é posta de antemão. Nem todas elas são aplicáveis às pressuposições do sistema de Hegel: por exemplo, ele não faz nenhuma tentativa séria de argumentar que a lógica poderia começar com algo muito diferente do ser puro, utilizando mais ou menos qualquer conceito que encontrasse acessível. Nenhuma das suas tentativas para evitar ou desarmar as pressuposições do seu próprio pensamento é *obviamente* bem-sucedida. Seu cometimento está em propor e explorar novas soluções para o problema e em suscitar questões como: que pressupostos fazem ser tão tentador tentar evitar pressupostos?

povo e nação *Volk* significa "povo", tanto no sentido da "gente comum" em contraste com seus líderes, quanto no de uma comunidade unida por costumes, sentimentos e língua. Significou originalmente a "multidão", especialmente a massa do exército. Mas com a ascensão do nacionalismo adquiriu o sentido de um conjunto de indivíduos relacionados pela língua, costumes, cultura e história, que podem, mas não necessariamente, estar unidos num único ESTADO. Nessa acepção, povo não se distingue muito de *Nation*, termo importado no século XIV do latim *natio*, que derivou de *nasci* ("ser nascido"), e indica assim um conjunto de pessoas que habitam numa determinada área e relacionadas pelo nascimento. Mas a partir do século XVIII *Nation* adquiriu implicações políticas e passou a caracterizar uma comunidade consciente de uma herança política e cultural comum e que aspira à formação de um estado, se é que ainda não o fez.

Os conceitos de *Volk* e *Nation* foram influenciados pela marcha dos acontecimentos na França, sobretudo por Montesquieu, cujo *O espírito das leis* (1748) examinou as implicações de diferenças nacionais para as leis e a constituição. A expressão "espírito da nação" (*esprit de la nation*) aparece pela primeira vez em Montesquieu (a quem Hegel menciona com aprovação em *PET*, assim como em obras posteriores): é o resultado da influência de eventos históricos e do meio ambiente natural sobre o caráter de um povo.

Mas o interesse alemão em povo e nação tinha várias fontes: a divisão do povo alemão em numerosos estados e sua humilhação pelos franceses levou a uma ênfase sobre *Volk* ou *Nation* e sobre a conveniência de sua unificação política. Fichte (em *DNA*), Schleiermacher e F. Schlegel insistiram na importância da nação-estado. Os interesses históricos de Herder e de juristas como Savigny deram origem à noção de *Volksgeist*, ou "ESPÍRITO de um povo", a qual, em contraste com *esprit de la nation*, de Montesquieu, é uma força ativa, criadora, mas inconsciente, que molda a história e o *DESTINO (*Schicksal*) de um povo. A expressão "*Genius* de um *Volk*" aparece nesse sentido em Herder, e *Volksgeist* em *PET*. Herder e os *ROMÂNTICOS realçam a *INDIVIDUALIDADE, as diferenças não só entre homens distintos mas entre povos distintos, em contraste com a racionalidade uniforme tão valorizada pelo Iluminismo. Os românticos consideraram o que é peculiar a um *Volk* como uma questão mais de SENTIMENTO do que de RAZÃO. (Mas em *Enc.* III, §394 e A, Hegel considera as diferenças de caráter nacional sob o título de "*ALMA natural", de preferência a "alma sensível". Assim, *Volk* combina as idéias de peculiaridade nacional e de primitivo ou primordial.

Herder estava especialmente interessado na "poesia popular" (*Volksdichtung*), poesia que emerge da energia vital de um povo, e a expressa, em contraste com a poesia baseada em modelos estrangeiros: ele considera poesia popular obras tão diversas quanto a Bíblia, Homero, Shakespeare e as canções folclóricas. (Em *E*, Hegel atribui a Herder o mérito de chamar a atenção para a canção popular.) A redescoberta de antigas canções e lendas do *Volk* alemão, argumenta Herder, contribuirão para uma literatura alemã comparável à de outras nações européias, dado que *Volksdichtung* é alimentada por tal material anônimo. Suas opiniões exerceram considerável importância, por exemplo, nos irmãos Grimm.

Volk e compostos contendo esse radical ocorrem em toda a obra de Hegel: *Volksgeist*, *Volksglaube* (*FÉ ou CRENÇA popular). *Volkspoesie, Volksreligion* etc. (Alguns, como *Völkerrecht*, que é simplesmente a "lei das nações" ou "direito internacional", não envolvem qualquer referência ao *espírito* de um povo.) De modo geral, acreditava que um povo tem um caráter ou espírito distinto, o qual é, em parte, o produto de suas circunstâncias históricas e ambiente natural, mas que também dá uma feição comum à sua linguagem, costumes etc., bem como às suas leis e constituição política. A HISTÓRIA é o sucessivo aparecimento de tais *Volksgeiste* no palco mundial: cada um deles evolui até atingir sua plenitude e, depois, dado que constitui apenas fragmento limitado ou restrito do espírito mundial, dá lugar ao seu sucessor.

Mas Hegel não compartilha de todos os pontos de vista freqüentemente associados à ênfase sobre *Volk* e *Volksgeist*. Savigny sustentou, por exemplo, que as LEIS não começam com legislação formal mas com os *COSTUMES que são característicos de um povo. Lei, como linguagem, é o resultado do desenvolvimento orgânico de um povo. É um equívoco, inferiu ele, o legislador tentar impor um código legal universal a um povo; no máximo, deve codificar costumes existentes. Hegel concordou que os costumes preexistentes de um povo são uma condição de legislação e fixam limites para esta. Mas é essencial ao desenvolvimento de um povo que lhe sejam dadas leis universais, racionais, que vão além do que está implícito em seus costumes. Uma lei pode ter surgido de um modo historicamente inteligível dos costumes de um povo e, no entanto, ser irracional e injustificada (*FD*, §3). Existe, pois, uma distinção entre o *Volk* irrefletido e inculto e o *Volk* refletido, desenvolvido, com, digamos, um código de leis racional. O DESENVOLVIMENTO do primeiro para o segundo não ocorre, na opinião de Hegel, de um modo regular e orgânico, mas requer a ALIENAÇÃO de práticas tradicionais que a CULTURA essencialmente envolve. Por exemplo, foi crucial para o crescimento do povo alemão que suas obras eruditas e científicas fossem outrora produzidas em francês ou latim, que a Bíblia fosse traduzida para o alemão (por Lutero) somente no século XVI, e que aprendessem línguas antigas.

A atitude de Hegel para com *Volk* e *Volksgeist* exemplifica esse padrão em outras esferas: um estado pressupõe um *Volk* ou *Nation*, com instituições e crenças moldadas por seu *Volksgeist*. Mas o estado moderno pode acolher e conceder DIREITOS civis a minorias que não aceitam essas instituições e crenças (como os quacres, anabatistas e judeus), e deve assim proceder simplesmente porque são *seres humanos* (*FD*, §270). A arte pode pressupor arte popular, mas é inadequado para um poeta moderno (como Klopstock) tentar fazer para os alemães o que Homero fez para os gregos, revivendo deidades e heróis germânicos que não têm conexão nenhuma com a nossa vida atual. O entusiasmo exibido em *PET* pela religião popular grega, em contraste com a religião cristã positiva (ou racional), dissipou-se em anos subseqüentes; ele não está propenso a favorecer um crença ou prática somente porque é tradicional e consuetudinária, sem levar em conta o seu conteúdo racional. Em *IFH*, Hegel condena as tentativas de, por exemplo, Schelling e Schlegel, de localizar a sabedoria profunda num pretenso povo primevo cuja memória é preservada por mitos e lendas. As lendas são de escasso uso para a história.

De um modo geral, *Volk* e *Volksgeist* tornam-se menos significativos quanto mais ascendemos na escala cultural. As características de um determinado povo são especialmente marcadas em certas formas de ARTE, como a poesia lírica e a ópera italiana.

Tornam-se menos significativas no caso da RELIGIÃO e desaparecem virtualmente quando chegamos à filosofia, a forma suprema de espírito ABSOLUTO. A língua alemã, por exemplo, pode ter certas características suscetíveis de serem exploradas para os fins da lógica. Mas, com freqüência, a Lógica usa palavras alemãs em sentidos novos e pôde encontrar palavras e expressões similares para exploração em outras línguas. Filosofia e lógica apresentam um único e universal sistema de RAZÃO, que não está confinado a qualquer *Volksgeist* específico.

pressuposto *ver* POSTO E PRESSUPOSTO.

Primeiros escritos teológicos (Theologische Jugendschriften) (*PET*) Este é o título de uma coletânea dos primeiros manuscritos inéditos de Hegel, editados por H. Nohl em 1907 e traduzidos em parte para o inglês por T.M. Knox, em 1948, sob o título de *Early Theological Writings*. Esses escritos diferem muito no estilo e conteúdo das obras subseqüentes de Hegel, mas suas preocupações incipientes com RELIGIÃO mostram estar aí a raiz de seu pensamento posterior e de alguns dos seus conceitos centrais.

Os escritos envolvem três concepções principais de religião:

1. Religião popular (*Volksreligion*), uma concepção que deve muito a Herder e a Hölderlin. O paradigma de uma religião popular é a antiga religião grega. No conceito de Hegel, a religião grega não era universalista, como o cristianismo, mas intrinsecamente vinculada à vida de um POVO específico. Não impunha um credo, dogmas, regras, ritos ou instituições eclesiásticas que fossem sentidos como exóticos por seus adeptos, mas estava entretecida com a vida do povo, com seus *COSTUMES e festividades. Não apelava para qualquer faculdade, como a RAZÃO, mas para a pessoa como um todo, suas emoções e *IMAGINAÇÃO, bem como a sua razão. A religião era simples e naturalmente aceita por todos e não exigia nenhum ato especial de *FÉ ou razão. Os deuses não eram considerados como transcendentes, misteriosos ou imperiosos, mas como deidades benevolentes que habitavam na cidade e a protegiam. Essa religião estava estreitamente ligada à LIBERDADE política dos gregos, com sua virtude, a beleza de sua arte e a harmonia e serenidade de suas vidas. Em sua juventude, Hegel ansiou pelo restabelecimento desse IDEAL, mas começou vendo a sua inviabilidade durante os anos em Berna (1793-96).

2. Religião positiva. Tudo o que é histórico, admite Hegel, é "positivo" na medida em que não é puramente "racional" mas, num sentido mais restrito, uma religião é positiva se estabelece dogmas, rituais e regras que devem ser aceitos simplesmente porque são prescritos por autoridade terrena ou divina, e não porque sejam coerentes com a vida e os costumes de seus adeptos ou possam ser considerados racionalmente justificados. (Assim, "positivo", neste sentido, contrasta com "racional", não com "*NEGATIVO".) O paradigma de Hegel de religião positiva é o judaísmo; ele liga a sua positividade à sua crença numa transcendente, inescrutável e estranha deidade, que exige serviço (*Dienst*) incondicional, e com a opressão política a que o povo judaico estava submetido.

3. A religião racional, especialmente a religião da MORALIDADE que Kant desenvolveu em *CRPr* e *RLR*. Os dogmas da religião, no entender de Kant, só podem ser justificados na medida em que expressam, sustentam e são exigidos por uma moralidade de imperativos morais universais, racionais e auto-impostos. Ele tentou interpretar o cristianismo sob esse ângulo, excluindo os elementos intratáveis como meramente históricos e não puramente

religiosos. No começo, Hegel endossou os pontos de vista de Kant mas não tardou em vê-los como compartindo de uma das faltas do judaísmo: a moralidade e a religião kantianas não apelam nem satisfazem ao homem total, mas apenas à sua razão. Estabelece uma OPOSIÇÃO entre dever e inclinação, razão e o coração, é e DEVER SER. Essas oposições, acabou Hegel por acreditar, só podem ser reparadas por uma religião de *amor*.

PET consiste nos seguintes itens:

(a) "Fragmentos sobre religião popular e cristianismo" (1793-94). (O título foi dado por Nohl.) É uma preparação para as obras de maior fôlego mas contém interessantes considerações sobre religião popular, sob a influência especialmente de Herder.

(b) *A vida de Jesus* (1795) apresenta Jesus como um professor da religião puramente moral de Kant, sem menção de milagres ou de transfiguração. Isso entra em conflito com (a) e (c), *CRP*, de que Cristo, ao contrário de Sócrates, introduziu um elemento positivo em seu ensino, como o requisito de batismo e de fé em sua própria pessoa. Mas (c) pressupõe a idéia (b) de que o Cristo, se não o seu ensino, era racional e mais ou menos kantiano.

(c) *A positividade da religião cristã* (1795-96, com uma versão revista das seções iniciais, datada de 1800). Hegel pergunta como o cristianismo (principalmente o catolicismo, mas também o luteranismo) passou a ser uma religião positiva, em vista da oposição do Cristo à positividade autoritária do judaísmo, e como suplantou as religiões populares da Antigüidade. Suas respostas são que o Cristo tinha que transigir com o judaísmo a fim de tornar a sua mensagem aceitável, recorrendo à vontade e aos milagres de Deus, e que o Império romano destruiu as comunidades da Grécia e da República romana, convertendo seus cidadãos em indivíduos egoístas, governados de cima, que assim se tornaram receptivos a uma religião autoritária: "A OBJETIVIDADE de Deus é uma contraparte para a corrupção e escravidão do homem."

(d) Alguns fragmentos sobre religião e amor, datados de 1797-98, inclusive um sobre o amor que argumenta que o amor pode curar as oposições características da modernidade e do cristianismo positivo.

(e) *O espírito do cristianismo e seu destino* (*Schicksal*) (1798-1800). Hegel critica não só a positividade do judaísmo, mas também a moralidade kantiana: a diferença entre os adeptos de uma religião positiva e um moralista zeloso é simplesmente que "os primeiros têm seu senhor fora deles mesmos, ao passo que o último traz seu senhor em si mesmo: entretanto, é ao mesmo tempo seu próprio escravo". O Sermão da Montanha, argumenta Hegel, "não ensina a reverência às leis; (...) expõe aquilo que satisfaz a lei mas a anula como lei e, assim, é algo superior à obediência à lei e torna esta supérflua (...). Esta congruência de lei e inclinação é vida, e como a relação mútua de diferentes é amor." VIDA e amor desempenham o papel reconciliador que Hegel atribuirá mais tarde ao ESPÍRITO. Mas só o amor, sustenta ele, era insuficiente para converter toda a humanidade, e isso reintroduziu a positividade: é "DESTINO do cristianismo que igreja e estado, culto e vida, devoção e virtude, ação espiritual e mundana, nunca possam fundir-se em um".

(f) "Fragmento de um sistema de 1800" (título de Nohl). As duas páginas deste manuscrito que subsistem tratam da unificação de opostos como FINITO e *INFINITO, Deus e homem, SUJEITO e OBJETO. A solução, argumenta Hegel, é vida, a "união

(*Verbindung*) de união e não-união" ou "síntese e antítese": Deus é vida infinita, na qual os homens, como seres vivos, participam, e à qual se elevam em religião. O pensamento conceptual reflexivo só pode desempenhar um papel preparatório: "A filosofia deve cessar onde a religião começa, porquanto é um tipo de PENSAMENTO e, assim, implica oposição entre pensamento e não-pensamento, entre o pensador e o que é pensado; tem que revelar a finitude em todas as coisas finitas e requerer a completação do finito pela razão; em particular, tem de reconhecer as ilusões provenientes de seu próprio [conceito de] infinito e, assim, localizar o verdadeiro infinito fora de seus limites."

Nesses escritos, Hegel passa da hostilidade ao cristianismo (eclesiástico), quando comparado com a religião popular, expressa em (a) e (c), a uma profunda simpatia pelo cristianismo e uma aceitação da inevitabilidade da positividade da Igreja em (e) e à elaboração de um panteísmo erótico e vitalista em (d) e (f). A preocupação em superar a ALIENAÇÃO e a oposição persiste em suas obras posteriores, mas o pensamento conceptual desempenha aí o papel dominante.

proposição *ver* JUÍZO E PROPOSIÇÃO.

propósito e finalidade Um *Zweck* era originalmente um prego no centro de um alvo e, por conseguinte, algo visado, algo para onde se apontava como objetivo ou alvo (*Ziel*) a atingir. Corresponde a "propósito, desígnio, fim" e ao grego *telos*. O adjetivo *zweckmässig* não implica necessariamente que algo seja criado com um propósito específico, mas tão-só que serve a um propósito ou é "útil, prático" etc. Mas para Kant, em *CJ*, uma entidade é *zweckmässig* se, e somente se, a sua existência e natureza não pode ser explicada exceto por uma "causalidade de acordo com CONCEITOS". Essa característica de uma entidade é a sua *Zweckmässigkeit* ("utilidade, finalidade, TELEOLOGIA"). Assim, algo que é *zweckmässig* não *serve a um Zweck* mas pode unicamente ser visto como *produzido* por um *Zweck*, dado que um *Zweck* é o conceito de uma entidade na medida em que contém o FUNDAMENTO da EFETIVIDADE da entidade.

Se eu formo o conceito de uma ação, objeto ou estado de coisas, e depois a crio na base do meu conceito, o conceito é o *Zweck*, e a ação ou entidade produzida por ele, e de acordo com ele, é *zweckmässig*. Mas uma ação pode, no entender de Kant, ser *zweckmässig*, mesmo que não seja, de fato, criada ou produzida por um *Zweck* ou conceito: uma entidade pode ser de tal natureza que só nos seja possível explicá-la em termos de seu conceito ou propósito e, no entanto, não ser o produto de um propósito. Kant sustentou que os organismos vivos são desse tipo: eles exibem *Zweckmässigkeit* sem *Zweck*. Sua intencionalidade é, pois, *SUBJETIVA num grau mais elevado do que, por exemplo, as relações causais de uma coisa; as relações causais são requeridas para qualquer EXPERIÊNCIA objetiva, ao passo que a finalidade só é exigida para explicar a existência e natureza de certos itens no âmbito de nossa experiência.

Hegel concordou com Kant em que um propósito é um conceito. Mas como acreditava que um conceito está embutido em coisas, não simplesmente formado por uma mente (*finita*), rejeitou a asserção de Kant de que a finalidade evidente de organismos é desprovida de um propósito e falta-lhe, portanto, plena *OBJETIVIDADE. Hegel (à semelhança de

Aristóteles e ao contrário de Platão) sustentou que o propósito ou *telos* de uma coisa lhe é inerente e não requer uma mente ou *nous* externo a ela, que forme ou possua o propósito. (Hegel e Aristóteles postulam um ESPÍRITO cósmico ou *nous*, mas este não impõe suas intenções às coisas desde fora.)

Isso é teleologia INTERIOR ou finalidade. Mas a seção "Teleologia" de *CL* e *Enc.* I ocupa-se principalmente de teleologia *EXTERIOR, a realização de um agente de seu propósito no domínio objetivo. Isso, argumenta Hegel, é uma INFERÊNCIA (*Schluss*) em que (1) um propósito subjetivo é unido com (2) o domínio objetivo por intermédio de (3) a atividade do agente e os meios que ele emprega (*Mittel*, "meio", de *Mitte*, "(o) meio" e *mittel*, "médio, central"). Isso condiz com a concepção de Hegel de uma inferência (ou PROVA), uma vez que o desempenho da inferência nega os seus termos: o propósito, uma vez realizado, deixa de ser meramente subjetivo, o domínio objetivo não mais é meramente objetivo, mas informado pelo propósito, e a atividade *MEDIATIZANTE (e, com freqüência, os meios empregados) não sobrevivem à realização do propósito (*Enc.* I, §204).

Cada um desses termos envolve três elementos ou *MOMENTOS, os quais, por sua vez, formam uma inferência que é uma versão da principal inferência num modo particular:

1. Isso é sumamente convincente no caso do propósito subjetivo, porquanto Aristóteles, em sua *Ética a Nicômaco*, tinha plausivelmente representado isso como um "silogismo prático", consistindo numa premissa universal ("Tal-e-tal é necessário" ou "Uma coisa desta espécie é *telos* e a melhor"), numa premissa particular ("Isto é um tal-e-tal, uma coisa desta espécie") e numa conclusão que é uma decisão para agir ou uma ação. Hegel tem em mente o enunciado de Aristóteles, mas os três termos da sua inferência são (como de uso) não-proposicionais:

(a) O conceito UNIVERSAL como tal.

(b) A *PARTICULARIZAÇÃO desse universal num *CONTEÚDO determinado.

(c) Uma decisão *INDIVIDUAL para agir, um *Entschluss* (de *entschliessen*, originalmente "destrancar, abrir", agora "decidir, chegar a uma decisão, resolver").

Hegel faz algum jogo com *schliessen* ("fechar, concluir inferir"), *Schluss* ("encerramento, conclusão" etc.) e seus compostos: numa decisão, o universal junta-se (*zusammenschliessen*) consigo por meio do particular; *beschliessen* é "resolver", mas também "fechar, encerrar, concluir"; decidir (*entschliessen*) é deixar de fora ou excluir (*ausschliessen*) outras possibilidades, e abrir-se (*aufschliessen*) para a objetividade. O contraste entre o propósito subjetivo e a objetividade, e a junção de ambos, são pré-figurados no próprio propósito subjetivo: isso representa (i) o próprio propósito subjetivo, (ii) o estado objetivo dos assuntos visados, e (iii) a desejada unificação de (i) e (ii). A discrepância percebida entre (i) e (ii) leva à abertura de (iii).

2. Os elementos do termo médio são:

(a) Um objeto externo que é colocado sob o poder do sujeito e empregado como um meio.

(b) A atividade do agente na redução de (a) a um meio para o seu propósito.

(c) A atividade do agente na direção de (a) contra outros objetos e usando seus poderes *MECÂNICOS e *QUÍMICOS e os deles a fim de amoldá-los a seu propósito.

3. O resultado disso, o propósito realizado, é: (a) externamente objetivo; mas (b) POSTO e *MEDIATIZADO, mais do que *IMEDIATO; e (c) do mesmo conteúdo do propósito subjetivo, o qual, ao contrário de uma CAUSA, é preservado em seu produto.

A finalidade exterior tem vários defeitos. Tanto o propósito subjetivo quanto o realizado possuem somente um conteúdo FINITO: um agente mira *isto* e não *aquilo*, e a sua realização de *isto* exclui a realização de *aquilo*, mas o material empregado poderia ter sido usado para *aquilo* em vez de *isto*, uma vez que o propósito só externamente é imposto ao material. Um propósito realizado não é, usualmente, um propósito final mas serve, por sua vez, como um meio para algum fim posterior, e isso cria a perspectiva de uma série *INFINITA de fins, cada um destes um meio para um fim posterior. Kant resolveu isso localizando o propósito final (*Endzweck*), o bem supremo, no futuro inatingível, como um fim que *DEVEMOS realizar mas nunca realizaremos. A solução de Hegel é a finalidade interior, na qual os propósitos não proliferam numa série interminável mas apresentam-se num círculo: cada parte de um todo, por exemplo, de um organismo, é fim e meio para todas as outras partes. Além disso, os fins não são externamente impostos aos materiais em que o organismo consiste, mas são imanentes neles: os materiais não poderiam ser usados para outro propósito e, assim, a intenção deles não é um propósito finito.

Hegel prefere a finalidade interna à externa. Mas não se segue que ele valorize os organismos vivos mais do que a atividade racional, pois a VIDA é apenas a mais simples forma de propósito interno ou a IDÉIA. Uma forma superior é a VIDA ÉTICA, as normas e instituições de uma sociedade. Os propósitos de tal sociedade são imanentes nela, não impostos de fora. Hegel prefere ver uma atividade racional como parte orgânica de tal sociedade, ele próprio e suas ações servindo como fim e meio para outros agentes e instituições, do que como agente MORAL externo, impondo seus propósitos a um material estranho e resistente: as nossas ações mantêm a vida corrente do nosso meio ambiente, em vez de alterá-la. Ele sustenta uma visão semelhante a respeito do mundo como um todo: Deus não é um agente externo impondo-lhe seus propósitos e dirigindo-o para o seu fim último; ele (isto é, o conceito) é nele imanente e o bem já está realizado mas, como o erro é um preliminar necessário para a VERDADE, e um constituinte desta, a realização do bem envolve a ilusão de que o bem ainda não está realizado, assim como o desmascarar final dessa ilusão (*Enc.* I, §212A).

Uma vez que o pensamento genuíno reflete o seu OBJETO, o pensamento de Hegel também é teleológico: o *SISTEMA como um todo, e as partes dele, são freqüentemente concebidos como a realização ou DESENVOLVIMENTO de um conceito. Mas ele tem dois distintos modelos para isso: (1) o crescimento de um organismo a partir de uma semente; (2) a vida de um organismo desenvolvido. Em nenhum dos modelos a teleologia de Hegel subentende que cada passo na CIÊNCIA (como os passos de uma demonstração geométrica) é determinado e explicável somente pela conclusão da ciência. Um organismo desenvolvido não tem conclusão, apenas finalidade recíproca. As fases de crescimento de uma planta são determinadas pelo conceito codificado em sua semente, não por seu estado final, exceto na medida em que isso está implícito em seu conceito. O modelo 1 é apropriado para cada parte do sistema quando o interpretamos do começo ao fim, pois cada parte tem uma conclusão (por exemplo, a idéia absoluta da Lógica) e cada fase é a "verdade" de sua predecessora. O modelo 2 é apropriado para o sistema como um todo, o qual forma um círculo (de círculos) sem conclusão nem começo. Um dos principais problemas de Hegel é a reconciliação do modelo 2 com a evidente retilinearidade da HISTÓRIA.

propriedade, possessão e pessoa Um verbo hoje extinto, relacionado com "ser dono de" e significando "ter, possuir", deu origem ao adjetivo *eigen* (originalmente "possuidor", agora "próprio", como em "a minha própria casa"). Daí provém *Eigenschaft*, que outrora significou "propriedade (possuída), possessão ou possessões", mas Eckhart usou para designar uma "característica peculiar" (*Eigenheit*, equivalente ao latim *proprietas*) e Wolff para um "atributo, propriedade, o latim *attributum*". Hegel só lhe recorre para referir-se a uma "propriedade (atributo)" de uma COISA (*Ding*).

Posses, ou bens possuídos, é *Eigentum* (que também foi usado por Eckhart para traduzir *proprietas*), tudo o que é próprio de uma pessoa, o que pode incluir ou não o seu corpo. (Hegel acredita que, cultivando a mente e o corpo, uma pessoa toma posse de si mesma e torna-se possessão sua: *FD*, §57). As minhas posses também são propriedade minha, mas propriedade é distinta de posse e aquilo de que sou dono ou é minha propriedade distingue-se do que possuo ou tenho em minha possessão: a propriedade pode não estar em possessão do seu legítimo dono. Assim, uma pessoa tem DIREITO ao que é sua propriedade mas não, necessariamente, ao que está em sua posse. "Possuir" é *besitzen*, que originalmente significou "tomar assento em" algo, e *Besitz* é "possessão", tanto no sentido do que uma pessoa possui quanto no de ter ou tomar algo como possessão sua. "Tomar possessão", especialmente (em Hegel), de algo ainda não possuído por outrem, é *Besitznahme*. *Besitzergreifung* ("tomar posse, ocupar") é semelhante, mas sugere ocupação ou apreensão física (*ergreifen*), o que, na concepção de Hegel, é apenas uma das maneiras de tomar possessão de uma coisa, além de formá-la e marcá-la como coisa própria (*FD*, §54 e seg.)

Besitz e *besitzen* exibem a mesma ambigüidade de "possuir" e "possessão": assim, Kant distingue entre *Besitz* "sensível" ou "empírica", isto é, possessão física, e *Besitz* "legal" ou "inteligível", ou seja, propriedade legal (*MC*, I, §§1-17). Para Hegel, *Besitznahme* de uma COISA (*Sache*) sem dono é a primeira fase de *Eigentum*. Aquilo de que tomo posse torna-se possessão minha, mas somente porque adquiro um direito à coisa que é reconhecido por outros.

Quem quer que tenha posses é, no entender de Hegel, uma *Person*, e propriedade pode ser possuída somente por uma pessoa. *Person* vem do latim *persona*, originalmente uma "máscara de ator", daí passou a designar um "personagem numa obra teatral" e, por fim, uma "pessoa". No uso corrente, uma *Person* é: 1) uma pessoa, em contraste com uma coisa; 2) um notável ou personalidade importante; 3) um personagem teatral; 4) num sentido depreciativo, especialmente uma mulher de classe baixa. (O sentido (4) decorre do fato de que a condição de pessoa constitui o menor denominador comum de todos os seres humanos; daí *Person* aplicar-se a alguém destituído de qualquer outro status. Isso explica por que Hegel diz que *Person* é uma "expressão de desdém", *FE*, VI.A.c; *FD*, §35A.) *Person* dá origem a *persönlich* ("pessoal") e *Persönlichkeit* ("personalidade"). O uso desses termos por Hegel condiz geralmente com o seu uso de *Person*, excluindo acepções tais como uma "(grande, estranha etc.) personalidade": no que diz respeito à sua personalidade, todas as pessoas são iguais (*FD*, §49).

Person tem dois principais usos especializados, que Hegel tenta relacionar:

1. Em filosofia, uma *Person* é um ser pensante, racional. Kant distingue três sentidos de *Person* nesse uso:

(a) Um SUJEITO lógico ou EU, *CONSCIENTE de sua identidade, a qual persiste através de todas as mudanças em seus estados.

(b) Um sujeito real, isto é, uma SUBSTÂNCIA persistente, consciente de sua persistente identidade. (Argumenta Kant que eu não posso saber que sou uma pessoa neste sentido.)

(c) Um sujeito racional, que concebe propósitos independentemente da natureza, é responsável por suas ações e é, portanto, um PROPÓSITO ou fim em si.

2. Em jurisprudência, uma *Person* é um sujeito de direitos e deveres legais. Inclui pessoas no sentido 1 (especialmente (c), mas também *juristische Personen* ("pessoas jurídicas"), organizações que contêm, mas não são elas próprias, pessoas no sentido 1 ("pessoas físicas ou naturais"). (*FD* interessa-se principalmente por pessoas jurídicas que também são pessoas naturais. Mas *FD*, §46, considera pessoas "artificiais" e *FD*, §169, vê a FAMÍLIA como uma pessoa.)

3. *Person* também denota as pessoas da Trindade. Ao nível de RELIGIÃO, Hegel considera DEUS como uma pessoa, e também como trino. Mas não sublinha que os três membros da Trindade são eles próprios pessoas.

Hegel, ao contrário de Kant, distingue *Person* de *Subjekt*, mas fá-lo de dois modos diferentes, correspondendo à ambigüidade de "sujeito". Num sentido, qualquer coisa viva é um sujeito, mas não uma pessoa (*FD*, §35A); num outro sentido, a *Person* como tal não é um *Subjekt*, e só vem a ser um com a REFLEXÃO da VONTADE nela própria, o que é característica da MORALIDADE (*FD*, §105). *Persönlichkeit* também se distingue da *AUTO-CONSCIÊNCIA, mas, uma vez mais, de maneiras diferentes: em *FE*, IV.A, um indivíduo (*Individuum*) que não arriscou sua vida pode ser reconhecido como uma *Person*, mas não como uma autoconsciência independente, ao passo que em *FD*, §35, ser uma pessoa é mais do que ser autoconsciente, uma vez que a condição de pessoa envolve uma consciência de si como um Eu, enquanto que a autoconsciência é consciência de si como ser concreto, determinado. A relação de *Person* com *Subjekt* e *Selbstbewusstsein* é, pois, instável. Mas, para Hegel, ao contrário de Kant, *Person* é uma caracterização relativamente abstrata e pobre de um ser humano, com uma sugestão de pessoa meramente jurídica. Ele associa especialmente a condição de pessoa com a Roma imperial, cujos cidadãos estavam reduzidos a atomizados portadores de direitos de propriedade, sem a profundidade interior do *sujeito* moral e a substancial VIDA ÉTICA da Grécia e da República Romana. A condição de pessoa é uma característica essencial do ESTADO moderno, mas os seus cidadãos são mais do que pessoas.

Ser uma pessoa, segundo Hegel, não é simplesmente ter uma situação, necessidades, desejos etc. específicos, mas ser capaz de *ABSTRAIR de tudo o que é peculiar nela mesma e pensar em si como um EU (*FD*, §35). Isso é uma pessoa no sentido 1(a) de Kant. Ser uma pessoa, nesse sentido, ainda não é ser um sujeito moral, uma pessoa no sentido 1(c), mas envolve a capacidade para usufruir de direitos e dá-lhe o direito a ser respeitada como pessoa (*FD*, §36). Os direitos, neste estágio, são apenas direitos formais ou negativos: o direito a não ter infringida a sua condição de pessoa e tudo o que isso acarreta (*PD*, §38).

O direito central de uma pessoa, na exposição de Hegel, é o direito à propriedade. O objetivo da propriedade não é satisfazer necessidades físicas: é desenvolver ou realizar plenamente a condição de pessoa. A pessoa como tal é, em contraste com o mundo da natureza que a enfrenta, puramente subjetiva: precisa realizar-se no mundo externo reivindicando alguma porção dele como sua. Tem, assim, direito a fazer isso e a tudo o mais de que desse modo se aproprie. A descrição de Hegel da aquisição de propriedade é similar, pois, à sua descrição da autoconsciência: o desprovido Eu, defrontando-se com um mundo objetivo estranho, tem que apropriar-se do mundo, seja literal ou metaforicamente, a fim de tornar-se um ser humano pleno.

Por que deve uma pessoa consubstanciar sua vontade no mundo externo e por que deve isso adotar a forma de apropriação? Ou seja, por que deve uma pessoa no sentido 1(a) ser, ou tornar-se, também uma pessoa no sentido 2? As respostas explícitas de Hegel são insatisfatoriamente simples e abstratas: (1) Uma vez que a pessoa é intrinsecamente *INFINITA e UNIVERSAL, a restrição à mera *SUBJETIVIDADE é "*CONTRADITÓRIA e nula"; deve, portanto, *SUPRASSUMIR ativamente essa restrição e dar-se a si mesma realidade, ou fazer sua a NATUREZA externa (*FD*, §39). (2) Como mero CONCEITO, a pessoa deve dar-se uma esfera exterior de sua LIBERDADE, a fim de existir como IDÉIA (*FD*, §41). A idéia de *RECOGNIÇÃO (*Anerkennung*) por outras pessoas só foi apresentada num estágio posterior, o contrato (*FD*, §71), se bem que a minha vontade interior por si só não seja suficiente para a aquisição de propriedade, uma vez que a consubstanciação da minha VONTADE requer recognoscibilidade (*Erkennbarkeit* por outros (*FD*, §51)).

Há duas linhas mais concretas de pensamento em Hegel:

1. Como mera pessoa (no sentido 1(a)), abstraio de tudo o que é definido a meu respeito, incluindo o meu próprio corpo, para que o mundo externo, incluindo o meu corpo, me defronte como totalmente estranho, indiferenciado no sentido de que nenhuma porção dele é peculiarmente minha. Não estou em lugar nenhum e estou em toda a parte neste mundo; não há lugar nele para pessoas em igualdade de condições comigo, que me reconhecerão e serão por mim reconhecidas. Só marcando uma porção desse mundo como minha posso realizar um satisfatório relacionamento intelectual com ele, dar algum conteúdo ao meu cada vez mais tênue ego, e ocupar o meu lugar como uma pessoa entre outras. Essa linha de pensamento (que é semelhante à de Fichte) legitima do modo mais óbvio a aquisição de propriedade em meu corpo e em objetos de uso cotidiano do que em posses mais extensas.

2. A condição de pessoa abstrai o meu simples EU de minha situação, desejos etc. Eu interatuo com objetos externos em virtude de meus desejos etc. Entretanto, para dar conteúdo à idéia de que eu sou um eu, uma pessoa, não simplesmente uma coleção de desejos, atividades etc., preciso demarcar uma contraparte objetiva para o meu simples eu, um OBJETO que esteja relacionado comigo meramente em virtude de ser *meu*, não em virtude de satisfazer um dos meus fugazes desejos. Essa linha de pensamento legitima a aquisição de um objeto que não se relaciona com as minhas necessidades, mas é menos óbvio que ela legitime a aquisição de mais de um de tais objetos.

Em *FD*, Hegel considera a propriedade em suas três fases (tomar posse, uso e ALIENAÇÃO — o que envolve, respectivamente, um JUÍZO positivo, um negativo e um infinito);

contrato; e o papel da propriedade na SOCIEDADE CIVIL. Ele acreditava na necessidade de propriedade mais pessoal (privada) do que institucional, mas sustentou que o estado, mas só o estado, "pode cancelar a propriedade privada em casos excepcionais" (*FD*, §46A). Sua análise da propriedade e de seus diferentes tipos é sumamente penetrante, mas seu endosso da propriedade vai um tanto além dos seus argumentos explícitos em favor dela.

prova *Weisen*, originalmente "ficar ciente de (*wissend*)", significa "transmitir instrução mostrando, dirigindo, orientando, expondo". O século XV deu origem a *beweisen* ("mostrar como verdadeiro, provar") e *Beweis* ("evidência, prova"). A partir do século XVII, estes termos foram usados por matemáticos para o latim *demonstrare, demonstratio,* e para o grego *apodeiknunai, apodeixis*, "provar", "prova", no sentido de derivar uma proposição de uma ou mais proposições cuja verdade é aceita, por um procedimento que garante a verdade da proposição assim derivada.

As provas com que Hegel estava mais familiarizado eram, (1) as provas da geometria euclidiana, e (2) as provas tradicionais da existência de Deus, as quais, na época de Hegel, tinham sido, via Kant, reduzidas a três: as provas cosmológica, teleológica e ontológica. Hegel menciona freqüentemente uma quarta, a prova *ex consensum gentium* (decorrente do consenso das pessoas), mas demonstra pouco interesse pela prova moral de Kant, em parte porque rejeitou a idéia de MORALIDADE, da qual ela depende.

Em *FE*, Prefácio, e *LPED* (que estava preparando para publicação quando morreu), Hegel faz várias críticas das provas, tal como são comumente concebidas.

1. As premissas são imediatamente *PRESSUPOSTAS e não provadas.
2. As premissas permanecem verdadeiras, mesmo depois de a conclusão ter sido derivada.
3. Um dado passo na prova não é inteiramente determinado pelo passo precedente, mas é dado apenas com o objetivo de provar a conclusão: por exemplo, a prova euclidiana do teorema de Pitágoras envolve traçar linhas cuja finalidade só se torna evidente quando atingimos o final da prova e vemos como elas ajudam a provar o teorema. Qualquer proposição acarreta infinitamente muitas outras proposições; de qual delas escolhemos deduzir depende do fim que nos propusemos alcançar, não das proposições de que partimos.
4. As premissas e os passos da prova não estão envolvidos na conclusão. O significado do teorema é independente da sua prova. Assim, o mesmo teorema admite numerosas provas diferentes.
5. As etapas realizadas na prova não são etapas realizadas pelo objeto da prova, por exemplo, pelos triângulos a que a prova diz respeito. É, pois, uma REFLEXÃO externa sobre o objeto.

Hegel não acreditou que a geometria possa ser substancialmente corrigida nesses aspectos, uma vez que diz respeito à *EXTERNALIDADE espacial. Mas as provas de Deus, objeto de estudo da FILOSOFIA, devem ser corrigidas para que sejam aceitas:

1. A filosofia não pode pressupor verdades tais como a *CONTINGÊNCIA do mundo (requerida para a prova cosmológica).
2. As premissas da prova não podem permanecer *VERDADEIRAS ao lado da conclusão, após a sua derivação, mas devem ser *SUPRASSUMIDAS. Supor, por exemplo, que a

contingência do mundo permanece verdadeira ao lado da NECESSIDADE de Deus subentende que Deus é uma entidade lado a lado com o mundo e que depende ou está condicionado pela contingência do mundo, tal como o nosso conhecimento dele é condicionado por este. A MEDIAÇÃO de (nosso conhecimento de) Deus deve ser suprassumida em *IMEDIATIDADE.

3. Diferente da prova geométrica, a prova filosófica não pode pressupor que sabemos de antemão o significado do teorema a ser provado e dos seus termos. Por conseguinte, a prova deve conferir significado ao teorema e, assim, não pode ser guiada por ele. Cada passo da prova deve, portanto, determinar singularmente o que lhe sucede.
4. As premissas e passos da prova devem estar envolvidos em sua conclusão, uma vez que (a) determinam o seu significado; (b) não podem persistir lado a lado com Deus mas devem ser suprassumidos nele; e (c) a nossa elevação a (o CONHECIMENTO de) Deus é uma fase do próprio Deus.
5. Como Deus é *INFINITO (isto é, tudo está contido nele), o nosso conhecimento de Deus não é distinto de Deus mas uma fase dele, a sua *AUTOCONSCIÊNCIA. Assim, o próprio Deus executa os passos que realizamos em nossas provas. Por conseguinte, Hegel não sente necessidade de distinguir (por exemplo, em (2) acima) as condições ontológicas (de Deus ou o ABSOLUTO) das condições epistemológicas (de nosso conhecimento dele). Ontologia e epistemologia coincidem, em última instância.

Em *CJ*, Kant antecipara alguns dos pontos de vista de Hegel ao interpretar as provas de Deus não como provas alternativas da mesma conclusão, mas como comprovação de diferentes aspectos da conclusão desejada, como completação do nosso quadro de Deus: por exemplo, a prova cosmológica estabelece que Deus é um ser necessário, mas não que é um agente *INTENCIONAL; a prova teleológica estabelece que ele é um agente intencional, mas não que é um agente moral; isso só é estabelecido pela prova moral. Hegel interpreta freqüentemente as provas tradicionais desse modo e critica, por exemplo, a prova *ex consensu gentium*, não porque suas premissas são falsas ou o argumento inválido, mas porque resulta de um conceito excessivamente frágil e superficial de Deus, o máximo fator comum de todas as crenças religiosas. Argumenta ele que tais provas tradicionais empobrecem a *FÉ, não sendo por esta requeridas, mas que essa reflexão sobre a fé constitui uma fase inevitável do DESENVOLVIMENTO do ESPÍRITO. A solução é pensar mais, não reincidir na fé irrefletida.

Atribuía-se comumente a Kant ter demolido as provas de Deus em *CRP*, só deixando lugar para uma fé moral. Hegel tentou revivê-las. Mas o fez reinterpretando radicalmente as provas e a noção de Deus. Promove várias críticas à tentativa de Kant de refutar as provas: por exemplo, discute sobre o que a prova ontológica se propõe provar, o SER, a EXISTÊNCIA, a *OBJETIVIDADE etc. de Deus. Tais críticas são mais importantes para a reinterpretação das provas por Hegel do que para a refutação por Kant das versões tradicionais.

Como infinito, Deus não se distingue do mundo, mas é em essência a estrutura lógica do mundo, o próprio mundo (NATUREZA) e o conhecimento pelo homem do mundo (incluindo a religião). Assim, a prova ontológica, na concepção de Hegel, estabelece não a existência de uma entidade transcendente que corresponde ao nosso conceito de Deus, mas à realização do CONCEITO (isto é, a estrutura lógica retratada na Lógica) no mundo.

Como a estrutura lógica do mundo prefigura o seu próprio relacionamento com o mundo, a prova também ocorre dentro da Lógica, na transição do conceito para o OBJETO, a qual prenuncia a passagem da lógica para a natureza. Do mesmo modo, as outras provas correspondem tanto a transições dentro da lógica, por exemplo, de contingência para necessidade (a prova cosmológica), quanto a afirmações acerca do mundo, por exemplo, que as suas contingências são recobertas por uma estrutura necessária. Assim, Hegel não aceita apenas três provas: cada transição ou, pelo menos, cada TRÍADE, na Lógica é, com efeito, uma prova de Deus e também um passo a mais em nossa elevação para Deus, uma vez que o espírito entra em cena e reconstitui, numa variedade de maneiras, os passos da Lógica. Portanto, as provas expressam, em última instância, a *Erhebung des Geistes zu Gott.* (Esta frase é convenientemente ambígua: (1) "elevação do espírito para (o conhecimento de) Deus"; (2) "elevação do espírito para (o status de) Deus".)

Hegel também critica, em *PF* e *CL*, as provas de antinomia, por exemplo, da FINITUDE do mundo e de sua infinidade no espaço e no TEMPO. Em essência, porém, Hegel aceita as antinomias, mas sustenta que (1) existem muitas mais do que as quatro expostas por Kant, e (2) as antinomias estão radicadas em *conceitos* de finitude etc., não em sua aplicação ao mundo ou às COISAS-EM-SI. Hegel acredita que essas provas, como as provas de Deus, dizem mais respeito a conceitos ou DETERMINAÇÕES DE PENSAMENTO, do que a PROPOSIÇÕES. Sua solução para antinomias consiste, pois, em sustentar que conceitos antinômicos, como infinidade e finitude, envolvem-se essencialmente uns com outros e são suprassumidos no conceito infinito, a IDÉIA absoluta. Mas Hegel, à semelhança de Kant, não fornece uma resposta adequada para esta questão: o mundo é finito ou infinito em espaço e tempo?

providência *ver* FATALIDADE, DESTINO E PROVIDÊNCIA.

punição e crime Hegel estava familiarizado com várias tentativas para justificar a punição. Só Platão apresentou diversas teorias: a de Protágoras (no diálogo *Protágoras*), segundo a qual os homens são punidos com vistas ao futuro, não ao passado, isto é, a fim de dissuadir o infrator e outros de futuros delitos; a teoria de Sócrates (na *República*) de que punir um malfeitor é beneficiá-lo, porquanto lhe aperfeiçoa a alma; e assim por diante. Hegel interessou-se por punição a partir de *PET* (onde, em *ECD*, examina as relações entre punição e *DESTINO), e ficou perplexo com a diversidade de possíveis justificações para ela. Em *DN*, assinala que a punição tem uma variedade de características — exige retaliação por um crime, dissuade e, com freqüência, melhora o delinqüente — e um procedimento meramente empírico não pode justificar a escolha de uma dessas características como a finalidade ou PROPÓSITO da punição. Em *CL*, Hegel também assinala a arbitrariedade com que uma característica do fenômeno *CONCRETO de punição é selecionada como seu FUNDAMENTO, enquanto outras são vistas como acompanhamentos contingentes.

Considerações similares levaram Nietzsche, em *Genealogia da moral* (1887), à conclusão de que "é hoje impossível dizer, em definitivo, por que infligimos punição: todos os conceitos em que um processo está integral e semioticamente concentrado furtam-se à DEFINIÇÃO; só é definível o que não tem HISTÓRIA". Mas Hegel acredita ser possível dar uma justificação única de punição, em parte porque a punição não é simplesmente um fenômeno histórico concreto, mas também parcela de um *SISTEMA de DIREITO, no qual o seu lugar lhe confere uma significação distinta, e em parte porque, no entender de Hegel, há fortes objeções a certas teorias da punição, sobretudo às teorias de dissuasão. Em *FD*, §§82-103, sua exposição diz o seguinte.

Sob o título de "Direito abstrato", o exame de PROPRIEDADE e contrato leva à consideração da injustiça (*Unrecht*). A injustiça adota três formas: (1) injustiça não-maldosa, em que o autor respeita o direito ou a LEI, mas equivoca-se em sua aplicação a um caso particular, por exemplo, numa disputa em torno de bens materiais; a injustiça deste tipo dá origem a uma ação civil de restituição ou reintegração de posse, não à punição. (2) Fraude, em que o delinqüente não respeita nenhum direito mas, pelo menos, mantém a APARÊNCIA ou semblante (*Schein*) de direito; embora a punição só mais tarde seja introduzida, Hegel admite que a punição é apropriada à fraude (*FD*, §89A). (3) Coerção (*Zwang*) e crime (*Verbrechen*), em que tanto o direito quanto o semblante de direito não são respeitados e, portanto, a punição é apropriada. *Verbrechen* deriva de *verbrechen*, originalmente uma forma enfática de *brechen* ("romper, quebrar, infringir"), significando "partir em pedaços, destruir, aniquilar", daí "quebrar (a paz, um juramento ou uma lei)" e hoje "cometer (um delito)". Assim, Hegel associou facilmente crime com dano e destruição.

Por que devem os crimes ser punidos? Hegel rejeita várias respostas:

1. O ponto de vista de Beccaria (*Dos delitos e das penas*, 1764, II), de que o direito a punir deriva de um contrato social original, em que leis e penalidades por violação delas foram acordadas, é equivocado, uma vez que o ESTADO não assenta num contrato.
2. A finalidade da punição não é o aperfeiçoamento moral do delinqüente: tal finalidade (a) requer uma resposta à pergunta prévia: "Por que é justo (*gerecht*) punir?", porquanto não é obviamente justo infligir dor a uma pessoa sem que esta consinta em ser moralmente aperfeiçoada (*FD*, §99), e (b) não pode ser realizada, porquanto é impossível *compelir* uma pessoa a alterar suas convicções morais (*FD*, §94A). O livre- *ARBÍTRIO como tal não pode, na opinião de Hegel, ser coagido (*FD*, §§5, 91). Em *IFR*, ele distingue a penitência eclesiástica (*Busse*, relacionada com *besser*, "melhor"), que visa o aperfeiçoamento e a conversão, da punição *CIVIL (*bürgerliche*) a qual não tem esses propósitos.
3. Hegel associa a teoria da dissuasão a P.J.A. Feuerbach, que sustentou, em seu *Compêndio de direito penal comum* (1801), que a ameaça de punição induz à abstenção do crime por "coerção psicológica". A aplicação de punição, se a ameaça é ignorada, enfatiza a seriedade da ameaça e a torna mais eficaz no futuro. Mas, contesta Hegel, (a) precisamos indagar uma vez mais, "O que nos dá o direito de formular e ameaçar e, mais do que isso, de punir alguém a fim de aumentar a sua eficácia"; (b) ameaçar alguém é esquecer que ele é livre e capaz de agir a despeito da ameaça: "É tratar um homem como um cão, em vez de com a liberdade e o respeito que lhe são devidos como homem." Assim, considerações de dissuasão podem desempenhar um papel na decisão sobre a pena para um dado tipo de delito, mas não na justificação da punição em geral (*FD*, §99A).

As teorias 2 e 3 (e implicitamente 1) consideram um crime primordialmente como um "mal" (*Übel*), não necessariamente como um mal moral, mas como uma "coisa ruim" ou "sórdida", independentemente do fato de ser uma violação do direito. O direito, ou as leis, nessa concepção, explicar-se-ão pelo nosso desejo de evitar ou minimizar tais males. A punição é outro "mal" e sua aplicação só pode ser justificada por sua tendência para reduzir o primeiro tipo de mal (*FD*, §99). Hegel avança na direção contrária: o direito (*Recht*) abstrato é justificado não por sua tendência para reduzir um certo tipo de mal antecedente, mas por converter seres humanos em PESSOAS, que são suscetíveis ao "mal" do crime somente em virtude de serem pessoas. O que está errado com o crime não é, pois, o ser desagradável ou inconveniente para as suas vítimas; é o fato de ser um *Unrecht*, um ataque contra o direito como tal, usualmente na forma de um ataque contra uma pessoa ou sua propriedade. Do mesmo modo, embora a punição seja usualmente desagradável ou inconveniente para o delinqüente, a sua característica central é que constitui um restabelecimento do direito, uma NEGAÇÃO ou SUPRASSUNÇÃO da negação ou suprassunção do direito representada pelo crime. A pergunta a ser feita sobre punição é, pois, "Como este (segundo) mal será justificado?", mas "É justo (*gerecht*)?" A resposta a essa pergunta é um automático "Sim".

Mas Hegel não argumenta simplesmente que uma transgressão do direito ou da lei justifica *ipso facto* a sua punição. Com efeito, ele concorda com Beccaria em que o criminoso deve consentir em sua punição, se quiser que esta seja justificada (*FD*, §100A). Mas o criminoso consente, não porque endosse um contrato social, mas por força do seu próprio ato criminoso: Em *System der Sittlichkeit* (*Sistema de* VIDA ÉTICA, 1802-3), Hegel sustenta que a má consciência do malfeitor fornece uma oposição (*Gegenwirkung*) IDEAL para, ou inversão (*Umkehrung*) de, seu crime, o qual pede completação por uma "justiça vingadora" externa. Mas em *FD*, ele sublinha mais as implicações UNIVERSAIS da vontade racional do criminoso do que a sua má consciência. Como ser racional, ao, por exemplo, apossar-se dos bens de alguém, não quer simplesmente que os bens *dessa* pessoa particular sejam tomados por *ele*, mas quer universalmente que os bens de qualquer pessoa sejam tomados *dela* e, assim, que seus próprios bens sejam também tomados (*FD*, §100). Isso tem o mérito de justificar não só a punição do criminoso, mas uma pena que seja proporcional ao seu delito (*FD*, §§96, 101). Pois ao cometer um delito, o criminoso quer que um ato semelhante ou, pelo menos, equivalente, seja perpetrado contra si.

Por essa razão, o crime é intrinsecamente "nulo" e "*CONTRADITÓRIO" (*FD*, §97 e A): o criminoso quer que, por exemplo, a propriedade que roubou, e mais, lhe seja tirada. Tem, pois, o direito a ser punido: puni-lo é tratá-lo como pessoa livre e racional (*FD*, §100). A punição anula explicitamente um crime que já é implicitamente nulo.

Punição (*Strafe*) é retribuição (*Wiedervergeltung*, "retaliação, represália") e é, assim, parente de vingança (*Rache*). Em suas lições de Iena sobre filosofia do espírito (1805-6), Hegel argumenta que a punição é "vingança, mas como justiça (*Gerechtigkeit*)". A punição, diferentemente da vingança, é uma resposta proporcional a uma ofensa reconhecida contra o direito, a resposta, sublinha Hegel, de uma autoridade reconhecida, imparcial, não do indivíduo ofendido ou de seus parentes. A vingança, ao contrário da punição, pode levar a uma interminável *vendetta*. (Hegel foi influenciado por sua leitura da *Oréstia*, de Ésquilo, no qual o tema de vingança era importante e o estabelecimento de um tribunal ajuda a encontrar uma resolução e conciliação.) O requisito de uma autoridade neutra e, portanto, de "uma vontade subjetiva particular (isto é, a do juiz) que quer o universal como tal" e não é simplesmente uma parte interessada no conflito, fornece a transição do direito abstrato para a moralidade (*FD*, §103).

A teoria de Hegel é, com freqüência, favoravelmente acolhida pelos adversários do utilitarismo e das teorias dissuasivas de punição. Mas é vulnerável a várias críticas:

1. Erguer um pau contra uma pessoa pode ser tratá-la como se fosse um cão, mas a ameaça mais sutil e indireta implícita, na opinião de Feuerbach, numa lei só pode afetar pessoas, não cães.
2. A exclusão de considerações utilitárias da justificação da punição não é obviamente aceitável. Hegel tende a supor que um sistema de punição construído com base em sua teoria também dissuadirá os criminosos. Mas se viesse a comprovar-se que essa suposição estava errada, ele daria clara preferência, por exemplo, a uma sociedade com muitos crimes, a totalidade (ou a grande maioria) dos quais fosse punida, em vez de uma sociedade com poucos crimes, a maioria dos quais ficasse impune. Essa preferência não é obviamente correta.
3. A interpretação e validade de sua própria teoria são incertas. Como lidaríamos com alguém que, por exemplo, rouba ou mata baseado em sua real ou imaginada superioridade sobre outros e que, por conseguinte, não pode ser visto como disposto a ser tratado da mesma forma que trata os outros?
4. A crença de Hegel em que o criminoso tem direito a ser punido e em que a teoria explica, por conseguinte, por que somos obrigados (e não meramente *autorizados*) a puni-lo, não está claramente fundamentada. Ele talvez combine (a) "Deixar um criminoso impune; é infringir seus direitos" com (b) "Infligir dor a um criminoso, por exemplo, somente para dissuadir outros, ou deixá-lo impune na crença de que ele não é responsável por suas ações, é infringir os seus direitos"; (b) não tem como conseqüência (a).

Q

qualidade, quantidade e medida A primeira parte da Lógica, a Doutrina do SER, está dividida em três subseções: Qualidade, Quantidade e Medida.

1. *Qualität* é uma derivação quinhentista do latim *qualitas*, o qual, por sua vez, deriva de *qualis* ("de que espécie?"). No uso corrente é (a) um grau de excelência ("de má, boa qualidade" etc.) ou (b) excelência total ("preocupamo-nos com a qualidade, não a quantidade"). Em filosofia é um "atributo"; Hegel equipara-a a *Bestimmtheit* ("DETERMINIDADE"). A qualidade de um JUÍZO é ele ser positivo, negativo ou infinito. (Hegel tende a combinar isso com o juízo que atribui uma qualidade a alguma coisa.) Böhme associou *Qualität* com *Qual* ("dor, pena, tormento, angústia") e criou as palavras *Qualierung* e *Inqualierung* para indicar o conflito pelo qual uma qualidade se produz e se mantém. Essa associação não tem base etimológica.

Na Lógica, *Qualität* é um título geral, abrangendo o SER, o SER DETERMINADO e o SER-PARA-SI, *e* uma fase do ser determinado. Uma qualidade difere de uma PROPRIEDADE (*Eigenschaft*) em que (a) uma propriedade é também um poder que tem efeitos sobre outras coisas (por exemplo, "o café tem a propriedade de manter uma pessoa desperta"), ao passo que uma qualidade é mais passiva; e (b) uma propriedade pertence a uma COISA, a qual pode persistir através de todas as mudanças que ocorram em suas propriedades, enquanto que uma entidade é, na descrição de Hegel, constituída por sua qualidade e não pode sobreviver à sua perda. A qualidade, em geral, converte-se em quantidade através do ser-para-si, o qual, ao estar relacionado somente consigo e não com qualquer outra coisa, deixa de ser uma qualidade determinada e passa a ser um átomo ou unidade que, por sua vez, gera outros átomos ou unidades ao lado de si mesmo.

2. *Quantität* é uma derivação quinhentista do latim *quantitas* que provém de *quantus* ("quão grande, quanto, tão grande quanto etc."). O neutro de *quantus*, *quantum*, fornece o alemão (seiscentista) *Quantum*, uma quantidade específica ou um item de uma quantidade específica. O vernáculo *Grösse* ("tamanho, grandeza, quantidade", de *gross*, "grande") flutua entre *Quantität* e *Quantum*; Hegel equipara-o usualmente com *Quantum*. A quantidade de um juízo é o seu ser UNIVERSAL, PARTICULAR OU INDIVIDUAL.

A quantidade é tradicionalmente considerada como (a) discreta (*diskret*) ou contínua (*kontinuierlich*, *stetig*) e como (b) *extensiv(a)* ou *intensiv(a)*:

(a) Os números naturais (1, 2, 3, 4...) são discretos: se nos limitarmos a esta série, não há, por exemplo, nenhum número entre dois termos adjacentes da série (entre, por exemplo, 3 e 4). Os números naturais são adequados para contar: pontos numa folha de papel, vacas num prado etc.; cada uma das vacas é divisível em partes, mas isso é irrelevante, se estivermos simplesmente contando as vacas que possuímos. Se adicionarmos frações e números irracionais (por exemplo, $\sqrt{2}$), a série torna-se contínua e é apropriada para medir uma linha, o comprimento de uma vaca etc. Hegel considera qualquer quantidade ou quantum como contínua e discreta. Se uma quantidade é vista como discreta ou contínua depende do nosso ponto de vista ou de nossos interesses: há seis vacas (descontínuas) mas, colocadas ponta com ponta, estendem-se por 10 metros; 10 metros é um quantum contínuo, adicionalmente divisível em frações de, por exemplo, 1 metro, mas é também um quantum discreto, dez exemplificações de um metro, como as seis vacas, que continuam sendo, mesmo quando colocadas ponta com ponta, seis vacas descontínuas. Hegel vê isso como a solução da segunda antinomia de Kant, a saber, que a matéria consiste em partes simples e, ao mesmo tempo, é infinitamente divisível; a matéria, sustenta Hegel, pode ser vista ou como discreta (descontínua), consistindo num número definido de partes, cada uma de dimensões específicas, ou como contínua, divisível *ad infinitum* em partes cada vez menores e, assim, é tanto discreta quanto contínua. (Isso meramente se esquiva ao problema de Kant, que é se a matéria é contínua no sentido de que *pode*, em princípio, ser dividida *ad infinitum*, ou discreta no sentido de que *não pode*.)

(b) Uma quantidade pode ser extensiva (o número de vacas num prado, a extensão de alguma coisa no espaço ou a duração de um evento no tempo) ou intensiva (a potência de uma força, o peso de algo, o "grau" (*Grad*) de sua temperatura). Por vezes, a quantidade intensiva comporta-se como quantidade extensiva: um peso de 2 libras é duas vezes mais pesado do que um de 1 libra, seja qual for o sistema de medidas que apliquemos, e seu peso conjunto é 3 libras. Mas outras vezes, tal não ocorre: 1 litro de água de 90°C não é duas vezes tão quente quanto 1 litro de água de 45°C, dado que a razão dos valores numéricos de suas temperaturas será diferente em diferentes sistemas de mensuração; se dois litros de água, cada um de 45°C, são misturados, os dois litros são de 45°C, não 90°C. Hegel sustenta que qualquer quantidade deve ser extensiva e intensiva, uma vez que, por exemplo, uma entidade deve ter não só tamanho e duração, mas também alguma qualidade característica e, portanto, um certo grau dessa qualidade; e a quantidade intensiva só pode ser medida correlacionando-a com uma quantidade extensiva, por exemplo, a temperatura com a altura de mercúrio num tubo.

Em *CL*, Hegel ocupa-se extensamente da infinidade aritmética e matemática. Considera a aritmética uma ciência do *ENTENDIMENTO, inadequada para aplicação aos objetos da filosofia. Ele critica Schelling por aplicar considerações quantitativas ao ABSOLUTO, fazendo sua bifurcação em natureza e espírito depender do predomínio quantitativo do objetivo sobre o subjetivo, ou vice-versa, e usando a noção matemática de "potência" (*Potenz*) para um estágio de ser ou desenvolvimento. Não obstante, ele tenta fazer derivações mútuas e sistematizar as várias operações aritméticas. Hegel pressupõe que a matemática está exclusivamente interessada na quantidade, porquanto nada sabia a respeito da disciplina não-quantitativa mas matemática da topologia, embora elementos dela estejam implícitos em sua descrição da medida.

O *Quantum*, como o algo (*Etwas*) qualificado, envolve um LIMITE e a INFINIDADE quantitativa consiste na interminável superação do limite. O limite de um *Quantum*, ao contrário do de um algo, é "indiferente" (*gleichgültig*): um algo ou uma qualidade é limitado por alguma coisa diferente de si mesmo (por exemplo, vermelho difere de verde e uma coisa vermelha segue-se a uma coisa verde), mas um quantum como tal não está limitado por qualquer coisa que difira dele em qualidade ou em quantidade; por exemplo, uma área de espaço vazio está limitada por mais espaço vazio, de modo que é uma questão indiferente onde é que está traçada a fronteira entre esses espaços. Características qualitativas são imprescindíveis para fronteiras não-arbitrárias entre coisas.

A descrição de quantidade conclui com a razão ou proporção (*Verhältnis*), a RELAÇÃO entre duas variáveis, como *x*:2*x*. Os valores das variáveis podem ser aumentados indefinidamente (por exemplo, 2:4, 3:6, 4:8...), mas sua razão permanece a mesma. Isso, argumenta Hegel, é um ressurgimento da qualidade, a característica duradoura de uma entidade, dentro da esfera da quantidade, cujo traço essencial consiste em que pode ser infinitamente aumentada ou diminuída. Qualidade e quantidade assim unidas são a medida.

3. *(Das) Mass* ("(a) medida") está relacionada com *messen* (originalmente "delimitar, demarcar (uma área)", agora "medir"). Tem uma história complexa, em que adquiriu numerosos níveis de significado, envolvendo freqüentemente sentidos diferentes de *messen* e seus derivativos: (1) o montante atribuído (*zugemessen*) a uma coisa, a quantidade correta, a área demarcada; (b) o modo (de fazer alguma coisa); (c) o adequado ou ajustado (*angemessenes*); (d) moderação, comedimento (*Mässigung*). Agora significa: "medida, proporção (*Verhältnis*), dimensão, grau (*Grad*), moderação, (pesos e) medidas". Em sua forma feminina, *die Mass (e)*, significa (a) uma "medida, litro" de, por exemplo, cerveja, e (b) "moderação, decoro", hoje especialmente em expressões tais como *über alle Massen* ("imoderadamente, além de todos os limites"). Ocorre em diversos compostos: *Massregel* ("regra de conduta, medida ou providência tomada"); *Massstab* ("régua de medir, bitola, craveira, escala, padrão, critério"). *Messen* também fornece *Durchmesser* ("diâmetro") e *Erdmesser* ("agrimensor, isto é, geodésico").

A maioria desses sentidos e associações ocorre na descrição de Hegel de medida, assim como o latim *modus* ("medida correta, regra, modo", especialmente o modo de um atributo em Spinoza) e a idéia grega de moderação e de limites cuja transgressão provoca nêmesis. Mas a idéia central de Hegel é esta: a qualidade de uma entidade e sua quantidade são, no início, mutuamente independentes. Um campo pode ser grande ou pequeno, ainda assim continuará sendo um campo. A água pode estar quente ou fria, continuando ainda a ser água. Mas existem, na quantidade extensiva e intensiva, limites para além dos quais a variação quantitativa produz mudança qualitativa. Os organismos vivos não podem, como nos contos de fadas, alterar seu tamanho retendo o mesmo formato: um gigante com a mesma configuração de um homem mas dez vezes maior quebraria as pernas, pois a extensão e a força delas não aumentaram em proporção ao seu peso. Se tudo dobrasse de tamanho, notaríamos o peso extra que estávamos carregando. À medida que um bebê cresce, sua cabeça torna-se menor em relação ao corpo.

Mas Hegel concentra-se naqueles casos em que as mudanças qualitativas, como nós num pedaço de barbante, só ocorrem de forma intermitente no transcurso de contínua mudança quantitativa: a água, suficientemente aquecida, transforma-se em vapor e, suficientemente arrefecida, em gelo; a ocorrência de tais mudanças qualitativas é essencial se quisermos *medir* a sua temperatura. Isso gera a perspectiva de um interminável aumento e declínio de, por exemplo, temperatura, marcado a intervalos pelos "nós" de uma infinidade de mudanças qualitativas. Mas Hegel considera que a transformação recíproca de qualidade e quantidade aponta para a ESSÊNCIA nelas subjacente.

quantidade *ver* QUALIDADE, QUANTIDADE E MEDIDA.

quimismo *ver* MECANISMO, QUIMISMO E TELEOLOGIA.

R

racional, racionalidade *ver* RAZÃO E ENTENDIMENTO.

razão e entendimento *Vernunft* ("(faculdade de) razão") deriva de *vernehmen* ("perceber, ouvir, examinar, interrogar"), mas perdeu sua conexão com o verbo. Gerou *vernünftig* ("racional, razoável", em ambos os sentidos, objetivo e subjetivo) e *Vernünftigkeit* ("racionalidade, razoabilidade"). O termo foi usado por Eckhart, Lutero etc. para o latim *ratio* (no sentido de "faculdade de calcular, razão, inteligência", não de FUNDAMENTO). *Vernunft* é distinto de suas contrapartes derivadas do francês, *Räsonnement* ("raciocínio, argumentação") e *räsonieren* ("raciocinar, arrazoar, argumentar"), que são com freqüência, e em Hegel invariavelmente, depreciativos: "argumento especioso ou sofístico, a partir de fundamentos ou razões". *Vernunft* também é distinto, em Hegel, de derivativos do seu equivalente latino, *ratio*: *Rationalismus*, *rational* e *rationell*. Estes estão usualmente associados ao racionalismo do Iluminismo e, portanto, têm mais em comum com *Verstand* do que com *Vernunft*.

Verstand ("(faculdade de) entendimento, intelecto") retém sua ligação com o verbo que lhe deu origem, *verstehen* ("compreender" etc.), o qual provém de *stehen* ("estar") e encontra-se associado, por Hegel, mais a fixidez do que a fluidez. Dá origem a *verständig* ("inteligente, do entendimento", por exemplo, "PENSAR *verständiges*" em contraste com "pensar *vernünftiges*"). Também participa de *Menschenverstand* (literalmente, "entendimento humano", daí "senso comum"), freqüentemente qualificado como *gemeine* ("comum, ordinário") ou *gesund* ("saudável"): invariavelmente, mas sobretudo em *DCF*, Hegel considera o senso comum um preconceito provinciano de gente inculta.

Verstand é usado para o latim *intellectus*. Mas em Hegel os derivativos de *intellectus* (diferentemente de *Verstand*), como *Intellektualität* ("intelectualidade"), *Intellektualismus*, *Intellektualwelt* ("mundo intelectual") e *intelligibel* ("inteligível"), estão usualmente associados ao mundo inteligível de Platão, do neoplatonismo e de Leibniz, em contraste com o mundo fenomênico. A exceção é *Intelligenz*, que se refere à MENTE inteligente em geral, incluindo, por exemplo, MEMÓRIA e *IMAGINAÇÃO, mas excluindo freqüentemente a VONTADE.

Os filósofos postularam tradicionalmente duas faculdades intelectuais. Em Platão, *dianoia* ("razão discursiva") situa-se entre percepção e *nous* ("mente, intelecto") ou *noesis* ("pensar, a atividade de *nous*"): *dianoia* trata das matemáticas, o mais intuitivo *nous* da filosofia. Nos sucessores de Platão, *nous* é usualmente a faculdade superior e contrasta com *dianoia*, *logismos* ("cálculo, raciocínio", em, por exemplo, Plotino), ou *pathetikos nous* ("*nous* passivo (em contraste com ativo)", em Aristóteles). A faculdade superior é freqüentemente atribuída a Deus ou aos deuses, e é a centelha divina no homem, enquanto que a faculdade inferior é peculiar ao homem ou, por vezes, compartilhada com outros animais. *Nous* coloca-nos em contato com a ordem inteligível, o *nous* cósmico ou o mundo inteligível (*noetos*). Em contraste com a faculdade inferior, *nous* reflete-se freqüentemente não só sobre as faculdades inferiores e seus objetos, mas sobre si mesmo, de modo que é "pensar sobre/de pensar" e idêntico ao seu objeto (Aristóteles, Plotino).

A distinção penetra no pensamento medieval por intermédio de, por exemplo, Boécio, que distinguiu o *intellectus* superior, intuitivo, ou *intelligentia*, da *ratio* inferior, discursiva, ou *ratiocinatio*. No pensamento medieval, *intellectus* ou *mens* é a faculdade superior e *ratio* a inferior. Assim, quando a distinção foi traduzida para o alemão por Eckhart e outros místicos, *Verstand* (*intellectus*) era a faculdade superior e *Vernunft* (*ratio*) a inferior: *Vernunft* conceptualiza o material sensorial, enquanto que *Verstand* dá o conhecimento não-sensório de Deus. Mas suas posições foram invertidas por pensadores do Iluminismo, como Wolff, o qual não tinha lugar para o conhecimento supra-sensível, intuitivo, de *Verstand*. *Verstand* é ainda mais intuitivo do que *Vernunft*, mas está agora ligado a CONCEITOS e à sua aplicação a material sensorial: é a "faculdade de representar distintamente o possível". *Vernunft* retém seu vínculo com INFERÊNCIA e argumento: é a "faculdade de enxergar a conexão de verdades".

Kant encampou essa distinção: *Verstand* é a faculdade de conceitos e JUÍZOS (embora estes sejam freqüentemente atribuídos à *Urteilskraft*, a "faculdade de julgar"), e *Vernunft* a de inferência. Mas *Vernunft* também tem um papel superior: é a faculdade de IDÉIAS e a fonte de conceitos METAFÍSICOS; reflete-se no conhecimento adquirido pelo entendimento e tenta fazer dele um TODO fechado em si próprio, uma tentativa que o leva a transgredir OS LIMITES da EXPERIÊNCIA que a própria razão impõe ao entendimento.

Goethe ajudou também a formar a distinção: *Verstand* soluciona problemas definidos, em pequena escala, ao passo que *Vernunft* examina e reconcilia *OPOSTOS. Em contraste com os pensadores antigos e medievais, que usualmente associaram a faculdade superior (*intellectus* etc.) ao SER ou ao que é, e a faculdade inferior (*ratio* etc.) ao *DEVIR, Goethe atribui *Vernunft* ao vir-a-ser (*das Werdende*) e *Verstand* ao que é (*das Gewordene*, "o que veio a ser"): a razão está interessada no desenvolvimento, o entendimento em manter as coisas tal como são para fins práticos. Em Jacobi, *Vernunft* volta a ser de novo uma "intuição para o supra-sensível": no início, contrastou *Vernunft* e *Verstand* com as faculdades superiores de *FÉ e SENTIMENTO; mas, depois, *Vernunft* foi equiparado e supõe-se que dá, em contraste com o inferencial *Verstand*, uma visão *IMEDIATA e completa da VERDADE. Mas a concepção de Schiller está próxima da de Hegel: "A NATUREZA (*SENTIDO) une por toda a parte, o entendimento separa por toda a parte, mas a razão volta a unir" (*E*, XIX).

A concepção de Hegel (e Schelling) de *Verstand* e *Vernunft* contém elementos de todos esses pontos de vista. A essência de *Verstand*, diz Schelling, é a clareza sem profundidade. Fixa e isola uns dos outros conceitos tais como INFINIDADE e FINITUDE. Produz análises claras e argumenta dedutivamente. Está associada, pois, a conceitos no sentido tradicional, não ao conceito hegeliano que flui para dentro de outros conceitos e gera a sua própria instanciação. Mas é um primeiro e indispensável estágio da lógica e da ciência em geral: não podemos, como Jacobi e, por vezes, Schelling supuseram, avançar diretamente para as verdades da razão sem um preliminar entendimento ABSTRATO do objeto (*Enc.* I, §80).

O estágio seguinte é o de *Vernunft* negativa ou DIALÉTICA: são expostas as CONTRADIÇÕES implícitas nas abstrações do entendimento e a tendência de opostos nitidamente definidos para ultrapassar sua unilateralidade (*Enc.* I, §81). Finalmente, a razão *ESPECULATIVA ou positiva resulta do colapso das abstrações do entendimento: cessa a dialética do ser e do *NADA, por exemplo, na relativa estabilidade do *SER DETERMINADO.

Hegel representa o entendimento e, mais especialmente a razão, não como operações que nós, como observadores externos, efetuamos sobre conceitos, mas como internos aos próprios conceitos ou *OBJETO DE ESTUDO. Também considera o entendimento ou *das Verständige*, e a razão ou *das Vernünftige*, como características intrínsecas de entidades e não, simplesmente, dos conceitos que as formam. Mas entendimento e razão estão envolvidos nas coisas de duas maneiras distintas:

1. No DESENVOLVIMENTO temporal, uma entidade existente (por exemplo, o Império Romano) é um produto do entendimento, seu colapso (freqüentemente resultante da nítida separação ou isolamento recíproco de seus cidadãos e de suas instituições, uma característica do entendimento) é obra da razão *NEGATIVA, e o estabelecimento de uma nova ordem (por exemplo, a Europa medieval) na base da antiga é a obra da razão especulativa. Essa nova ordem, quando atinge a maturidade, torna-se um estágio de entendimento e serve como o começo de um novo processo de dissolução e restauração.
2. Em hierarquias não-temporais, uma entidade existente (por exemplo, pessoas com direitos abstratos de posse) é (vista como) internamente defeituosa (razão negativa), até ser suprassumida num todo superior e inclusivo: VIDA ÉTICA ou O ESTADO (razão positiva).

Na natureza, os desenvolvimentos temporais e as hierarquias não-temporais não coincidem, dado que os eventos naturais (à parte eventos em pequena escala, como a transformação de uma semente em planta) são repetitivos e cíclicos: os níveis ascendentes da NATUREZA não se sucedem uns a outros no TEMPO. No domínio do ESPÍRITO, eles coincidem com freqüência, dado que o espírito possui uma HISTÓRIA em desenvolvimento; mas outras vezes não, porquanto nunca houve, por exemplo, pessoas fora de um estado.

A objetificação da razão e do entendimento são essenciais para o IDEALISMO de Hegel. Os processos e hierarquias ontológicas da natureza e do espírito são concebidos como governados por um entendimento e uma razão imanentes, análogos, em seu desenvolvimento, ao entendimento e à razão da mente humana. A genuína racionalidade consiste na submissão e conformidade da *nossa* razão à razão inerente em coisas: em *COGNIÇÃO, devemos acompanhar a dialética imanente de conceitos, objetos e processos. Na vida prática, devemos ajustar-nos à racionalidade intrínseca de nossa sociedade, da EFETIVIDADE. Características aparentemente irracionais dos mundos natural ou social são, na realidade, elementos essenciais numa racionalidade sobrepujante, assim como o erro é não só um passo essencial no caminho para a VERDADE, mas um ingrediente essencial nela.

real, realidade *ver* EFETIVIDADE; EXISTÊNCIA, REALIDADE E SER DETERMINADO.

reciprocidade *ver* CAUSALIDADE E RECIPROCIDADE.

recognição e reconhecimento Os significados de "recognição", "reconhecer" e "reconhecimento" sobrepõem-se em *Anerkennung* e *anerkennen*, embora nem sempre coincidam. *Anerkennen* é uma formação do século XVI que tomou por modelo o latim *agnoscere* ("apurar, reconhecer, admitir") e se baseou no sentido jurídico (do século XIII) de *erkennen* ("julgar, sentenciar (por exemplo, uma pessoa culpada)"), não na acepção mais antiga de "*CONHECER, TER CONSCIÊNCIA DE". Portanto, sugere mais um reconhecimento aberto e prático do que um reconhecimento meramente intelectual.

"Reconhecer" tem cinco principais sentidos:

1. Identificar uma coisa ou uma pessoa como um indivíduo (por exemplo, Sócrates) ou como pertencente a um certo tipo (digamos, um leão). Pode-se reconhecer um indivíduo em virtude de nossa experiência pretérita em relação a ele ou, sem tal experiência, em virtude de conhecermos alguma característica que o distingue. Do mesmo modo, o fato de reconhecermos um exemplo de um determinado tipo pode ser fruto de encontros prévios com outros casos do mesmo tipo ou do conhecimento de alguns traços característicos do tipo. "Recognição", nesse sentido, não é substituível por "reconhecimento": a recognição de algo não implica em seu reconhecimento. Em alemão é *erkennen*, ou *wiedererkennen* ("reconhecer de novo"), se for salientada a experiência passada, mas raramente *anerkennen*. (O *Handwörterbuch* de Krug dá *Wiedererkennung* como um dos sentidos de *Anerkennung*, "reconhecimento teórico", mas concentra-se principalmente no "reconhecimento prático".)
2. Perceber que uma coisa é, por exemplo, um erro, uma verdade. Na medida em que essa percepção é particular, não pode ser usado "reconhecimento". Pode ocorrer a recognição do erro mas não o seu reconhecimento. Isso é *erkennen*, não *anerkennen*.
3. Admitir, conceder, confessar ou "reconhecer" que uma coisa ou pessoa é algo. Isso é *anerkennen*.
4. Endossar, ratificar, sancionar, aprovar, "reconhecer" algo; atentar para, reconhecer uma coisa ou pessoa etc. Isso é *anerkennen*.
5. Notar, atentar para, prestar atenção a alguém de um modo especial para lhe prestar homenagem. ("Ele recebeu finalmente o devido reconhecimento.") Isto também é *anerkennen*.

Assim, *Anerkennung* envolve não simplesmente a identificação intelectual de uma coisa ou pessoa (embora pressuponha caracteristicamente tal reconhecimento intelectual), mas a atribuição a essa coisa ou pessoa de um valor positivo, assim como a expressão explícita dessa atribuição. Assim, em *FE*, IV.A, onde Hegel se ocupa da luta pelo reconhecimento, ele não está tratando do problema de "outras mentes", do nosso direito epistemológico a ver outros como pessoas (e dos outros a nos ver como pessoa), mas do problema de como nos *tornamos* uma pessoa plenamente desenvolvida pela obtenção do reconhecimento de nosso status por parte de outros. O problema epistemológico de outras mentes raríssimas vezes se apresenta como um problema distinto antes de J.S. Mill.

Anteriormente, por exemplo, em Kant, Fichte e Schelling, o problema de outras pessoas é, em primeiro lugar, um problema prático ou moral. Outras pessoas surgem em cena, não na filosofia teórica, mas na filosofia prática, onde são vistas como criaturas em igualdade de condições comigo, com quem eu interatuo, a quem devo obrigações e que têm certas obrigações para comigo. A minha identificação intelectual delas como pessoas é menos problemática do que o modo como devo comportar-me em relação a elas. Fichte sustentou que a razão para a existência de outras pessoas, e a justificação de nossa crença nelas, é primordialmente moral: os outros existem a fim de estabelecer coerções morais à conduta do EU e conceder espaço para suas diligências morais. Schelling argumentou que o meu reconhecimento de outros é necessário para eu acreditar num mundo *OBJETIVO, um mundo que é percebido tanto pelos outros quanto por mim próprio, e que, portanto, não requer a minha presença ou a minha consciência dele para existir. A inovação de Hegel (embora deva muito a Hobbes, Rousseau, Schiller, Schelling e outros) está em considerar as relações interpessoais não como relações primordialmente morais e o reconhecimento recíproco como mais do que simples exigência de MORALIDADE.

Em *FE*, IV.A, e *Enc*. III, §§430-5, Hegel associa o reconhecimento à *AUTOCONSCIÊNCIA, mas, em outras passagens, a associação é com a *PESSOA. *FE*, IV.A, é difícil por muitas razões: (i) Procura responder não só à questão "O que é requerido para a autoconsciência?", mas também "Como se originaram as relações sociais?". Por isso postula uma luta quase-hobbesiana por reconhecimento. (Em *Enc*. III, §432 A, Hegel admite que essa luta pertence ao estado de natureza, e que num ESTADO moderno a recognição é assegurada por outros meios.) (ii) Combina em uma única narrativa uma variedade de fatores distintos; por exemplo, para distinguir-se de sua condição natural, sua VIDA, o combatente deve correr o risco de MORTE. Mas podemos conscientemente enfrentar a morte, por iniciativa própria, com ou sem a presença de outros e, por conseguinte, com ou sem o reconhecimento, por parte deles, do risco que corremos. (iii) *Anerkennung* é usado em mais de um sentido: o que é requerido para a autoconsciência é recognição no sentido (4) anteriormente, reconhecimento como pessoa, como uma pessoa entre outras. Mas o que o combatente busca é recognição no sentido (5), um reconhecimento especial de seu valor, em contraste com o de outro. Essa intenção é derrotada se a recognição é recíproca. Mas também é frustrada se for unilateral, uma vez que o reconhecimento só tem valor na medida em que se aceita o valor do reconhecer; se *este* não for reconhecido pelo que recebe o seu reconhecimento, o seu reconhecimento é desprovido de qualquer valor.

Devido em parte ao caráter dúbio e fugidio de *Anerkennung*, Hegel combina três questões distintas:

(a) Por que a autoconsciência requer que eu reconheça outras pessoas e seja reconhecido por elas, nos sentidos (1) e (2)?
(b) Por que exige que eu reconheça e seja reconhecido por outros, no sentido (4)?
(c) Por que requer que eu seja (especialmente) reconhecido por outros no sentido (5)?

Mas suas respostas não dependem somente da ambigüidade de *Anerkennung*:

(a) Ser autoconsciente ou uma *PESSOA é estar cônscio de si como um eu, em contraste com os seus estados corporais e psicológicos. É estar "refletido em si mesmo" e não existir, simplesmente, como uma interminável proliferação de, por exemplo, desejos.

(A primeira tentativa da autoconsciência para estabelecer-se é satisfazer o seu desejo consumindo um objeto após outro.) Mas a REFLEXÃO no próprio eu requer que o eu seja refletido de volta para algo que não é simplesmente visto como um objeto para meu consumo, mas como um outro eu em igualdade de condições com o meu próprio eu. O uso de "eu" contrasta com (e, portanto, requer) o uso de "ele/ela", assim como o de "isto/isso".

(b) A pessoa legal envolve claramente recognição: a apropriada recognição de algo como pessoa é necessária e suficiente para que seja uma pessoa (assim como a nomeação por Calígula de seu cavalo como cônsul era necessária e suficiente para que ele fosse cônsul), se bem que, usualmente, os critérios de pessoa natural devam ser satisfeitos por uma entidade a que é conferida tal recognição. Mas por que a recognição (4) é requerida para a pessoa natural ou para a autoconsciência? Por que a minha reflexão sobre mim mesmo, proveniente de uma outra pessoa, requer que ela reconheça ou atente em mim como pessoa, e não simplesmente que eu a veja como pessoa? Há muitas respostas possíveis:

(i) *Selbstbewusstsein* (autoconsciência) também significa "autoconfiança, respeito a si mesmo". O respeito a si mesmo requer a confirmação por outros: pessoas que são constantemente depreciadas por outros tendem a depreciar-se a si mesmas.

(ii) A menos que pessoas se reconheçam mutuamente no sentido (4), faltam-lhes indicações evidentes para que possam reconhecer-se mutuamente nos sentidos (1) e (2): para ser autoconsciente, a pessoa deve reconhecer outras nos sentidos (1) e (2). Mas ninguém pode ter evidência de que uma pessoa faz isso, a menos que ela também reconheça outros no sentido (4).

(iii) Para reconhecer outros nos sentidos (1) e (2), devo estar apto a pensar e, assim (no entender de Hegel), a falar uma linguagem. Mas não posso adquirir uma linguagem a menos que fale a outros, e falar a outros é reconhecê-los no sentido (4). "Eu" contrasta com, e requer, "tu".

(c) A convicção de Hegel de que a autoconsciência envolve recognição (especial) no sentido (5) tem quatro fontes:

(i) A sua crença (plausível) em que grande parte de nossa conduta é "conspícua", motivada menos pelo valor intrínseco para nós da conduta do que pelo desejo de sermos vistos comportando-nos de um certo modo e de adquirirmos assim recognição (5) unilateral.

(ii) O sentido de "auto-afirmação" de *Selbstbewusstsein*.

(iii) Sua fusão de autoconsciência e conflito num estado de natureza hobbesiano.

(iv) Sua crença (plausível) em que para transcender o nosso eu natural (nossos desejos etc.) e ser refletido em si mesmo como um eu puro, é necessário que nos sujeitemos a um agente externo e sejamos disciplinados por ele. (*Zucht*, de *ziehen*, "puxar, tirar, extrair" etc. significa "*EDUCAÇÃO (*Erziehung*), cultivação" etc. e "disciplina", com associação de PUNIÇÃO.) Assim, reconhecer (5) um outro unilateralmente acentua a autoconsciência tanto do escravo em *FE*, IV.A, quanto da criança no estado moderno.

reconhecimento *ver* RECOGNIÇÃO E RECONHECIMENTO.

reflexão Em latim, *reflectere* e *reflexio* significam "voltar para trás" e "recurvar". *Animum reflectere*, literalmente "recurvar a mente", significou originalmente "desviar a própria mente ou a de outrem, dissuadir de (um procedimento)", mas depois passou a significar "voltar o pensamento para, refletir sobre, alguma coisa". Nos séculos XVI e XVII, esses vocábulos deram origem ao alemão *reflektieren* ("refletir") e *Reflexion*. Estes têm três sentidos principais, adquiridos por seus originais latinos em tempos medievais:

1. Fazer retroceder da direção original ou refletir, por exemplo, som, calor e, especialmente, luz; portanto, refletir ou espelhar um objeto refletindo as ondas luminosas provenientes dele. *Reflexion* é tanto o processo de refletir quanto o seu produto, a imagem refletida.
2. Refletir sobre, considerar, meditar sobre uma matéria. Quase equivalentes neste sentido são *nachdenken* ("ponderar, pensar maduramente, refletir") e *überlegen*, *Überlegung* ("considerar, premeditar, consideração, premeditação").
3. Voltar os pensamentos ou a atenção dos objetos para o eu, refletir sobre si mesmo. Em Locke e Leibniz, "reflexão" é percepção de si mesmo ou atenção ao que está "em nós".

(Hegel usa freqüentemente *Reflexion* e *reflektieren* em conexão com RELAÇÕES: por exemplo, a IDENTIDADE consigo é "relação (*Beziehung*) para consigo, não enquanto *IMEDIATA, mas enquanto [relação] refletida" (*Enc.* I, §115). Mas ele não tem palavra, e apenas um rudimentar conceito de relação "reflexiva" (*reflexiv*), uma expressão (*riflessità*) usada pela primeira vez por G. Vailati em 1891).

Em *CRP*, A260 e seg., B316 e seg., Kant distingue *Überlegung* ou *Reflexion* transcendental e lógica. A reflexão lógica é uma comparação (*Vergleichung*) de conceitos para ver se são os mesmos ou diferentes, comparáveis ou conflitantes, determináveis (MATÉRIA) ou *DETERMINANTES (FORMA), se uma coisa é interna (analiticamente envolvida em) ou externa (sinteticamente adicionada a) eles. A reflexão transcendental formula as mesmas perguntas, mas com a atenção voltada para a fonte dos conceitos em nossa cognição. Leibniz, argumentou Kant, negligenciou a reflexão transcendental sobre as condições sensoriais para a aplicação de conceitos e, assim, sucumbiu à "*Amphibolie* ('ambigüidade') dos conceitos de reflexão (*Reflexionsbegriffe*)", por exemplo, Leibniz sustentou que se dois conceitos são exatamente semelhantes, eles podem ser exemplificados por apenas uma entidade (a "identidade de indiscerníveis"). Isso envolve uma transferência ilegítima dos conceitos de identidade e diferença de sua aplicação a conceitos para a esfera dos fenômenos sensoriais. Os conceitos de identidade e diferença, compatibilidade e conflito, INTERIOR e *EXTERIOR, matéria e forma, conceitos que são aplicáveis a outros conceitos a respeito de suas fontes intelectuais, são *Reflexionsbegriffe*. Isso influenciou a segunda seção principal da Lógica de Hegel, sobre ESSÊNCIA e as DETERMINAÇÕES da reflexão (*Reflexionsbestimmungen*) que derivam dela, as quais incluem identidade e *DIFERENÇA, CONTRADIÇÃO, interior e exterior, e forma e matéria.

Em *CJ*, Kant introduziu o "JUÍZO reflexivo (*reflektierende*): ele procura um UNIVERSAL para aplicar a um dado *PARTICULAR, ao passo que o "juízo determinante" procura um particular para incluir numa dada regra ou universal. *Reflexion* também desempenha um papel em Fichte. O EU tem dois impulsos que se pressupõem e competem mutuamente: um impulso prático para "preencher o infinito por completo" e um impulso para "refletir sobre si mesmo". Cada um desses impulsos limita o outro e a interação conflitante entre eles gera o sentimento de necessidade ou compulsão que acompanha as representações do mundo supostamente externo, em contraste com os produtos de nossa imaginação. Fichte vê a reflexão sobre si mesmo em termos da reflexão de luz: a tendência reflexiva é refletida de volta ao ponto em que o impulso prático é limitado.

Em suas primeiras obras, especialmente *DFS* e *FS*, Hegel está muito interessado na *Reflexion* como método de filosofia e na *Reflexionsphilosophie* que, no seu ponto de vista, atingiu o seu auge no pensamento de Kant, Jacobi e Fichte. As características de *Reflexion* são que (1) não aceita simplesmente o que é dado e os modos não-reflexivos de considerá-lo, mas reflete sobre eles; (2) *ABSTRAI deles contrastando pares de conceitos gerais, ou *OPOSTOS, que procura manter separados, como fé e razão, finito e infinito, sujeito e objeto; e, (3) assim, concebe-se a si mesmo ou o SUJEITO refletidor como distinto e externo em relação ao(s) objeto(s) em que se reflete. *Reflexion*, neste sentido, é semelhante a *ENTENDIMENTO e contrasta, por exemplo, com INTUIÇÃO, *FÉ e ESPECULAÇÃO. Não pode fazer jus ao ABSOLUTO, porquanto está confinada às formas FINITAS de *COGNIÇÃO: faz restrições (*Beschränkungen*) ao absoluto, sustentando que é, por exemplo, *INFINITO e não finito. Hegel refere-se freqüentemente à *Reflexion* desse tipo como "*Reflexion* EXTERNA (*äussere* ou *äusserliche*) *Reflexion*)".

Mas, na opinião de Hegel, *Reflexion* não deixa de ter suas virtudes:

1. A reflexão não-filosófica é uma característica inevitável do avanço humano. Por exemplo, é por reflexão sobre os meus sentimentos e distanciando-me deles que eu liberto o meu eu dos meus estados corporais e psicológicos e torno-me *AUTOCONSCIENTE. Por reflexão sobre os meus desejos ou impulsos, ponho ordem neles, dissocio-me de alguns deles e tomo uma decisão racional que é mais do que uma resposta a um anseio imediato. Caracteristicamente, *Reflexion* envolve ir mais além ou transcender o objeto de nossa reflexão, não simplesmente no sentido de que passo, por exemplo, de um desejo para um outro, mas no de que me recolho, ou sou refletido (como luz) em mim mesmo e vejo então a minha situação desde um ponto de observação mais elevado. (A base para isso é estabelecida, acredita Hegel, na infância, quando os nossos desejos são frustrados ou reprimidos, de modo que somos refletidos de volta em nós mesmos.)

2. *Reflexionsphilosophie* não é simplesmente ser rejeitado em favor de um retorno à fé ou intuição imediata: é um estágio inevitável na história da CULTURA e no pensamento filosófico. O remédio é seguir refletindo sobre, por exemplo, as oposições que ele estabelece e tentar superá-las.

3. *Reflexion* é não só uma atividade externa que aplicamos a coisas e conceitos: tal como o entendimento, é imanente nas próprias coisas e conceitos. A nossa *Reflexion* torna-se mais adequada na medida em que se harmoniza com a *Reflexion* do nosso objeto. Mas mesmo a *Reflexion* externa é uma fase da *Reflexion* imanente de objetos, pois nós mesmos e nossas atividades somos uma fase do ABSOLUTO.

Na Lógica e, especialmente, em *CL*, Hegel elabora três fases em função da conexão entre a reflexão de luz e a reflexão mental sobre um OBJETO. Quando um raio de luz incide sobre uma superfície, deixa de ser imediato para ser refletido. Analogamente, quando refletimos sobre um objeto, não o deixamos como é ou avançamos simplesmente através de suas várias qualidades e quantidades: o vemos como a APARÊNCIA (*Schein*) de uma essência subjacente (*Enc.* I, §112A). Assim, *Reflexion* está associada à essência e a seu *Schein*(*en*), com uma ambigüidade paralela à de *Reflexion*: (a) "brilho, fulgor; brilhar, fulgir"; (b) "aparência, semelhança, parecença, ilusão etc.". Assim, em *CL*, *Reflexion* tem três fases:

1. *Reflexion* posta, pela qual a essência brilha e, portanto, põe um *Schein*. A essência faz isso porque *PRESSUPÕE o que põe: só é uma essência em virtude de pôr um *Schein*, assim como *Schein* só é *Schein* em virtude de ser posto por uma essência. Assim, a essência reflete-se em si mesma pelo processo de *Reflexion*, tanto quanto é, por outro lado, refletida exteriormente em *Schein*. Por conseguinte, *Reflexion* é o "movimento de nada para nada, logo, a NEGAÇÃO que vem juntamente com ela própria": *constitui* os itens que relaciona. Esta doutrina depende da concepção de Hegel (derivada da *Doutrina das cores* (*Farbenlehre*, 1810), de Goethe) de que a luz só se manifesta como luz e torna-se assim estritamente luz quando encontra um LIMITE (*Grenze*), o "Não (*Nicht*) de luz" ou uma superfície negra que a reflete (*Enc.* II, §275A).

2. *Reflexion* externa sobre um objeto. Hegel argumenta, contra Kant, que tal reflexão espelha a reflexão imanente do objeto: se procuramos um universal para aplicar a uma entidade, não deixamos a entidade tal como é em sua *IMEDIATIDADE. Somente em virtude de tal suprassunção é que a entidade torna-se um *particular* (e o universal um *universal*). Correspondentemente, a essência universal põe uma entidade e, assim, a faz particular e faz-se *a si mesma* universal. Dessa forma, desafiando o contraste kantiano entre juízo "determinante" e "refletivo", Hegel conclui com:

3. *Reflexion* determinante (*bestimmende*), a união de 1 e 2: a reflexão do SUJEITO sobre o objeto espelha ou reflete a reflexão imanente do objeto. A reflexão do sujeito sobre o objeto é imanente para o sujeito, uma vez que o sujeito é em si uma essência que brilha em sua interação refletiva com o objeto. A reflexão do sujeito em si mesmo (o puro Eu) espelha a reflexão do objeto em si (a essência), e seu *Schein* situa-se na interface entre eles. (Em *Enc.* II, §275A, Hegel compara a manifestação da luz quando incide sobre o seu limite para obtenção pelo Eu de autoconsciência através de sua CONSCIÊNCIA de um objeto estranho.)

A *Reflexion* determinante envolve as "determinações de reflexão" ou "essencialidades" (*Wesenheiten*), pares de conceitos (que vão desde a identidade e diferença até à *RECIPROCIDADE de duas SUBSTÂNCIAS) aplicáveis a uma essência e suas manifestações. Tal como o sujeito e objeto de 3, os membros desses pares brilham, ou são refletidos, um no outro e depois retornam a si mesmos: opostos como "positivo" e "negativo", como os pólos de um ímã, constituem cada um o outro. Mas a reflexão externa tenta separá-los (especialmente nas "LEIS do pensamento"), e é essencial para a sua natureza que possam ser tratados desse modo.

A reflexão externa, apesar de sua integração como uma das fases de *Reflexion*, continua sendo vista como (a) responsável por tais separações ilegítimas, e (b) exterior ao seu objeto, realizando atos que o seu objeto não pode fazer, como as PROVAS de geometria, a comparação externa de conceitos de Kant, ou uma descrição de uma forma de consciência em termos que não lhe são acessíveis.

regra *ver* LEI E REGRA.

relação O alemão tem diversas palavras para "relação" e "relacionamento":

1. O verbo *beziehen,* tal como o seu parente *ziehen* ("puxar, tirar, conduzir" etc.), tem uma vasta gama de sentidos ("receber, obter, ocupar" etc.). Também significa "aplicar a, relacionar uma coisa com uma outra (por exemplo, uma afirmação a um outro caso)". A partir do século XVII, o reflexivo *sich beziehen* foi usado para "apresentar recurso judicial", depois "referir-se a como prova testemunhal" e, daí, "estar relacionado, dirigido para". O substantivo seiscentista derivado do verbo, *Beziehung,* é o vocábulo mais geral para uma relação ou ligação entre coisas ou pessoas. *Beziehungen* ("relações") entre pessoas são mais frias, menos íntimas e mais externas do que uma *Verhältnis* entre elas. (O relacionamento por sangue ou casamento é *Verwandtschaft,* "parentesco", de *verwandt,* "parente, afim", mas também é usado metaforicamente no caso de, por exemplo, palavras "cognatas" e "afinidade" *QUÍMICA.) Em *CRP,* Kant usa *sich beziehen* e *Beziehung* mais para as relações de uma entidade mental, especialmente uma INTUIÇÃO ou um conceito, com um OBJETO, do que para uma relação entre coisas. Assim, estão próximas de "referir" e "referência". Mas em outros filósofos da época (por exemplo, Krug), *Beziehung* não se distingue nitidamente de *Verhältnis* ou *Relation,* e é usada para qualquer relação entre coisas.

2. O verbo *verhalten,* de *halten* ("deter, segurar, conservar" etc.), significa "reter, reprimir, suprimir", mas o reflexivo *sich verhalten* é "comportar-se, conduzir-se", com *Verhalten* para "conduta, comportamento". Mas o *Verhältnis* do século XVII significa (a) uma proporção ou razão, por exemplo, entre dois números ou variáveis; (b) uma (cor)relação entre duas coisas que estão mais do que vagamente ligadas e se encontram numa certa razão mútua, por exemplo, a relação entre corpo e alma ou causa e efeito; (c) um relacionamento íntimo entre pessoas; (d) no plural, *Verhältnisse,* usualmente "condições, circunstâncias, estado de coisas", não (a), (b) ou (c). *Verhältnis* é usado por Kant para (i) relações entre entidades mentais ou lógicas, como as relações expressas pelos "conceitos de REFLEXÃO"; (ii) relações entre coisas ou eventos, por exemplo, uma causa e seu efeito.

3. *Relation,* tomada do latim por volta de 1300, significou primeiro "relato, descrição, narrativa", mas passou a significar "relação" no século XVI. Em lógica, era também a "relação" de um JUÍZO, ou seja, segundo o caráter categórico, hipotético ou disjuntivo do juízo. Kant explica esse uso como referente às "relações [*Verhältnisse*] de (...) (a) o predicado com o sujeito, (b) do FUNDAMENTO com o conseqüente, (c) da cognição dividida e dos termos reunidos da divisão entre si" (*CRP,* A73, B98). As "categorias de *Relation*" derivadas desses tipos de juízo (SUBSTÂNCIA e acidente, *CAUSA e efeito, e *RECIPROCIDADE) reaparecem em *CL* sob o título de "A relação absoluta [*Verhältnis*]".

4. *Zusammenhang* ("coerência, (inter)conexão, concatenação, contexto"), derivado de *zusammenhängen* ("permanecer unido, estar ligado a, ser coerente com" etc.), indica a interconexão lógica de pensamentos ou idéias, e o estreito parentesco ou afinidade entre coisas, mas não relações pessoais. Diferentemente de 1, 2 e 3, não é um termo técnico em

lógica para uma relação, mas pode ser usado a respeito de, por exemplo, a relação de corpo e alma.

5. Hegel usa muitos outros termos para afinidades em geral e para relações específicas, com destaque para *zusammenschliessen* ("juntar firmemente, concatenar"), que ele associa com *Schluss, schliessen* ("INFERÊNCIA, inferir"), e *Einheit* ("unidade"), em especial na expressão "unidade *NEGATIVA", na qual a unidade de duas coisas consiste no fato de que cada uma delas é constituída pelo seu não ser a outra.

Hegel usa esses termos da seguinte maneira:

1. *Beziehung* e *sich beziehen* são os vocábulos mais gerais para "relação" e "estar relacionado". Qualquer *Verhältnis* é uma *Beziehung* mas nem toda *Beziehung* é uma *Verhältnis*. Diferentemente de uma *Verhältnis*, uma *Beziehung* não requer dois termos distintos: uma entidade pode estar relacionada consigo mesma. Hegel, porém, considerou problemáticas as relações reflexivas (por exemplo, *AUTOCONSCIÊNCIA, auto-IDENTIDADE). Corretamente concebidas, envolvem uma ALIENAÇÃO da entidade, pela qual esta sai de si para outra e depois retorna a si, relacionando-se ativamente consigo. Assim, *sich beziehen auf* (*sich* etc.) é usado para significar não simplesmente "estar relacionado (consigo etc.)", mas "relacionar, ligar o eu (ao eu etc.)". Na medida em que algo está relacionado consigo, é relativamente independente de, e sem relação com, outras coisas. (Mas, para Hegel, até mesmo a ausência de relacionamento constitui um tipo de relação.) Também o preocupam as relações "indiferentes" (*gleichgültig*), as quais não fazem diferença nenhuma para os termos relacionados, como semelhança e *DIFERENÇA (por exemplo, eu ser da mesma estatura de alguém a quem nunca vi). Tais relações requerem uma "comparação (*Vergleichung*) *EXTERNA" ou "reflexão" por terceiros. Em relações genuínas, os termos relacionam-se ativamente entre si. A relação ou o relacionamento pode ser negativo (por exemplo, a repulsão mútua de unidades ou átomos), assim como positivo (por exemplo, a atração) (*Enc.* I, §97).

2. Hegel usa *Verhältnis* em toda a sua gama de significados, e emprega freqüentemente *sich verhalten (zu)* para "relacionar(-se), estar relacionado (com)". Na seção dedicada a "*QUANTIDADE", *CL* examina a *quantitatives Verhältnis* ("razão, relação"), cujas três fases são a relação direta, a relação inversa e a relação potencial (por exemplo, $x = y^2$). Como uma (cor)relação, uma *Verhältnis* tem, invariavelmente, dois termos que são, em certo grau, independentes um do outro. Em *CL*, ele distingue "relação ESSENCIAL (*wesentliche*)" e "relação ABSOLUTA". Os termos de uma relação essencial, embora interligados, também são relativamente independentes. Assim, a primeira relação essencial é a do TODO com as *PARTES, onde o todo é concebido como um agregado *MECÂNICO de partes que possuem vida própria. A relação de uma FORÇA (*Kraft*) e sua expressão ou externalização (*Äusserung*) é mais estreita e mais dinâmica, porquanto cada termo tende a converter-se no outro. Ainda mais estreita é a (cor)relação de INTERIOR e *EXTERIOR. Na (cor)relação absoluta (a qual é imediatamente precedida por, e envolve, portanto, uma NECESSIDADE absoluta), os termos são a tal ponto interdependentes que são vistos como a bifurcação de uma só entidade e requerem a reflexão externa de terceiros para distingui-los. Assim, a relação de substância com seus acidentes é virtualmente de identidade: cada termo da relação é uma "*TOTALIDADE", ou seja, ela própria é toda a relação; cada termo *APARECE (*scheine*) de tal maneira que cada um é, à semelhança da luz, nada mais do que seu "brilho",

sem qualquer COISA residual subjacente, ou substrato. (Em sua explicação do absoluto em *CL*, a qual é muito semelhante à de substância, Hegel fala da *Auslegung*, "interpretação, exposição" do absoluto.) Causalidade e reciprocidade também são relações absolutas. Uma relação absoluta é quase tão densa, tão compacta, que fica difícil defini-la como relação. (O adjetivo *relativ* contrasta comumente com *absolut*.)

Em outros escritos, *Verhältnis* é usado para correlações estreitas, por exemplo, a relação religiosa do ESPÍRITO finito com Deus em *LPR*. Ela é concebida como o resultado de uma bifurcação original de Deus, a qual é posteriormente reparada no culto (*Kultus*): assim, ambos os termos da relação, e a própria relação, são fases de Deus. Também é usado para o relacionamento da RELIGIÃO com o estado, ou da ARTE com a religião e a FILOSOFIA, e ainda para relações relativamente superficiais, como a relação de "uso", isto é, por exemplo, a religião vista como *útil* para a estabilidade política.

3. *PF* fala de *Relation* de juízos, e de inferências de *Relation*, mas o termo não é comum nas demais obras de Hegel, e *CL* prefere falar de juízo e inferência de "necessidade".

4. Uma *Zusammenhang* é a relação entre, ou o relacionamento de, dois ou mais itens. Especialmente quando *innerer Zusammenhang*, "relação interior", é mais sólida do que uma *Verhältnis*; se, por exemplo, vemos a arte ou a religião como tendo uma mera *Verhältnis* de uso para, digamos, a vida política, extraímos elas de sua *Zusammenhang* interior, "essencial" ou "substancial" com outros fenômenos espirituais. Mas uma *Verhältnis* também pode ser "substancial" etc. e, nesse caso, é tão sólida quanto uma *Zusammenhang*. Por vezes, *Zusammenhang* é usada como termo geral para os vários tipos de relação entre duas DETERMINAÇÕES na Lógica, ou para relações tais como *CONDICIONAMENTO, causalidade etc. Nestes casos, *Verhältnis*, em seu sentido técnico, seria inadequado.

Três pontos gerais merecem destaque:

1. Hegel escolhe suas palavras com extremo cuidado: usualmente faz diferença que palavra ele usa para "relação". Mas as palavras diferem freqüentemente em força em diferentes contextos, e resistem a qualquer tradução singular.
2. Na concepção de Hegel, todas as coisas estão envolvidas em relações, e sua natureza intrínseca depende dessas relações, mesmo se as relações são (especialmente no caso de DEUS) imanentes na coisa-em-si. As CONTRADIÇÕES surgem, em parte, da ruptura das relações entre conceitos e coisas.
3. É central para o seu IDEALISMO a fusão de relações entre coisas com as relações entre os CONCEITOS aplicados a (mas, para ele, imanentes em) coisas. Assim, por exemplo, a relação entre uma causa e seu efeito não é nitidamente distinta da relação entre o conceito de uma causa e o de um efeito.

religião, teologia e filosofia da religião A época de Hegel era uma época de profunda *FÉ religiosa. Assim, qualquer filósofo tinha de ceder à religião e atribuir-lhe um lugar em seu pensamento. Herder, por exemplo, viu a religião como o pináculo de *Humanität* ("humanidade"), de harmonioso desenvolvimento dos poderes humanos. Em outras esferas (por exemplo, linguagem e literatura), ele defendeu o desenvolvimento de uma cultura especificamente nacional, mas considerou o cristianismo dos Evangelhos a forma suprema de religião e, portanto, de *Humanität*. O cristianismo, porém, embora diferentes POVOS lhe dêem formas diferentes, é uma religião universal cuja imposição aos alemães é responsável pela lamentável perda de uma religião tradicional e seus concomitantes costumes, lendas etc. (Também lamentou o fracasso de Lutero em estabelecer uma religião especificamente alemã.) Hegel compartilhou do cristianismo de Herder e de sua nostalgia pela religião popular, mas pela religião popular mais grega do que alemã.

Theologie é distinta de *Religion*. Do grego *theos* ("Deus") e *logos* ("palavra, razão" etc.), significa o estudo de Deus ou das coisas divinas, e Hegel considera-a uma REFLEXÃO profunda sobre as verdades consubstanciadas na religião. Mas estava insatisfeito com a teologia do seu tempo. Pelo menos quatro tipos de teologia encontraram sua desaprovação:

1. A "teologia racional (*rationelle*)" de pensadores iluministas como Wolff, que tentaram provar a existência de Deus e outras verdades religiosas. Isso implica usar-se demais e de menos a religião: *PRESSUPÕE o uso de REPRESENTAÇÕES religiosas (especialmente DEUS), em vez de proceder de forma apropriada à sua derivação e, no entanto, empobrece o conteúdo da religião. Considera Deus unicamente como um OBJETO (*Gegenstand*) e não leva em conta a nossa união com ele (e sua união conosco) em religião.
2. A redução kantiana da religião à MORALIDADE, especialmente em *RLR*.
3. O ponto de vista de Schleiermacher e Jacobi de que a religião baseia-se no *SENTIMENTO ou CONHECIMENTO IMEDIATO. Nessa explicação, argumenta Hegel, a religião traçou linhas em espaço vazio.
4. A teologia histórica, a qual simplesmente registra a HISTÓRIA de doutrinas religiosas, sem considerar sua VERDADE ou racionalidade. Essa teologia está interessada somente na religião, não em Deus.

Hegel foi um veemente adversário do catolicismo, mas tinha em maior apreço a teologia medieval do que a moderna: ela fazia justiça tanto à religião quanto à sua interpretação e justificação filosófica.

Hegel acredita, *lato sensu*, que todo o seu sistema (e a filosofia em geral) é teologia, uma vez que (à semelhança da religião) está interessada em Deus ou o ABSOLUTO. Mas como a religião é também um modo indispensável de acesso a Deus, embora não seja o único ou o mais elevado modo, há lugar em seu sistema para um estudo não apenas de Deus como tal, mas da religião: *Religionsphilosophie* ou "filosofia da religião". A *Religionsphilosophie* difere da teologia dos tipos 1, 2 e 3, na medida em que trata da religião como tal, como um modo de representar Deus etc., e como sendo ela própria uma fase no DESENVOLVIMENTO de Deus, uma vez que a nossa consciência e culto religioso é, em si, um estágio na *AUTOCONSCIÊNCIA de Deus. Também envolve a RAZÃO e o CONCEITO, não apenas o mero *ENTENDIMENTO. Difere de 4 na medida em que se ocupa da verdade e racionalidade das religiões.

Ao longo de toda a sua carreira, Hegel estava consciente da existência de um conflito entre ele próprio como *INFINITO, capaz de elevar-se em pensamento ou imaginação até uma visão de (e quase –) identificação com o absoluto ou o universo como um todo, e ele próprio como FINITO, restrito a uma certa localização no mundo e a uma perspectiva particular sobre ele. O próprio Hegel não é nem um nem outro, nem ambos desses eus conflitantes: ele é o Eu que é consciente de, e que contém ambos. Em *PET*, tende a restringir a filosofia ao finito e remeter o infinito para a religião. Mas não tardou em alterar essa concepção, vendo a ARTE, religião e FILOSOFIA como três maneiras progressivamente mais adequadas de transcender os limites da vida cotidiana e ascender ao absoluto. (Isso ressalta com maior clareza em suas lições de Iena de 1805-6 sobre a filosofia do espírito, do que em *FE*, onde a arte se apresenta apenas como uma fase da religião, na "religião da arte" grega.) A filosofia não só conclui a série mas também oferece uma descrição da série toda, não apenas da arte, religião e da própria filosofia, mas ainda, por exemplo, da vida social e política, a qual precede imediatamente a arte na seriação de Hegel. Assim, a filosofia, mais do que a religião, integra o finito e o infinito, atribuindo a cada um e às suas várias fases um lugar apropriado num TODO racional.

Nas descrições de Hegel do seu *SISTEMA (*FE*; *Enc.* III etc.), a religião precede a filosofia. A religião precede temporalmente a filosofia numa dada época (por exemplo, os gregos desenvolveram sua religião antes de produzir uma filosofia significativa), e na vida de um indivíduo, que absorve uma fé religiosa antes de ocupar-se da reflexão filosófica. Mas a religião não precede a filosofia na história: passa por um desenvolvimento histórico que é semelhante e mais ou menos contemporâneo do da filosofia. As religiões posteriores são usualmente mais desenvolvidas do que as mais antigas e as *SUPRASSUMEM: A "religião absoluta" (cristianismo) encontra-se numa relação semelhante (de abrangência universal) com as religiões anteriores, tal como a filosofia de Hegel em relação às filosofias que a antecederam.

Em alguns períodos (na Idade Média, por exemplo), filosofia e religião estão estreitamente interligadas, em outros (como no Iluminismo) estão separadas ou até hostis. Mas, de um modo geral, Hegel crê que religião e filosofia têm o mesmo *CONTEÚDO (*Inhalt*), mas apresentam-no numa FORMA diferente (*Form*, não *Gestalt*), por exemplo, o que Hegel apresenta, na mais elevada e mais perspicaz forma de *PENSAMENTO, como o surgimento da IDÉIA lógica na natureza, ou a superação de nossos impulsos naturais, é exposto pelo cristianismo, na forma de *CONCEPÇÃO, como a criação do mundo por Deus, ou como a MORTE de Cristo. Com freqüência, não é tão óbvio que a religião e a filosofia tenham o mesmo conteúdo quanto o é, por exemplo, que uma estátua e uma pintura são do mesmo objeto e têm o mesmo conteúdo. A diferença de forma faz com que seus objetos e conteúdo pareçam diferentes. É por isso que surgem conflitos entre religião e filosofia, e que a filosofia é solicitada a traduzir concepções (ou "metáforas") da religião em pensamento conceptual. Como a filosofia envolve pensamento conceptual, ela pode refletir sobre religião e interpretá-la, ao passo que a religião não pode refletir sobre (ou interpretar a) filosofia ou, se for o caso, a arte.

Esta descrição suscita duas questões:

1. É verdadeira ou plausível a afirmação de que filosofia e religião (ou a filosofia de Hegel e a religião de Hegel) têm o mesmo conteúdo mas uma forma diferente? Não é absurdo, se aceitamos uma certa filosofia e uma certa religião, procurar alguma relação inteligível entre elas, e uma alternativa é supor que a religião e a filosofia estão, no fundo, dizendo a mesma coisa. A tradução de noções religiosas em filosóficas remonta, pelo menos, a Heráclito. Platão apresentou muitas de suas doutrinas como interpretações de mitos. Os neoplatônicos interpretaram a religião grega em termos de seu próprio pensamento. Santo Agostinho deu uma escandalosa interpretação neoplatônica da Gênese: "Assim, quando alguém disser: 'Moisés entendeu isto como eu' e outrem replicar: 'Pelo

contrário, pensou como eu', julgo ser mais verdadeiramente religioso dizer: 'Por que não quis ele antes expressar uma e outra coisa, se ambas são verdadeiras?'" (*Confissões*, XII.31). Os escolásticos desenvolveram a doutrina da "dupla verdade", a verdade da fé e a verdade da razão: para santo Tomás de Aquino, as duas verdades completam-se; para Averroes, Duns Scotus e Ockham, elas podem divergir; para Hegel, elas mais ou menos coincidem. Mas tanto a sua exposição geral da doutrina quanto a sua aplicação desta são imperfeitas:

(a) A especificação das formas em que a arte, religião e filosofia apresentam seu conteúdo é insatisfatória. A poesia, admite Hegel, envolve concepção, assim como INTUIÇÃO. A filosofia também requer concepções, por exemplo, a concepção de um ímã. A sua noção de uma concepção é demasiado fluida e ambígua para servir ao seu propósito. (Algumas noções, como a de ESPÍRITO, têm o papel de uma concepção religiosa e de um pensamento filosófico.)

(b) A tradução de Hegel de uma concepção religiosa para um pensamento filosófico é, com freqüência, uma seleção arbitrária de muitas traduções igualmente plausíveis, sem um procedimento racional para decidir entre elas.

(c) Aquela plausibilidade que as traduções tenham depende muitas vezes de interpretação duvidosa de religiões dentro dos seus próprios termos, por exemplo, a eliminação virtual da *IMORTALIDADE do cristianismo.

2. Se a religião tem o mesmo conteúdo que a filosofia, mas numa forma inferior, então por que é necessária a religião? Hegel tem várias respostas:

(a) Em alguns períodos, uma religião, por exemplo, o cristianismo primitivo, apresenta uma verdade, como a fundamental liberdade e igualdade de todos os homens, de um modo mais adequado do que a filosofia contemporânea.

(b) Mesmo quando a filosofia alcança o nível da religião e apresenta a mesma verdade em termos filosóficos, ao fazê-lo pressupõe as realizações da religião. Em geral, os avanços filosóficos de uma época ou de um indivíduo pressupõem avanços religiosos.

(c) A religião não é dispensável mesmo quando a filosofia se lhe equiparou: a filosofia é essencialmente esotérica, não atraente nem inteligível para a maioria das pessoas em sua forma pura. A religião, em contraste, capta a imaginação das massas e as presenteia com verdades profundas acerca do universo e do lugar de cada um nele de uma forma atraente. Até mesmo um filósofo precisa não considerar aulas e conferências como substitutas adequadas para o culto comunitário.

(d) A religião serve aos propósitos de ordem moral e política, mas religião e constituição política devem estar em harmonia, porquanto as leis feitas pelo homem têm pouca força contra a consciência religiosa: "Há que considerar apenas como uma loucura dos tempos modernos mudar um sistema ético corrupto, a sua constituição estatal e a legislação, sem modificação da religião; fazer uma revolução sem uma reforma" (*Enc.* III, §552). Mas a necessidade de religião não reside em servir a alguma finalidade pressuposta: a religião determina o que para nós é importante e quais são os nossos propósitos, e não será julgada por uma intenção externa a ela.

A filosofia da religião de Hegel deu origem a muitos debates após sua morte. As contribuições mais significativas foram feitas pelos hegelianos "de esquerda": Strauss (*A vida de Jesus*, 1835), Feuerbach (*A essência do cristianismo*, 1841) e Marx.

representação e concepção O verbo *vorstellen*, literalmente "adiantar, pôr mais à frente (de)", é usado para a apresentação de algo, usualmente uma pessoa, a uma outra pessoa, e para a representação de algo em, por exemplo, ARTE (em menor detalhe do que é sugerido por *darstellen*, que também significa "representar, expor, exibir". Em sua forma reflexiva, *sich vorstellen*, significa "(re)presentar-se algo para si mesmo, imaginar, conceber, fazer-se idéia de". O produto dessa atividade, a idéia, a concepção ou imagem mental, é uma *Vorstellung*. (Em Hegel, *(die) Vorstellung* denota ocasionalmente a posse ou o emprego de concepções, mas o termo usual para estas é o infinitivo substantivado, *das Vorstellen*.) A palavra sublinha mais o estado mental subjetivo do sujeito do que a natureza do objeto representado; por exemplo, a pessoa fala de *sua Vorstellung* de Deus, mas de *o* CONCEITO de Deus.

Em filosofia, *Vorstellung* tem dois sentidos: (1) *lato sensu*, é equivalente a "idéia" no uso de Locke (mas não de Hegel), e engloba pensamentos, conceitos, intuições, sensações, percepções. Nesse sentido, uma *Vorstellung* não precisa ser universal ou pictórica. Em traduções de Kant, que usaram a palavra nessa acepção, ela é dada como "representação". (2) *Stricto sensu*, *Vorstellung* contrasta (a) com percepção, sensação e INTUIÇÃO, na medida em que não precisa envolver a presença do objeto representado ou referir-se a um indivíduo definido, e (b) com *PENSAMENTO, conceito e IDÉIA (*Idee*), na medida em que envolve uma imagem ou um elemento pictórico. Neste sentido, traduz-se por vezes como "concepção" ou "idéia".

Hegel usa sistematicamente *Vorstellung* no sentido estrito, porque necessita de um termo para contrastar com *Begriff* ("conceito") e para abranger aqueles itens mentais a que ele nega conceder o título tradicional de "conceito", e porque não vê nenhuma necessidade de um termo genérico para captar o que sensações, concepções, conceitos etc., têm em comum, quando esses itens são, em seu entender, distintos e, no entanto, dialética e hierarquicamente ordenados. A sua principal apreciação de *Vorstellung* ocorre em *Enc.* III, §§451-64. A *Vorstellung* é o estágio intermédio entre intuição (*Anschauung*), a apreensão sensorial de objetos externos individuais e o pensamento conceptual. Envolve três fases principais: *INTERNALIZAÇÃO, *IMAGINAÇÃO e MEMÓRIA:

1. *Erinnerung* significa normalmente "memória" ou "recordação", mas Hegel sublinha seu significado radical de "internalização" (*Er-innerung*): quando alguém recorda lago, internaliza-o ou o faz seu e, como o verbo correspondente é reflexivo (*sich erinnern*, "lembrar-se de, recordar", mas também, para Hegel, "internalizar, recolher-se em si"), ele também se recolhe em si mesmo. Isso ocorre por meio de uma imagem ou quadro (*Bild*) do objeto, a qual, ao contrário da intuição dele, está desligada da externalidade de espaço e tempo, e "recebida na universalidade do Eu" (§452). A própria imagem não é universal neste estágio, mas não está tão completamente determinada quanto a intuição. Uma imagem nem sempre é consciente: ela é em si ou implícita no "poço noturno" da mente. No começo, só adquirimos consciência dela na presença do objeto intuído; a minha imagem de uma pessoa, por exemplo, habilita-me a reconhecê-la quando a vejo. Mas, após repetidos encontros, posso recordar a imagem de uma coisa mesmo na sua ausência. Isso é a *Vorstellung* em sua fase mais simples: a posse de uma imagem que é *minha* de um modo que os objetos externos e as intuições não são.

2. A imaginação reprodutiva difere pouco da recordação: ela simplesmente recorda uma imagem de um objeto previamente intuído mas, ao contrário da recordação, pode fazer isso voluntariamente na ausência do objeto intuído. A imaginação associativa, em contrapartida, reflete imagens e relaciona-as de maneiras diferentes daquelas em que estão relacionados os correspondentes objetos e intuições. Primordialmente, a imaginação forma, a partir de imagens, concepções UNIVERSAIS, a concepção de vermelho ou de uma planta, e estas são *Vorstellung stricto sensu*. A abstração de tais concepções não ocorre simplesmente através da associação de idéias ou pela constante repetição de intuições ou imagens semelhantes, mas é controlada pela atividade racional do EU ou inteligência. Tais concepções estão relacionadas com imagens de uma forma semelhante àquela como as imagens estão relacionadas com intuições: as imagens, embora universais e internas em relação às intuições, são discretas, INDIVIDUAIS e *EXTERNAS em relação às concepções. Estas são, pois, *minhas*, internas para mim, num sentido mais forte do que essas imagens são.

O terceiro tipo de imaginação, a fantasia produtiva, associa a concepção universal com um sinal (*Zeichen*), principal mas não exclusivamente um sinal lingüístico. A palavra é em si uma intuição, inicialmente um som e, secundariamente, uma intuição visual; mas, ao contrário das intuições ordinárias (e, num menor grau, de um *símbolo*), sua associação com a concepção nada deve à semelhança de conteúdo, pois é puramente ARBITRÁRIA. O Eu afirma o seu poder sobre as intuições escolhendo que intuições, usualmente produzidas por si mesmo, serão ligadas às suas concepções.

3. Finalmente, a memória (*Gedächtnis*) executa nesses sinais intuitivos uma operação semelhante às realizadas pela recordação sobre intuições e pela imaginação sobre imagens: ao familiarizar-nos com o uso de um dado sinal para uma dada concepção, a memória converte o sinal-intuição numa *Vorstellung* universal, isto é, numa palavra-tipo, em contraste com um fugaz sinal. As duas concepções, a concepção e a palavra-tipo, tornam-se uma só concepção. Assim, uma concepção não requer intuição ou imagem não-verbal: "No nome *leão*, não precisamos nem da intuição de semelhante animal nem sequer da imagem; mas o nome, enquanto o compreendemos, é a representação simples e sem imagem. É em nomes que pensamos" (§462). A internalização de *Vorstellung* é então completa; é inteiramente *minha*.

Hegel volta-se a seguir para o pensar e os pensamentos (§§465-8), que são distintos, embora sistematicamente relacionados com a representação e as concepções. As diferenças são as seguintes:

(a) A concepção é minha; em suas primeiras fases, é *SUBJETIVA, ao passo que o pensar e o pensamento são impessoais e objetivos. Mas a concepção aproxima-se de tal *OBJETIVIDADE em sua fase final, quando a plena internalização da concepção envolve a dissolução de minhas imagens subjetivas e idiossincrásicas. Ao tornar-se totalmente minha, a concepção torna-se totalmente distinta de mim — um pensamento.

(b) As concepções envolvem pensamento, mas diferem de pensamentos *puros*, como o de QUALIDADE, na medida em que são empíricos ou pictóricos, mesmo que não requeiram nenhuma imagem mental. Relacionam-se com os pensamentos puros de duas maneiras distintas: em primeiro lugar, são especificações empíricas de pensamentos puros, tal como, por exemplo, a concepção de vermelho é uma especificação do pensamento de qualidade. Em segundo lugar, são "metáforas" de pensamentos puros, assim como a concepção de Deus é uma metáfora do pensamento do ABSOLUTO (*Enc.* I, §3); a RELIGIÃO apresenta em geral, na forma de *Vorstellung*, o absoluto que a ARTE apresenta na forma de intuição e a FILOSOFIA na forma de pensamento conceptual.

(c) O *CONTEÚDO de uma concepção é isolado do de outras concepções e tem o caráter de "dado" e *IMEDIATO (*Enc.* I, §20; III, §455). Um pensamento, em contrapartida, está ligado com outros pensamentos, dos quais deriva. Por esse critério, uma categoria não-empírica do *ENTENDIMENTO, como a CAUSALIDADE, será o conteúdo mais de uma concepção do que de um pensamento, se adquirido e empregado em isolamento de outras categorias. Hegel poderia argumentar que se uma categoria é isolada de outras categorias, é possível que tenha conexões mais estreitas, em sua origem e em seu conteúdo, com a intuição sensorial e as imagens mentais, do que se fosse um pensamento; assim, a *concepção* de causalidade será diferente do *pensamento* dela, tanto em (b) como em (c).

É improvável, entretanto, que essas três diferenças coincidam invariavelmente, e a fronteira entre pensamentos e concepções não é traçada com suficiente clareza.

responsabilidade *ver* AÇÃO, ATO E RESPONSABILIDADE.

restrição *ver* LIMITE, RESTRIÇÃO E FINITUDE.

revogar, revogação *ver* SUPRASSUNÇÃO.

romantismo *ver* IRONIA E ROMANTISMO.

S

saber empírico *ver* EXPERIÊNCIA E SABER EMPÍRICO.

sensação *ver* INTUIÇÃO, PERCEPÇÃO, SENSAÇÃO E SENSÓRIO; SENTIMENTO E SENSAÇÃO.

sensório *ver* INTUIÇÃO, PERCEPÇÃO, SENSAÇÃO E SENSÓRIO.

sentimento e sensação O alemão tem duas palavras comuns para "sentimento": (1) *Empfindung* ("sensação, sentimento") deriva de *empfinden* ("sentir") e contém uma sugestão de "o que uma pessoa encontra (*findet*) em si mesma". Um *Empfindung* envolve sensibilidade a um estímulo e à sua percepção: está associado aos órgãos sensoriais, e também à dor e à experiência estética. (2) *Gefühl*, de *fühlen* ("sentir"), também tem uma vasta gama de significados, que só parcialmente coincidem com o de *Empfindung*. Referia-se originalmente ao sentido do tato mas no tempo de Hegel já tinha adquirido a maioria dos significados de "sentimento".

O uso alemão não traçou uma distinção estável e geralmente aceita entre *Empfindung* e *Gefühl*. Mas diferem em dois aspectos. Primeiro, *Gefühl* acentua sentimentos subjetivos, ao passo que *Empfindung* destaca a sensibilidade a um estímulo objetivo. Assim, Kant concorda que *Empfindung* pode indica *tanto* a sensação de uma qualidade objetiva, como a cor verde de um prado, *quanto* a sensação subjetiva de prazer que deriva da vista do prado, mas reserva *Gefühl* para a segunda (*CJ*, I, §3). Segundo, *Gefühl* está mais estreitamente entreligado com a totalidade da psique, enquanto que *Empfindung* é mais localizado e passageiro. Hegel argumenta que, como o uso comum admite as expressões "*Gefühl* do DIREITO" e *Selbstgefühl* (obscura sensação de si próprio, mas também "auto-estima" e "amor-próprio"), mas não aceita "*Empfindung* do direito" ou *Selbstempfindung*, e como, por outro lado, liga *Empfindung* com *Empfindsamkeit* ("sensitividade"), *Empfindung* enfatiza a passividade, o *deparar com*, ao passo que *Gefühl* sublinha a ipseidade ou egoísmo (*Selbstischkeit*) (*Enc.* III, §402).

Assim, na principal descrição de Hegel de sensação (*Enc.* III, § 399-412), *Empfindung* é o estágio final de "*ALMA natural" e refere-se a sensações singulares e fugazes, as quais, embora semiconscientes, não são *CONSCIENTES no sentido de que estão dirigidas para OBJETOS externos, uma vez que a alma natural não desenvolveu ainda uma distinção entre si e o mundo externo. A fase seguinte, a "*ALMA sensitiva (*fühlende*)", também não tem consciência de um mundo externo nem, por conseguinte, de si em contraste com tal mundo. Mas *Gefühl* forma uma ponte entre a alma natural totalmente fechada em si e a consciência que possui uma visão do mundo como um todo e de seu próprio lugar nele. Sensações e sentimentos desempenham um papel na consciência desenvolvida, mas um papel subordinado: estamos conscientes de extensas regiões do mundo só porque ouvimos ou lemos a respeito delas e não em decorrência de um contato *SENSORIAL direto.

A alma sensitiva tem três estágios: (I) A alma senciente em sua *IMEDIATIDADE, ou vida de sentimento (*Gefühlsleben* ou *Lebensgefühl*), uma vaga consciência da condição corpórea total, que Hegel associa principalmente à vida intra-uterina. (2) O sentimento de si, uma vaga consciência de si como indivíduo em contraste com, mas não absorvido em, seus sentimentos particulares. Hegel associa este estágio primordialmente com a infância e sua *Selbstischkeit* ("egoísmo" ou "ipseidade"), que é muito diferente da autoconsciência reflexiva. (3) o hábito (*Gewohnheit*), no qual, por constante repetição, sensações e sentimentos tornam-se familiares e, portanto, menos salientes. O hábito liberta-nos e distancia-nos de nossos sentimentos e sensações. Em particular, o nosso corpo está habituado à expressão sem esforço de sentimentos, de modo que passa a ser um instrumento flexível e dócil: os sentimentos são assim externalizados e desprendidos do eu. Isso leva à terceira fase da alma, a "alma REAL", na qual a completa habituação do corpo forma a transição para a consciência.

Esses estágios do sentimento estão primordialmente associados aos primeiros tempos de vida mas persistem, por vezes patologicamente, na idade adulta. A vida do sentimento, por exemplo, é dominante em sonhos; está implícito em nosso apego não plenamente racional e determinados lugares e pessoas: constitui as camadas profundas de nosso caráter e personalidade que explicam as nossas reações particulares a eventos externos, e, quando refletimos e raciocinamos, os tipos de consideração e argumentação a que somos suscetíveis; e torna-se dominante em vários estados patológicos, como o sonambulismo. Nas "Observações" de *Enc.* III e em suas lições de acompanhamento, Hegel procurou esclarecer os estados sencientes da infância e, por via de contraste, a natureza da *AUTOCONSCIÊNCIA racional mediante o exame dos estados patológicos que afligem alguns adultos, como as falsas crenças obsessivas. Sustentou que a loucura (*Verrücktheit*, literalmente, "deslocamento" ou "deslocação") não envolve uma completa perda de razão mas uma CONTRADIÇÃO entre (auto)consciência racional e um nível mais primitivo da psique que não está adequadamente *SUPRASSUMIDO naquela.

Entretanto, o sentir não se apresenta somente nessas formas simples. Tal como outros estágios inferiores do espírito, ele pode fornecer uma FORMA para o conteúdo derivado de estágios superiores. Um adulto, ao contrário de uma criança pequena, pode perceber ou sentir que roubar está errado ou que Deus existe. Assim, alguns filósofos, mormente F.H. Jacobi, argumentaram que as verdades da religião e da moralidade são discernidas por sentimento (ou *FÉ), mais do que pelo pensamento ou a razão. Hegel criticou essa doutrina sob muitos aspectos:

1. Os sentimentos tanto podem ter um *CONTEÚDO ruim ou falso quanto um bom ou verdadeiro. Uma pessoa poderá sentir que roubar é correto. Por conseguinte, um sentimento como tal não valida o conteúdo do sentimento. (Ele faz a mesma crítica dos apelos à consciência.)

O conteúdo do sentimento é, nesses casos, fornecido mais pelo *PENSAMENTO e a REPRESENTAÇÃO do que pelo próprio sentimento. É, portanto, mais mediatizado de que simples e imediato, e o pensamento é, assim, o modo apropriado para desenvolver e validar tal conteúdo. (O matemático experiente simplesmente sente que 13 x 17 = 221, mas essa verdade não é derivada, em última instância, desse sentimento, ou baseada neste.)

3. O recurso ao sentimento tende a diluir o conteúdo da doutrina religiosa numa abstração, o mínimo denominador comum de toda a crença religiosa. Num ataque contra o seu colega de Berlim, Schleiermacher, Hegel diz que também os animais teriam uma religião se esta consistisse num sentimento de dependência.

Alguns filósofos, como Pascal, tentaram basear a religião e a moralidade (e até mesmo verdades tais como a tridimensionalidade e a infinidade do espaço) no coração (*Herz*), tradicionalmente visto como a sede dos sentimentos. Em *FE* ("A lei do coração e o desvario da paixão"), Hegel argumenta que a lei do coração (a *ordre du cœur* de Pascal) conduz ao subjetivismo. Se universalizada para tornar-se a "lei de todos os corações", degenera numa lei à sombra da qual cada um busca satisfazer sua individualidade egoísta. Isso é incompatível com a idéia original da lei do coração e com uma ordem social estável.

ser determinado *ver* EXISTÊNCIA, REALIDADE E SER DETERMINADO.

ser, nada e devir (vir-a-ser) O infinitivo do verbo "ser" em alemão é *sein*. Tal como outros infinitivos alemães, pode ser usado como um substantivo, *(das) Sein*, "(o) Ser". Diferentemente do verbo "ser", *sein* tem um particípio presente distinto, *seiend*, o qual é usado como adjetivo ("o que é" ou "existente") ou como uma frase substantiva, *das Seiende*, "aquilo que é". Usado como verbo, *sein* pode ser predicativo, identificador ou existencial em sua ênfase. Como substantivo, *Sein* refere-se ao ser ou existência das coisas em geral, em contraste com o seu ser *DETERMINADO ou caráter (*Dasein*). Na história da filosofia, Hegel associa o ser especialmente com Parmênides, que argumentou que, como o que *é* não pode não-ser, o ser exclui toda a NEGAÇÃO, determinidade e devir.

A negação de *Sein* é estritamente *Nichtsein*, "não-ser", mas Hegel rejeita isso a favor de *nichts*, "nada", ou do substantivo formado a partir daí, *(das) Nichts*, porquanto o conceito de não-ser é, ou pode ser entendido como sendo, mais mediatizado, quer dizer, gerado pela negação de *Sein*, do que imediato ou primitivo, modo que *Sein* é. (*Nichts* é o genitivo do alto-alemão médio *niht*, "nada" (derivado de *ni-wiht*, "nem um pouco"), e *nicht*, "não", é o acusativo. Mas essa complexa mediação não é evidente no alemão moderno.)

Das Werden "devir", é formado a partir de *werden*, "tornar-se, transformar-se em". (*Werden* é também usado como verbo auxiliar no futuro presente e pretérito e em verbos passivos: assim, *ich werde fahren* é "eu guiarei" e *geliebt werden* é "ser amado".) Devir está associado, para Hegel, com Heráclito, que sustentou que tudo está envolvido não em ser, mas em contínuo devir e conflito. Platão endossou essa doutrina a respeito do mundo fenomênico e afirmou, no *Timeu*, que a palavra "ser" deve ser usada somente em relação a FORMAS OU IDÉIAS imutáveis, enquanto que "devir" deve aplicar-se apenas ao mundo degenerado da APARÊNCIA. Filósofos gregos posteriores compartilharam, em sua maioria, da preferência de Platão pelo ser sobre o devir. Os pensadores alemães, em contrapartida, foram propensos a preferir *devir* à rigidez de *ser*, e aplicaram "devir" ao DESENVOLVIMENTO autônomo, mas árduo e eivado de conflitos, da HISTÓRIA e da VIDA. Eckhart considerou o devir a ESSÊNCIA de Deus. Goethe, cuja máxima "Torna-te o que és!" foi repetida por Nietzsche em *Assim falou Zaratustra* (1883-84), atribui o que *está em devir* à RAZÃO ("o que desfruta de desenvolvimento"), e o que *veio a ser* e, portanto, *é*, ao *ENTENDIMENTO ("o que quer reter tudo firmemente, para que possa usá-lo"). Como escreveu Nietzsche em *A gaia ciência* (1882): "Nós, alemães, somos hegelianos, mesmo que nunca tivesse havido um Hegel, na medida em que nós (em oposição a todos os latinos) atribuímos instintivamente ao devir, ao desenvolvimento, um sentido mais profundo e um valor mais rico do que àquilo que 'é'; mal acreditamos na legitimidade do conceito 'ser'."

Tal como Heráclito, Hegel viu a oposição e o conflito como essenciais ao devir. Também considerou o próprio mundo, e os conceitos pelos quais o categorizamos, como devir, em vez de um ser estático. O ABSOLUTO não é uma entidade imutável que está subjacente em nossas tentativas de compreendê-lo, mas o próprio desenvolvimento dessas tentativas. Do mesmo modo, a CIÊNCIA não é um conjunto de resultados independente do processo pelo qual chegamos até eles, mas envolve essencialmente esse processo. Hegel, porém, não abandonou, como Nietzsche e (na interpretação hegeliana) Heráclito, inteiramente o ser em favor de um incessante fluxo. Interlúdios de relativamente estável ser, a província do entendimento mais do que da razão, são essenciais ao mundo, ao sistema conceptual da Lógica e à nossa vida social e política.

A explicação central de Hegel de ser, nada e devir é apresentada em sua Lógica. Aí, "ser" é usado de duas maneiras principais. Primeiro, em contraste com "essência" e o "CONCEITO", indica o objeto de estudo da primeira das três principais seções da Lógica ("A doutrina do ser"), a saber, o imediato, as características superficiais das coisas qualitativas e quantitativas, em contraste com a essência íntima delas e sua estrutura conceptual. Na Lógica e em outras obras (por exemplo, em *LPED*), Hegel continua usando "ser" como a antítese de "PENSAR" e do "conceito".

Segundo, dentro de "A doutrina do ser", o "ser (puro)" indica a primeira categoria, "imediata", com a qual a *Lógica* principia. Ser é o começo apropriado, uma vez que, diferentemente de *Dasein* ("ser determinado"), não envolve tal complexidade interior que venha a exigir desenvolvimento dentro da lógica: aplicar "ser" a qualquer coisa é simplesmente dizer que ela é, sem lhe atribuir qualquer determinidade qualitativa. (Em *FE*, I, Hegel afirma que a certeza sensível equivale à atribuição de tal ser "vazio".) Como é totalmente indeterminado, ser equivale a, ou "devém", nada. Mas, inversamente, nada, uma vez que também é indeterminado, é ou "devém" ser. Assim, ser e nada, cada um vem a ser o outro, constituindo desse modo o conceito de devir. (O devir também é ou envolve a "unidade" de ser e nada, na medida em que devir ou é o vir a *ser* do *não* era, ou o deixar de ser do que era.) Mas também o devir é instável, porquanto contém contraditoriamente ser e nada, e cai no *Dasein*.

Esse episódio ocupou os intérpretes e críticos de Hegel — entre eles Feuerbach — desde que surgiu pela primeira vez. O pensamento do ser puro é um pensamento genuíno? É imediato, ou pressupõe uma antecipação do fim da Lógica, a idéia absoluta? Como podem os conceitos vir a ser ou passar (*übergehen*) a ser os seus inversos, em vez de estarem estaticamente relacionados por identidade, ou diferença (ou alguma relação mais complexa de identidade-em-diferença)? Por que o devir é o resultado singularmente apropriado da instabilidade de ser e nada? Algumas dessas dificuldades podem ser parcialmente superadas, se nos lembrarmos do contexto de debate teológico e metafísico em que Hegel escreveu e a que ele se refere nessa passagem da Lógica. Os contemporâneos de Hegel estavam predispostos a fazer tais afirmações como "Deus (ou o absoluto) é (ou é ser puro)" ou "O absoluto é pura indiferença/identidade". (Hegel acredita que "identidade absoluta", ou qualquer outra expressão, é equivalente a "ser", se expressa um conceito que é imediato.) Mas, argumenta Hegel, se nada é verdadeiro (ou cognoscível) de DEUS ou do ABSOLUTO, exceto que *é*, então essas afirmações não diferem da afirmação de que Deus ou o Absoluto é nada ou não é. Mas inversamente, a asserção de que Deus não é ou é nada é da mesma forma instável, e equivale a dizer que ele *é*. (Um ateu poderia questionar este passo, mas Hegel acredita que qualquer asserção conceptual sobre a realidade é uma asserção acerca de Deus ou do Absoluto, e envolve, pelo menos, um mínimo de teísmo.) A única saída para essa instabilidade é desenvolver e completar os conceitos que aplicamos ao absoluto.

Hegel argumenta que o conceito de ser puro está implícito no "é" do juízo predicativo, que ele analisa em "A doutrina do conceito". Na seção de abertura da Lógica, ele não distingue entre o "é" de predicação, de identidade e de existência. Uma razão para isso é a sua tendência, na descrição de juízo, para fundir predicação e identificação. Uma outra razão, mas talvez relacionada com a anterior, é que tais distinções só podem ser traçadas se introduzirmos conceitos mais concretos que o de ser: a distinção entre "Tera é agreste", "Tera é Santorino" e "Tera é/existe" não pode ser traçada a menos que desenvolvamos conceitos tais como "*SINGULAR" e "QUALIDADE", exemplificados por "Tera" e "agreste". Mas isso é proibido na estágio de ser puro: conceitos mais concretos devem ser logicamente reconstruídos e não pressupostos logo de começo. De um modo análogo, a vacuidade da afirmação "Deus é" e sua equivalência para "Deus está sendo" (assim como para "Deus não é" e "Deus é nada") decorre da negação por Hegel de qualquer conteúdo no termo "Deus", além daquele de que se dispõe neste estágio da Lógica, ou seja, ser.

si *ver* EU.

silogismo *ver* INFERÊNCIA, SILOGISMO E CONCLUSÃO.

sistema *ver* CIÊNCIA E SISTEMA.

sociedade civil O alemão é *bürgerliche Gesellschaft*.

1. Um *Bürger* era originalmente um defensor de um castelo (*Burg*), depois, a partir do século XII, um habitante de cidade ou citadino. Também significa um "cidadão", mas retém sua associação com o *bourgeois* ("burguês") francês e sugere um contraste com a nobreza e o clero. *Bourgeois* deriva do cognato *bourg*, um "burgo" ou vila com carta de privilégios. É distinto do *citoyen* (do latim *civis*), que Hegel usa quando deseja especificar o sentido de um "cidadão" de um ESTADO. O adjetivo *bürgerlich* significa, pois, "civil, cívico" (como em "direito civil", "direitos civis" e "dever cívico") e também "classe média, burguês",

Em *bürgerliche Gesellschaft*, ambos os sentidos têm participação, mas com acentuação no segundo.

2. *Gesellschaft* ("sociedade") deriva de *Geselle*, originalmente alguém que dividia o seu espaço de moradia com outrem, mais tarde, um "companheiro, amigo" etc., mas também um "diarista" (ou um "auxiliar (de carpinteiro, alfaiate etc.)". Uma *Gesellschaft* é qualquer associação amigável, seja temporária (por exemplo, uma "reunião social") ou duradoura (por exemplo, uma "companhia" comercial). Tem sido usado desde o séc. V para "ordem social". (*Gesellschaftswissenschaft*, "ciência social", é o mesmo que *Soziologie*, mas ambas as palavras são posteriores a Hegel.) Mais tarde, Tönnies distinguiu *Gesellschaft*, uma associação mecânica baseada em interesses próprios e egoístas, de *Gemeinschaft* (de *gemein*, "comum"), uma comunidade orgânica baseada em valores, afeição etc. compartilhados. (*Gemeinschaft und Gesellschaft*, 1887. Cf. a distinção de Durkheim entre "solidariedade mecânica" e "solidariedade orgânica".) O uso de Hegel pressupõe essa distinção: a sociedade civil não é uma *Gemeinschaft*, enquanto que uma comunidade religiosa não é uma *Gesellschaft*, mas uma *Gemein(d)e* ("comunidade", também derivada de *gemein*).

Hegel, em *FD*, §§181-256, reconhece a bürgerliche Gesellschaft como uma área distinta da VIDA ÉTICA, em contraste com a FAMÍLIA e o estado, e *MEDIANDO entre estes. Inclui a vida econômica da comunidade, em conjunto com as disposições legais, administrativas e sociais que asseguram o seu funcionamento normal. Nenhum escritor anterior distinguiu tão claramente quanto Hegel entre a sociedade civil e o estado. Há três razões para isso:

1. A economia e o econômico não estavam claramente distinguidos da família ou agregado familiar. "Economia" (*Ökonomie*) vem do grego *oikonomia* (o "governo de uma casa de família", de *oikos*, "família"), que Aristóteles, na *Política*, divide nas relações de senhor e escravo, marido e mulher, pais e filhos, vindo depois a idéia de ganhar dinheiro. (O vernáculo *Wirtschaft* significou também, originalmente, "governar a casa" e só mais tarde adquiriu o sentido de "economia".) As pessoas importantes, isto é, cidadãos adultos do sexo masculino, tinham que dedicar seu tempo aos assuntos públicos, mais do que ganhar dinheiro. Aristóteles reconheceu *implicitamente* uma economia que transcendia o âmbito doméstico constituído pela família e seus dependentes: argumentou que a finalidade do estado (*polis*) não pode ser facilitar o comércio, uma vez que estados separados têm tratados comerciais, com disposições legais para impedir a injustiça. Mas uma adequada conceituação da área teve que aguardar o crescimento de sociedades extensas o bastante para tornar inviável a participação de todos os cidadãos na vida pública, o crescimento significativo da economia para além da domesticidade, e o surgimento da expressão "economia política" (*Nationalökonomie*) ou seja, economia não-doméstica). (A frase *politiké oikonomia* ocorre no pseudo-aristotélico *Oeconomica*, mas deu poucos frutos na época.)
2. O político só pôde ser adequadamente separado do social com o advento dos estados monárquicos ou revolucionários centralizados, os quais eram claramente distintos da vida social de seus súditos.
3. Muitos teóricos políticos, especialmente os teóricos do contrato (em contraste com Aristóteles e também com Hegel), sustentaram que a finalidade do estado é simplesmente facilitar as relações sociais e, em especial, comerciais, mediante a prevenção da

injustiça entre cidadãos. Isso também obscurece a distinção entre o político e o sócio-econômico, uma vez que regulamentações exeqüíveis são essenciais para o intercâmbio econômico, mesmo entre membros de diferentes estados.

Assim, a expressão de Aristóteles, *koinomia politiké*, e suas descendentes (*civitas, respublica,* a *communitas civilis sive* ("ou") *politica*, de santo Tomás de Aquino, a "sociedade civil ou política", de Locke) referem-se ao estado político e não fazem distinção nenhuma entre "político" e "civil". A expressão *bürgerliche Gesellschaft*, que ficou devendo sua popularidade na Alemanha ao *Ensaio sobre a história da sociedade civil*, de Ferguson (1767, traduzido para o alemão em 1768), teve um uso similar em, por exemplo, *PET* e em *CJ*, §83, de Kant.

A separação por Hegel da sociedade civil tanto da família quanto do estado tem, pois, duas fontes: (1) sua descoberta da economia graças ao seu estudo de, entre outros, Adam Smith, Steuart e Ferguson durante seus anos em Iena, uma influência que é especialmente marcada em suas conferências de Iena de 1805-6 sobre filosofia do ESPÍRITO; e (2) sua crescente convicção de que o estado tem uma finalidade maior do que a mera regulamentação de relações entre cidadãos. A sociedade civil faz um *Bürger*; o estado faz um *citoyen*, um cidadão da França ou da Prússia, e não simplesmente um comerciante, que faz negócios tanto com franceses como com prussianos.

A descrição de Hegel da sociedade civil está repartida em três seções;

1. O *SISTEMA de necessidades (*Bedürfnisse*). Isto é a economia propriamente dita, na qual indivíduos trocam bens e serviços para satisfazer suas necessidades, necessidades que se multiplicam à medida que o sistema se desenvolver. Os indivíduos estão relacionados por interesses pessoais, não por amor e confiança como na família, mas seus interesses são interdependentes e dão origem à divisão de trabalho. Assim surgem os "estados" ou classes (*Stände*): uma classe agrícola, uma classe mercantil e uma classe "UNIVERSAL" de servidores civis. Essas classes dotam seus membros com um status, um direito ao *RECONHECIMENTO e uma ética profissional.

2. A administração de justiça (*Rechtspflege*). O DIREITO ABSTRATO é codificado em LEIS que são definidas explícitas, promulgadas e conhecidas, e se destinam a proteger os indivíduos contra danos. Nesse domínio, argumenta Hegel, um "homem conta como homem em virtude somente de sua qualidade de homem e não porque seja um judeu, católico, protestante, alemão, italiano etc." (*FD*, §209).

3. A polícia e corporação. Polizei (do grego *politeia,* "constituição", via latim) é mais amplo do que o nosso "polícia". Do século XV ao XVIII, o termo foi usado para designar "governo, administração pública". Hegel ainda equipara *Polizei* com *öffentliche Macht* ("PODER público, autoridade"). Assim, abrange não só a função de impor e fazer respeitar a lei, mas também a fixação dos precos de necessidades, o controle da qualidade de produtos, o suprimento de asilos, hospícios e hospitais, de iluminação pública etc. Hegel não se opunha à caridade privada, mas argumentou que "as condições sociais públicas serão consideradas tanto mais perfeitas quanto menos for deixado a um indivíduo fazer por iniciativa pessoal, segundo a orientação de suas inclinações particulares" (*FD*, §242. Preocupava-se com o crescimento de uma "ralé" (Pöbel) miserável e inconformada, especialmente na Inglaterra. A abolição da pobreza é "um dos problemas mais preocu-

pantes que agitam a sociedade moderna" (*FD*, §244A). Mas não apresentou nenhuma solução óbvia para isso: sustentar a ralé às custas dos ricos violaria o "princípio da sociedade civil" e o amor-próprio dos membros individuais da plebe. Proporcionar-lhes trabalho só agravaria o problema, o qual surge do excesso de produção sobre as necessidades dos consumidores produtivamente empregados (*FD*, §245). Assim, a sociedade civil é impelida por sua DIALÉTICA a procurar mercados e, portanto, os seus meios de subsistência em outros países, mais pobres (*FD*, §246).

Korporation originou-se nas guildas de trabalhadores da antiga Roma. Não se trata de "sindicato", uma vez que abrange empregadores e empregados, e também abrange, no uso de Hegel, organismos religiosos, sociedades eruditas e conselhos municipais. À semelhança dos estados, as corporações atenuam o individualismo competitivo do sistema de necessidades e educam seus membros para a vida no estado.

Hegel vê o mercado econômico como característica central e inevitável do estado moderno, mas acredita que o seu funcionamento depende em grau significativo da regulamentação e apoio públicos, e da pregação de valores não-competitivos. Assim, ele inclui no domínio da sociedade civil muito do que é atribuído ao estado por outros autores.

subjetividade *ver* SUJEITO E SUBJETIVIDADE.

substância *Substanz* ingressou no alemão na Idade Média, do latim *substantia* que, por sua vez, deriva de *substare* ("estar sob, ficar sob, estar presente"). O seu significado radical é, pois, semelhante ao de "SUJEITO", mas estava associado ao grego *ousia* ("ser, substância etc.", de *einai*, "ser"), mais do que a *to hypokeimenon*. Seus significados aproximam-se ao nosso "substância", ou seja: (1) material, matéria, um tipo de material; (2) uma coisa permanente, independente, em contraste com os seus "acidentes" (*Akzidenz* (en)), atributos e/ou "modos" dependentes; (3) a ESSÊNCIA permanente de uma coisa; (4) o *CONTEÚDO essencial de, por exemplo, um livro, em contraste com a sua FORMA ou expressão; (5) propriedade, posses.

O sentido dominante de "substância" na filosofia pré-hegeliana é o (2). Descartes definiu-a como "uma coisa que existe de tal modo que não necessita de nenhuma outra coisa para a sua própria existência". Ele reconheceu um pensamento e uma substância extensa, ambos criados pela substância absoluta, DEUS. Spinoza definiu-a como "aquilo que é em si e é concebido através de si, isto é, aquilo cujo conceito não necessita o conceito de uma outra coisa, a fim de ser formado por ela". Acreditando que uma pluralidade de substâncias é incompatível com essa DEFINIÇÃO, e também com a de Descartes, ele sustentou que existe uma única substância. Esta possui uma infinidade de atributos, mas somente dois nos são conhecidos: pensamento e extensão. Coisas FINITAS, incluindo pessoas, são "modos" desses atributos; sob o atributo do pensamento, são IDÉIAS, sob o da extensão, corpos. Spinoza foi revivido no final do século XVIII. Goethe e Herder viram a sua substância como um TODO orgânico, uma totalidade de FORÇAS vitais, Hegel, pelo contrário, viu o spinozismo como *Akomismus*, uma "negação do mundo", na medida em que sustenta que só Deus ou substância é inteiramente real, ao passo que as coisas do mundo são apenas APARÊNCIAS (*Scheine*). Em geral, ele tem Spinoza em mente quando usa *Substanz* numa acepção filosófica.

Substanz desempenha um papel mais moderado em Kant, onde os seus principais sentidos são: (1) um sujeito lógico, no qual os predicados são inerentes e que não é um predicado de qualquer outra coisa. (Neste sentido, o EU é uma substância.) (2) Uma coisa relativamente independente que persiste através de todas as mudanças em seus acidentes. (Neste sentido, o Eu ou sujeito não é uma substância.) (3) Aquilo que persiste através de "toda a mudança de aparência" e cuja "quantidade na natureza nem aumenta nem diminui" (*CRP*, A182, B224). (Neste sentido, só existe uma substância, ou seja, MATÉRIA.) A concepção de Hegel de *Substanz* não é muito influenciada por Kant. Mas acompanha Kant ao tratá-la, na Lógica, como o primeiro termo da TRÍADE: substância, CAUSALIDADE e *RECIPROCIDADE.

Na Lógica, Hegel fala como se existisse apenas uma substância. Há muitas razões para isso: (1) Como em sua explicação do ABSOLUTO, ele tem em mente a doutrina de Spinoza. (2) Se, como inicialmente fazemos, desprezamos os diversos e variáveis acidentes de uma coisa e nos concentramos na mera substância subjacente, a diferenciação de distintas substâncias é problemática. (3) Como uma substância gera os seus próprios acidentes, ela é em qualquer caso relativamente independente de outras substâncias e não entra em sua descrição inicial. A interação de duas ou mais substâncias não é considerada no título de substância, mas de reciprocidade.

Uma substância está em constante atividade, gerando e dissolvendo seus acidentes. A substância aparece em seus acidentes, e estes são a sua APARÊNCIA (*Schein*). Mas essa aparição produz não só os acidentes, mas a própria substância: a substância só é substância em virtude de produzir e dissolver acidentes. Assim, os acidentes são ou incluem substância, tanto quanto a substância inclui seus acidentes.

Hegel contrasta regularmente *substância* com o sujeito (primordial mas não exclusivamente o sujeito humano), o conceito e o ESPÍRITO. Ele afirma que o absoluto é tanto sujeito quanto substância, que a substância deve tornar-se um sujeito etc. (por exemplo, *FE*, Pref.). Ele tem em mente vários pontos:

1. A substância de Spinoza, diferentemente do Deus cristão, não é uma PESSOA ou sujeito e falta-lhe, pois, a unidade característica do sujeito (*Enc.* I, §151A).
2. Nenhuma explicação adequada é fornecida da geração de acidentes da substância, ou de sua divisão em atributos. Hegel interpretou mal a definição de Spinoza de um atributo ("aquilo que o intelecto conhece da substância como constituindo a sua essência") no sentido de que a substância só tem atributos na medida em que eles *aparecem* a um intelecto. Mas esse intelecto ou é ele próprio um modo de substância, e pressupõe assim a divisão em atributos, ou está incoerentemente localizado fora da substância.
3. Os acidentes (ou modos) de substância não são sujeitos genuinamente independentes. Os seres humanos não são mais do que modificações de substância.
4. Uma razão pela qual os modos não são sujeitos independentes é que isso seria, dentro do quadro de referência de Spinoza, incompatível com seu pertencimento a uma única substância, uma vez que Spinoza não fornece adequado mecanismo para o retorno de entidades independentes à substância: ele simplesmente declara, com efeito, que tudo (incluindo ele próprio) é um no absoluto. Na opinião de Hegel, em contrapartida, Deus é (ao nível de RELIGIÃO) uma pessoa e (ao nível filosófico) o *CONCEITO. Isso explica o surgimento de sujeitos independentes. As atividades cognitivas, práticas e religiosas

desses sujeitos (o que equivale à *AUTOCONSCIÊNCIA de Deus) leva-os, e outras entidades, e volta à unidade. (É sustentável a tese de que Spinoza anteviu mais do que Hegel reconhece em, por exemplo, sua doutrina que o "amor intelectual da mente por Deus é uma parte do infinito amor com que Deus se ama". Hegel examina isso em outros contextos, por exemplo, *Enc.* I, §158A, mas não no de substância.)

O conceito hegeliano de *Substanz* desempenha um importante papel em sua definição de DIREITO e de VIDA ÉTICA. Uma comunidade social ou política não pode, como os teóricos do contrato sugerem, consistir somente em sujeitos, em indivíduos que são constantemente reflexivos em seus pensamentos e atos. Pressupõe um *background* de relações e atividades não-reflexivas, nas quais as pessoas não se destacam como sujeitos individuais. (Do mesmo modo, o discurso literário ou filosófico reflexivo pressupõe um *background* de discurso cotidiano não-reflexivo.) Esse *background* é "(a) substância ética", aquilo que está subjacente. A antiga cidade-estado grega era predominantemente substancial, com os sujeitos emergindo apenas de modo indistinto. Mas o estado moderno tem três elementos:

1. Um *background* inteiramente substancial, em que os indivíduos estão unidos por vínculos não-reflexivos de SENTIMENTO e afeição, ou seja, a FAMÍLIA e, ao nível do ESTADO, o campesinato.
2. O surgimento de sujeitos reflexivos, egoístas, na SOCIEDADE CIVIL, e também os sujeitos *MORAIS reflexivos.
3. A reunificação de sujeitos independentes no estado, o qual (ao contrário da sociedade civil) é ele próprio um sujeito singular, representado por um monarca, e (ao contrário da família) requer o endosso reflexivo e racional de seus membros.

No entender de Hegel, somente um forte estado unificador é que permite, muito mais do que a cidade-estado grega, o surgimento de sujeitos independentes; sem um tal estado, a sociedade dissolver-se-ia numa coleção de indivíduos.

Assim, na concepção de Hegel, a substância ética, na forma do estado moderno, espelha o universo como um todo. A doutrina de Spinoza reflete a cidade-estado grega e, na visão de Hegel, revela uma instabilidade parecida.

sujeito e subjetividade No século XVI, (*das*) *Subjekt* foi tomado do latim *subjectum* (o particípio passado de *subicere*, "lançar debaixo ou por baixo"), no sentido do "sujeito, tema" de uma proposição ou de uma oração. Mas os seus usos filosóficos foram também influenciados pelos usos por Aristóteles de *to hypokeimenon*, "aquilo que está subjacente", para (1) a matéria de que alguma coisa consiste ou de que foi feita; (2) uma substância ou um portador de atributos; e (3) o sujeito lógico de predicados — mas não especificamente para o sujeito *humano*. Até o século XVIII, referia-se ao que existe independentemente do nosso conhecimento, isto é, o OBJETO. *Subjekt* tem apenas alguns dos sentidos do nosso "sujeito": ocorre unicamente como substantivo, e não significa um "dependente, subordinado". É usado menos freqüentemente do que "sujeito" para o "tema" de uma pintura, romance, peça de música etc. Quando um alemão fala de um motivo de crítica ou de escárnio, diz *Gegenstand* ("objeto") em vez de *Subjekt*. É também um termo depreciativo para um "indivíduo" (cf. *PESSOA). Os seus principais usos filosóficos são:

1. O sujeito, substrato ou portador de estados e atividades. Neste sentido, não se distingue claramente de SUBSTÂNCIA.
2. O sujeito gramatical e lógico de uma oração, *PROPOSIÇÃO ou JUÍZO, o portador de predicados.
3. O sujeito ou portador de estados e processos psicológicos, o sujeito humano ou EU.
4. O sujeito cognitivo, em contraste com o objeto de cognição.
5. O sujeito atuante, o executante de ações e atividades, especialmente, em Hegel, o sujeito moral.

No século XVIII, *Subjekt* gerou *subjektiv* e *Subjektivität*. Tal como o nosso "subjetivo", *subjectiv* foi outrora usado para "real, essencial", isto é, pertinente a um *Subjekt* no sentido 1. Mas na época de Hegel, seus usos relacionavam-se com *Subjekt* nos sentidos 3, 4 e 5, e eram:

(a) Pertinente ao sujeito humano em geral.
(b) Pertinente a um específico sujeito humano individual, logo "pessoal, idiossincrásico".
(c) Unilateral, tendencioso, parcial.

Os sentidos de *Subjektivität* correspondem aos de *subjectiv*.

O uso de "sujeito" e *Subjekt* nos sentidos 3-5 começou no final do século XVII, sob o impacto de Descartes. Hobbes usa *subiectum sensionis* para o "sujeito de sensação" (*De corpore*, 25, 3). Em sua *Metaphysica* (1739) e *Aesthetica* (1750-8), Baumgarten ora usa *subiectum* como sinônimo de *obiectum*, por exemplo, para o sujeito, isto é, o objeto da atividade de uma pessoa, ora para o sujeito atuante e sensorial. Mas ele é provavelmente responsável pelo sentido moderno de *subjectivus* ("subjetivo"), o qual foi bem estabelecido em Kant (que baseou suas conferências na *Metaphysica* de Baumgarten).

Hegel usou todos os sentidos tradicionais de *Subjekt*, mas o sentido 1 é mais usualmente expresso por *Substanz*. *Subjekt* contrasta com *Prädikat* (sentido 2); com *Substanz* (sentidos 3-5); e com *Objekt* (sentido 4). É diferente de *Geist* (ESPÍRITO): *Geist* abrange ou recobre (*übergreift*) o seu objeto, e não lhe é contraposto; de um modo análogo, desenvolve e engloba as suas manifestações (*PENSAMENTOS, SENTIMENTOS etc.) e culmina em estruturas intersubjetivas, em um "Eu que é nós, e um nós que é Eu" (*FE*, IV). O *Subjekt*, em contrapartida, é concebido como mais recolhido em si, como o que é *subjacente* e é, portanto, contraposto ao objeto, aos estados e atividades do sujeito e de outros sujeitos. Mas a distinção não é nítida, e o *Subjekt* desenvolve-se até se converter em *Geist*. Assim, enquanto *Geist* está associado à IDÉIA, à união de subjetividade e objetividade, *Subjekt* está associado ao CONCEITO (*Begriff*) e, portanto, ao Eu.

Hegel vê uma conexão entre o sentido de *Subjekt* em que este contrasta com *Prädikat* (sentido 2) e o sentido de "sujeito humano". A ligação não é, em seu entender, simplesmente que o sujeito humano forma a base de seus estados e atividades do mesmo modo que um sujeito lógico ou gramatical forma a base de seus predicados. É que o *Subjekt*, em ambos os sentidos, é constituído pelo conceito. O sujeito humano ou Eu está associado ao conceito porque o Eu é puramente indeterminado e porque é constituído por pensamento conceptual. O sujeito de uma oração está associado ao (ou a *um*) conceito, uma vez que num JUÍZO como "A rosa é vermelha", o sujeito, a rosa, é escolhido por um conceito (o de rosa) — e é, na opinião de Hegel, constituído por esse conceito — enquanto que o predicado, pelo menos em formas inferiores de juízo, atribui-lhe uma característica contingente que não é determinada por seu conceito. Mas os dois tipos de sujeito e os dois tipos de conceito não são simplesmente *análogos*: Hegel vê a produção de juízos como o resultado da autodiferenciação e auto-especificação ativa do sujeito humano ou de *o* conceito.

Begriff, em Hegel, é tão diverso em significado quando *Subjekt*. Mas possui três características que ajudam a explicar o seu uso de *Subjekt*:

1. O/um conceito tem uma unidade não-derivativa e primordial, e seja qual for a unidade que uma coisa possui ela a deve ao seu conceito.
2. O/um conceito é essencialmente ativo: diferencia-se ativamente num sujeito e num objeto, num sujeito e seus predicados (ou em UNIVERSAL, *PARTICULAR e *INDIVIDUAL), e numa diversidade de *conceitos* específicos.
3. Procura ativamente restabelecer sua unidade. O sujeito humano *SUPRASSUME o objeto, cognitiva e praticamente; as formas de juízo atribuem ao sujeito predicados que são sucessivamente mais adequados ao seu conceito; e a diversidade de conceitos é reunida num *SISTEMA.

Essas características do conceito e do *Subjekt* são tão importantes na mente de Hegel quando contrasta *Subjekt* com *Substanz* (por exemplo, na afirmação em *FE*, Pref., de que o ABSOLUTO é sujeito, assim como substância), quanto o são as idéias de consciência e ação humana (e divina). O absoluto como *Subjekt* implica um DESENVOLVIMENTO da simples unidade para a desunidade e um retorno à unidade diferenciada. Isso ou, pelo menos, o seu terceiro estágio, requer a atividade cognitiva e prática de sujeitos humanos.

Hegel é sensível a ambigüidades em *Subjekt, subjektiv e Subjektivität*, especialmente em sua aplicação ao sujeito humano. A principal fonte de ambigüidade, em seu entender, é que *Subjekt* pode referir-se apenas ao puro e auto-reflexivo Eu, mas também pode incluir os estados, atividades, carências etc. do Eu. Os estados etc. do Eu diferem de pessoa para pessoa e são, pois, CONTINGENTES e *subjektiv* num sentido depreciativo. Nesse sentido, uma pintura, um juízo, uma resolução da VONTADE etc. ruim pode ser *subjektiv* na medida em que expressa unicamente as opiniões etc. particulares de seu autor. O Eu como tal, em contrapartida, não varia de pessoas para pessoa e não é, por conseguinte, contingente ou arbitrário. Esse sentido de *Subjekt* dá origem ao sentido de *subjektiv* e *Subjektivität*, em que as categorias de Kant são subjetivas (*Enc.* I, §41A.2) ou em que *Subjektivität* envolve a exigência de que a pessoa esteja apta a endossar reflexivamente o que lhe é apresentado para sua aceitação cognitiva ou prática (*FD*, §26A).

Hegel refere-se a esses dois tipos de subjetividade como, respectivamente, "subjetividade ruim ou FINITA" e "subjetividade *INFINITA"; ele associa a subjetividade infinita ao cristianismo, porquanto atribui tal subjetividade a DEUS e, por conseqüência, atribui um "valor infinito" à subjetividade humana (Enc. I, §147A). Kierkegaard adotou a expressão "subjetividade infinita" e, contra Hegel, argumentou em, por exemplo, *Pós-escrito incientífico conclusivo às "Migalhas filosóficas"*, que é na "subjetividade que o cristianismo está interessado e é só na subjetividade que sua verdade existe, se é que realmente existe; objetivamente, o cristianismo não tem existência, em absoluto". Mas a oposição de "subjetividade" à igualmente ambígua "*OBJETIVIDADE" é estranha a Hegel. Para este, existem três (e não duas) amplas fases de *Subjektivität*:

...etirada do sujeito para dentro de si, como um puro Eu. Isso também envolve a ...etividade (num bom sentido), em virtude de, por exemplo, sua associação com o ...nceito.

2. A manifestação do sujeito numa variedade de estados e atividades, tanto psicológicas (por exemplo, *OPINIÕES, desejos) quanto físicas (por exemplo, AÇÕES, pinturas). Isso envolve objetividade, mas, com freqüência, num mau sentido, uma vez que os objetos expressam apenas os caprichos subjetivos do sujeito.
3. A reclamação do sujeito racional de suas objetificações externas: por exemplo, sua manifestação num ESTADO racional e seu endosso deste. Neste caso, uma vez mais, subjetividade e objetividade (ambas num bom sentido) coincidem.

Hegel atribuiria à fase (2) a *FÉ subjetiva de Kierkegaard.

suprassunção O verbo *heben* está relacionado com "erguer, içar, suspender" e significou originalmente "agarrar, apossar-se de", mas agora significa "elevar, alçar; retirar (especialmente um adversário de sua posição de mando, portanto) suplantá-lo; remover (por exemplo, uma dificuldade, um contradição)". Participa em muitos compostos, dos quais o mais significativo para Hegel é *aufheben* ("suprassumir").

Aufheben tem três principais sentidos:

1. "levantar, sustentar, erguer".
2. "anular, abolir, destruir, revogar, cancelar, suspender".
3. "conservar, poupar, preservar".

O reflexivo, *sich aufheben*, tem agora força recíproca, quando números ou itens numa conta "se cancelam" ou "se saldam mutuamente", mas no tempo de Hegel era usado mais comumente, por exemplo, para alguém "erguer-se" de seu assento, e é empregado por Hegel para algo que *se* suprassume. O substantivo *Aufhebung* significa igualmente (1) "elevação"; (2) "abolição, anulação"; e (3) "preservação". (O infinitivo nominal, *Aufheben*, ocorre na expressão *Aufheben(S) machen*, "fazer grande barulho / alarido").

Usualmente, *aufheben* é usado em apenas um desses sentidos numa dada ocasião, Schiller usa-o sobretudo no sentido (2), mas em *EE*, XVIII, está perto de combinar todos os três sentidos, quando argumenta que a *BELEZA "combina os dois estados opostos [a saber, de SENTIMENTO (*Empfinden*) e de *PENSAMENTO] e assim suprassume a OPOSIÇÃO". Mas o sentido (2) predomina, pois ele acrescenta que "ambos os estados desaparecem inteiramente num terceiro e nenhum vestígio da divisão resta no todo que formam". (Cf. *Aufhebung*, em *EE*, XXIV.) Hegel usa regularmente *aufheben* em todos os três sentidos ao mesmo tempo, e Schiller, mesmo quando não usa *aufheben*, influenciou o seu emprego. Assim, Schiller antecipou o ponto de vista de Hegel da suprassunção da NATUREZA: "[O homem] não permanece no que a mera natureza fez dele; ele tem capacidade para reconstituir pela RAZÃO os passos que ela deu em seu benefício, a fim de transformar a obra de compulsão numa obra de sua livre escolha e elevar a NECESSIDADE física ao nível de necessidade moral" (*EE*, III).

Uma ambigüidade análoga ocorre no latim *tollere*, que significa (1) "levantar, erguer" e (2) "tirar (do seu lugar), destruir, suprimir". Assim, quando Cícero disse que Otávio estava *tollendus* ("para ser elevado") quis significar que ele estava sendo exaltado e que estava ameaçado de ser suprimido. O particípio passado de *tollere* é *sublatus* ("suprassumido"). Originalmente, tinha o significado de "arrebatado, soberbo, arrogante", mas hoje essa acepção é obsoleta. "Suprassumir" (*to sublate*) foi usado por Sir William Hamilton para "negar, contradizer, contestar (uma proposição)", em contraste com "*PÔR". Depois foi usado por Stirling, em *The Secret of Hegel* (1865), tanto no sentido de "destruir" quanto no de "preservar", para traduzir o *aufheben* de Hegel. Os defeitos de "suprassumir" como tradução de *aufheben* são que *tollere*, conforme Hegel sublinha, não tem o sentido (3), "conservar etc.", e que não é uma palavra com que se esteja familiarizado. Por isso os tradutores usaram também, em substituição a "suprassumir", termos como "anular", "abolir", "cancelar", "sublimar" (Kaufmann) etc.

Em suas descrições explícitas de *aufheben*, Hegel refere-se unicamente aos sentidos (2) e (3), uma vez que, em sua opinião, é de grande interesse para o pensamento *ESPECULATIVO que *aufheben* tenha sentidos opostos. Ambos os sentidos, argumenta ele, estão implícitos em (3), porquanto preservar algo envolve removê-lo da *IMEDIATIDADE e de sua exposição a influências externas. Existem, diz ele, muitas dessas palavras em alemão. Não menciona outras em suas considerações sobre *aufheben* (por exemplo, *Enc.* I §96A), mas tem em mente palavras tais como *Person* (*PESSOA), "*SUBJETIVIDADE" e *Begriff* (CONCEITO), que está associado tanto aos primórdios de uma coisa quanto ao seu clímax.

Quando uma palavra tem dois ou mais sentidos, Hegel não dá invariavelmente igual peso a cada um dos seus sentidos em todas (ou na maioria das) ocasiões de seu uso. *Aufhebung* responde de um modo mais fecundo a esse tratamento do que a maioria das outras palavras. Mas (1) mesmo quando um dos sentidos da palavra é dominante no uso de Hegel, os seus outros sentidos também estão usualmente em jogo, isto é, suprassumidos, mas não totalmente suprimidos, e (2) ele tende a ligar sistematicamente os diferentes sentidos de, por exemplo, "REFLEXÃO" e "JUÍZO".

Hegel associa *aufheben* a muitas outras palavras: assim, quando algo é suprassumido (*aufgehoben(e))*, é IDEAL (*ideell)*, *MEDIATIZADO (ou "refletido"), em contraste com imediato, e um *MOMENTO de um TODO que também contém o seu oposto. *Aufhebung* é semelhante à NEGAÇÃO determinada que tem um resultado positivo. O que resulta da suprassunção de algo, por exemplo, o todo em que ele e seu oposto sobrevivem como momentos, é invariavelmente superior ao item, ou à VERDADE do item suprassumido. Assim, apesar do silêncio de Hegel sobre a matéria, é razoável ver o sentido (1), "elevação", como um ingrediente em seu significado hegeliano.

Como muitos outros termos hegelianos, *Aufhebung* refere-se tanto a conceitos quanto a coisas. Os conceitos de SER e *NADA são suprassumidos em *SER DETERMINADO e, em geral, as DETERMINAÇÕES inferiores na Lógica são suprassumidas em superiores.. Os estágios iniciais de um processo temporal de DESENVOLVIMENTO são suprassumidos nos estágios posteriores: por exemplo, as filosofias mais antigas são destruídas e preservadas na filosofia de Hegel. (As nossas primeiras crenças, poderíamos dizer, são suprassumidas em nossas subseqüentes e mais ponderadas crenças, ou os nossos primeiros rascunhos suprassumidos no texto final.) A suprassunção de um conceito na Lógica é compatível com a sua disponibilidade para aplicação a tipos inferiores de entidades: por exemplo, o mecanismo é suprassumido na TELEOLOGIA, mas permanece aplicável ao sistema solar. Mas as fases suprassumidas de um processo temporal são usualmente recuperáveis de um modo análogo.

Hegel combina freqüentemente a suprassunção lógica de um conceito com a suprassunção física de uma coisa. Por exemplo, a MORTE é o "suprassumir [*das Aufheben*] do indivíduo [animal] e, portanto, o surgimento do gênero, do ESPÍRITO" (*Enc.* II, §376A). A morte é a suprassunção física do animal individual, mas o resultado não é o estágio seguinte no processo físico, ou seja, o cadáver, mas o estágio seguinte no processo lógico, o gênero e, indiretamente, o espírito. As razões para tais combinações são que (1) a suprassunção avança do inferior para o superior, não de, por exemplo, um animal para um cadáver; e (2) Hegel vê uma profunda conexão entre o desenvolvimento de conceitos e o desenvolvimento de coisas, o que é essencial para o seu IDEALISMO.

T

teleologia *ver* MECANISMO, QUIMISMO E TELEOLOGIA.

tempo, espaço e eternidade As concepções de Hegel sobre espaço, tempo e eternidade devem tanto à Antigüidade clássica quanto aos filósofos modernos. No *Timeu* Platão viu o espaço (*chora*) como um "receptáculo" no qual o *genesis* ("devir") de coisas materiais (em contraste com as FORMAS ou IDÉIAS, na base das quais elas são modeladas) tem lugar. Na *Física*, Aristóteles concentrou-se no lugar (*topos*) ocupado pelo corpo: não é igual ao corpo, porquanto este pode mudar de lugar; "é o LIMITE imediato e imoto do corpo nele contido". Na *República*, Platão fala da "jornada ascendente da alma para o lugar inteligível [*noeton topon*]". No platonismo posterior, isso tornou-se o "lugar das formas", sendo equiparado, por vezes, à mente de Deus. À semelhança do "espaço lógico" de Wittgenstein, é um análogo espacial de "eternidade".

A distinção entre tempo (*chronos*) e eternidade (*aion*) é implícita em Parmênides, que negou a ocorrência de "devir" e, portanto, de passado e futuro, argumentando que tudo é simultâneo no presente. No *Timeu* de Platão, e no neoplatonismo de um modo geral, o tempo é uma "imagem [*eikon*] movente de eternidade". A eternidade caracteriza as formas; é intemporal e exclui o uso de verbos nos tempos pretéritos e futuros. O tempo é identificado com a revolução periódica da esfera celeste, iniciada pelo divino demiurgo. O *Parmênides* de Platão suscita enigmas sobre o tempo, por exemplo, o status de "o agora" (*to nun*), o instante pontual ou presente. Esse diálogo influenciou o tratamento de Hegel do tempo, assim como o de Aristóteles.

A *Física* de Aristóteles questiona a realidade do tempo, uma vez que o presente é extremamente tênue e os tempos passado e futuro não existem *agora*. Rejeita a *identificação* de tempo com movimento, mas associa-o estreitamente ao movimento, sobretudo ao movimento regular e circular: o tempo é "o número de mudanças a respeito do anterior e do posterior". Uma vez que não reconheceu a existência de formas transcendentes, Aristóteles ignora a distinção entre tempo e eternidade: *aion*, mesmo quando em relação a Deus, é duração eterna, não eternidade intemporal. Mas a distinção persistiu, via pensamento neoplatônico e medieval, até os tempos modernos.

Nos dias de Hegel, espaço (*Raum*) e tempo (*Zeit*) eram usualmente tratados em conjunto. Quatro concepções deles tinham ampla circulação:

1. Espaço e tempo são coisas distintas, nos quais outras coisas estão contidas. Esta concepção estava associada a Newton.
2. Espaço e tempo são atributos de coisas, um ponto de vista próximo do de Aristóteles.
3. Espaço e tempo são *RELAÇÕES entre coisas, uma noção iniciada por Leibniz.
4. Espaço e tempo são "formas de nossa sensibilidade" e, assim, "transcendentalmente IDEAIS": as impomos às nossas INTUIÇÕES. Somente fenômenos, não *COISAS-EM-SI, estão no espaço e no tempo. Esta era a concepção de Kant.

Sustentou Kant que a sua concepção resolve as questões ("antinomias") sobre se o mundo é FINITO ou *INFINITO no espaço e no tempo: se espaço e tempo são meramente ideais, a resposta é "nem uma coisa nem outra". A noção de que a realidade é intemporalmente eterna (*ewig*) e que o tempo é uma forma que lhe impomos foi contestada por Schelling em *As idades do mundo*, escrito em 1811 mas publicado postumamente. O tempo, argumentou ele, não é um meio homogêneo mas intrínseco nas coisas e eventos que o articulam: "tudo tem seu tempo... o tempo não é um princípio externo, desordenado e inorgânico, mas um princípio interno, no grande e no pequeno, sempre completo e orgânico". (Poderíamos parafrasear isso como: pelo princípio de *MEDIDA, a natureza ou QUALIDADE de uma coisa determina não só o seu tamanho, mas quanto tempo dura e qual a duração de suas várias fases.) A verdadeira eternidade (*Ewigkeit*), sustenta ele, "não é a eternidade que exclui todo o tempo, mas a eternidade que contém o próprio tempo (tempo eterno) sujeito a si mesmo. A eternidade real é a superação do tempo." Nesse período, sustentou uma visão de espaço igualmente antinewtoniana a antikantiana.

Hegel considera que o espaço e o tempo são assuntos que interessam não à lógica mas à filosofia da NATUREZA e trata-os em suas conferências de Iena sobre a filosofia da natureza e, em especial, em *Enc.* II (§254-61). A sua descrição de ambos é muito diferente da de Kant, que ele critica em *IHF*. Ao contrário de Kant, ele vê o espaço e o tempo não como formas de sensibilidade, distintas dos conceitos do *ENTENDIMENTO, mas como as manifestações mais fundamentais do CONCEITO na natureza. Ele tenta, assim, uma derivação conceptual de espaço e tempo, e de suas principais características, por exemplo, as três dimensões de espaço e de tempo (passado, presente e futuro). Mas, diferentemente de Kant, a sua derivação *a priori* não se limita ao espaço e ao tempo: prossegue para derivar conceptualmente o lugar (*Ort*) de um corpo, os próprios corpos, e o movimento. Como sustenta que espaço e tempo se envolvem mutuamente, Hegel é apontado como um precursor da doutrina de H.G. Wells e de Minkowski de que o tempo é uma quarta dimensão. Mas o ponto de vista hegeliano depende mais de fatos familiares como o de que a medição do tempo e a nossa percepção de sua passagem requerem movimento no *espaço*, em especial o dos corpos celestes.

Em *Ser e tempo* (1927), Heidegger argumentou que Hegel reproduziu em seus aspectos essenciais a concepção aristotélica de tempo, e viu o tempo como um contínuo homogêneo constituído pelo fluxo de "o agora" (*das Jetzt*), concentrando-se no tempo das ciências naturais e ignorando o tempo da experiência humana. Kojève e Koyré argumentaram que, quando Hegel diz que o tempo é "o próprio conceito existente (*daseiende*)" (*FE*, Pref. etc.), ele liga "conceito" com ou sujeito humano e antecipa a idéia de Heidegger de que o tempo é, primordialmente, o tempo de decisão e AÇÃO, e de que o futuro é, por conseguinte, anterior ao passado e ao presente. Mas o que Hegel quis, de fato, dizer foi isto: em virtude de sua estrutura conceptual (isto é, o conceito) e da CONTRADIÇÃO nela envolvida, as entidades FINITAS *DESENVOLVEM-SE, mudam, extinguem-se e dão origem a outras entidades. Tais mudanças acarretam tempo e sem elas não haveria tempo. Logo, tempo é o "conceito existente" (cf. *Enc.* II, §258A). Este ponto de vista está próximo do de Schelling.

O tempo é, pois, intrínseco nas coisas finitas e não é uma forma que lhes seja imposta. Mas Hegel também considera a eternidade intemporal anterior ao tempo. O próprio conceito e o ESPÍRITO que ascende ao conceito são eternos, não temporais (*Enc.* II, §258 e A). É por isso que (como Fichte, e Kant em *O fim de todas as coisas*, mas ao contrário de Schelling) Hegel não pode atribuir genuína *IMORTALIDADE ao espírito.

Enc. II trata principalmente do conceito de tempo envolvido nas ciências físicas, mas *Enc.* III contém numerosos comentários sobre a psicologia da percepção de tempo (por exemplo, §448 e A). Em *IFH* etc., Hegel emprega uma noção de tempo histórico (e, em *E,* de tempo de, por exemplo, uma peça de música) que não é homogêneo mas articulado em fases ou períodos: a história do mundo é a "exposição (*Auslegung*) do espírito no tempo". Mas não atribui prioridade ao futuro. A filosofia é essencialmente retrospectiva, limitada ao entendimento do passado e do presente. Não podemos prever ou prescrever o futuro, e devemos, pois, conciliar-nos com o presente (*Gegenwart*). Concorda com Epicuro em que o futuro não é de nossa conta. Essa doutrina foi rejeitada por Kierkegaard, que insistiu em que, embora a vida seja "entendida para trás", ela deve ser "vivida para diante". Mas concorda com Hegel em que a ação não envolve escolhas significativas entre alternativas igualmente possíveis mas condizentes com as normas da VIDA ÉTICA.

Em "*Ousia* e *Gramme*", a análise de Aristóteles por Heidegger é criticada por Derrida, que argumenta serem a concepção aristotélica de tempo e sua posterior influência mais complexas e multifacetadas do que Heidegger supôs. O mesmo se verifica no caso da concepção de tempo de Hegel.

teologia *ver* RELIGIÃO, TEOLOGIA E FILOSOFIA DA RELIGIÃO.

todo e partes, totalidade e momentos O adjetivo *ganz* significa "todo, inteiro". Dá origem ao substantivo adjetival *(das) Ganze* ("(o) todo"). Com freqüência, *das Ganze* é correlativo de *(die) Teile* ("(as) partes" e, no singular, "parte, porção"), que está associada a *teilen* ("dividir, repartir") e sugere, pois, que o todo pode ser dividido em partes.

Hegel usa *das Ganze* em dois sentidos:

1. Na Lógica, a correlação do todo e das partes é a primeira categoria de RELAÇÃO (*Vertältnis*)(*Enc.* I, §135). Um todo consiste essencialmente em partes, mas isso dá origem a um problema: "a relação do todo e das partes é *NÃO-VERDADEIRA na medida em que o seu conceito e sua realidade não correspondem um ao outro. O conceito do todo é o de conter partes; mas se o todo é POSTO como o que é segundo o seu conceito, ele se divide, ou se *reparte*, e assim deixa de ser um todo" (*Enc*, I, §135A). Portanto, um todo e suas partes estão essencialmente relacionados entre si *e* não mutuamente independentes. Em *CL*, Hegel considera que essa CONTRADIÇÃO é a origem da segunda antinomia de Kant, a de que se pode provar que o mundo é divisível à INFINIDADE e consiste em partes indivisíveis. Mas Hegel tenta resolver a contradição, e a antinomia kantiana, recorrendo ao conceito de uma FORÇA e sua *EXTERNALIZAÇÃO.

Não se depreende daí, adverte Hegel, a existência no mundo de todos que não consistem em partes, pois as COISAS, assim como as categorias, podem ser não-verdadeiras. Assim, as coisas que "correspondem a essa relação são *ipso facto* existências inferiores e não-verdadeiras" (*Enc.* I, §135A). Não incluem entidades superiores, como os ORGANISMOS vivos, as MENTES ou os sistemas filosóficos. Ele refere-se freqüentemente a um todo que consiste em partes como um *Aggregat* ou como *zusammengesetzt* ("compósito"). As partes de um tal todo são anteriores ao próprio todo, e este é plenamente entendido se entendermos cada uma de suas partes.

2. *Das Ganze* é também usado para um todo como uma mente, um organismo ou *SISTEMA cujas partes ou não podem ser removidas de maneira nenhuma ou só podem sê-lo com danos para a parte removida e as partes remanescentes. (Alguns todos podem substituir as partes removidas, como no caso de um lagarto, em quem cresce uma nova cauda.) Um tal todo não é formado por composição (*Zusammensetzung*), mas por DESENVOLVIMENTO a partir do seu CONCEITO. O todo é anterior às partes, e as partes só podem ser entendidas em termos de todo. Cada parte serve a PROPÓSITO do todo. Hegel tem um todo desse tipo em mente, quando diz: "O verdadeiro é o todo. Mas o todo é apenas a ESSÊNCIA [ou "entidade": *Wesen*] aperfeiçoando-se através do seu desenvolvimento" (*FE*, Pref.). Fala freqüentemente das *Teile* de um tal todo, mas prefere quase sempre usar alguma outra palavra, como *Glieder* ("membros"), *Organe* ("órgãos") ou *Momente* ("momentos"), a qual não sugere que as partes podem ser separadas.

Esse conceito de um todo apresenta-se em Aristóteles, em místicos como Böhme, e em Kant, especialmente em *CJ*. A distinção entre 1 e 2 é semelhante à distinção, no *Teeteto* de Platão e na *Metafísica* de Aristóteles, entre *to pan* ("o todo, total(idade)") das partes e *to holon* ("o todo"). Um *holon*, para Aristóteles, não é apenas o total de suas partes, mesmo quando estão em posição, mas tem uma causa interior de unidade, a saber, uma FORMA.

O latim para *ganz* é *totus*, e isso deu origem, no latim escolástico, a totalis ("total") e *totalitas* ("totalidade"). No alemão do século XVI, esses tornaram-se *total* e *Totalität*. *Totalität* significa "totalidade" em dois sentidos: o de "completude, inteireza, unidade" e o de "(uma) totalidade, (um) todo". Difere de *Ganzheit* ("integralidade") e *das Ganze* em dois aspectos:

1. Não precisa sugerir a articulação interna característica de um todo (pelo menos no sentido 2 acima) mas pode equivaler apenas a *Allheit* (ou *to pan*) Assim, Kant fala da *absolute Totalität* das CONDIÇÕES de entidades condicionadas, as quais, argumenta ele, estão subjacentes nas IDÉIAS transcendentais e no uso *ESPECULATIVO da RAZÃO (*CRP*, A407, B434 e seg.). Aqui, a ênfase recai sobre a totalidade (inatingível), a *Allheit das* condições, não sobre as suas inter-relações sistemáticas.

2. *Totalität* acentua freqüentemente de um modo mais enfático do que *das Ganze* a natureza completa, integral, do todo, o fato de que nada é deixado de fora. Um todo deve ser relativamente auto-suficiente e independente de seu meio ambiente, mas não é difícil supor que um todo (por exemplo, um homem) é parte de um todo maior (por exemplo, um ESTADO). É mais difícil supor que uma totalidade é, no sentido vulgar, parte de uma totalidade maior. Um poema lírico ou uma tragédia é um todo. Mas não é uma totalidade, argumenta Hegel em *E*, uma vez que apresenta apenas um fragmento do mundo grego. Um épico, em contrapartida, é uma *einheitsvolle Totalität* ("totalidade plenamente unifi-

cada"), porquanto apresenta o mundo homérico em sua inteireza, assim como as ações particulares que têm lugar contra esse fundo. Mas em outras obras, ele não têm dúvida em designar qualquer boa obra de ARTE uma *Totalität*, especialmente uma *Totalität in sich* ("em si").

O uso de Hegel de *Totalität* varia. Por vezes, é pouco mais do que um agregado: "a totalidade das reações [de um produto químico em outros produtos químicos] está presente somente como uma soma total [*Summe*], não como retorno *INFINITO a si" (*Enc.* II, §336A). Mas, com freqüência, uma totalidade é um todo abrangente: as totalidades são entidades que "pertencem em si e para si à razão, ao pensar do UNIVERSAL intrinsecamente CONCRETO — *ALMA, mundo, DEUS" (*Enc.* I, §30). O "princípio de totalidade" proíbe-nos de aplicar a uma dessas entidades um de um par de predicados OPOSTOS, com exclusão do outro (*Enc.* I, §32A).

Cada parte de tal totalidade é ela própria o todo: assim, cada PESSOA da deidade é implicitamente toda a deidade, e cada parte do sistema de Hegel é implicitamente todo o sistema (*Enc.* I, §15). Um modelo simples disso é o ímã, o qual, se partido ao meio, torna-se dois ímãs completos, cada pólo tendo gerado seu próprio oposto (*Enc.* II, §312A). Uma totalidade envolve usualmente três "momentos", os de universalidade, *PARTICULARIDADE e *INDIVIDUALIDADE (por exemplo, *FD*, §275, sobre o PODER do príncipe). A tendência de cada parte para tornar-se o todo é vista em termos das inter-relações lógicas de universalidade, particularidade e individualidade. Como cada parte de uma totalidade é ela própria a totalidade, várias (especialmente três) totalidades (por exemplo, as três partes do sistema de Hegel) formam com freqüência uma única totalidade. Isso condiz com a idéia de Hegel de que o universal é um gênero cujas espécies são o universal, o particular e o individual; uma totalidade como a IDÉIA lógica, cujas três partes são, respectivamente, universal, particular e individual, pode ser vista como uma especificação particular de um universal superior (que é apenas ele próprio com um aspecto diferente) e é, portanto, o universal *como tal*, ao lado do particular (NATUREZA) e do individual (ESPÍRITO).

Quando Hegel sublinha a concatenação e inseparabilidade recíproca das partes de um todo ou totalidade, chama-lhes freqüentemente *Moment(e)* ("momento(s), aspecto(s), elemento(s)"). *Moment* foi tomado no século XVII ao latim *momentum*, que deriva de *movere* ("mover") e significa "FORÇA movente, ímpeto, impulso". Passou depois a significar:

1. "Instante, momento (de tempo)". Neste sentido, *Moment* é masculino (*der Moment*). Hegel não usa a palavra nesta acepção; prefere *Augenblick* (literalmente, um "relance de olhos") ou *das Jetzt* ("o agora").
2. "Força motivadora, fator decisivo, circunstância essencial". Nesta acepção, *Moment* é neutro (*das Moment*). O uso de *Moment* por Hegel deriva deste.

Quando Hegel afirma, em *CL*, que SER e *NADA são momentos de *SER DETERMINADO, ele liga esse uso de *Moment* com a alavanca: "No caso da alavanca, peso e distância de um ponto são chamados os seus momentos mecânicos, em virtude de serem idênticos aos seus efeitos, apesar do fato de que são muito diferentes em tudo o mais, sendo um, o peso, real enquanto o outro, como mera determinação espacial, a linha, é ideal" (Cf. *Enc.* II, §261, 265 e A). Um *Moment* é o que é "*SUPRASSUMIDO" (*das Aufgehobene*) ou "IDEAL" (*das Ideelle*). Universalidade, particularidade e individualidade são momentos de um todo ou totalidade. Mas, de um modo mais geral, um momento é uma característica ou aspecto essencial de um todo concebido como um sistema estático, e uma fase essencial num todo concebido como movimento ou processo dialético.

totalidade *ver* TODO E PARTES, TOTALIDADE E MOMENTOS.

tríades Os conceitos filosóficos adotam freqüentemente a forma de OPOSIÇÃO: MENTE-corpo, ESPÍRITO-MATÉRIA, números-fenômenos, bem-mal, RAZÃO-desejo, SUJEITO-OBJETO, *PENSAMENTO-SER etc. Uma abordagem disso é o dualismo, a aceitação de que existem duas entidades ou tipos de entidade (Platão, Descartes etc.). Uma outra é o monismo, a tese segundo a qual um oposto é redutível ao outro, ou que alguma terceira entidade está subjacente em ambos. Hegel, tal como, por exemplo, Nicolau de Cusa, Böhme e Schelling, sustentou que a tarefa do filósofo consiste em superar tais oposições. Mas as oposições, em seu entender, não serão simplesmente dissolvidas numa unidade neutra: a oposição é um fator essencial na VIDA e deve ser preservada e *SUPRASSUMIDA na *TOTALIDADE que dela emerge. Assim, Hegel não é um monista nem um dualista. Se tiver que lhe ser atribuído qualquer número, é o número 3.

Hegel faz objeções específicas ao dualismo e ao monismo. A entidade singular postulada pelo monismo deve ser totalmente indeterminada, porquanto a *DETERMINIDADE envolve NEGAÇÃO. O dualismo é intelectualmente desordenado e epistemologicamente instável, uma vez que o filósofo deve ter acesso cognitivo a *ambos* os tipos de entidade: ou uma das duas entidades recobre (*übergreift*) a outra e não está, portanto, coordenada com ela, ou o próprio filósofo é um terceiro tipo de entidade, ao lado das outras duas. (Hegel encontrou essa imperfeição no ABSOLUTO ou SUBSTÂNCIA de Spinoza. Mas também se observa no dualismo platônico de FORMAS e fenômenos, porquanto a *ALMA que conhece ambos os domínios não pode pertencer a um nem a outro — uma dificuldade exposta pelo próprio Platão no *Sofista* e no *Parmênides*.)

A estrutura triádica tem uma longa história. Para os primeiros filósofos gregos, o terceiro termo de uma tríade é usualmente o ponto intermédio entre dois opostos. Os pitagóricos viram as coisas como um equilíbrio entre opostos, Platão, no *Filebo*, considera-as um misto de INFINITO e do LIMITE, e Aristóteles vê a virtude como um meio entre dois vícios opostos. Mas a tríade é característica sobretudo do neoplatonismo. Plotino propõe três *hypostaseis* ("substâncias"): O uno, o intelecto e a alma universal. Por sua vez, o intelecto tem três fases: ser, vida e pensamento. O mais sistemático Proclo também postula a tríade ser-vida-intelecto, a par de muitas outras, mas justifica-as com um princípio: toda a *CAUSA avança para o seu efeito através de um meio (*meson*). Para assegurar a continuidade, a ausência de profundas falhas no mundo espiritual, Proclo, como Hegel, requer *MEDIAÇÃO.

Uma tríade crucial em Proclo é a de permanência-processão-retorno. Os neoplatônicos defrontavam-se com uma questão que remonta a Parmênides: como a diversidade e a pluralidade nascem de uma unidade original? Plotino respondeu que isso era porque toda a coisa que é "completa" tende a reproduzir-se, a gerar eternamente uma semelhança inferior de si mesma. A coisa não é por isso diminuída, pois permanece como era, tal como uma fonte de luz não é diminuída pela luz que derrama. Plotino admite um retorno ao uno (por exemplo, eles descreve-se como "estando sozinho com o sozinho"), mas não explora a noção de REFLEXÃO para esse fim. Proclo vê *proodos* ("ir longe, processão, emanação") em termos da geração de uma série de números pela unidade. Esse modelo acolhe a noção de uma reversão ou retorno (*epistrophe*) ao *arché* ("começo, princípio"). Todo o ser perfeito gera um efeito que se lhe assemelha, o qual permanece na causa (porquanto esta não é diminuída), procede dela e retorna à causa (uma vez que deseja a reunificação com a causa, que é como ele, mas num plano mais elevado). Essa tríade é repetida em sucessivos níveis. O mundo é uma contínua cadeia de seres, descendentes do um e assemelhando-se em graus variáveis. É um TODO orgânico, unificado. As almas ascendem, moral e cognitivamente, de volta ao um, assim completando um movimento circular.

Essas doutrinas tiveram uma imensa influência sobre a teologia medieval (especialmente através dos *Nomes divinos*), por uma plagiador cristão que se passava por Dioniso, o Areopagita) e o pensamento renascentista e moderno, especialmente Escoto Erígena, Eckhart, Böhme, Nicolau de Cusa, Leibniz e Schelling. Erígena, por exemplo, sustentou que todas as coisas procedem de Deus por uma criação ETERNA, enquanto permanecem dentro da natureza divina, e retornam eternamente a Deus. A doutrina recebeu depois uma interpretação histórica: a HISTÓRIA, para Schelling e Hegel, é a forma encontrada por Deus ou o ESPÍRITO para revelar-se. Hegel estudou Plotino e Proclo minuciosamente e admirou ambos, embora preferisse Proclo a Plotino. Difere deles ao considerar a origem de um movimento triádico (por exemplo, SER) mais como *SUPRASSUMIDO do que como preservado em sua pureza original, mas restaurado num plano superior no final da tríade, o "retorno". Assim, uma tríade hegeliana, tal como a tríade neoplatônica, é uma viagem de regresso e, como em Proclo, o esquema triádico reaparece em sucessivos níveis. E.R. Dodds, em sua 2ª edição de *The Elements of Theology* (Oxford: Clarendon, 1963), de Proclos, afirmou que o principal erro de Proclo é a sua "pressuposição de que a estrutura do cosmo reproduz exatamente a estrutura da lógica grega (...) Na forma uma metafísica do Ser, os *Elementos* concretizam o que, na substância, é uma doutrina de categorias: a causa não é outra coisa senão um reflexo do 'porquê', e o aparato aristotélico de gênero, espécie e diferença é transformado numa hierarquia objetivamente concebida de entidades ou forças" (p.XXV). Com algumas restrições, a mesma acusação foi feita, especialmente por Schelling, contra Hegel.

Uma fonte mais imediata da tríade de Hegel é a idéia de que o terceiro termo é a superação ou síntese de dois opostos. Essa idéia não é patente nos neoplatônicos, mas destaca-se em Kant e, mais especialmente, em Fichte. Em *CRP*, as categorias apresentam-se em quatro grupos de três (se bem que em apenas duas das tríades podem as primeiras duas categorias — unidade/pluralidade e realidade/negação — ser plausivelmente vistas como opostos), e a "terceira categoria em cada caso resulta da combinação [*Verbindung*] da segunda com a primeira" (*CRP*, B111). Cada uma das quatro antinomias (*CRP*, A426 e segs., B454 e seg.) envolve uma *Tese* e uma *Antítese*, mas Kant não apresenta a sua própria solução como uma *Síntese*. ("Síntese", em Kant, refere-se usualmente à "síntese de múltiplos sensórios" e contrasta com "análise", não com "tese" ou "antítese".) Com freqüência, um terceiro termo medeia entre dois outros termos díspares: a *IMAGINAÇÃO (*Einbildungskraft*) recebe o seu material da sensibilidade mas é, como o *ENTENDIMENTO, espontânea e, assim, medeia entre os dois, ou combina-os. Os termos "tese", "antítese" e "síntese", e o correspondente movimento triádico, impregnam a *TC* de Fichte. A tríade inicial é (1) o EU POSTO por si mesmo, num ato de absoluta liberdade; (2) o não-Eu contraposto ao Eu; e (3) um não-Eu divisível contraposto ao Eu divisível. Schelling também favoreceu tríades. O ABSOLUTO manifesta-se em duas *Potenzen* ("poderes, potências"), as do real (NATUREZA) e do IDEAL (ESPÍRITO), e é em si a indiferença entre o real e o ideal. Esse padrão é repetido dentro dos termos resultantes. A natureza envolve um poder real (matéria), um poder ideal (luz) e um poder de indiferença (ORGANISMO), e o mesmo ocorre com o espírito: conhecimento, ação e ARTE. Cada um desses termos é, por sua vez, dividido e subdividido em três, de acordo com o mesmo princípio.

Hegel não aplica os termos "tese", "antítese" e "síntese" às suas próprias tríades, e só os usa juntos em sua descrição das tríades de Kant. Mas deve muito ao procedimento triádico de Fichte e descreve freqüentemente o seu próprio procedimento como a superação de oposições pela RAZÃO DIALÉTICA e *ESPECULATIVA. Isso é mais apropriado para a primeira seção da Lógica do que para a segunda, onde o movimento se procede por reflexão, ou para a terceira, onde procede por um DESENVOLVIMENTO, especialmente do UNIVERSAL em *PARTICULAR e em *INDIVIDUAL, que constitui uma reminiscência do neoplatonismo.

As estruturas triádicas nos domínios da NATUREZA e do espírito (por exemplo, a VONTADE) são freqüentemente vistas em termos de tríades a partir da terceira parte da Lógica, em especial a tríade universal-particular-individual, e as INFERÊNCIAS que as relacionam, conceito-JUÍZO-inferência e CONCEITO-REALIDADE-IDÉIA. A tríade dominante para Hegel é a do próprio espírito, o qual (1) é o Eu fechado em si; (2) tem um OBJETO oposto a ele; e (3) "recobre" (*übergreift*) e suprassume o seu objeto, como "a luz que manifesta a si e ainda o outro" (*Enc.* III, §413). O espírito recobre e unifica opostos, embora preservando-os. Assim, Hegel não é um monista nem um dualista; tampouco é, em qualquer acepção linear, um "idealista" em contraste com um "materialista", ou um adepto de qualquer outro "-ismo" em contraste com o seu oposto.

U

universal, particular e individual[1] Para cada um destes termos, o alemão tem uma palavra do vernáculo e uma derivada do latim:

1. (a) *Allgemein* ("geral, universal") é, literalmente, "comum (*gemein*) a todos (*all*)". Dá origem a *(das/ein) Allgemeine* ("(o/um) universal") e *(die) Allgemeinheit* ("universalidade"). (b) No século XVI, *universal,* e no século XVIII, *universell* (via o francês *universel*), foram derivados do latim tardio *universalis*, que vem de *universus* (literalmente, "voltado (*versus*) para um (*unus*)", daí "universal, abrangente, todo" etc.).

O termo usual de Hegel para "universal" é *allgemein*. Ele usa *universell* só ocasionalmente, sobretudo quando alude ao JUÍZO universal em *CL*. (Emprega *Universum* no sentido de "universo, TOTALIDADE, mundo (todo)".)

2. (a) *Besonder* é cognato com o inglês "*(a)sunder*" e significou originalmente "separado, delimitado, especial". Gera *das Besondere* ("o particular"), *(die) Besonderheit* ("particularidade") e *(die) Besonderung* ("particularização, especificação"). O vínculo com *sondern* é preservado no uso por Hegel dessa palavra. (b) *Partikular* e *Partikularität* derivam do latim *pars* ("parte, porção, divisão").

Hegel usada *besonder* mais freqüentemente do que *partikular*, mas emprega esta última para, por exemplo, o juízo particular e interesses particulares, isto é, especiais.

3. (a) *Einzeln* ("singular, individual, isolado" etc.) vem de *ein* ("um", número cardinal e artigo indefinido). Isto gera *das Einzelne* ("o indivíduo (coisa)"), *der Einzelne* ("o indivíduo (homem, pessoa)"), *(die) Einzelheit* ("singularidade" etc., e também "ponto particular, detalhe") e *vereinzeln, Vereinzelung* ("isolar, individualizar", "isolamento, individualização"). (b) O latim *individuum* ("o indivisível", uma tradução do grego *atomon*) deu origem, no século XVI, a *(das) Individuum* ("(o) indivíduo") e *individual*, e, no século XVIII, através do francês, a *individuell* e *Individualität*. Estas palavras transmitem uma sugestão mais forte de individualidade e de individualismo humanos do que *einzeln* etc. Mas a expressão comum para "o indivíduo" no sentido de "pessoa" é *der Einzelne*, não *das Individuum*.

---

1. O vernáculo alemão "*das Einzelne*" é freqüentemente traduzido pelo termo "singular". Porém, preferimos manter a opção do autor pelo termo "individual". (N.R.T.)

Hegel usa habitualmente *einzeln* etc. para contrastar com *allgemein* etc. e *besonder* etc. Mas recorre com freqüência a *Individuum* e *Individualität*, especialmente para o indivíduo e a individualidade humanos, por exemplo, o "indivíduo do mundo HISTÓRICO" é *das Individuum* e não *der Einzelne*. Usa por vezes o alatinado *singular* para juízo "singular" ou "individual".

Os termos tinham dois usos na lógica do tempo de Hegel:

1. A distinção entre "universal" e "particular" corresponde em parte à de entre o genérico (ou "determinável") e o específico (ou "determinado"). Um universal (conceito etc.) é um conceito que se aplica a (ou uma característica inerente em) todas as entidades, ou a todas as entidades de um dado tipo: por exemplo, "coloridas". Um particular aplica-se a apenas algumas dessas entidades, por exemplo, "vermelhas". ("Universal" e "particular" são aqui termos relativos: o que é, de um ponto de vista, particular, isto é, uma especificação de um universal é, de um outro, um universal, ou seja, um termo geral que pode ser especificado em particulares.) Um indivíduo é uma entidade particular: por exemplo, Sócrates.

2. Os termos também se aplicam a tipos de juízo: um juízo universal diz respeito a todas as entidades de um dado tipo: por exemplo, "Todos os homens são sábios." (Hegel refere-se freqüentemente a esse tipo de universalidade como "totalidade", *Allheit*.) Um juízo particular diz respeito a um indivíduo: por exemplo, "Sócrates é sábio." O juízo individual foi visto por Kant (*CRP*, A71, B96) e outros lógicos como semelhante ao juízo universal, na medida em que o predicado aplica-se ao sujeito como um *todo* (por exemplo, Sócrates), não apenas a uma parte dele, como no juízo particular. (Isso, somado ao fato de que a individualidade representa a unidade, em contraste com a "fragmentação" da particularidade, explica em parte a concepção de Hegel de que a individualidade é um restabelecimento da universalidade num nível superior.)

Na lógica tradicional, nada pode ser simultaneamente individual e universal. Mas no uso menos formal, um indivíduo pode ser visto como universal: Krug argumenta que um POVO (*Volk*) é, em contraste com outros povos, particular (*etwas Besonderes*), mas quando visto como um todo e em contraste com os indivíduos que ele contém, é universal. Hegel usa *allgemein* de um modo semelhante. Em *FE*, I, o "aqui" e o "agora" são universais, não só porque os termos são aplicáveis a qualquer tempo e lugar, mas porque qualquer área de espaço referida como "aqui" contém áreas menores que podem, cada uma delas, ser apontadas como "aqui", e qualquer extensão de tempo referida como "agora" contém extensões menores que também são "agoras". O Eu é universal não só porque todos e cada um de nós é um Eu (*Enc*. I, §20), mas porque é um "receptáculo" para todas as CONCEPÇÕES etc. de uma pessoa (*Enc*. I, §24A). Assim, "universal" está freqüentemente próximo de "TODO", "abrangente", "includente". Uma outra razão para a universalidade do Eu é que ele é "vazio" ou *INDETERMINADO. Assim, Hegel também associa universalidade com simplicidade, indeterminidade ou falta de especificidade. Ele vê a universalidade (tal como o CONCEITO) evoluindo de uma simplicidade indeterminada para uma rica abrangência em que coincide com a individualidade. (Cf. o *universaler Mensch*, o "homem universal (ou da 'Renascença')", o homem de múltiplos talentos e interesses, mas também de acentuada individualidade.)

Os individuais foram freqüentemente considerados lógica, epistemológica e/ou ontologicamente inferiores aos universais, sobretudo por adeptos da concepção de Platão de que FORMAS, IDÉIAS ou universais são anteriores aos individuais. Os individuais receberam mais respeitabilidade lógica da postulação de formas tanto individuais quanto universais (Plotino), de essências individuais (a *haecceitas* ["*haecceidade*", do latim "*haec*", "esta"] de Duns Scotus) e de um conceito de cada individual diferir do de qualquer outro individual (Leibniz). Hegel rejeita essas tentativas para dar ao individual um *status* igual ao do universal, e coordenado com este. Para ele, *PENSAMENTO e LINGUAGEM tratam de universais e não podem referir-se a individuais, porquanto termos tais como "Eu", "este" e "este individual" são termos universais (*Enc.* I, §20). Os individuais derivam seus *status* da universalidade implícita neles. Hegel não considera, como Spinoza, os individuais como meros acidentes da SUBSTÂNCIA.

O Iluminismo viu os indivíduos humanos como uniformemente racionais, sendo suas diferenças individuais meramente secundárias. Mas Herder e os românticos sublinham a *Individualität* singular de, por exemplo, homens e obras de ARTE individuais. Hegel reconhece diferenças particulares entre homens, mas subordina-as ao que os homens têm em comum. A respeito de sua faculdade suprema, a RAZÃO, os homens não diferem essencialmente: "o racional é a estrada onde todos trafegam, mas ninguém é identificado" (*FD*, §15A). Na sociedade, a esfera da particularidade, a SOCIEDADE CIVIL, está subordinada à individualidade do ESTADO, no qual necessidades e interesses particulares são reintegrados e *SUPRASSUMIDOS numa universalidade mais diferençada e abrangente do que a simples universalidade da FAMÍLIA.

Universalidade, particularidade e individualidade são os três *MOMENTOS do conceito. Hegel rejeita a noção de que universais, particulares e individuais são lógica, ontológica e epistemologicamente distintos uns dos outros. O universal é *CONCRETO, não ABSTRATO, e *DESENVOLVE-SE para o particular e o individual, embora mantendo-se neles. Defende esse ponto de vista em diferentes níveis:

1. O conceito de universalidade converte-se nos de particularidade e individualidade (por exemplo, *Enc.* I, §§163-5). Só é universal em virtude de contrastar com eles. A universalidade *particulariza-se* em universalidade, particularidade e individualidade: assim, universalidade é o gênero universal e é uma espécie particular desse gênero coordenado com a particularidade e a individualidade. (A operação pode ser repetida: o universal particular pode voltar a particularizar-se nas subespécies de universalidade, particularidade e individualidade.) Ele explora freqüentemente a idéia de que um gênero universal pode ser um de sua própria espécie: isso explica em parte o seu uso de palavras tais como "SER" num sentido mais amplo e num mais estrito. É semelhante à idéia de que o pensamento "recobre" (*übergreift*) o que é diferente do pensar.

2. Na Lógica, em geral, o pensamento universal particulariza-se em pensamentos específicos e retorna finalmente à unidade da IDÉIA absoluta.

3. A universalidade "recobre" particulares e individuais. Os individuais só podem ser descritos e referidos em termos universais, incluindo "(este) individual". Os universais estão implantados em particulares e individuais, constituindo a ESSÊNCIA destes.

4. Como os universais estão implantados em coisas, as coisas envolvem a autodiferenciação de um universal em particulares e depois a reunificação da individualidade. Isso pode ou não ser um processo temporal: por exemplo, uma semente universal, indeterminada, particulariza-se numa planta diferenciada, a qual se escolhe então na individualidade

mediante a produção de uma nova semente; mas, em qualquer momento dado, um animal é uma VIDA universal, indeterminada, que se diferencia em órgãos particulares mas os conserva unidos num só indivíduo.

Em todas as obras de Hegel, pensamentos e coisas são vistos como exemplificações do padrão *TRIÁDICO de DESENVOLVIMENTO de universal-particular-individual: o EU universal particulariza-se na consciência de OBJETOS e depois restaura a sua individualidade em *AUTOCONSCIÊNCIA; a universalidade da idéia lógica particulariza-se em NATUREZA e é individualidade em ESPÍRITO. O indivíduo que resulta é tão universal quanto individual. Mas é universal não no sentido de "simples, indeterminado", mas no de "abrangente": por exemplo, as diversas filosofias que surgiram da primitiva simplicidade ou universalidade de pensamento estão contidas ou suprassumidas na FILOSOFIA de Hegel, a qual é, portanto, universal num sentido superior (*Enc.*I, §13). *Ver* CLASSIFICAÇÃO; DEFINIÇÃO E NEGAÇÃO E NEGATIVIDADE.

V

verdade, falsidade e correto O adjetivo *wahr* ("verdadeiro") é cognato com o latim *verus* ("verdadeiro", etc) e significou originalmente "digno de confiança, idôneo, confiável". Daí derivou o substantivo *(die) Wahrheit* ("verdade") e o substantivo adjetival *das Wahre* ("a verdade, aquilo que é verdadeiro"). *Falsch* é cognato com o latim *falsus*, e significou originalmente "descrente, desonroso, espúrio, fingido, desprezível". Deu origem a *(die) Falschheit*, "falsidade, impostura, falsificação", e *das Falsche* ("o falso" etc.). *Wahr* está próximo de *richtig*, que é cognato com *Recht* (DIREITO), "certo", e o latim *rectus* ("reto, correto" etc.), e significou originalmente "reto, correto". Agora significa "correto", mas coincide em parte com "real" e "autêntico", como em "um sucesso real (autêntico), louco etc."

Wahr e *Wahrheit*, como "verdadeiro" e "verdade", aplicam-se não só a crenças, declarações etc., mas também a coisas, como em "um verdadeiro artista", "um verdadeiro amigo" etc. Este uso tem uma longa tradição. Platão aplicou *alethes* ("verdadeiro, sincero") e *aletheia* ("verdade, sinceridade, realidade") a coisas, sobretudo ao que é mais cognoscível do que meramente opinável. Na *República*, argumentou que a FORMA suprema, a forma do bem, fornece verdade ao que é conhecido, assim como o sol ilumina objetos terrenos. Mas Aristóteles excluiu a verdade das coisas e confinou-a aos JUÍZOS: um juízo é verdadeiro se diz, do que é, que é, ou diz, do que não é, que não é. Syrianus insistiu em que "nada pode ser estritamente verdadeiro ou falso, exceto a asserção e a negativa". A definição de Aristóteles ingressou na escolástica como *adaequatio rerum et intellectus*, "a concordância das coisas e do intelecto". Mas a idéia de que coisas, assim como juízos, podem ser verdadeiras ou falsas persiste em, por exemplo, os *Solilóquios* de Santo Agostinho e em autores subseqüentes, em conjunto com a idéia de que Deus é supremamente verdadeiro ou (a) verdade e confere às outras coisas aquela verdade que possuírem. No século XVIII a verdade estava estreitamente associada às LEIS DO PENSAMENTO. Uma proposição verdadeira deve sujeitar-se às leis do pensamento, em especial à lei da CONTRADIÇÃO. Em *CRP*, A294, B350, Kant diz que "o elemento formal de toda a verdade consiste na concordância com as leis do *ENTENDIMENTO".

Hegel usa *wahr* e *Wahrheit* de maneiras incomuns. Rejeita o uso aristotélico e considera um juízo como "Esta rosa é vermelha" capaz de ser *richtig* mas não *wahr*. Aplica *wahr* e *Wahrheit* principalmente a conceitos e coisas. Mas tende a acreditar que somente DEUS ou o ABSOLUTO é estritamente verdadeiro. O seu uso explora e desenvolve diversas linhas de pensamento que estavam sendo previamente usadas:

1. Hegel associa o seu próprio uso de *wahr* a locuções como "verdadeiro amigo" e "verdadeira obra de arte" (por exemplo, *Enc.* I, §§24A.2, 172A, 214A). Um verdadeiro amigo, diz ele, é um amigo que se harmoniza com o CONCEITO de um amigo, e uma verdadeira obra de arte é uma que concorda com o conceito de uma obra de arte. Mas nenhuma entidade FINITA está em total concordância com o seu conceito. Está enredada em relações com outras coisas que lhe conferem características que não são determinadas pelo seu conceito. Por conseguinte, nada pode ser estritamente verdadeiro exceto o TODO, aquilo que não tem complicações externas e está, portanto, em total acordo com o seu conceito. Na Lógica, isso é, ou está representado por, a IDÉIA absoluta, na qual o conceito está em total concordância com a REALIDADE.

2. Hegel aceita o ponto de vista de que uma coisa só pode ser verdadeira se não for autocontraditória. Mas não são só juízos, crenças etc. que podem contradizer-se. Até mesmo Leibniz e Kant concordam em que um conceito pode contradizer-se e, portanto, ser falso, pelos próprios critérios deles. Um falso amigo ou uma falsa obra de arte também se contradiz, no sentido tanto de que não corresponde ou "contradiz" o seu conceito, quanto no de que é (com freqüência, pelo menos) internamente discordante. Mas, de fato, qualquer entidade finita, seja ela uma coisa ou um conceito, contradiz-se, pelo menos se for ABSTRAÍDA de suas RELAÇÕES com outras coisas ou conceitos. Assim, uma vez mais, somente o todo é estritamente verdadeiro, aquilo que, não sendo finito, *SUPRASSUME as contradições em suas partes.

3. Hegel também aceita a definição de verdade como *adaequatio rerum et intellectus*,mas reinterpreta-a como, por exemplo, a "identidade de PENSAMENTO e SER" ou a "concordância do *SUBJETIVO e do *OBJETIVO". Mas a total concordância entre pensamento e ser não será encontrada num juízo como "Esta rosa é vermelha". O meu pensamento acerca da rosa não apreende toda a verdade a respeito da rosa, seu aroma etc., já para não mencionar toda a verdade sobre o ser em geral. A rosa pode estar doente e, assim, não corresponder ao conceito de uma rosa que eu lhe aplico, mas ainda que esteja saudável e bem desenvolvida como rosa que é, deve, como entidade finita, ficar aquém dos conceitos que lhe aplico. Juízos desse tipo pressupõem que eu e o meu pensamento são distintos dos OBJETOS de meu juízo e, portanto, que, por mais correto que o meu pensamento seja, não *coincide* com o seu objeto. Hegel só viu tal coincidência de pensar e ser, de subjetivo e objetivo, na IDÉIA absoluta, isto é, primordialmente no universo como um todo e em seu conceito, mas também no nosso PENSAR lógico, puro, nosso pensamento sobre o próprio pensamento.

4. Hegel não defende que deixemos de formular juízos sobre, por exemplo, rosas. Mas sustenta que o juízo ou *PROPOSIÇÃO não é uma forma apropriada para pensar sobre o que é totalmente verdadeiro, a saber, Deus, o absoluto, a idéia, ESPÍRITO etc. Uma razão para isso é que a forma judicatória subentende que o sujeito do juízo é uma COISA, um substrato amparando propriedades que não estão intrinsecamente ligadas entre si. Contudo, mesmo que uma rosa seja uma coisa desse tipo, o absoluto, o espírito etc. não são. Os *PENSAMENTOS- (DETERMINAÇÕES) que constituem a sua essência não são inerentes num substrato e estão *DIALETICAMENTE interligados.

5. Só o absoluto, a idéia etc. são estritamente verdadeiros. Mas Hegel refere-se freqüentemente a um conceito, uma FORMA de CONSCIÊNCIA, um nível de natureza ou um estágio histórico como a *Wahrheit* de um ou mais de seus predecessores na hierarquia conceptual ou no processo histórico, mesmo que não seja esse o estágio final, quer dizer, não a "verdade absoluta". Assim, a *PERCEPÇÃO é a verdade da *CERTEZA SENSÍVEL; *DEVIR é a verdade de SER e *NADA; TELEOLOGIA é a verdade de MECANISMO e *QUIMISMO. Esse uso envolve três idéias:

(a) Se uma coisa é a verdade de sua predecessora, então, embora contenha contradições em si, que venham a manifestar-se subseqüentemente, ela resolve e está livre das contradições contidas em sua predecessora que deterioravam a verdade.

(b) Ela é, ou consubstancia, o conceito que a sua predecessora se esforçou por realizar mas não pôde realizar de forma adequada sem se transformar em alguma outra coisa. De maneira análoga, poder-se-ia escrever o rascunho de um artigo mas ser incapaz de concretizar as próprias intenções ou o que se tinha em mente sem expandir o artigo e dar-lhe as proporções de um trabalho. (Não se segue que o tratado, quando concluído, é definitivo e não exigirá mudanças para a sua segunda edição.)

(c) A verdade da predecessora não a suplanta simplesmente, mas contém ou suprassume o que é verdadeiro *nela*. (O tratado contém o que é verdadeiro no rascunho).

6. A "verdade da" locução é coerente com o fato de que a verdade não é simplesmente oposta ao erro e à falsidade. Erro (*Irrtum*) ou falsidade desenvolve-se em verdade e é suprassumido nela. Analogamente, entidades finitas ou "falsas" dentro do universo não são simplesmente opostas ao verdadeiro ou *INFINITO, mas suprassumidas nele. Hölderlin sustentou um ponto de vista semelhante: "Só essa é a mais verdadeira das verdades, em que também o erro se converte em verdade, porque a verdade, em seu sistema total, manifesta-se em seu tempo e lugar." Assim, quando Hegel critica um outro filósofo, como Spinoza ou Jacobi, tende a argumentar não que o seu ponto de vista é falso, mas que vem a resultar no seu próprio ponto de vista.

A concepção de verdade de Hegel condiz com muitos outros aspectos do seu pensamento:

1. A verdade de algo, seja um pensamento ou uma coisa, não é nitidamente distinta de seu valor ou significação. Uma verdadeira obra de arte é *ipso facto* uma boa obra de arte. Inversamente, Hegel tem relutância em admitir que uma declaração trivial (ou uma declaração sobre o trivial) possa ser uma declaração verdadeira.
2. Uma verdade fragmentada que é disposta em termos de um inadequado sistema conceptual ou de uma teoria científica imprópria não pode ser estritamente verdadeira. Por conseguinte, a localização primária de verdade e falsidade é o sistema ou teoria conceptual em que um juízo é formulado, e não o juízo em si.
3. O mundo forma um *SISTEMA interligado, de tal modo que nenhum pensamento ou juízo fragmentado pode ser verdadeiro ou fazer-lhe jus.
4. Há um profundo paralelo e convergência fundamental entre o mundo e o nosso pensamento sobre ele. Assim, eles devem ser ambos verdadeiros (ou falsos) conjuntamente. (*Ver* IDEALISMO.)

5. A verdade de uma filosofia, e sua invulnerabilidade ao CETICISMO, não depende, por exemplo, de sua correspondência com os fatos, mas de sua coerência interna e de sua abrangência.

vida e organismos vivos O verbo *leben* significa "viver" em dois sentidos principais: (1) "estar vivo", isto é, não morto; (2) "viver" de um certo modo, por exemplo, sozinho ou perigosamente. Do mesmo modo, *das Leben* significa (1) "vida biológica, ser vivo": (2) "a minha vida, uma vida". O adjetivo *lebendig* e o substantivo abstrato *Lebendigkeit*, para "vivo, vital" e "vitalidade" são, literal e metaforicamente, comuns em Hegel.

Um organismo vivo é visto como um tipo especial de unidade. Aristóteles sustentou, por exemplo, que se, digamos, uma mão é decepada, deixa de ser uma mão, *stricto sensu*. Diferentemente de uma peça removida de uma máquina, a mão cortada não pode sobreviver por muito tempo, nem pode (até recentemente) ser reimplantada ou transplantada de um organismo para um outro. A vida também envolve constante atividade. Alguma atividade deve continuar mesmo no sono para que a vida não cesse. Em *CJ*, Kant argumentou contra a cartesiana e iluminista concepção mecanística de vida. As peças de uma máquina podem depender umas das outras para seu funcionamento, mas não produzem nem se sustentam mutuamente do modo que os órgãos vivos fazem. A vida só pode ser entendida em termos de TELEOLOGIA: cada órgão é um fim ou PROPÓSITO e um meio em relação aos outros. Um organismo não pode ser entendido aos poucos, em função de suas partes, mas somente a partir de sua concepção como um TODO.

Schelling, em sua filosofia da NATUREZA, considera a vida uma luta contínua contra a ameaça de MORTE: a vida é o "processo de separação e combinação de princípios opostos: completa separação, assim como completa combinação, é o princípio de morte". Com o envelhecimento, os nossos órgãos tornam-se cada vez mais individualizados e insensíveis uns aos outros; isso quebra a continuidade das funções vitais e resulta em morte (*AU*). Mas a vida é também uma tendência para a morte: "A atividade vital é a causa de sua própria extinção. Ela expira assim que começa a ser independente de nossa natureza exterior e insensível a estímulos externos. Assim, a própria vida é apenas a ponte para a morte." A vida é um estado elevado de forças naturais e está em contínua CONTRADIÇÃO e conflito com a natureza externa, as mesmas forças numa "potência" inferior. Sucumbe finalmente à natureza, não porque seja dominada por ela mas porque vence sua batalha contra ela e acaba por ser-lhe insuficientemente sensível. As forças que a sustentaram retornam então de seu estado altamente intensificado ao nível de "indiferença universal". "Mesmo em sua cessação, o fenômeno de vida é paradoxal" (*Primeiro esboço de um sistema de filosofia da natureza*, 1799).

A concepção hegeliana de vida (e morte) situa-se nessa tradição não-mecanística. Em *PET*, a vida desempenha um papel semelhante ao atribuído mais tarde ao ESPÍRITO: há uma *INFINITA unidade viva de todas as coisas, na qual a vida humana participa depois de ter lutado para realizar sua natureza. Considera-se que a vida furta-se ao pensamento conceptual: "No caso da vida, absolutamente todos os pensamentos contidos no pensamento cessam: a onipresença do simples na múltipla externalidade é, para a reflexão, uma absoluta contradição, um incompreensível mistério" (*Lógica de Iena*). Em *FE*, IV, a autodiferenciação e auto-obliteração fluidas da vida, a qual está, não obstante articulada em gêneros estáveis, forma a transição para a *AUTOCONSCIÊNCIA, uma vez que (1) fornece um modelo primitivo de AUTOCONSCIÊNCIA; (2) os seus gêneros requerem uma consciência externa para existir *explicitamente* como gêneros; e (3) uma entidade vivente é o objeto do desejo pelo qual o indivíduo afirma inicialmente a sua AUTOCONSCIÊNCIA. *FE*, V.A.a, apresenta uma explicação da vida que, em seus aspectos essenciais, é repetida em *CL* e em *Enc.* I, §§216-22.

A vida resiste às categorias finitas do *ENTENDIMENTO, mas não às da RAZÃO. O organismo vivo envolve uma *ALMA (o seu INTERIOR) e um corpo (o seu *EXTERIOR). Em virtude da unidade peculiar do organismo, a alma é vista como um CONCEITO que é realizado no corpo. É a simples unidade ou UNIVERSALIDADE auto-referente da alma que unifica o organismo. Mas a alma também *PARTICULARIZA o corpo, uma vez que as diferenciações do corpo devem corresponder à diferenciação implícita da alma. O organismo é um *INDIVÍDUO em virtude da interação entre seu corpo e sua alma: desenvolvem-se os órgãos separados, mas são trazidos de volta à unidade, dependência e interdependência pela alma. Eles são reciprocamente fins e meios. Como o organismo é FINITO, corpo e alma são separáveis, e essa separação constitui a morte. Mas corpo e alma não são dois *constituintes* do organismo. (Ou seja, perder a alma ou a vida assemelha-se mais a perder a própria forma do que a perder o guarda-chuva; o guarda-chuva persiste após sua perda, a forma e a alma não.)

A vida envolve três processos (na Lógica, três "INFERÊNCIAS"):

1. Internamente, o organismo (o qual, na Lógica, apresenta-se aqui como um SUJEITO ou conceito) tem três funções:

(a) *Sensibilidade* não é a capacidade para sentir ou perceber objetos externos, mas para sentir o nosso próprio corpo.

(b) *Irritabilidade* é a receptividade a estímulos e, no caso de animais, a reação muscular.

(c) *Reprodução* não é a produção de outros organismos da mesma espécie, mas a manutenção de um organismo pela regeneração fisiológica de seus próprios órgãos.

Essas três funções estão relacionadas assim: em (a) o organismo está em total harmonia consigo mesmo; (b) desintegra-se (*dirimiert*); e (c) restabelece a sua unidade.

2. O organismo tem natureza inorgânica fora dele. (Na Lógica, isso é o JUÍZO, ou seja, divisão do conceito.) Como esse ambiente inorgânico é um elemento essencial na própria vida, manifesta-se no organismo como uma falta ou carência (*Mangel*). O organismo supera e absorve a natureza inorgânica, e a assimila a si, uma vez que a natureza é EM SI o que o organismo é *PARA SI. Assim, o organismo vai junto consigo mesmo no *OUTRO. Mas quando morre, essas "potências elementares da objetividade entram em jogo. Essas potências estão, por assim dizer, armando permanentemente o bote para dar início ao seu processo no corpo orgânico; e a vida é o combate constante contra isso" (*Enc.* I, §219A).

3. O organismo é *em si* um membro de um gênero ou espécie (*Gattung*). (Hegel prefere *Gattung* neste caso: diferentemente de *Art* ("espécie"), está relacionada etimologicamente com a noção de geração ou "procriação". *Ver* CLASSIFICAÇÃO.) O seu encontro com um outro membro do mesmo gênero, mas do sexo oposto, gera *para si* um membro do gênero. O processo genérico tem dois aspectos: a geração de um novo membro do gênero e a morte do organismo por sua dissolução no gênero. A criatura viva envolve a CONTRADIÇÃO de

que é em si o gênero, mas existe como indivíduo. Assim, no clímax de sua vida, o processo genérico, ele morre. Em *Enc.* II, §376 e A, Hegel argumenta que os animais, como os homens, morrem de um "hábito (*Gewohnheit*) sem processo de vida", em que eles perdem sua tensão ativa e tornam-se ossificados.

Na Lógica, a vida é o primeiro estágio da IDÉIA. Segue-se-lhe a idéia como *COGNIÇÃO, na qual o gênero torna-se explícito ou *PARA SI. Na descrição completa do processo em *Enc.* II, §§337-76, plantas e animais (e também a terra, que é um organismo mas não vivo *em si*: §§338 e seg.) são descritos separadamente. Também aqui a morte do animal não conduz simplesmente a um mau retrocesso *INFINITO de nascimentos e mortes mas transfere-se para o ESPÍRITO, onde a universalidade ou o gênero é para si.

Hegel afirma que o espírito é *IMORTAL. Mas isso não significa que os homens não morram. Suas vidas, como as de animais, envolvem tensão e atividade, e também eles morrem quando a vida se torna um hábito. Mas, ao contrário dos animais, os homens não são membros intermutáveis de um gênero. (1) Os membros de um gênero animal não mudam, na concepção de Hegel, de uma geração para a seguinte, mas os homens têm uma HISTÓRIA significativa. (2) Uma espécie animal não é, à parte as diferenças de sexo e idade, articulada e diferençada em si: ela diferencia-se, por seus dentes e garras etc. de outras espécies. Os homens, em contrapartida, dividem-se em grupos significativos, não-biológicos, e assim, ao contrário da maioria das espécies animais, guerreiam-se *entre si* até a morte. (3) Assim, a vida e morte de uma pessoa têm, ao contrário da de um animal, uma significação histórica e social individual (e não meramente genérica). Mesmo o grupo mais simples, a FAMÍLIA, confere a seus membros e a seus ancestrais um significado singular que ultrapassa o seu significado como ocupantes substituíveis de papéis biológicos. Agrupamentos maiores, como corporações e o ESTADO, fazem o mesmo por, pelo menos, seus membros mais destacados. Por conseguinte, não é só a espécie humana e seus subgrupos que, como o gênero animal, sobrevivem à morte de indivíduos; o indivíduo retém um significado após sua morte.

Apesar de sua inferioridade em relação ao espírito, a vida é, para Hegel, uma potente metáfora para a unificação ativa de diversidade e diversificação da unidade envolvida no espírito e suas formas. A lógica dialética é viva, em contraste com a lógica morta do entendimento. O estado é um organismo vivo, um TODO articulado que permite muita rédea solta a seus cidadãos mas os *IDEALIZA e os chama a si em tempo de GUERRA. Um estado que negligencia isso e consente que seus membros cuidem exclusivamente de seus interesses particulares está morto.

Em *CL*, Hegel não diz que a vida (como diz do *QUIMISMO) é uma categoria geral, aplicável para além do domínio da biologia. Mas presumivelmente ocorre na Lógica não só porque exemplifica a idéia mas porque "vida" e "viver" aplicam-se, tanto na esfera do espírito quanto no da natureza, à vida do estado, da mente, à vida na Alemanha de Hegel etc. Não obstante, algumas das características atribuídas à vida em *CL* (em especial o processo genérico) parecem ser exclusivamente biológicas, sem óbvio análogo espiritual.

vida ética e costume A palavra *Sittlichkeit*, usualmente traduzida nas obras de Hegel como "vida ética", "eticidade", mas, algumas vezes, como "moralidade (social ou consuetudinária)", etc., deriva de *Sitte* o vernáculo para um "costume", um modo de conduta habitualmente praticado por um grupo social, como uma nação, uma classe ou uma família, e visto como norma de comportamento decente. (*Sitte* nunca é um costume individual deliberadamente escolhido, como em "É meu costume..."). Em *PRC*, Hegel mostra certo desdém pelos costumes instituídos pela Igreja, em que, por exemplo, costumes referentes ao luto pela morte de familiares prescrevem a manifestação de mais pesar do que a maioria das pessoas realmente sente. Mas em *DN*, argumentou que os costumes, mediando entre o indivíduo e as LEIS de sua sociedade, são essenciais à vitalidade de um POVO; uma legislação bem-sucedida pressupõe costumes com que ela deve harmonizar-se. Em *FE*, afirmou que "sabedoria e virtude consistem em viver em conformidade com os costumes do povo a que se pertence". Hegel nunca abandonou essas crenças.

No uso do outros filósofos, o plural *Sitten* tende a ser equiparado com "ética" e "MORALIDADE". (Essas palavras também derivam de palavras para "costume" em grego e latim, respectivamente.) Assim, a *Metafísica dos costumes* (*Metaphysik der Sitten*) (*MC*), de Kant, trata de ética em geral, não dos costumes, e para Fichte, *Sittenlehre* (literalmente, a "doutrina dos costumes") é equivalente à "filosofia moral". Outras palavras derivadas de *Sitte* caminharam na mesma direção: *Sittengesetz* é lei ou norma ética, especialmente, para Kant, uma ratificada pela razão, não o é pelo costume, e, embora seja válida para todos os seres racionais, pelo indivíduo, não o é pela comunidade. O adjetivo *sittlich* é equiparado com "moral" ou "ético" e o substantivo abstrato *Sittlichkeit* com "moralidade".

Hegel usa freqüentemente palavras de radical *Sitte* nesses sentidos, quando discute os pontos de vista de outros autores. Mas desde cedo, ele distingue entre *Sittlicheit* e *Moralität*: *Moralität* é moralidade individual, a que cada um chega por sua própria razão, consciência ou SENTIMENTOS. *Sittlichkeit* são as normas éticas consubstanciadas nos costumes e instituições da sociedade a que se pertence. Essas noções não são simplesmente contrastadas umas com outras, mas sistematicamente relacionadas. No estado ideal, modelado de acordo com a *República* de Platão, que Hegel esboçou em *DN, Moralität*, como moralidade privada, burguesa, é atribuída à classe comercial e produtora de riqueza, enquanto que *Sittlichkeit* é prerrogativa da classe governante, guerreira. Mas em obras posteriores especialmente *FE, FD* e *Enc*. III, a relação entre elas é a seguinte: em todas as três obras, a explicação de *Sittlichkeit* é precedida de uma descrição da *Moralität* kantiana. Mas isso corresponde à sua ordem lógica (ou, em *FE*, à ordem em que ocorrem a um leitor de Rousseau e Kant), não à ordem de seu aparecimento na HISTÓRIA. Historicamente, a *Sittlichkeit* da cidade-estado grega precedeu o surgimento da moralidade individualista. (A cidade-estado grega não foi a primeira formação política na história: foi precedida por uma variedade de sociedades orientais não-individualistas e em *E* Hegel argumenta que a mitologia grega descreve o surgimento da civilização grega derivada daquelas e a sujeição das forças naturais que elas representam.) A *Sittlichkeit* grega, na concepção de Hegel, envolveu, inicialmente pelos menos, completa harmonia entre o indivíduo e sua sociedade. O indivíduo não podia dizer, "Fazer assim e assim infringe valores tradicionais, mas é possível que ainda seja moralmente correto", ou "Vale a pena fazer isso, porque é de meu interesse pessoal". (Que a análise de Hegel, embora idealizada, não é inteiramente equivocada é sugerido pela história de que Alcibíades, um ateniense do século V, foi largamente criticado por adquirir uma coleção particular de arte.) A moralidade privada não tinha lugar numa tal comunidade, a qual é freqüentemente descrita por Hegel como "SUBSTÂNCIA ética". Seus membros tinham LIBERDADE objetiva mas não subjetiva.

Hegel enumera várias razões para o colapso da *Sittlichkeit* grega:

1. Em *FE*, ele é atribuído ao conflito irresolúvel, retratado especialmente na *Antígona*, de Sófocles, entre as leis dos deuses do Ínfero, governando a FAMÍLIA e administradas pelas mulheres, e as leis dos deuses olímpicos, governando o poder do ESTADO e administradas pelos homens. (O rei Creonte proíbe o sepultamento do traiçoeiro irmão de Antígona, mas esta sente-se obrigada a realizar os ritos fúnebres de Polinices.) Inicialmente, o conflito não é entre o indivíduo e o estado mas entre diferentes aspectos da vida ética; mas as exigências conflitantes impostas ao indivíduo dão origem, na opinião de Hegel, ao individualismo.
2. Hegel atribui freqüentemente um papel central no colapso da *Sittlichkeit* grega ao questionamento por Sócrates dos valores consuetudinários. Vê a *República de* Platão não como um IDEAL mas como uma vã tentativa de restabelecimento da harmoniosa *Sittlichkeit*.
3. As conquista de Alexandre, o Grande, e dos imperadores romanos criaram sociedades muito mais extensas, cujos súditos estavam inevitavelmente distantes de seus governantes e devolvidos aos seus próprios recursos.

Sittlichkeit, no sentido grego, não pode ser restaurada. Mas numa acepção mais abrangente, qualquer sociedade estável requer *Sittlichkeit*, um sistema de normas consuetudinárias aceitas por seus membros. A *Moralität* racional pressupõe tais normas, se quiser ter algum conteúdo definido, e o interesse próprio, por si só, não manterá uma sociedade unida e coesa. (A conduta socialmente apropriada não pode ser assegurada unicamente pela FORÇA, salvo se os detentores da força, pelo menos, estiverem motivados e guiados por *Sittlichkeit*.) Mas a moderna *Sittlichkeit* deve conciliar a *SUBJETIVIDADE moral e a *PARTICULARIDADE egoísta, a que a história, neste meio tempo, deu origem. Ela difere, portanto, da antiga versão em três aspectos. Primeiro, como a antiga *Sittlichkeit*, envolve a família e o estado. Mas junta a estes a SOCIEDADE CIVIL, um domínio de atividade econômica egoísta que é supervisionada pelo estado, mas consideravelmente mais independente dele do que era a antiga vida econômica. Segundo, concede ao indivíduo certos DIREITOS, como os de escolha de um cônjuge e de uma carreira. (Hegel inferiu erradamente da sua leitura de Platão que esses direitos eram negados à maioria dos gregos.) Terceiro, o membro culto de um estado moderno não aceita irrefletidamente, como o grego, as normas e instituições de sua sociedade. Aceita-as porque refletiu sobre a justificação racional para elas. (Fornecer tal justificação foi um objetivo central da filosofia de Hegel.) Assim, a moderna *Sittlichkeit* concede espaço para o SUJEITO, assim como para a substância, e para a liberdade tanto subjetiva quanto objetiva.

vontade e arbítrio *Wollen* significa "desejar, querer, pretender, estar disposto a" etc. Isso deu origem a *der Wille* ("(a) vontade"). (*Wahl*, "escolha" e *wählen*, "escolher", também são cognatos de *wollen*.) Um verbo hoje obsoleto, *kiesen* ("verificar, controlar, inspecionar, escolher (depois de verificar)"), deu origem a *Kür* ("escolha"). (*Kür* só se emprega hoje no sentido de "exercício livre, opcional (no esporte)". *Wille* combinado com *Kür* dá *Willkür*, que assim significou originalmente uma "decisão, resolução da vontade".

Willkür desenvolveu um sentido depreciativo: "capricho, agir a seu bel-prazer sem consideração pelos outros". No final do século XVIII, tornou-se esse o sentido predominante em uso corrente e hoje significa comumente "arbitrariedade". O adjetivo *willkürlich* significa "arbitrário, despótico", mas sua negação, *unwillkürlich,* ainda significa "involuntário, automático".

Na filosofia anterior a Hegel, *Willkür* não tem usualmente um sentido pejorativo nem se distingue com clareza de *Wille. Wille* está normalmente associado ao latim *voluntas* e é concebido como a capacidade para produzir efeitos de acordo com as nossas idéias ou PROPÓSITOS. É distinto de um impulso (*Trieb*) ou de um desejo (*Begehren, Begierde*), dado que podemos não querer fazer o que temos um impulso ou desejo de fazer, e podemos querer fazer o que não temos o menor impulso ou desejo de fazer. *Willkür* foi usado por Schottelius em sua *Ética* (1669) para o latim *vis electiva* ("o poder de escolha"), e por Wolff para o latim *arbitrium* ("liberdade de escolha"). É, pois, o *Wille* na medida em que escolhe entre alternativas.

Kant atribui *Willkür* (mas não *Wille*) a animais e o divide em dois tipos (*CRP*, A534, B562):

1. O *Willkür* animal (*arbitrium brutum*) é não só "patologicamente afetado" por impulsos e desejos *SENSORIAIS, mas "patologicamente necessitado" por eles. Um animal age inevitavelmente instigado por seu mais forte desejo corrente, a menos que seja externamente impedido de assim proceder.
2. O livre *Willkür* (*arbitrium liberum*) é também sensório (*sinnlich*), na medida em que é "patologicamente afetado" por impulsos mas é necessitado por eles e pode escolher agir contra eles, ou para sua felicidade a longo prazo (ou seja, a melhor satisfação geral de seus prováveis desejos futuros, assim como de seus desejos atuais), ou de acordo com princípios racionais que são independentes de todos os seus desejos e impulsos juntos.

Como ambos esses tipos de *Willkür* são descritos como *sinnlich*, Kant dá a entender a existência de um *Willkür* não-senciente, o qual é inteiramente imune a impulsos sensoriais (a vontade "divina" ou "santa") ou, embora afetado por eles, regularmente os ignora em favor de princípios racionais. Mas refere-se usualmente a isso mais como *Wille* do que como *Willkür*, e reserva "LIBERDADE de *Willkür*" para a capacidade de separar e escolher entre os nossos impulsos correntes ou de os dominar em nome de interesses a longo prazo.

Wille, na acepção de "vontade empírica", é a capacidade para agir segundo princípios racionais que são baseados em nossa natureza sensorial e visam a nossa felicidade geral. Está próxima, por isso, de *Willkür* no sentido (2) acima. O *Wille* puro, ou absolutamente livre, em contrapartida, está sujeito a LEIS racionais que são independentes dos desejos ou felicidade de cada um.

Schiller usa *Wille* e *Willkür* de um modo semelhante, mas a tendência de *Willkür* para significar "capricho arbitrário", "fazer o que me apetece", é mais acentuada. Tal como Kant, Schiller deu grande valor à "liberdade moral", à capacidade de transcender os desejos e as circunstâncias físicas e de agir como um ser puramente racional. Mas estava mais preocupado do que Kant com a profunda separação entre RAZÃO e desejo, e esperançoso em que a ARTE e a BELEZA promovessem um tipo de liberdade consistindo na harmoniosa cooperação de nossas naturezas racional e senciente. Ao colocar de lado o papel atribuído à arte, isso está próximo da concepção hegeliana de liberdade.

As principais descrições de Hegel de *Wille* e *Willkür* ocorrem em *Enc.* III, §§473-82 e, em especial, em *FD*, §§4-28. O Wille é essencialmente livre, mas tem três fases principais, cada uma delas envolvendo uma fase diferente de liberdade:

1. O *Wille* UNIVERSAL é a nossa capacidade para *ABSTRAIR de todos os nossos desejos, impulsos etc. e não satisfazer nenhum deles. Este tipo de liberdade é totalmente negativo e só se apresenta, numa forma pura, em tais iniciativas insatisfatórias como o suicídio, o misticismo oriental e a destrutividade do terror revolucionário francês. Mas a capacidade para abstrair de nossos desejos é um ingrediente essencial de tipos superiores de liberdade.

2. O *Wille* *PARTICULAR *REFLETE-SE em seus desejos e impulsos para ver por quais deles se optará a fim de *DETERMINAR-SE por um certo curso de AÇÃO. Uma vez que pode abstrair de todos os seus desejos, não está obrigado, como um animal, a agir de acordo com qualquer deles, ainda os mais fortes, e está livre, portanto, para escolher entre eles. Isso é a liberdade de *Willkür*, a vontade "*IMEDIATA" ou "natural", e é, afirma Hegel, o que usualmente se entende por "liberdade da vontade" ou "livre arbítrio". Mas é insatisfatório, porque (a) a vontade é dependente, para o seu *CONTEÚDO, de uma série de opções que lhe são simplesmente *dadas* — estou livre para escolher qual dos meus desejos satisfazer, mas não escolho que desejos tenho — e (b) nenhuma das minhas opções é um OBJETO (*Gegenstand*) apropriado da vontade, dado que, embora a vontade seja universal, cada um de seus objetos potenciais é meramente particular: se fica satisfeito com um deles, o *Wille* não preencherá o seu CONCEITO. (A noção de Hegel de VERDADE está aqui em jogo: a "realidade" ou objeto da vontade verdadeira, ou verdadeiramente livre, deve condizer com o conceito da vontade.) Mesmo que a vontade almeje não a satisfação de um desejo corrente, mas sua felicidade a longo prazo, o conteúdo de sua felicidade ainda depende do conteúdo de determinados desejos que lhe são simplesmente dados.

3. A vontade *INDIVIDUAL superará esses problemas querendo-se *a si* ou querendo a liberdade como tal, gerando assim, a partir de seus próprios recursos, um objeto que é, como ela própria, universal. A vontade individual é concebida como uma combinação de 1 e 2, como uma restauração da universalidade a partir da particularidade. Como a vontade tem-se agora a si mesma como seu objeto e é totalmente auto-suficiente, ela é inteiramente livre (e também *INFINITA).

O que Hegel entende por "a vontade querer-se a si" etc., não é, como na MORALIDADE kantiana, que a vontade gera, por meios puramente racionais, regras para a sua conduta mas, antes, o seguinte: a vontade, como o EU *PENSANTE (do qual não está nitidamente distinta), é essencialmente racional. Uma contraparte apropriada para essa racionalidade será encontrada, não nos impulsos primitivos que aparecem e desaparecem sem qualquer plano racional, mas na estrutura da VIDA ÉTICA, a qual, no entender de Hegel, consubstancia o sistema de racionalidade que forma o núcleo do Eu. As instituições da vida ética superam a fenda entre razão e desejo postulada por Kant. Os impulsos primitivos são transformados nos DIREITOS e deveres vinculados a papéis sociais e imbuídos, portanto, de racionalidade. As pulsões sexuais são canalizadas para o casamento, a fome é satisfeita em refeições organizadas e ritualizadas etc. Obtemos a libertação de nossas pulsões não as ignorando, mas satisfazendo-as em sua forma cultivada. Não estamos, pois, satisfazendo simplesmente os nossos caprichos mesquinhos mas trabalhando para a manutenção do todo maior, o ESTADO e suas instituições subsidiárias. Cada um de nós não toca a sua própria música mas sua parte numa orquestra.

A vontade e sua liberdade formam, assim, uma ponte entre a sociedade e o indivíduo. A vontade é o conceito de direito que, em conjunto com a REALIDADE do direito, forma a IDÉIA de direito. As três partes principais de *FD* (o direito abstrato de *PROPRIEDADE e *PESSOA, moralidade e vida ética) correspondem às três fases da vontade e são estágios na *EFETIVAÇÃO do livre arbítrio. A liberdade da vontade e a liberdade sócio-política estão, pois, profundamente interligadas.

mas satisfazendo-as em sua forma cultivada. Não estamos, pois, satisfazendo simplesmente os nossos caprichos mesquinhos mas trabalhando para a manutenção do todo maior, o ESTADO e suas instituições subsidiárias. Cada um de nós não toca a sua própria melodia, mas sua parte numa orquestra.

A vontade e sua liberdade formam, assim, uma ponte entre a sociedade e o indivíduo. A vontade é o conceito de direito que, em conjunto com a REALIDADE do direito, forma a IDÉIA de direito. As três partes principais da *FD* (a direito abstrato de "PROPRIEDADE e "PESSOA", moralidade e vida ética) correspondem às três fases da vontade e são estágios na "EFETIVAÇÃO do livre arbítrio. A liberdade da vontade e a liberdade sócio-política estão, pois, profundamente interligadas.

Bibliografia

TRADUÇÕES DE OBRAS DE HEGEL

(A maioria das traduções contém introduções úteis.)

Hegel: Selections, org. por M.J. Inwood (Londres e Nova York: Macmillan, 1989), contém excertos de uma vasta gama de obras de Hegel.

Three Essays, 1793-1795, trad. de P. Fuss e J. Dobbins (South Bend, Ind.: Notre Dame University Press, 1984). Contém o "Ensaio de Tübingen" sobre religião, os fragmentos de Berna e a "Vida de Jesus".

Early Theological Writings, trad. de T.M. Knox (University of Chicago Press, 1948).

The Difference Between Fichte's and Schelling's System of Philosophy, trad. de H.S. Harris e W. Cerf (Albany: State of New York Press, 1977). Foi o primeiro livro de Hegel, publicado em 1801. Também foi traduzido por J.P. Surber como *Difference between the Fichtean and Schellingian Systems of Philosophy* (Atascadero, Cal.: Ridgeview Press, 1978).

Between Kant and Hegel: Texts in the Development of Post-Kantian Idealism, por G. di Giovanni e H.S. Harris (Albany: State University of New York Press, 1985), traduz muitos dos escritos de Hegel em *DCF*, incluindo a "Relação do ceticismo com a filosofia". Também traduz excertos de outros filósofos da época: Beck, Maimon, Schulze, Reinhold, Fichte e Schelling.

Faith and Knowledge, trad. de W. Cerf e H.S. Harris (Albany: State University of New York Press, 1977).

Natural Law, trad. de T.M. Knox com uma introdução por H.B. Acton (Filadélfia: University of Pennsylvania Press, 1977).

System of Ethical Life and First Philosophy of Spirit, Trad. de H.S. Harris e T.M. Knox (Albany: State University of New York Press, 1979). É a tradução de dois manuscritos. O *System der Sittlichkeit* (o título lhe foi dado por Rosenkranz em 1844) está intimamente relacionado em seu objeto de estudo com *DN* e foi provavelmente escrito em 1802-3. O *First Philosophy of Spirit* é usualmente atribuído a 1803-4. Ambos os manuscritos são elucidativos quanto ao desenvolvimento do pensamento de Hegel sobre DIREITO e ESPÍRITO OBJETIVO. Hegel ainda usa muito vocabulário schellingueano (por exemplo, *Potenz*, "poder, potência") que depois abandonou, para expressar adequadamente pensamentos não-schellingueanos.

The Jena System, 1804-5: Logic and Metaphysics, trad. de J. Burbidge e G. di Giovanni (Montreal/Kingston: McGill-Queen's University Press, 1986). Trata-se de uma tradução parcial (excluindo a seção sobre filosofia da natureza) de um dos últimos manuscritos do período de Iena. A colocação da lógica e da metafísica em diferentes seções é uma característica assinalável desta obra. Mais tarde, a metafísica foi assimilada à lógica, e o material aqui tratado na seção de metafísica foi deslocado em parte para a lógica, em parte para a filosofia do espírito.

Hegel and the Human Spirit: A Translation of the Jena Lectures on the Philosophy of Spirit (1805-6) with Commentary, por I. Rauch (Detroit: Wayne State University Press, 1983). É uma tradução do manuscrito de Hegel para as suas lições em 1805-6, excluindo a seção sobre a filosofia da natureza. Tal como os outros manuscritos de Iena, fornece valiosas informações sobre a evolução do pensamento de Hegel.

Hegel's Political Writings, trad. de T.M. Knox com uma introdução de Z.A. Pelczynski (Oxford: Clarendon, 1964). Contém a maioria dos ensaios políticos de Hegel de 1798 a 1831.

FE está traduzida na íntegra por J.B. Baillie como *Phenomenology of Mind* (2ª ed., Londres: Allen & Unwin, 1931) e por A.V. Miller como *Phenomenology of Spirit* (Oxford: Clarendon, 1977). Outras traduções de partes de *FE* apresentam-se em *Hegel: Preface and Introduction to the Phenomenology of Mind*, trad. de L.S. Stepelevich (Nova York e Londres: Macmillan, 1990) e *Hegel: Selections*, que contém traduções do Prefácio de W. Kaufmann, e da Introdução etc., de J.L.H. Thomas.

Philosophical Propaedeutic, trad. de A.V. Miller, com uma introdução de M. George e A. Vincent (Oxford: Basil Blackwell, 1986). É uma tradução das notas de Hegel para as suas aulas a escolares de 1808 a 1811.

The Science of Logic é traduzida na íntegra por W.J. Johnston e L.G. Struthers (Londres: Allen & Unwin, 1929) e por A.V. Miller (Londres: Allen & Unwin, 1969). "Subjective Logic" está traduzido por H.S. Macran em *Hegel's Doctrine of Formal Logic* (Oxford: Clarendon, 1912) e *Hegel's Logic of World and Idea* (Oxford: Clarendon, 1929).

The Philosophy of Right, trad. integral de S.W. Dyde (Londres: Bell, 1896); é de T.M. Knox a soberba tradução publicada pela Clarendon em 1942.

A edição de 1830 de *Enc.* I, em conjunto com as Adições póstumas, está traduzida por W. Wallace como *The Logic of Hegel* (Oxford: Clarendon, 1873, 1892). Foi reimpressa com uma introdução de J.N. Findlay, como *Hegel's Logic* (Oxford: Clarendon, 1975).

A edição de 1830 de *Enc.* II com as Adições está traduzida como *Philosophy of Nature* por M.J. Petry (Londres: Allen & Unwin, 1970) e por A.V. Miller (Oxford: Clarendon, 1970).

A edição de 1830 de *Enc.* III, em conjunto com as Adições, está traduzida na íntegra como *Philosophy of Mind*, por W. Wallace (Oxford: Clarendon, 1894) e A.V. Miller (Oxford: Clarendon, 1971), e em parte por M.J. Petry, como *Philosophy of Subjective Spirit* (Dordrecht: Reidel, 1978) e *The Berlin Phenomenology* (Dordrecht: Reidel, 1981).

IFH está traduzida na íntegra por J. Sibree como *Lectures on the Philosophy of History* (Londres: Bohn, 1858, mas freqüentemente reimpresso). A Introdução à *IFH* está traduzida por R.S. Hartman como *Reason in History* (Indianápolis e Nova York: Bobbs-Merrill, 1953), por H.B. Nisbet como *Lectures on the Philosophy of World History: Introduction: Reason In History*, com uma introdução de D. Forbes (Cambridge University Press, 1975), e por I. Rauch como *Introduction to the Philosophy of History* (Indianápolis: Hackett, 1988). Sibree, Hartman e Rauch traduziram a edição de 1840 de Karl Hegel. Nisbet traduziu a edição Lasson de 1917-20, a qual tenta distinguir entre o material de diferentes séries de lições e entre manuscritos do próprio punho de Hegel e os escritos por seus alunos.

E é traduzido na íntegra por F.P.B. Osmaston como *The Philosophy of Fine Art* (Londres: Bell, 1920) e por T.M. Knox como *Hegel's Aesthetics: Lectures on Fine Art* (Oxford: Clarendon, 1975). A Introdução à *E* está publicada separadamente como *Hegel's Introduction to Aesthetics*, traduzida por T.M. Knox, com uma introdução de C. Karelis (Oxford: Clarendon, 1979). A Introdução à *E* também foi traduzida por B. Bosanquet como *Introductory Lectures on Aesthetics*, com Introdução e Comentário de M.J. Inwood (Harmondsworth: Penguin, 1993).

IFR está traduzida, em conjunto com *LPED*, por E.B. Speirs e J.B. Sanderson como *Philosophy of Religion* (Londres: Kegan Paul, 1895). P.C. Hodgson tentou distinguir o material de diferentes cursos, que variou consideravelmente. Os resultados dessa tentativa são:

Christian Religion, trad. de P.C. Hodgson (Missoula, MT: Scholars, 1979).

Lectures on the Philosophy of Religion: vol. I, *Introduction and the Concept of Religion* (Berkeley: University of California Press, 1984); vol. II, *Determinate Religion* (Berkeley: University of California Press, 1987); vol. III, *The Consummate Religion* (Berkeley: University of California Press, 1985). Traduzidos por P.C. Hodgson, R.F. Brown e J.M. Stewart.

Lectures on the Philosophy of Religion: One Volume Edition: The Lectures of 1827, org. por P.C. Hodgson (Berkeley: University of California Press, 1988).

IHF está traduzida na íntegra como *Lectures on the History of Philosophy*, por E.S. Haldane e F. Simson (Londres: Kegan Paul, 1892). A Introdução está traduzida por Q. Lauer em *Hegel's Idea of Philosophy* (Nova York: Fordham University Press, 1971) e por T.M. Knox e A.V. Miller como *Introduction to the Lectures on the History of Philosophy* (Oxford: Clarendon, 1985).

Hegel: The Letters, trad. de C. Butler e C. Seiler (Bloomington: Indiana University Press, 1984). Trata-se da tradução de todas as cartas remanescentes de Hegel. Resume com freqüência, com excertos, cartas *para* Hegel — às quais suas próprias cartas são muitas vezes respostas — mas (lamentavelmente) não as traduz na íntegra. Contém abundante material biográfico e bibliográfico.

TRADUÇÕES DE OUTROS AUTORES

Tentei neste livro levar em conta os autores que influenciaram o vocabulário e os conceitos de Hegel, e a lista que se segue é formada por algumas traduções daqueles que provavelmente são menos familiares ao leitor, mas relativamente acessíveis:

J.G. FICHTE

Attempt at a Critique of all Revelation, trad. de G. Green (Cambridge University Press, 1978). Foi o primeiro livro de Fichte. Granjeou-lhe fama, uma vez que, em sua primeira edição em 1792, seu nome foi omitido do frontispício e supôs-se geralmente ser uma obra de Kant.

A maioria das primeiras e mais breves obras de Fichte foi publicada em *Early Philosophical Writings*, trad. de D. Breazeale (Ithaca, NY e Londres: Cornell University Press, 1988).

Science of Knowledge (Wissenschaftslehre), trad. de P. Heath e J. Lachs (Nova York: Appleton-Century-Crofts, 1970).

The Science of Rights, trad. de A.E. Kroeger (Londres: Trübner, 1889).

The Vocation of Man, trad. de W. Smith e R.M. Chisholm (Indianápolis e Nova York: Bobbs-Merrill, 1956).

Addresses to the German Nation, trad. de R.F. Jones, G.H. Turnbull e G.A. Kelly (Nova York e Evanston: Harper & Row, 1968).

J.G. HERDER

Herder on Social and Political Culture, trad. de F.M. Barnard (Cambridge University Press, 1969), contém uma seleção dos volumosos escritos de Herder sobre história, linguagem etc., incluindo *OL*.

God: Some Conversations, trad. de F.H. Burkhardt (Indianápolis: Bobbs-Merrill, 1940), transmite o ambiente em que se desenrolou o revivalismo spinozista do século XIX.

F. Hölderlin

Essays and Letters on Theory, trad. de T. Pfau (Albany: State University of New York Press, 1988), contém a maior parte dos escritos de Hölderlin sobre filosofia e estética.

Lessing

Lessing's Theological Writings, trad. de H. Chadwick (Londres: Black, 1956), contém *ERH*.

F.W.J. von Schelling

The Unconditional in Human Knowledge: Four Early Essays (1794-1796), trad. de F. Marti (Lewisburg: Bucknell University Press, 1980), contém quatro breves ensaios do período fichteano de Schelling.

Ideas for a Philosophy of Nature (1797), trad. de E.E. Harris e P. Heath, com um introdução de R. Stern (Cambridge University Press, 1988), foi a primeira publicação de Schelling sobre *Naturphilosophie.*

System of Transcendental Idealism (1800), trad. de P. Heath, com uma introdução de M. Vater (Charlottesville: University of Virginia Press, 1978).

Bruno or On the Natural and the Divine Principle of Things (1802), trad. de M. Vater (Albany: State University of New York Press, 1984). Este diálogo mostra a influência do neoplatonismo, representado principalmente por Giordano Bruno.

The Philosophy of Art, trad. de D.W. Stott, com um prefácio de D. Simpson (Mineápolis: University of Minnesota Press, 1989). Contém as lições de Schelling de 1802-3 e 1804-5, as quais foram publicadas por seu filho em 1859.

On University Studies, trad. de E.S. Morgan, com uma introdução de N. Gutterman (Atenas: Ohio University Press, 1966). Contém as *Lectures on the Method of University Studies* (1803).

On Human Freedom, trad. de J. Gutman (Chicago: Open Court, 1936). Contém *Philosophical Inquiries into the Nature of Human Freedom*, publicado em 1809. M. Heidegger, *Schelling's Treatise on the Essence of Human Freedom* (Atenas: Ohio University Press, 1985) é um bom comentário sobre a obra, com esclarecimentos sobre Hegel, assim como sobre Schelling.

The Ages of the World, trad. de F. de W. Bolman (Nova York: AMS Press, 1967), foi escrito (mas não publicado) em 1811. Contém alguns dos pensamentos de Schelling sobre TEMPO.

F. Schiller

On the Aesthetic Education of Man in a Series of Letters, trad. de E.M. Wilkinson e L.A. Willoughby (Oxford: Clarendon, 1967), fornece um texto e uma tradução, acompanhados de uma introdução e comentário. (Consultei freqüentemente o seu valiosíssimo Glossário de termos usados por Schiller.)

Naive and Sentimental Poetry e *On the Sublime*, trad. de J.A. Elias (Nova York: Ungar, 1966), contêm dois fecundos ensaios estéticos de Schiller.

F. von Schlegel

Dialogue on Poetry and Literary Aphorisms, trad. de E. Behler e R. Struc (University Park e Londres: Pennsylvania State University Press, 1968), contém numerosos fragmentos de Schlegel.

Friedrich Schlegel's Lucinde and the Fragments, trad. de P. Firchow (Mineápolis: University of Minnesota Press, 1971), fornece uma coletânea mais completa de fragmentos, inclusive muitos de A.W. Schlegel, Novalis e Schleiermacher.

German Aesthetic and Literary Criticism: The Romantic Ironists and Goethe, org. por K. Wheeler (Cambridge University Press, 1984), contém pequenos escritos de autoria dos Schlegels, Novalis, Tieck, Solger, Richter e Goethe.

C.F. Wolff

Das numerosas obras de C.F. Wolff poucas estão traduzidas. O teor de sua escrita está adequadamente representado pelo seu *Preliminary Discourse on Philosophy in General* (1728), trad. de R.J. Blackwell (Indianápolis: Bobbs-Merrill, 1963).

OBRAS SOBRE HEGEL E LINGUAGEM

O Desenvolvimento do Alemão Filosófico

E.A. Blackall, *The Development of German as a Literary Language, 1700-1775*, (Cambridge University Press, 1959), termina antes de Hegel, mas oferece um estudo insuperavelmente lúcido e erudito dos escritores, incluindo filósofos, que ajudaram a formar a sua herança lingüística.

R. Eucken, *Geschichte der philosophischen Terminologie im Umriss* (Leipzig: Veit, 1879), é uma das poucas obras de caráter geral sobre a história da terminologia filosófica. Além da terminologia alemã, inclui a grega e a latina. É mais útil para os predecessores de Hegel do que para o próprio Hegel.

J. Hoffmeister, *Wörterbuch des philosophischen Begriffe* (2ª ed., Hamburgo: Meiner, 1955), é uma obra valiosa por um renomado estudioso de Hegel.

W.T. Krug, *Allgemeines Handwörterbuch der philosophischen Wissenschaften nebst ihrer Literatur und Geschichte* (2ª ed., Leipzig: Brockhaus, 1832-8), fornece útil informação sobre usos correntes, não-hegelianos (especialmente kantianos), de palavras nesse período, mas é inteiramente discordante de Hegel e seu vocabulário.

USO DE HEGEL DA LINGUAGEM

A maioria das obras de Hegel diz alguma coisa a respeito do seu uso da linguagem e algumas contêm úteis glossários. Mas existem relativamente poucos tratamentos explícitos ou sistemáticos do assunto:

A. Koyré, "Note sur la langue et la terminologie hégéliennes", em *Revue philosophique de la France et de l'étranger*, CXII (1931), p.406-39, e em A. Koyré, *Études d'histoire et de la pensée philosophique* (2ª ed., Paris, Gallimard, 1971), p.191-224. (Inclui também "Hegel à Iéna", p.147-89, onde Koyré atribui a Hegel uma concepção heideggeriana de TEMPO.)

J. Royce, "Hegel's terminology", no *Dictionary of Philosophy and Psychology*, org. por J.M. Baldwin (Nova York: Macmillan, 1901), vol.I, p.454-64, oferece uma descrição sistemática de grande parte da terminologia lógica de Hegel.

A CONCEPÇÃO DE HEGEL DE LINGUAGEM

T. Bodammer, *Hegels Deutung der Sprache. Interpretationen zu Hegels Äusserungen über die Sprache* (Hamburgo: Meiner, 1969), é uma das muitas obras alemãs sobre este tema. Resume convenientemente obras anteriores sobre o assunto, engloba a totalidade das obras de Hegel e é de profunda lucidez. (Um conhecimento elementar do alemão é tudo o que se requer para fazer uso desta obra.)

D.J. Cook, *Language in the Philosophy of Hegel* (Haia: Mouton, 1973) é a única obra em inglês sobre o assunto. Embora mais breve do que Bodammer, também abrange toda a obra de Hegel e é extremamente útil.

J. Derrida, "The pit and the pyramid: introduction to Hegel's semiology", em J. Derrida, *Margins of Philosophy* (Brighton: Harvester Press, 1982), p. 69-108, é uma interessante crítica da exposição de Hegel sobre LINGUAGEM em *Enc.* III.

OBRAS GENÉRICAS SOBRE HEGEL

E. Caird, *Hegel* (Edimburgo e Londres: Blackwood, 1883) é uma boa obra biográfica.

J.M.E. McTaggart, *Studies in Hegelian Cosmology* (2ª ed., Cambridge University Press, 1918), é uma exploração por um filósofo de primeira categoria do pensamento de Hegel sobre vários temas sociais, políticos e religiosos.

W.T. Stace, *The Philosophy of Hegel: A Systematic Exposition* (Londres e Nova York: Macmillan, 1924), é um equilibrado exame do argumento de *Enc.* I e *Enc.* III.

H. Marcuse, *Reason and Revolution: Hegel and the Rise of Social Theory* (2ª ed., Londres: Routlege & Kegan Paul, 1955), é um clássico estudo marxista de Hegel. Uma obra anterior de Marcuse, traduzida como *Hegel's Ontology and the Theory of Historicity* (Cambridge, Mass.: MIT Press, 1987), é uma leitura heideggeriana de Hegel.

J.N. Findlay, *Hegel: A Re-examination* (Londres: Allen & Unwin, 1958) é uma obra clássica por um filósofo analítico.

F. Copleston, *Fichte to Hegel* (Nova York: Doubleday, 1965) é vol.VII, Parte I, da maciçamente erudita e soberbamente lúcida *History of Philosophy*.

G.R.G. Mure, *The Philosophy of Hegel* (Oxford: Clarendon, 1965), é uma análise perspicaz da obra de Hegel como um todo.

W. Kaufmann, *Hegel: Reinterpretation, Texts and Commentary* (Nova York: Doubleday, 1965), é extremamente útil tanto sobre o pensamento de Hegel quanto a respeito de seus antecedentes. Contém várias e excelentes traduções.

I. Soll, *An Introduction to Hegel's Metaphysics* (University of Chicago Press, 1969), explora as relações de Hegel com Kant com exemplar brevidade e lucidez.

A.C. MacIntyre (org.), *Hegel: A Collection of Critical Essays* (Nova York: Doubleday, 1972), contém alguns importantes artigos sobre Hegel.

C. Taylor, *Hegel* (Cambrige University Press, 1975), é uma obra clássica, a qual fornece detalhado comentário sobre os principais escritos de Hegel, uma visão clara, ainda que discutível, do seu pensamento e do seu lugar na filosofia moderna.

M. Rosen, *Hegel's Dialectic and its Criticism* (Cambridge University Press, 1982), é um estudo rigorosamente crítico, especialmente do "neoplatonismo" de Hegel, e deveras estimulante.

M.J. Inwood, *Hegel* (Londres: Routledge & Kegan Paul, 1983), tenta combinar crítica e simpatia. Sublinha a inter-relação sistemática e a indelével ambigüidade do pensamento de Hegel.

P. Singer, *Hegel* (Oxford: Clarendon, 1983) é um lúcido e compacto exame do pensamento de Hegel, especialmente sob os prismas social e político.

R. Plant, *Hegel: An Introduction* (2ª ed., Oxford: Basil Backwell, 1983), relaciona o pensamento político de Hegel com o seu *background* intelectual.

M.J. Inwood (org.), *Hegel* (Oxford University Press, 1985), contém artigos recentes sobre toda a gama de pensamento de Hegel.

T. Rockmore, *Hegel's Circular Epistemology* (Bloomington: Indiana University Press, 1986), explora um dos estratagemas epistemológicos de Hegel, a saber, a sua insistência em que o conhecimento forma um círculo, não uma linha reta.

D. Lamb (org.), *Hegel and Modern Philosophy* (Londres: Croom Helm, 1987), é uma boa coletânea, principalmente, mas não exclusivamente, sobre temas sociais e políticos.

T. Pinkard, *Hegel's Dialectic: The Explanation of Possibility* (Filadélfia: Temple University Press, 1988), interpreta *CL* como uma tentativa para explicar a possibilidade de nossas categorias básicas, e aplica essa interpretação aos pontos de vista éticos e políticos de Hegel.

R. Pippin, *Hegel's Idealism: The Satisfactions of Self-Consciousness* (Cambridge University Press, 1989), interpreta Hegel como um idealista na tradição kantiana.

R. Stern, *Hegel, Kant and the Structure of the Object* (Londres: Routledge & Kegan Paul, 1990), argumenta que Hegel, especialmente em *CL* e *Enc.* II, tenta mostrar que a unidade de objetos é imanente neles e não é, como acreditava Kant, imposta por nós à "multiplicidade sensorial". É um lúcido mas rigorosamente argumentado livro com implicações para o pensamento de Hegel como um todo.

F.C. Beiser (org.), *The Cambridge Companion to Hegel* (Cambridge University Press, 1993) contém úteis ensaios e uma extensa bibliografia.

PRIMEIROS ESCRITOS DE HEGEL

G. Lukács, *The Young Hegel: Studies in the Relations between Dialetics and Economics* (Londres: Merlin, 19750, é uma obra polêmica e esclarecedora.

W.H. Walsh, *Metaphysics* (Londres: Hutchinson, 1963), cap.9, reimpresso em Inwood (org.), *Hegel*, acima, dá uma excelente e sucinta explicação do *PET.*

H.S. Harris, *Hegel's Development: Toward the Sunlight* (Oxford: Clarendon, 1972) e *Night Thoughts (Jena 1801-1806)* (Oxford: Clarendon, 1983), oferece uma descrição do desenvolvimento intelectual de Hegel até à composição de *FE.*

L. Dickey, *Hegel: Religion, Economics and the Politics of Spirit, 1770-1807* (Cambridge University Press, 1987), analisa os primeiros escritos de Hegel contra o pano de fundo de seu Württemberg natal.

A FENOMENOLOGIA DO ESPÍRITO

A. Kojève, *Introduction to the Reading of Hegel* (Nova York: Basic Books, 1969) —um resumo do original francês (1947) — é um estudo clássico que influenciou muitas leituras subseqüentes de Hegel. Mostra a influência tanto de Marx quanto de Heidegger.

J. Hyppolite, *Genesis and Structure of Hegel's "Phemonelogy of Spirit"* (Evanston, Illinois: Northwestern University Press, 1974), é um profundo e erudito comentário.

R. Norman, *Hegel's Phenomenology: A Philosophical Introduction* (Londres: Sussex University Press, 1976), é uma excelente e breve introdução a *FE*.

H.P. Kainz, *Hegel's Phenomenology. Part I: Analysis and Commentary* (University of Alabama Press, 1976) e *Part II: The Evolution of Ethical and Religious Consciousness to the Absolute Standpoint* (Atenas: Ohio University Press, 1983), é um comentário esclarecedor.

J.N. Shklar, *Freedom and Independence: A Study of the Political Ideas of Hegel's "Phenomenology of Mind"* (Cambridge University Press, 1976), sublinha a nostalgia de Hegel em relação à Grécia.

J. Robinson, *Duty and Hypocrisy in Hegel's "Phenomenology of Mind"* (University of Toronto Press, 1977), é um rigoroso exame analítico de um capítulo (VI. C) de *FE*.

M. Westphal, *History and Truth in Hegel's Phenomenology* (Nova Jérsei: Humanities Press, 1979), defende a tese de que, na análise de Hegel, a *SUBJETIVIDADE transcendental no sentido de Kant e Fichte pressupõe uma história social.

D. Lamb, *Language and Perception in Hegel and Wittgenstein* (Londres: Macmillan, 1979) e *Hegel —From Foundation to System* (Haia: Martinus Nijhoff, 1980), ambos focalizando *FE*.

C.V. Dudeck, *Hegel's Phenomenology of Mind: Analysis and Commentary* (Washington, DC: University Press of America, 1981), é um estudo claro e sucinto.

M. Westphal (org.), *Method and Speculation in Hegel's Phenomenology* (Nova Jérsei: Humanities Press, 1982), é uma interessante coletânea de ensaios sobre *FE*.

R.C. Solomon, *In the Spirit of Hegel* (Nova York: Oxford University Press, 1983), é um claro e perspicaz exame de *FE* e seu *background*. Inclui uma análise de *PET* e um útil glossário.

J.C. Flay, *Hegel's Quest for Certainty* (Albany: State University of New York Press, 1984) é útil por seus comentários sobre a literatura anterior a respeito de *FE*.

D.P. Verene, *Hegel's Recollection: A Study of Images in the "Phenomenology of Spirit"* (Albany: State University of New York Press, 1985), interpreta *FE* em termos de *INTERNALIZAÇÃO (*Erinnerung*).

E. Tugendhat, *Self-consciousness and Self-determination* (1986) fornece uma análise clara dos conceitos de *AUTOCONSCIÊNCIA e *AUTODETERMINAÇÃO em Fichte, Schelling, Hegel, Heidegger etc.

L. Trilling, *Sincerity and Authenticity* (2ª ed., Londres: Oxford University Press, 1974), discute a interpretação de Hegel de CULTURA e ALIENAÇÃO contra o seu *background* literário.

J.H. Smith, *The Spirit and its Letter: Traces of Rhetoric in Hegel's Philosophy of Bildung* (Ithaca, Nova York e Londres: Cornell University Press, 1988), examina o conceito de CULTURA, que é crucial em *FE*, assim como em outros escritos de Hegel.

M.N. Forster, *Hegel's Idea of a Phenomenology of Spirit* (Cambridge, Mass.: Harvard University Press) dá um excelente estudo analítico dos objetivos de *FE*.

LÓGICA

J.M.E. McTaggart, *Studies in the Hegelian Dialectic* (Cambridge University Press, 1896) e *A Commentary on Hegel's Logic* (Cambridge University Press, 1910) combinam boa filosofia com interpretação esclarecedora, ainda que ocasionalmente irregular.

G.R.G. Mure, *A Study of Hegel's Logic* (Oxford: Clarendon, 1950), é um comentário idôneo, principalmente sobre *Enc.* I.

M. Clark, *Logic and System: A Study of the Transition from "Vorstellung" to Thought in the Philosophy of Hegel* (Haia: Martinus Nijhoff, 1971), é um livro útil sobre um tópico importante.

W.E. Steinkraus e K.L. Schmitz (orgs.), *Art and Logic in Hegel's Philosophy* (Nova Jérsei: Humanities Press, 1980), contém esclarecedores ensaios e uma completa bibliografia.

E.E. Harris, *An Interpretation of the Logic of Hegel* (Lanham: University Press of America, 1983), é um útil comentário.

FILOSOFIA DA NATUREZA

A tradução de M.J. Petry de *Enc.* II (*Philosophy of Nature*, Londres: Allen & Unwin, 1970) inclui um valioso comentário.

R.S. Cohen e M.W. Wartofsky (orgs.), *Hegel and the Sciences* (Dordrecht: Reidel, 1983), é uma excelente coletânea de artigos.

R.-P. Horstmann e M.J. Petry (orgs.), *Hegels Philosophie der Natur: Beziehungen zwischen empirischer und spekulativer Naturerkenntnis* (Stuttgart: Klett-Cotta, 1986), inclui alguns artigos em inglês.

FILOSOFIA DO ESPÍRITO SUBJETIVO: MENTE E AÇÃO

G. von Wright, *Explanation and Understanding* (Londres: Routledge & Kegan Paul, 1971), aplica a explicação de *TELEOLOGIA apresentada em *CL* à teoria da ação e do raciocínio prático.

R.J. Bernstein, *Praxis and Action* (Londres: Duckworth, 1972), examina a teoria da ação de Hegel, em conjunto com outros temas.

M. Greene, *Hegel on the Soul. A Speculative Anthropology* (Haia: Martinus Nijhoff, 1972), é uma útil exploração da primeira parte de *Enc.* III.

C. Elder, *Appropriating Hegel* (Aberdeen University Press, 1980), procura uma solução para o problema mente-corpo na Lógica de Hegel.

P.G. Stillman (org.), *Hegel's Philosophy of Spirit* (Albany: State University of New York Press, 1987), é uma coletânea de ensaios sobre vários aspectos do ESPÍRITO em *Enc.* III.

W.A. de Vries, *Hegel's Theory of Mental Activity: An Introdution to Theoretical Spirit* (Ithaca, Nova York e Londres: Cornell University Press, 1988) sublinha a dívida de Hegel para com Aristóteles.

FILOSOFIA DO ESPÍRITO OBJETIVO: ÉTICA E POLÍTICA

H.A. Reyburn, *The Ethical Theory of Hegel: A Study of the Philosophy of Right* (Oxford: Clarendon, 1921), é um bom estudo introdutório.

M.B. Foster, *The Political Philosophies of Plato and Hegel* (Oxford: Clarendon, 1935), é uma obra esclarecedora.

J. Plamenatz, *Man and Society* (Londres: Longman, 1963), vol.II, p.129-268, examina analiticamente o pensamento político e histórico de Hegel.

G.A. Kelly, *Idealism, Politics and History: Sources of Hegelian Thought* (Cambridge University Press, 1969), dá uma boa descrição do *background* do pensamento de Hegel.

W.H. Walsh, *Hegelian Ethics* (Londres. Macmillan, 1969), examina as concepções éticas de Hegel em relação às de Kant.

S. Avineri, *Hegel's Theory of the Modern State* (Cambridge University Press, 1972), é uma obra clássica sobre o assunto.

B. Cullen, *Hegel's Social and Political Thought* (Dublin: Gill & Macmillan, 1979), é um livro útil.

C. Taylor, *Hegel and Modern Society* (Cambridge University Press, 1979), é um resumo da principal obra de Taylor sobre Hegel.

M. Riedel, *Between Tradition and Revolution: The Hegelian Transformation of Political Philosophy* (Cambridge University Press, 1984), é extremamente útil sobre os antecedentes do pensamento de Hegel.

Z.A. Pelczynski editou duas valiosas coletâneas. *Hegel's Political Philosophy* (Cambridge University Press, 1971) cobre todo o pensamento ético, político e histórico de Hegel, enquanto que *The State and Civil Society* (Cambridge University Press, 1984) concentra-se no ESTADO e SOCIEDADE CIVIL.

D.P. Verene (org.), *Hegel's Social and Political Thought: The Philosophy of Objective Spirit* (Brighton: Harvester Press, 1980), é uma boa coletânea.

L.S. Stepelevich e D. Lamb (orgs.), *Hegel's Philosophy of Action* (Nova Jérsei: Humanities Press, 1983), cobre todo o pensamento ético e social de Hegel.

A.W. Wood, *Hegel's Ethical Thought* (Cambridge University Press, 1990) é um profundo e completo tratamento analítico da teoria ética de Hegel e cobre toda a gama de seu pensamento ético e político. É extremamente útil sobre o *background* de Hegel.

O detalhado e pungente comentário de Karl Marx sobre as últimas seções de *FD* está traduzido como Critique of Hegel's "Philosophy of Right" (Cambridge University Press, 1970).

FILOSOFIA DA HISTÓRIA

W.H. Walsh, *An Introduction to the Philosophy of History* (3ª ed., Londres: Hutchinson, 1967), cap. VII, é uma excelente introdução à concepção de Hegel de história.

B.T. Wilkins, *Hegel's Philosophy of History*, (Ithaca, NY: Cornell University Press, 1974), faz judicioso uso de *CL* para elucidar a filosofia da história.

G.D. O'Brien, *Hegel on Reason and History* (University of Chicago Press, 1975), defende a tese de que Hegel apresenta uma história mais da "consciência histórica" do que dos eventos históricos.

R.L. Perkins (org.), *History and System: Hegel's Philosophy of History* (Albany: State University of New York Press, 1984), é uma boa coletânea de ensaios.

Um dos primeiros ensaios de F. Nietzsche, traduzido como "On the Uses and Disadvantages of History for Life", em seu *Untimely Meditations* (Cambridge University Press, 1983) pode ser utilmente comparado com *IFH*.

FILOSOFIA DA ARTE

A. e H. Paolucci (orgs.), *Hegel on Tragedy* (Nova York: Doubleday, 1962) e H. Paolucci (org.), *Hegel: On the Arts* (Nova York: Ungar, 1978), são úteis coletâneas de Hegel, com introduções informativas. A primeira também contém, de A.C. Bradley, "Hegel's Theory of Tragedy", que foi publicado inicialmente no *Hibbert Journal*, II (1903-4), mas ainda merece ser lido.

D. Simpson (org.), *German Aesthetic and Literary Criticism: Kant, Fichte, Schelling, Schopenhauer, Hegel* (Cambridge University Press, 1984), contém excertos desses filósofos, com uma útil introdução e notas.

I. Knox, *The Aesthetic Theories of Kant, Hegel and Schopenhauer* (Nova York: Columbia University Press, 1936), é uma boa introdução para o assunto.

Duas histórias gerais da estética, B. Bosanquet, *A History of Aesthetic* (2ª ed., Londres: Macmillan, 1904) e K.E. Gilbert e H. Kuhn, *A History of Esthetics* (2ª ed., Londres: Thames & Hudson, 1956), contêm capítulos interessantes sobre Hegel, assim como sobre seus predecessores.

J. Kaminsky, *Hegel on Art* (Albany: State University of New York Press, 1962) fornece uma útil descrição da lógica de Hegel e suas relações com Kant, assim como um bom estudo crítico de *E*.

W.E. Steinkraus e K.L. Schmitz (orgs.), *Art and Logic in Hegel's Philosophy* (Nova Jérsei: Humanities Press, 1980), contém interessantes ensaios e uma extensa bibliografia.

S. Bungay, *Beauty and Truth: A Study of Hegel's Aesthetics* (Oxford: Clarendon, 1984), examina *E* em relação à Lógica.

W. Desmond, *Art and the Absolute: A Study of Hegel's Aesthetics* (Albany: State University of New York Press, 1986), não analisa *E* mas relaciona a estética de Hegel com o resto de seu sistema e sublinha o caráter estético de toda a sua filosofia. Compara seus pontos de vista com os de Santo Tomás de Aquino, Nietzsche etc.

FILOSOFIA DA RELIGIÃO

E.L. Fackenheim, *The Religious Dimension in Hegel's Thought* (Bloomington: Indiana University Press, 1967), é uma obra erudita e interessante.

D.E. Christensen (org.), *Hegel and the Philosophy of Religion* (Haia: Martinus Nijhoff, 1970), é uma boa coleção de ensaios.

B.M.G. Reardon, *Hegel's Philosophy of Religion* (Londres: Macmillan, 1977) é uma boa e sucinta análise de *IFR*.

Q. Lauer, *Hegel's Concept of God* (Albany: State University of New York, 1982), considera o assunto em relação com a Lógica. Endossa a pretensão de Hegel de ortodoxia teológica.

W. Jaeschke, *Reason in Religion: The Foundations of Hegel's Philosophy of Religion* (Berkeley: University of California Press, 1990), é um completo exame dos antecedentes e do desenvolvimento da filosofia da religião de Hegel. Explora as variações entre as diferentes séries de lições de *IFR*, e também a divergência dos seguidores de Hegel em "Esquerda", "Direita" e "Centro".

HISTÓRIA DA FILOSOFIA

Geral

W.H. Walsh, "Hegel on the History of Philosophy", em *History and Theory*, Beiheft 5 (1965), é uma sóbria descrição da abordagem de Hegel da história da filosofia.

J. O'Malley e outros (orgs.), *Hegel and the History of Philosophy* (Haia: Martinus Nijhoff, 1974) contém ensaios sobre as relações de Hegel com outros filósofos desde Platão em diante, e uma extensa bibliografia.

Filosofia Antiga

J.G. Gray, *Hegel and Greek Thought* (2ª ed., Nova York: Harper & Row, 1969), é o único livro em inglês sobre o assunto.

G.R.G. Mure, *An Introduction to Hegel*, (Oxford: Clarendon, 1940), examina as relações de Hegel com Aristóteles.

M.N. Forster, *Hegel and Scepticism* (Cambridge, Mass.: Harvard University Press, 1989) está totalmente familiarizado com a literatura recente sobre os céticos gregos e explora a relação de Hegel com eles.

Filosofia Moderna antes de Hegel

Nenhum livro foi ainda publicado em inglês sobre as relações de Hegel com Spinoza, mas dois úteis artigos são:

F. Copleston, "Pantheism in Spinoza and the German Idealists", em *Philosophy* (1946); e G.H.R. Parkinson, "Hegel, Pantheism and Spinoza", no *Journal of the History of Ideas* (1977).

L.P. Hinchman, *Hegel's Critique of the Enlightenment* (Gainesville: University Presses of Florida, 1984), é um livro útil.

W.H. Walsh, *Reason and Experience* (Oxford: Clarendon, 1947), é principalmente a respeito de Kant mas explora as críticas que lhe eram feitas por Hegel.

S. Priest (org.), *Hegel's Critique of Kant* (Oxford: Clarendon, 1987), contém ensaios sobre a resposta de Hegel a todos os aspectos do pensamento de Kant.

J. Royce, *The Spirit of Modern Philosophy* (Boston e Nova York: Houghton Mifflin, 1892) e *Lectures on Modern Idealism* (Yale University Press, 1919) são guias úteis no caminho de Kant para Hegel.

Filosofia Moderna depois de Hegel

L.S. Stepelevich (org.), *The Young Hegelians: An Anthology* (Cambridge University Press, 1983) é uma útil coletânea.

J.E. Toews, *Hegelianism: The Path toward Dialectical Humanism, 1805-1841* (Cambridge University Press, 1980) é um magnífico estudo do movimento hegeliano antes e depois da morte de Hegel.

W. Desmond (org.), *Hegel and his Critics: Philosophy in the Aftermath of Hegel* (Albany: State University of New York Press, 1989) é uma boa coletânea de ensaios sobre a relação de Hegel com pensadores subseqüentes. (Especialmente digno de menção é o ensaio de G.L. Kline, "The Use and Abuse of Hegel by Nietzsche and Marx", p.1-34.)

K. Löwith, *From Hegel to Nietzsche* (Nova York: Holt, Rinehart & Winston, 1964) é uma obra clássica por um notável filósofo alemão.

S. Crites, *In the Twilight of Christendom: Hegel vs. Kierkegaard on Faith and History* (Chambersburg: American Academy of Religion, 1972), e N. Thrulstrup, *Kierkegaard's Relation to Hegel* (Princeton University Press, 1980), projetam alguma luz sobre o relacionamento de Hegel com o seu antagonista dinamarquês.

K. Marx teve os seus manuscritos de 1844 que discutem, por exemplo, a ALIENAÇÃO, traduzidos pela primeira vez para o inglês por M. Milligan como *Economic and Philosophic Manuscripts of 1844* (Moscou: Foreign Languages Publishing House, 1959), e depois por T.B. Bottomore, em Karl Marx, *Early Writings* (Londres: Watts, 1963).

S. Houlgate, *Hegel, Nietzsche and the Criticism of Metaphysics* (Cambridge University Press, 1986) argumenta que Hegel tem poderosas respostas para as críticas que lhe são feitas por Nietzsche.

Um outro adversário de Hegel, Heidegger, escreveu sobre ele com alguma extensão em *Hegel's Concept of Experience* (Nova York: Harper & Row, 1970) — que discute a Introdução de *FE*. As lições de Heidegger sobre *FE* — que não foram além do capítulo sobre *AUTOCONSCIÊNCIA — estão traduzidas como *Hegel's "Phenomenology of Spirit"* (Bloomington: Indiana University Press, 1988).

J.-P. Sartre, *Being and Nothingness* (Nova York: Philosophical Library, 1956) foi influenciado por Hegel — assim como por Heidegger — e esclarece freqüentemente o seu pensamento. O mesmo pode ser dito de J.-P. Sartre, *Baudelaire* (Nova York: New Directions, 1950).

Heidegger, em *Being and Time* (Oxford: Basil Blackwell, 1962), critica a explicação de tempo de Hegel em *Enc.* II e nas lições de Iena, argumentando que se trata fundamentalmente da mesma explicação dada por Aristóteles. (Os intérpretes heideggerianos de Hegel, por exemplo, Kojève e Koyré, tentam freqüentemente — e erroneamente — descobrir em Hegel o conceito de tempo dirigido para o futuro proposto pelo próprio Heidegger.) "*Ousia e Gramme*: *Note on a Note from Being and Time*", em J. Derrida, *Margins of Philosophy* (Brighton: Harvester Press, 1982), encontra mais diversidade nas explicações de tempo de Aristóteles e pensadores posteriores, incluindo a de Hegel, do que Heidegger admite. (Sobre Aristóteles, ver M.J. Inwood, "Aristotle on the Reality of Time", em R.L. Judson (org.), *Aristotle's Physics: A Collection of Essays* (Oxford: Clarendon, 1991).

A. Kojève, *Introduction to the Reading of Hegel* (Nova York: Basic Books, 1969). As conferências de Kojève sobre Hegel provocaram um ensaio de G. Bataille, traduzido como "Hegel, Death and Sacrifice", em A. Stoekl (org.), *On Bataille*, Yale French Studies nº 78 (1990), p. 9-28. Isso provocou, por sua vez, "From Restricted to General Economy: A Hegelianism Without Reserve", em J. Derrida, *Writing and Difference* (Londres: Routledge & Kegan Paul, 1978), p. 251-77.

Índice de termos em língua estrangeira

Nota: Todos os termos são alemães, exceto aqueles especificados como latim (L), francês (F), grego (Gr), italiano (I), espanhol (E) ou árabe (Ar). Os números de páginas em **negrito** referem-se ao principal verbete (ou verbetes) onde o termo em questão é examinado.

Índice remissivo geral

Nota: Os números de página em **negrito** referem-se ao principal verbete em que um dado termo deste Índice é estudado.

Este livro foi composto pela
[illegible] em Times
Roman, e impresso por [illegible]
[illegible] em março de 1997.

Este livro foi composto pela Textos & Formas, em Times New Roman, e impresso por Tavares e Tristão Ltda., em março de 1997.